管理控制经典译丛

Controlling
管理控制

原书第 13 版

［德］彼得·霍华德（Péter Horváth）
［德］罗纳尔德·格莱希（Ronald Gleich） 著
［德］米沙·塞特（Mischa Seiter）
［中］王煦逸

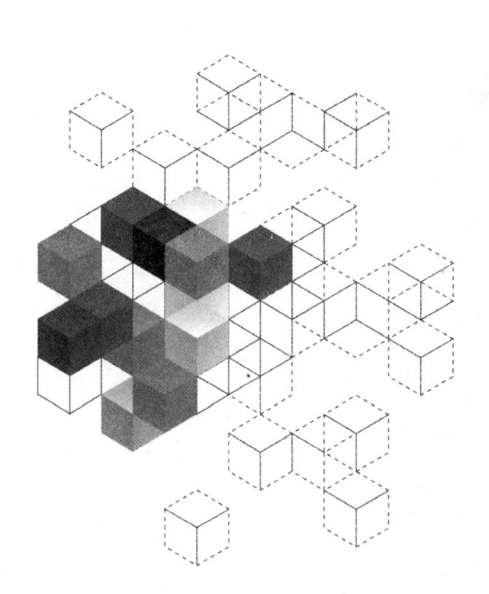

上海财经大学出版社

图书在版编目(CIP)数据

管理控制/(德)彼得·霍华德(Péter Horváth),(德)罗纳尔德·格莱希(Ronald Gleich),(德)米沙·塞特(Mischa Seiter)著;王煦逸译．— 上海：上海财经大学出版社,2018.1

(管理控制经典译丛)
书名原文：Controlling
ISBN 978-7-5642-2777-7/F·2777

Ⅰ.①管… Ⅱ.①彼…②罗…③米…④王… Ⅲ.①企业管理-高等学校-教材 Ⅳ.①F270

中国版本图书馆 CIP 数据核字(2017)第 155558 号

图字：09-2015-864 号

Controlling
Péter Horváth,Ronald Gleich,Mischa Seiter
© Verlag C.H.Beck oHG,München 2014
All rights reserved.
CHINESE SIMPLIFIED language edition published by SHANGHAI UNIVERSITY OF FINANCE AND ECONOMICS PRESS,copyright © 2017.
2017 年中文版专有出版权属上海财经大学出版社
版权所有　翻版必究

□　责任编辑　李成军
□　封面设计　张克瑶

GUANLI KONGZHI
管 理 控 制

[德]　彼得·霍华德
　　　(Péter Horváth)

[德]　罗纳尔德·格莱希　著
　　　(Ronald Gleich)

[德]　米沙·塞特
　　　(Mischa Seiter)

[中]　王煦逸　译

上海财经大学出版社出版发行
(上海市中山北一路 369 号　邮编 200083)
网　　址：http://www.sufep.com
电子邮箱：webmaster @ sufep.com
全国新华书店经销
上海宝山译文印刷厂印刷装订
2018 年 1 月第 1 版　2018 年 1 月第 1 次印刷

787mm×1092mm　1/16　30.25 印张　774 千字
印数：0 001—3 000　定价：80.00 元

中文版前言

鉴于日益动荡的国际环境，操控企业和公共组织面临进一步的挑战。

如何确立和实施企业和公共组织的战略，以保证有关组织的生存和目标实现，成为管理方面的重要课题。当今企业已经成为一个日益复杂的国际化网络组织，这使得该任务的完成更加困难。电子化进程为解决该问题提供了很好的机会，但是同时也产生了可观的风险。这里表述的观点对于全世界都有效，对于高速发展的经济体（如中国）具有特别重要的意义。

本书是一本基于专业理论的实践导向教材，介绍了在竞争风暴中操控企业的广泛适用解决理念：管理控制（Management Control/管理会计），它为企业领导提供目标导向的信息支持，管理控制师是企业经理的"合作伙伴"，他们帮助企业以合适的形式进行规划、操控、报告和监督。他们是管理层的"陪练伙伴"，拥有关于企业管理的科学知识。

本书德语版是德语区的经典教材，中文版基于2015年出版的德语第13版。本书以深入浅出的方式完美实现了理论和实践的统一。

本书中文版的出版得到了同济大学中德学院普华永道管理控制和会计学教席师生的大力支持，特别是蒂森电梯有限公司（中国）运营总部史雯婷经理（该教席毕业的管理学硕士），硕士生邓嘉梁、符蕾、孙敏婕、吴迪、杨晓怡、于浩然和周梨的大力支持，在此表示衷心的感谢。

本书适合有志于学习管理控制的各层次大学生和研究生，同时也可以为企业管理人员提供管理控制方面的全面支持。本书作者来自于中德著名大学，具有丰富的专业知识和实践经验。我们希望每位读者都能在学习本书的过程中有所收获！

彼得·霍华德
罗纳尔德·格莱希
米沙·塞特
王煦逸
2017年3月于德国斯图加特和中国上海

VORWORT zur Chinesischen Ausgabe

Die Steuerung von privaten Unternehmen aber auch von öffentlichen Organisationen steht angesichts der zunehmenden Volatilität und Komplexität der Unternehmenswelt vor großen Herausforderungen:
Wie kann das Unternehmen oder die öffentliche Organisation eine Strategie generieren und umsetzen, die das Erreichen der Ziele und das Überleben sichern? Diese Aufgabe wird dadurch erschwert, dass Unternehmen heute vielfach komplexe, international vernetzte Organisationen sind. Die Digitalisierung bietet hierbei große Chancen, birgt aber auch beträchtliche Risiken. Das hier Gesagte gilt weltweit, aber insbesondere in einer so dynamisch wachsenden Wirtschaft wie China.

Dieses praxisorientierte, aber auch wissenschaftlich fundierte Lehrbuch stellt ein weltweit bewährtes Lösungskonzept zur Steuerung in stürmischen "Gewässern" des Wettbewerbs dar: Controlling (Management Control/ Management Accounting). Es geht darum, die Führung einer Organisation mit zielbezogenen Informationen zu unterstützen. Der Controller ist der "Business Partner" des Managements. Er sorgt dafür, dass Planung, Steuerung, Reporting und Kontrolle in adäquater Form stattfinden. Er ist auch "sparring partner" des Managements und fungiert als "wirtschaftliches Gewissen" des Unternehmens.

Unser Lehrbuch ist im deutschsprachigen Raum ein Standardwerk. Erschienen 2015 bereits in der 13. Auflage. Das Buch vereint Praxis und Theorie in einer didaktisch sehr bewährten Darstellung. Besonders hilfreich sind dabei die zahlreichen Praxisbeispiele aus den verschiedensten Branchen.

Die Veröffentlichung von der chinesischen Auflage wurde von PwC-Lehrstuhl für Rechnungswesen und Controlling CDHK Tongji Universität unterstützt, insbesondere die Absolventin Frau Amanda SHI, Manager im Abteilung für Operation von Thyssen Elevator (China), mein Student und

Studentinnen Herr Jialiang DENG, Frau Lei FU, Frau Minjie SUN, Frau Di WU, Frau Xiaoyi YANG, Frau Haoran YU und Frau Li ZHOU. Wir danken Ihnen ganz herzlich.

Das Buch wendet sich sowohl an Studenten des Managements, aber auch an die Manager in der Praxis. Wir, die Autoren sind Professoren an namhaften deutschen und chinesischen Universitäten und haben viel Erfahrung gewonnen auch in der Gestaltung von Controlling in der Praxis. Wir wünschen nun jedem Leser viel Erkenntnisgewinn beim Studium unseres Buches!

Péter Horváth
Ronald Gleich
Mischa Seiter
Xuyi Wang
Stuttgart Deutschland und Shanghai China, im März 2017

德文第13版前言

本书第一版于1979年面世,那时管理控制对于德国企业来说还是相对较新的领域。大学中"管理控制"作为单独的专业也寥寥无几,几乎没有满足学术标准的出版物。

因此,对本书的要求一直是介绍管理控制的总体概念,以整合所有具体观念,即为学术和实践上的进一步发展建立一个坚实的基础。

在此首次提出协调导向的管理控制理念非常可贵,因此得到了进一步实施。之后发展出来的概念也融入其中,此协调理念如今也是第13版教科书的概念框架。

新版本在以下三个方面与以往版本有本质上的不同:

- 第一个本质区别在于作者队伍的壮大。如今我们有三位作者:彼得·霍华德在编写新版本时得到了(年轻的)教授同事罗纳尔德·格莱希(欧洲商法学院,Oestrich-Winkel)与米沙·塞特(乌尔姆大学)的大力支持。
- 第二个显著区别在于全新的外观与崭新的形式,这两点都能让读者有更好的阅读体验。
- 第三个,也是一个非常根本的差别是:这本书更加偏重实际。页数没有增加,但实例与案例的数量和范围增加了一倍多。我们认为,许多在一定程度上用来证明管理控制学术与实践"生存权利"的论述如今已经没有必要了。在这里我们将此简化。我们增加了涉及大数据、绿色管理控制到工业4.0方面的内容。

总的来说,这次呈现在大家面前的是一本满足学术要求的综合教科书,既针对学生,同样也针对企业管理人员。

当然文献部分也有更新。在每章末,除了章节复习题,我们还设计了开放性问题;最后为经理人与管理控制师提供一些启发性问题,以便他们以管理控制的眼光重新审视自己企业的组织构架。由于管理控制如今不仅存在于私人企业,在公共组织中也建立管理控制系统,因此本书中所有主题也有来自此领域的实例。

我们感谢为本书诚意提供实例与案例学习并耐心与我们讨论的来自于管理实践的合作者。在此首先要感谢的是汉斯·迪特尔·波奇(Hans Dieter Pötsch,大众汽车股份公司财务副总裁)先生与他的助理迈克尔·杰克斯坦因(Michael Jackstein)博士先生、西格弗里德·甘斯伦(Siegfried Gänßlen,前汉斯格雅欧洲股份公司董事长与国际管理控制师协会主席)先生与尤尔根·迪罗夫(Jürgen Dierolf,汉斯格雅欧洲股份公司)先生以及斯蒂芬·阿森克施鲍默(Stefan Asenkerschbaumer,博世有限公司副总裁兼财务总监)博士与理查德·沃特罗特(Richard Watterott,罗伯特博世有限责任公司)博士。

大众汽车集团与博世集团作为大型企业,汉斯格雅欧洲股份公司作为中型企业在本书的许多地方都是"最好的实践"案例。

此外,我们感谢以下来自于企业实践的合作伙伴,按首字母排序:

- 勃林格殷格翰药业股份合伙公司(Stephanie Laube 女士)
- 德国财务有限责任公司（Carsten Lehr 博士先生与他的团队）
- 大陆股份公司（Anja Stiewing 女士）
- 戴姆勒股份公司（Kai-Uwe Seidenfuß 博士先生与他的团队）
- 德国航空与宇宙航行中心（DLR）(Klaus Hamacher 先生)
- 斯图加特机场有限责任公司(Reiner Koch 先生)
- 汉高股份公司（Carsten Knobel 先生，Friedrich Droste 博士先生与他的团队）
- 慕尼黑再保险公司（Heiko Oppermann 先生）
- SAP 欧洲股份公司（Christoph Ernst 博士先生）
- 乌尔姆大学（Dieter Kaufmann 先生）

彼得·梅尔滕斯(Peter Mertens)博士教授审读了"IT 系统的协调"(第五章)并为我们提供了珍贵的建议。

在编辑工作与实例的协调方面,马蒂亚斯·考夫曼(Matthias Kaufmann)先生给予了我们莫大的支持。他是这个项目每个阶段的推进者,在此对他表示衷心感谢!

此外,迈克·舒尔茨(Mike Schulze)先生、菲利普·蒂勒(Philipp Thiele)先生、萨拜因·博尔特(Sabine Bolt)女士、塞巴斯蒂安·伯林(Sebastian Berlin)博士以及本·梅耶—施维克拉特(Ben Meyer-Schwickerath)

博士也为本书贡献了一己之力。我们非常感谢他们的努力!

丹尼斯·布鲁诺特(Dennis Brunotte)先生在出版发行方面给予我们极大的帮助,这本书崭新的外观便是出自他之手。我们也对他表示衷心的感谢!

我们希望每位读者都能在学习本书的过程中有所收获!

彼得·霍华德

罗纳尔德·格莱希

米沙·塞特

2015年6月于德国斯图加特

Vorwort zur 13. Auflage

Die erste Auflage dieses Buches erschien 1979. Damals war Controlling in deutschen Unternehmen noch relatives Neuland. Auch an Universitäten gab es das Fach "Controlling" nur vereinzelt. Publikationen mit wissenschaftlichem Anspruch gab es kaum.

Der Anspruch dieses Buches war und ist es deshalb, ein Gesamtkonzept des Controllings vorzulegen, das geeignet ist, alle Einzelaspekte einzuordnen. Sprich: Es soll ein tragfähiger Rahmen für die praktische wie wissenschaftliche Weiterentwicklung geschaffen werden.

Der hier erstmals vertretene koordinationsorientierte Ansatz des Controllings erwies sich als so tragfähig, dass er sich weitgehend durchgesetzt hat. Auch später entwickelte Konzepte lassen sich in ihn integrieren. Der Koordinationsansatz bildet deshalb den konzeptionellen Rahmen dieser nunmehr 13. Auflage des Lehrbuchs.

- Der erste wesentliche Unterschied ist die Erweiterung der Autorenschaft. Wir sind nun zu dritt: *Péter Horváth* wurde bei der Erarbeitung der Neuauflage durch die (jungen) Professoren-Kollegen *Ronald Gleich (EBS Universität für Wirtschaft und Recht, Oestrich-Winkel)* und *Mischa Seiter (Universität Ulm)* maßgeblich unterstützt.

- Der zweite sofort auffallende Unterschied ist die völlig neu gestaltete Optik und das neue Format. Beides soll das Buch noch leserfreundlicher machen.

- Ein sehr grundlegender Unterschied ist aber der dritte: Das Buch ist deutlich praxisorientierter geworden. Bei gleicher Gesamtseitenzahl haben wir die Anzahl und den Umfang der Praxisbeispiele und — fälle mehr als verdoppelt. Wir sind der Auffassung, dass viele Ausführungen, die gewissermaßen die wissenschaftliche und praktische "Daseinsberechtigung" des Controllings nachweisen wollten, heute nicht mehr notwendig sind.

Hier haben wir gekürzt. Dafür haben wir alle fachlichen Weiterentwicklungen von Big Data, Green Controlling bis Industrie 4.0 eingearbeitet.

Insgesamt liegt nun ein umfassendes Textbuch mit wissenschaftlichem Anspruch vor, das sich gleichermaßen an die Praxis wie an die Studierenden wendet.

Selbstverständlich wurde die Literatur aktualisiert. Am Ende der einzelnen Kapitel haben wir neben Wiederholungsfragen auch Gestaltungsfragen formuliert. Letztere liefern dem Manager und dem Controller Anstöße, um die eigene Organisation in Hinblick auf das Controlling kritisch zu hinterfragen. Da Controlling heute nicht nur in Privatunternehmen sondern auch in öffentlichen Organisationen etabliert ist, gibt es im Buch zu allen Themen Beispiele auch aus diesem Bereich.

Wir bedanken uns bei unseren Partnern aus der Praxis, die uns bereitwillig mit Beispielen und Fallstudien unterstützt und mit großer Geduld mit uns diskutiert haben. An vorderster Stelle seien hier Herr *Hans Dieter Pötsch* (Finanzvorstand der *Volkswagen AG*) mit seinem Mitarbeiter Herr Dr. *Michael Jackstein*, Herr *Siegfried Gänßlen* (ehem. Vorstandsvorsitzender der *Hansgrohe SE* und Vorsitzender des *Internationalen Controller Vereins e.V.*) und Herr *Jürgen Dierolf* (*Hansgrohe SE*) sowie Herr Dr. *Stefan Asenkerschbaumer* (stv. Vorsitzender der Geschäftsführung und CFO der *Robert Bosch GmbH*) und Herr Dr. *Richard Watterott* (*Robert Bosch GmbH*) genannt.

Der *Volkswagen Konzern* und die *Bosch-Gruppe* als Großunternehmen und die *Hansgrohe SE* als mittelständisches Unternehmen dienen uns an vielen Stellen des Buchs als "best-practice"-Beispiele.

Wir danken außerdem den folgenden Praxispartnern in alphabetischer Reihenfolge:

- *Boehringer Ingelheim AG & Co. KG* (Frau *Stephanie Laube*)
- *Bundesrepublik Deutschland - Finanzagentur GmbH* (Herr Dr. *Carsten Lehr* und sein Team)
- *Continental AG* (Frau *Anja Stiewing*)
- *Daimler AG* (Herr Dr. *Kai-Uwe Seidenfuß* und sein Team)
- *Deutsches Zentrum für Luft- und Raumfahrt e.V.* (*DLR*) (Herr *Klaus Hamacher*)
- *Flughafen Stuttgart GmbH* (Herr *Reiner Koch*)

- *Henkel AG & Co. KGaA* (Herr *Carsten Knobel*, Herr Dr. *Friedrich Droste* und sein Team)
- *Munich Re* (Herr *Heiko Oppermann*)
- *SAP SE* (Herr Dr. *Christoph Ernst*)
- *Universität Ulm* (Herr *Dieter Kaufmann*)

Herr Prof. Dr. Dr. h.c. mult. *Peter Mertens* hat konstruktiv-kritisch das Kapitel "Koordination des IT-Systems"(*Kap.* 5) durchgesehen und uns wertvolle Gestaltungshinweise gegeben.

Bei allen redaktionellen Arbeiten und der Koordination der Praxisbeispiele hat uns Herr *Matthias Kaufmann* maßgeblich unterstützt. Er war der effiziente Integrator in allen Phasen dieses Projekts. Herzlichen Dank an ihn!

Ferner haben auch Herr *Mike Schulze*, Herr *Philipp Thiele*, Frau *Sabine Bolt*, Herr Dr. *Sebastian Berlin* sowie Herr Dr. Ben *Meyer — Schwickerath* zum Gelingen dieses Werkes beigetragen. Auch denen möchten wir sehr danken!

Verlagsseitig stand uns Herr *Dennis Brunotte* zur Seite. Die optische Neugestaltung des Buches ist sein Verdienst. Auch an ihn unser herzlicher Dank!

Wir wünschen nun jedem Leser viel Erkenntnisgewinn beim Studium unseres Buches!

Péter Horváth
Ronald Gleich
Mischa Seiter
Stuttgart im Juni 2015

目　录

页码	内容
1	中文版前言
1	德文第 13 版前言
1	**第 1 章　用管理控制解决操控问题**
2	1.1　概述
7	1.2　管理控制师解决操控问题的三个实例
12	1.3　一些语义学说明：监控、操控、管理控制、管理控制师职能、管理控制师
14	1.4　管理控制师的起源
24	1.5　管理控制现状
26	1.6　管理控制的发展趋势
27	1.7　实践和理论中的管理控制
29	总结与展望
30	复习题
30	延伸文献阅读
31	**第 2 章　基于协调的管理控制系统**
31	2.1　概述
33	2.2　管理控制的理论基础
41	2.3　基于协调的管理控制理念
58	2.4　案例
61	总结与展望
61	复习题
62	对经理人及管理控制师的提问
62	延伸文献阅读

63	**第 3 章**	**规划与监控系统的协调**
64	3.1	引言及概述
64	3.2	规划与监控系统
84	3.3	有关规划与监控系统的控制任务
85	3.4	规划监控协调的职能观
91	3.5	规划与监控协调的工具观
92	3.6	规划与监控协调的组织观
103	3.7	规划与监控控制的重点
147	3.8	实践案例
159		总结
160		复习题
160		对经理人及管理控制师的提问
161		延伸文献阅读
162	**第 4 章**	**信息供给系统的协调**
163	4.1	引言和概述
164	4.2	信息供给系统
168	4.3	涉及信息供给系统的管理控制任务
171	4.4	信息需求的确定
179	4.5	信息收集与处理
300	4.6	信息传送
309	4.7	实践案例
317		总结
317		复习题
318		对经理人及管理控制师的提问
318		延伸文献阅读
319	**第 5 章**	**IT 系统的协调**
320	5.1	引言和概述
322	5.2	信息技术的协调潜力
334	5.3	IT 的协调需求：IT 管理控制
349	5.4	实践案例
356		总结
357		复习题
357		对经理人及管理控制师的提问
357		延伸文献阅读

358	**第 6 章**	**管理控制的组织**
359	6.1	导言和概述
360	6.2	管理控制组织的环境因素
368	6.3	管理控制组织构架的变体
391	6.4	管理控制组织的表现形式
415	6.5	对管理控制师的要求
421	6.6	管理控制系统的引进和进一步发展
428	6.7	案例
436		总结
436		复习题
437		对经理人及管理控制师的提问
437		延伸文献阅读
438	**第 7 章**	**公司治理**
439	7.1	引言及概述
441	7.2	管理控制与内部监控系统
444	7.3	管理控制与内部审计
450	7.4	管理控制与风险管理
455	7.5	实践案例
461		总结
462		复习题
462		对经理人及管理控制师的提问
462		延伸文献阅读

第1章

用管理控制解决操控问题

"当今世界市场波动性日益加剧,现有的产品组合也愈加复杂,若是没有管理控制,大众汽车难以在这样的环境下进行目标导向的操控。"

——汉斯·迪特尔·波奇,大众汽车CFO

本章为引言性章节,我们首先介绍管理控制职能产生的原因;其次,我们将会通过一些具体的实例、经验研究以及文献中所给出的定义和界定来阐述管理控制理念。读者可以从中对管理实践及文献中的管理控制有一个初步印象。

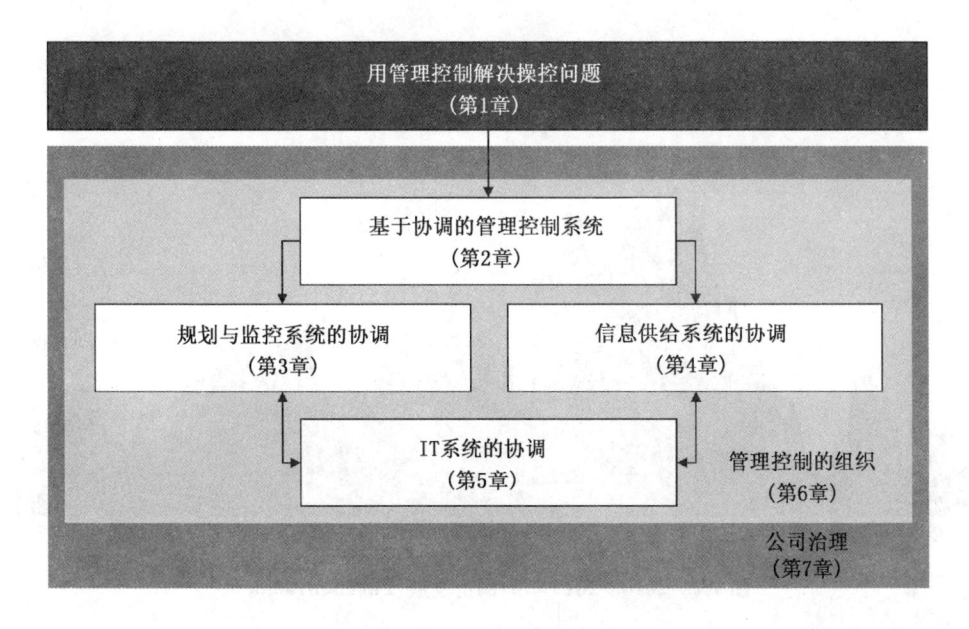

```
用管理控制解决操控问题
       (第1章)
           │
           ▼
    基于协调的管理控制系统
         (第2章)
        ↙        ↘
规划与监控系统的协调   信息供给系统的协调
   (第3章)          (第4章)
        ↘        ↙
       IT系统的协调        管理控制的组织
        (第5章)            (第6章)

                        公司治理
                         (第7章)
```

1.1 概述

一个组织,即一个有既定目标的团队,是如何实现自己的目标,又同时确保其生存的?无论是企业、体育俱乐部还是市政厅,所有的组织一直面临着这样的挑战,本书将关注点放在企业上。

随着当今全球不确定性的增加,如何来面对生存挑战这一问题,也变得日益复杂。过去几十年正是一个对此印证的众所周知的例子。由斯坦福大学所开发的不确定指数,记录了全球范围内的不确定性增长(参见图1.1)。

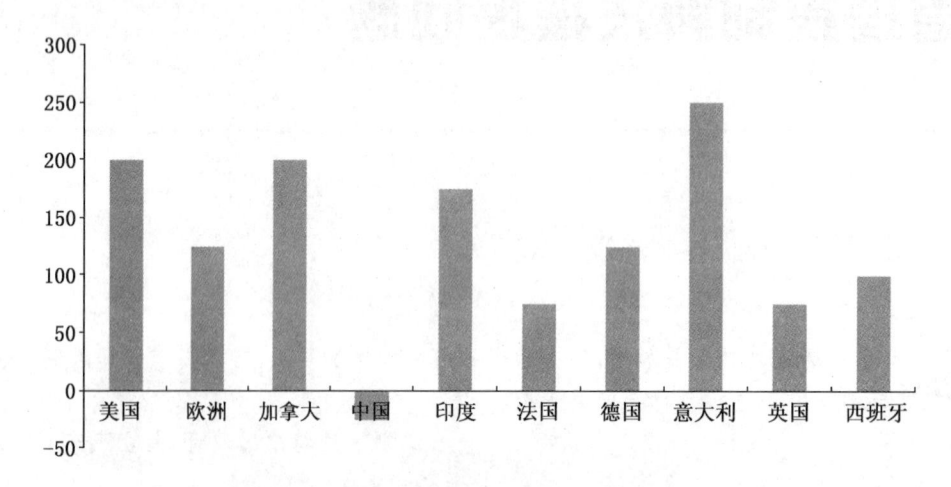

资料来源:改编于 Baker 等(2011)及 LBBW 调查(2013,第11页)。

图 1.1　世界各地区经济不确定性的百分比变动

例子

原材料价格的波动具体而直接地展现了每个企业的不确定性(参见图1.2)。

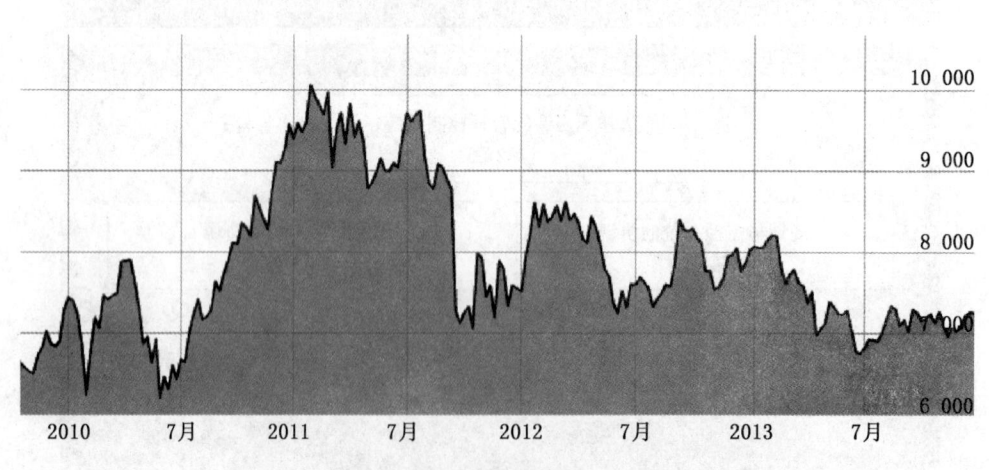

图 1.2　2010~2013 年的铜价发展(Finanzen100.de)

维兰德(Wieland)在其14处生产厂生产加工逾百种铜原料,主要用于电子和电气工程领域,同时也用于工程建筑和汽车行业。除了较高的资本需求和能源需求以外,铜半成品的生产还高度依赖于原材料市场(Müller,2013,第266页)。图1.2所展现的铜价波动导致了收益状况的高度波动。

****

维兰德公司
http://www.wieland.de

行业	半成品生产
总部	德国乌尔姆
销售额	约28亿欧元（2013~2014）
员工	约6 800人（2013~2014）
组织结构	维兰德公司的组织结构图

组织结构图内容：

执行董事会
- 董事长兼管人事部门
- 销售与市场执行董事
- 技术与生产执行董事

职能部门
- 企业交流、总部审计、法律与保险
- 销售流程和工具
- 劳动安全、环境保护、质量监管、能源管理

总部领域及其职能
- 财务与管理控制、人力资源
- 服务公司与经销公司
- 公司经营领域金属铸造、研发、标准与协会工作
- 设备技术与物流
- 信息系统与组织

执行董事会的共同职能
- 企业发展
- 精益管理
- 生产子公司与持股公司

业务领域
- 轧制产品
- 挤压和拉制产品
- 高性能管
- 轴承和系统组件

企业操控所面临的挑战就是,通过制定合适的企业流程及结构来确保其与相邻环境相适应。如何成功地进行企业操控,是企业管理学与管理实践一直在研究的题目。任何企业领导都必须深入分析以下两个相互关联的问题,这两个问题的复杂性在过去几十年中急剧增加(Ansoff,1976,1978,1979):

(1)企业环境的动态性和复杂性

环境动态性的特征在于每一个环境元素的变化频率与速度、变化的强度、变化的规律性与可预见性,表1.1展现了不同时期的基本特点。环境的复杂性可以通过与企业相关的环境状况的数量和多样性来进行描述。领导层的任务就是:如何让企业适应(也必须适应)环境的动态性和复杂性?

表 1.1　　　　　　　　　　　　日益增长的环境动态性

特征 \ 年份	1900	1930	1950	1970	1990	2010
事件知名度	·知名	·经验外推	·不连续但着眼于经验		·不连续与革新	
变化速度	·慢于企业反应		·与企业反应相当		·快于企业反应	
可预见性	·周期性循环	·用外推法进行预测		·可预测的机会与风险		·局部可预测的弱信号

资料来源：Ansoff(1976,1978,1979)。

(2)企业的差异化

作为环境动态性和复杂性的产物,企业的差异化体现在高度劳动分工的组织结构、企业相关环境状况、企业发散的目标体系以及能够做出企业重大决策的权力结构上。表 1.2 以定性的方法,展现了过去百年中的重大变革。此处的任务为:如何解决一个企业中日益严重的复杂性问题？

表 1.2　　　　　　　　　　　　不断加大的企业差异化

标准 \ 年份	1900	1930	1950	1970	1990	2010
组织结构与相关环境	·一条产品线	·多个市场 ·多条产品线 ·多个国家		·多种文化 ·多个主权国家	·多种产品生命周期 ·产品生命周期缩短 ·电子商务重要性日益增加	
企业目标	·经济目标		·附加社会政治限制	·附加社会目标	·附加生态目标	
权力结构	·管理上权力集中			·管理上权力分散	·与外部机构分享权力	·由收购而产生的权力流失风险

资料来源：Ansoff(1976,1978,1979)。

如今,环境动态性和复杂性的特点是越来越多的变化都不连续("断层")(见表 1.3)。早在 1969 年,德鲁克就在其著作中提出了"断层年代"(Drucker,1994a,1994b);另一个特点是日益加剧的波动性,即许多影响因素导致的波动(再次参见图 1.2),互联网彻底改变了经济和社会。

表1.3　　　　　　　　　　　　　　　　断层目录

领　域	断层的例子
政治	• 不断增加的地区冲突(如海湾战争、南斯拉夫、车臣、阿富汗和叙利亚) • 中东地区的不稳定性 • 恐怖主义("9·11") • 民族主义或意识形态所驱使的征收(如海湾国家的石油企业) • 新政党的出现以及新联盟的形成
经济	• 债务危机和欧元区的经济不稳定性 • 世界经济大萧条(数家银行于2008年倒闭) • 新市场(俄罗斯、伊朗) • 发展中国家无支付能力 • 法律限制自由进入市场(如日本机动车辆) • 新崛起的经济大国(尤其是中国,还包括印度、巴西)
生态/能源供应	• 转变能源政策,逐步淘汰核电,扩建电力线路 • 大气中的污染物剧增 • 环境灾害(如福岛核电站事件、切尔诺贝利事件、埃克森瓦尔迪兹原油泄漏事件、石油深水地平线钻井平台爆炸) • 自然灾害(如卡特里娜飓风、艾雅法拉火山爆发、2004年与2011年的海啸灾害)
科技	• 人工智能的发展 • 数据通信基础设施的建设(互联网) • "工业4.0" • 生物技术 • 无人驾驶机动车
社会	• 西方工业国家观念(后物质主义及个人主义价值观)的转变 • 伊斯兰世界越来越多的原教旨主义

资料来源:改编于Macharzina & Wolf(2012,第386页)。

布莱彻(Bleicher,1992)将企业中的管理看作一种和谐的力量,因为变革所产生的涌流首先会波及管理层。管理层的任务是,认清转变并实施在未来能够确保企业发展的举措。布莱彻指出,当前有以下环境影响:(1)市场环境与竞争环境的国际化;(2)经济增长预期的降低;(3)技术发展迈向信息社会;(4)对生态关系认识的不断提高;(5)价值观转变。

针对这些影响已经有大量的调查和解决建议,这些建议着眼于使信息流和组织结构相互协调。下面简要介绍两个经典的例子。

这两项研究的重点在于负有协调任务组织单位的形成:(1)劳伦斯和洛尔施的研究(Laurence & Lorsch,1967a,1967b);(2)鲍尔的研究(Bower,1970)。

劳伦斯和洛尔施探究了不同的环境情况对组织结构以及进而对企业效率产生的影响,并由此对整合任务及其组织解决方案进行了分析(描述与评论参见Frese,Graumann & Theursen,2012,第299页)。

假定有以下的基本关系:一家企业的相关环境影响了差异化程度;企业中不同组织单位之间的差异化越显著,它们就越难以整合。

劳伦斯和洛尔施对于差异化的理解是,一个组织单位中成员的"认知和情感"的定位不同。这体现在四个方面:(1)目标制定的差异(例如,销售经理所制定的目标不同于产品经理);(2)时间定位的差异(例如,相比研发经理,产品经理更看重短期);(3)人际方向的差异(例如,销售经理思考时更以人为本,产品经理则更多从产品方面考虑);(4)组织结构形式化程度的差异(例如,生产部门的层级制度比研发部门的更明显)。

环境影响主要由以下两组因素来衡量:(1)产品和生产过程的技术发展速度;(2)权力影响、技术及科学问题的可理解性与可预测性的保障程度。

总的来说,劳伦斯和洛尔施认为,正是在差异化结构及协调结构上,成功的企业不同于那些不那么成功的企业:(1)更强的环境动态性与更大的不确定性导致了更显著的组织差异化;(2)与同行业中的成功企业相比,不太成功的企业展现出更高的差异化程度;(3)更大的差异化需要"更强"的协调方式。

鲍尔(1970)的研究分析和确定了一家美国大型企业[国家产品公司(National Products Corporation)]规划中的资金分配流程。

鲍尔指出,在这个流程中,共有三个层级的领导任务:(1)整个公司层面,确立与环境要求相符的财务目标;(2)整合层面,使产品单位的规划与整个公司的目标相协调;(3)计划启动层面,确立产品市场计划和投资订单。

鲍尔强调了"整合"在这个过程中的核心作用,它肩负着"翻译者"的任务:它将战略考量转换成财务计量指标,即协调产品市场单位的资金需求与公司的整体需求以获得利润。

总的来说,那些管理实践中通常十分机械化、官僚化的领导体系,必须向灵活的、适应性强的体系转型,"管理需要应对千变万化并协调整个体系"(Kast & Rosenzweig,1974,第620页)。我们将在本书的一些实例中看到,企业完全有能力在其战略和结构上(Chandler,1990)进行必要的灵活调整。

无论是管理研究的经典还是当今的管理实践,都关注的一个核心问题就是,如何在由于环境动态性而必然产生的分权化情况下,依然可以确保公司作为一个整体能够实现其目标(Kaplan & Norton,2006)。

竞争中的挑战总是催生出一些管理实践中的新思路,由此又推动企业结构的调整进程。近几十年来,诸如"精益管理"(Rommel, Brück & Diedrichs, 1993)和"再造"(Hammer & Champy,1993)这样的话题对企业实践运营显得尤为重要。

由于日益增大的动态性和复杂性,如何使所有的业务活动都遵从企业战略,是一个特别有挑战性的课题。只有当整体走向是正确的,企业才能屹立不倒。对此卡普兰和诺顿(Kaplan & Norton,2008)建议,建立一个负有协调任务的"战略管理办公室"(参见图1.3)。

"战略管理办公室"有三项任务:(1)起草战略与结构("建筑师");(2)战略实施与流程制定("流程责任人");(3)使一切流程向战略看齐("综合者")。

在管理流程的制定过程中,需要去平衡一切领导中典型的"紧张关系"(Simons,2000,第7页):(1)利润和增长之间的紧张关系;(2)短期业绩、面向长期的技能和增长机遇之间的紧张关系;(3)各利益相关者的业绩预期之间的紧张关系;(4)商业机遇和管理者时间稀缺之间的紧张关系;(5)领导和员工不同的行为动机之间的紧张关系。

在过去几年中,可持续性这个平衡任务已经引起了人们的重视:如何能使经济效益与社会及环境目标相平衡?

在管理实践中,人们已经开始建设性地应对"平衡挑战"。本书中所提到的协调功能及其在职位或部门中的鲜明组织特色是比较特殊的,这种功能和特色在美国企业运营实践中已经存在了100多年,这里所说的即管理控制师职能。

与文献中的许多建议相比,该职能具有一个根本上的优势:它是一个经过实践考验的,如今早已属于公司日常一部分且多元化发展的协调任务,并能够使企业作业向企业目标看齐,其

战略管理办公室扮演着三个重要角色

建筑师：定义和明确绩效管理的理念以及所需的执行过程

战略管理办公室

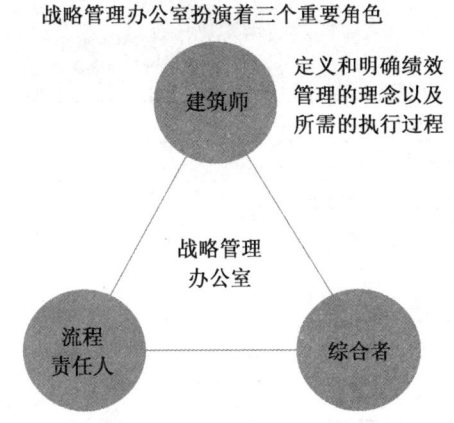

流程责任人：定义、开发和监督战略执行过程
- 开发战略
- 规划战略
- 调整组织
- 计划操作
- 审查战略
- 测试与调整战略

综合者：确保其他职能高管所执行的流程与总体战略相关
- 人力资源管理
- 战略交流
- 倡议管理
- 金融资源管理
- 关键流程管理
- IT管理

资料来源：Kaplan & Norton(2008,第19页)。

图1.3 战略管理办公室

出现是企业不断加大的调整和协调问题的结果。

在接下来的章节中，我们将先通过三个实例来阐释管理控制师的协调任务，然后对一些概念群进行解释，最后简要介绍一下管理控制的起源、现状及其发展趋势。

1.2 管理控制师解决操控问题的三个实例

为了使阐述从一开始就尽可能地具体明了，让我们先来看看三个不同领域的组织及其管理控制师任务的实例。第一个例子是一家在汽车配件领域独树一帜的大型企业（大陆集团）；接下来将介绍一个中型企业的例子（汉斯格雅公司）；最后一个例子是一个公共组织（乌尔姆大学）。即便在公共组织中，管理控制师的领导支持职能也是不容忽视的。文中会列出相关的组织结构图以及功能关系和流程示意图，这三个例子主要阐明了管理控制师的协调任务。

1.2.1 大陆集团

大陆集团是全球领先的汽车配件供应商，主要供应制动系统以及用于发动机和底盘、仪器仪表、信息娱乐系统、汽车电子、轮胎和技术橡胶制品的系统与零部件。公司为更高的驾驶安全性能与全球气候保护做出了巨大贡献。此外，大陆集团也是汽车网络通信领域的卓越合作伙伴。

大陆集团

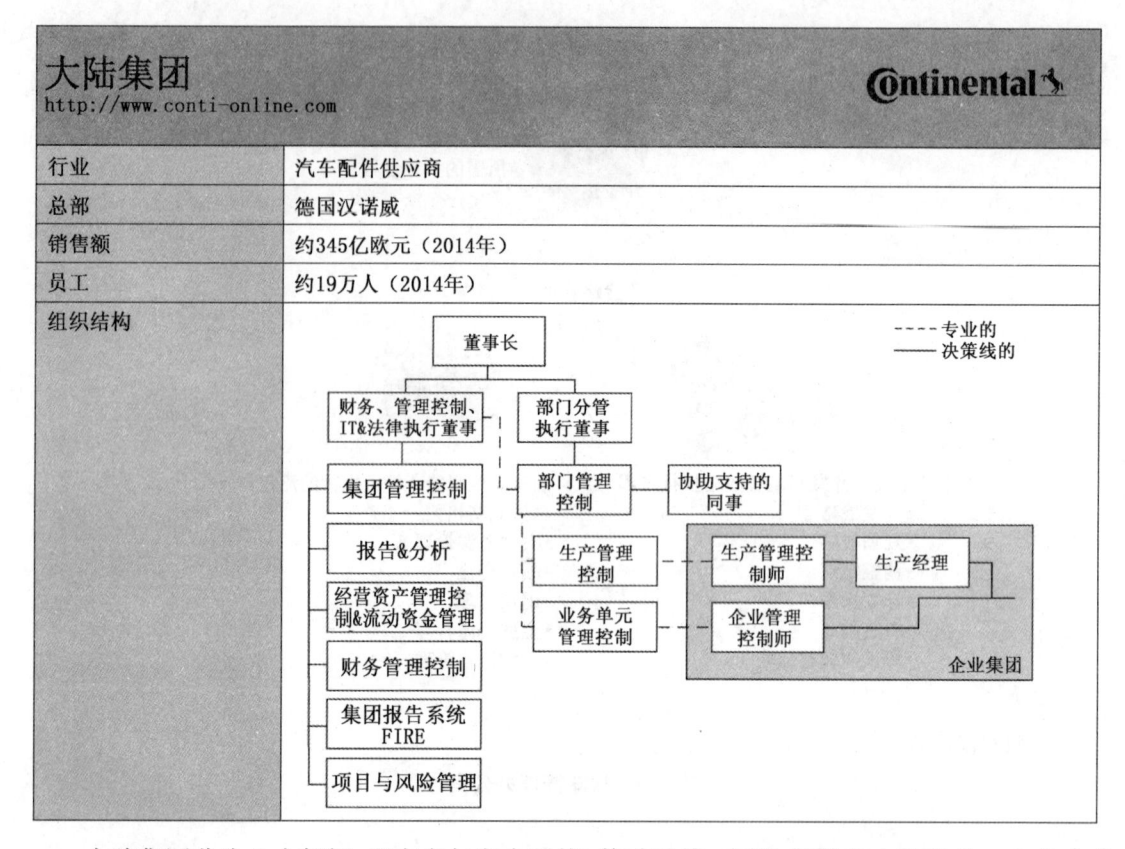

http://www.conti-online.com **Continental**

行业	汽车配件供应商
总部	德国汉诺威
销售额	约345亿欧元（2014年）
员工	约19万人（2014年）
组织结构	

```
                        董事长
                          |
         ┌────────────────┴────────┐
    财务、管理控制、           部门分管
    IT&法律执行董事           执行董事         ----专业的
         │                      │            ——决策线的
    集团管理控制            部门管理
         │                  控制 ────── 协助支持的同事
    报告&分析                  │
         │              生产管理      生产管理      生产经理
    经营资产管理控           控制         控制师
    制&流动资金管理            │              │
         │              业务单元      企业管理
    财务管理控制          管理控制      控制师
         │                                        企业集团
    集团报告系统
    FIRE
         │
    项目与风险管理
```

大陆集团分为5个部门，即底盘与安全系统、传动系统、内饰、轮胎和大陆科技。企业由分权的企业责任单元组成，5个部门下再细分为28个业务单位。

要有组织地设立管理控制，这个基本思想体现了全球统一的管理控制理念及与其相适应的管理控制工具。管理控制总体上归属于财务总监的职责范围（参见企业档案中的组织结构），其在决策线上以及专业上领导集团管理控制。部门管理控制专业上从属于财务总监，决策线上分属于各营运部门、分管执行董事。相应地，业务单元管理控制师与企业集团的财务总监领导各自的部门管理控制。一些诸如生产管理控制、市场管理控制等管理控制职能也在业务单元管理控制的负责范围内。这些职能在企业中属于相应的生产管理控制师/市场管理控制师的专业领域。

不同组织单元的任务分配如下。

(1)集团管理控制：①制定、执行和维护管理控制理念；②整合规划报告、业绩报告和总结报告；③确立集团标准的指导方针与系统专业能力；④集团报告系统FIRE（财务报告）的管理与进一步开发；⑤集团内规划、分析与报告作业的相互协调；⑥通过结构分析、经济分析及收益分析来协助支持集团管理；⑦管理控制非运营性指标，如金融债务和净利息收益。

(2)部门管理控制/业务单元管理控制：①负责在各自的管理控制单元"现场"进行运营管理控制；②跨部门与业务单元间管理控制的协调；③部门标准的指导方针与系统专业能力；④负责业务和经营系统；⑤部门内规划、分析与报告作业的相互协调；⑥通过结构分析、经济分析及收益分析来协助支持部门分管执行董事；⑦管理控制部门中分权的管理控制职能。

同时，集团内所运用的工具也从侧面展现了一些管理控制任务，以下列出一些最重要的工具：(1)实际月度报告、本年当期报告和年终预测；(2)战略规划；(3)预算、包括战略规划的预算;(4)边际计划成本核算、贡献核算、固定成本预算;(5)经济性核算:如净现值法以及内部收益率;(6)EVA原则基础上的大陆价值贡献(CVC)。

所有一切工具都嵌入目标制定/规划系统以及监控/报告系统中,确保企业集团和管理单元间的协调运作。

目标制定/规划系统在以下任务领域发挥其作用:(1)规定一般性规划原则;(2)确定规划前提;(3)定义并设定自上而下的目标;(4)在所设定目标的基础上进行详细规划;(5)协调子计划,分配资源;(6)子计划整合总结,如利润表计划、当地收支平衡及财务计划,以及将年度规划转变为月计划;(7)整合年度规划,并最终在董事会和监事会上通过该年度规划。

监控/报告系统由以下基本元素构成:(1)月度实际报告、本年当前报告和年终预测;(2)在集团报告系统FIRE(财务报告)中获取利润表、资产负债表、净金融债务/债券及融资、投资及人员情况;(3)在法律上合并集团,在管理上加强对集团领域、子领域、业务单元和部门的操控;(4)通过管理控制,在当地单位中进行详细的差异分析(目标—实际值比较);(5)决策和执行管理措施以抵消偏差。

作为关键的操控值,大陆集团采用占用资本收益率(ROCE)的百分比来衡量资本收益,用大陆价值贡献(CVC)来作为价值贡献的绝对值,并衡量价值贡献绝对值与上年相比的变化。

总的来说,整个集团内已经形成了一个统一的管理控制理念。任务的重点,一方面落在规划和监控系统上,另一方面落在信息供给系统上。如今,分权管理控制单位的形成已然成为管理控制理念在实践运用中的典型标志。

1.2.2 汉斯格雅公司(Hansgrohe SE)

汉斯格雅公司	
http://www.hansgrohe.de	
行业	卫浴技术
总部	德国希尔塔赫
销售额	约8.74亿欧元(2014年)
员工	约3 650人(2014年)

在四大洲拥有十个生产基地以及三十多个销售公司的中型企业汉斯格雅,在过去20年中,已然发展成为一个"全球级玩家"。在企业不断发展的过程中,一同发展的还有管理控制师。如果说在20世纪90年代管理控制师仅仅只是扮演"数字供应者"的角色,那么今天,由于其将规划过程和操控流程相协调起来的能力,他已经可以被称为"业务合作伙伴"了(参见图1.4及第6章)。

管理控制师主要负责战略开发直至月度报告的规划及操控周期并提供相关信息,他在内部甚至被称为"战略副驾驶"(Gänßlen,Kraus & Dierolf,2012,第5页)且直接隶属于执行董事会。本书的后续章节还会频繁提到汉斯格雅公司。

1.2.3 乌尔姆大学

乌尔姆大学是德国巴登—符腾堡州最年轻的大学,它成立于1967年,创始之初其重点为医学、自然科学和数学,后续不断拓展建设的学科有电子工程、计算机科学、心理学和经济管理学。包括医学院在内,乌尔姆大学总共约有3 500名职员,其中约200名教授,学生数量约为10 380人。2014年乌尔姆大学的总收入在3.5亿欧元左右,其中1亿欧元来自横向项目。

管理控制

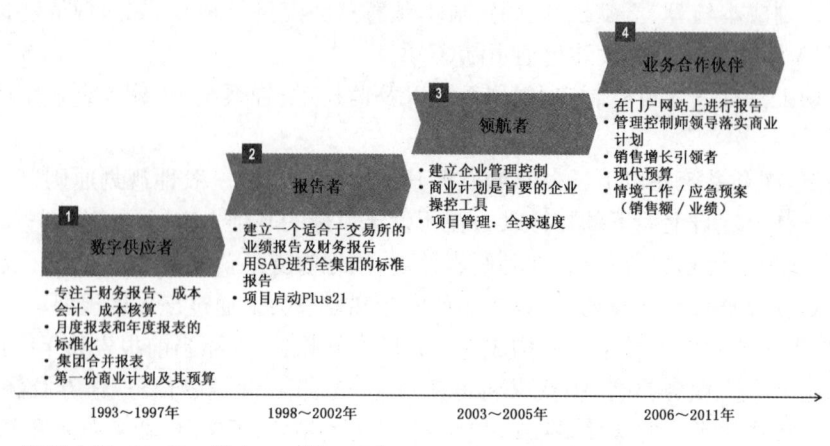

1 数字供应者
- 专注于财务报告、成本会计、成本核算
- 月度报表和年度报表的标准化
- 集团合并报表
- 第一份商业计划及其预算

1993~1997年

2 报告者
- 建立一个适合于交易所的业绩报告及财务报告
- 用SAP进行全集团的标准报告
- 项目启动Plus21

1998~2002年

3 领航者
- 建立企业管理控制
- 商业计划是首要的企业操控工具
- 项目管理：全球速度

2003~2005年

4 业务合作伙伴
- 在门户网站上进行报告
- 管理控制师领导落实商业计划
- 销售增长引领者
- 现代预算
- 情境工作／应急预案（销售额／业绩）

2006~2011年

资料来源：Gänßlen等（2011，第26页）。

图1.4 汉斯格雅管理控制师的角色发展

乌尔姆大学在2015年再次被《泰晤士报高等教育期刊》"建校50年以下院校百强排行榜"以及QS世界大学排名评选为德国最佳年轻大学（世界排名15）。

作为一家创新型、研究型大学，乌尔姆大学一方面按照政府的规定和要求属于国家事业单位，另一方面也是可以自主进行大量经济活动的机构和院系。专家组织的高度复杂性是其鲜明的特点。

在高校改革，特别是在博洛尼亚改革（学士／硕士体系的调整）的框架下以及大学"解放"改革的背景下，这种复杂性变得更加严峻。因此，人们迫切需要可以降低复杂性，并同时赢得或是创造出更多回旋余地的工具。乌尔姆大学领导层自2009年就已经通过决议，为降低复杂性而系统性地建立指标，并将其作为早期预警系统，自此便正式"踏入"管理控制领域。

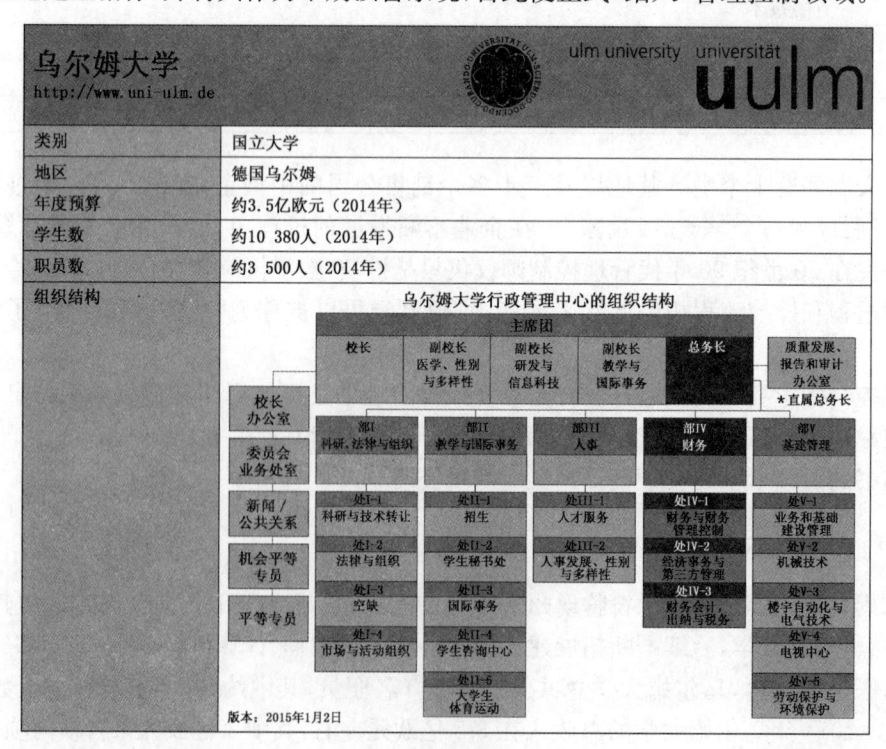

乌尔姆大学
http://www.uni-ulm.de

类别	国立大学
地区	德国乌尔姆
年度预算	约3.5亿欧元（2014年）
学生数	约10 380人（2014年）
职员数	约3 500人（2014年）
组织结构	乌尔姆大学行政管理中心的组织结构

版本：2015年1月2日

这些指标不仅用于早期预警系统,它们也被用来激励绩效。2013年,乌尔姆大学总预算的1.5%被用于基于成果相关的分配,其中30%用于教学成果、70%用于科研成果(横向收入)。在总预算中,乌尔姆大学有意识地将用于成果的资金分配比重保持适中,这样可以确保专家组织中现有的内在激励不受外在激励冲击,以免产生不利影响。

乌尔姆大学自2009年起就与其他大学和德国高等教育与科学研究中心(DZHW)合作,致力于"大学评估—科研与教学的指标比较"的研究项目。此外,乌尔姆大学还与国际绩效研究所(International Performance Research Institute, IPRI)共同界定了指标、确定了阈值,并商定了调控的法规范围。

该项目的指标主要用于测评大学的四个领域——科研、教学、国际化与平等。每个教授的第三方资金支出或是晋升职称属于"科研"指标,本校学生在规定学制内出去交流或外校学生前来本校交流的比例属于"国际化"指标。

作为迈入管理控制的第二步,乌尔姆大学的领导层于2011年启动了"STRATUS战略导向的大学管理"项目。在该项目框架下,高校管理控制得到了进一步发展,在结构规划与发展规划之间建立了密切联系。项目的目标是建立一个大学范围内的指标体系,该体系需要能够反映高校战略且可以测量其执行程度。

项目的第一步是从乌尔姆大学的结构和发展规划中选出战略目标,并将其分为"科研目标"、"教学目标"、"进修目标"和"综合目标"四个类别,这些目标都是可操作的。大学里的执行者和决策者每季度及每半年将会获得指标数据,这对每一个目标实现都大有益处。

大学的决策者(主席团、校董会、校务委员会、院系行政会议)会对该项目进行内部讨论,并确立项目发展过程。这样他们在制定有关未来的结构和发展规划的目标时,会更多反映乌尔姆大学的战略利益,并更注意审查目标实现的可能性。

与院系代表讨论该项目的目标和指标,可以让项目合作人调整目前计算方法中的某些指标,使其与大学内的处理程序相适应。这样做虽然比较麻烦,但是对于大学质量的提高很有效果。决策者可以在大学里的"SAP业务信息仓"中看到这些计算方法。

"质量发展、报告和审计办公室"每年都会发布指标和评估报告,并分析相关的目标发展情况。根据这些指标和调查结果,学院系主任会对学科的优势和劣势进行评价,同时提出改进措施及建议。研究委员会将研讨这些评估报告和评价。根据报告和意见,职能办公室和教学与国际事务副校长会整理出一份教学总报告,而这份总报告又将会在教学指导委员会和校务委员会中进行研讨。这样就形成了每年一次的质量控制循环(计划—执行—检查—行动)。

乌尔姆大学的例子表明,"迈入"目标导向的管理控制是可以通过一些具体项目来实现的。这通常需要外部的支持,尤其重要的是领导对此的支持。本例中大学总务长就是管理控制的核心任务负责人。

1.2.4 小结

当然,从以上三个简要的例子中还得不出什么一般性的普遍结论,但是我们已经明白了管理控制师所肩负的任务。简要来理解,就是通过解决调整及协调来帮助、支持企业领导:(1)管理控制师是企业领导的一部分并且直接归属于企业领导;(2)管理控制师负责提供给企业管理者目标导向的信息;(3)管理控制师任务的重中之重就是参与规划过程与操控流程;(4)协调和调整任务是管理控制师活动的中心;(5)确认组织战略方向可以看作管理控制师工作的一个重点。

1.3 一些语义学说明:监控、操控、管理控制、管理控制师职能、管理控制师

通过前文的例子,我们已经对管理控制师的任务有了简要的认识。然而,若是想从中得出普遍的一般性结论,还是有一定困难的。

无论在口语还是不同的专业术语中,"监控"和"控制"这两个词应用都十分广泛。但是,当人们提到这两个词的时候,却总是会产生一些歧义,而且人们也很难搞清楚,管理控制到底应该是什么。

在德语的管理文献中,大多数作者认为"监控"(Kontrolle)只是执行差异比较。例如弗里斯(Frese,1968,第53页)是这样定义监控的:"监控就是将计划值与实际值之间的差异转化为有关公司经营业绩的信息。"

在英语的管理学文献中,人们将"操控"(Control)一词理解为治理、导向、操控及规则化的过程,在这种情况下,"操控"(Control)和"管理控制"(Controlling)可作为同义词相互使用。安东尼和戈文达拉扬(Anthony & Govindarajan,2006,第3页)认为,一个组织中的"控制"包括"一切可供领导者使用的工具"。相比较于德语文献中的"监控"一词,英语文献中"操控"一词的释义更进一步。安东尼、迪尔登和戈文达拉扬(Anthony,Dearden & Govindarajan,1992,第20页)将以下四点归入"管理控制"(Management Control)的范围:(1)规划;(2)预算;(3)执行;(4)评估。

可以确定的是,"Control"一词不能用"监控"(Kontrolle)来翻译。从含义上考虑的话,操控这种说法更合适。操控意义上的管理控制是一项非常核心的管理任务,每一位管理者都要行使管理控制的职能。

在目标制定和实现上,国际管理控制师协会称,管理控制师是管理者的"业务合作伙伴"。管理控制师负责使每个人都有能力来自己控制其框架内所制定的目标和计划。作为过程和思路的管理控制,来自管理者和管理控制师的协作,这样就产生了所谓的"交集"(参见图1.5)。

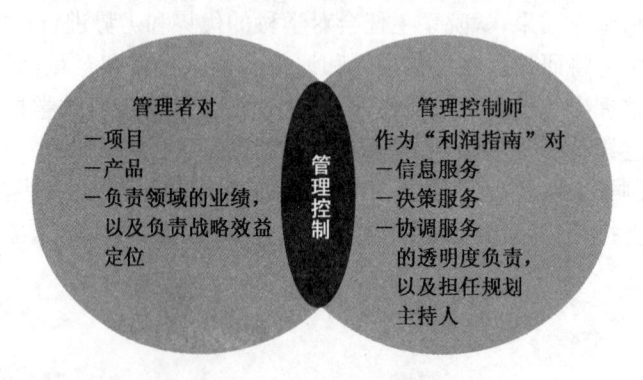

资料来源:国际管理控制师协会(第3页)。

图1.5 管理控制作为管理者与管理控制师之间的交集

英语的管理学文献将管理控制师的任务(正如我们在上一节所了解的那些任务)称之为"管理控制师职能(Controllership)",而要完成这些任务的人叫作"管理控制师"(Controller)[有时也会采用"审计师"(Comptroller)这个比较老的叫法]。

以下是一些经典美国文献中对这些词语的阐释：

(1)"'管理控制师'这个称谓在某种程度上是不恰当的。作为一名工作人员而非指挥长官，管理控制师既不能做出管理决策也不能施压于管理决策"(Cohen & Robbins,1966,第27页)。

(2)"他的职能是做报告、提建议并提供有价值的控制机制。负责公司营运的人才是做着真正控制的工作……在这种情况下，'规划和控制总监'这个称呼更加合适"(Heckert & Willson,1963,第11页)。

(3)"……他应该建设并运营一个系统，由此通过这个系统来控制管理活动"(Anthony,1965,第28页)。

在美国文献中，可能会产生这样的语言歧义，那就是"管理控制师"(Controller)的称号也可以用来称呼那些行使"管理操控"(Management Control)职能的人(Schmidt,1961)。这种文字游戏在德语中更加形式多样，例如："管理控制师"(Controller)一词看起来好像可以直接用德语中的"监控人员"(Kontrolleur)一词来翻译。然而前面的种种例子已经表明：管理控制师(Controller)并不是监控人员(Kontrolleur)！

这种歧义的产生主要是因为，"德语"的通常语境下的"管理控制"(Controlling)要么指"管理控制师职能"(Controllership)，要么指"管理控制部门"(Controllingabteilung)。但是我们的例子已经表明：管理控制师自己本身是不执行"操控(Control)"抑或"管理控制(Controlling)"任务的，他更确切地说是在一旁协助支持其领导。作为一项操控流程，管理控制也要通过管理控制师和管理者的协同合作才得以实现。

接下来的章节还会再详细阐述关于管理控制师的任务，它既不能用"操控"(control)一词，也不能用"监控"(kontrollieren)一词来界定。表1.4对这些重要的概念做了一些概述，这些概念也是本书中所使用的概念。本书的重点在于管理控制师的工作内容(即"管理控制师职能")，及其在管理控制过程中所起到的协助作用(即"管理控制")。

表1.4　　　　　　　　　　　　　　　核心概念概述

概　念	释　义
管理控制师	任务负责人，作为"业务合作伙伴"与管理者共同履行管理控制职能
管理控制师职能	管理控制师所有工作活动的总称
管理控制	管理者和管理控制师所协同合作的操控流程
管理控制师领域	组织单位"管理控制部门"，履行管理控制职能

因此，我们有必要一方面将管理控制与其相近概念加以区分，另一方面也要明确这些概念所存在的共同点。此处涉及以下三个概念：(1)管理操控；(2)管理会计；(3)绩效测评。

这三者的经典阐释我们可从表1.5中窥知一二，这些阐释表明，这三个概念分别聚焦了管理控制(=管理控制师职能)的一部分：(1)管理操控(MC,Management Control)着重于操控流程；(2)管理会计(MA,Management Accounting)着重于领导导向的会计工具；(3)绩效测评(PM,Performance Measurement)着重于测评成绩。

表 1.5　　　　　　　　　　　　　　和管理控制相关的理念

管理操控	管理会计	绩效测评
"所有级别的管理者确保其领导的人员都在执行他们所制定的战略过程"（Anthony&Govindarajan,2006,第4页）。	"管理会计是会计的一个分支,旨在为组织内的管理者提供信息。它是识别、测评、积累、分析、准备、阐释与沟通信息的过程,以此来帮助管理者实现组织目标"（Horngren,Foster&Datar,2011,第5页）。	"对一项活动或是价值链的绩效测评"（Atkinson et al.,1997,第729页）。

我们认为,实际上管理控制正是这样一个将各部门连接起来,以协助其完成领导职能的整体化纽带(参见图1.6)。

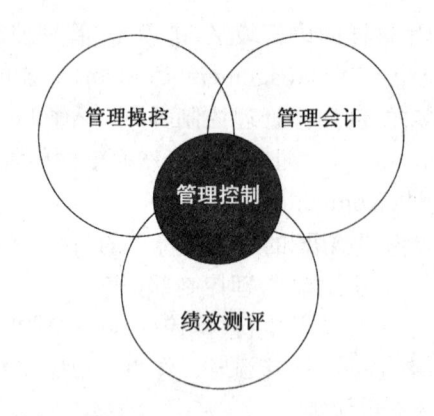

图 1.6　管理控制作为嵌入的领导支持功能

1.4　管理控制师的起源

1.4.1　美国

出现当今意义上制度化管理控制师职能,主要是美国19世纪下半叶工业发展的结果(Horváth,2002)。

杰克逊(Jackson,1949)对这段起源进行了实践调查并表明,美国企业中的管理控制师任务是从"secretary"(秘书)以及"treasurer"(财务官)的任务演化而来的,"由于涉及大量的会计工作或是其他有利的原因,有必要把会计职能从公司业务的秘书职能与财务职能中分离出来"(Jackson,1949,第9页)。

会计任务的增多不仅仅是经济增长所带来的结果,还由于更大、更广泛的捐税负担以及复杂的融资形式[T. H. 桑德斯(T. H. Sanders)为杰克逊(1949)所写前言]。

第一家设立"审计员"职位的企业是艾奇逊、托皮卡和圣塔菲铁路系统,该职位设于1880年,主要是执行财务相关的任务。

"审计师的职责主要在金融领域方面,并涉及公司所持有的债券、股票和证券……"[公司章程,引用于杰克逊(1949,第8页)]。铁路公司在当时是工业化的先驱(Chandler,1962,第23页),"通用电气公司"于1892年设立了管理控制师的职位,是首家设立该职位的工业企业。

但是,在接下来的几年中,管理控制师的任务似乎并没有得到广泛的认可,因为在143家美国大型企业中(195家受访企业),任务范围早在1948年就已经存在了,然而,被执行任务的

"平均年龄"却只有22年(Jackson,1949,第7页)。

实际上,1929年正处于大萧条时期,世界经济危机所带来的挑战加大了企业规划和会计的困难,也因此促进了管理控制师的诞生(Peirce,1964,第50页)。

"美国管理控制师协会"成立于1931年,该协会在1962年时已经拥有来自美国和加拿大的约5 000名成员。同年,该协会更名为"高级财务管理人协会",以便共同代表管理控制师、会计师和"财务总监"的相关利益(Hill,1976)。《管理控制师》杂志创办于1934年,自1962年起,其更名为《财务执行官》。1944年,研究机构"管理控制基金会"应运而生(自1962年更名为"高级财务管理人研究基金会")。

高级财务管理人协会于1976年就代表了9 300名个人会员以及美国五百强企业中的400家企业,美国千强企业中的800家企业。值得一提的是,1971年5月选出了第一位"全职主席"(匿名,1976,第82页)。

根据一项对25家领先美国大型企业的实证调查(由加州标准石油公司委托),管理控制师的基本职能早在20世纪40年代初就已经不仅仅局限于单纯的会计任务了(Voorhies,1944,第30页):(1)会计职能:会计记账、成本核算、拟定会计方法及系统、协调整个企业内部管理。(2)审计职能:制定和管理内部操控系统、内部审计、与外部审计合作。(3)税务职能:收集税务信息、纳税申报、与税务机关合作。(4)阐释职能:准备、分析及阐释财务信息,以便协助支持对规划、结果分析或其他外部内部事务的领导管理。

诺普尔(Knoeppel)于1935年给出的定义,在今天看来仍旧有其开创性:"我们可以把管理控制师职能定义为企业中的协调职能。这种职能是以一种独立且公正的方式开展工作,负责规划利润以及提供合适的利润操控机制。这是一项集调查、分析、建议、咨询为一身的职能。相关人员应在各个时间段研究企业的各个节点,参考销售和生产控制来提议该如何落实,经过高级领导层的批准或调整之后,运用'执行线'职能将提议落实到实践中"[Knoeppel,1935,引自于希尔(Hill,1976,第39页)]。

在这个时期,美国大型企业的管理控制师要么是管理领导层的一员,要么就直接隶属于该层级(Jackson,1949,第46页;组织计划和岗位描述,1949,第55页;Littlefield & Thompson,1965)。

人们开始越来越多地强调管理控制师所扮演的"协调代理人"角色(Bradshaw,1950,第15页),《管理控制师职能的演变》一书中也频繁地指明这一点(Anderson & Saunders,1950,第47页)。

杰克逊(1950,第17页)是这样说明管理控制任务在政府领域起源的:早在15世纪的英国王宫就存在Countrollour的职位,其工作是审查款项和货物的进出记录(比如"内阁大臣办公室会计审查员"),这个头衔之后出现于英国国家行政机构的各个不同岗位上(比如"海军管理控制师")。

美国国会于1778年通过法律,分别设立了"主计长、审计员、会计员以及六位会计专员"的职务。管理控制师负责监督国家预算与政府支出之间的平衡。该法经过多次调整,最终今天"总审计长"以独立职务的形式领导美国"会计总署"。

对"管理控制师"及"主计长"的词源解释有些复杂(Crow,1927,第1页):在中世纪的拉丁语中,"反向角色"(contra rolatus)一词是指以监控为目的对账款和货物的出入进行二次记录。contre rôle(法语)或是 counter roll(英语)演变成了后来的 countreroullour 或是 counter-roller。这个概念早在1292年就已经在英国被提到了(Jackson,1950,第22页)。

Comptroller一词源于16世纪的一个"语源学错误"(Jackson,1950,第22页),该词是由法语词compter("计算")作为词根来拼写的。如今在私营企业人们已经大多使用controller一词(Peirce,1964),然而在《新大英百科全书》(第Ⅲ册,1975,第57页)中仍用的是comptroller一词。

美国管理控制师协会(CIA)于1946年在其发表的《管理控制师办公室的地位》一文中,首次"官方"阐释了管理控制师的任务。然而,逐一列举每一项任务会显得十分混乱且不系统,因此人们将其划分为一般职能和特殊职能(Scharpff,1961,第223页):

1. 一般职能

(1)制订全面计划来监控公司运营过程,主要通过设岗高级主管人员和协调及不断补充单个计划,这样的计划应该包括符合公司要求的成本标准、支出预算、销售规划、盈利规划、投资和财务规划以及相关的具体实施措施。

(2)比较公司实际经营发展与在计划中所预期发展的差异,对各级管理层的经营业绩进行报告并分析其结果。该职能还包括建立一个系统,以便能编写、整理和阐明报告记录。

(3)确定公司目标的有效性,监测用以达成目标的措施和程序,并对此进行报告。这包含了对所有参与目标实现的企业岗位人员的不断建言献策。

(4)起草所有政府要求的报告文件,监督所有的税务事项。

(5)发现并报告企业外部影响因素,特别是那些影响公司实现业务目标的因素。

(6)通过内部审计和对保险的审查来充分保护公司资产安全。

2. 特殊职能

(1)设立与监督企业所有会计记录。

(2)撰写和评审企业财务报表与报告。

(3)定期核查企业所有账户和记录。

(4)生产成本的收集和汇编。

(5)销售成本的收集和汇编。

(6)清点存货与总库存评价。

(7)制作和递交纳税申报表以及监控所有税务事项。

(8)创建和评审所有统计文件以及企业报告。

(9)编制年度预算,需涵盖企业所有活动。

(10)定期核查企业总财产是否按照规定以一定额度进行了投保。

(11)在所有会计事务和程序中,制定、确立以及发布相关原则,在整个企业内部进行各系统之间的协调。

(12)对授权款项进行相关记录,对支出数目按要求给出证明并记录在账。

(13)对所有合同、出租以及租赁协议进行相关记录。

(14)批准支付金额以及同意所有支票、汇票和企业其他支付形式,这些票据由企业的全权代表签名。

(15)审查一切从企业保险库提取有价证券的授权,并再度核实其所用交易是否符合公司执行的相关规定。

(16)制定或批准相关规定与准则,以确保在任命或罢免政府或公共职位时,能保持意见一致,这是十分必要的。

(17)管理控制师与年度报表审计师保持联系,并负责回答其可能提出的问题。

管理控制师协会的"道德规范和合格标准委员会"提出了一个更加精炼的任务定义,并于

1949年获得通过,这17项任务在这里被总结成了六个任务职能组(CIA,1955)。

1962年,正值"美国管理控制师协会"更名为"高级财务管理人协会"之际,另一个官方定义面世了(FEI,1962)。其与1949年通过的定义基本相符,不同的是,在"财务管理"这个总概念下,区分"管理控制师职能"和"资金经理职能"(见图1.7)。

```
                        财务管理
           ┌───────────────┴───────────────┐
    管理控制师职能                    资金经理职能
```

管理控制师职能	资金经理职能
规划 把公司计划的制订、协调以及执行作为企业管理控制过程组成的一部分。规划包括盈利规划、资本投资和筹融资项目、销售规划、间接成本预算和成本标准。	**融资** 融资项目的制定和执行,包括融资交易和相关的财务联系。
报告和阐释 比较规划、标准和执行结果,以及在所有管理层面和资本所有者层面,对企业运营结果的报告与阐释。这个功能包括会计和资产负债表编制准则、系统过程协调以及待处理数据和特别报告的准备。	**投资人联系** 创建和维护企业相关有价证券市场,并且保持与投资银行、金融界专家和股东的相应联系。
评估和指导 当涉及实现既定目标以及发挥准则、组织架构和企业运营的作用时,针对所有负责公司不同领域准则和执行的管理部分的指导。	**短期融资** 创造并维护目前企业短期信贷需求的来源,如商业银行和其他信贷机构。
税务事项 处理税务事项准则及方法的创立和应用。	**银行账户与监管** 披露银行账户,包括对企业资金和有价证券的监管和理财,以及承担不动产业务财务方面的责任。
国家层面的报告 国家层面报告起草的管理与协调。	**贷款及应收账款兑现** 客户贷款和到期应收账款监管和审批,包括对销售融资特别协议的控制,如分期付款和租赁计划。
财产保障 通过企业内部控制和审计,也通过保险保障监管,进行财产保障。	**资本投资** 企业资本基金的有目的投资,养老公积金或其他相似用途资本投资准则的起草和协调。
宏观经济调查 有关经济和社会能力的持续调查、国家层面的影响以及对企业可能发生影响的评估。	**保险** 考虑必不可少且充分的保险保障。

资料来源:FEI(1962,第289页,德语版1969)。

图1.7　FEI所提出的管理控制师职能与资金经理职能的区别

为了能展现管理控制师职能于 20 世纪 50 年代在美国的状况,就不得不提到诺贝尔获奖者赫伯特·西蒙(Herbert Simon)的研究,该项研究时至今日仍然意义非凡,因为它将管理控制师的角色勾勒成为经理的伙伴。这项"经典"研究的结果基于美国 7 个大型企业的 400 次采访,涵盖了 5 个一般主题(Simon et al.,1954,第Ⅶ页):(1)管理控制师部门的组织以及管理控制师任务的跨度;(2)会计定期报告的结构和内容;(3)管理控制师之间以及管理控制师部门和其他部门之间的沟通渠道;(4)由受众来评估定期报告;(5)一些会计信息起了很大作用的决策例子。

在众多至今仍具有现实意义的研究结果中,我们首先关注那些有关管理控制师任务的研究。从本质上来说,在研究期间参与调查的企业中,管理控制师的核心职能主要是在会计领域(Simon et al.,1954,第 12 页)。此外,在所有企业中,管理控制师都会参与公司决策过程,但这种决策参与并不是调查的研究对象。

在受访企业中,会计的信息功能让决策者一般考虑以下三个问题:(1)我工作得好还是不好?("计分卡问题");(2)我该主要解决哪些难题?("注意力引导问题");(3)我如何可以最优化完成工作?("解决难题")。

因为管理控制师首先扮演着信息提供者和信息顾问的角色,所以组织的集权或分权取决于信息受众在组织中的职位,在这种情况下,以下五个因素对管理控制师至关重要(Simon et al.,1954,第 2 页):(1)会计报告结构;(2)会计职能在企业中的"地域"分配;(3)会计子部门正式分配给会计信息受众;(4)与信息受众的非正式关系;(5)信息渠道的结构。

研究表明,鉴于以上所有因素,相同的组织集权/分权化程度不能满足所有因素的要求。

需要强调的是,根据之前所提出三个问题的答案,将会计进行组织分离是十分必要的:(1)记账会计("计分卡问题");(2)通过定期报告支持运营部门("计分卡问题以及引导注意力问题");(3)专门研究("解决难题")。

根据研究,前两个提到的领域更应该实施分权化,而对于专门研究来说集权化是最有优势的。

西蒙等人认为,"典型"管理控制部门的结构应如表 1.6 所示。

表 1.6   20 世纪 50 年代"典型"的管理控制部门

管理控制师				
一般会计	成本规划和分析	销售会计	专题研究	内部审计师
1.财务会计——所有部门 2.成本会计和现状分析——除生产及销售外的所有部门	成本会计和现状分析——生产部门	1.销售会计 2.成本会计和现状分析——销售部门	在公司层面的专题研究——所有部门	内部审计

资料来源:西蒙等(1954,第 71 页)。

除了会计任务外,管理控制师部门涉及的阐释和咨询任务越多,分权化就越具优势。但是,此处"优势"到底指的是什么?管理控制师组织在何时是有效的?西蒙等人认识到了这些问题的重要性。根据作者的观点,人们只能用一系列论证来间接地回答这些问题(Simon et al.,1954,第Ⅵ页):(1)管理控制师提供的信息服务有助于更好地实现企业目标;(2)管理控制师领域会产生成本,应该追求同等信息服务的情况下更低的成本;(3)长远来看,组织结构和员工质量之间存在着十分重要的联系。

由此得出结论(Simon et al.,1954,第Ⅵ页):在以下情况下,管理控制师部门是有效的:(1)提供高质量的信息服务;(2)信息服务产生的成本达到最低;(3)支持有资质员工的长远发展。

美国的另一项实证研究,对管理控制师职能的构成有着至关重要的意义。在其关于"部门分权企业中的管理控制师职能"的研究中,萨特(Sathe)系统而全面地阐述了管理控制职能的情境影响因素。

在1978年首次出版的研究结果中,萨特提出了一种"角色理念",以区分"所需角色"(required role)和"实际角色"(role actually performed),这两种角色都取决于一些情境相关的变量(参见图1.8)。将两种角色相互"匹配"起来,对于管理控制职能的有效性来说是至关重要的。

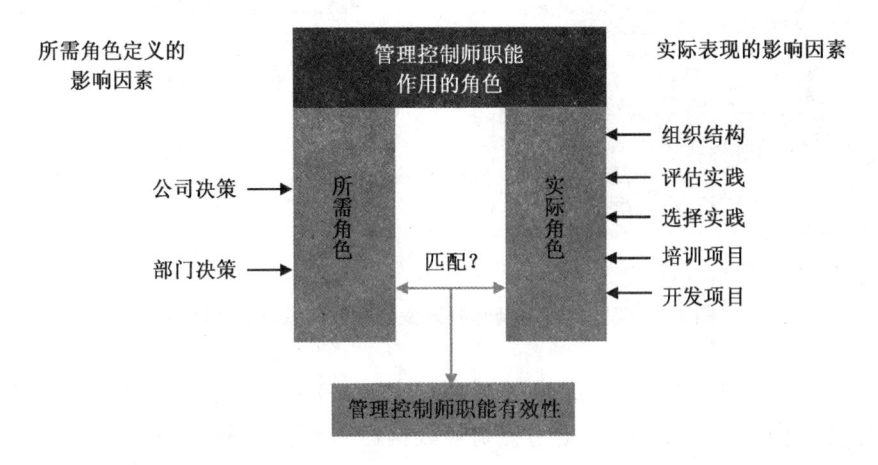

资料来源:萨特(1978,第11页)。

图1.8 管理控制职能的情境影响因素

在其实证研究中,萨特(1982)还进一步探讨了部门管理控制师和集团管理控制师参与决策的问题。基于一个情境关系模型以及系统假说,萨特列出了一些影响集团及部门管理控制师决策参与程度的可能因素(见图1.9)。

从各种研究中,我们可以得知一些对我们十分重要的事实,以及管理控制的发展历程:

(1)管理控制师任务虽然形式多样,但是,在绝大多数情况下,有一些任务是不变的(例如内部会计、预算和报告);

(2)在管理实践中,由于任务名称差别很大,所以比较好的做法是,不去关注管理控制师本人,而是关注管理控制任务本身;

(3)管理控制任务的构成似乎是取决于某些影响因素的(例如企业规模);

(4)管理控制任务在数量和质量上都在不断提高,其不再只将任务重点放在"会计"上,如今参与规划也是一项同等重要的任务。整个发展历程是很清晰的:在西蒙等人(1954)进行的"经典"调查中,管理控制师仍是将自己掌握的数据转变为信息工具的会计员;但在萨特(1978,1982)的研究中,管理控制师已经参与到规划中了。

在美国,管理控制不是一个学术性的话题,而是更多出现在一些以管理实践为导向的管理文献中。第一本论述非常全面的专著出自杰克逊之手,他(1949,第25页)认为管理控制师的基本职能仍旧是"将会计从它的紧身衣中解放出来,以便用于实践管理"。赫克特和威尔逊

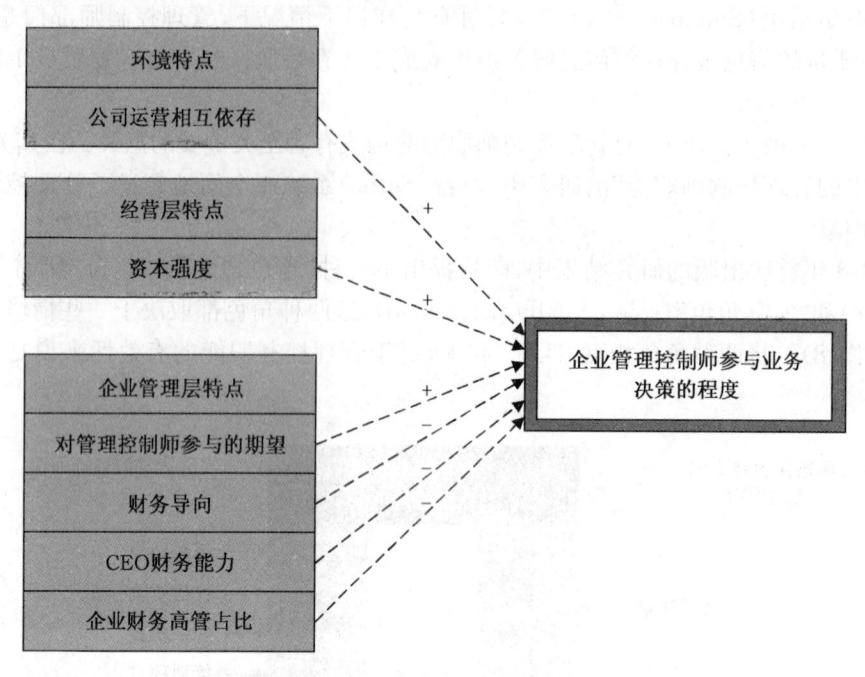

资料来源:萨特(1982,第77页)。

图 1.9　集团管理控制师决策参与程度的情境影响因素

(Heckert & Willson,1963,第11页)则强调了会计的未来发展:"若想正确地履行管理控制师职能,最基本的是要有一种态度,即通过将财务数据运用到公司未来活动中,给财务数据注入能量与活力。"安德森、施密特和麦克什(Anderson、Schmidt & McCosh,1973,第8页)将管理控制师的任务拓展到了信息加工领域:"……信息是核心,也是管理控制师的职责所在。"在《企业会计师和管理控制师百科全书》(1975,第25页)中,管理控制师的存亡甚至与其是否能够完成全面的信息处理任务联系起来:"为了生存,实际上他必须担任起内部顾问的角色,他要收集、处理、报告信息以及为整个企业的各个部门提供其所需相关信息,他需要对整个流程负责。"也常常提及管理控制的协调任务,赫克特和威尔逊(1963,第93页)强调:"管理控制职能最高形式的最本质内容就是协调——收集各方观点最后形成行动计划,再由高级领导层批准或调整,这种做法已经被广为接受了。"

安德森、施密特和麦克什早于1973年在其著作的新版序言中就已经表明,由于企业规划的发展和公司对IT的应用,管理控制任务虽然没有发生实质性的变化,但其任务重点却发生了改变。相较于规划任务,会计任务已经渐渐退居幕后了。

在后期的独立专著中,"管理控制师职能"这个主题仍出现得不多,一些重要的教科书主要关注"管理操控"的主题(Simons,2005;Merchant,1997)。

自20世纪90年代中期以来,在美国的管理会计和管理操控文献中,出现了角色的转变,从历史导向的会计转变到了战略导向的管理控制师。尤其要特别关注的是,卡普兰和诺顿(1992,1996,1997,2000,2001)提出的平衡计分卡以及西蒙(Simon,2000)提出的绩效测评,将企业内部战略执行和用非财务变量评价业绩摆到了中心位置。库珀(Cooper)在其文章中总结道:"对管理会计员的需求会下降,但对管理会计的需求会上升"(1996,第40页)。库珀将这个发展归结于,管理控制任务和经理、专业部门任务领域越来越高的集成度。库珀认为管理控制师是"高技能人才、管理团队中的重要成员",但是管理控制师在未来仍要发展其"系统设计和实施、变化管理及战略"的能力(1996,第40页),同时还应继续并加强成本管理。这些发展变化同样对近几年德国的管理控制产生了巨大影响。

在美国以及整个英语语言区,管理控制师职能意义上的管理控制都不属于大学教授内容,那些在美国出版的相关书籍都是由经理们撰写的。

受历史所限,一些领先的职业协会仍然运用"管理会计"的名称,如美国管理会计师协会(IMA)以及英国特许管理会计师公会(CIMA),但它们实际上已经涵盖了管理控制师的整个工作领域。这两个协会均成立于1919年。

表 1.7　　　　　　　　　　　国际管理控制职业协会

职业协会	
美国管理会计师协会成立:1919年	美国管理会计师协会(IMA®)是全球领先的管理会计师组织,致力于提升管理会计师和财务专员的业务能力(美国管理会计师协会,2013b)。有65 000名成员,位于新泽西州(http://www.imanet.org)。
英国特许管理会计师公会成立:1919年	英国特许管理会计师公会(CIMA)位于伦敦(http://www.cimaglobal.com),是全球最大的专业性管理会计师组织。其致力于帮助人们和企业在私人和公共部门取得成就。在全球173个国家拥有203 000名会员和学员,他们就职于工业、商业和非营利性组织中的核心部门。拥有稳定强大的雇主资源,并且资助领先的科学研究(英国特许管理会计师公会,2013)。

1.4.2　德国

迄今为止,我们只介绍了美国的情况,那么管理控制师的概念是如何引入德国的呢？总的来说,直到20世纪50年代下半叶,管理控制职能的概念才在德国流行起来。在此期间,经理们(显然是去过美国之后)出版了很多相关的文章书籍,这些出版物也促进了管理控制概念的进一步传播(Zastrow,1955;Pochmann,1956;Auffermann,1957;Abromeit,1959)。

在《法兰克福汇报》(*Frankfurter Allgemeinen Zeitung*)有关"作为领导工具的美国会计"的系列文章中,在其文章的引言部分,格里兹(Gretz,1965)对管理控制师做了如下阐述:"一个公司有两个财务总监而不是一个,这种设想对德国的很多企业来说是十分恐怖的。因此,广泛存在于美国的将财务总监职能对半分配的方法在德国很大程度上不受欢迎。"不过,格里兹在其文末的看法还是乐观的:"毫无疑问,管理控制师的角色在德国会变得重要起来,只是也许以一种更符合当地情况经过改进的形式。"有趣的是,格里兹的文章引发了读者的很多疑问,为了解决这些疑问,该系列文章又刊登了另一篇关于管理控制师的文章(Heimann,1966)。

亨茨勒(Henzler)于1974年提到了由麦肯锡咨询公司在1973年做的一项从未发表的实证研究,该项研究表明,在1973年,受调查的30家德国"典型"大型企业中(年营业额>110亿马克),有90%(1960年为40%)的企业设有独立的管理控制师职位。其中,30%的管理控制师是执行董事会成员,60%位于第二级领导层,10%是再次一级领导层的管理者。

表 1.8 亨茨勒(1974)对管理控制师类型的分类

管理控制师特征 \ 管理控制师类型	历史会计导向的管理控制师	未来和执行导向的管理控制师	管理系统导向的管理控制师
提供的信息	文件型、涉及过去、条理性、(严谨的)精确性	论点及决策支持型、涉及未来、快捷性先于精确性	除了由未来行动导向的管理控制师提供的信息之外,方法被赋予重大意义
系统导向跨功能的理念	没有	偶尔有	管理控制师自我认知的核心
与企业其他职位的关系	没有服务想法	作为"猎犬",产生显著(阻碍功能发挥)的冲突	显著的服务想法,协助取代监控、评价和核准
传统的符合管理控制师的职位	(传统理解上的)会计的领导	内部会计以及企业经营的领导	由企业内外部环境复杂性和动态性增强创造的新职位

亨茨勒根据不同的情境将管理控制师分为三种类型(见表 1.8):(1)历史会计导向的管理控制师,其活动于一个比较稳定的环境中;(2)未来和执行导向的管理控制师,其工作于一个相对动态的环境中;(3)管理系统导向的管理控制师,其典型存在于一个高度动态且不连续的环境中。

早在 1979 年曾德(Zünd)就已经认识到:"不同的环境,不同的管理控制师"。

霍华德、盖德尔和哈根(Horváth,Gaydoul & Hagen)在 1978 年的一项研究显示,德国管理控制师任务的发展类似于美国,该项研究涉及以下三个问题:

(1)管理控制基本职能在德国企业中的实现程度如何?
(2)在德国企业中,管理控制部分职能在某个任务执行者身上的集中化程度如何?
(3)管理控制职能的形成与企业的大小及其所处行业是否有关联?

德国经济理性化与创新中心(RKW)的约 6 900 名成员公司参与了此次研究调查,其中 463 份为有效问卷,RKW 的成员公司非常有代表性地展示出了德国的经济概观。作为对照组的企业是那些人们从出版物、专题会议报告等中可以了解到的企业,它们也在企业内部执行管理控制。受邀的 123 家企业中,有 72 家参与了调查,调查的主要结果为(Horváth & Gaydoul 1978;Gaydoul,1979):

(1)在 1978 年,30%~40%的德国企业设有用于执行管理控制职能的独立岗位。在员工数超过 5 000 人的企业中,超过 90%设有管理控制师职位。在员工数不足 1 000 人的企业中,设有这样职位的企业不足 30%。

(2)以下任务最常列入管理控制师任务领域(以频率为序):①浓缩会计数据;②协调规划;③执行经济性核算;④监督报告分发;⑤调查信息加工的成本发展;⑥实施目标规划;⑦协调 IT 项目;⑧拟订子计划;⑨编制年终财务报表。

(3)在企业规模和能实现的管理控制任务数量之间存在着联系。

(4)无法确定行业和管理控制职能之间是否存在一定的联系。

(5)根据美国的文献和实证研究结果,人们整理出一个基本的"管理控制组成模块"。以此为依据,大约有 82%的受调查企业不具备超过 60%的"模块组件"。

这项研究主要阐明了一个观点,那时中小型企业对管理控制的认识是滞后于大型企业的。

施托费尔(Stoffel,1995,第 248 页)对德国、法国和美国的管理控制实践进行了比较实证调查,该调查表明,那时三个国家在任务和组织上都存在着显著差异(见图1.10)。

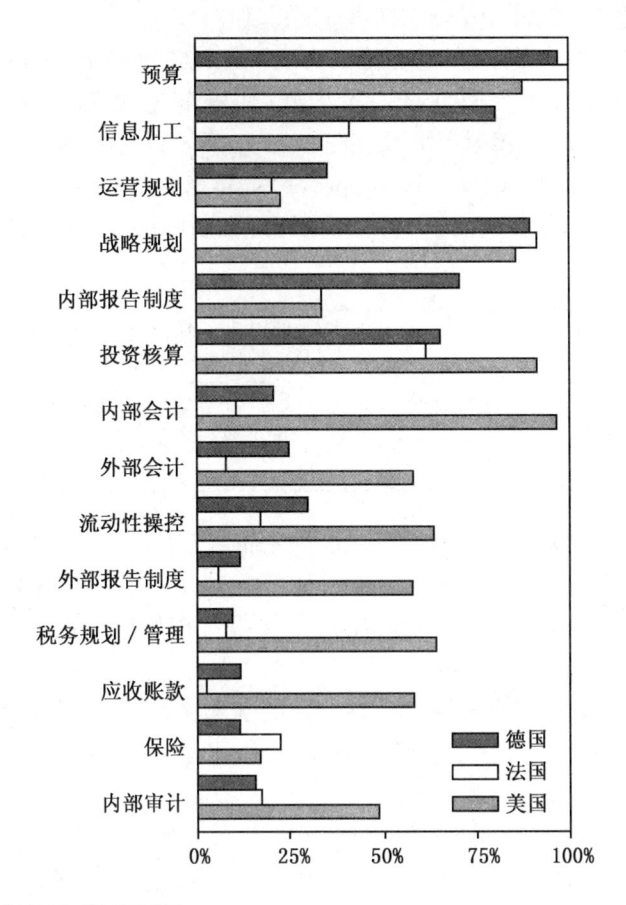

资料来源:Stoffel(1995,第157页)。

图1.10 德国、法国和美国管理控制师在不同任务中的参与度

(1)美国管理控制师的特点是,其主要参与一些和财务有关的任务。在规划时,他们把任务重点放在预算编制和报告上。因为其工作重点的原因,在2/3的情况下,美国管理控制师都在财务领域任职。

(2)在大多数情况下,法国的管理控制师是独立负责预算的。在多数企业中,他们隶属于第三级领导层。比起德国和美国的企业来说,法国管理控制师对协调任务不是特别重视。

(3)在所有规划层面上,德国管理控制师所具有的协调职能是最大的。不同于美国和法国,德国的管理控制师对于战略规划的参与度很高,与财务有关的任务反而几乎不属于其工作领域。如果说管理控制在美国和法国还只是在管理实践领域,那么在德国管理控制已经与理论相结合,达到了一个更广阔的层面。

现如今由于全球化的缘故,德、法、美三国在很多方面实际上已经趋同。

正如前文所提到的,从20世纪下半叶开始,德国的经理们致力于通过出版物在德国传播管理控制的理念。

其实,一些德国高校的企业管理教师早就洞悉了管理控制职能的重要性。早在1961年,卡弗(Käfer)就指出,会计未来最重要的任务就是过渡到"管理会计",而作为会计负责人的管理控制师将是这个发展的主要载体。布斯曼(Bussmann)在其所著教科书《工业会计学》第一版(1963)中,用整整一章来介绍管理控制师。20世纪70年代初,一些其他的科学著作也详细地讨论了管理控制理念(Zünd,1973a、1973b;Hahn,1974)。

20世纪70年代下半叶,管理控制在德语文献中的地位已经基本确立。第一批关于管理控制全面的专著也在这个时期面世:(1)霍华德(1979年第1版,最新:2015年第13版);(2)艾希曼(Reichmann,1985年第1版,最新:2011年第8版);(3)韦贝尔(Weber,1988年第1版,最新:2014年第14版);(4)库佩(Küpper,1995年第1版,最新:2013年第6版)。

德国的这些实践经验是在成立于1975年的管理控制师协会(现为国际管理控制师协会)中积累起来的。

国际管理控制师协会 http://www.controllerverein.com	成立时间:1975年 所在地:德国慕尼黑高廷
国际管理控制师协会目前拥有来自欧洲12个国家的6 000名成员,他们是来自管理实践领域和学术领域管理控制师的最大利益代表。该协会的成立在很大程度上要归功于现今的名誉主席阿尔布雷希特·道尔(Albrecht Deyhle)。	

国际管理控制师协会的创始人和首任主席阿尔布雷希特·道尔率先致力于管理控制师职能在管理实践中的传播和发展(Deyhle,1979),他还于1975年创办了管理实践杂志《管理控制师杂志》。专注于应用科学的《管理控制》杂志由彼得·霍华德和托马斯·艾希曼(Thomas Reichmann)于1989年创办。

总的来说,相较于美国出版著作而言,在德国的学术文献中,有关管理控制概念和理念方面的阐述占据很高比重。不同于管理实践,直至今日,德国和美国的文献对于管理控制的理解和观点还是有很大的不同。

综合性大学和应用技术大学同样在20世纪70年代开始培养管理控制师。达姆施达特科技大学(TH Darmstadt)于1973年设立了第一个专注于管理控制领域的教席(教席负责人:彼得·霍华德教授)。

1.5 管理控制现状

如今,管理控制师职能在世界上已有了一个相对统一的解释,即支持协助领导的职能。国际管理控制集团(IGC)所提出的管理控制师范式,很好地阐释了其核心特点(见表1.9),德国的国际管理控制师协会(ICV)也认同该范式。

表1.9 国际管理控制集团提出的管理控制师范式

作为管理的伙伴,管理控制师对组织可持续成功做出贡献。 管理控制师职责: 1.制定并跟进寻找目标,规划和操控的管理过程,使每个决策者以目标为导向行事。 2.关心有关未来的工作,并且利用机会、规避风险。 3.将所有参与者的目标和规划统一到一个既定的整体中。 4.开发并维护管理控制系统,确保数据质量并且关注对决策起关键性作用的信息。 5.作为企业整体经济的良知对整个企业负责。

资料来源:IGC(2013)。

美国的职业协会管理会计师协会(IMA)也提出了相类似的概念(见表1.10)。

表 1.10 管理会计师协会提出的管理控制师范式

> 内部会计师和财务专员的职责:
> 1. 管理影响业绩的关键性功能;
> 2. 协助组织管理和战略发展;
> 3. 为优化决策提供富有洞察力的精准信息;
> 4. 制订长期计划并保证持续发展;
> 5. 保护组织和主要利益相关者的利益。

资料来源:IMC(2013a)。

在上述章节中所提到的那些经验研究表明,管理控制任务迄今为止发展的特点是其任务重点的转变。内部会计不再占据主导地位,相对地,规划任务的重要性日益突出。随着时间的推移,管理控制师已经成为企业管理中的顾问和协调员。我们在引言部分提到了当前环境不连续性、动态性以及复杂性的发展趋势,我们必须认识到,这种趋势会促使企业管理和组织结构的重新定位。

尽管如此,管理控制师任务时至今日发展状况如何?我们在以下六个领域看到了显著进展:(1)"哲学理念";(2)任务领域;(3)参与决策;(4)工具;(5)组织结构;(6)传播。

本书接下来的章节还会详细地讨论这六个领域,这里先提前对这些要点进行简要说明(Horváth,1997;Weber,1997;Horváth,Isensee & Seiter 2011):

提到管理控制"哲学理念",不得不说的一个至关重要变化就是,人们的想法从公司持续经营的层面转变到了鼓励创新的层面。该"哲学理念"不在于谋求企业内部保持一定状态;"……我们的目标必须是拥有适应能力,从而使企业的操控能力达到最优"(Vester,1984,第 3~83 页)。管理控制师并不应该传达什么数字,而是传达一些能力。

协调任务和信息任务也由此得到了扩展和改变。不单单只是日常运营,对战略规划和监控的支持也变得十分重要(参见第 3 章)。

总体上可以看到,管理控制师越来越多地参与到决策中来。其原因可能在于,过去人们需要利用充分的信息和方法,并通过对其阐释和评价来协助进行决策,但如今这个步骤已经不再如此重要了。管理控制师现在扮演着领导"业务合作伙伴"的角色。

早在几十年前,IT 支持就已经属于管理控制师日常工作的一部分,只有通过这种方法,才能彻底完成一些复杂的任务。随着 IT 支持已经全面渗透到了运营层面,其在战略层面上的应用也日益加强(参见第 5 章)。

在各领导层面不断增加的协调需求导致了管理控制的分权化,相应地,管理控制职能变得越来越特殊化(参见第 6 章)。管理控制是公司治理监控环节的一部分(参见第 7 章)。

此外,管理控制也必须考虑到有所改变的组织现实。越来越多涌现的网络型结构已经成为一种趋势,其促使了管理控制的进一步发展。协调和信息供给如今不再仅局限于个别企业,而是确保整个企业网络的运行。

在当今的企业实践中,有一些专门的管理控制师来负责所有重要的企业职能,例如:(1)市场营销管理控制师(Artz,2010;Link & Weiser,2011;Ziehe,2013);(2)IT 管理控制师(Gadatsch,2012;Kütz,2013);(3)研发管理控制师(Schmeisser et al.,2006;Stirzel,2010);(4)物流管理控制师(Gleich & Daxböck,2014;Göpfert,2013;Weber & Wallenburg,2010)。

他们的任务是,在规划、监控以及信息供给方面协助支持这些部门的领导管理。

在过去几十年中,带有实业特征的管理控制职能在一些领域也站稳了脚跟,这些领域之前并没有注意到管理控制职能的存在。首先是一些服务性企业,如(1)金融机构(Hörter,1998；Schuster,2014);(2)咨询公司(Lippold,2014);(3)贸易公司(Becker & Winkelmann,2014；Buttkus & Neugebauer,2012);(4)保险公司(Drapatz, Hess & Franke,2011；Hallmann et al.,2008)。

管理控制师涉足的另外一个领域便是公共行政管理。需要检验企业管理中的一些成功理念是否也适用于公用事业和公共行政管理,这种观念也适用于管理控制。总的来说,因为在公共组织中也会涉及规划问题和信息供给问题,所以这种适用性是存在的(Weber,1983；Hirsch et al.,2009)。一些具体例子如下:(1)地方行政机构(Bachmann,2009；Hieber,2011);(2)交通运输公司(Kummer,2010；Sterzenbach et al.,2009);(3)医院(Schirmer,2010；Holzeretal,2010);(4)大学和研究机构(Höfer-Diehl,2014；Graf & Link,2010；Kothcier,2005);(5)法院和检察院(Berens et al.,1999；Minning,2000)。

1.6 管理控制的发展趋势

"在日渐复杂和不断变化的经济环境下,菲尼克斯电气作为国际上的全球玩家,在很大程度上需要通过管理控制来支持其管理。管理控制必须以此为准达到这个要求,而由此产生的挑战是多层次的。管理控制必须朝承担公司操控和协调职能的商务咨询管理方向进一步发展。……此外,我们必须主动地通过和谐化以及标准化来促进公司的国际化发展。对管理控制的理解也与国际子公司息息相关,将是一个振奋人心的话题。"

——安德里亚斯·劳(Andreas Rau),菲尼克斯电气管理控制负责人(Rau & Hoffjan,2009,第60页)

正如我们在之前引言中汉斯格雅的例子中看到的,越来越多的管理控制师从单纯的"数据供应商"向"业务合作伙伴"发展(参见1.2.2节)。这个发展趋势也将在接下来几年延续下去,但是它们会受到新挑战的影响。以下三个领域将在未来几年对管理控制者产生深刻影响:

(1)经济和社会目标作为可持续性的一部分被整合进控制系统中,非财务信息越来越受到重视。

(2)潜在的新信息技术(互联网、大数据)将会从根本上改变企业创造价值的过程("工业4.0"),这些信息技术将为管理控制者提供能够最大限度支撑他们决策的信息。

(3)内外部风险将继续增加,有关风险管理的话题和与之相关的治理及合规问题也会更加强烈地影响管理控制师的工作。

在后续章节中,我们将会更详细地讨论以下话题:我们将结合目标系统讨论经济和社会目标(参见第2.3.1节);会有专门的一个章节探讨信息技术(参见第5章);公司治理也同样会独自成章(参见第7章)。

对国际管理控制师协会成员进行的一个实证研究项目的结论(Goretzki et al.,等,2011),证实了我们的重点设置,表1.11(1~10的层级)不仅展示了管理控制未来主题的内容,也探讨了其专业性的发展方面。

表 1.11　　管理控制的未来主题

未来主题	当前重要性 平均值	当前重要性 标准差	预期重要性增长 平均值	预期重要性增长 标准差
信息系统	5.6	1.3	5.6	1.2
效率&管理控制	5.4	1.3	5.6	1.2
管理控制对战略规划的参与度	4.8	1.5	5.3	1.3
可持续性	4.5	1.7	5.0	1.5
合规	4.5	1.6	5.0	1.3
业务合作伙伴	4.4	1.6	4.9	1.5
波动性	4.4	1.6	4.7	1.4
行为导向的管理控制	4.0	1.5	4.7	1.5
管理控制师接班人	3.8	1.5	4.4	1.6
内部会计和外部会计的相互作用	3.6	1.9	3.7	1.7

资料来源：Goretzki 等（2011，第 100 页）。

有趣并重要的是，该实证研究中提到的未来主题如今意义重大，并且在未来会变得更加重要。

1.7　实践和理论中的管理控制

通过上述介绍我们可以得知，管理控制这个概念实际上是来自实践经验的一个创新产物，所有我们目前提到的管理控制进一步发展都是源于管理实践。因此，有关管理控制的一切探索以及科学分析也都应该从管理实践中的事实出发。

哪些方法可以用于了解管理控制在管理实践中的现状和发展呢？有两种途径：一种是对现有文献进行二次分析的间接途径，另一种是直接对本身进行针对性分析的直接途径。我们可以对文献进行如下的划分：(1)"官方的"社团协会出版物；(2)有关管理控制的任务、组织和发展专门经验的研究报告；(3)有关管理实践中"典型的"或"值得效仿的"解决方案的出版物；(4)管理控制职能的相关教材及参考工具书；(5)科学研究。

在进行文献研究时，每个人都应该不断地确认自己文献的内容种类，这不仅仅适用于管理控制的主题，例如：(1)文献中所描述的是个别案例吗？(2)作者有没有提出类似"……是必要的""……值得推荐"形式的建议？(3)如何经验性地证明一般性见解？(4)是否有抽象概括的模型？(5)文献内容有哪些理论依据？

总的来说，根据内容，文献可以分为三大类：(1)无科学性要求对经验的纯描述和建议；(2)以知识获取为目的的科学分析；(3)应用科学研究。

目前还没有德语版的管理控制学术期刊，但在英语地区已经出版了一些，例如《管理会计研究》(Management Accounting Research)。另有一些科学期刊也涉及了管理控制这个话题，但这些期刊所关注的领域更加宽泛，主要是针对"会计学"领域，相关杂志如《会计评论》(Accounting Review)和《欧洲会计杂志》(European Accounting Journal)。此外，在一般企业管理的科学期刊中，也有有关管理控制的文章（例如《企业管理研究》(Zeitschrift für betriebs-

wirtschaftliche Forschung，ZfbF)。表 1.12 列出了其他涉及管理控制实践以及相关领域应用研究比较重要的期刊名称。

表 1.12　　　　　　　　　　实践导向的管理控制杂志

出版者	名　称	出版周期	聚　焦
KV	《管理控制师杂志》(www.controllermagazin.de)	双月刊	源于实践应用于实践
IMA	《战略财务》(www.imanet.org)	月刊	源于实践应用于实践
CIMA	《财务管理杂志》(www.fm-magazine.com)	10 期/年	源于实践应用于实践
Horvath、Reichmann、Baumöl、Hoffjan、Möller、Pedell	《管理控制》(www.zeitschrift-controlling.de)	10 期/年	应用研究+实践
Schäffer、Weber	《管理控制 & 管理》(www.springerprofessional.de)	双月刊	应用研究+实践

除了自己进行科学分析外，对管理实践者来说，直接途径首先是参与到讨论组以及重点讨论组中去。管理控制师讨论组旨在创建一个"管理控制师社区"，用以对管理控制师工作中所存在的当前相关问题以及发展趋势进行持续、长期的经验交流。值得一提的讨论组有：(1)WHU 管理控制师讨论组（http://www.whu.edu/fakultaet-forschung/management-group/institut-fuer-management-und-controlling/business/whu-controllerpanel/controllerpanel-d-a-ch）；(2)霍华德合伙公司（Horváth & Partners）管理控制师讨论组（http://www.horvath-partners.com/de/panels/cfo-panel）。

国际管理控制师协会为其成员提供了许多讨论组，以便他们讨论当下相关的管理控制问题。协会举办的各种代表大会和讨论会也是值得一提的。

在英语国家，从未对管理控制的概念和科学特点进行根本讨论。人们讨论的都是有关在前面所提到的，如在管理会计中进行科学研究的方法问题，这同德语国家很像。

相反，在德语区人们从最开始直至今天对管理控制的概念和理念进行了很多讨论，大多数学术教科书把这个主题作为一个详细的引言章节来写（有关不同的理念，参见第 2.3.5 节）。

在对管理控制进行科学性研究时，德国企业管理学主要碰到以下两个问题：(1)应该把管理控制理解为企业管理学下的子学科吗？(2)如何处理"严谨性"和"相关性"之间的冲突？（这个问题显然不是针对管理控制提出的，而是针对企业管理学整体。）

第一个问题可以用一句简单的"是"来回答，在学术讨论中人们对此也并无分歧。

库佩等（2013，第 10 页以及图 1.11）对此提出了需要满足的三个要求：

(1)管理控制提出了一个有界定的统一问题；

(2)针对管理控制所提出的问题，发展出了一些独立的理论方法；

(3)管理控制在实践中被证明是一个独立的理念。

对于第二个问题，科学家们要逐一回答。是财务方法的严谨性居于首位，还是管理控制师首先要关注其研究的现实意义和相关性？对于我们来说，实践是最后的"程序"（Küpper et al.，2013，第 11 页）。我们将在本书中润色和深化一个十分清晰的理念（参见第 2 章），但同时也会一直对其实践相关性进行探究。

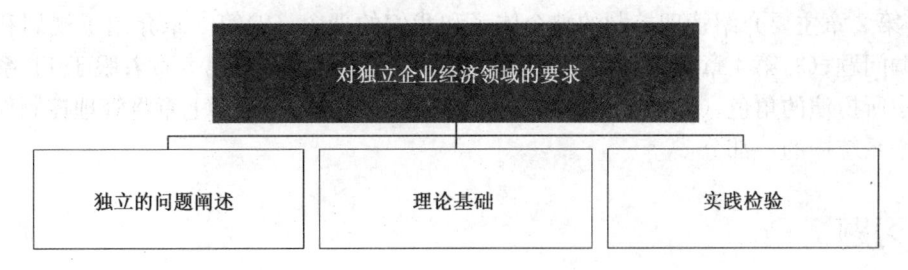

```
                    ┌─────────────────────────────────┐
                    │   对独立企业经济领域的要求        │
                    └─────────────────────────────────┘
                          │            │            │
                    ┌──────────┐  ┌──────────┐  ┌──────────┐
                    │独立的问题│  │理论基础  │  │实践检验  │
                    │  阐述    │  │          │  │          │
                    └──────────┘  └──────────┘  └──────────┘
```

资料来源：库佩等(2013,第10页)。

图1.11 管理控制作为企业管理下独立的子学科

总结与展望

根据对实践经验和文献资料的分析，我们认识到管理控制的任务是一种职能，该职能通过协调规划、监控以及供给信息来协助组织，以提高其领导能力。可以确定，在其历史发展中，管理控制师任务已经随着其所处环境发生了巨大的改变。

我们可以看到，尽管在早期的管理实践和文献中存在着一些语言上的误解，但是现在对于管理控制包含哪些任务已经形成了统一的观点。

可以确定的是，管理控制中的具体工具和任务都不是新的，其系统化才是新的。"鉴于有效目标导向的企业操控，一些公司具体子职能与至今所总结的有所出入。通过协调、整合以及浓缩必要管理信息，促使（应该促使）在企业管理效率提高意义下的规划以及监控信息的集权化"（Fischer-Winkelmann & Hohl,1982,第41页）。

在接下来的章节中，我们会阐明管理控制的整个体系，同时也会将各个任务、工具及结构作为系统的部分来进行描述。

我们认为，科学性的工作不仅仅只是发展正规的系统，在管理实践中实施和测试新系统应该是我们努力的对象，这意味着，我们总是可以将管理实践中的管理控制系统组成列入我们的考虑范围内。

图1.12为本书的结构框架图，其中每一章节的具体内容如下：

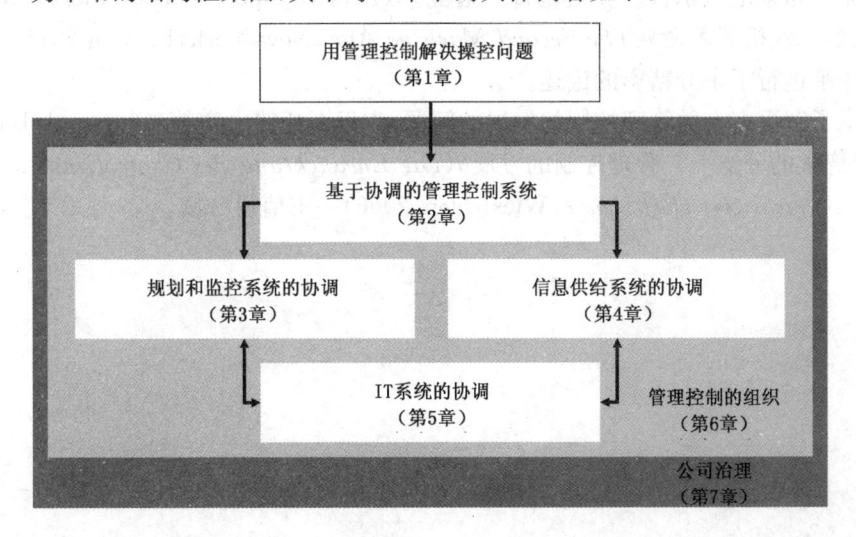

图1.12 本书结构

(1)第 2 章主要介绍管理控制的整个体系和我们的理念；(2)第 3 章介绍了规划和监控系统的协调问题；(3)第 4 章着重于信息供给系统及其协调问题；(4)第 5 章着眼于 IT 系统在管理控制中所扮演的角色；(5)第 6 章探究管理控制的组织结构；(6)第七章将管理控制作为公司治理整个系统中的一部分。

复习题

1. 企业管理如今面临着哪些特殊的挑战？
2. 哪些领域在解决操控问题上尤其需要努力？
3. 根据国际管理控制师协会(ICV)的观点，管理控制师的主要任务是什么？
4. 阐释并区分"管理控制"与"管理控制师职能"这两个概念。
5. 就现有的实践调查和教科书定义来看，管理控制师的任务到目前为止的发展有哪些？
6. 管理控制未来将会怎样进一步发展？
7. 考虑到复杂性、动态性和波动性，您会如何描述您企业的特定外部环境？
8. 您所在的企业中有哪些导致复杂性的驱动因素？
9. 是否存在对因复杂性、动态性和波动性而产生风险的分类？
10. 您会如何描述所在企业的目标系统并将其按体系分类？
11. 您所在的企业针对目标导向型操控有哪些协调机制？
12. 您所在的企业中，哪些部门领域会涉及协调任务？

延伸文献阅读

对于我们在引言中所提到的那些问题及其解决办法，彼得·德鲁克在其出版著作中进行了相关的启发性阐述，特别参见《创新与创业：实践和原则》(*Innovation and entrepreneurship: practice and principles*, Oxford, 1994a)一书以及《后资本主义社会》(*Post-capitalist society*, New York, 1994b)一书。

埃里克·布莱尼杰尔特森和安德鲁·迈克菲(Erik Brynijoltsson & Andrew McAfee)在其所著的《第二次机器革命》(*The Second Machine Age*, New York, London 2014)一书中，对数字化的变革进行了十分精彩的论述。

如果想了解更多有关管理控制的发展的问题，克里斯托弗·宾德(Christoph Binder)所写的《企业经济学的分支——管理控制的发展》(*Die Entwicklung des Controllings als Teildisziplin der Betriebswirtschaftslehre*, Wiesbaden, 2006)一书值得一读。

第 2 章
基于协调的管理控制系统

"就本质而言,我们的管理控制体系是操控博世全球活动的信息工具和协调手段。"
——斯蒂芬·阿森克施鲍默博士,博世公司副总裁、财务总监

本章将构建概念性的框架,描述并分析管理控制的理念。根据管理控制系统的理念,浓缩一些来自实践和理论的认知。

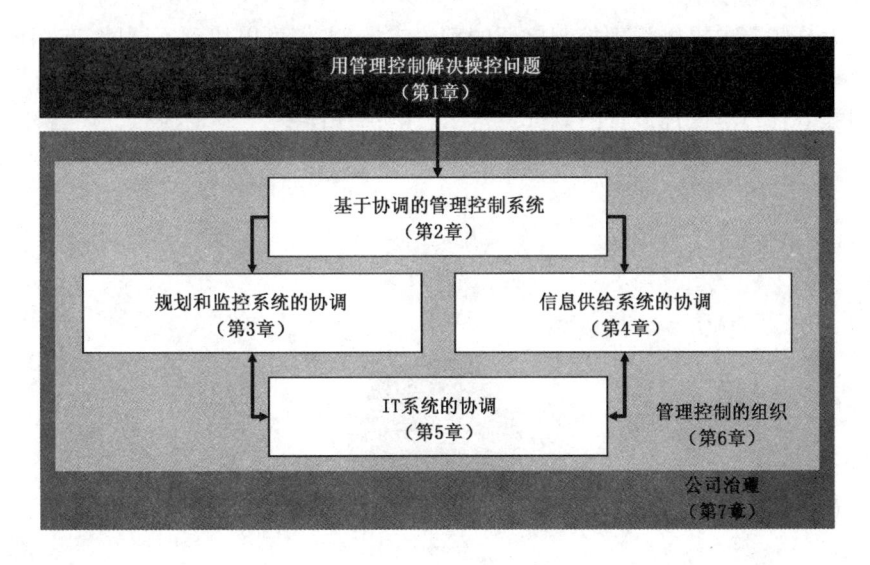

```
用管理控制解决操控问题
       (第1章)
         ↓
  基于协调的管理控制系统
       (第2章)
    ↙         ↘
规划和监控系统的协调   信息供给系统的协调
   (第3章)            (第4章)
    ↘         ↙
      IT系统的协调        管理控制的组织
       (第5章)              (第6章)
                         公司治理
                         (第7章)
```

2.1 概述

在企业管理过程中,我们确定了会遭遇哪些操控问题,并且认识到管理控制职能是在管理

实践中逐步发展起来的解决问题的途径。还有一个进一步的问题：在接下来的问题分析中，应当用哪种学术理念去处理"管理控制职能"这个概念呢？

所运用的理念，一方面，应当涵盖在管理实践中所体会到的管理控制职能最重要的特点；另一方面，也要足够灵活，以便接受并融合管理实践中产生的对管理控制职能的新认知、新构架思想及其发展。

引言的例子和文献告诉我们，管理控制是一个多维的概念，其中心是协调。其重要的几个方面如下：(1)管理控制是一种领导职能。(2)管理控制发生在有分工的组织中，它有结构上和程序上不同的方面。(3)管理控制建立在决策的基础上，就这点而言，决策的形成和落实是一个非常重要的方面。(4)管理控制是由有着不同利益和行为特征的人实施的。(5)管理控制的内容是由测量结果得来的信息，这些信息来自不同的部门和领域，通常都转化为会计数据。

这些众多方面相辅相成，构成了一个综合系统。

在我们进一步深入之前，还应回答两个问题：(1)我们在这本书中想要表达何种观点？(2)在管理实践中，我们认识到了管理控制职能的哪些特点？或者说，取决于哪种特定的理念？

对于第一个问题，我们有三重目标：(1)描述现实，也就是说，要利用现存关于管理控制职能的经验知识；(2)将管理控制理念的发展作为研究和实际构建的框架；(3)将实际构建建立在经验知识与我们管理控制理念的基础上。

对第二个问题，对于管理控制职能及其发展的描述，为选择合适的学术理念提供建议。我们可以列出下述内容方面以及与现实相关的要求：(1)信息供给的规划和监控协调应确立为整个组织的中心问题；(2)信息关系应被理解为一个基本的组织维度；(3)组织的发展和变迁应被理解为对环境的适应；(4)弄清备选方案与其影响众多因素之间的关系；(5)组织理念中对人的理解应当以具有有限理性并努力实现全面计划的人为基础；(6)在构建复杂的结构和流程时，应当有理念工具可供使用。

如果要为这些要求提供管理控制广泛的理论支持，人们可以找到不同的、互相重叠的企业管理理论。与之前所提及的几个方面所对应的理论有（参见图2.1）：(1)系统理论；(2)领导理论；(3)组织理论；(4)决策理论；(5)制度经济学；(6)会计理论。

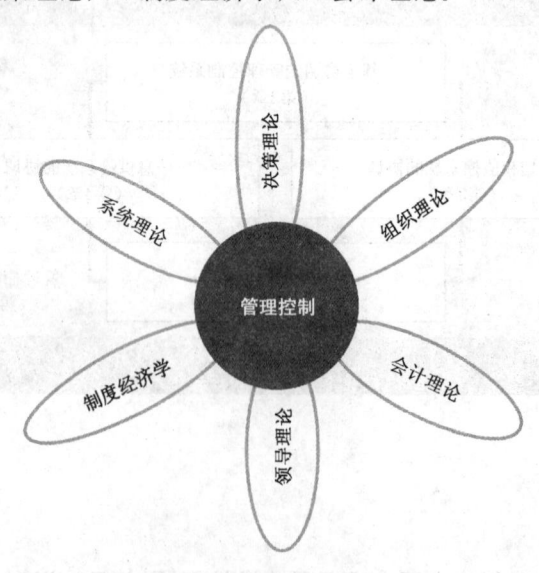

图2.1 管理控制的理论来源

2.2节将对这些理论及其对管理控制的贡献做简短描述,并对管理控制理念进行概念上的拓展,本书接下来的论述也都以此为基础(参见表2.1中的概览)。下面将着重论述协调这个中心概念。

表 2.1　　　　　　　　　　　管理控制的理论基础

系统理论	分析、结构化以及架构的形式框架
领导理论	向组织目标看齐的意愿构建与实施
组织理论	不同架构变化下的结构和过程构建
决策理论	不同信息水平下的理性选择及行动方案评估
制度经济学	委托人和代理人之间的关系分析
会计理论	用数据表示状况,并分析决策相关的数据

2.2　管理控制的理论基础

2.2.1　系统理论

系统理论是一种能描述管理控制多元性的十分便捷的理论框架,在管理实践中,它的这一功能使其得到了广泛应用。

"我们将系统理解为一个含有众多元素的有序整体,各元素之间有着或者可以建立不同的关系"(Ulrich,1970,第 105 页)。这个笼统的概念是非常形式化的,所以要弄清楚这个说法中不包含的内容(Ulrich,1970,第 106 页):(1)他没有指明各元素和它们之间关系的性质;(2)没有说出系统的目的;(3)元素排列的类型不确定;(4)没有说明系统目前的状态和意义。

也可以说,对系统的观察允许我们按照需要去理解"元素"之间的关系。我们也能这样发问:为构建一个实物系统,有哪些措施是必不可少的?

为了进一步说明上述定义,我们想讨论定义的特征(Ulrich,1970;第 107 页;Ackoff,1971)。能把什么样的东西看作一个系统,取决于我们的定义(参见图2.2):在一个企业内,我们可以把管理控制看作一个系统,整个企业也可被看作系统。我们所观察到的事物通常很有可能是"上层系统"的组成部分,而这个"超级系统"下面还存在的许多部分可以被称为"子系统"。

在这种情况下,重要的是,应该如何界定一个系统和它所在的系统环境,以及系统的边界在何处。在文献资料中很少出现普适的、实际操作性强的系统边界区分方法,大多数文献只顾及系统元素关系的紧密度。系统边界的选择取决于观察者或是构建者所追求的目标。

系统元素是每一个单独的系统组成部分,在分析的过程中不可再细分。例如,当我们关注"国民经济"这个系统时,对企业内部单位并不感兴趣。

我们认定系统元素间的关系是互相依存的,例如,一个规划系统内的不同子计划是互相依赖的;在通常情况下,销售计划的数量决定着生产计划。

不同系统元素及其之间的关系就如同一张网,人们常常称之为系统的结构。可以有意识地去影响、塑造系统结构:系统是结构化的。系统的结构也可以从时间方面去理解,系统元素活动的时间性效果被称作过程,过程也是可以被影响和塑造的。结构("系统是怎样的")和过程("系统做什么")之间的区别一直都不是很明确,所以,关于结构这个概念有两个方面常常会

系统等级	系统概念
更高的系统等级	上级系统/上层系统 上位系统 高级系统 超级系统
所观察的系统等级	系统
更低的系统等级	下级系统/下属系统/子系统 超低系统
最底层、仍值得观察研究的系统等级	元素
系统环境	系统周边/环境

资料来源：Haberfellner(1975,第 8 页)。

图 2.2　系统的等级概念

被提及(Krieg,1971,第 20 页)：(1)图像结构,指静态的方面,也就是说元素之间的排列；(2)过程结构,指动态的方面,也就是图像结构之下的时间进程。

可以通过众多的系统特征识别系统,表述系统在某一特定方面的特性。文献中有许多关于系统特征的内容(Krieg,1971,第 66 页)。

在研究一个重要的、开放动态的系统时,以下几个着眼点非常重要：

(1)元素之间的关系表现为"流关系"：例如物资流、能量流、信息流、价值流、心理作用等。

(2)系统可被看作一个输入输出模型：它包括许多流量(作用),其中一些对系统元素产生影响(输入),另外一些从元素中离开(输出)。

(3)人们可以区分对系统的作用性和结构性相关研究：作用性相关研究只关注系统和环境的衔接处(黑箱观察法)。如果之后又打开了"黑箱",那就是还研究观察了系统的结构。

(4)系统这个概念具有相对性：系统元素本身可以被当作一个系统,也可以被只当作系统元素。原生系统可以和其他同层面的系统联合在一起形成一个更高等级的系统。系统的等级就是这样形成的(上级系统、系统、下级系统和元素)。

(5)可以根据不同的需求,关注系统不同的层级(部分系统观察法)。这样,系统的一些特定性质(例如信息关系)就变得特别重要,相对而言,可以忽视其他的一些东西。部分系统观察法补充了系统等级观察：它使得选择不同的观察侧重点成为可能,而层级概念也在细化程度上给出了差异。

(6)界定系统和环境的边界可以降低所要处理问题的复杂性。

(7)通过展现系统的变化状态可以明显感受到系统的动态(系统—环境关系的变化、系统内部关系变化、元素特性的变化)。

原则上说,系统要么是从外部被给予一个要实现的目标,要么是自身发展出特定的目标。

识别动态系统中的目标向导行为模式对于设计系统是非常重要的。在此,我们区分下列几种行为模式：

(1)操控：由系统外部设立目标,方向和行为方式也由外部确定。

(2)规范：目标(额定值)由外部设定,但系统自我调节做出改变以达到额定值(反馈)。

(3)适应：系统从自身发展出一个额定目标值,该值符合系统环境和系统之间平衡状态的要求,并为将来的规范打下基础。系统的适应是与过程结构和形态结构的变化紧密相连的。这种适应可以是应对性的,也就是作为对系统或系统环境变化的反应;也可以是预见性的,也就是预料到系统环境的变化("学习型"系统)。这种适应可对系统或者系统环境的变化产生影响(Krieg,1971,第 67 页;Haberfellner,1975,第 26 页)。

系统的这些行为过程——操控、规范和适应,可以被看作信息处理的过程。

在对企业管理问题的研究中,已经存在着许多关于系统理论的陈述可能性与界定的见解(Bleicher,1972;Grochla,Fuchs & Lehmann,1974;Jehle,1975)。这些见解都一致认为,系统理论体现了企业管理科学的丰富性(Ulrich,1970,第 136 页;Alewell,Bleicher & Hahn 1971,第 217 页):(1)系统理论为研究调查提供了一个形式逻辑的框架以及概念性工具;(2)得以简化复杂情况的描述和构建;(3)该理论包含的理念与存在的问题相适应,并在教学上有优势。

借助系统理念,可以对控制职能的分析和塑造进行如下特别的阐释(这里还需要逐条展开):(1)系统理念使分析复杂的企业关系(例如计划、监控、信息供给的关系)成为可能。(2)系统理念能够将关注点集中到某一感兴趣的系统层面上,例如,集中到管理控制师所感兴趣的信息层面。(3)系统理念为管理控制师提供了塑造系统的工具(例如,构建一个有信息技术支持的信息系统)。(4)系统理念也适用于,对持续且必要的系统变化做出分析和构建(例如,使规划系统适应市场变化)。

从时间角度出发的管理控制任务也指出,系统理念是一种工具。早在 1955 年,科克兰(Cochran)就在一篇文章中指出,管理控制是规划和监控规则系统的发展。1968 年道尔(Deyhle)也指出,管理控制的任务是"创建一个有标准、可测量的系统"(Deyhle,1968,第 452 页)。邓恩(Dun,1970,第 10 页)认为:"管理控制师的角色,无论被如何定义,必须包括各方面的系统规划,这样才能保证信息系统的高效组织,并为整个系统以及子系统所要进行的决策提供必要的信息。"在德国文献资料中,海德克(Haidekker,1975)强调了将系统论作为管理控制手段的必要性;1968 年费塔基斯(Fertakis)提出了一个系统导向管理控制理念的建议,他是这样理解信息系统与管理系统一体化中管理控制职能的:"管理控制师的职能既不在于经营也不在于管理,它的功能就是在这两个部门间提供一种催化剂,促进两者之间良好的相互作用"(Fertakis,1968,第 6 页)。

为了进一步学习,这里要了解一个系统构建的重要基本原则:"若要构建一个系统,只有在进行功能的分析和构建的基础上,才能找到一种制度上的解决方法"(Bircher,1976,第 79 页)。

我们将管理控制看作一个功能系统,那么这个问题就很有意思了:我们可以区分出多少管理控制的不同任务,它们之间又存在着怎样的客观关系呢?这里所涉及的基本上就是系统逻辑的构思了(Bleicher & Meyer,1976,第 91 页)。

功能分析使系统制度上、组织上的构架成为可能。现在具体的问题是,谁在哪些时间点应该承担哪些管理控制任务。"系统的功能和制度这两方面的区分,产生于逻辑结构和组织结构两方面的区分"(Bircher,1976,第 80 页)。

(1)管理控制职能可以粗略地分成领导任务和执行任务两部分。如此进行划分的原因是基于,我们对企业管理问题的阐述以及对管理实践中管理控制职能的描述:管理控制应当帮助解决企业整体适应及协调的问题。

(2)在分析构建管理控制职能时,我们必须抛弃普遍流行的"最佳解决方法"这个概念,并要意识到,一个问题的解决方案——在这里也就是一个企业管理控制任务的构建——取决于一系列的影响因素。要特别注意这一点。

（3）系统理念为我们提供了解决具体构建问题的重要工具，也为管理控制职能本身的构建以及管理控制构架任务提供了手段。

（4）因功能上和制度上（组织上）的不同情况，企业子系统的分析构建问题也各不相同。

例子：管理控制过程模型

在管理实践中，有一个关于管理控制构建的非常好的例子，那就是为帮助构建而设计出的IGC"管理控制模型"（2011）。"管理控制的过程应当被确定、统一地描述出来，用图表来展示，并为实际操作提供具体的指示"（IGC,2011,第15页）。该管理控制模型首先提出，管理控制师是"过程的拥有者"；出发点是将管理控制编排入企业的"流程图"中（参见图2.3），由此再细分出管理控制过程的多个层级（参见图2.4）；每个层级的过程再进一步细分（参见图2.5），也就是描述输入、输出以及过程的每个步骤。这样就产生了一个可进行管理控制分析、标准化和构建的工具（Fischer, Möller & Schultze, 2012, 第260页）。在6.3.2.2节中，我们会再回顾这个模型。

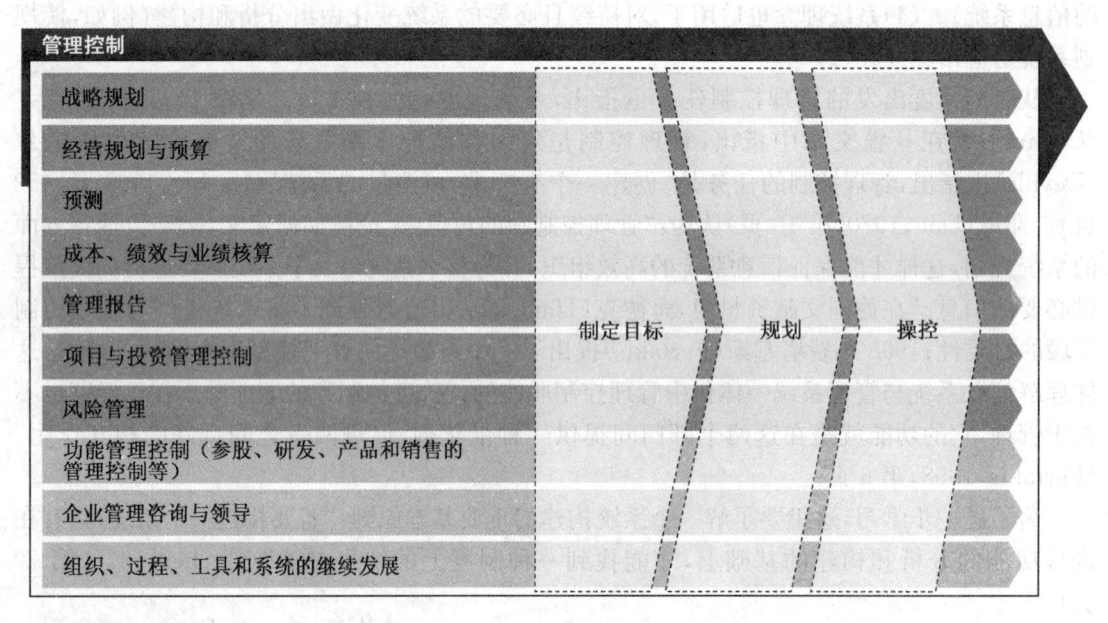

资料来源：IGC(2011,第20页)。

图2.3 管理控制过程模型中的管理控制主过程

2.2.2 领导理论

麦考金纳和沃尔夫（Macharzina & Wolf, 2012, 第9页）认为，企业领导的核心任务是"企业与环境的协调"。在第1章对于管理控制的产生及职能的思考和例子中，我们就已经指明了领导的核心任务：管理控制是领导职能的一部分，它的任务是使组织内部朝着组织目标方向努力。

在企业管理学中有着众多的概念定义和不同的领导理论（Macharzina & Wolf, 2012, 第35页）。

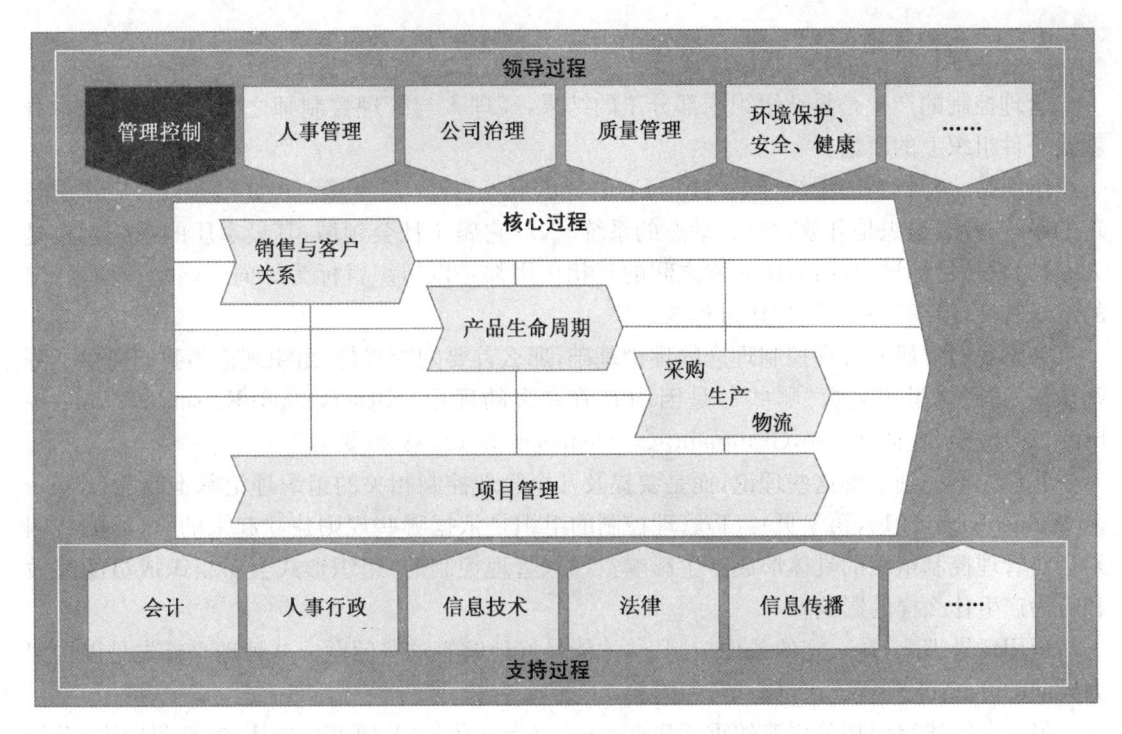

资料来源：IGC(2011，第18页)。

图 2.4　将管理控制纳入企业的"流程图"

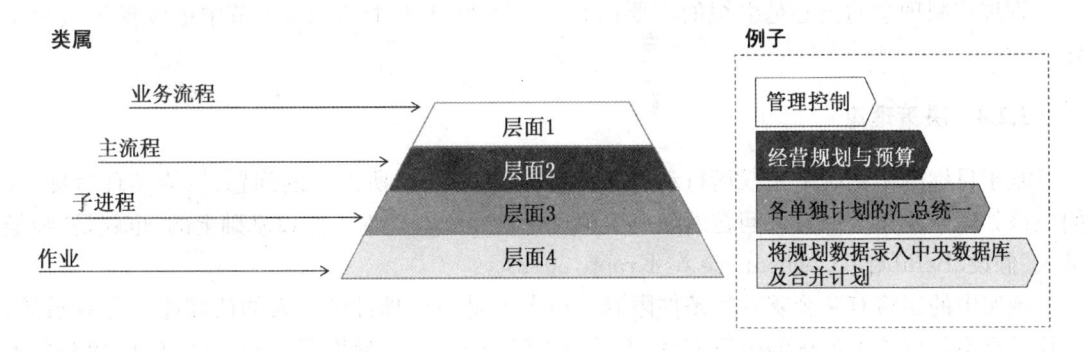

资料来源：IGC(2011，第21页)。

图 2.5　管理控制过程等级概览

当前所有的组织中都有领导，本书将这个词理解为基于组织目标的决策与实施。广义的领导涉及整个组织的方向定位，狭义上也可以只指组织的某个部分。

对于我们而言，众多领导理论中的以下三个方面特别重要：(1)领导位于一个开放的组织系统中。(2)领导是一个过程，由规划、实施和监控这些操控阶段组成，并得到信息供给的支持。(3)除了过程的维度之外，功能、制度与工具这三个视角对领导也是非常重要的。

另外，当然还要考虑到行为导向的维度，因为决策和实施都要靠人来完成，而人的能力与动机并不一定能导致成功。

2.2.3 组织理论

管理控制的产生是复杂组织内部分工的结果,经理人与管理控制师之间的互相协调本身就是一件组织上的事情。

组织是一种特别的系统种类(Hill,Fehlbaum & Ulrich 1994,第 20 页)。(1)它显露出特定的系统特征:组织是开放、复杂、动态的系统。(2)它属于社会领域:其最本质的系统元素是人。(3)它是目标导向的:系统元素之间的互相作用都是以组织目标为导向。(4)它具有特定的组织特性:组织是有意识构建过程的结果。

如果我们要研究管理控制理念的理论基础,那么首要问题就是,组织理论为我们提供了哪些认识,我们这里用复数"哪些",是因为有着许多的理论(Kieser,2006;Kieser & Walgenbach,2010,第 30 页;Frese,Graumann & Theuvsen,2012,第 20 页)。

我们先不详细了解这些理论,而是要提及几个管理控制相关的组织理论基本问题(Kieser & Walgenbach,2010,第 V 页):(1)管理控制的组织是依据哪些规则建立起来的?(2)哪些因素会对管理控制组织的具体形成产生影响?(3)(管理控制的)组织形式会对组织成员的绩效和行为产生什么样的影响?

运用情景理念,在一定的条件控制下,才能最好地解答这些问题。这种理念首先是以构架为导向的(Kieser & Walgenbach,2010,第 71 页)。

另一个阐述组织相关构架的重要变量是分工(专业化):(1)哪些影响因素(情景因素)会与具体的组织构架有关(如组织的规模大小)?(2)组织的构架如何影响组织成员的行为?

在第 6 章中,我们还将结合管理控制职能,继续详细介绍这种理念。

管理控制理念的核心是组织的主要内容——协调,我们将在 2.3.1 节中继续探讨这个主题。

2.2.4 决策理论

基于目标的协调统一是权衡行动选择方案的结果,这里所涉及的问题是:为实现目标,人们应该如何做决策?回答该问题的经典决策理论是建立在理性人假设基础上的,也就是"纯经济人"假设(Bamberg,Coenenberg & Krapp,2012)。

现实中的决策有两个基本的条件限制:(1)人不是完全理性的。人的认知能力是有限的,寻找的也不是理论上最优的决策方案,而是令人满意的决策(参见图 2.6)。(2)信息状态是不确定的(参见表 2.2),也就是说,行为的结果是不明确的。通常事件发生的概率也不清楚。

在现实组织中,由于存在上述限制,所以最优化决策分析模型很少能够成功。而基于经验的启发法则扮演了重要角色,这时可以考量人们行为相关的理性扭曲(参见图 2.7)。在 2.3.3 节中我们再回顾这个话题。

2.2.5 制度经济学

这一领域的研究有法学的渊源,其基本问题是企业建立的原因[参见戈培尔(Göbel,2002)的概述以及埃雷等(Erlei et al.,2007)]。制度经济学的核心和出发点是产权及其转让,它提出的问题是:是直接买入产品价值增值链的各个环节,还是应该为此创建一个企业,也就是说,是买入还是建立一个等级制度的组织更具有经济性("市场 vs. 等级制度")?

```
┌─────────────────┐  ┌─────────────────┐
│    完全理性      │  │    有限理性      │
└─────────────────┘  └─────────────────┘

人一直以个人效用        人脑的信息处理能
最大化的原则来行        力是有限的；环境
事                     是不确定的、复杂
                       的

在信息完全、考量        寻找的不是最优决
所有可能结果后做        策，而是满意解
出决策
```

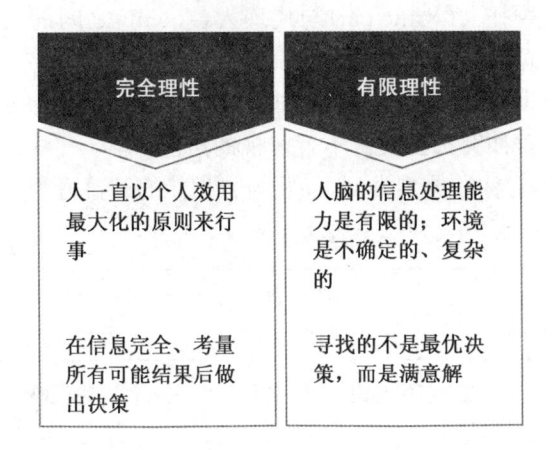

资料来源：ICV(2012，第 2 页)。

图 2.6　理性维度

表 2.2　　　　　　　　　　　决策状态

信息完全	信息不完全	
(1) 确定型决策	(2) 风险型决策	(3) 完全不确定型决策
·行为的后果完全确定	·后果不确定 ·不同后果发生可能性已知	·后果不确定 ·后果发生可能性未知

资料来源：Wöhe & Döring(2013，第 89 页)。

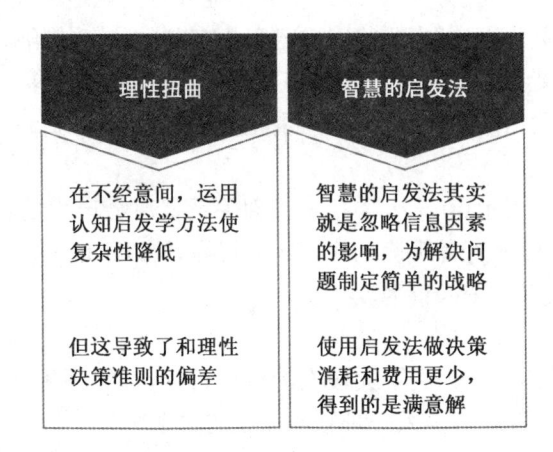

```
┌─────────────────┐  ┌─────────────────┐
│    理性扭曲      │  │   智慧的启发法    │
└─────────────────┘  └─────────────────┘

在不经意间，运用        智慧的启发法其实
认知启发学方法使        就是忽略信息因素
复杂性降低              的影响，为解决问
                       题制定简单的战略

但这导致了和理性        使用启发法做决策
决策准则的偏差          消耗和费用更少，
                       得到的是满意解
```

资料来源：ICV(2012，第 2 页)。

图 2.7　理性扭曲与启发法

该研究方向有几个重要分支领域：(1)产权理论致力研究如何构建经济人的产权交换过程(如签租赁合同时就是"以租金换使用权")；(2)信息经济学研究分析参与双方的信息不对称性；(3)交易成本理论研究分析伴随使产权转让而产生的成本(如"内部化还是外购"的问题)；

(4)委托—代理理论涉及委托人(Principal)与代理人(Agent)之间的关系,分析这种关系中的利益冲突(如经理人和管理控制师之间的冲突)。

在管理控制中,所有上述这些范畴都具有非常实际的意义。在经济视角下,在实现目标的过程中,信息不对称和利益冲突都扮演着不容忽视的角色。

表2.3展示了信息不对称的典型类型,以及与之相伴的利益行为方式。

表2.3　　　　　　　　　　　　　　信息不对称类型

对比标准	隐藏特质	隐藏信息	隐藏行动	隐藏意图
产生时间点	合约签订前	合约签订后决策前	合约签订后决策后	合约签订后决策后
产生原因	代理人事前隐藏特质	不能观测代理人的信息水平	不能观测代理人的行为	能观测代理人的行为
问题	进入合约关系	结果评估	行为(绩效)评估	不能阻止代理人
可导致的风险	逆向选择	道德风险	道德风险怠工	道德风险
解决方法	发送信号甄别 自我选择	激励制度 控制系统 自我选择	激励制度 控制系统	激励制度 控制系统

资料来源:Küpper等(2013,第102页)。

委托人与代理人之间的信息不对称可以分为四种基本类型(Küpper et al.,2013,第101页;Picot et al.,2012,第89页;Picot,Reichwald & Wigand,2001,第57页):

(1)隐藏特质

当在合约签订前,委托人不了解代理人的固定特质或是其所提供的业绩时,就产生了隐藏特质。也就是说,委托人在合约签订前不知道代理人的真实特性。

(2)隐藏信息

隐藏信息指的是,在合约签订后,代理人不完全地或是错误地将他所获的信息传递给委托人。所以会存在这样的风险,代理人只将对自己目标有利的信息传给委托人,委托人无法获得真实的报告。委托人不能判断代理人是否隐瞒了什么事情,或是传递了不正确的信息,于是就存在道德风险。道德风险指的是,代理人利用委托人的信息弱势进行投机行为。

(3)隐藏行为

隐藏行为与隐藏信息表示,在进入委托—代理关系之后会产生的信息不对称问题。隐藏行为的意思是,委托人不能一直都观测到代理人的行为,所以不能判断不满意结果的产生是由于环境因素,还是由于代理人个人行为。

(4)隐藏意图

隐藏意图是指,当委托人意识到了代理人的投机行为,却无法阻止他。例如,委托人因前期不可逆行为使得自己与代理人陷入一种互相依赖的关系中。

可以使用代理成本来衡量委托—代理关系的效率,它由三部分组成(Picot et al.,2012,第90页):监督成本,即委托人监控、控制代理人的成本;约束成本,即代理人发送信号、担保的成本;剩余损失,即代理人与委托人签订合约为之工作而产生了活动回旋余地,代理人不尽全力工作而导致的剩余效用损失。

对于个人目标的构建和激励制度的建设而言,委托—代理理论有着非常特别的意义。因此,委托—代理理论是一个对人事体系建设非常重要的理论(Küpper et al.,2013,第294页)。

因为该理论涉及关于操控被授权者的基本认识,被授权者本身也是具有一定专业能力的决策者,这个理论对管理控制也有着重要意义。该理论的关键部分在于信息的分配,代理人及其所做决策结果的信息,规划、监控和激励制度的结构。借助该理论可以对领导问题进行全面的分析,因为领导问题主要也涉及规划、监控以及信息供给系统。由于这些问题会对企业的目标结果产生影响,留意投机行为并用委托—代理理论建模对于管理控制系统的建立也十分重要。

2.2.6 会计理论

信息供给的核心是会计(参见第 4 章),会计是一套规则的体系,"凭借此规则,可以根据先前制定的意愿,用数字结构性地刻画、衡量过去以及将来的经济状况和流程"(Schneider,1994,第 3 页)。在会计实际操作的规则和流程背后,有着理论的支撑,这些理论关乎测量的过程,以及所测算的数据对于决策起到的作用(Schneider,1994,第 28 页):(1)测量理论研究的问题是:如何把实物转换成具有经济意义的数字(价值、金额)?(例如,如何评定仓库里货物的价值?)(2)效果理论所提出的问题是:会计的结果对表述组织的目标的作用如何?(例如,从企业可持续生存角度看,年利润数据说明什么?)

会计理论的内容与绩效测评理论(参见第 4 章)和制度经济学(参见 2.2.5 节)有所重叠。

英语文献资料中提到一种行为科学导向的学科,叫作"行为会计学",它将行为科学的知识融入会计学中(Weber & Schäffer,2014,第 29 页;本书 2.3.3 节)。这个研究方向对管理控制很重要,因为它分析了会计信息对决策行为的影响。

2.3 基于协调的管理控制理念

2.3.1 以协调为中心职能

2.3.1.1 基础知识

协调作为管理控制师最重要的任务,一直都被强调和突出,例如:"如果按照熊彼特的要求考察经理人的品质,管理控制师肩负着企业中最重要的任务之一,他要将知识和效果结合起来,要建立一个可实际操作的企业计划;要将实施的可能性用数据材料表示出来;又要协助企业负责人让计划的实行变得容易可行"(Mellerowicz,1976,第 342 页)。

前章已经提到,我们将在本章中阐述协调这个现象:(1)如何理解协调?(2)企业中的协调有哪些形式?(3)管理控制师会用到哪些协调的形式?

这些问题可不简单,在企业管理学中,"协调"算是最捉摸不定的一个概念,关于它的内涵就没有过统一的说法。至于协调的不同形式,至今也没有系统的表述。文献大多也只以各自的方式谈及协调的工具——孤立并基于各自的视角。能够达成一致的观点只有:协调是除了分工(专业化)之外的另一个组织基本问题。

下面我们以管理控制为着眼点,笼统地讨论一下"协调",这里涉及管理控制的构架。

协调经常被看作领导任务的主要评价指标(Hoffmann,1980,第 296 页),孔茨和奥唐纳(Koontz & O'Donnell)在其著作《管理的本质》(*The Essence of Managership*,1968,第 50 页)中写道:"每一种管理的职能都是协调的运用。"这一点在系统理论中有所论述。

当决策的多方互相依赖时,就会出现协调问题(Kirsch,1971,第 61 页)。决策互相依赖的意思是,所要做的决策或是决策者多方互相关联,每个决策直接或间接地影响至少一个其他决策的目标实现[决策互相依赖的多种类型参见库佩（Küpper et al.，2013，第 83 页）]。

在经典组织学中，协调已被列为其基本原则：

(1)"考虑到组织的现实情况以及与平衡和协调这两个特殊原则的关联性，目的性这个原则也随之而出"(Kosiol，1968，第 76 页)。

(2)"协调表示一个组织组成部分的某种归类排列，而且在整个组织的高级层面上，各组成部分间有着内在的互相联系。组织所要采取的措施就是，让不同的任务工序互相配合、排除干扰、共同完成整体任务。在机构结构化中，协调原则的目标是要让不同任务融合在一起；在过程结构化中，协调追求的是节奏和绩效配合、工作量的分配和最佳的选址"(Kosiol，1968，第 77 页)。

在企业管理学的文献中，许多人企图去定义协调的概念，并想将它分成各种形式，划分时运用到了各种不同标准。也有人尝试去整理涉及协调概念的文献，使之系统化。总之，我们这里想把协调理解为：众多单个决策行为为实现共同目标而进行的配合和调整。

协调问题的各种解决理念可以分为两类(Frese，1975，第 2263 页；Frese，Graumann & Theuvsen，2012)：(1)合乎任务逻辑的理念；(2)基于经验的理念。

合乎任务逻辑的理念希望能发展出一套原则，能将复杂的决策问题分解成许多部分，分给信息处理能力有限的各个任务承担者完成。这涉及决策分解和协调的数学模型。

总体而言，合乎任务逻辑的理念可以被认为是对协调的解释：(1)运用合乎任务逻辑的理念制定规划和决策模型属于规范的范畴，即根据给定的目标，得出"正确的"推荐行动方案；(2)以给定的企业目标为出发点；(3)所解决的问题要有良好的结构性，这意味着这个问题是可以通过一种算法解决的。

然而，在现实组织中，问题的结构性极差，组织给定目标也不是单一的，所以也无法给予"企业模型"一种"最优"的组织结构。

现实中的协调问题更可能如下所述：

"发展出一套规则系统，在之前所想到的状况下，利用这些规则可以协调一些互相依赖的决策，达到还算令人满意的效果。然而，这些互相依赖的决策只不过是大量未知的互相依赖性决策的一小部分，它们之中各个元素的关系错综交织、互相影响，再加之未来信息的不确定性，所导致的结果和互相作用不可预知"(Dietel，1972，第 58 页)。

基尔施(Kirsch，1971，第 70 页)用两组互相结合的对比表述了现实中多样的协调种类：(1)集权（等级制度）的协调和分权的协调；(2)基于预期的协调和纯粹基于信息反馈的协调。集权的协调是由一个协调者做出协调决策；分权的协调既可以由多方间接或直接做出适应性调整，也可在谈判中进行操纵。

在基于预期的协调中，将预测其他参与者的行为，而不考虑得到证实的实际情况。基于信息反馈的协调则是建立在其他参与者行为信息反馈的基础上。在马奇(March)和西蒙(Simon)的研究中，也出现了这样相似的分类，即分成通过计划进行的协调和通过反馈而进行的协调(March & Simon，1976，第 150 页)。

在我们基于协调管理控制理念的中心，存在着一个对于组织目标导向和未来导向的行动不可缺少的协调形式：通过规划和监控进行的协调。这种协调形式也可辅以下列其他形式，我们将会在接下来的章节里详细叙述(Kieser & Walgenbach，2010，第 100 页)：(1)通过个人指示的协调；(2)通过自我调整的协调；(3)通过程序方针的协调（方法规则）；(4)通过组织内部市场的协调（以转移定价的形式）；(5)通过组织文化的协调（即通过共同的价值观和标准）。

在管理实践中,在通过规划协调的框架下,这些协调形式通常以互相结合的形式出现。

协调任务对所有的工作组织来说都是内在固有的,它既涉及领导活动,也涉及实施作业。管理控制是归入领导系统的,接下来我们就将以领导系统为重点,来阐述通过控制而实现的协调。目标导向的协调涉及所有领导的子系统,不论它们是功能性的、过程性的、生产导向的还是区域结构的系统(之后我们会讨论如何将协调任务与其他管理控制任务区分开来)。

管理控制协调任务的中心问题是协调的建立和规范化,该问题的答案首先取决于,我们采用的是哪种系统观察角度(Thompson,1967,第 4 页):

(1)一种可能性是运用"封闭系统战略"。这种观点认为,组织是一个确定的系统,有一个"从上"制定下来的目标,所有的事都能最优地规划。"所有的资源都是合适的资源,资源的配置都符合总体规划。所有的行为都是恰当的行为,行为的结果也是可以预测的"(Thompson,1967,第 6 页)。以实现最优目标为宗旨的决策协调过程,就与"封闭系统战略"一致。

(2)"开放系统战略"的企业系统观认为,系统的特征是不确定性。"企业"这个复杂的开放系统与不确定的、持续变化的环境关系密切。对有限理性的系统成员来说,全面掌控这个系统要求很高,也不存在一个高于一切的统一目标。协调就像是政治性的谈判过程。

如果要处理现实中的协调问题,我们需要包含这两种观点的理念。

西尔特(Cyert)、马奇与西蒙就给出了这样一种结合的观点(March & Simon,1976)。他们的解答基于的研究假设是:人是有限理性的,且追逐自身利益,组织处于不确定的环境下。他们研究中所做的一些必要简化也是贴合实际的(March & Simon,1976,第 157 页):(1)采取的不是最优化原则,而是只要达到某一特定要求的水平。(2)选择的方案和结果将通过寻找的方式发现,行动计划由组织和个人制订。(3)每个单独的行动计划只涉及有限领域的应用。(4)单个行动计划之间的关系是比较松散的。

我们愿意把组织理解为开放的、处于不确定环境下的系统。但与此同时,它又能被看作理性标准的对象,所以也具有确定性和保证性(Thompson,1967,第 10 页)。

所以,我们这个系统导向的协调概念具有双重性(Tuoninen,1969,第 208 页;Uphus 1972,第 41 页):(1)建立互相适应的系统,以实现协调(系统构建性协调)。(2)协调也意味着在给定系统结构下的调整适应过程(系统契合性协调)。

我们所选取的构架导向结构理论,强调了通过系统构建和系统内部调整来实现协调工作。

系统构建性协调就是,建立的形态结构和过程结构可以使得任务之间相互适应。系统构建性协调能够使系统适应将来可能发生的事件,并能以此提前降低这些事件带来的扰动。规划控制系统就是系统构架协调的一个具体成果,布莱彻(Bleicher,1979,第 47 页)称这个前置关系为嵌入。

我们将系统构建性协调分成两个方面:(1)只有在分清任务的事实关系时,才能实现系统的差异化;也就是说,要建立互相关联的功能性子系统。(2)制度性子系统的建立要通过任务、人员及物资的具体分配和关联才能实现(也就是组织的构架)。

根据协调不同种类的数量标准,系统构建性协调可以分为单维和多维的形式。

系统构建性协调对于管理控制职能来说意味着:(1)建立一个规划监控系统和信息供给系统,建立特殊的协调机构。(2)对已存在系统结构协调问题的处理进行规范化。

即便是对简单的系统,也做不到完整、清楚地描述它,因此系统建造的协调也不能够做到对系统完全的形式化和标准化。所以就产生了这样的问题,人们该如何对未预见到的情况做出反应?这取决于系统内部情况,或者取决于对环境影响的反应。

基于上述情况,我们将系统契合性协调理解为:在既定的解决问题系统结构下,协调作为对"干扰"做出的反应,并维持不同子系统之间信息联系的所有活动,这也包括新信息渠道的建立,或是已有渠道的改变。系统契合性协调的方式和规模大小,一方面取决于系统构建性协调已经解决了多少问题,另一方面取决于已有的系统结构所要求的灵活程度。系统契合性协调既可以认为是功能性的,也可以认为是制度性的。

还有一个基本问题:系统构建性协调和系统契合性协调的相互关系是怎样的?针对这个问题,古腾伯格(Gutenberg)给出了一个经典的答案:"随着企业易变性的降低,总体规范调控的趋势不断增加"(Gutenberg,1983,第238页)。这句话也可以反过来说:企业状况不断增长的"易变性"提升了系统契合性协调的必要性。灵活性和可变性是协调的基本构建要素。

在已存在的系统结构中,系统契合性协调进行适应和调节,暂时性和微小的偏差会在这个过程中被排除。而如果实际结果和计划量之间的偏差非常大(例如,需求突然增加了50%),那么不进行结构上的改变是几乎不可能实现调整适应的。

协调被看作一种特殊的领导职能。如果要将管理控制与该职能做划分,就必须做出一个重要的区分:领导的协调职能首先涉及实施执行系统。通过系统的建立和系统契合保障了绩效的实现。

协调还有另一项任务,就是使得初级协调成为可能。在领导体系中,为了使单个的领导子系统互相关联,协调的过程是必不可少的。管理控制协调任务涉及领导的次级协调,它使得初级协调成为可能,这里说的便是规划监控以及信息供给任务。

协调的系统构建也需要监控。对系统的经济性和规范性进行不间断的审查是非常关键的,而且不仅仅是要以过去为导向进行审查。这种系统审查是内部审计的任务,在功能上我们把它看作协调的对照物(参见第7章)。

2.3.1.2 方法论

系统构建性协调是一个复杂的过程,涉及多个系统,所以就出现了"协调的协调"这种情况。下面我们不再区分计划中的系统构建性协调和其他特别的构建性协调,因为这些分类与协调的动机相关,而不是这里所论述的方法问题。

从作业的角度,我们把系统构建性协调理解为一个产生新子系统的过程,并重点关注节点问题。

管理实践和文献资料都为管理控制师在构建性协调过程方面的行为提供了一系列启发性的方法,它们被称作"系统分析""系统规划""系统技术""系统工程"等。这些方法从系统论的角度出发,为系统的发展提供流程图和决策规则的建议,并且顾及以下事实:持续不断的变化意味着对流程的适应性有所要求。

系统构建时要注意两个关键的选项:

(1)是逐步做出改变,还是根本性地重新构建?一个切合实际的方案会从目前的实际情况出发,在目标领域里逐渐做出改变(Lindblom,1965,第143页),这种"摸着石头过河"的办法保证了组织的持续性和稳定性。但对于创造性的系统变革,这种与过去关联较深的方法提供不上什么创造性的帮助,所以有必要进行根本性的重新构建("再造重组")。

(2)是对部分子系统进行变革,还是综合性的结构化?系统构建的一个重要思想是,将子系统与更高层的系统关联在一起。这种"综合性结构化"的思想是经典组织学的中心思想。然而,在许多情况下,对单个流程进行改变是必不可少的。

系统设计基本上可以分为两种不同的做法:(1)"由上自下"(由外向里)的方法是从系统外

部环境开始,并由系统层级的分化确定系统内部环境(管理控制过程模型用到的就是这种方法)。(2)"由下至上"(由里向外)的方法则相反:最先设计出下层的子系统,然后一步步集聚成一个系统整体(例如,企业的整体预算是多个单独的预算汇总产生的)。

系统分析的"经典"形式也可以继续分成结构导向的系统分析和过程导向的系统分析。

结构导向的系统分析基于整体的构建框架,从该框架派生出具体的组织规章,它分析系统元素,以及系统元素之间现存的或可能存在的关系。组织结构中(如在分权的组织中)的相互关系是分析的重点(例如,集团管理控制师和下属管理控制师的关系)。

过程导向的系统分析以调查组织元素在流程中的参与情况为目的,其核心为组织流程的构建。过程导向的系统分析的研究对象可以是构建过程,也可以是实施的业务流程。过程分析是系统分析的一种特殊形式,也可以被称为流程构建,报表的流程构建就是其中一个例子。

系统差异导致节点的产生,于是造成了协调的难度,因为子系统之间必须互相配合。选定去观察一个系统维度,就会忽视其他重要的系统维度(例如:功能性组织 vs.过程性组织)。在管理实践中,会选择实用的多维解决方案,但这需要进行特别的协调。管理控制和管理控制师会对"节点问题的攻克"起到重要的帮助(Horváth,1991)。

在管理实践中,多维系统分析有两种形式:(1)前进的系统分析:首先在功能上对实质内容的特征进行研究,然后再研究制度组织层面的问题(例如,管理控制师的任务决定了组织联系)。(2)倒退的系统分析:先理解系统制度上的元素,在此基础上确定功能性的元素(例如,人们感知到的管理控制任务是取决于组织联系的)。

在设计复杂的新系统时,建议使用前进的系统分析法。当要对现有组织进行较小的改变时,可运用倒退的系统分析法。

系统构建性协调的任务非常复杂,尤其是当构建涉及整个康采恩的管理控制系统时。在康采恩的情况下,系统的契合性协调也应当是快速、简单和灵活的。

案例

大众汽车集团的这个例子,展示了世界级康采恩集团中的系统构建协调(Pötsch,2012)。

大众汽车集团

http://www.volkswagenag.com

行 业	汽车制造
位置	德国狼堡
营业额	约 2 020 亿欧元(2014 年)
员工	约 592 600 名(2014 年)

****

大众汽车在全球有 118 个生产基地,生产制造 335 款不同车型的汽车,员工 59 万多名。在组织结构上,大众汽车集团的管理控制领域被归在财务和管理控制副总裁下(参见图 2.8 和 6.4.2.3 节)。总部的部门结构图展示了企业中最重要的几个主题(品牌、功能、流程和项目)、集团下属的品牌、子公司有各自的管理控制结构(参见图 2.9)。

集团和各子单位之间的管理控制依据"虚线原则"进行协调配合;也就是说,总部拥有总体

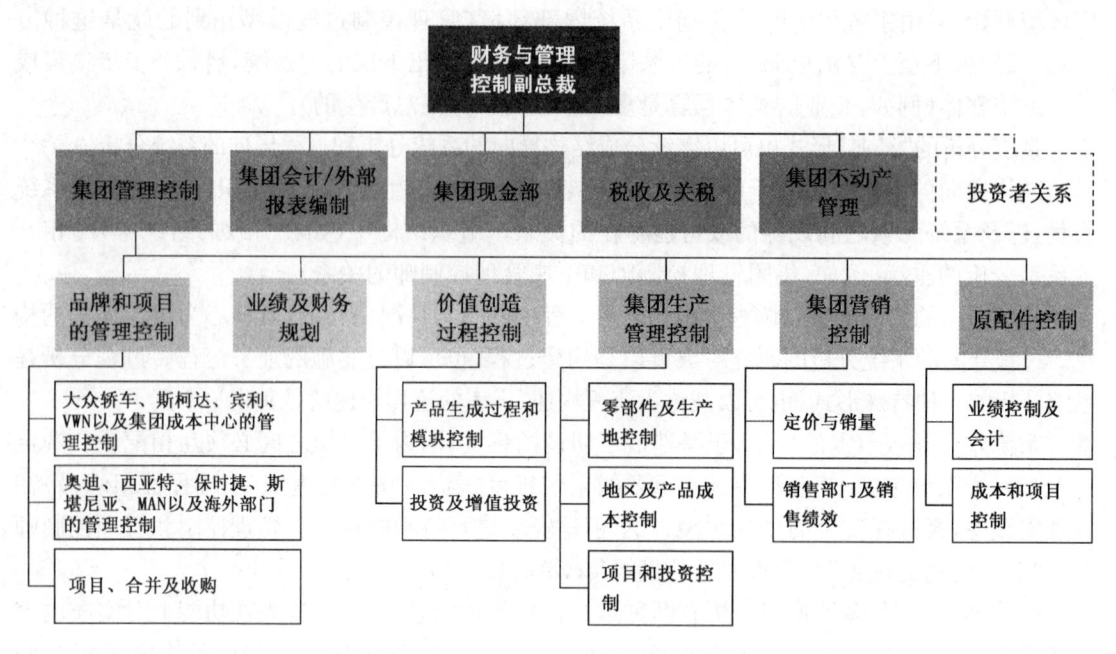

资料来源：Pötsch(2012,第154页)。

图 2.8　大众汽车集团的康采恩管理控制结构

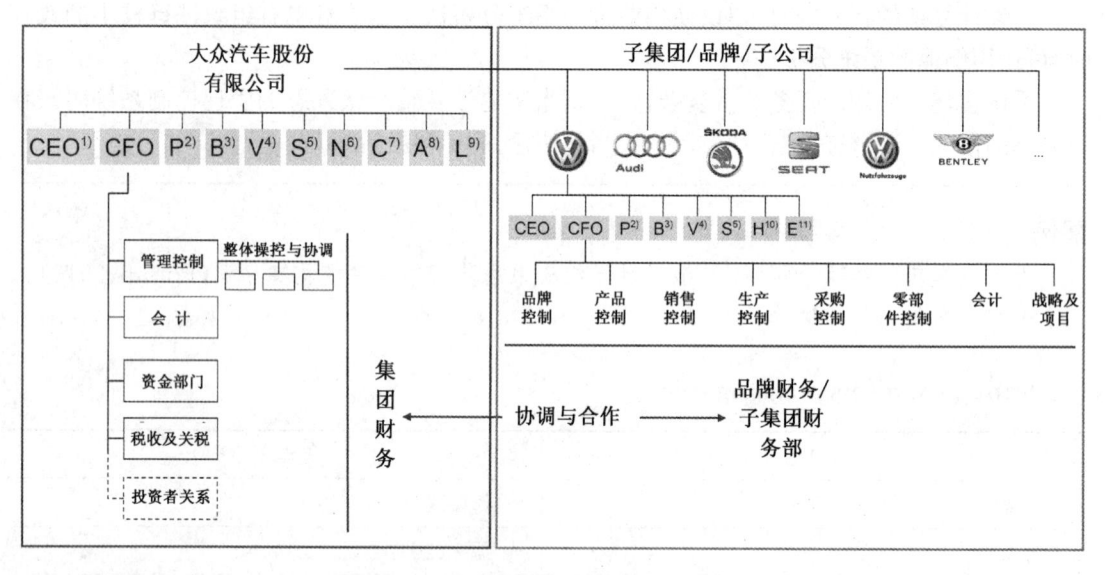

资料来源：大众汽车集团(2014)。

图 2.9　大众汽车集团管理控制协调

上的专业技术管辖权,而分权的下属管理控制部门对各企业单位的规章负责。这样就形成了一种管理控制任务的矩阵型分配(参见 6.4.2.3 节)。

　　如此庞大的系统自然不能缺少持续进行的组织发展,以此来改善企业的运行,确保相关人员的融入和工作动机则成为该过程中的巨大挑战。

　　系统重建不仅改变了组织的结构,也改变了参与人员的价值观念。如果管理控制师忽略了这一点,那就是巨大的错误。因为如果不能使组织人员投入到变革中去,那么改变(例如规划过程的改变)是无法实现的。组织发展(Organization Development,OD)是一种解决问题及做出变革的战略,"在组织发展中,人们愿意用这种方式改变自己的观点、视角和价值观,愿意改变组织的构造;能够更好地适应那些新的技术、市场、要求以及令人晕头转向的改变"(Bennis,1972,第14页)。组织发展有双重目标:"一是改善组织的绩效能力,二是改善组织员工的工作生活质量"(Rieckmann,1982,第270页)。

在把系统以及"管理控制"引入组织中并进行再发展的时候,从组织发展的意义上说,存在着两个方面的问题:首先,做出变革时,每个可选系统方案的信息需是清晰、恰当的("内容"方面);其次,所牵涉的员工必须有动力和积极性,选定了变革方案后,要对做出改变的实施步骤自己承担责任("过程"方面)。

与再造重组所不同的是,组织发展的理念是逐步改变,它也与"Kaizen"[日语,持续改善,参见今井(Imai,1986)]的思想相符合。"Kaizen"指的是,通过成员的共同努力,使系统持续改善的过程。对于管理控制的系统构建性协调而言,有一点也很重要,就是管理控制师和经理人要共同持续不断地致力于组织再发展的工作。管理控制是没有"结束"这一说的。

在系统构建性协调中,要注意:企业环境的动态和日益增长的企业复杂程度对管理控制系统的灵活性和快速反应能力提出了要求,人们不得不经常性地增加一些特殊的系统契合性协调方法。下一章中我们仍将集中讲述这个话题。

由于存在上述问题,人们无法给出一个普适的系统契合性协调方法。相比寻找普适方法而言,更重要的是要提高组织成员识别问题的能力,并能够为每种不同的情况寻找出有特点的解决方法。管理控制师首先要关心协调中的"人性"因素,例如不同的沟通方式、冲突的处理等。

管理控制师在协调中也必须留意潜在的投机行为。尤其是在大型企业中,由于横向与纵向的分工,会形成隐藏行为风险的行动回旋余地。提供上来的信息可能不是真实的,下层级的行动余地也可能被滥用。所以要解决的问题是,如何评估中下层管理人员的行动余地,以及对他们任务执行情况的监控力度应该控制在何种程度(Picot & Böhme,1999,第6页)?

2.3.2 作为方向定位的目标系统

在之前的章节中,我们把协调分析定义为,使组织各部分对准共同组织目标的行为。

因此,对于管理控制而言,组织的目标和目标系统是重要的内容性构建参数。目标及目标系统组成了协调的内容性指向,协调永远都与目标相关!目标是每一个组织中计划行为的标尺。但我们也假设,组织中存在着不同的目标,它们明确或含糊地组成了目标系统。

下列问题对于管理控制师具有重要性:(1)有哪些目标类别?(2)目标之间有哪些关系?(3)如何衡量目标?(4)目标之间如何协调,如何建立一个目标体系?(5)哪些目标涉及管理控制的协调?

从企业管理学建立起,就开始研究企业的目标。埃德蒙德·海涅(Edmund Heinen)的研究分析囊括了最重要的一些目标动力(Heinen,1976)。

目标可根据不同的特征进行分类(参见表2.4)。

表 2.4　　　　　　　　　　　　　　　目标分类

目标分类的标准	目标特征
(1) 目标级别	个人目标、组织目标
(2) 目标内容	数量、金额；物质目标、财务目标
(3) 目标规模	有限制目标、无限制目标
(4) 时间范畴	短期目标、长期目标
(5) 目标关系	互补目标、竞争目标、不相关目标
(6) 层次性	上层目标、中层目标、下层目标

资料来源：Wöhe & Döring(2013,第 69 页)。

所有的目标类别都是管理控制协调的对象：(1)需要协调的是组织成员的个人目标和组织的整体目标；(2)数量目标、物质目标、财务目标和融资目标的互相配合；(3)明确目标是有特定限制的(例如特定的利润额)，还是没有限制的(例如利润最大化)；(4)短期目标与长期目标互相协调；(5)明确目标之间如何相互影响；(6)最后要进行目标的调整统一。

如果要建立一个目标系统，就要考虑所有的分类特征。出于实用的考量，人们会把注意力都放在目标优先级("目标 X 比目标 Y 更重要")和目的—手段关系("目标 A 支持目标 B 的实现")上。

建立目标系统的先决条件是，人们能够确定目标之间的互补程度和竞争程度(相同目标在这里没有什么影响)。它们之间的关联可能是经验性的或定义性的，例如，作为利润的组成部分，收益和成本之间就是定义性关联。在企业管理实践中，目标间经验性的关联也非常常见(例如，员工满意度和顾客满意度之间的关联)。

目标的清晰表述和操作实践对协调来说是不可缺少的。要明确目标的界定和目标的评估衡量方法，在实际操作中，一般会给目标定下相应的参数。

在目标有冲突时，目标优先级通常是解决问题的着手点。决策理论详细阐述了优先级的确定，并在理论上提出了解决问题的建议(Laux,Gillenkirsch & Schenk-Mathes,2012)。

在实际操作中，对目标的衡量和解决冲突的程序是比较简单的，各个方面都投入使用计分评价和效用分析。

在过去的几十年里，目标问题让组织操控的复杂性达到了一个很高的程度。组织类型不同(企业、非营利组织和公共机构)导致上层的目标也不同。另外，目标的设置还要考虑到不同群体的利益("利益相关者")。

企业中多目标设置是家常便饭；三重目标的理念逐渐替代纯粹对财务目标的追求。长期("可持续的")经济目标、环境目标和社会目标构成了目标系统("三重底线")，企业需要明确该如何具体权衡这些目标。通常，企业会设置一个财务上层目标，生态环境和社会相关的目标则是辅助附加的。过去的几十年里，在目标导向这方面，管理控制发生了根本性的发展。

在最初的时间里，企业目标的重点都在财务业绩上(参见下面内容)，本书在早先的几个版本中也是支持业绩目标设定的。而这本新版的教材中，我们希望能够涉及目标导向的新发展。

有两个方面很重要：(1)企业中除了财务目标之外，还存在社会目标和生态环境目标；(2)在非营利性组织和公共企业机构中，管理控制也具有重要的操控功能——这些组织机构的主要目标并不是要达到财务上的某种水平。

因此，接下来我们想较为一般性地阐述管理控制的目标导向问题。

然而，业绩目标通常是私人企业优先级最高的目标，所以在这里我们将更进一步探讨这类目标。

业绩目标导向是经济性原理的特点之一，经济性有几个不同方面的意思（参见图 2.10）。本书中提及的"业绩目标导向"，有三个层面的内容：(1)长期的、多周期性的业绩通常与贴现的收入和支出共同出现，因此它是财务导向的。(2)收入和支出用于资源的建设与消耗。从经验的意义上说，业绩（效益）是一段时间内收益和费用的差额，或者说是绩效和成本之间的差额。(3)生产过程中输入和输出数量（可以用金额来衡量）体现出生产的效率。

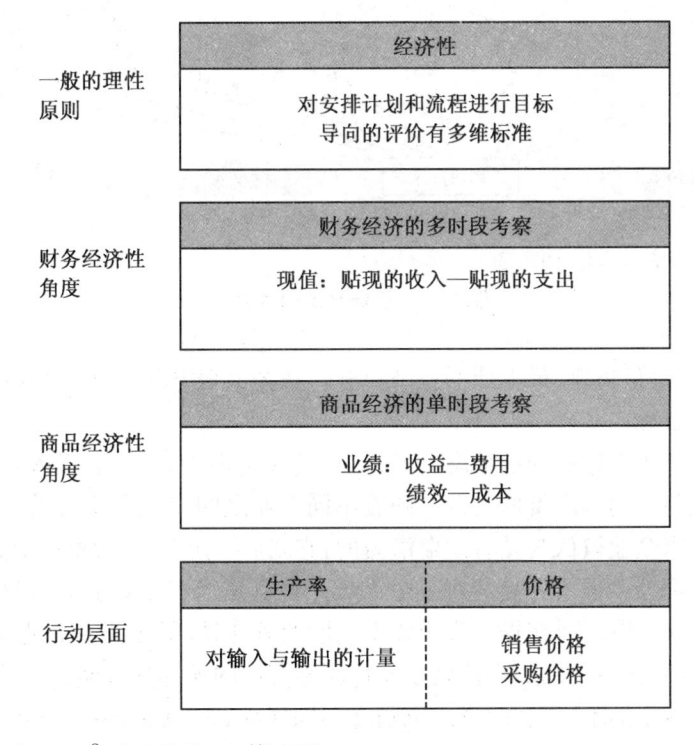

层面		
一般的理性原则	经济性 对安排计划和流程进行目标导向的评价有多维标准	
财务经济性角度	财务经济的多时段考察 现值：贴现的收入—贴现的支出	
商品经济性角度	商品经济的单时段考察 业绩：收益—费用 绩效—成本	
行动层面	生产率 对输入与输出的计量	价格 销售价格 采购价格

资料来源：Dellmann & Pedell（1994，第 2 页）。

图 2.10 经济性的多层面

业绩目标导向向我们展示了所有企业经营作业的框架。使这些作业互相协调起来是一件复杂的事情，要解决以下问题：(1)不同的业绩目标是如何相互关联的？(2)这些业绩目标用的是哪些计量方法？(3)为弄清业绩目标值，哪些核算系统是必不可少的？(4)如何将分散的决策统一到共同的业绩目标上？

上述问题的表述，明确了设计企业职能的必要性（我们将在下面的章节中给出这些问题的答案）。这些职能的任务就是，在系统构建与协调的过程中，对实现目标起到支持作用，从中我们也可以发现管理控制的核心任务。在所有目标导向的社会系统中，对于这些问题进行的思考是经济性原理有所成效的前提条件。物质目标和财务目标是它进一步的前提，图 2.11 展示了物质目标和财务目标（其由效益目标与流动性目标组成）之间的总体关系，并将其作为一整个目标系统。

不同类型的组织和企业的业绩目标也会有所不同。在市场经济导向的企业中，利润（短

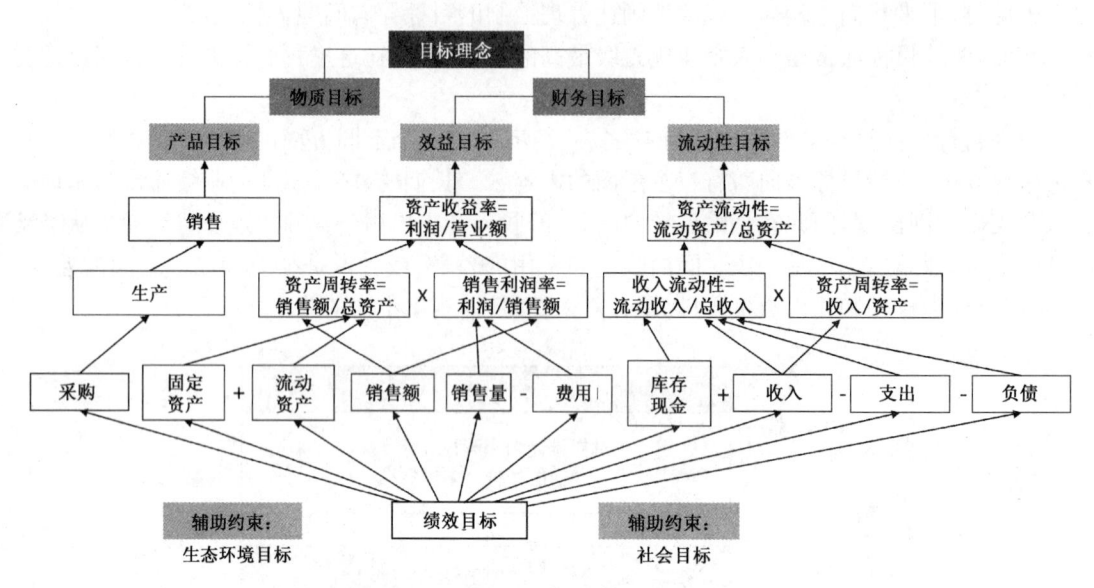

资料来源：Berthel(1995，第 1075 页)。

图 2.11　目标之间的关系

期)和回报率(长期)是最重要、最上层的业绩目标。在公共服务机构中，可能就会以不超过某一支出水平为业绩目标。

企业管理学有许多不同的利润概念。效益(利润或是损失)是除去投入资本、加上红利之后的期末资产价值与期初资产价值之差。随着不同企业之间对资产定义的不同，效益的内涵也会不同。如果一家企业被认为是有效益潜力的，它之后一定会达到现在的市值，那么潜在效益达到后获得的那部分金额才算是利润。净资产存量也是经济绩效能力考量的一个指标，这就是人们所说的物质获取。而在提及货币资本获取的概念时，所涉及的不是目前的资产存量，而是原始的期初资产，此时利润所指的就是超过原始资产的那部分金额。

由于资产概念界定的不同，利润概念也随之不同(Coenenberg，Fischer & Günther，2010，第 766 页)：

(1)基于总价值的利润：现值是以未来所有由资产而产生的净收入现值来估计的，因此，经济利润则是净收入和未来业绩值变动的差额。因为这种定义的未来导向性，以及如何在影响因素之间进行业绩分配，所以用经济利润来作为操控的手段并不是很合适。价值增加值分析法则应该能形成一种实用的理念(参见 4.5.5.2.2 节)。

(2)基于历史成本的利润：利润，也就是年盈余/亏损，是过去一段时间内，因企业内部经营和外部业务所产生的收益与费用的差值。然而，对这种定义的批评是，它忽视了通货膨胀的趋势，忽视了每个费用及收益的不同时间点，混淆了历史价值和现时价值。用这种方法计算货币资本获取量也是不可行的。

(3)基于重置成本的利润：物质获取的利润最早被用来衡量企业决策对于业绩的有效性。基于重置成本的利润测定方法所考虑的是企业的物质获取(重置所得收益与支出之间的差值)，以及库存利润(重置在一段期间内用不到的资产时因价格提高获得的增值)。

在目标设立和实现过程中，除了业绩的绝对值，还会运用到相对值，业绩值将会转化成一定关系中的相对值(Coenenberg，Fischer & Günther，2010，第 771 页)，这种所谓的相对收益率会随着对资产数据不同方式的运用而改变。在计算相对收益率时,还会用到资产价值总值、资产价值净值、期初价值、期末价值、平均价值、完全价值、变动价值、采购价值及重购价值等数据。

最重要的几个收益率指标是(参见 4.5.5.2.2 节):(1)自有资产收益率＝年利润/自有资金;(2)总资产收益率＝(年利润＋借入资金利息)/总资产;(3)销售额盈利率＝年利润/销售额;(4)投资回报率(RoI)＝息前收益/投资总额。

在过去的几年中,对于周期利润以及将建立在此基础上的投资回报率作为主要操控参照值,有越来越多的批判声(Rappaport,1999;Günther,1997,1999)。批判者们主要提出以下几条理由:(1)它是以过去为导向的;(2)只考虑到单个周期;(3)核算利润时有很大的操作空间;(4)忽略了货币的时间价值,与年报中的数据指标以及资本市场的价值发展缺乏关联性;(5)不能表现出企业成长所要求的资本需求;(6)没有体现风险。

尽管可以通过一些方法来避免有些被批评的缺点,例如,通过报表净化后的一些外部会计指标数据,然而忽视货币时间价值、只考虑单个周期以及缺乏风险考量这些问题都无法解决。而正是这些缺点的存在推动了价值导向操控指标的发展,例如建立在企业未来价值上的现金流法(现金流贴现、现金流投资回报率、经济增加值)。这些业绩指标参数是价值导向管理的核心,价值导向管理以增加企业价值为主要目标。

4.5.5.2.2 节将介绍价值导向管理控制的基础理论与几个著名的价值导向理念。

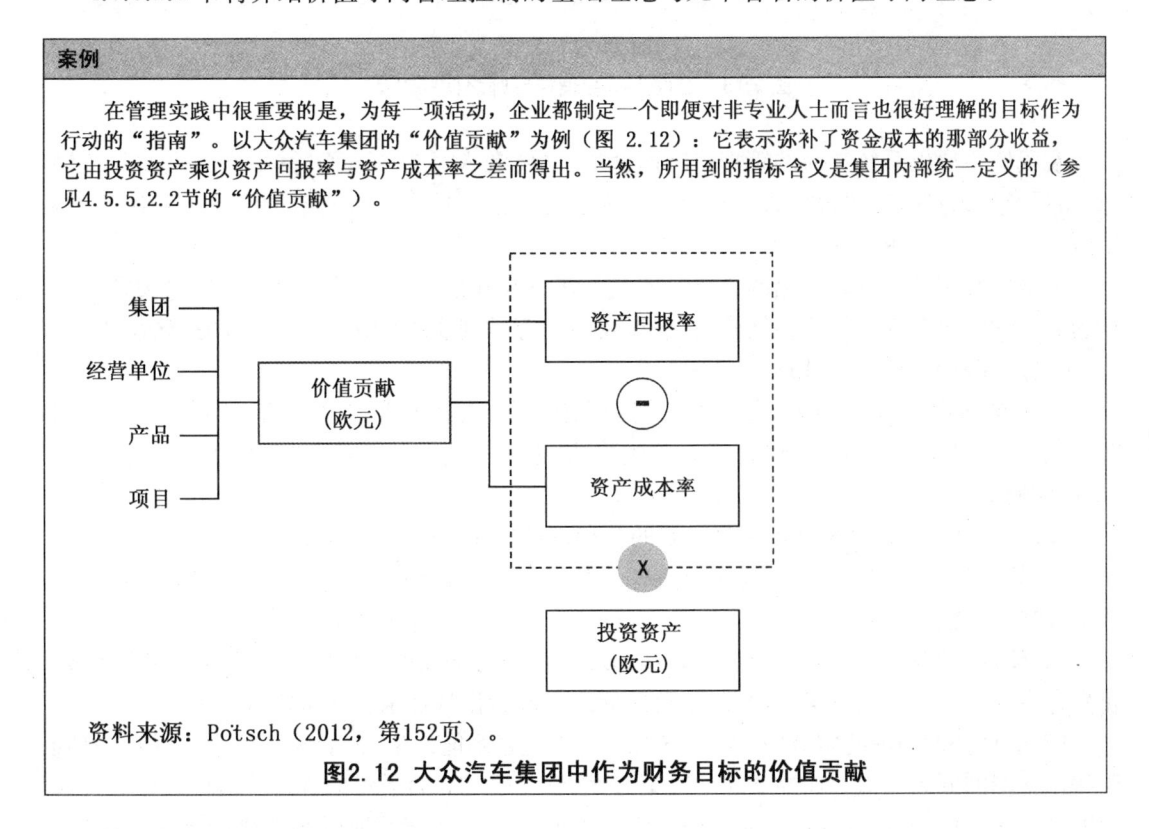

案例

在管理实践中很重要的是,为每一项活动,企业都制定一个即便对非专业人士而言也很好理解的目标作为行动的"指南"。以大众汽车集团的"价值贡献"为例(图 2.12):它表示弥补了资金成本的那部分收益,它由投资资产乘以资产回报率与资产成本率之差而得出。当然,所用到的指标含义是集团内部统一定义的(参见4.5.5.2.2节的"价值贡献")。

资料来源:Pötsch(2012,第152页)。

图2.12 大众汽车集团中作为财务目标的价值贡献

2.3.3 行为导向的构建框架

我们已经多次强调,管理控制是由领导企业的人建立实施的,因此便有了关注人的行为以及行为后果的现实导向管理控制理念。

"经济人假设"是经典企业管理学决策模型的基本假设,而在现实世界中却不是这样的。现实世界中的管理控制一直都受经理人与管理控制师之间相互牵制关系的影响,管理控制学的先驱阿尔布雷希特·道尔很早就提出了管理控制的行为维度问题,这里必须要介绍一下他的经理人—管理控制师对话图(图2.13)。

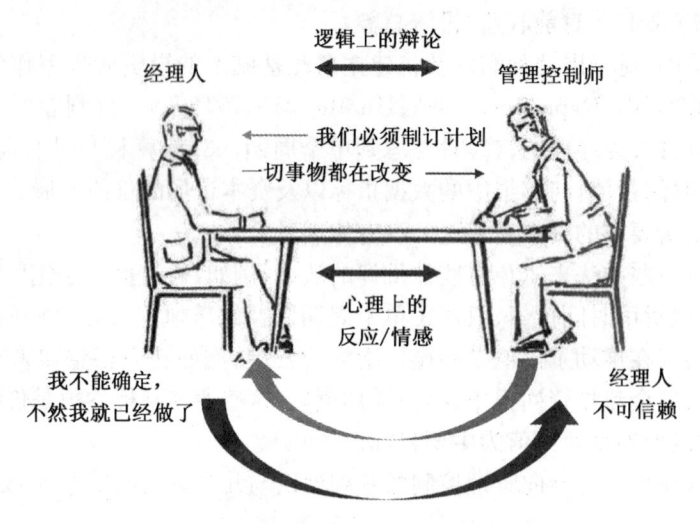

资料来源:Deyhle & Radinger(2008,第701页)。

图 2.13 经理人与管理控制师之间的对话

在我们主要以系统导向的管理控制理念中,也要融入行为的方面,其中有三点非常关键:(1)所提及的人都是有限理性人;(2)决策过程会受有限理性人个人利益的干扰;(3)决策过程中因心理因素而导致的偏差。

前两点我们已在基础理论的介绍中谈及。接下来我们将重点关注第三点。过去几年中,行为会计学的研究提供了许多结论,它们涉及的内容是现实中的决策与出现的逻辑思维错误[有关管理控制参见赫希(Hirsch,2007)]。

一个被多次引用的例子,讲到了人们会在失败的项目上停留过长的时间(Mahlendorf,2008)。加上过于乐观、自我评价过高、害怕失去,甚至会导致"承诺泛滥"现象的出现(Mahlendorf,2008)。

图2.14中的报告过程显示了最主要的几种理性偏差(Dobelli,2011,2012)。

(1)管理控制中的信息预选偏见(Feature Positive/Negative Bias):带着一定的倾向性,片面地收集处理信息。

(2)管理控制中的证实偏见(Confirmation Bias):用于决策的信息反映了决策者的偏好,仍然存在主动寻找备选方案的情况,失败的标志会被看作特殊情况而被隐藏起来。

(3)管理控制中的锚定效应(Anchor Bias):价值越不能确定,人们越倾向于去寻找一种易于得出估测的原始初值。如果要评估决策方案,就会以(例如)上年的资产价值核算作导向,很少顾及环境条件的变化,这就很有可能产生错误的估算。对所获取的数据进行批判性的探寻考量,就可以避免这种偏差。

(4)管理控制中的框定效应(Framing Bias):像强调图表这样的描述形式,虽然可以降低复杂性,或是产生符号作用,但同时也会导致因果关系的丢失和信息泛滥。应当向决策者解释

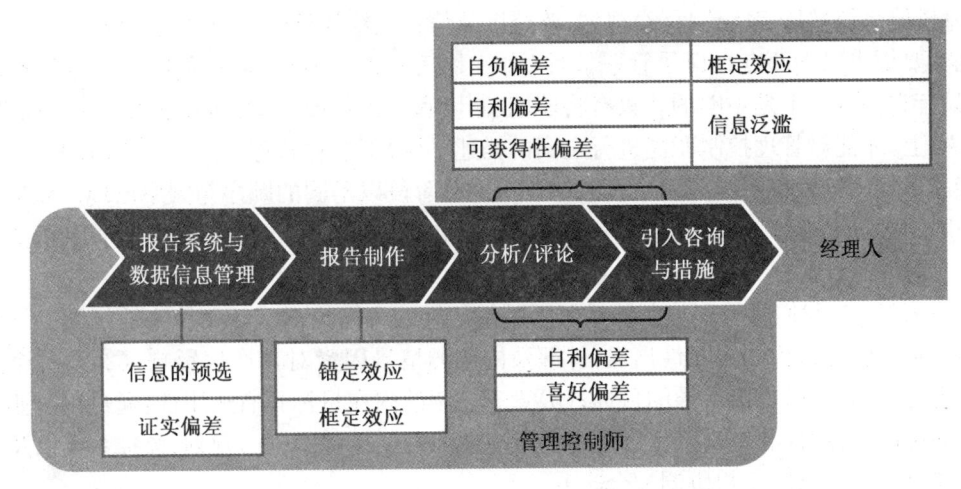

图 2.14 报告过程中可能出现的认知偏差

资料来源：IGC(2011,第12页)。

清楚这种描述展现方式。

(5)管理控制中的自利偏差(Self Serving Bias)：总是会存在对某种选择的偏好,这应当以质疑的方式谨慎对待。扩大决策委员会的人数会对这种情况有所帮助。

(6)管理控制中的喜好偏差(Liking Bias)：积极的倾向和气氛会体现在决策中,会强调利益和好处,而忽视缺点。进行一场具有建设性的讨论,会对选择出最合适的方案有帮助。

(7)管理控制中的可获得性偏差(Availability Bias)：因为在收集处理信息时就出现了带有偏见和倾向的选择,那么在方案选择时,基于这样有倾向的信息供给做出了感觉上较好的选择,然而实际并非如此。

(8)管理控制中的自负偏见(Overconfidence Bias)：管理控制师和/或经理人自恃能力强,认为自己能做出更好的决策。通过中性的观察者、信息反馈和以同类项目为基准等方法可以降低这种偏见的影响。

(9)管理控制中的信息泛滥[选择悖论偏见(Paradox of Choice Bias)]：有太多关于决策选项的信息会导致最终做出糟糕的决定。

虽然本书主要按职能进行结构编排,但我们仍会不断地讨论到行为维度的问题。

2.3.4 基于协调的管理控制体系概述

到现在为止,我们论述的这些思想合成了管理控制的理念,我们称之为"基于协调的"理念,因为目标导向的协调是其焦点。

我们以现实中的实践为理论支撑。在管理实践中,正如我们所见到的那样,管理控制是作为一项创新而出现的。

现实中的认知应当融入理论中,本章之前几个小节指出了那些最重要的理论源泉。

有下列几个组成元素：(1)管理控制是领导系统的一部分；(2)规划和监控是领导的中心任务,通过它们能实现基于目标的协调；(3)一套独立的任务设计应包含对领导的信息供给,许多企业正是因为这个原因而建立了管理控制职能；(4)规划、监控以及信息供给要和目标导向相互协调配合。

按照我们的意图,一套管理系统可以简单划分为：(1)规划和监控体系("PK 系统")；

(2)信息供给系统("IV 系统");(3)规划、监控以及信息供给的目标导向协调系统。

尤其要指出以下两点:(1)尽管职能性(也就是任务相关的)分析是如此重要且富有启发性,但只有它独自一个是不够的。只有将职能、制度和手段集成一体,同时纳入行为方面考量,在此基础上,才能对管理控制职能进行全面的描述。(2)不能将管理的阶段看作时间上必然互相紧接的步骤。经验说明,在整个管理过程中,这些阶段以不同的顺序与频率出现。如果要给予其清晰的区分和顺序,那也是出于教学目的。而在管理实践中,经理人和管理控制师要根据不同的实际情况更换任务的重点。

在图 2.15 中,我们将管理控制体系置于整个领导的大框架下。下面简略地解释一下这张图:(1)从企业管理目标的多元性出发,外部及内部的情景因素对其产生影响;(2)通过企业目标的确定与实施,可以得出领导的目标;(3)管理控制的内在目标具有适用性:通过以企业目标为基础的协调,管理控制应当确保管理中的反应能力与适应能力;(4)规划、监控系统以及信息系统与整个价值创造链互相协调配合。

图 2.16 是一个非常概括的职能系统展示,然而它并没有体现出管理控制的多元性。从贴合现实的情况来说,存在三个维度:(1)管理控制任务(职能的角度);(2)管理控制组织(制度的角度);(3)管理控制手段(方法的角度)。

在这三个维度中,都要把行为层面纳入考量。行为既可以影响任务的完成,也会对组织的构建、方法的选用产生影响。

管理控制任务(职能的角度)又可以分为三类(参见图 2.18):(1)根据系统构建的强度,可以分为系统构建性的协调与系统契合性的协调;(2)根据目标的不同维度,可以分为战略协调任务与营运协调任务;(3)根据协调的对象,可以分为规划、监控系统的协调与信息供给系统的协调。

我们可以做出这样总结性的定义:管理控制从职能角度看,是企业领导层的下属子系统,它以目标为导向,对规划、监控以及信息供给系统进行系统构建性和系统契合性的协调,并借此支持整个系统的协调。

管理控制以此对领导提供支持:管理控制能使整个管理体系目标导向地适应情景的改变,在整个价值创造链的视角下,完成管理控制的任务。

这里还要再一次指出两个重要的概念区分:(1)当我们讲到"管理控制"(Controlling)时,我们指的是其整个职能;而讲到"管理控制师"(Controller)时,指的是管理控制任务的承担者。(2)管理控制师职能(Controllership)指的是管理控制师作业的制度表达。

管理控制师要对其整合编制的信息负责,领导者要对接下来的决策负责,对这些责任的界定都可以在计划中找到。管理控制师共同参与管理控制的过程,并共同承担实现目标的责任。

我们对管理控制介绍的焦点在于管理控制师以及管理控制师职能。经理人作为管理控制师的"业务合作伙伴",在本书中被看作管理控制师的"客户"。

国际管理控制集团(ICG)的管理控制师范式图确切地给出了一个管理控制师的自我认识(见图 2.17)(参见 4.5.2.3.4 节,管理控制师在编制资产负债表时的特殊角色)。

2.3.5　与其他管理控制理念的比较

德语管理控制学术文献的一大特点就是,对于理念性问题进行详细缜密的探讨。而在实际操作中是注重实用的,多亏国际管理控制师协会的工作,管理控制理念和基本思想才能大范围地形成统一。

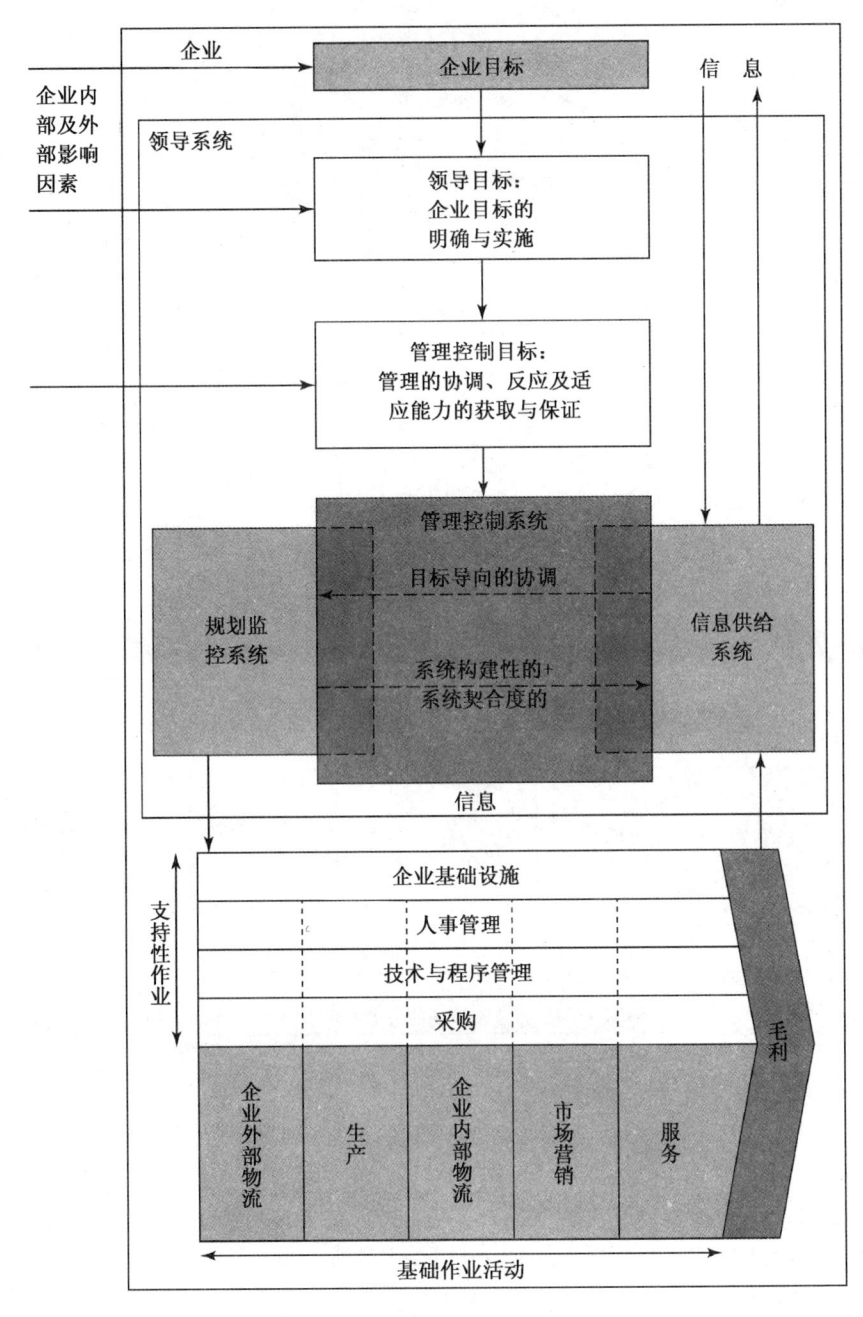

图 2.15 基于协调的管理控制体系

大部分的教材都有引入章节,本书也不例外。在引入章节中,作者一般会对自己的管理控制理念进行阐述,并进行学术上的分类,将我们的管理控制理念与其他理念做比较显得很有必要。在这里我们并不想把各种眼花缭乱的理论都一一介绍过来,而是专注于几个比较重要的理论。

目前已经存在一些不错的概览,对各种不同的管理控制理念进行了详细的对比(Küpper et al.,2013,第 12 页;Troßmann,2013,第 304 页)。

目前我们所提到的理论"科学性"都主要体现在术语性表述系统上,我们的管理控制理论

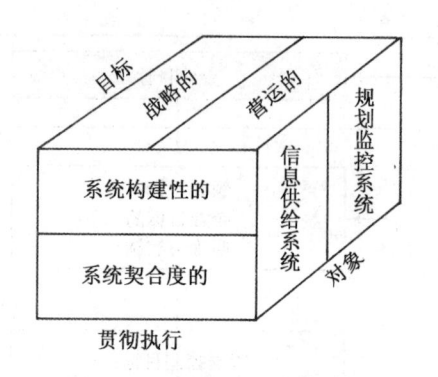

图 2.16 管理控制任务的分类

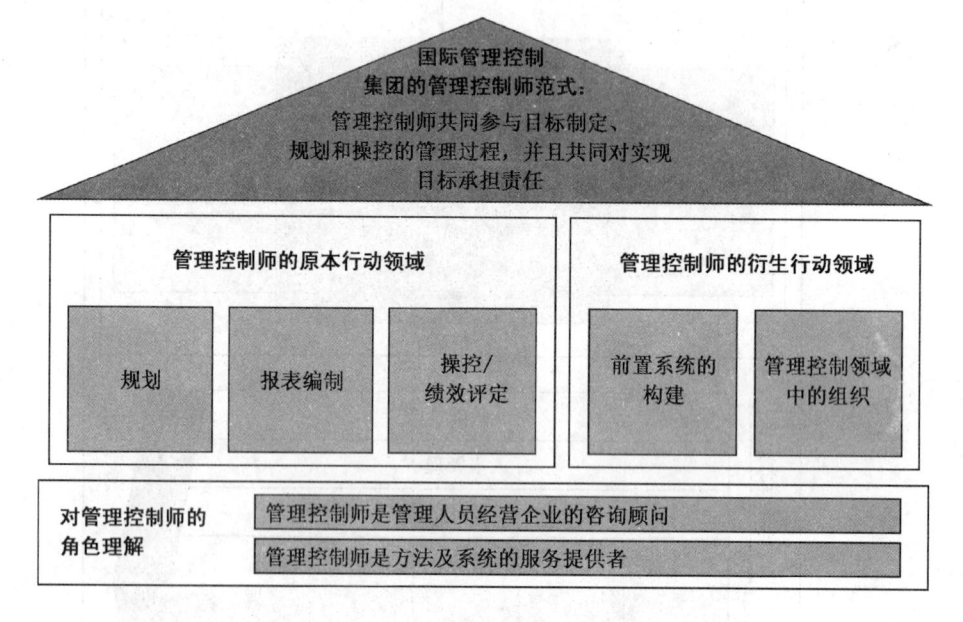

图 2.17 国际管理控制集团的管理控制师范式

资料来源：国际管理控制集团(IGC,2002 年 6 月)。

也属于这个类别。而观点对于现实的反馈却是不同的,在大多数情况下,管理控制的概念得到了权威的定义;少数情况下(例如我们的理念)结合了管理实践中对管理控制职能的分析,并且提出疑问,概念演绎的结果是否能准确描述事实情况。

经验认知理论是不成熟和不完善的。在多数经验研究中,会对管理控制的总体职能提出假设,并去验证它(Amshoff,1993);或者是在假设的条件下,对管理控制的部分领域进行分析(Horváth et al.,1985)。

所有的理念都将管理控制归入领导体系,而将系统理论作为排布的框架则是大多数理论的共同特征(Hahn & Hungenberg,2001;Schwarz,2002;Küpper et al.,2013)。

所有管理控制理念的一个共同点是,将企业目标与管理控制关联。几个基本的差异则涉及:(1)管理控制职能的规模;(2)包含在管理控制职能之内的企业目标类别。

综观诸多不同的管理控制理念,虽然它们在多样性与信服性上差异巨大,但是人们很容易就能发现,正如我们早在1978年所提出的那样,其理念核心都是协调这个概念。韦贝尔(Weber)在2002年更改了他早期的见解,如今他将管理控制定义为领导的理性保障(Weber & Schäffer,2014,第26页),根据这个观点,管理控制师的任务是确保领导的理性(Weber & Schäffer,2014,第47页;2001,第234页)。然而必须指出,理性的保障是所有领导及管理控制理念理所当然的前提。其逻辑过程如下:协调的意思是,决策之间以目标为导向的互相配合;基于协调的管理控制是希望能够支持组织中目标导向的行为活动;目标导向的活动意味着要应用理性原则。那么这一圈绕下来的意思就是,以协调为基础的管理控制要通过理性的保障才能有效果。

既然学术文献中大多数理念是以协调为导向的,那么像库佩那样只把自己的理念称作"协调导向"的,并把其他理念都排除在外的行为就显得不合适了(Küpper et al.,2013,第33页)。

在其他管理控制理念中,关于领导中管理控制协调职能的规模范畴可以分为三种:(1)信息需求下的信息生成与供给协调(Reichmann,1985);(2)带有信息供给系统的规划监控系统协调(Horváth,1978);(3)整体领导系统的协调(Küpper,1988)。

我们的协调理念以规划监控与信息供给系统为中心,这与库佩的协调导向管理控制理念有差异。我们的观点是,规划监控系统与信息供给系统的协调对所有领导的子系统产生协调作用,而库佩认为领导的人事及组织系统也是协调的直接对象。

我们对协调进行的系统构建性与系统契合性的区分被学术文献普遍接受(Weber & Schäffer 2014)。这种区分也适用于初级协调与次级协调(Weber,1995,第297页)。

区分不同管理控制理念的第二条重要特征是它们与企业目标的关系。最关键的区别在于,协调职能是考虑到企业目标而进行的,还是它自身就有特定的目标。

在本书的早期版本中,我们所持的观点是:管理控制应鉴于企业的(经济)业绩目标而实现它的协调职能。在20世纪70~80年代的管理实践中,尤其是在管理控制占重要地位的企业中,也确实是这样。而目前的情况在两个方面上有所变化:(1)在非营利性组织与公共管理机构中也建立起了管理控制;(2)企业中除了有经济目标,还提出了社会目标和生态环境目标。

出于以上这些原因,我们现在认为,管理控制是对所有类别的目标进行协调。而哪些目标类型从属于哪种目标等级之下,要根据组织自身情况而定,经济性的目标仍然是所有类型组织通用的重要目标及标尺。

不同理念强调的重点不同,阐述时所选用的措辞表达也有所不同,但它们有许多地方互相重合,相互接近、趋同(参见图2.18)。

教授们如此细致地讨论管理控制的理念,而却错过了实践。在管理实践中,早已实现了不同理论的融合:企业目标的实现需要在整个领导系统中的规划与信息供给目标导向的协调,并以此实现理性保障。

最后我们想重提一下1935年时对管理控制的定义[Knoeppel,由希尔(Hill)1976,第39页引用],它将协调导向(那时的协调导向还是盈利目标相关的)看作管理控制的"核心标签":"我们可以把管理控制师职能定义为企业中的协调职能,它不偏不倚、不带偏见,肩负着追求利润的目标并提供合适的盈利控制机制。它运用调查、分析、提示和建议的功能,无时无刻不在研究着企业的运转,就销售和生产控制提出相应的措施。如果被执行经理人所接受或者修改,那就成为要履行的常规工作。"

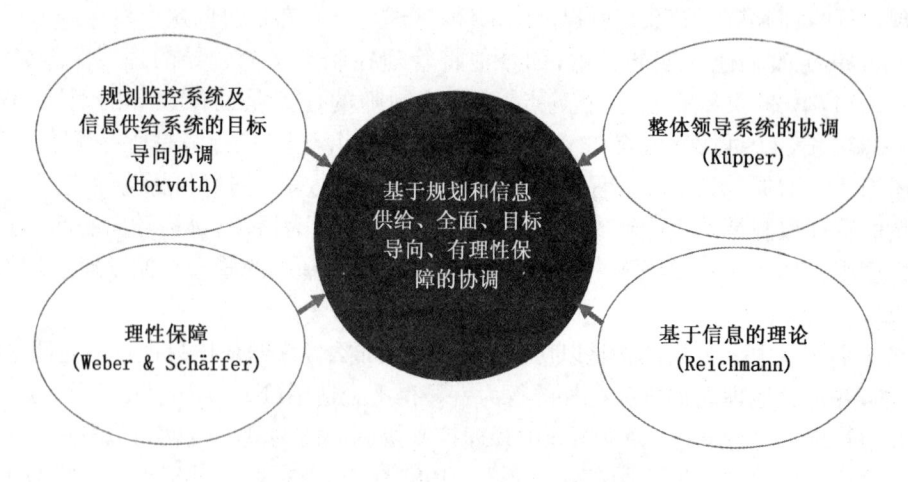

图 2.18　管理控制不同理念的趋同性

2.4　案例

2.4.1　博世集团：通过标准化来协调

在过去10年中，博世集团在亚太地区的成长尤其明显。其间，它在50个国家中所合并的公司从260个增加到约340个。为了管控全球化所带来的复杂性，博世的管理控制组织在全球引入了标准化的理念、程序、工具及信息系统。

这里的基础是遍布全球的管理控制组织，该组织机构分散在各地；管理控制师在当地对管理进行支持（参见图2.19）。集团管理控制的主要任务是战略控制与规划的协调、规划与现状发展的分析评估、为管理层进行咨询以及拟定标准化的管理控制方法与理念；业务领域的管理控制则对各业务领域的运营及生产提供支持；对生产制造基地的操控则由当地的管理控制实现；除此之外还有职能上的专业分工（例如，采购、销售等）。

图2.19（或参见5.4.2节）所展现的理念和程序与信息技术系统是于2000年引入的，所以它还在不断地发展完善中。博世集团通过这些来对全球的分支机构进行管理操控。业务及生产分支机构中运用留存收益，也就是博世的"运营价值贡献"（OVC）作为主要操控指标（可参见4.7.2节）。

在价值导向操控的背后则是价值驱动，价值驱动树（参见第4章）体现了它的系统架构。博世设有全球统一的规划与报表编制流程，会计核算的信息技术系统也是标准化的。

这些理念与系统机制的引入是通过密集的个人参与和努力实现的。在前期工作中，会举办国际性的研讨会和教育培训，而对这些理念与机制进行标准化的应用，则要依赖不同的人事措施（例如，员工的派遣与交流轮岗）。

这个例子强有力地说明，对于一个全球性的目标导向管理操控而言，管理控制扮演了重要的协调角色。

2.4.2　德国财务有限责任公司：通过管理控制来操控

德国财务有限责任公司（以下简称"财务公司"）建立于2000年9月19日，德意志联邦共

● 第 2 章　基于协调的管理控制系统 ●

博世集团
http://www.bosch.de　　　　　　　　　BOSCH

行业领域	汽车技术、工业技术、消费品及能源与楼宇技术
位置	德国斯图加特
营业额	约489亿欧元（2014年）
员工	约29万人（2014年）

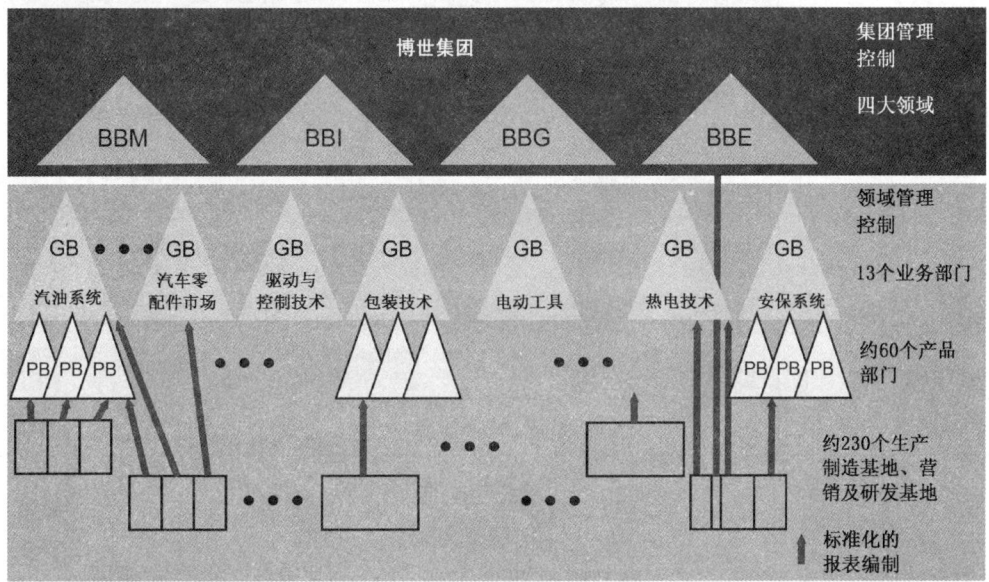

博世集团

BBM　　BBI　　BBG　　BBE　　集团管理控制　四大领域

GB…GB　GB　GB　GB　GB　GB　领域管理控制　13个业务部门
汽油系统　汽车零配件市场　驱动与控制技术　包装技术　电动工具　热电技术　安保系统

PB PB PB　　　　　　　　　　　PB PB PB　约60个产品部门

约230个生产制造基地、营销及研发基地

标准化的报表编制

理念	规划与报告编制	过程与信息技术系统
价值导向的企业操控（运营价值贡献，OVC） 价值驱动管理 激励机制（短期与长期） 成本、绩效与业绩核算（计划处理理念） 国际财务报告准则（内部审计应用）	战略规划过程（标准化内容及工具） 经济规划（目标导向） 月报 风险报告编制（机遇与风险评估）	交易系统的参考模型和业务相关的信息技术模型（企业领域 Mobility Solutions - UBK-RM等） 集团会计科目表（BCA- Bosch Chart of Accounts） 合并平台（内部/外部统一平台） 标准化的投资评估以及购买/租赁比较

员工与沟通

外籍人士在海外分支机构中担任管理层和管理控制师、工作岗位交换、分部培训师与大客户的培训、研讨课、工作室、培训、模拟、现场咨询、设置热线电话、网上学习平台、混合式学习、内部网、指导方针、集团指示、指南、宣传册、规格清单、责任清单、系统描述

资料来源：Kümmel & Watterott（2008，第248页）。

图 2.19　博世集团的管理控制组织以及管理控制的标准化工具箱

行业	金融服务
位置	德国法兰克福
管理的债务投资组合	约11 060亿欧元（2015年）
员工	约260名（2015年）
组织结构	（见下图）

德国财务有限责任公司
http://www.deutsche-finanzagentur.de

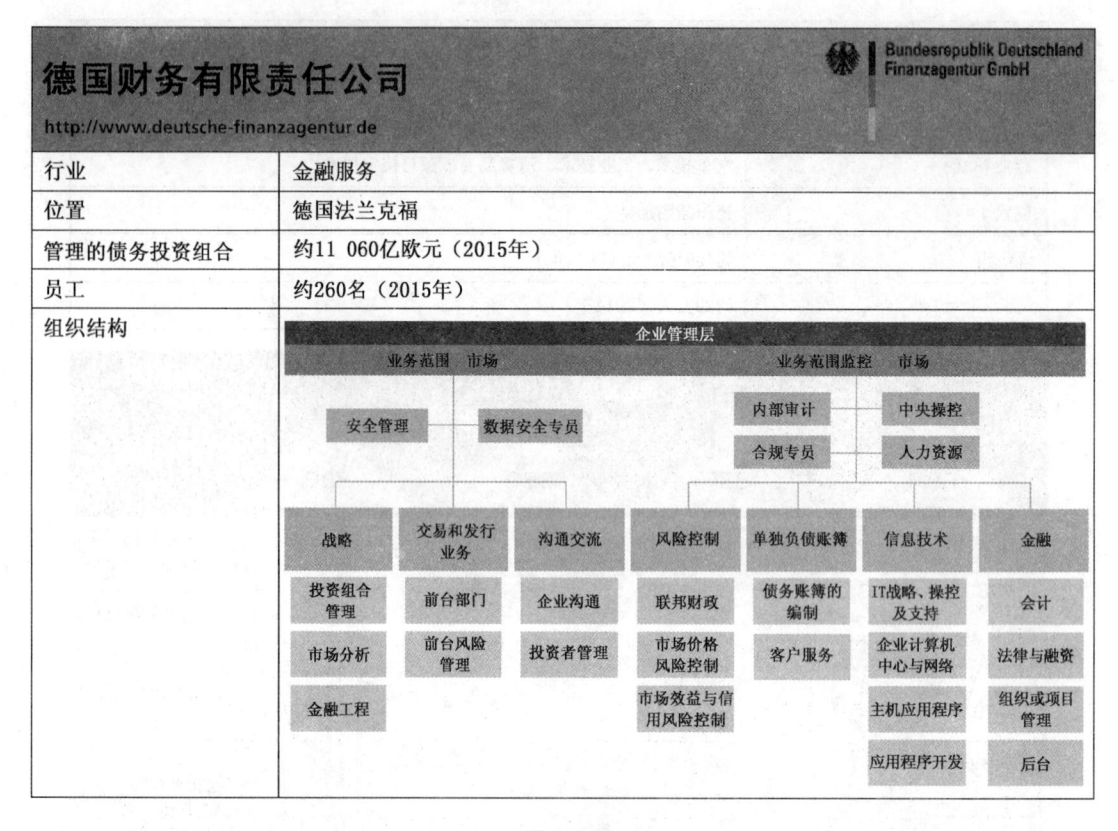

组织结构图包含：企业管理层下设业务范围市场（安全管理、数据安全专员）和业务范围监控市场（内部审计、中央操控、合规专员、人力资源）；下属部门包括战略（投资组合管理、市场分析、金融工程）、交易和发行业务（前台部门、前台风险管理）、沟通交流（企业沟通、投资者管理）、风险控制（联邦财政、市场价格风险控制、市场效益与信用风险控制）、单独负债账簿（债务账簿的编制、客户服务）、信息技术（IT战略、操控及支持、企业计算机中心与网络、主机应用程序、应用程序开发）、金融（会计、法律与融资、组织或项目管理、后台）。

图 2.20

和国为它的唯一所有者，并以德国联邦财政部为代表。自 2001 年 6 月 11 日开始进行业务操作起，财务公司从联邦财政部接过了借贷及债务管理的核心工作，由德意志联邦银行跟进其工作。自 2006 年 8 月 1 日起，联邦有价证券监管局将其私人有价证券业务以及联邦账簿管理的工作交给了金融署。

财务公司的目标是：(1) 降低联邦因借贷而产生的利息成本负担；(2) 使联邦债务投资组合的风险结构最优化(Lehr, 2013)。

在联邦的债务及特殊资产的框架内，财务公司经管的投资约 11 060 亿欧元（2015 年 3 月 31 日数据）。

2008 年的金融危机之后，财务公司的复杂性和动态性由于以下几个因素显著提升(Lehr, 2011, 第 180 页)：(1) 金融市场的易变性提升；(2) 信息技术更迅速、成本更低；(3) 行政规章与监管要求更严密。

因此，财务公司必须进一步发展其监管操控机制。为此，财务公司运用控制理论导向来对企业进行掌控，也就是说，管理控制是一个自我操控的系统。"财务公司将管理控制理解为一种在职能上有重要意义的操控手段，它通过目标导向的信息处理来支持企业的决策与掌控" (Lehr, 2011, 第 181 页)。

对服务导向的任务和操控导向的任务也做出了区分。管理控制的责任并不是落在某个单独的领域上。管理控制内部的主导要求与各项任务被区分开来，战略上的管理控制处于中央指挥的位置，而运营管理控制被归入"金融"和"风险控制"领域。分离出的"人力资源"部门则对应人事控制。从制度结构上来说，管理控制直接附属于顶级领导层。这个案例向我们展示了，一个具有复杂任务结构的小型组织可以通过组织聚焦来有效构建协调与支持任务。

总结与展望

本章目标为，从管理实践的发现出发，阐述一套有理论基础的管理控制理念，它也将作为一个框架性结构，对进一步的行为方式产生影响。我们得出以下重要结论：

1. 系统理论为描述管理控制的多元性提供了合适的形式框架。
2. 决策理论、组织理论、制度经济学与会计理论为管理控制增添了内涵与值得讨论的问题。
3. 管理控制的基本思想（如同现实中的一样）是以目标为导向，对组织中的事件进行协调。
4. 我们将管理控制相关的协调分为系统构建性协调与系统契合性协调。
5. 协调永远以组织目标为导向。
6. 多维的目标系统对管理控制系统构建有着决定性的作用。
7. 管理控制系统可以分为三类：职能、制度与手段。
8. 通过对行为层面的考量，可以进一步拓展管理控制系统的形式。
9. 以协调为基础的管理控制理念建立在两个"支柱"上，也就是规划监控系统和信息供给系统。
10. 上述两个系统可以协调所有的领导子系统。
11. 在管理控制相关文献中，有许多关于管理控制的不同理念，基于协调的理念占多数。
12. 在管理实践中，对管理控制却有着非常统一的理解。

这里所阐述的基于协调的管理控制理念能够实现更进一步的发展（参考章节顺序）：(1)第3章将从职能、制度、手段三个角度来介绍规划监控系统。(2)第4章也将从上述三个角度来介绍信息供给系统。(3)如今，没有信息技术支持的管理控制是无法想象，所以第5章中将分析信息技术的协调潜力与需求。(4)第6章讲述管理控制的整体组织结构，也会涉及管理控制的专业分工。(5)管理控制是企业治理系统的一部分，最后的第7章将会介绍管理控制的公司治理方面。

复习题

1. 系统理念对管理控制职能的分析与构建做出了哪些贡献？
2. 各种企业管理学对管理控制理念的发展做出了哪些贡献？
3. 哪些行为导向的方面对管理控制而言意义重大？
4. 请描述 IGC 管理控制模型。
5. 系统构建性协调与系统契合性协调有哪些特征？
6. 请解释一下作为领导子系统的"管理控制"。
7. 什么叫作管理控制的目标导向？
8. 可以根据哪些角度来区分不同的管理控制理念？

对经理人及管理控制师的提问

1. 请叙述一下您所在组织的最高层财务目标。
2. 您所在的组织是如何进行细化落实的?
3. 有哪些非财务性的重要管理指标?
4. 您所在组织的管理控制领域是怎样建立的?
5. 管理控制师是以何种形式参与组织管理工作?
6. 过去几年中,管理控制遭遇到了哪些重要的挑战?
7. 对此有什么解决办法?

延伸文献阅读

汉斯·乌里奇(Hans Ulrich)(1970)的《作为社会生产性系统的企业》(*Die Unternehmung als Produktives Soziales System*)是一本很棒的系统理论导论。

伊利沙白·戈培尔(Elisabeth Göbel)的《新制度经济学》(*Neue Institutionen-ökonomik*)非常出色地阐述了制度理论。

第 3 章
规划与监控系统的协调

"现代企业规划不可支离破碎;作为嵌入式的系统,战略规划必须与运营预算以及月报和预测结合起来。从预算可以得出并实施具体的措施计划。"

——西格弗里德·甘斯伦,国际管理控制师协会主席

本章将从管理控制师的视角研究规划与监控系统,即在构建和运营规划与监控系统构架下的具体协调任务。本章将对此进行阐释,并将它们与各级管理条线的任务进行区分。

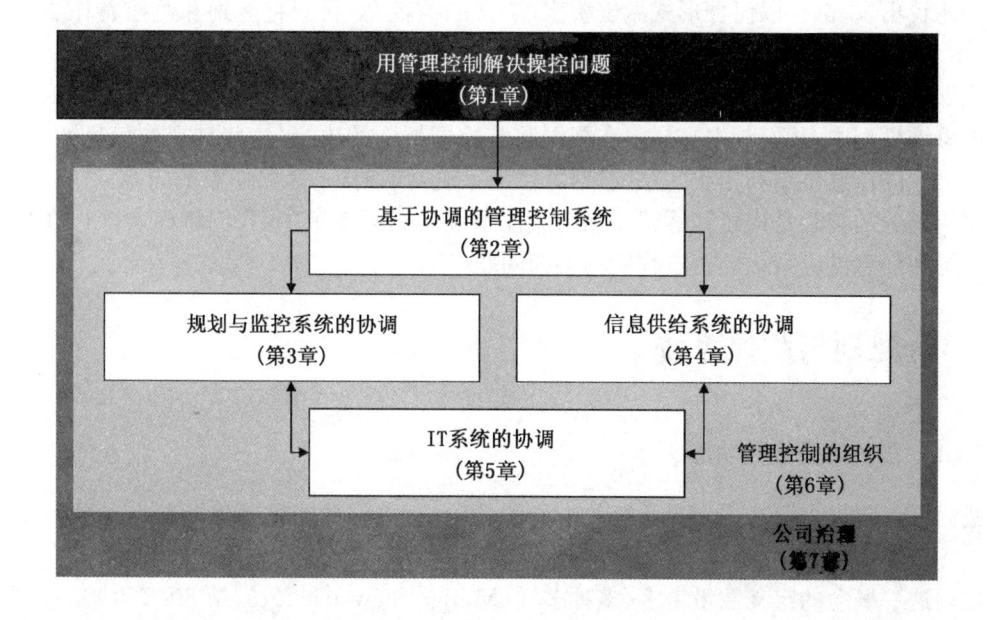

```
                用管理控制解决操控问题
                      (第1章)
                         │
                         ▼
                基于协调的管理控制系统
                      (第2章)
              ┌──────────┴──────────┐
              ▼                     ▼
     规划与监控系统的协调      信息供给系统的协调
          (第3章)                (第4章)
              │                     │
              ▼                     │
         IT系统的协调                │
           (第5章)          管理控制的组织
                                (第6章)

                                 公司治理
                                 (第7章)
```

3.1 引言及概述

如今,在管理控制师的管理实践任务中,最重要的就是参与目标导向的规划(这一点我们在 1.2 节已经做过说明)。有关控制的文献也认为,管理控制师应当参与规划。通常还强调,管理控制师对于规划的参与首先意味着协调:

对于管理控制师的规划任务,赫克特和威尔逊(1963,第 93 页)指出,"管理控制师职能本质的最高表现形式就是协调"。道尔(1968,第 455 页)把管理控制师称为"计划销售者",我们将"计划销售者"这一概念理解为系统构建的协调人,"计划销售者就是管理控制师,他必须通过说服教育工作使得目标变得明确且有约束力"。

哈恩(Hahn,1978)早期的一项经验研究指出,在德国工业企业中,管理控制师最重要的工作之一就是参与规划。咨询和协调也是工作的重点。

在管理控制文献中,监控和规划是相对应的。阿根斯(Agthe,1969,第 352 页)非常形象地描绘了管理控制师的监控任务,他认为,管理控制师就像副驾驶员,参与驾驶企业这架飞机。为了企业的仪表飞行,他必须用会计学和报告制度的形式来构建一个企业的仪表盘,此外,他还必须持续不断地读取仪表盘上的数字,并且及时告知管理团队中的同事关于航线误差及已知趋势的信息。监控任务首先在于测量仪器的构建、信息供给以及关于计划和实际偏差的信息。

因此,在本章关于规划和监控的内容中,我们将会强调系统构建和接口中的一些重要方面,这些方面对于如今的管理控制师而言是根本性的。

在关于控制功能实践的讨论中,控制和监控的界限是很重要的(Küpper et al.,2013,第 265 页)。从极端狭义的视角来看,控制和监控是一样的。持这种观点的通常是控制的反对者,一个极端的反对者甚至认为:"管理控制师不能起到监控的作用。"

实践和文献都认为,计划与实际的比较和偏差分析(即狭义的监督)是管理控制的重要任务。监督管理目标实施情况的反馈确保了企业的发展方向。还有另外一个问题是,从计划与实际的比较出发,谁会以何种形式做出决定(广义的监控)?我们将规划和监控看作流程中不同的、不可分割的、相互连接的步骤。

规划与监控系统是一个信息加工系统,接下来我们要讨论它的结构以及协调等方面。在我们的思维模型中,我们首先会局限在规划和监控框架下的决策,这些被视作信息的应用,对此必不可少的信息供给和相应的系统(信息供应系统)则是接下来第 4 章的内容。

协调任务的核心是构建和运营规划与监控系统。在第 4 章中,我们将深入探讨在规划与监控系统和信息供应系统链接过程中的协调问题。

3.2 规划与监控系统

3.2.1 规划的概念和功能

我们已经将规划定义为领导系统的中心子系统[有关构建问题参见西佩斯基(Szyperski,1989)]。

规划这一概念的定义数量繁多、多种多样(Müller-Stewens,2013,第 3042 页)。这些定义的共同点是,它们都认为,规划是"一种系统的思考方式,它确定目标、措施、方法和途径来实现未来目标"(Wild,1974,第13页)。所以我们可以将规划看作"预测性的思考行为",对此要注意剔除"未来的实际行为"(Kosiol,1967,第79页)。

作为"未来的构建"的规划是维持企业一个必不可少的工具,它满足了"基本的功能",例如,收益保障、效益增加、风险确认和规避、灵活性增加、复杂性降低,并达到协同效应(Wild,1974,第18页)。特别强调协调功能:"企业规划是一个从决策到决策的过程,通过这个过程,在期望的环境条件下,构建、检验计划期间所有阶段企业部分和(或)功能领域的计划,并且在内容时间上预先互相协调"(Szyperski,1973a,第27页)。

规划是一种对于业务流程操控的重要协调方法:"协调主要是通过计划实现的"(Emery,1971,第28页)。

图3.1给出了基本规划功能的概观(Möller & Schultze,2015,第65页):

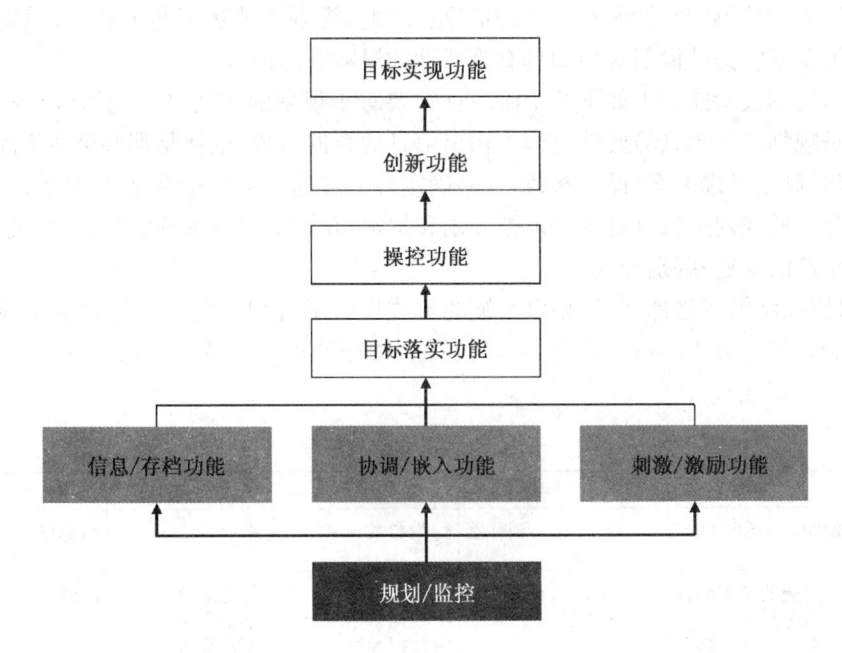

资料来源:Töpfer(1976,第97页)。

图3.1 规划的功能

企业规划涉及以下几个方面:(1)企业目标(目标的规划);(2)企业构建(构建规划和部署规划);(3)工艺流程(流程规划)。

此外有三种不同的规划参数(Kosiol,1966,第37页):(1)操作参数描述了可供使用的处理可能性(备选方案);(2)响应参数描述了环境对于特定行为的可能反应;(3)数据参数描述了不可影响的条件和限制,它们排除了一些特定的计划备选方案。

接下来的几个规划特征,对于我们控制导向的展示具有重要意义:(1)规划是一个信息处理的过程;(2)规划是系统的构建;(3)规划服务于适应环境的改变;(4)规划按照规划阶段的顺序进行;(5)规划必须经过计划;(6)规划是协调的工具,规划本身也需要协调。

规划是一个复杂的信息加工过程,其中包括系统地调查、收集、存储、加工和传达信息。只有当信息和将来相关时,信息对于规划才是重要的,这就产生了一个特别的问题。

因为规划确定了企业未来的微观和工艺结构,所以规划意味着系统设计。从这方面来看,我们也可以将系统定义为:"根据一个计划而针对特定对象的一系列元素组合"(Johnson,Kast

& Rosenzweig,1963,第 91 页)。

规划是一种调节工具,它自然也可能有多个动机。"规划是一个过程,其中,系统调整资源来适应变化的环境和内部的力量"(Johnson,Kast & Rosenzweig,1963,第 19 页)。人们的确面临进退两难的境地:

"随着复杂性的不断增加,规划的必要性也显著增加,但与此同时,在这样全面而复杂的关系下,可计划性却降低了(Szyperski,1973a,第 26 页)。米勒和卡迪纳尔(Miller & Cardinal,1995,第 1649 页)的一项原分析表明,有正式规划系统的企业比没有正式规划系统的企业有更好的效益,当然也应该根据具体情况考虑规划的优缺点(Brinkmann,Grichnik & Kapsa,2010,第 35 页)。

规划是一种克服不确定性的尝试。对于决策后果的辨别和预测是规划者面临的一项不可解决的任务,因为他不能掌握所有需要的信息。因此,规划需要进一步的技术,以避免出现相应的风险,第 7 章将另外说明对控制具有重要性的风险管理内容。

基本上,规划按功能分为如下几个阶段:(1)要对于规划的构建进行规划(原规划);(2)确定目标,它是规划的基础;(3)要确定作为输出信息的数据参数,也就是那些企业不能改变的条件和限制;(4)制定可选方案(操作参数);(5)确定各个可选方案的效果(响应参数)。

复杂、分工的规划过程自身也必须被规划和拟定,我们将规划系统的构建(原规划)和真正的规划(操作性的规划)区别开来。

规划过程的结果就是计划,计划以浓缩的形式反映了规划的对象。计划主要涉及以下几个方面(Wild,1974,第 49 页,见表 3.1):(1)目标;(2)前提;(3)问题;(4)措施;(5)资源;(6)期限;(7)承担者;(8)结果。

表 3.1　　　　　　　　　　　　一个计划的基本组成部分

组成部分	类别	问题	参数类型	取决于	在××阶段获得收益
(1)目标	预期结果和时间	是什么?到什么时候?	行为参数	决策	目标建立
(2)前提	・普遍的基本假设 ・情况预测 ・潜力(5.2、6.2、7.2) ・环境反应	在什么前提(条件)下?	・数据参数 ・数据参数 ・数据参数 ・响应参数	・情况预测 ・情况预测 ・情况预测 ・效果预测	预测
(3)问题	实际与预测的偏差	为什么?	操作/数据参数	实际与预测的比较	问题分析
(4)措施	操作	怎么做?	操作参数	决策	寻找备选方案
(5)资源	5.1 资金的应用 5.2 资金可获得性 5.3 资金需要	用什么?	・操作参数 ・数据参数 ・响应参数	・决策 ・情况诊断/预测 ・效果预测	寻找备选方案问题分析和预测
(6)期限	6.1 时间确认 6.2 时间可获得性 6.3 时间需要	什么时候?	・操作参数 ・数据参数 ・响应参数	・决策 ・情况诊断/预测 ・效果预测	寻找备选方案问题分析和预测
(7)承担者	负责的组织单位(承担者): 7.1 承担者确认 7.2 承担者可获得性 7.3 承担者需要	谁?	・操作参数 ・数据参数 ・响应参数	・决策 ・情况诊断/预测 ・效果预测	寻找备选方案问题分析和预测
(8)结果	预期结果、效果(成本、效用)	什么效果?	响应参数	效果预测	预测和评估

资料来源:Wild(1974,第 51 页)。

计划不是没有约束力的预测，它反映了选择可选方案决策的结果。计划是有约束力的，完成计划的责任是确定的，计划不是预测，而是预先的规定。

我们认为，之前几段中所说的操作性规划有以下几层意思：

(1) 从功能的层面上看，它指的是任务和任务之间的关系，它们为企业行为做准备；

(2) 从制度的层面上看，也就是从组织的角度上看，规划的行为被分派给组织里特定的任务承载者，并且在一个时间范围里进行；

(3) 从工具的层面上看，规划是领导企业的一种辅助方法并且需要相应的工具。

规划帮助协调企业的行为，按照复杂性来区分需要协调方面的特殊努力。从管理控制功能的角度看，规划的协调和信息供给很重要，我们回到3.2.3节中描述规划与监控系统时所描述过的关联。

要注意的是，我们接下来对于规划的描述并不表示可以在一定程度上"程序化"规划过程。这种形式化虽然给出了流程框架，也给出规划的一个合理前提，但是程序化却不能带来思想和创意。规划也不能被压缩成形式化的决策逻辑，在这一点上，模型和信息技术支持的规划理念通常太幼稚。我们还必须把规划看成一种心理、社会和政治的过程，在构建时也要考虑这三方面因素(Mintzberg，2013)。

3.2.2 规划和监控相统一

接下来我们从功能的角度看，认为规划和监控的作用是统一的(Hellmich，1970，第10页；Hill，1971，第16页；Pfohl，1981，第20页)。有关概念上的限制参见本书3.2.1节。

监控起到了领导的作用(Hammer，2011，第35页；Merchant，1982)，规划必须通过监控来补充。出于多个原因，监控对于降低不确定性是必要的。不确定性受到以下几个因素的影响：(1)假设是否正确，实施计划的过程是否发生预测外的事件；(2)是否正确评估规划措施的目标效应；(3)可以得到预期的资金并投入使用；(4)参与者是否按照计划行事。

有三种不同的监控目的(Troßmann，2013，第109页)：(1)对于执行现时流程的监控；(2)对于执行规划基本要求的监控；(3)对于规划过程中预测能力的监控。

这些监控目的的区别在于，它们与和监控过程关联程度的大小不同。例如，在执行现时流程时，应监控期限的遵守和订单的数量。执行规划基本要求的监控针对过程相关的工作人员，对于规划过程中预测能力的监控则是针对管理，因此通过管理可以检验规划的品质(Troßmann，2013，第109页)。

监控的概念通常与规划有关(Brink，1992，第1143页)。同样地，我们也这样认为："我们将监控这一概念定义为系统功能，该功能提供与计划一致性的指导；或者说，监控是在允许范围内对系统目标变动的维护"(Johnson et al.，1963，第58页)。

监控如同规划，是协调的前提和工具。

库佩等(2013，第270页)把规划和监控看作紧密协调、但又独立自主的领导工具，它的核心涉及许多完全不同的作业。监控可以理解为两个数值的比较。

我们认为，这种对于规划和监控的区分是不恰当的。形式上的区分当然是可以的，但在管理实践中，根据规划来定义的"应该值"在作为标准时具有重大意义，在反馈过程中，它与"实际值"相连的紧密程度如此之高，以至于规划和监控必须作为一个整体处理(Hahn & Hungenberg，2001，第45页；Macharzina & Wolf，2012，第403页)。

库佩等(2013)指出，不论是在理论上还是在实践中，监控和它的独立问题都与规划具有不同的价值,在这一点上他们是正确的。

这种构建的运营模式将规划和监控作为领导过程的核心阶段(参见图3.2)。要强调的是,从分析和定义的角度来说,这种描述是本质的,也就是说,它是基于对规划过程的一种独特思维分析。在管理实践中,一个单独的阶段必须结合其他的一些因素加以界定,首先便是根据不同的顺序,多次执行这些单独的阶段。在所描述的流程中,监控在内容上是指事实监控和计划控制。

由于规划和监控过程相互紧密联系、相互影响,所以将两者拆开分析是没有意义的。规划过程的每一个部分都是与监控相互关联的:"管理监控是整体规划过程的一种延伸,一个好的计划应当包含监控"(Mockler,1972,第8页)。另一方面,虽然规划和监控在功能性上有不可分割的联系,但这并不意味着,我们不应当从组织的角度将其区分开,例如,人们将会尽可能地将规划任务和监控任务分配给不同的任务承担者,以此来保证监控的独立性。

根据监控对象的不同,我们将监控区分为业绩导向监控和过程导向监控[其他的区分参见瑞利(Rühli,1993,第199页)]:

业绩导向的广义监控提供关于企业业绩的信息。通过将计划与实际实施的构架相比较,就能知道是否实现了预期的业绩。业绩导向的监控来源于不确定性,所以它在很大程度上是关于信息获取的问题。

广义的业绩监控还可以区分为以下几种(参见图3.3):(1)前提监控分析关于内外部框架条件、与规划相关基本假设的实现程度;(2)计划进展监控处理的是,在复杂规划框架下,中期规划目标和实际完成情况的对比;(3)狭义的业绩监控考察规划的实施情况。

方法导向监控的内容包括:实际应用规划过程与规定规划过程的对比;方法导向监控的原因是任务承担者的不足之处和不可靠性,所以也称作行为监控。

再次强调,这些不同的监控形式可以解释为信息加工的过程。企业信息供给系统的基本输出就是经过分析和解释的监控信息。这时,在管理实践中,规划和监控的统一普遍地体现在报告体系中(Hahn & Hungenberg,2001,第971页,以及4.6节)。

3.2.3 规划与监控系统作为领导的子系统

3.2.3.1 规划与系统理念

对于规划的分析有几种研究理念。乌里奇(Ulrich,1975)将理念分为:决策导向的、系统导向的、信息化的、数理的、行为科学的和"哲学"的理念,理念的多样性也经常体现在"管理理论体系"中(Koontz,1961)。

系统导向的企业规划研究较少分析单独的决策情况,而是将重点放在规划系统构建的协调上(Küpper et al.,2013;Hellmich,1970;Bircher,1976;Töpfer,1976;Bircher,1989;Hahn & Hungenberg,2001),它涉及系统构建,也就是规划的规划(原规划)。考虑对于环境变化不断适应的必要性,系统导向的理念也考虑到了这一点:"规划过程可以被认为是一种实现系统变化的方法"(Kast & Rosenzweig,1985,第452页)。

在不同的层面上,规划可以被理解为系统草案。

• 目标规划:在一个由许多系统组成的大系统中,企业占据着自己的细分市场,目标规划就包含辨认该细分市场的任务(Johnson,Kast & Rosenzweig,1963,第276页)。

• 资金规划:资源配置规划小组必须设计能够完成设立目标的系统(Johnson,Kast & Rosenzweig,1963,第277页)。

第3章 规划与监控系统的协调

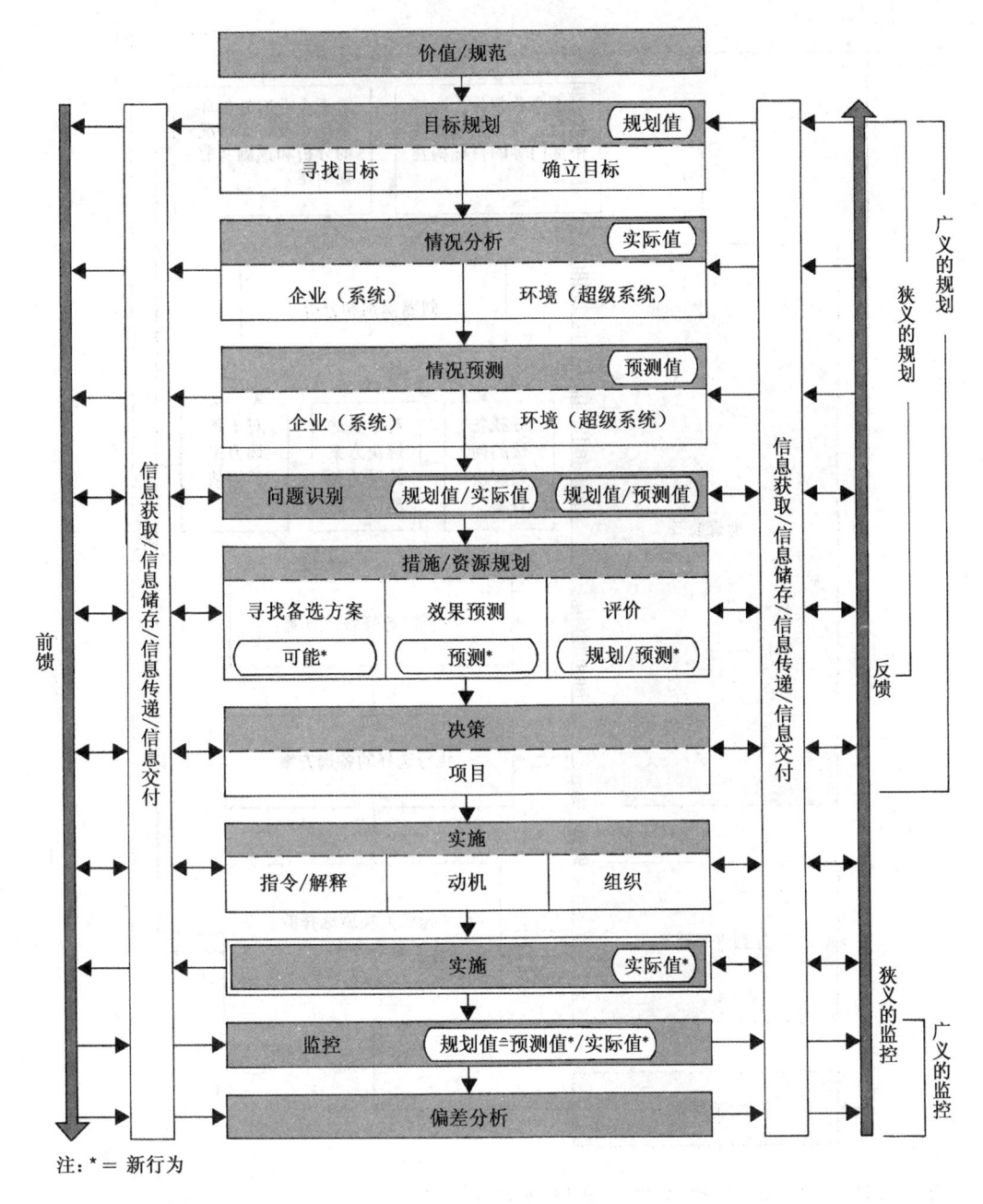

资料来源：Töpfer(1976, 第81页)。

图3.2 领导过程中的监控

规划的系统构建过程可分为以下几个阶段（Bircher，1976，第281页）：(1)系统分析，包括：①确认问题；②考虑现实情况和未来情况（规划值/实际值）。(2)系统构建，包括：①确定备选方案；②确定结果；③决策。(3)系统落实，包括：①启动；②实施；③监控。

在管理实践中，这些阶段会多次重复；它们之间的相互依存受到新信息的影响，会使得一定的阶段顺序重复出现。

规划系统理念的意义是多重的（Daenzer，1985，第20页）：(1)对系统理念全面的观察可以

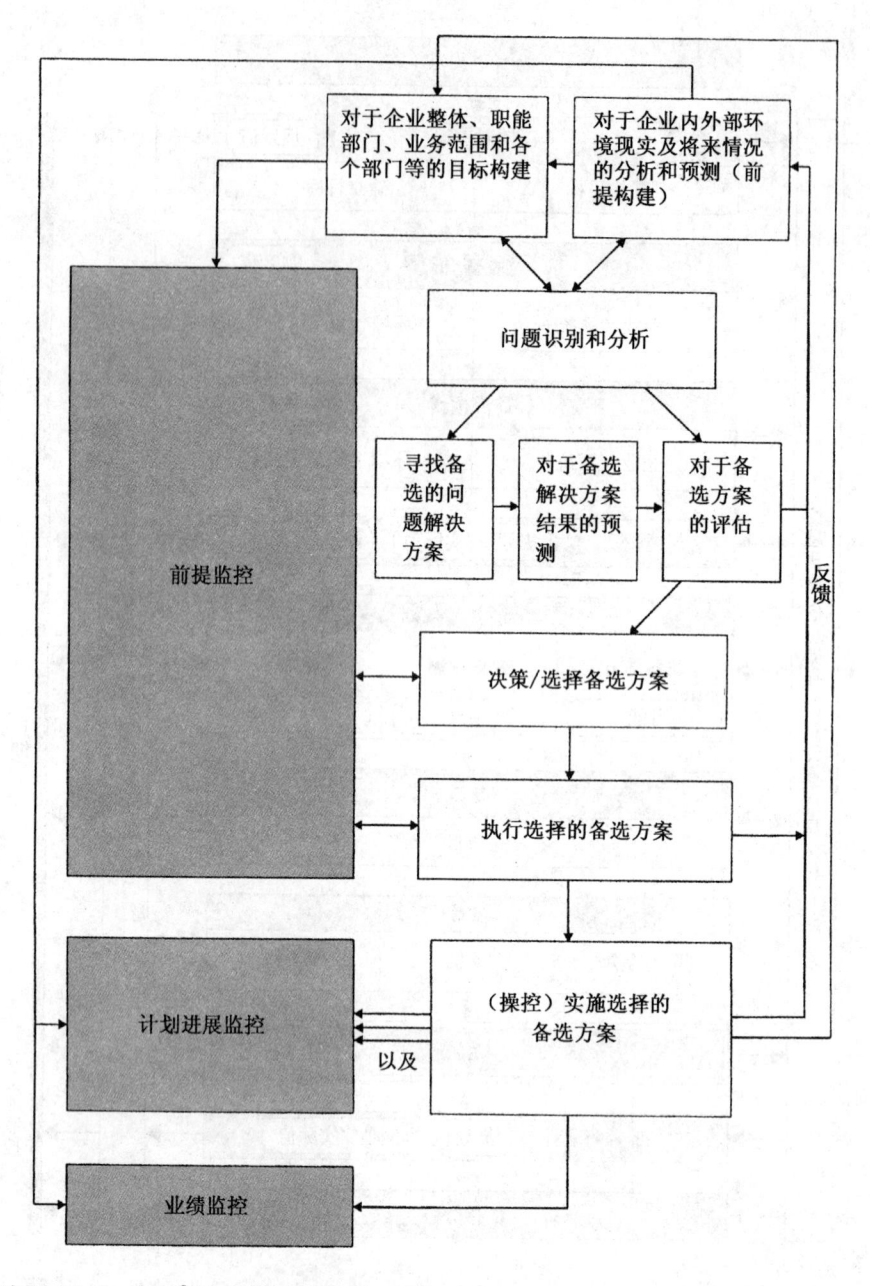

资料来源：Macharzina & Wolf(2012,第 430 页)。

图 3.3　广义业绩监控的形式

降低错误规划的风险；(2)在系统等级和复杂性降低的帮助下,可以选择更广的观察问题角度；(3)抽象的系统模型描绘了规划的框架,由此产生了对系统化和结构化的约束；(4)系统理念简化有关复杂行为的沟通。

规划和监控的系统构建恰好完成一个形式的框架,它不同于内容规划的创造性过程,而应当支持创造性的过程(Mintzberg,2013)。通过管理控制实现的,用于构建系统、系统耦合的协调不能取代具有创造性管理者的见解。

3.2.3.2 规划与监控系统的构建理念

在企业管理的文献中,已经有多个将规划和监控描述为系统的理念。这种最初只是分析性的努力,除了具有启发意义,也有直接的实际意义。在管理实践中,构建规划与监控系统是领导的一个本质目标,它将所有的规划与监控行为连接成为一个整体(参见 3.6 节),它提供了很重要的支持。

文献的理念通过所用系统概念、所观察的系统元素和所分析系统规模的不同来互相区分。接下来我们将概述其中的几种理念,并从中提取出我们建议的构建观点。

维尔德(Wild,1974,第 153 页)将规划系统定义为:"不同的分规划、一些其他因素以及它们相互之间关系有序集成的整体,目的是根据相同的原则满足一定的功能并互相连接。"

维尔德认为规划系统的元素有:(1)规划承担者(规划者);(2)规划与监控功能(职责);(3)过程(规划流程);(4)计划;(5)信息基础;(6)结构(系统元素的关系网);(7)规定(规划与监控系统构造的确定);(8)规划的工作方法和工具。

托普弗(Töpfer)优化了维尔德对系统的描述:"工业企业的规划与监控系统是一个遵守特定构建原则的结构,该结构由与规划相关的特定监控承担者和目标组成。在特有的规划与监控信息(这些信息是关于特定规划监控信息关系的)的帮助下,在投入支持企业作业和企业流程的规划与监控工具的情况下,规划监控者会制定规划与监控的对象和目标"(Töpfer,1976,第 91 页)。

托普弗把系统元素分为以下几个方面:(1)规划与监控对象和目标;(2)规划与监控承担者或主体;(3)规划与监控信息或信息关系;(4)规划与监控工具。

赫尔米希(Hellmich,1970,第 54 页)提出了另一种抽象概念。他认为,分析性地看,规划系统是"一个企业所有规划机构的有序集合",由"规划机构"和"规划主体"组成的规划统一体模型描述了规划过程(参见图 3.4)。

但要注意,在前述描述中,没有明确指出必要的系统层次区分(参见 2.9 节)。只有在区分以下两个层次时,规划与监控系统才是清晰可见的:(1)原规划和监控系统与运营规划和监控系统;(2)功能性和制度性的规划与监控系统。

圣·加勒(St. Galler)管理模型给出了这种区别(Bleicher,2004,第 77 页)。

原规划和监控系统与运营规划和监控系统的区别在于规划的内容。原规划和监控系统给出运营规划与监控系统的设计,它们是规划的规划。两者都包含功能性和制度性的方面(参见图 3.5)。

从功能性的角度看,它涉及在实物逻辑观点下,规划与监控任务的分析。伯奇(Bircher)区分了系统元素(操作性层面):(1)规划与监控输入(收集信息);(2)规划与监控转换(功能性的规划与监控过程);(3)规划与监控输出(规划任务或计划结构)。

伯奇认为,制度性的规划与监控系统元素(在运营层面上)有:(1)信息、规划承担者(规划与监控输入);(2)组织性的规划流程(规划与监控转换);(3)计划(规划与监控输出)。

指出问题不代表解决问题,系统元素只是指出了规划与监控系统构建需要观察的方面。针对具体情况,系统构建者的任务是,描述在合适差异化阶段下的系统元素,来解决实际的规划问题。与先前解释的一样,系统差异化是协调的前提和工具,必须要决定它的规模。

我们认为规划系统是一个可修改的框架,而不是一个由所有细节组成的流程程序。因此,复杂性和时间压力并不能产生一个未受突发事件干扰就能实施的计划。

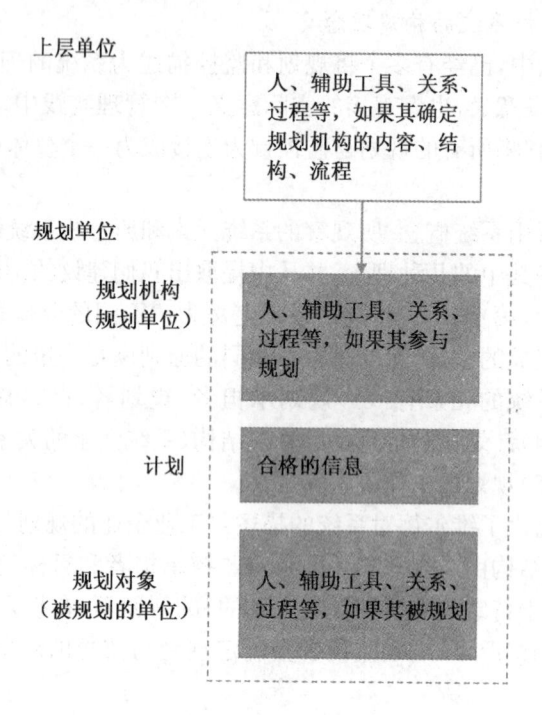

```
上层单位              ┌─────────────┐
                     │人、辅助工具、关系、│
                     │过程等,如果其确定│
                     │规划机构的内容、结│
                     │构、流程      │
                     └──────┬──────┘
                            │
规划单位                    ▼
         ┌ ─ ─ ─ ─ ─ ─ ─ ─ ─ ─ ─ ─ ─ ┐
规划机构  │   ┌─────────────┐        │
(规划单位)│   │人、辅助工具、关系、│    │
         │   │过程等,如果其参与│     │
         │   │规划          │        │
         │   └─────────────┘        │
         │                          │
计划     │   ┌─────────────┐        │
         │   │合格的信息    │        │
         │   └─────────────┘        │
         │                          │
规划对象  │   ┌─────────────┐        │
(被规划的 │   │人、辅助工具、关系、│   │
单位)    │   │过程等,如果其被规划│    │
         │   └─────────────┘        │
         └ ─ ─ ─ ─ ─ ─ ─ ─ ─ ─ ─ ─ ─ ┘
```

资料来源:Hellmich(1970,第61页)。

图3.4 规划单位的模型

3.2.3.3 运营规划与监控系统构建的分类角度

对于规划与监控系统的区分,也就是建立规划监控子系统,是应付复杂多样适应问题的一种重要方法。借助规划监控子系统可以提高降低风险的能力,可以界定误差来源和危险根源。对于规划监控子系统的建立,我们可以使用两种重要的一般标准(Bircher,1976,第50页)。

(1)子系统的相对自立:子系统应当依照一定的方法构建,使得系统内部关系比系统间的信息流更广泛。这一目标的实现要凭借一个相对同质的规划对象分类(例如,根据功能、部门等)、一个相对同质的信息分类标准(例如,常规计划和改革性计划的区分)以及相对自立的系统开发。

(2)按照等级制度构造子系统:为了降低处理可能的多样性,要按照等级制度(顺序地)来构建已计划的决策。我们可以根据具体化的程度(例如,粗略的规划和细致的规划)、时间的限制(例如,长期规划、中期规划、短期规划),或者给定的系统变化程度(例如,战略规划和运营规划)做出相应的调整。

在实际组织性构建规划与监控系统时,这两种普遍的差异原则被作为构建准则进行具体化,同时,这两种标准也对需要解决的协调问题提出了重要提示。基本的观点如下(Töpfer,1976,第97页;Rieg,2015,第9页):

(1)多级性:规划监控作业分布在多个组织子系统中,也就是高层、中层和底层的管理,以及战略性和运营性的规划和监控,这就形成规划与监控系统的等级制度。

(2)时间上的重合:规划监控行为在一个单独系统层面的分布是根据时间差异进行的,计划也根据时间这一因素环环相套(长期、中期和短期计划),计划的期限随着管理层级的上升而增加。

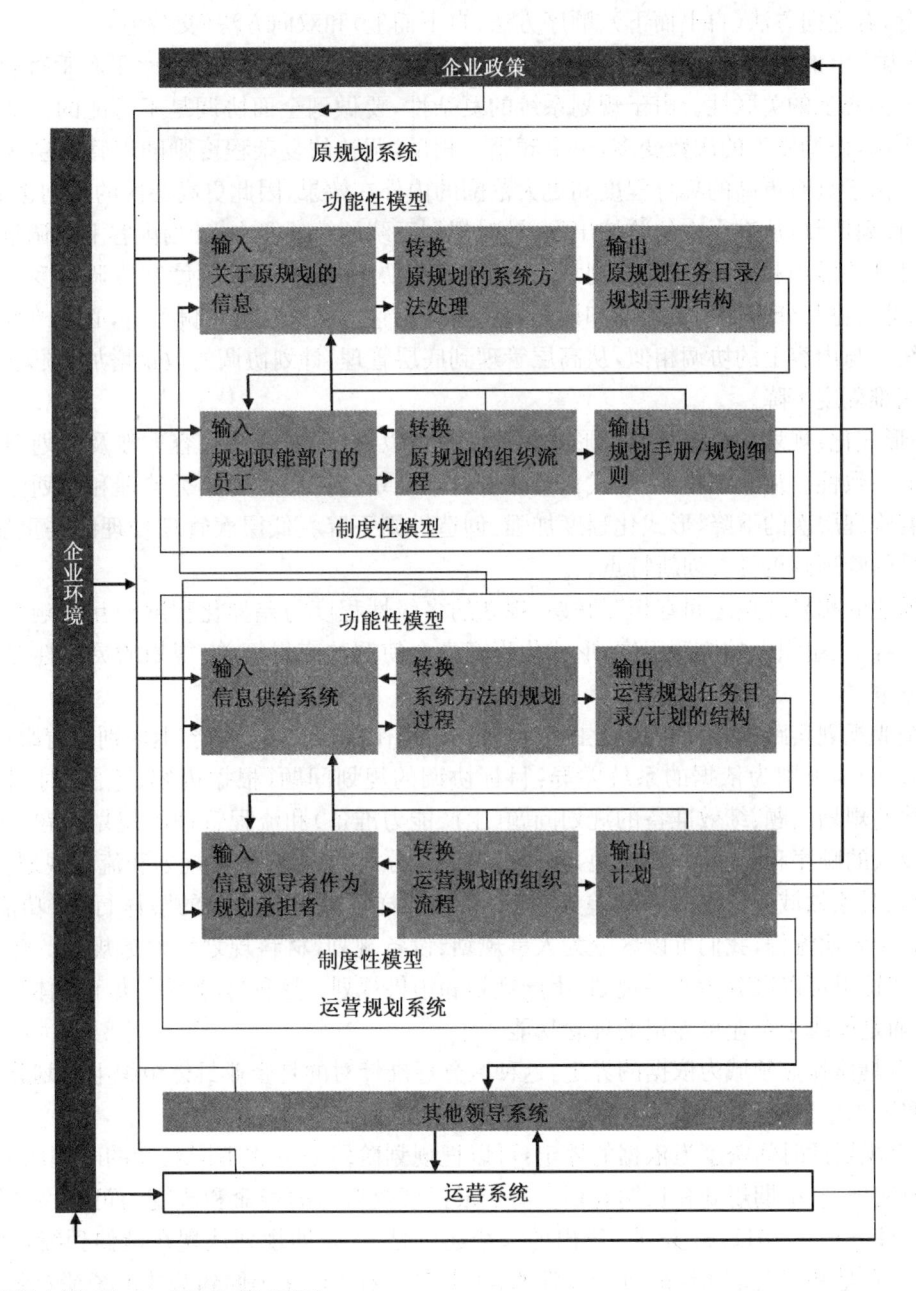

资料来源：Bircher(1976,第83页)。

图 3.5 规划与监控系统的层次

(3)内容上的区分：除了时间,规划内容上的区别也是一个重要的协调方面。这些方面是：①从高级管理层次(粗略的计划)到底层管理层次(细节计划),计划的细节性上升。②从高级管理层次(粗略的计划)到底层管理层次(细节计划),计划的操作性上升。③从一个总计划到中层管理的多个分计划,再到许多底层管理的单独/具体计划,计划的聚合程度下降。(4)高层管理的强制性较弱,底层管理的强制性较强。(5)与强制性相反,规划承担者的行为回旋余地随着管理层级的降低而变小。

(4)运行方向：在对分工的计划进行内容协调时,要确定组织内协调的方向。根据运行方向来区分,有逆向方法(自上而下)、顺序方法(自下而上)和双向方法(交替地)。

(5)内容上的协调:推演建立内容调整程序的相关前提。计划等级的水平和垂直协调应该注意它们内容上的关联性。由于规划系统的复杂性,要做到全面协调是不可能的。随着管理层次的下降,协调发生的次数变多,也更频繁。相反,调整的复杂程度则随着管理层次的上升而上升。由于具有更高的集合程度和更大范围的内外在效果,因此更高层次的计划也更复杂。

(6)计划调整:从进行中的监控出发,针对规划系统的绩效能力,计划内容上的调整是很重要的。计划的沿用和更新("滚动"规划)特点体现在协调强度、协调频度和协调速度。从时间上,我们可以将其分为计划实施前和计划实施后的调整。在产生重大偏差时,必须改变规划与监控系统。与内容上的协调相似,从高层管理到底层管理,计划协调的数量增加、频繁性上升、调整的困难程度下降。

(7)形式化:规划与监控系统的形式化程度是可以确定的,它在内容上涉及规划与监控系统规模的一致性。从组织角度,形式化意味着对于规划监控作业的分类整理和规划流程的确定。随着管理层次的下降,形式化程度加强,创造性则下降。低层次管理处理的是重复任务,而高层次的管理则更具有创新特点。

所描述的相异观点之间有相互联系:规划的多级性程度与差异化程度相互影响。这两者决定了内容上、组织上的协调程度,形式化程度高会使调整变得简单,规划的灵活性与协调程度相互竞争。

在企业规划实践中,计划内容上的差异首先被用作构建观点。内容上区别的着眼点有:

(1)以问题类别为依据的系统差异:目标协调的规划问题(根据内容、范围、时间确定目标)、构建的规划问题、绩效准备的规划问题(生产能力准备)和流程管理的规划问题(例如,确定资金投入的顺序和时间)。相应地,我们也可以区分目标规划、构建规划和流程规划。

(2)以对象领域为依据的系统差异:规划系统同样可以根据企业的整体行为(功能)来划分。着眼于企业流程,我们可以区分为人事规划、设备规划、材料规划和财务规划。输出是市场绩效,在这里可以区分为产品规划、生产规划和销售规划。这种区分不取决于具体组织的给定条件,而是取决于企业可界定的理念功能。

(3)以具体作业领域为依据的界定:这种区分标准针对的是企业具体组织上的划分。规划系统按照组织单位进行细化。

(4)以规划的时间跨度为依据的界定:可以把规划阶段划分成不同长度的时间间隔,通常划分为短期规划、中期规划和长期规划。对于根据绩效潜力的寿命和改变的可能性进行的划分,哈默(Hammer,2011,第48页)给出的一个建议是:①长期规划从现在延伸到绩效潜力的寿命期满,它是基于新市场绩效进行开发的;②中期规划从现在延伸到新的市场绩效所必需的绩效潜力得到开发且可投入使用的时间点;③短期规划从现在延伸到对于绩效潜力(指对于目前的市场绩效必要的绩效潜力)的部分调整有效的时间点。

(5)以计划的系统变化范围为依据的界定(规划阶段):如今常见的是战略和运营规划的分层。

从文献中可以看到,约30年前,也可以找到在战略规划阶段的应用(参见图3.6),同时还涉及完善整个企业或者部分领域的具体操作性目标,确立资源和战略上的措施。在当前管理实践和文献中,这些任务被归入战略性规划的战略实施阶段,在这里还使用战略性绩效测评的概念(例如,平衡计分卡,此处参见3.7.1节)。

在层级上,战略性和运营性的规划可以看作上级的层级给出下一层面计划的框架。

图 3.6 规划文献中的规划阶段

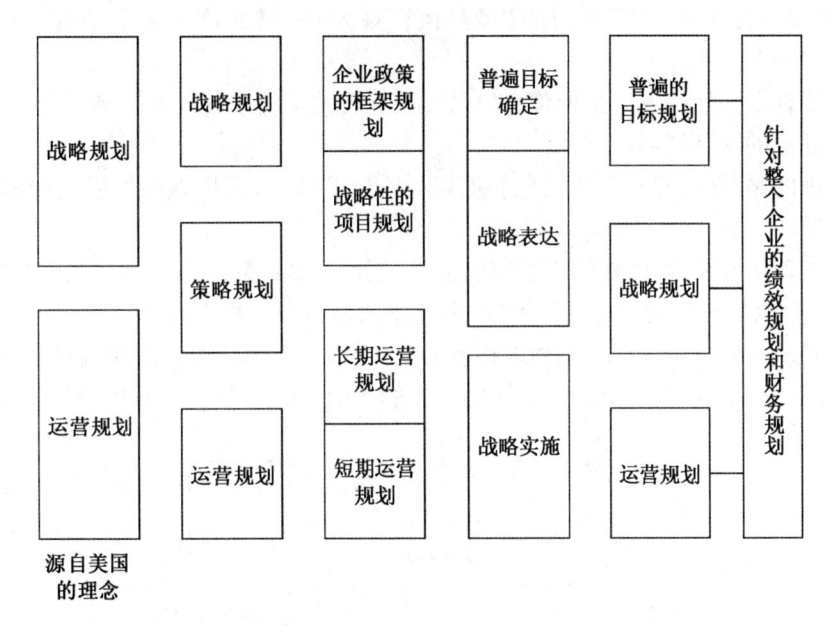

资料来源：Hahn & Hungenberg(2001,第 107 页)。

在战略层面上,规划和监控整个企业在一个相对较长时间段内的基本发展(Baum & Coenenberg,2013,第 56 页;Kreikebaum,1991;Hahn & Taylor,2006),涉及企业整个系统的变化。战略性规划的课题在于,及时识别企业的机会和危险,以及开发出能够抓住机会、规避风险的战略。

在运营层面上,在给定生产能力的框架下,涉及绩效生产过程和绩效交换过程的短期规划。

从以下几个规划监控问题的特点可以区分战略规划和运营规划(Pfohl,1981,第 123 页,稍加改动):(1)集合/区分度(划分为子计划和相应的控制领域):战略规划差异较小(整体计划)vs.运营规划差异较大(许多子计划);(2)细节性(对于细节的考虑):战略规划考虑整体范围或问题领域 vs.运营规划考虑细节值以及细节问题;(3)精确性/确切性(关于所考虑值的信息):关于所考虑值的信息,战略规划是粗略的 vs.运营规划是精细的;(4)期限(规划跨度/预测范围):战略规划是长期的 vs.运营性规划是短期的;(5)问题结构(解决办法寻找空间的限制):战略规划针对定义不明确的问题 vs.运营规划针对定义明确的问题;(6)标准的意义(标准信息和经验信息的关系):对战略规划意义较大 vs.对运营规划意义较小。

有关的名称有所变动;这同样适用于内容的具体化(参见图 3.6)。

规划内容的重点位于不同的系统层面:(1)目标规划和资源规划主要涉及战略层面,此外,在运营层面上,在给定能力范围内的措施规划特别重要。

一个对管理控制特别重要的规划差异在于规划的相关目标,我们可以做如下区分(Jung,2007,第 300 页):(1)实物目标导向的规划:它涉及实际的对象和企业流程的作业(例如,生产一定数量的新产品,启用新生产技术);(2)财务目标导向的规划:它针对备选方案的效益和流动性的方面,涉及企业流程中名义值的方面(例如,达到一个固定的销售额和/或收益率)。

两种目标分类都有它们特殊的规划问题,规划应考虑到两个目标分类并使之互相协调。

接下来,我们将区分实物目标导向的规划(执行规划)和财务目标导向的规划(预算编制)(Horváth,1981a)。

人们不能计划一切!不完全的信息以及时间和智力上的限制导致了挑选行为,也就是说,挑选规划中危急的问题领域。

需要考虑的是,在构建一个形式化的规划与监控系统时,可规划性的限制到哪里,哪里就需要随时协调。

从企业管理实践的角度来看,"德国财务总监协会"的"集成企业规划"工作组(1991,第816页)认为,有以下三个规划边界的维度(参见图3.7):(1)过程维度:规划涉及落实和监控可能性的界限;(2)主体/对象维度:规划承担者的个人界限(智力能力上的缺陷)与信息供给和信息加工的界限;(3)企业维度:由跨企业影响产生的界限(例如,对规划不利的企业文化)。

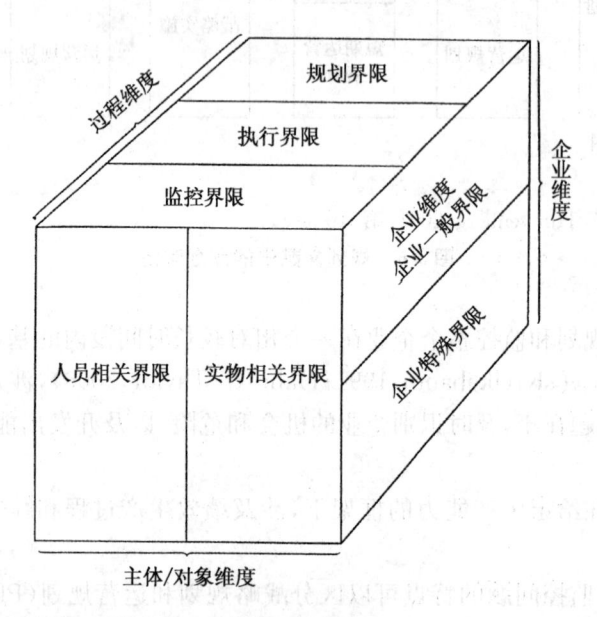

资料来源:"集成企业规划"工作组(1991,第817页)。

图 3.7　规划边界维度

3.2.3.4　系统构架的规划过程

规划系统本身也是规划的对象(原规划),管理控制系统构建的协调就是针对这一系统层面的。在设计规划系统时,重要的是构建规划子系统,以及从功能和制度角度确定系统元素及其联系。

在系统分析的帮助下,可以进行这种规划系统的设计。在这里要注意差异点,在说明运营规划系统时,我们已经讨论过它们的必要性。需要特别注意的是协调着眼点,也就是系统节点,在后面的章节中,我们将讨论最重要的功能性、工具性和制度性等方面。我们的观察层面基本上在原规划,因为接下来我们将讨论运营规划系统,这里规划也是与监控相关联的。

运营规划可以被理解为企业实物系统的构建。对基于运营规划过程的理念,系统分析可以作为方法论。

伯奇(1976,第79页)对此给出了如下关于构建假设的建议:(1)"在构建系统时,只有在进行功能性的分析和构建后,才能进行制度性的构建。"(2)"规划过程是信息加工的过程,因此它可以通过信息输入、信息传递和信息输出的方面来分析和构建。"(3)"复杂的系统应分等级地构建。"(4)"复杂的系统应被作为自适应的系统来构建。"(也就是说,监控机构应帮助完善系统行为。)

我们应该注意伯奇的建议,因为这些建议给出了我们所选择系统理念的细节。

规划可以被认为是如下系统构建的过程(系统构建的协调)(Bircher,1976,第281页):

(1)系统分析:最重要的分析基础由信息供给系统提供。企业分析(也就是指明企业现在状况的强项和弱项)与环境分析和预测是企业预测(机会和风险)的前提。细节分析被总结成整体评价,在机会和风险对比的帮助下,就会发现整体评价和企业目标之间的差距,这个缺口应该由规划的构建补上。

(2)系统构建:作为规划过程核心的系统构建目标是,确定规划目标、协调产品/市场战略和资金战略及方法战略的理念。子战略应该组合成一个整体战略,系统构建是一个创造性的寻找和选择的过程。

(3)系统落实:这里要区分两个步骤。其中一个步骤是规划系统的引入,也就是说,关于原规划的问题。另一个步骤是执行一个内容已经确定的计划。在第二个步骤中,需要区分,是在更多计划层面上执行详细计划还是在运营层面上实施计划?系统落实首先要解决制度上的问题。

通过管理控制,系统耦合方面的协调涉及运营规划的层面。

通过系统理念传递的规划过程形式框架是功能性的、制度性的,也是鉴于规划工具可执行的(Bircher,1976,第284页)。

重要的功能性备选方案是:(1)综览 vs. 增量理念。综览理念的规划过程从确定总目标开始,以表达具体问题结束。增量理念首先分析子问题,并直接从中开发出战略。(2)外部规划 vs. 内部规划。外部规划(由外而内的方法)意味着,环境的机会和风险是规划过程的出发点。内部规划(由内而外的方法)则从对企业的优势和劣势分析开始。

从制度上看,选择从上开始(自上而下方法),还是选择从下开始(自下而上方法)是很重要的(等级动态)。在第一种情况下,规划由最高层管理开始,在第二种情况下,规划出自由下属所拟出的计划。这两种处理方式互不排斥。在管理实践中,常常出现双向方法,参与者进行对话过程和协商过程。

企业运营和战略问题的复杂性在多大程度上可以通过规范的规划系统处理(Zangemeister,1973,第101页)。

问题在于,在构建规划系统时,由人类有限判断能力产生的非理性决定了主观评判的形式化程度。可达到规划过程的形式化由相应的系统层面决定,战略性规划比运营性规划的形式化程度低。

总的来说,规划过程不能是一个机械的过程,它更多的是"政策"规划(Kirsch,1973,第31页;Keppler,1975)。

3.2.4 规划与监控系统的概念模型

在规划文献中,有许多定义在具有不同细化程度上的构建建议概念模型,这些模型的重点是不同的(Töpfer,1976,第249页;Eliasson,1976,第64页)。我们使用一些被认为是规划与监控系统标志的特点来对不同的系统进行分类和评价。

接下来我们将简要讨论一些概念模型,这些概念模型是规划与监控协调解决办法的里程碑(参见 3.6.1 节中规划系统的发展阶段和图 3.8),它们都属于(根据图 3.8)战略性规划和管理阶段。一个现时模型处理的是预算编制的合理安排。

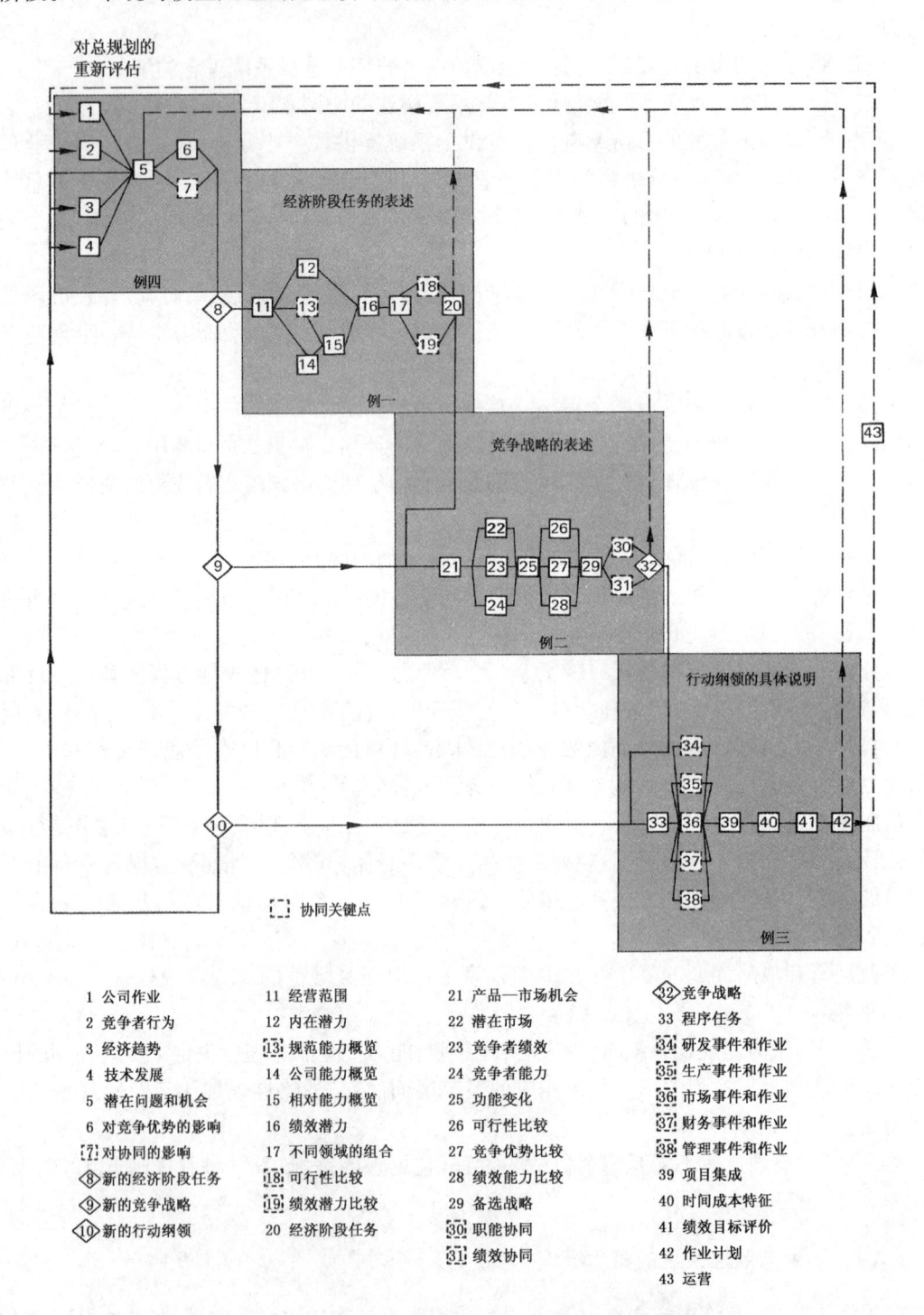

1 公司作业	11 经营范围	21 产品—市场机会	③② 竞争战略
2 竞争者行为	12 内在潜力	22 潜在市场	33 程序任务
3 经济趋势	⑬ 规范能力概览	23 竞争者绩效	③④ 研发事件和作业
4 技术发展	14 公司能力概览	24 竞争者能力	③⑤ 生产事件和作业
5 潜在问题和机会	15 相对能力概览	25 功能变化	③⑥ 市场事件和作业
6 对竞争优势的影响	16 绩效潜力	26 可行性比较	③⑦ 财务事件和作业
⑦ 对协同的影响	17 不同领域的组合	27 竞争优势比较	③⑧ 管理事件和作业
⑧ 新的经济阶段任务	⑱ 可行性比较	28 绩效能力比较	39 项目集成
⑨ 新的竞争战略	⑲ 绩效潜力比较	29 备选战略	40 时间成本特征
⑩ 新的行动纲领	20 经济阶段任务	③⑩ 职能协同	41 绩效目标评价
		③① 绩效协同	42 作业计划
			43 运营

图 3.8 吉尔摩与勃兰登堡(1962,第 67 页)的规划模型

吉尔摩与勃兰登堡(Gilmore & Brandenburg,1962)的模型是第一个全面的概念模型理念,它的构想基于对军事领域规划过程的研究,之后被应用于企业规划。

战略性的企业规划(总计划和分计划)与通过对于可选规划方案的比较和组合实现的协同效应是很重要的,在流程图中,它们会在流程的协同关键点进行测试(参见图 3.8)。这种描述不是非常详细,重点考虑功能性和程序。

已经存在规划系统的第一个规划阶段执行计划调整,后面的三个阶段是目标表达、市场战略表达和作业方案设计。这个流程的特点是有意识地寻求协同效应,通过对比和组合不同的备选方案实现额外的绩效。这四个规划阶段被分为 43 个规划步骤。

模型的协同关键点为协调服务:它们应该通过协调规划步骤来提高效率。吉尔摩与勃兰登堡没有处理组织结构上的协调、监控和业绩目标问题。

安索夫(1965)模型是规划科学的一个里程碑。安索夫的理念是一个经典的例子,这个例子以形式和理性决策为导向来解释战略管理(Welge & Al-Laham,2012,第 30 页)。该模型(参见图 3.9)区分不同的战略(增长战略、扩张战略、多样性战略),它是一个由 57 个小框组成的十分复杂的模型。从我们角度来观察,它指向的是包含在战略性计划中的战略性预算和战略性监控理念(审查触发)。安索夫没有讨论组织结构相关的方面,运营规划同样也被省略了。安索夫的理念由于其复杂性而备受批评(Mintzberg,1994,第 43 页)。

规划的形式主义阻碍了战略构建必要的创造性,因此有人提出了哈佛学派模型,这个模型将战略创造性的设计作为重点(Andrews,1971,1987)。

到现在为止,我们讨论过的模型都没有将组织协调问题作为重点。

在大范围实际案例研究的基础上,范西尔和洛伦格(Vancil & Lorange,1975)提出了针对多样化企业的规划与监控系统,洛伦格(1980)后来又扩展了它的内容(参见图 3.10)。问题是,在一个复杂的、分部门的大企业中,规划的构建、流程结构和信息流具有怎样的结构?有三种不同的子系统:(1)规划的三个层面;(2)规划的五个阶段;(3)不同层面和不同阶段之间的信息流。

规划的三个层面和组织层面与规划阶段有关:(1)在企业领导层面设计战略组合;(2)在部门层面计划业务的特殊战略;(3)在一个部门的功能管理层面,设计以实施战略为目的的项目。

规划过程分为五个阶段(周期):(1)目标确立阶段的任务是鉴定相关战略性的备选方案;(2)在战略性项目设计过程中,为了实现目标开发战略性的项目;(3)在预算编制阶段,详细计划下一年的行为;(4)在监控阶段,衡量计划实施进展;(5)激励阶段,通过物质和非物质激励管理者。

在规划监控过程框架下,信息流系统定义了工作步骤中的信息连接(参见图 3.10)。

步骤 1:确定暂定战略性目标,要求部门制定计划
步骤 2:表达战略性部门目标,提出部门战略建议
步骤 3:批准战略性部门目标和战略
步骤 4:要求部门规划
步骤 5:要求功能性的规划备选方案
步骤 6:功能规划的鉴定和选择
步骤 7:最优部门规划的选择
步骤 8:最优企业规划的选择
步骤 9:要求部门预算
步骤 10:确定运营型的部门目标,要求功能性预算
步骤 11:制定功能性预算

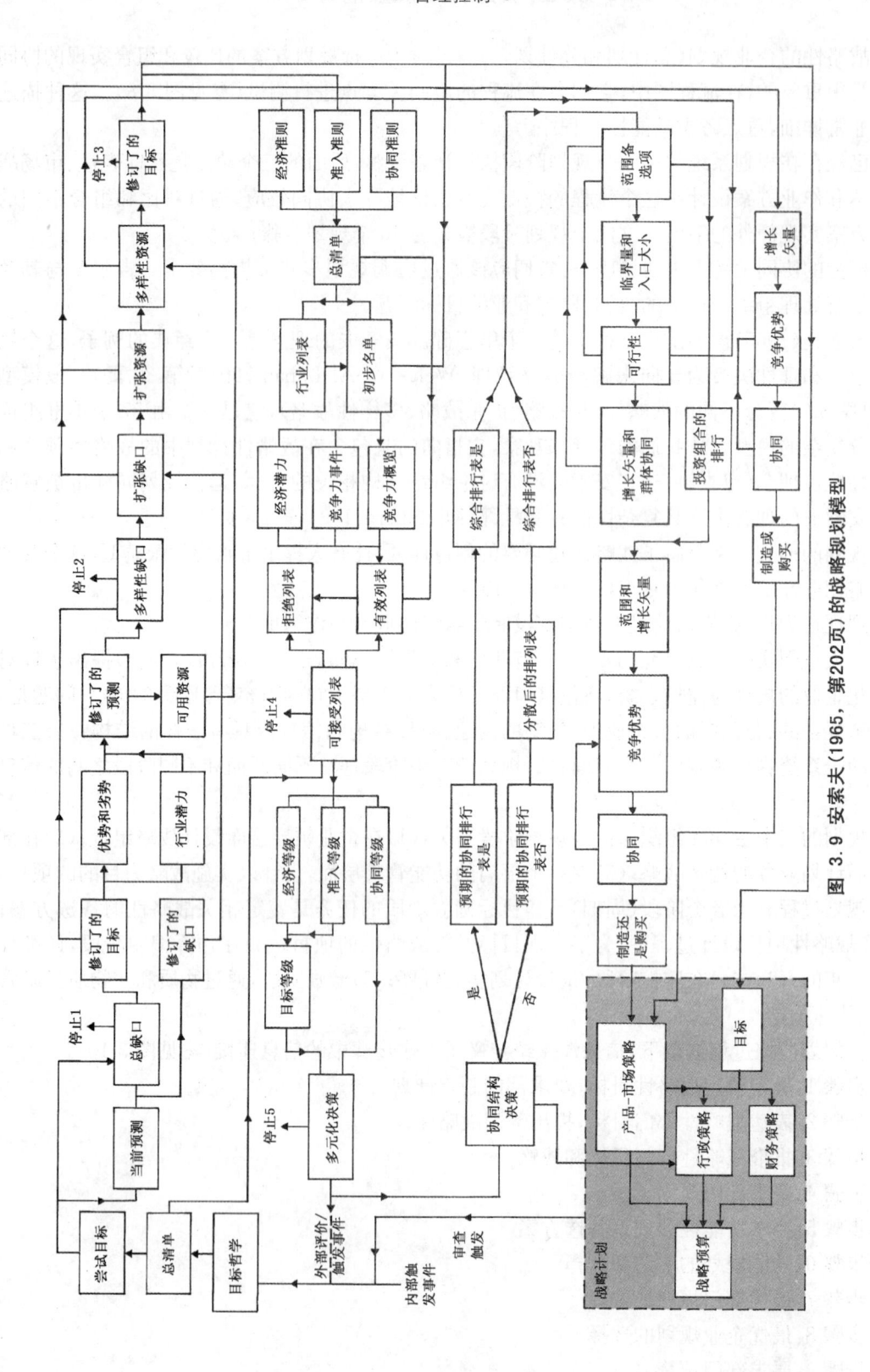

图 3.9 安索夫(1965, 第202页)的战略规划模型

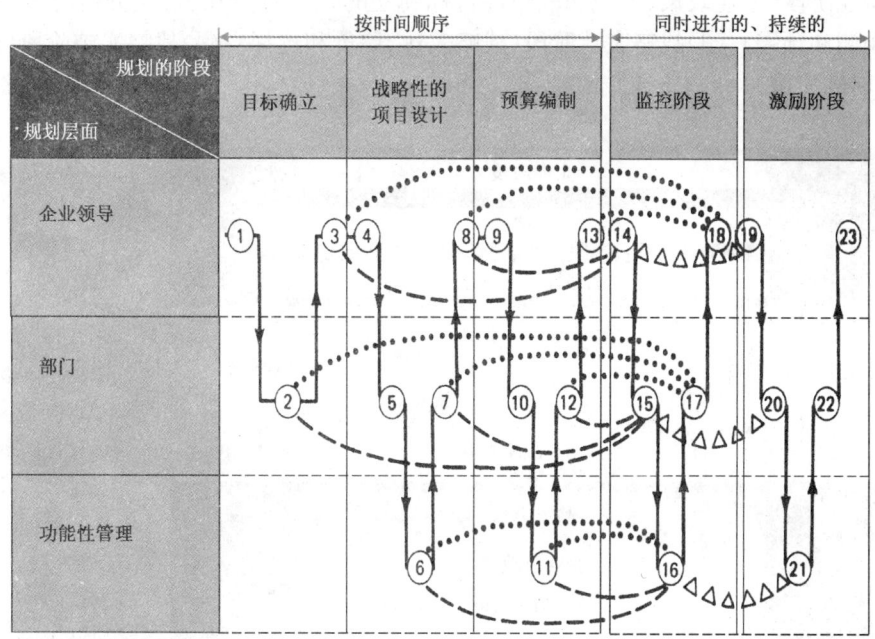

直线：信息流/交流流
虚线：现时及计划绩效监控
点状线：修正措施和计划变动
三角线：现时及计划激励绩效的比较

资料来源：Lorange(1980，第55页)。

图 3.10　范西尔和洛伦格的规划系统

步骤12：协调和批准功能性预算

步骤13：批准部门预算

步骤14：确定公司范围的监控目标

步骤15：确定部门监控目标

步骤16：战略性规划的监控和由功能管理者执行的预算控制

步骤17：功能监控结果的部门总结

步骤18：组合目标达成的监控

步骤19：确定部门经理的个人预先设定

步骤20：确定功能经理的个人预先设定

步骤21：关于个人目标实现程度的报告

步骤22：关于个人目标实现程度的报告

步骤23：物质及非物质激励

范西尔和洛伦格的模型在实际中有更多的应用，因为它很好掌控了多样化企业中多人参与规划过程的复杂现实，它讨论的是本质的协调观点。虽然没有详尽地考虑战略层面的绩效目标导向，却有清楚定义的预算限制目标。

韦尔格(Welge)和阿尔—莱哈姆(Al-Laham)的模型非常贴近实际和经典，它涉及战略性管理中哈佛学派经典战略管理。一方面，它阐明了过程发展；另一方面，它阐明了战略过程中不同的作业，为一个广泛开展的经验研究打下了基础。

模型(参见图3.11)区分了战略规划的四个阶段(Welge & Al-Laham，2012，第187页)：

(1)目标构建阶段(企业政策、范式和战略性目标确立的开发);(2)战略性分析阶段(企业及环境分析,预测和预警);(3)战略表达阶段(战略表达、评价和选择);(4)战略实施阶段(运营措施项目中战略的实施)。

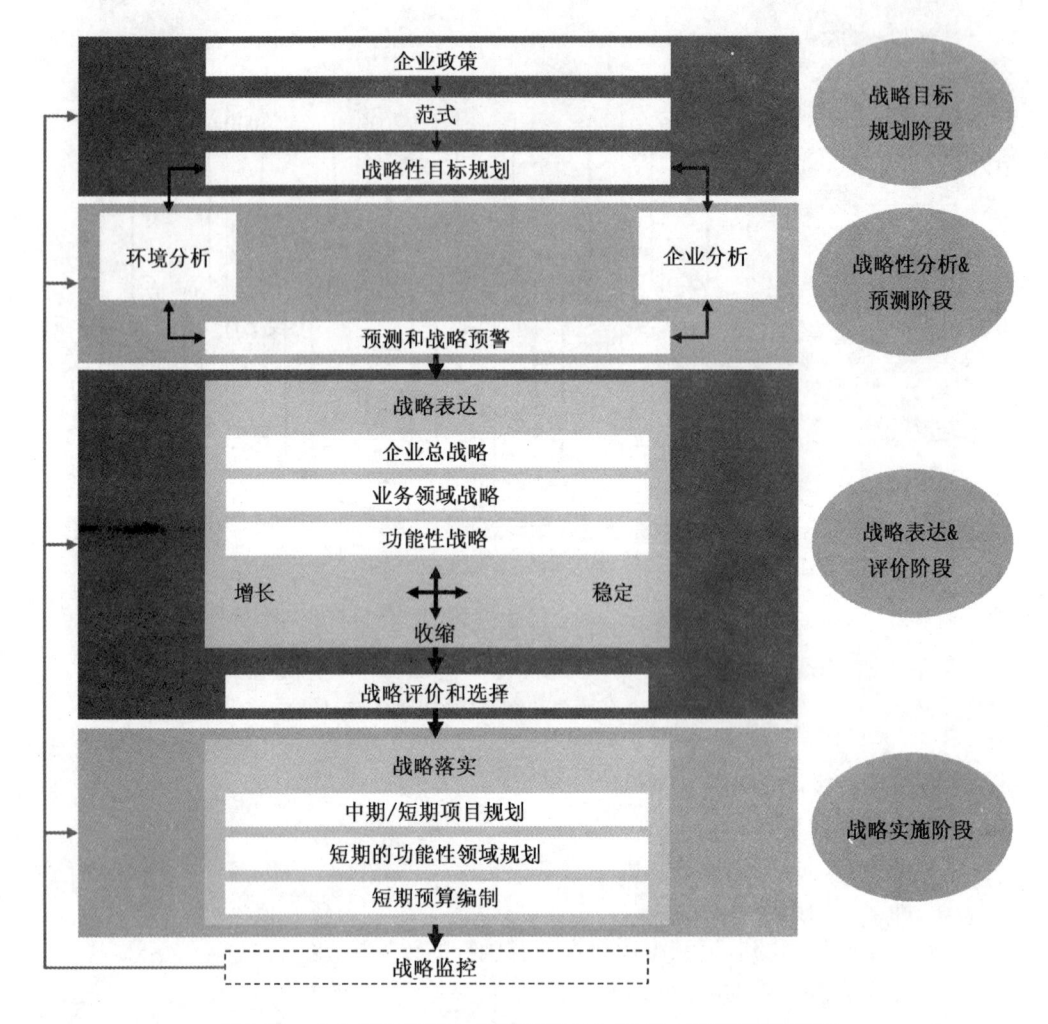

图 3.11　韦尔格和阿尔—莱哈姆(2012,第 186 页)的参考模型

规划文献中的概念模型只是(如果情况确实如此)间接且不完全地研究管理控制功能。为了得到管理控制任务构建的相关提示,我们必须综合考量规划协调、规划管理和信息供给。

哈恩(1974,2006)的模型给出了一个重要的例外。他的规划监控模型以一个可理解的形式,在所有规划层面上实施协调的物质目标导向和财务目标导向的规划和监控(参见图 3.12),在绩效和流动性导向的规划和监控核算中,得以表达财务目标导向。哈恩认为规划和监控过程是嵌在组织中的(他讨论功能和部门组织结构中的规划和监控),他同样描述了信息供给及其工具,他详细地讨论了(以绩效目标导向协调为目的的)管理控制任务。

总的来说,可以确定当前规划文献提供了足够的模型,这些模型为解决应用问题提供了基础。

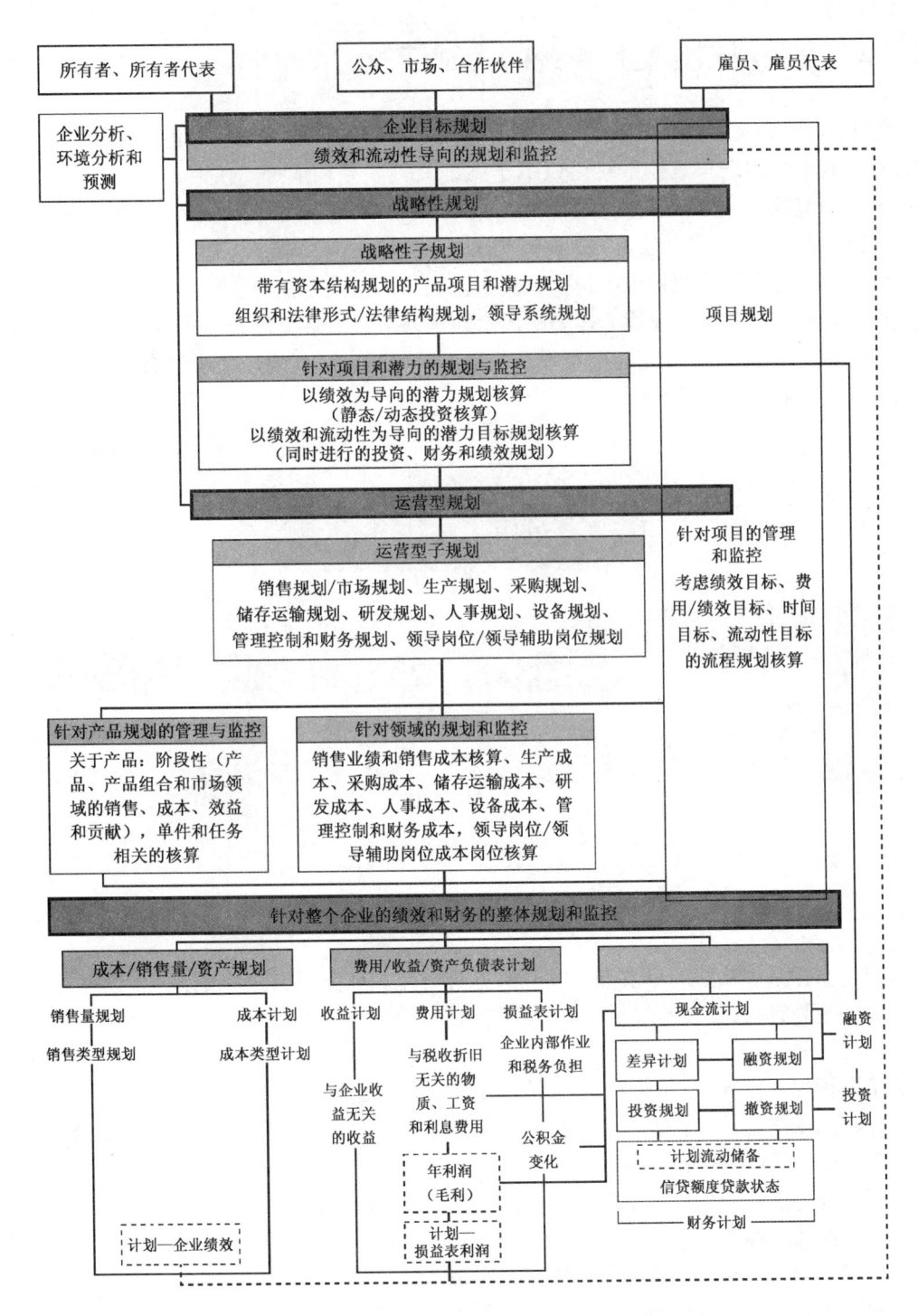

图 3.12 哈恩和亨格贝格(Hahn & Hungenberg, 2001, 第 297 页)的规划监控模型

3.3 有关规划与监控系统的控制任务

我们以(运营)规划与监控系统的理念为基础进行进一步思考,此系统包含与控制相关的所有方面,我们的规划与监控系统由以下子系统及其联系构成(Szyperski & Müller-Böling, 1980):(1)职能视角:①计划;②规划行为。(2)制度视角:①规划机构;②规划流程。(3)工具视角:①理想的规划工具;②实际(技术上)的规划工具。

我们认为,规划与监控系统的构架取决于公司外部与内部的有关因素以及公司的领导哲学。然而,管理实践还无法证明上述影响因素和规划与监控系统构架形式之间的明确关系。

控制的首要任务在于规划与监控系统的构思、构建与执行(构建系统的协调="原规划"),图 3.13 列出了主要的协调方面。

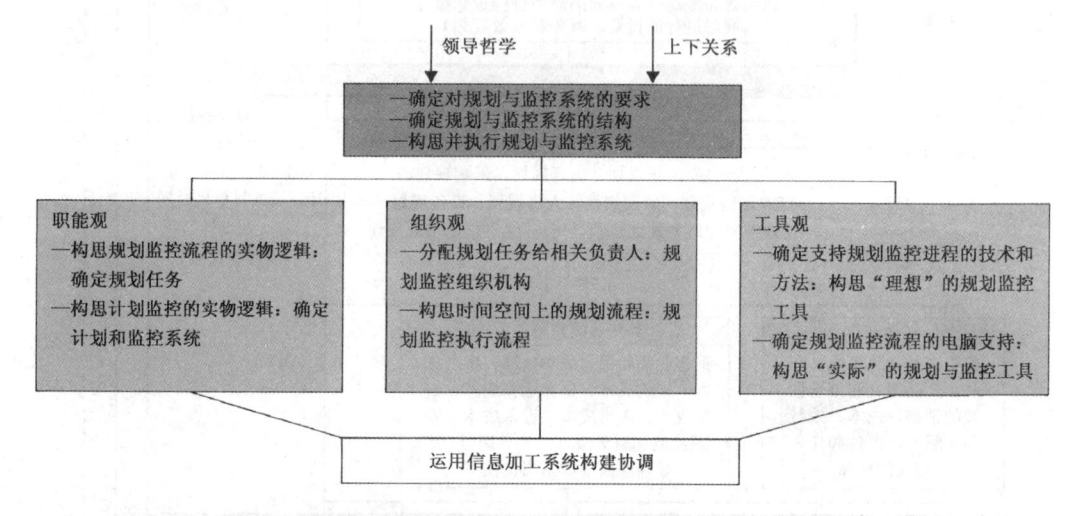

```
                    领导哲学        上下关系
                       ↓              ↓
            ┌────────────────────────────────┐
            │ —确定对规划与监控系统的要求      │
            │ —确定规划与监控系统的结构        │
            │ —构思并执行规划与监控系统        │
            └────────────────────────────────┘
   ┌──────────────┐  ┌──────────────┐  ┌──────────────┐
   │ 职能观        │  │ 组织观        │  │ 工具观        │
   │—构思规划监控  │  │—分配规划任务  │  │—确定支持规划  │
   │ 流程的实物逻辑│  │ 给相关负责人:│  │ 监控进程的技术│
   │ :确定规划任务│  │ 规划监控组织  │  │ 和方法:构思  │
   │—构思计划监控  │  │ 机构          │  │ "理想"的规划 │
   │ 的实物逻辑:  │  │—构思时间空间上│  │ 监控工具      │
   │ 确定计划和监  │  │ 的规划流程:  │  │—确定规划监控  │
   │ 控系统        │  │ 规划监控执行  │  │ 流程的电脑支  │
   │              │  │ 流程          │  │ 持:构思"实际"│
   │              │  │              │  │ 的规划与监控  │
   │              │  │              │  │ 工具          │
   └──────────────┘  └──────────────┘  └──────────────┘
                ┌────────────────────────┐
                │ 运用信息加工系统构建协调 │
                └────────────────────────┘
```

图 3.13　规划与监控系统构架下通过控制构建系统协调("原规划")

规划与监控系统构建的出发点是(职能)分析与规划任务及其关系的确定,这里可以分为工作导向的规划行为(狭义的规划任务)与对象导向的规划,计划间的事务逻辑联系就是计划系统。

为了分析规划任务,探究它们的差异,仅从职能视角出发是不够的,它们也同组织有关,即它们可以归属于岗位、部门、委员会等。研究规划任务有关的组织部门,我们称之为规划机构。公司组织内规划的时间过程形成规划流程。

在完成规划任务的过程中,将用到各种模型与方法工具,规划任务的完成也可以在 IT 支持下进行。在这两种情况下,我们都要谈及规划工具。

如上所述,对管理控制师来说,规划与监控系统的差异有着特殊意义:从思路上,所有不同阶段与期限的规划可以分为物质目标导向和价值目标导向的规划(我们称之为行为规划与预算)。从管理控制的视角来看,价值导向的规划(预算)是核心重点,因为它是以结果目标导向为基础的。而在管理现实中,规划与监控系统不能被分为两个独立的规划和监控流程。

因此,在接下来的章节中,我们首先研究总体规划与监控系统视角下的协调问题。鉴于预算系统的重要性,我们用单独一节对其进行阐述。

与构成系统的协调相比,企业的日常经营更多取决于系统耦合方面的日常协调。

对于控制而言,这意味着,规划与监控系统的维持决定了经营活动(例如,要考虑到遵守规划期限)。从思路上说,这些规划管理任务与内容上的规划是分离的。在管理实践中,经理与管理控制师在规划时的合作构架是整个领导系统构架的一个重要方面。

在下面章节中,我们就"我们的"差异而言,探讨规划监控协调的职能、工具与组织等方面。

3.4 规划监控协调的职能观

规划与监控系统的职能观涉及规划与监控任务,我们分成以下两个方面进行分析:(1)对象导向的差异:计划系统的构思;(2)工作导向的差异:规划活动的确定。

图 3.14 展示了规划与监控系统中规划任务差异的主要标准,以此标准可以规定必要的协调任务。

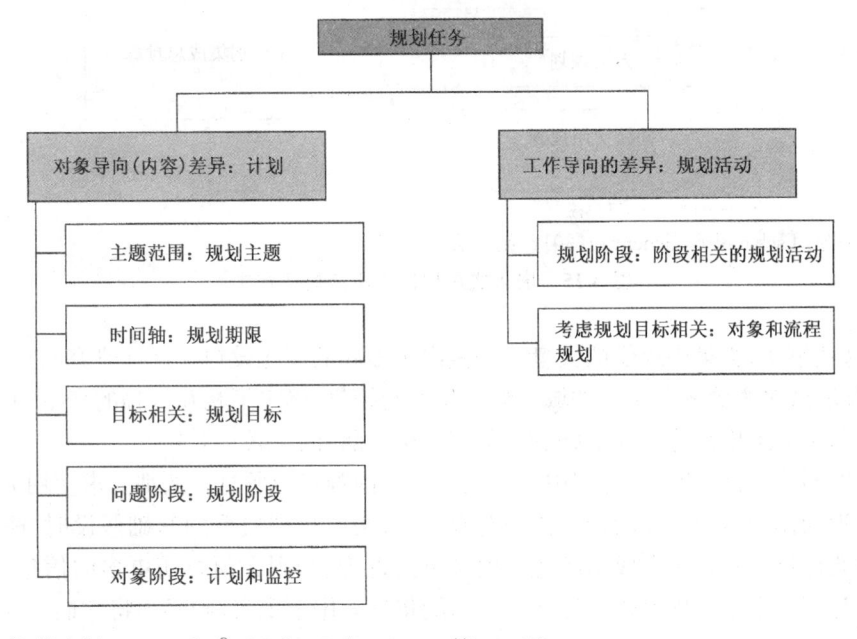

资料来源:Szyperski & Müller-Böling(1984,第 125 页)。

图 3.14　规划任务差异的标准

对象导向(内容上)规划是将复杂的规划问题分割成单独的、一目了然的子计划,这些子计划相互协调并联合成一个计划系统,此计划系统根据所有相关标准进行协调。从任务差异的视角来看,就是制订各种计划。

在很大程度上,规划与监控系统的构建是一个子计划及其监控的系统协调问题。

子计划的协调具体意味着(Hürlimann,1972):(1)根据统一标准制订计划,并对子计划结果进行集成,使之成为一个总体计划;(2)子计划之间及其与总体计划之间进行事务、期限的协调;(3)子计划间嵌入式连接,以便考虑反馈作用与其他影响(图 3.15 为此展示了一个示例)。

理论上,计划的内容协调被视为与最佳总体计划制订同步的决策流程。因此,大多数运筹学的优化计算可以理解为协调核算。

协调问题是一个核算上的配置任务:在不同应用范围与生产能力的情况下,怎样最优化投入现存稀缺的资源(设备、现金)来实现所追求的目标?

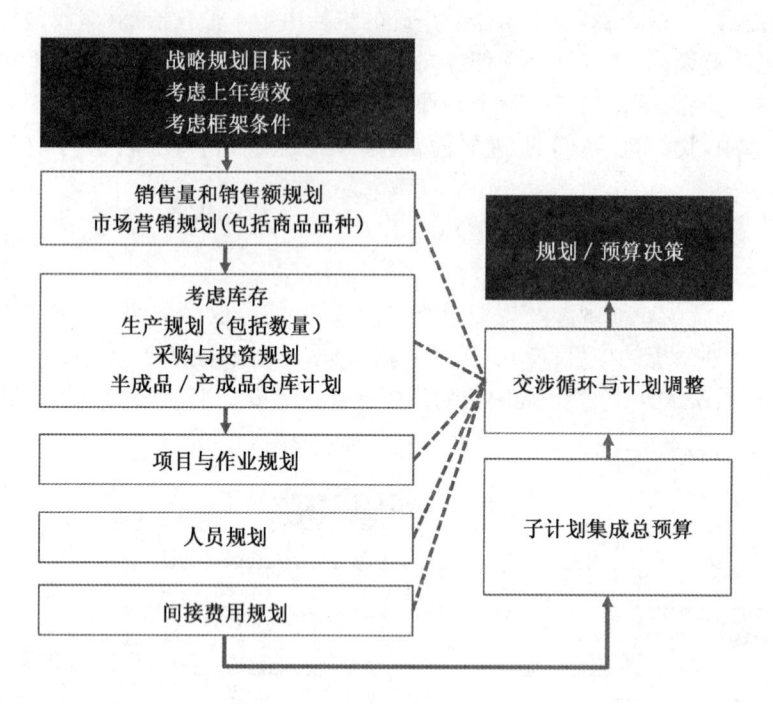

```
┌─────────────────────┐
│   战略规划目标        │
│   考虑上年绩效        │
│   考虑框架条件        │
└──────────┬──────────┘
           ↓
┌─────────────────────┐        ┌─────────────────┐
│ 销售量和销售额规划    │──┐    │  规划/预算决策   │
│市场营销规划(包括商品品种)│ │    └────────┬────────┘
└──────────┬──────────┘  │             ↑
           ↓              │    ┌────────┴────────┐
┌─────────────────────┐   ├──→ │  交涉循环与计划调整│
│    考虑库存          │   │    └────────┬────────┘
│ 生产规划(包括数量)    │──┤             ↑
│  采购与投资规划       │   │    ┌────────┴────────┐
│ 半成品/产成品仓库计划  │   ├──→ │  子计划集成总预算 │
└──────────┬──────────┘  │    └─────────────────┘
           ↓              │
┌─────────────────────┐   │
│   项目与作业规划      │───┤
└──────────┬──────────┘  │
           ↓              │
┌─────────────────────┐   │
│     人员规划         │───┤
└──────────┬──────────┘  │
           ↓              │
┌─────────────────────┐   │
│   间接费用规划        │───┘
└─────────────────────┘
```

资料来源:Tschandl & Schentler(2012,第9页)。

图3.15　嵌入式规划作为逐步处理方法

鉴于这些事实,文献中提供的大量算法做出了不同的简化设想。这项研究的特点在于,人们为一个领域或多个紧密联系的领域(例如,生产与销售)确定了相互依赖的变量,并在目标设置的假设下,努力给出简化条件下(例如,最多三个产品)的关联。

最佳(即同步)协调计算的应用中存在大量实际困难:(1)所有方法都要求使用大量数学方法。(2)熟悉的模型对于实际的指导作用有限。(3)当要扩展模型的基础假设时,解法总是失效。(4)协调计算的实现也有成本问题。模型更接近现实,则必须查明更多的信息,花费更多的运算时间。(5)模型是规范化的实际。为了能将它运用于现实,则必须将它们理论化的语言经验性地诠释出来。

总之,企业规划实践的问题不能运用协调计算得到满意解决。对于实际的规划工作,难点还在于趋近(即逐步)的协调方法。管理实践中子计划逐步协调的特征是,各个标准逐级相互协调。这里必须要回答两个问题:(1)哪个子计划是规划的出发点?(2)子计划是以何顺序相互协调的?

古腾伯格(1983,第163页)给出的"规划平衡法则"提供了一个决定性的规则:子计划的协调总是以"瓶颈"领域("最小部门")的经营范围为出发点。

对于上述问题,科西欧(Kosiol,1965,第394页)提出了"计划互相协调假设":规划出发点与顺序显然是基于子规划的客观联系。例如,"在销售计划确定市场上提供的产成品种类与数量后,人们才能制订生产与采购计划,费用计划仅能从给定的生产、购置与销售计划得出"。科西欧也认为,在协调中,"最弱"的分区给出决定性的平衡。

古腾伯格和科西欧的思考只适用于短期"瓶颈",长远来看,公司要努力克服"瓶颈"情况。上述内容适用于计划的所有差异标准。

规划的对象领域(规划对象)涉及计划在问题类型、职能、部门、地理单位和项目等方面的差异与协调。就瓶颈导向而言,在目前的管理实践中,人们多数会选择销售职能为出发点,并对此确定目标、措施与资源。

对规划的时间轴,则按照规划期限对其进行区分与协调:分别制订出短期、中期、长期计划并互相协调。

目标方面的差异与协调涉及一个问题,即如何协调物质目标与财务目标导向的计划。由于这个问题对管理控制师特别重要,我们将用一个特殊章节对其进行阐释(参见3.7节)。

规划等级的协调以战略与运营规划的联系作为目标,由于战略管理控制对管理控制师同样十分重要,我们将单独研究战略规划的管理控制任务(参见3.7.3节)。

协调规划与监控(前提、进展与业绩监控)一定要考虑到所有规划对象。进行协调不仅仅要考虑一条标准,而是多方面的,即涉及多个标准,甚至在某条标准下进行协调还要考虑到子标准。例如,在"规划目标"这条标准下,职能计划要与部门计划相协调,领域计划要与项目计划相协调。

构成系统规划监控协调的一个重要方面是保证企业的适应能力,用计划的弹性构架来对应期望的不确定性。弹性在这里意为(Agthe,1972,第49页;Gleich et al.,2013a,第41页)根据滚动规划原理的系统构建:鉴于越来越高的信息水平,得以修改制订的计划,同时更加具体化。例如,企业可以制订一个五年期计划,按信息水平详细制订第一年的计划,对之后的四年粗略制订;在接下来的期间,将四年粗略规划中的第一年具体化,同时将粗略规划向后延长一年。计划具体化总是与计划变更相联系,目前,作为轮换规则,滚动规则作为控制企业环境不断增长的易变性与建立必要弹性的工具,在企业管理实践中得到了越来越多的应用(Gleich et al.,2013a,第40页)。图3.16阐明了轮换估算与规划的基本结构,指出了四个特征(Rieg,2013,第18页;2008,第82页):(1)与经营年度无关的恒定时间轴;(2)定期制定,例如每个季度;(3)不过于具体化,从而还能够控制细节;(4)专注于企业货币与非货币主要特征参数。

根据滚动规划原理的系统构建平行措施如下:

(1)计划储备的拟定:由于新信息引起的计划变更依赖于计划储备,这不仅适用于生产能力储备,也适用于财务、人员以及材料储备。

(2)备用规划:每个计划都基于对多种影响因素的特殊期望(例如,顾客行为、购买价格),这些期望都是非确定的,因此在管理实践中,总会对特别重要的备择假设制订备用计划(例如,针对不同就业率的利润规划),场景规划和应急规划在这里特别合适。

(3)计划变更:如果发生规划前提未预见的重要变更,那么必须在规划期间进行计划变更。由于其会产生高成本的协调措施,人们只在"紧急情况"下才进行这种计划调整。

(4)计划审核:特别是在运营规划框架下,对于计划目标,某些企业总是定期进行针对前提更改与有效实际指标的检查。

(5)针对性规划:如果环境不连续,那么阶段性规划就没有意义。在这种情况下,在公布某些重大环境变更时,人们制订相应的计划。

建立一年内的反应能力:预算不应该固定地纳入计划,不能独立于环境变更进行编制。然而,对于一年内的机会,应该通过实际批准流程以及集中预算中的特殊项目使之成为可能,这也适用于对今年未充分利用的预算项目在下一年的使用。

计划系统的设计是一项极其复杂的任务,上述的协调方面仅大致说明了其难度。在计划系统领域,系统协调的结果是计划系统中所有子计划的系统列示,在许多管理实践中,规划手

```
┌─────┐┌─────┐┌─────┐┌─────┐┌─────┐┌─────┐┌─────┐┌─────┐
│2015年││2015年││2015年││2015年││2016年││2016年││2016年││2016年│
│第一季度││第二季度││第三季度││第四季度││第一季度││第二季度││第三季度││第四季度│
└─────┘└─────┘└─────┘└─────┘└─────┘└─────┘└─────┘└─────┘
```

2015年第一季度到2016年第一季度的预算
　　2015年第二季度到2016年第二季度的预算
　　　　2015年第三季度到2016年第三季度的预算
　　　　　　2015年第四季度到2016年第四季度的预算

▼ 通过确定目标与措施对计划进行季度预测

▼ 越远期的计划越粗略

2015年第一季度到2016年第一季度的规划
　　2015年第二季度到2016年第二季度的规划
　　　　2015年第三季度到2016年第三季度的规划
　　　　　　2015年第四季度到2016年第四季度的规划

资料来源:Rieg(2013,第61页)。

图 3.16　滚动预算与规划的实例基础构造

册的核心由对每个子计划内容与关联的描述组成。

规划任务工作导向的差异导致各种规划行为(狭义上的规划任务)以及它们的协调。

"滚动预测的目标是,持续稳定地预测以及快速灵活的反应,以便利用机会和管理风险。多年来滚动预算已经非常成功地替代了传统预算。"

——费朗茨·沃恩斯佩格(Franz Wirnsperger),喜利得集团财务总监(Kampmeyer & Wirnsperger,2013,第267页)

规划流程是规划步骤的顺序,可以分为数个规划阶段(即子阶段),对规划执行过程而言,它们的差异与协调是一个重要前提。规划阶段在文献中通常分为(Wild,1974,第32页;参见图3.17):(1)目标建立;(2)问题分析;(3)寻找备选方案;(4)预测;(5)评价;(6)决策;(7)实施;(8)落实(=不属于规划流程);(9)监控;(10)偏差分析。

建立目标
子步骤 • 目标的寻找、分析以及整理 • 运营化与可行性检测 • 相容性以及冲突检测 • 优先权设置 • 辅助条件的确定 • 根据实现程度、时间段和职责实现目标运营化 • 目标选择和审计
问题分析
子步骤 • 根据起因与规模,通过诊断/预测认识并分析问题,与目标比较 • 将所有问题分解成单个元素,并确定它们之间的相互关系 • 根据对象、时间、难度及目标重要性划分并整理问题(结构化) • 具体分析原因,并以解决问题为出发点,对原因进行系统性分类
寻找备选方案
子步骤 • 找出解决问题可能的切入点并分类 • 寻找可能的处理方法(解决思路) • 对每个具体建议进行分类和整理 • 备选方案的具体化和结构化 • 完整性测试与可靠性测试(排除不可行的备选方案)
预测
子步骤 • 确定预测问题 • 根据内容、精确度和时间范围等确定必要的预测 • 分析预测值与协调原因(即指示器)之间的相互关系 • 制定预测模型以及选择方法的运用 • 取得预测 • 使用条件陈述 • 预测确定性的估计(如果可能:概率),并根据进一步的质量评定标准进行评价 • 选择预测 • 兼容性测试
评价
子步骤 • 确定评价对象及评价目标 • 确定评价标准及(标准)权重 • 确定尺度和标度(水平) • 确定标准价值,以及进行子价值评价 • 为了计算总体价值,通过对子评价的总结,得出价值组合 • 价值评价的兼容性测试
决策
子步骤 • 确定决策目标及决策标准 • 制定可能的决策模型 • 预选许可决策方案以及确定限制 • 最佳备选方案的选择,以及确定多级决策顺序 • 与其他决策的兼容性测试 • 可能的资源分配以及责任确认(实施负责人)
实施
子步骤 • 关于决策实施负责人的信息 • 解释与指导 • 责任与流程组织 • 进度规划 • 实施者的激励 • 目标预定值(目标协议)以及预算
实现
不是规划阶段,而是领导阶段的工作对象
监控
子步骤 • 确定监控对象、负责人、目标和时间点 • 监控标准(尺度)的选择以及信息反馈 • 确定允许的偏差 • 采集监控数据(实际值的确定) • 目标现实比较(也可能是时间上比较) • 对于有待分析利用之处的报备
偏差分析
子步骤 • 确定偏差种类及程度 • 根据原因、影响因素、来源、责任人以及影响方式和地点进行分析 • 偏差结果的预测(＝对目标实现的影响,以及计划遵循、耦合) • 找出消除偏差的切入点 • (改善)措施的规划,以及为了计划和目标修正,给上级规划主管机关的反馈

资料来源:Wild(1974,第 32 页)。

图 3.17 规划阶段下的规划作业

在偏差分析框架中,区分一般情况和特殊情况尤为重要(Troßmann,2013,第 112 页),这里可能会出现两种类型的错误:第一种错误是,一般情况被错当作特殊情况,这将导致资源浪费;第二种错误是,特殊情况被经理和管理控制师当作一般情况,这将阻碍对此的及时介入。

为了在规划框架下划分管理控制任务,进一步区分规划行为尤为重要。根据规划对象,可以分为两种主要的规划行为(Szyperski & Müller-Böling,1980,第 365 页;1984,第 125 页)(参见表 3.2):

表 3.2　　　　　　　　　　　　基于规划对象的规划作业

	计划者任务
管理	• 识别规划问题 • 取得/产生规划信息 • 评估规划信息 • 确定理论值 • 制订计划前提 • 编制计划草案 • 测试备选计划 • 建议计划评价 • 进行计划修改 • 通过计划
	规划管理任务
管理控制	• 计划草案的收集与评论 • 审核计划草案 • 为决策负责人调整计划草案 • 提供规划技术(模型、方法等) • 规划技术的协调(应用的概念等) • 建立和维护数据库系统 • 规划负责人的培养与深造 • 计划内容的界定 • 处理方式的拟定与规划方针 • 批准执行细则 • 规划工作的时间表 • 编制计划的监督与监控 • 对计划的激励和推动 • 促进计划编制 • 与其他计划的协调和整合 • 规划人员任务:就意愿构建而言的物质、内容规划任务 • 规划管理任务:规划流程的规划、组织与操控任务

资料来源:Szyperski & Müller-Böling(1980,第 365 页)。

鉴于上述两个任务组,我们将规划管理任务看作管理控制系统的一部分。规划管理任务又分为系统构建任务与系统耦合任务。鉴于规划任务,系统构成的协调在于进行任务分析、区分与组合。系统耦合方面的协调即为持续履行规划管理任务。

除了九个进一步的主要流程,国际管理控制集团(IGC)拟定的管理控制流程模型,针对"战略规划"流程指出,在公司战略规划作业框架下,管理控制师担当何种角色。根据此模型,管理控制师扮演主持人的角色,他不制定战略(类似内容规划),而是作为规划经理,通过主持整个战略规划流程来支持经理的工作(IGC,2011,第 23 页)。在"战略规划"框架下,图 3.18 列示了与管理控制师相关的子流程,并给出关于必要投入与期望产出(即流程开端与可能的流程终点)的提示。

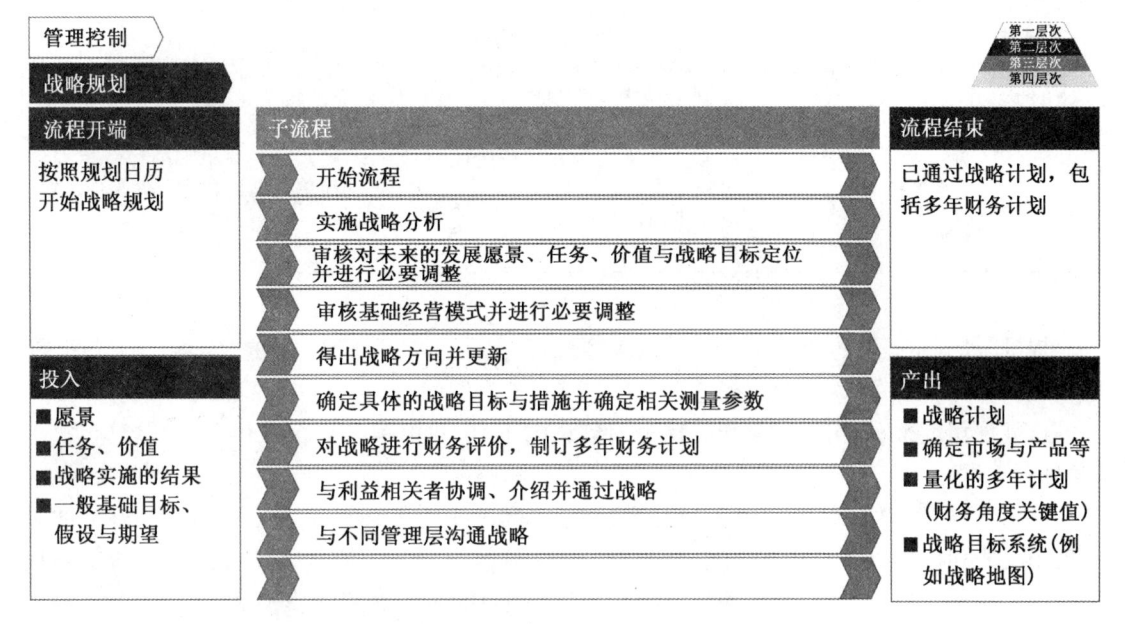

管理控制 战略规划		第一层次 第二层次 第三层次 第四层次
流程开端 按照规划日历 开始战略规划	**子流程** 开始流程 实施战略分析 审核对未来的发展愿景、任务、价值与战略目标定位并进行必要调整 审核基础经营模式并进行必要调整 得出战略方向并更新 确定具体的战略目标与措施并确定相关测量参数 对战略进行财务评价,制订多年财务计划 与利益相关者协调、介绍并通过战略 与不同管理层沟通战略	**流程结束** 已通过战略计划,包括多年财务计划
投入 ■愿景 ■任务、价值 ■战略实施的结果 ■一般基础目标、假设与期望		**产出** ■战略计划 ■确定市场与产品等 ■量化的多年计划(财务角度关键值) ■战略目标系统(例如战略地图)

资料来源:国际管理控制集团(2011,第 23 页)。

图 3.18 主要流程"战略规划"的建立与管理控制师的结合

规划与监控任务的定义、系统化与列示对管理实践尤为重要,但并未给出最后的答案,即在落实规划与监控时,经理人与管理控制师是怎样共同工作的。只有确定组织构架可能性后,才能给出这个答案(参见 3.6 节)。

3.5 规划与监控协调的工具观

企业的管理控制师经常被比作工具制造者,他的任务是为公司经营管理部门找到相应的工具,并确保用正确工具和专业方式来解决问题。

规划工具就是用系统的方法收集和加工信息,其目的是给出、改造和测试带有信息含量的说法(Kosiol,1967,第 92 页)。它们是系统性获取知识的工具,这种工具很难用一个明确的概念来定义。在文献中,经常用"方法""方式""技术""模式"等术语来描述这种工具。

科勒(Köhler,1989,第 1529 页)把规划技术看作一个总概念,并用以下标准进行分类:(1)根据相关问题的类型;(2)根据规划过程的不同阶段;(3)根据不同的表达形式。

表 3.3 给出了一种概述。

表 3.3　规划技术概览

规划技术		
• 是一种辅助手段,用于获取和加工信息,以满足决策和行动准备所需未来研究的需要		
根据相关问题的类型	根据规划过程的不同阶段	根据不同的表述形式
a. 规划模型(模型和规划)作为对问题进行结构化的图示。 b. 规划方法作为特定种类操作(包括问题识别,以及对规划前提和问题解答的分析)的基本原则。 c. 规划方式,在一个实体系统(如信息处理系统)的帮助下,作为具体实施的步骤序列。	a. 规划技术用于问题识别,如 GAP 分析。 b. 规划技术用于问题进一步陈述,如相关树分析。 c. 规划技术用于准备问题相关信息,如出于描述或者预测目的(预测技术和系统)进行多元数据分析。 d. 规划技术用于制作备选计划,如撰写场景。 e. 规划技术用于评估备选计划,如风险分析。 f. 规划技术用于筛选备选计划,如数学编程。	a. 一般的语言指示,如按照清单的工作。 b. 实物图形,如在项目计划中(一般在大型设备制造中)的实物模型。 c. 图表形式,如网络技术中的结构图。 d. 符号语言学的表达形式,也就是所有的数学规划技术。 e. 混合形式,如投资组合分析技术,结合了一般语言的经营范围评估、简单数学运算及图表表现形式。

资料来源:Köhler(1989,第 1529 段)。

提到"规划工具",这里有必要区分两个概念:我们在这一段提到的不是(实物)工具,即"信息处理"(参见第 5 章),而只有"概念"工具。

从规划角度来看,用于收集和处理规划信息的工具,我们称之为信息供应系统(IV 系统)(参见第 4 章)。

从工具角度出发,规划与监控系统的协调指为问题找到相应的解决工具,并列出适当的对应规划任务和计划类型。从系统耦合的观点来说,这涉及随时关心规划工具能得到落实和正确运用。目前,对利用规划工具和技术的落实条件的实证研究还尚不发达。

规划与监控系统的设计和实施("原规划")是一项非常复杂的任务,其本身通常就是一个项目。就这点而言,我们可以把各种形式的项目管理用作规划与监控协调的工具。此外,还有一系列专为系统构建和执行任务而设计的工具,这些工具的功能(Oppelland,1989,第 667 段)如下:(1)系统描述和存档;(2)问题诊断;(3)调整及满意度诊断;(4)系统(选择)评估。

在构建规划与监控系统时,这些工具会支持组织结构的系统发展。在实际控制工作中,标准化、统一应用规划与监控工具的训练在系统建立和耦合方面是很重要的。在通常情况下,规划准则和手册为这些提供了广阔的空间。

3.6　规划与监控协调的组织观

3.6.1　规划与监控组织观的基本问题

我们已经多次提到,规划不仅是协调的工具,也是协调的对象,"在公司未来的发展进程中,如果规划本身发挥主要协调作用,在思路上,规划作业应该实现公司发展的目标,所以这些作业本身也需要再协调"(Bleicher,1975,第 294 页)。

到目前为止,我们关于规划与监控功能和工具的思考已经从初步研究进展到解决实际问题。当所有的子系统都成功地有机结合到一起时,就能解决问题。这里组织观也起了重要作用,控制的首次进入"运行"是从嵌入组织系统开始的。

应该注意规划和组织之间的相互影响,"组织的结构变量,一方面影响规划与监督系统的构造可能性,一方面又依赖于其特性"(Küpper et al.,2013,第386页)。

施奈德(Schneider,1994,第324页)甚至将控制的必要性和分权化的组织结构联系到一起。

作为组织问题,规划与监控的协调有两个重要方面:(1)这涉及两个问题:一是,哪些具体的规划任务可以分工完成;二是,如何将它们联系到一起(功能观)?(2)谁在何时何地必须完成具体的规划任务(制度观,这也叫狭义组织观)?

首先涉及这样的问题:谁应该把我们描述好的规划与监控任务(功能观)放在组织的哪个位置(规划与监控的组织流程)?接着重要的是,及时处理规划与监控的进程(规划与监控的组织流程和进程)。

不能孤立处理这两个组织观的问题,以前组织机构(层级)的问题是主要问题。因为规划进程快速和灵活性越来越重要,所以现在进程观更加重要。组织协调任务需要考虑现实假定,负责规划和监控的组织成员至少可从以下三个方面进行区分:(1)他们需要掌握不同的行动可能性;(2)了解不同的信息;(3)有不同的偏好。

该观点把本主题理解成委托代理问题(Küpper,2013,第101页)。

为了理解愈加复杂的规划与监控协调的组织,这里应该提到规划与监控系统的发展阶段,这些发展阶段是由愈加复杂和不连续的外界环境所导致的(Welge & Al-Laham,2012,第11页,参见图3.19)。

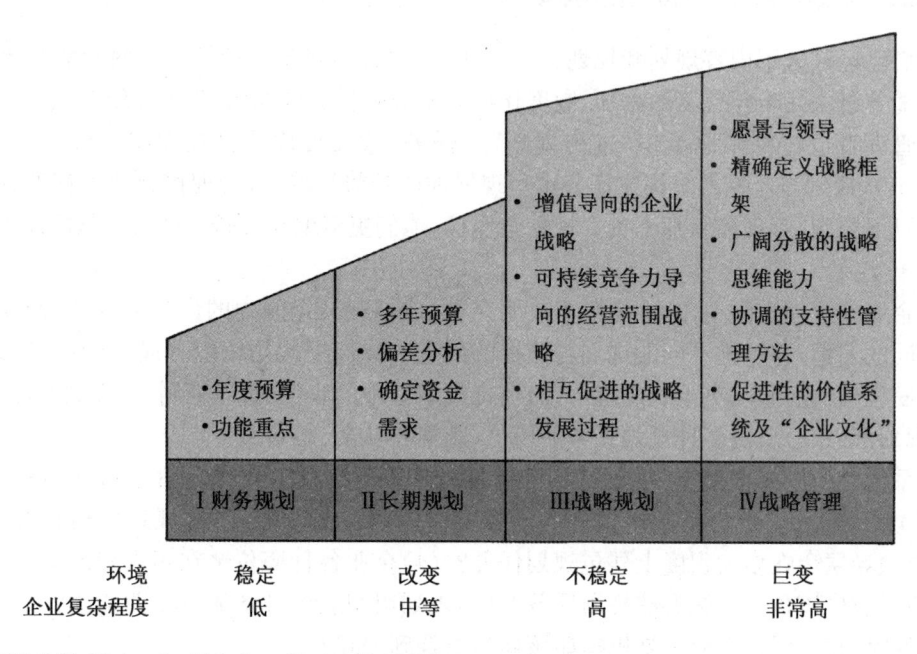

	I 财务规划	II 长期规划	III 战略规划	IV 战略管理
	·年度预算 ·功能重点	·多年预算 ·偏差分析 ·确定资金需求	·增值导向的企业战略 ·可持续竞争力导向的经营范围战略 ·相互促进的战略发展过程	·愿景与领导 ·精确定义战略框架 ·广阔分散的战略思维能力 ·协调的支持性管理方法 ·促进性的价值系统及"企业文化"
环境	稳定	改变	不稳定	巨变
企业复杂程度	低	中等	高	非常高

资料来源:Welge 和 Al-Laham(2012,第12页)。

图3.19 战略思路的发展阶段

(1)直到20世纪50年代,传统的企业规划只以短期、强烈的财务和效益为导向。因为企业都是集权化管理的,所以不存在协调问题。

(2)直到20世纪60年代末,长期规划才占据主导地位。通过趋势外推法,长期规划把当前的经营投射到未来,这里主要的协调工作是为企业领导提供经过协调、涉及资源分配的决策相关信息。

(3)20世纪70年代初,由于经济环境不断动荡,因此出现了一些战略规划的理念。这里组织协调的疑难很明显,因此人们把复杂的规划与监控进程分成多个阶段,并意识到对各个阶段订立组织规则的必要性。

(4)战略管理的阶段将规划与监控的协调问题置于中心位置。

人们意识到,光表述战略是不够的,重要的是战略规划的实施。战略管理不仅包括规划作业,还包括"紧接着强制的操控和监督进程,也就是落实和实施过程",还涉及它们交叉点的问题(Hahn,1989,第160页)。关于规划与监控组织和整个控制组织的联系,我们在第6章进行深入探讨。

规划与监控任务的复杂性要求一个有分工的规划与监控组织。分类的着眼点在于(Fürtjes,1989,第1464页):(1)规划与监控任务的多量性和异质性;(2)需规划与监控的不同目标领域以及组织单位;(3)规划的不同阶段(战略的和运营);(4)规划的不同目的(实物目的和价值目的)。

规划的基本组织机构前提是:实质性的规划任务和决策能力必须出自一人之手,因为"由办公室员工制订计划,却由管理线人员执行计划,这样必定会导致灾难"(Lorange & Vancil,1976,第79页)。

3.6.2 规划与监控协调的组织机构

我们已经区分了内容规划和规划管理的任务,后者归属于管理控制。两者的边界不是固定的。随着过去几十年分工的增加,制度化控制的规划任务也在增多,现在组织内的分工正在减少。管理者也在更多地承担"过程规划"的任务,这又被称作自我控制(Horváth,1994a,6.3.1.6节),规划与监控系统构建任务也呈现增加的趋势。然而,管理控制师和管理者在分工时还有以下原则:管理控制师不负责规划与监控,他们更多地在(内容)规划与监控任务的实施方面给予支持。

在企业的管理实际中,这个原则不是明显可以看到的:企业中的许多岗位,它们在不同企业有不同的名称,并承担不同的规划与监控的任务。我们把规划组织分成三种:(1)负责内容规划的职位(企业领导、决策线经理);(2)负责规划管理的职位(管理控制部、规划参谋部、规划专员、规划部);(3)负责多种规划任务的职位(规划委员会、规划大会)。

在系统化协调的框架下,规划机构的组织构架需要考虑一系列的理念(Fürtjes,1989,第1464页):(1)有无必要为基础规划任务设置专门的职位?(2)专门的规划机构有哪些权力?(3)企业领导层会在多大程度上外包规划任务?(4)企业各种职位会在多大程度上参与规划?(5)哪些职位应该负责实施哪些规划任务?(6)规划组织应该具备哪些专业能力?(7)规划机构设置的时限为多长?(8)规划机构应该如何组合到一起?

在管理实践中,把负有规划管理任务的组织单位嵌入控制部有不同的处理方式,最重要的可能方案是:(1)所有规划单位都被编入管理控制部;(2)战略规划不包括在管理控制部内,而应该直接置于企业领导层之下;(3)规划部负责所有的实物目标导向规划,管理控制部负责预算;(4)规划部负责所有规划,管理控制部负责监督计划的实施。

我们认为,规划与监控系统的单位要求把所有规划管理任务有组织地整合在一起。在管理实践中,所有计划管理任务有强烈集中的趋势,不论是集中到总部管理控制部还是下属管理控制部。通过任务分工,可以把系统构建任务放到集团管理控制部,而把日常协调工作放到下属管理控制部。

参与规划的岗位是企业等级制度的一部分,有必要把不同的责任层和信息层组织连接起来,使得每个阶层都对规划过程做出最佳贡献。这个题目可以用"阶层活力"来描述(Horváth,1989)。也就是说:(1)各个阶层的哪些职位?(2)按照什么顺序;(3)怎样发挥(部分功能、专业能力)?(4)在不同的规划阶段中发挥作用,企业计划是如何通过不同阶层构建起来的?如何协调、整合、实施、监控和适应?等等(Wild,1974,第189页)。

"阶层活力"决定,各个组织机构如何有效及时地合作。

从组织结构角度看,计划发展的后果会表现为以下形式:

(1)保守型规划:在组织阶层内,自上而下进行规划;也就是说,企业的最高领导层制定框架计划的最高目标,其他领导层把最高目标具体化为细化的子计划[参见图3.20(a)]。

(2)激进型规划:规划始于组织的较低层,并逐渐向组织上层推行(自下而上),整体目标和计划是规划的最终结果[参见图3.20(b)]。

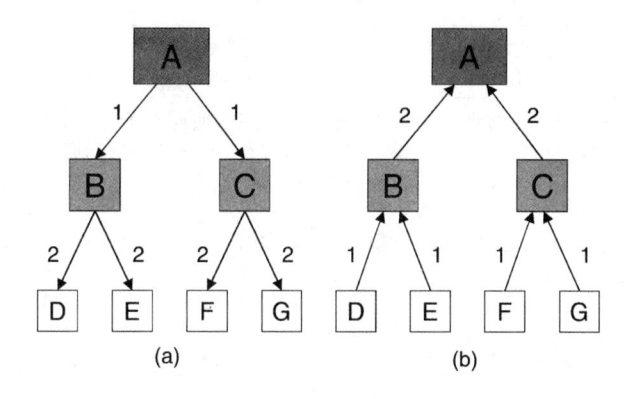

资料来源:Scholz(1984,第97页)。

图3.20 自上而下(a)和自下而上(b)规划

双向法:这种方法是保守型规划和激进型规划的结合。首先,最高领导层设定临时的最高目标。为了检验最高目标的可行性,下属阶层从最高目标着手设定衍生的子目标。其次,再反过来,也就是从"下"而"上"逐步协调下属阶层的计划,并进行总结。最后,由最高领导层最终确定目标和计划。原则上来说,这个过程也可以从"下面"开始(参见图3.21)。保守型的规划有很强的集权趋势,因为设定目标要求集中检查下属阶层实施的可行性。

在激进型规划中存在这样的风险,也就是单个目标和计划不会指向一个共同的最终目标。双向法是集权和分权规划的组合。

每个组织阶层都规划自己的作业,同时控制下属阶层的计划(三种运行形式的全面评估参见表3.4;这里参见 Wild,1974,第190页)。经验研究(Zyder,2007;Weber,Voußem & Rehring,2010)表明,双向法在现实管理实践中占主导位置。这个简化模型在规划中涉及领导阶层,但应该要扩展,图3.22展示了缓冲阶层(a)及规划委员会的例子(b)。

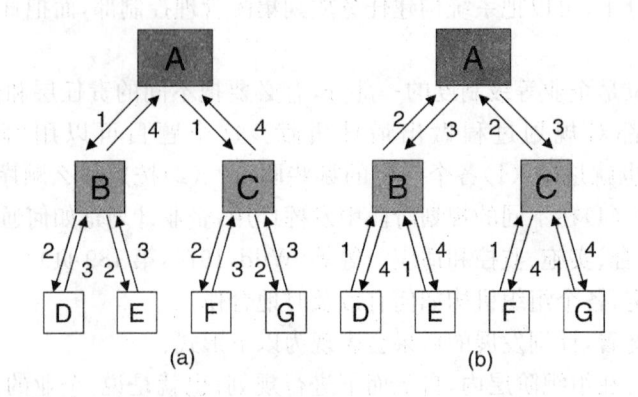

资料来源：Scholz(1984，第 97 页)。

图 3.21 双向法：上面开始(a)和下面开始(b)

表 3.4　　　　　　　　　　　　阶层活力形式概览

视角	交替的引导方向（结构的）	保守型规划（自上而下）	激进型规划（自下而上）	双向法规划
整体规划的原则		规划在组织中按照自上而下的原则进行。	规划在组织中按照自下而上的原则进行（与保守型规划相反）。	双向法规划融合了保守型规划和激进型规划的元素。
实行前提		只能部分满足，只有资金框架是已知的。	比保守型规划好，因为规划由实行者制定。	非常好的实现前提，因为规划和实现前提得到持续协调。
规划动机		预定特征决定规划动机。	无法满足，协调差，旧目标的更新。	非常好满足，因为协调方法促进规划动机。
协调可能性		协调要求经常难以辨认。	不存在水平协调。	预先的垂直和水平协调。
沟通要求		领导层的很多信息问题需要反馈。	这里也要求反馈。	比起保守型和激进型规划，双向法的沟通要求更高。
工作和时间投入		反馈需要投入工作和时间。	反馈需要投入工作和时间。	比起保守型和激进型规划，双向法更费时费力。
结论		单向理念：我们需要做什么？有次优化的危险。只有通过广泛的集权，才能实现垂直规划。	单向理念：我们需要做什么？这里也有次优化的危险。要求水平协调。	非单向理念，没有次优化危险。实现规划的垂直依赖性。

关于规划与监控系统结构的讨论也表明了控制问题的独立性。这些问题首先涉及控制权力的分配，也就是自我监控和他人监控的关系：执行者或者其他的管理控制师（一般是上级）在多大程度上实行监控。

自我监控的优点在于学习和动机作用以及效率；自我监控的危险在于操纵信息以及掩盖错误。他人监控则可以避免这种劣势；他人监控的缺点在于学习和动机作用不足，尤其在集权的组织中会存在低效率的问题。在管理实践中，组合使用不同的监控形式（Rühli，1993，第

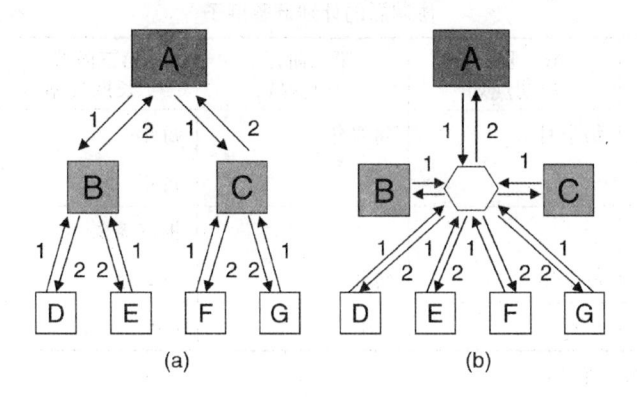

资料来源：Scholz(1984,第97页)。

图3.22 双向法协调的特殊解决方案(a)缓冲阶层(b)规划委员会

229页)，这是最有效的方式，因为市场自动提供有效的控制。可能的话，市场应该为顾客(客户)提供由它产生的信息，以用于目标现实比较。

管理控制的功能还在于对建立及系统耦合协调的监控。管理控制师建立监控系统，作为规划与监控系统的子系统，以排除干扰提供并阐释监控信息。然而，他不是在"督查"。

监控系统为目标现实比较提供信息，进行偏差分析，给出备选决策，监控意味着由决策线"采取措施"，规划监控的重要工具是报告系统(参见4.6.3节)。在构造监控的组织机构时，与企业监督机构(内部审计、监督委员会)的协调及分工规则很重要(参见7.3节)。

在管理实践中，还有一些可以改善的地方，因为"管理控制的他人监控集权化"经常难以被接受(Krystek & Zumbrock,1993,第85页)，服务导向的"警犬"作用必须得到发展。

3.6.3 规划与监控的组织流程

企业规划可以理解为规划行为由一系列以时间顺序依次排列的单个阶段(规划阶段)组成的过程。企业规划不是一蹴而就的，而是以有规律的(循环的)或者无规律的(非循环的)顺序重复(Macharzina & Wolf,2012,第412页)。

以前，在构建规划与监控系统时，从规划和监控任务功能角度出发的组织机构结构占主导位置，如今规划与监控过程处于重要位置。鉴于现时的环境要求，规划与监控需要快速灵活。组织的任务分配置于过程要求之下。

这涉及一个具有以下特征的构架：(1)及时有效配合，多阶段的；(2)保守与激进结合执行；(3)滚动的过程：在这个过程中，比较目标预测和实现可能的目标，作为重复规划过程的结果，得到未来时段的计划目标和措施(Hahn & Hungenberg,2001,第777页；Perlitz,1989)。

在构建实际规划与监控过程的系统化协调中，以时间滚动的形式(也叫自我叠加)，计划不断得到更新和具体化，同时各规划阶段以及粗略规划和细节规划相互协调(参见表3.5)。一般通过阶层动态性，以双向法则的形式把规划与监控过程嵌入组织结构。

表 3.5　　　　　　　　　　　　　　　协调后的计划调整例子

过程 \ 规划阶段	第一阶段：短期规划	第二阶段：中期规划	第三阶段：长期规划	第四阶段：长期规划
检查	每个月	每半年	每年	每2年
具体化	—	—	每年	每3年
调整	—	—	根据需要	根据需要
更新	每半年	每年	每2年	每5年
有效时间	1年	3年	7年	15年

资料来源：Wild(1974,第 180 页)。

有关规划的参考文献，就复杂组织结构中的规划与监控过程构建提出了很多建议，在第 3.2.4 节中，我们介绍了范西尔和洛伦格模型，该模型在管理实践中得到了广泛运用。

协调的一个重要问题是：何时以何种形式检查、纠正及继续开发已通过的计划？这里涉及规划的"调整节奏"(Wild,1974,第 177 页)，它涉及与规划密切相关的监控。当生效计划的数据和新的信息出现偏差时，就有必要改变计划。重要的是，计划偏差监控不仅采用计划现实比较的形式，而且采用"计划预测值比较"的形式。所以，显著的发展趋势(如通过预测变化)也要列入偏差分析的范围，尤其是在如今包含很多企业的易变环境中，滚动预测十分重要，是对管理控制师至关重要的因素。这种预测不应只限于年终预测，而应该用于同样时间跨度的滚动预测(如五个季度)。虽然这样的滚动预测被看作很有价值的工具，但是它还未被广泛推广(Becker,Leyk & Riemer,2013,第 130 页)。

调整措施可以分为各种形式(Wild,1974,第 178 页)：(1)检查：对计划前提、步骤和结构进行监控。(2)具体化：粗略计划的细化以及由最终计划到明确计划的转型。(3)调整：鉴于目标或措施的调整，对计划的内容进行调整。(4)更新：将计划延长到未来，也就是说，对未来一个阶段的新规划。

在管理控制实践中，计划调整措施系统化和相互协调是很重要的。您的选择依赖于对规划系统精准度和灵活性的要求，短的调整节奏会造就灵活的规划系统。然而，需要考虑由此产生的工作投入。在多数情况下，调整节奏会与计划种类和调整措施的形式相协调。

例子

图 3.23 列示了一家国际化媒体集团的经营规划和预算过程，参与规划的有执行董事、管理控制及其他不同领域。年末前的八周内，首先规划标点值(第 1~2 周)，在第二步制定成本岗位的细节规划(第 3~5 周)，在第三阶段(第 6~8 周)调节主要杠杆，确定规划和预算。

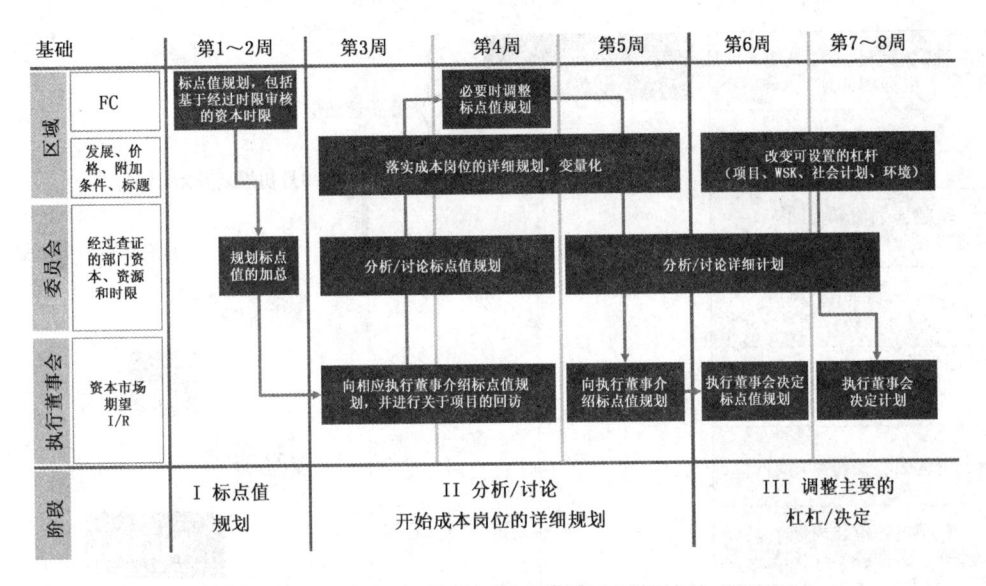

图 3.23　国际化媒体集团的规划过程（也可参见 3.8.4 节例子）

例子

图 3.24 和图 3.25 展示了博世公司经过显著简化的规划过程，通过一个"多阶段交互的过程，利用双向法从上到下的开始"，原来这个过程持续大约一年（参见图 3.24）。通过全面重建规划过程、缩减并改良递归环线、提高信息透明度，特别是对内部供货和业绩规划进行标准化，规划期限在几年内就减到 16 周（参见图 3.25）。在高层管理层确定目标后，规划于 9 月初开始，到 12 月以各单位规划为结束标志。

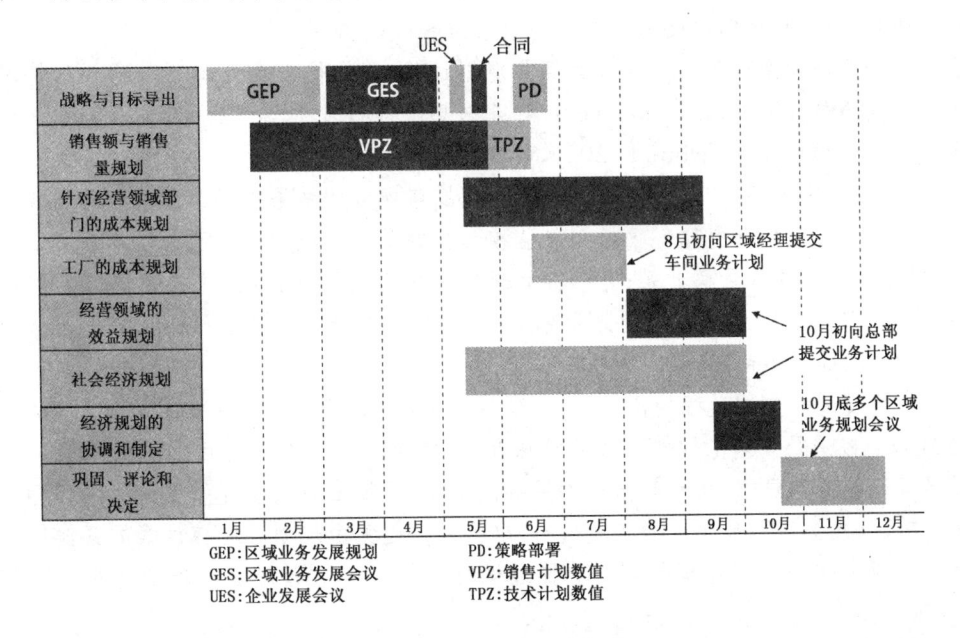

GEP：区域业务发展规划　　PD：策略部署
GES：区域业务发展会议　　VPZ：销售计划数值
UES：企业发展会议　　　　TPZ：技术计划数值

资料来源：Stoi, Asenkerschbaumer & Bley（2015，第 18 页）。

图 3.24　2007 年前博世经济规划流程

图 3.25 2015 年起博世经济规划流程

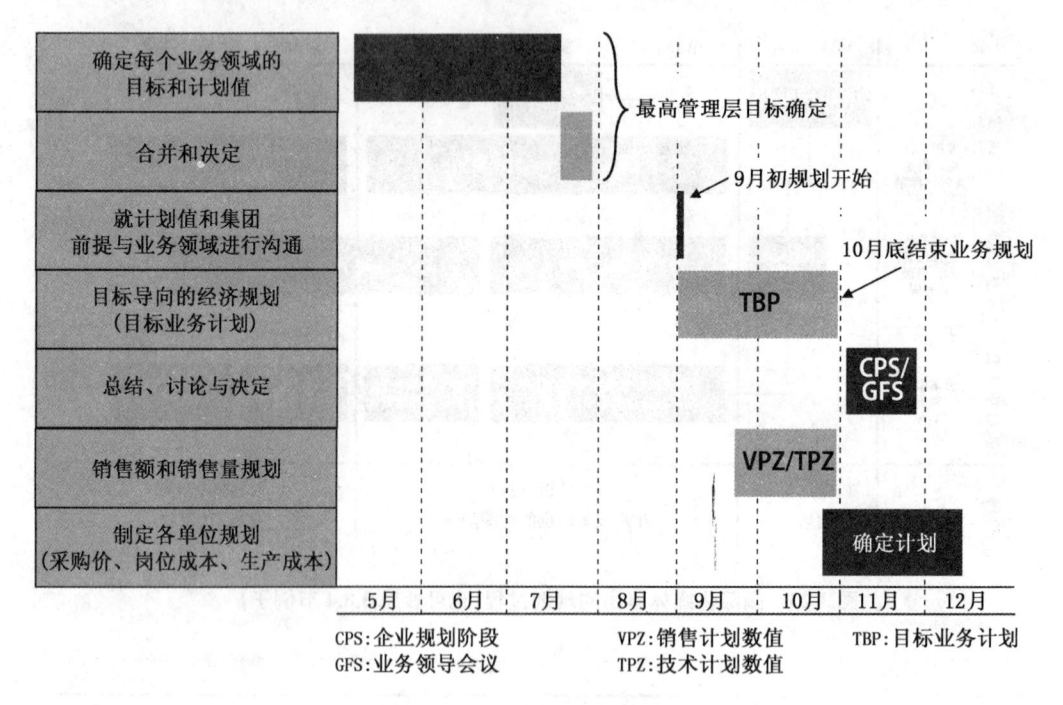

规划过程应该给每位参与者清晰的概览表,表中明确包含参与者该完成的规划步骤及完成日期。通常对总表日程的"翻译"是一张由管理控制师制作和监控的规划日程表,这里应该包括上面提到的详尽信息。

这些例子阐释了规划与监控过程中系统配合协调的抽象表达:集团管理控制师全程参与协调和主持整个规划,他们也必须为规划与监控进程收集信息。

这个例子很好地阐释了一个紧凑的经营规划过程,但在很多企业却不是这样的情况。根据霍华德合伙公司(Horváth & Partners)财务总监调查项目参与企业的问卷,实际规划一般持续大约 17 周(Müller & Schmidt,2011,第 82 页)。

此外,一般情况下还有几个月用于战略规划,战略规划的结果提供运营规划和预算的重要输入量。广泛的长期规划也体现了规划与监控过程的基础困境,"一方面为了尽量加工更多最新信息,规划过程应该尽量晚开始;另一方面规划过程必须尽早开始,这样才能有足够的时间准备系统的决策(问题和目标导向地寻找及评估相关备选规划)"(Hahn & Hungenberg,2001,第 799 页;Bleicher,1975)。

为了解决规划与监控过程的困境,在管理实践中,会使用前期准备法(Becker,Leyk & Riemer,2013)。该法是规划与监控过程的特殊开头,特点是一个深入的目标设置阶段。同时还有对战略目标的深入研究,从而导出规划目标。以此,前期准备法从开始就为战略目标准备了清晰的框架,以确保接下来规划的有效进行,这样可以避免由规划与监控过程的其他结构产生的低效率。图 3.26 比较了不同规划与监控过程的各个阶段,以清晰呈现前期准备法的优势。

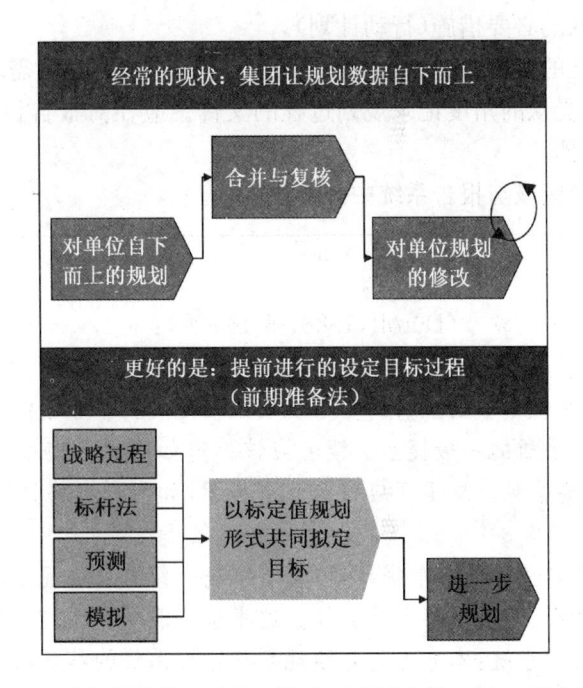

图 3.26　在规划与监控过程开始时，前期准备法 vs.自下而上规划

考虑到与规划阶段相连的监控阶段，从过程视角出发，还应要求及时性。只有及时进行现实目标比较，才有可能高效地进行操控（我们将在第 4.6 节提到这个话题）。

3.6.4　规划与监控系统的存档

系统构造和系统耦合的存档是管理控制的重要工具，也起到协调作用。规划与监控的构建需要存档，这首先是为参与规划过程的人提供工作文件。对于原规划，也就是说，对于规划系统本身的构建，我们在系统制定过程中的想法也是适用的。

原规划的结果应该是一本规划手册，里面说明了如何、何时、由谁来实行运营规划与监控。通常规划手册也包括针对规划与监控实施的组织形式（如职位描述、功能图表）。

运营规划的结果就是计划本身，运营规划过程也和存档及规划报告连在一起。监控与报告系统相连，也可以在规划报告里找到对过去阶段的介绍。

作为原规划的结果，一本规划手册完成了两个运营任务：(1)它通过系统知识的传递，对规划与监控进行协调；同时在规划与监控系统运行时，它解决信息问题，通过授权对落实规划任务的指示来协调规划。(2)在规划监控过程中，它解决落实过程中遇到的问题，并且检查清单是肯定包含在规划手册里的。

这个检查清单有两种形式(Meyer,1989,第 1446 页)：(1)作业目录，提前列出规划者在规划过程执行中的"决定性"任务；(2)问题目录，用于检验规划执行是否符合规划方法。

高尔韦勒(Gälweiler,1986,第 405 页)推荐以下内容用于年度规划过程存档的规划报告：(1)在文本部分应包含下列信息：①战略出发点的基本数据、战略问题和备选目标；②业务运营环境；③结构和组织问题；④组织流程问题；⑤作业和措施。(2)数据部分包含与收益和财务经济相关的值(如销售额、盈利、现金流、投资等)的计划发展概况。(3)行动部分包含根据功能、对象或项目不同而采取的必要措施(行动计划)。

规划报告对完整性的追求(大多数情况是针对传递"辩解信息"的需求)有时是危险的。应该注意,规划报告是从受众的角度记录规划过程的文件。应在对报告目的有充分认识的基础上,决定怎样及何时存档。

规划报告的目标值应该与报告系统中的结构相同。

例子

规划手册应该包含下列章节(Dürolf,1988,第165页):

第一章 引言:这里应该介绍规划手册的作用,包含信息和规则。企业领导层授权对于规划手册十分重要,他们在规划手册上面的签名说明他们是支持本手册的。

第二章 关于规划手册的一般提示。读者应该知道如何运用该手册、他们能够从中找到什么、能够如何使用重要信息。这里还应该给读者提示,如何得到修订服务、如果有问题应该和谁联系等。

第三章 关于规划与监控的一般提示:本章要明确介绍企业的规划思路,必须告诉读者规划希望以及能够实现什么、不能够实现什么等。这里也不能缺少监控的思路。

第四章 规划与监控系统:本章首先介绍规划与监控系统的结构,每个计划依据其目标设定、数据的投入产出、计划前提、计划分类、规划对象以及信息技术支持等方面进行介绍。

第五章 规划机构:这里应该介绍,哪些负责人具有哪些权力去完成哪些任务,例如,可以在这里给出岗位描述。

第六章 规划日历:规划日历确定规划与监控作业的时间计划,例如,规划开始和结束时间、计划的有效期和计划的期限。

第七章 规划工具:这里系统介绍规划能够运用的工具。

第八章 规划词典:规划用到的词汇十分重要,在规划手册的最后,需要按照字母顺序给出有关的名词解释。

3.6.5 信息技术对规划与监控系统的支持

为了能面对控制领域最新的挑战,规划和预算的现代方法要求越来越多的IT支持,特别是滚动预测对IT系统有特别的要求,因为对滚动预测来说,在输入数据、过程和分析方面,IT的支持很重要(Rossegger & Tschandl,2013,第177页)。表3.6展示了一个合并要求目录,这里把IT系统归类到规划相关功能并组成一个特定的组群。在第5.2.2.3节中,我们会再次系统地介绍所有IT给予规划与监控的支持。

表 3.6　　　　　　　　　　　　　　IT 系统的合并要求目录

要求类别			相关规划功能
具体要求	简单性（易掌握、可理解性）	输入要求	• 有效化 • 网页支持/互联网输入 • 浓缩层面输入 • （附加信息的）评论 • 预先占用及预先定义
		过程要求	• 工作流程的功能 • 分权化规划数据聚合/合并 • 各个领域间分权确认 • 可理解的导航/存档
		方法和模型要求	• （标准规划）模型的预先定义数量 • 相关计划数据构建/驱动依赖性 • 细节规划 • 规划方法（自上而下、自下而上、双向法） • 预测/滚动多年规划 • 自动化的自上而下分布
		分析要求	• 预先定义（标准）报告的准备 • （复杂）临时分析的实行 • 模拟/趋势预测 • 分析功能（目标、时间、计划现实比较、偏差）
一般要求	灵活性	配置灵活性	• 可变输入（界面） • 可变的界面（如插件连接、界面设计者、信息展示）
		适应灵活性	• 可变输入（公式动态） • 可变的界面（对新结构的灵活适应） • 可扩展性、可伸缩性（如规划方法）
	嵌入	嵌入	• 与第三系统的嵌入用于数据连接 • 子计划的嵌入 • 与战略（领导）系统的连接

资料来源：Rossegger & Tschandl(2013,第 179 页)。

3.7　规划与监控控制的重点

在对规划和监控协调的职能、工具与组织观进行一般性探讨之后，我们将论述对管理控制师尤为重要的四项协调组合。在任何情况下，这都涉及规划与监控系统中特殊的协调和差异问题以及有关的管理控制任务。

在管理实践中，这涉及对于规划与监控系统结果有影响的四个最重要交接口，因此需要管理控制师着重关注：(1)运用平衡计分卡进行战略控制与战略实施：对于战略规划与监控，特殊的控制任务、工具与控制组织结构有区别吗？如何在经营计划和措施中落实企业战略？(2)预算：在协调财务目标导向与物质目标导向的规划时，要解决哪些特殊的协调问题？(3)间接成本规划与监控：以结果目标为导向，如何计划与监控行政管理领域与流程？(4)税务规划与监控：在规划与监控中，如何考虑税务对结果的影响？

3.7.1　运用平衡计分卡进行战略规划与战略实施

3.7.1.1　规划与监控的战略任务

"管理控制师一定要有敏锐的嗅觉,能预先察觉到趋势的发展,并据此调整我们的战略目标。"

——史博科(Axel Strotbek),奥迪集团财务与组织执行董事(Strotbek & Horváth,2011,第 679 页)

对于公司领导系统内目标导向协调,管理控制有特殊领导支持职能(Horváth,1978;Küpper,1988)。这里显然涉及导航职能:管理控制与管理控制师构建、实施及运用对此必要的规划、操控、监控与信息供给工具。管理控制师的导向是企业效益目标。

传统管理控制师是运营导向的:在一年或者多年预算的框架下,他关心效益目标,他工作的重点是决策导向的成本收入核算。

早在 20 世纪 80 年代初,就因公司管理实践中战略规划的普及引发了一场讨论(Horváth,1981b)。讨论的主题是,管理控制职能包括多少战略规划与战略管理(Pfohl & Zettelmeyer,1987a;Gaulhofer,1987;Pfohl & Zettelmeyer,1987b)。如同经营规划与操控一样,在任务执行方面,战略领导同样需要结果导向的协调支持,这一点是得到公认的,而支持的焦点不在于从费用与收益中显现的效益目标,而首先在于效益潜力,它可以通过(不总是可计量的)机会与风险来描述。但职能上,这与运营(不总是可计量的)管理控制一样,涉及同样的行为。就这点而言,福尔和泽特尔迈耶(Pfohl & Zettelmeyer,1987a,第 145 页)提出了问题:"运用战略控制的概念有效吗?"其答案显然是肯定的,这已经在实践中得到了验证。

在重要教科书(Hahn & Hungenberg,2001;Eschenbach & Siller,2009,Reichmann,2011)与管理实践出版物(例如 ZVEI,1993)中,战略控制目前已经有很重要的地位,战略控制理论主题的现实意义表现在,最近几年相关专业文献中与此有关的大量出版物与重要期刊。

鉴于战略控制的制度化与员工阵容,无疑会产生一些问题,其基于对"战略的"管理控制师相对于"运营的"任务负责人的不同要求(Pfohl & Zettelmeyer,1987b),战略与运营的思维必须统一。在管理实践中,"我们在做正确的事吗?"(=战略思维)与"我们把事做对了吗?"(=运营思维)这两个问题是不可分割地相互联系的,我们无法按照视角将战略与运营主体区分开来(Deyhle,1988,第 19 页)。

运营的可行性总是随"战略"问题的设置而改变。相反,战略确定以后,"运营问题的"设置才会有意义。由此得出要求:规划、操控与监控一定要作为集成整体系统来构建与运行,战略与运营规划以及实物目标导向与财务目标导向规划间的交联是不可或缺的。

若我们着眼于管理控制中(就管理控制师职能而言)领导的协调、适应与反应能力的提升,那么总体任务就不仅局限于运营规划。涉及战略规划与监控系统的建立与持续维护的任务也必须归入总体任务中,恰恰因此才能达到领导能力的提升(Horváth,1981b,1985)。

战略规划以构建效益潜力为内容,即企业要找到并建立长期来看能够达到收益目标的市场定位,仅将战略规划作为思维方式是不够的,有必要把它本质上嵌入管理的整个组织(Steiner,1979,第 3 页)。这就是战略管理理念(Bea & Haas,2013),涉及战略的引入、实施及监督,在根本上,战略管理理念要求将管理控制视角从企业运营拓展到战略。上面引用的国际管理控制集团管理控制流程模型表明,通过独立的主要战略规划流程,管理控制师转向更多战略活动。

战略管理控制意味着执行支持企业战略领导的管控任务(Horváth,1981b；Winterhalter,1981；Baum,Coenenberg & Günther,2013)。战略管控是,在战略信息支持下,战略规划与监控的协调。具体来说,它特别意味着,在战略规划体系下执行规划管理任务,"战略管控是转换器；是从战略规划到战略管理的'中继点'"(Mann,1989,第15页)。

根据"战略管理控制的理想观念",巴姆、柯能贝格和冈瑟(Bamm,Coenenberg & Günther,2007)提出一份系统构思,特别关注战略与运营规划和监控的紧密结合(参见图3.27)。首先要强调的是：(1)在构建作为战略规划基础的战略目标时,愿景和范式的重要性；(2)从战略规划流程中获取最佳战略,从而得出必要的运营目标；(3)战略监控对战略规划流程与目标审核所有阶段的影响特性。

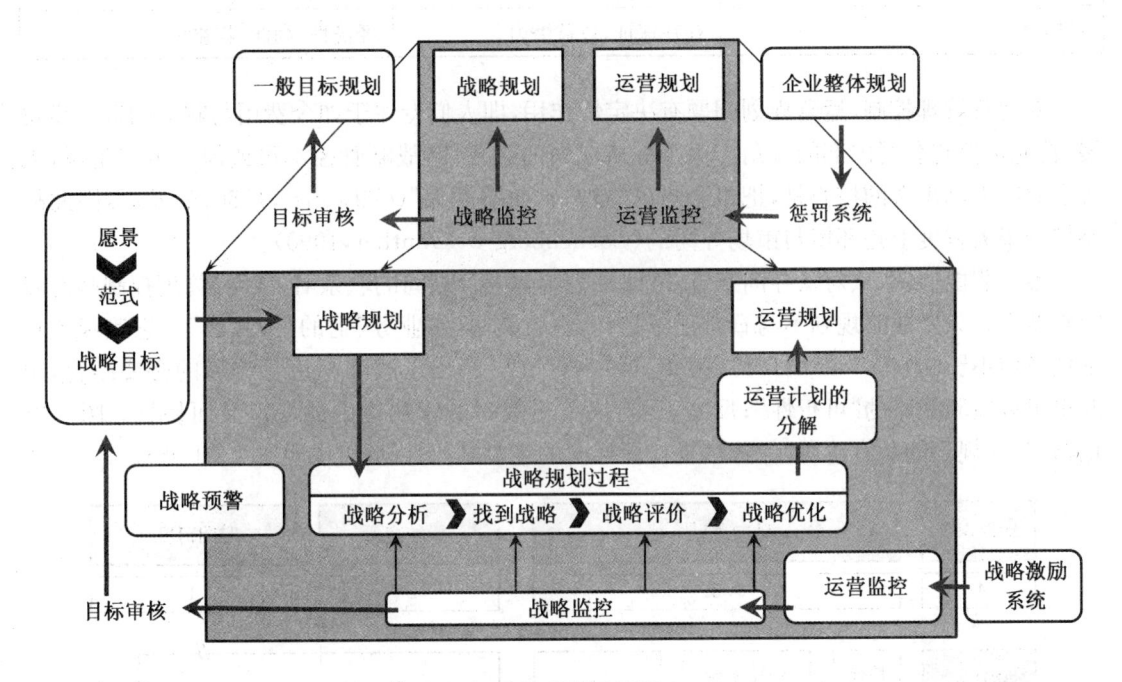

资料来源：Bamm,Coenenberg & Günther(2007,第11页)。

图3.27 战略控制的理想观念

"除了在战略目标背景下导出中期规划,首先归入集团管理控制领域的是对备选战略方案的评估,这可能涉及选址决策或新市场与产品的评价。"

——安德雷斯·邦斯(Andreas Bunse),福斯罗(Vossloh)集团管理控制部总经理(Bunse & Hoffjan,2011,第67页)

哈姆(Hahm,1978)通过经验研究证明,在大企业管理实践中战略规划的重要价值。而2006年多个经验研究也显示,战略管控领域中巨大的发展需求主要存在于中小型企业。过于短浅的企业战略定位与未充分实施的企业战略是尤其不可取的(Huber,2008；Lux & Hauser,2006；Rautenstrauch & Müller,2006)。作为战略管理控制核心要素的战略规划,在其实际运用中,胡伯(Huber,2008,第85页)也详述了愿望与现实的差异。尽管90%的受访经理希望将战略规划作为公司领导的核心要素,然而只有一半公司实施了战略规划,仅8%的人表明,公司中有完全明确的战略。

现在看来,我们的问题是,特殊的管控任务、工具与组织结构在战略规划方面有区别吗?为了回答这个问题,我们首先要明白战略与运营管控的本质区别(参见表3.7)。

表 3.7　　　　　　　　　　　　　战略和运营管理控制

管理控制类型 特征	战略管理控制	运营管理控制
定位	环境与企业:适应	企业:运营流程的经济性
规划阶段	战略规划	策略与运营规划、预算
组成要素	机会/风险 优点/缺点	费用/效益 成本/绩效
目标值	存在保证、效益潜力	经济性、利润、收益率

对运营管理控制,运营规划问题有决定性作用,即人们专注于如今费用与收益的进一步发展,首先定位在公司内部的视角。由于战略规划的必要性,战略管控不可或缺。也就是说,无特定时间限制思考的核心是,把机会与风险视为"效益潜力"(Gälweiler,1986)的发展,因此战略控制很大程度上是环境与市场导向的(Coenenberg & Günther,1990)。

鉴于职能协调,从对象导向来看,战略计划与运营计划间的联系对(战略)管理控制师有着特殊意义。只要战略规划不与日常任务挂钩,它就是"日常业务"上的"一片云":"它遮蔽了日常任务但不影响它"(Mann,1989,第40页)。图3.28指出了战略与运营领导的必要结合,由此也可以检验战略的"可行性";反之,运营决策对战略的影响也由此变得显而易见。图3.28也指出,在规划的所有阶段,保障结果目标导向的绝对必要性(此处参见3.7.2.1节)。

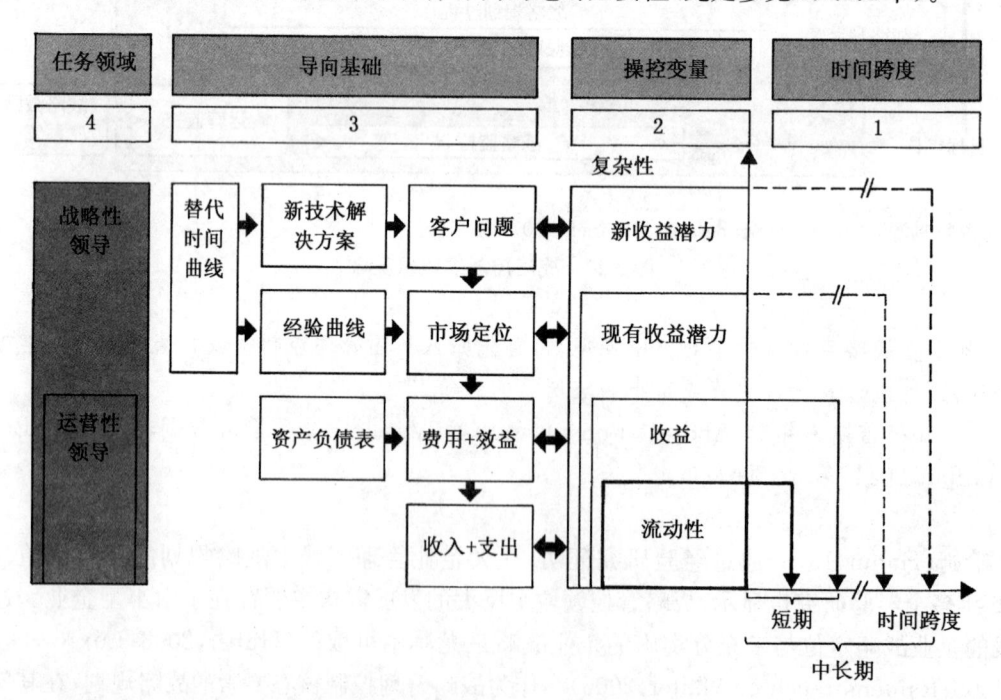

资料来源:Gälweiler(1990,第34页)。

图 3.28　战略与运营领导的联系

在此书开篇,我们已谈及企业环境越来越强的灵活性与复杂性。所以,像全球化、产品生命周期缩短或电子商务(参见 1.1 节)变得越来越重要,该发展趋势导致了剧烈的竞争。在这样的环境中,在越来越大的程度上,新战略方法成为企业生存能力与成功的条件(Zahn & Foschiani,2001)。以前,战略大多为之后几年或者甚至几十年而制定,而对有些公司,如移动电话行业公司,战略通常只适用几周或几个月。高成长潜力的行业处于不断变化的科技与市场框架下,它们对公司的灵活性调整以及战略灵活性有着特殊要求。

战略灵活性是指在变化的环境条件下,公司有能力成功实施现行战略转变(Burmann,2001,第 174 页)。战略转变的成功可以通过企业市场价值的增长来衡量。运用战略灵活性,不仅可以利用未来的成长潜力建立竞争优势,而且在环境不利时,可以减轻不良后果(Burmann,2001,第 182 页)。这里的目标是,使企业向内在化的持续转变与商业模式不断适应新的要求,由此来确保持久的成功(Zahn & Foschiani,2001),这种发展也从本质上改变了对管理控制的要求。实践中经常偏向运营导向的管理控制师,必须更加关心战略问题,并支持战略的确定与构建。特别地,战略规划必须如此构建,使得新战略决策能很快体现在战略计划中,并在运营计划与措施中得到实施。

由此,战略灵活性也意味着"规划灵活性",它对管理控制提出了一项全新的巨大挑战,质疑现今十分详细、费时的规划和预算流程(参见 3.7.2.4 节)。如此灵活且战略导向规划系统的基础可能是平衡计分卡(Kaplan & Norton,2000 以及第 3.7.1.4 节)。

经验研究显示,只有在德国国内研究中,才会观察到并证实管理控制师与战略流程的结合(类似在国际管理控制集团管理控制流程模型中战略规划的含义);而在国际研究中,管理控制师几乎不参与其中,他们的角色一次都没有被提及(Pilger & Glose,2012,第 16 页,各种研究的概观)。国内管理控制师工作重点除了在规划管理以外,还在于战略实施的子步骤,而管理控制师很少参与战略的制定和选择。

在国际工作领域,管理控制师很少参与战略工作的原因包括(Pierce & O'Dea,2003,第 274 页,引自 Pilger & Glose,2012,第 21 页):(1)缓慢的信息供给(例如月报);(2)过于关注财务信息;(3)无灵活性(例如由于过多的标准报告);(4)信息没有得到很好的呈现(例如由于很少使用图表)同时信息过多(例如在月报中)。

战略导向的管理控制师应当重视这些评论,并且理解为,在战略流程中对经理人平等和客户公正支持的出发点。

在管理实践中,监控的发展没有与规划的发展并驾齐驱:它一直停留在运营层面并且以业绩为导向。战略监控也是必要的,它与战略层面相衔接(Steinmann & Schreyögg,1984)。当在运营上已经实现时,才实施战略监控,那可能就太迟了。因此建议预先设立计划战略监控的特定系统,这个系统不仅涉及战略准备("基础条件监控"),而且包含战略实施("期间业绩监控")(参见图 3.29),这里还有进一步的特定(对象导向的)战略管理控制的任务。

由于以下原因,战略计划的监控中存在特殊困难(Köhler,1976,第 308 页):(1)由于目标实施的困难会出现特殊的测量问题;(2)组织上更倾向于在运营方面而不是战略方面实施监控;(3)由于领导层必要的参与,战略计划的监控会遇到行为相关的障碍。

由于环境情况的复杂性,这个问题会更加严重(Steinmann & Schreyögg,1984)。

为了降低复杂性,西蒙斯(Simons,1995)提出了四个战略监控的子系统(参见图 3.30),它们在一定程度上介绍了确定战略的框架,且包含狭义上的战略监控。这四个系统是:(1)"信念系统":监控决定战略方向的价值("核心价值");(2)"界限系统":监控禁止规则的遵守来避免

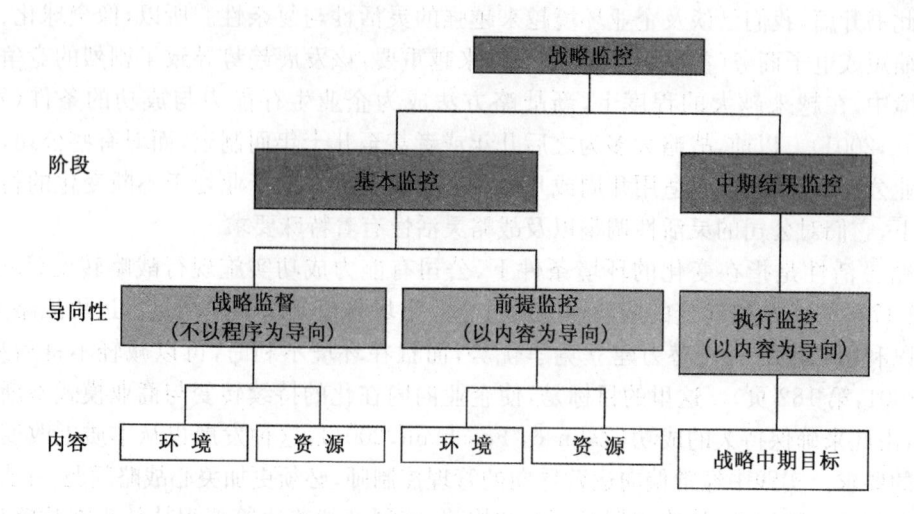

资料来源：Steinmann & Schreyögg(1984,第 11 页)。

图 3.29 战略监控系统

风险；(3)"诊断的控制系统"：战略计划的监控，狭义上的战略控制；(4)"互动的控制系统"：监控由战略引起的行为。

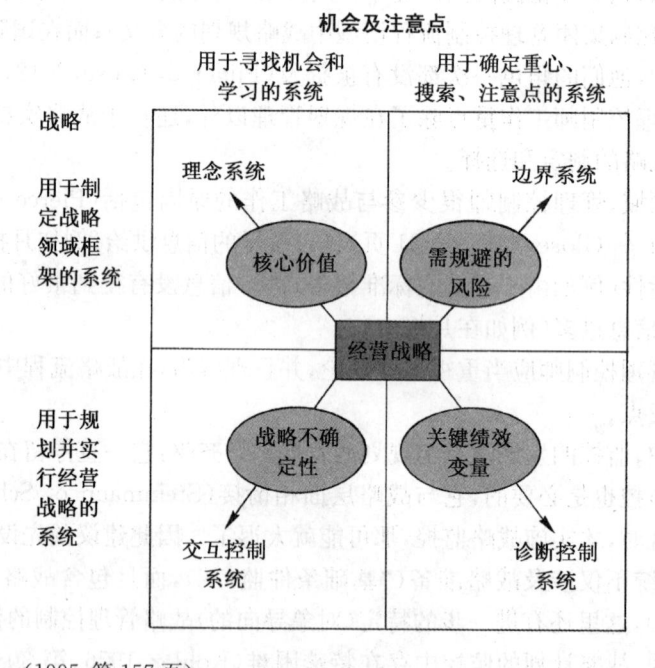

资料来源：Simons(1995,第 157 页)。

图 3.30 战略监控的子系统

在战略管理控制中，作业导向的规划任务在形式上与运营管理控制相同：在系统构成和系统耦合上，它们都涉及规划管理。而在内容方面，它们之间有很大的区别，这些区别可以从战略规划的特点得出。下面这个例子可以解释这个观点："规划工作的时间表"是一个典型的规划管理任务，在运营规划中，人们根据运营时间来确定其期限。在战略规划中，人们"根据要

108

求"来采取行动,并且在特定情况下(例如重要的假设变更)确定规划阶段。

3.7.1.2 规划监控管理控制的工具和组织

战略管理控制的特殊工具是有关环境和企业信息的获取、分析和预测方法,这些与战略规划流程和监控流程紧密联系在一起:(1)只有获取了环境和企业信息以后,才能对战略备选方案做出评价;(2)通过认识战略备选方案,环境信息和企业信息的意义得以显现。

会计信息越来越多地为战略规划和监控所用(参见 4.5.2.1 节)。

战略管理控制的特殊规划监控工具涉及两个领域:(1)企业状况的分析工具;(2)战略编制和实施工具。

这些工具首先是信息供给工具,因为它们服务于信息准备,因此我们将在 4.5 节中详细讨论这些工具。

图 3.31 列示了战略规划和监控流程中重要的工作步骤。

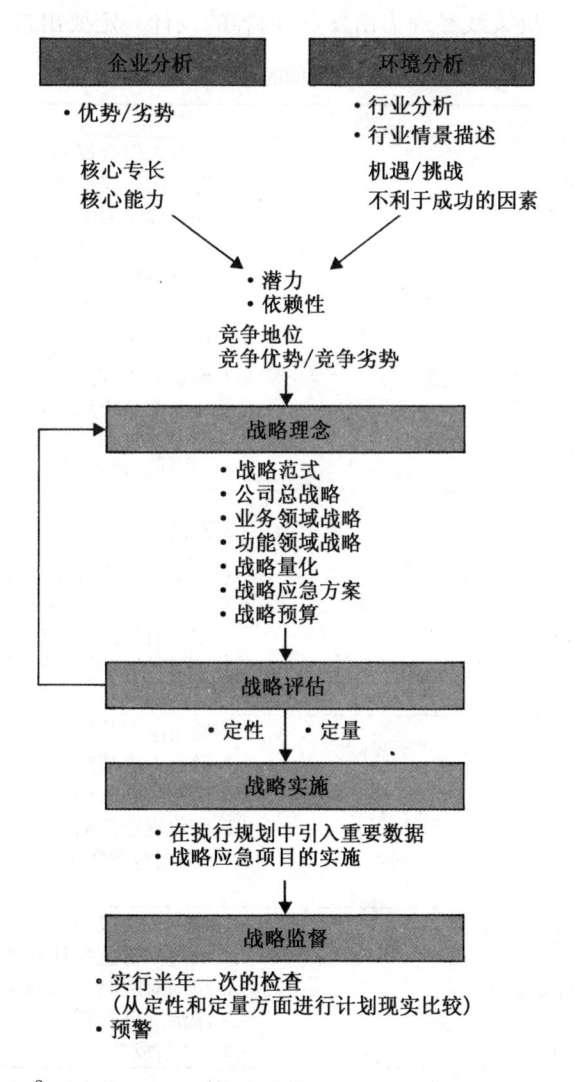

```
         ┌──企业分析──┐      ┌──环境分析──┐
         ·优势/劣势            ·行业分析
                               ·行业情景描述
         核心专长              机遇/挑战
         核心能力              不利于成功的因素
                    ↘      ↙
                    ·潜力
                    ·依赖性
                 竞争地位
                 竞争优势/竞争劣势
                    ↓
              ┌──战略理念──┐
                ·战略范式
                ·公司总战略
                ·业务领域战略
                ·功能领域战略
                ·战略量化
                ·战略应急方案
                ·战略预算
                    ↓
              ┌──战略评估──┐
                ·定性  ·定量
                    ↓
              ┌──战略实施──┐
                ·在执行规划中引入重要数据
                ·战略应急项目的实施
                    ↓
              ┌──战略监督──┐
                ·实行半年一次的检查
                 (从定性和定量方面进行计划现实比较)
                ·预警
```

资料来源:Eschenbach & Schiller(2009,第 155 页)。

图 3.31 制定战略的规划过程

在战略管理控制中,组织观涉及的最重要问题是,运营和战略管理控制应该统一到何种程度?与管理实践中的回答一样,文献中的回答也是有争议的。

一方面,革新导向的战略问题决定了特定的组织结构,这个结构与运营管理控制日常任务必要结构具有不同的形式。在这两个领域中,必要思维方式也可以是不同的。

另一方面,规划与监控系统中不同的规划阶段应该构成一体,这也要求组织上有相应的安排。我们与曼(Mann,1989,第24页)持相同见解,只有在嵌入的规划与监控系统中,才能保证规划阶段间的联系。"战略规划(董事会智囊部门)与运营规划(管理控制总部)的组织分离被证明是错误的结构"(Mann,1989,第24页)。

在管理实践中,人们往往能找到一个解决方案,在管理控制领域外,为公司发展的长期战略考虑,预先规定特别职位,并由管理控制完成所有规划阶段的规划管理任务。

表3.8阐明了系统构建和耦合战略管理控制的工作步骤,对在团队中作为"主持人"的管理控制师来说,这张表以决策线经理为出发点,内容的设计一定要出自经理。

表3.8 战略控制师的"说明书"

1.开始	
1.1 收集战略性思考的论据	1.6 准备入门会议
1.2 拆分战略性商业单位	1.7 将入门会议的结果可视化
1.3 确保战略联盟	1.8 进行战略回顾
1.4 为战略管理做准备	1.9 为"下一步"做决定
1.5 召集规划小组	1.10 确保最低条件
2.分析	
2.1 准备分析会议	2.6 精确说明企业目标
2.2 制定议事日程,并不要将其泄露	2.7 检查成长理念
2.3 避免输入过量信息	2.8 开发产品市场战略
2.4 将会议的目标可视化	2.9 为中期规划寻找路径
2.5 开始潜力分析	2.10 总结分析会议
3.替代方案检查	
3.1 判断是否有必要举办替代方案会议	3.6 分析对立面
3.2 确定亟待解决的主要问题	3.7 使用投资组合矩阵
3.3 在组内讨论方案	3.8 将解决方案与期望结合
3.4 使用有创意的技巧	3.9 检查后果及可能性
3.5 寻找类似物	3.10 模拟选定的解决方案
4.理念	
4.1 规划最少内容	4.6 确定组织战略
4.2 从最初状况及确定目标着手	4.7 确定人事战略
4.3 确定产品市场战略	4.8 检查采购战略
4.4 确定创新战略	4.9 量化现金战略
4.5 确定投资战略	4.10 确保有效实施
5.实施	
5.1 将措施及项目规划可控化	5.6 确保实施成功
5.2 确定监控点	5.7 通过一份监控计划书
5.3 将战略规划融入规划系统	5.8 组织对战略规划的检查
5.4 考虑沟通事宜	5.9 激活战略管理
5.5 支持初始成果	5.10 坚信成功

资料来源:Mann(1989,第139页)。

重要的是,战略规划阶段提供前提的可证实描述、定义清晰的战略与业绩导向的重要数据,从而可以实施战略监控,并且在运营规划阶段,能获得合适的目标指标(Hahn & Hungenberg,2001,第289页)。

我们可以肯定,尽管系统中的形式是相同的,但在运营和战略管理控制之间,存在内容上的绝对差异,我们已经强调过这个特点。

此外,"战略管理控制"这个话题由来已久,在1921年的管理控制师代表大会上,纽约玛西(Macy's)百货商店的管理控制师厄内斯特·卡茨(Ernest Katz)谈及了"管理控制师的责任与职能(Helfert,May & McNair,1965,第4页):

"当今管理控制师最需要的素质就是广阔的视野,他必须是一个理想主义者,并且有勇气和热情将他对未来的设想付诸实践。真正的管理控制师应该是启动店内事务的动力。仅仅限于记录过去的管理控制师,无论对自己还是对公司都是不尽职的,上进的管理控制师应该展望未来,并且运用他所拥有的大量数据,尽最大努力预测未来的可能性。"

3.7.1.3 运用平衡计分卡进行战略实施

从战略到运营计划的转化,是公司在竞争中得以生存的最重要能力之一(参见3.7.1节)。平衡计分卡是一种填补战略开发和表述与其实施间缺口的工具(Kaplan & Norton,1996,1997,2000,2001;Norton & Kappler,2000,第15页)。

平衡计分卡来源于对传统指标的批评,然而其"发明者"卡普兰和诺顿很快发现,平衡计分卡可以作为一个工具来克服战略制定和实施间的矛盾(Horváth & Gaiser,2000,第17页),逐渐地,具有创新意识的公司将平衡计分卡作为整个管理流程的组织框架。

企业可以首先制定一个具有简单明了目标的平衡计分卡:解释、达成共识、聚焦于战略以及在整个企业中的沟通。只有将平衡计分卡理解为战略管理系统时,它的所有潜力才能被激发出来,用于长期遵循企业战略(参见图3.32)。通过这种方法,平衡计分卡有助于完成下列关键的管理流程:(1)有关战略的解释和共识;(2)整个公司中的战略沟通;(3)部门特定目标和个人目标的调整,使之与战略相协调;(4)战略目标、长期目标和年度预算的联系;(5)战略构想的识别和联系;(6)定期和系统战略回顾的实施;(7)对战略改善可能性的反馈和学习。

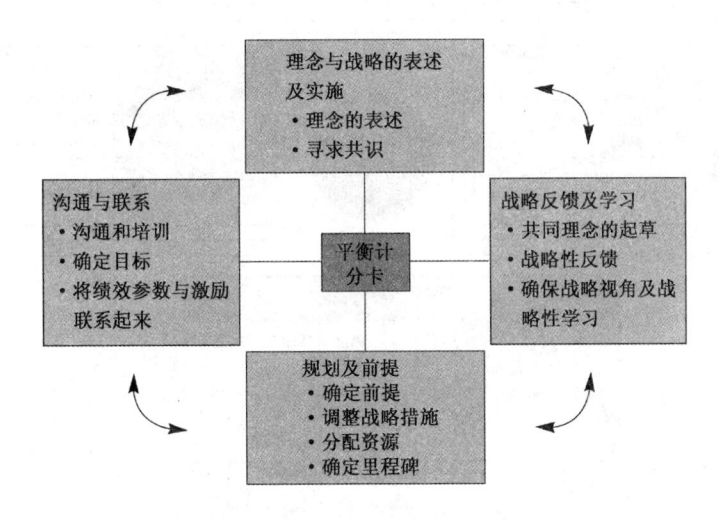

资料来源:Kaplan & Norton(1997,第10页)。

图3.32 平衡计分卡作为战略性行动框架

平衡计分卡填补了大多数管理系统中都存在的缺口——企业战略实施和反馈系统流程的缺陷。与平衡计分卡相互联系构建的管理流程,使组织能够一直适应并遵循战略,通过这种方法,平衡计分卡成为企业管理的基础(Kaplan & Norton,1996,1997,第 19 页)。

平衡计分卡的一个十分重要的特点是平衡理念,因为由此可以从四个不同视角来观察企业领导(Kaplan & Norton,1992,1996,1997 及图 3.33):

(1)财务视角:财务指标应该公开,以说明企业战略能否使业绩有所改善。这里典型的指标有利润率、增长与公司价值。

(2)客户视角:要考虑和调查客户的观点,客户是怎样评价公司的。用到的指标有时间、质量、产品性能、服务以及价格。

(3)企业内部流程视角:由企业内部视角的指标可得到对客户满意度有重大影响的企业内部流程。从这些指标中可以看出,企业内部必须做些什么来满足客户期望。重要指标有周期时间、质量及生产人工或者生产率。

(4)革新与知识视角:此视角关注企业自我改善与进行革新的能力。典型的指标是产品的平均年龄、新产品的销售份额或者缩短供应时间。

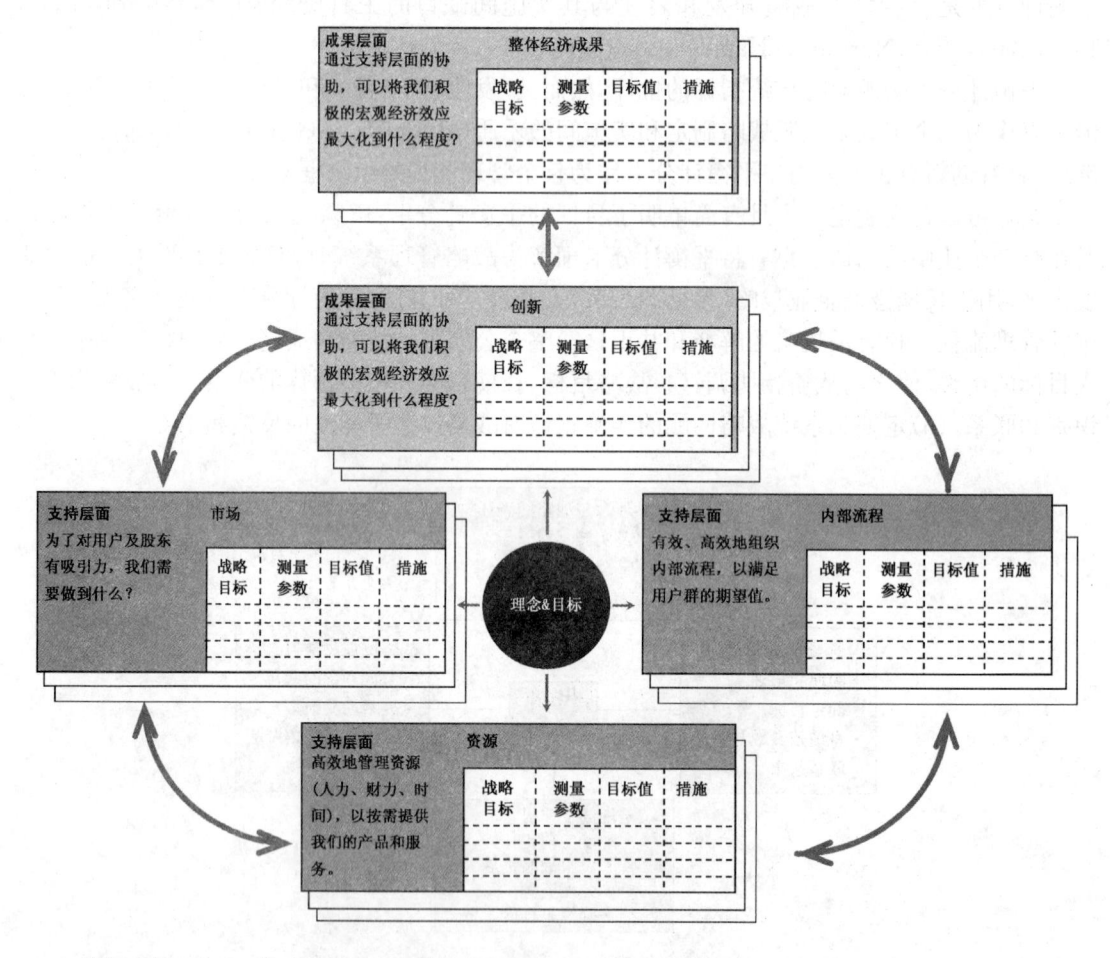

资料来源:Kaplan & Norton(1997,第 9 页)。

图 3.33　平衡计分卡为理念和战略的实施建立框架

在管理层的协作下来制定公司具有独特性的平衡计分卡是非常重要的,这样可以考虑到自身竞争情况的特殊之处。如此一来,便不能强制确定卡普兰和诺顿明确的指标和视角,也可能要使用3个或者5个视角,或者定义一个质量或风险视角来取代企业内部流程视角。

表3.9指出,在文献和管理实践中,要观察视角的备选标志,以及在建立战略目标设置时,可以进一步应用哪些视角。

表3.9 "传统"方面及其他方面的另一种表达

财务方面	客户方面	流程方面	学习及成长方面	其他方面
• 股东 • EBIT 息税前利润 • 发展 • 盈利能力 • 结果 • 财务 & 成长 • 财务状况 • 财务 & 投资者 • 利润 • 企业/收益 • 用户/经济 • 经济性	• 客户关系 • 客户满意度 • 商业伙伴 & 忠诚度 • 用户 • 用户/市场/销售伙伴 • 客户 & 市场 • 客户 & 成员 • 以客户为导向 & 竞争力 • 市场、客户 & 竞争 • 最佳服务 • 中介 & 客户	• 完成质量 • 效率 • 内部流程 • 制造 • 卓越的流程 • 产品研发路径 • 生产力、流程及质量 • 流程 • 流程/供应商 • 流程 & 产品 • 流程/资源 • 流程/结构 • 流程导向 & 质量 • 重新建构	• 创新、员工 & 学习 • 技巧 • 学习 & 发展 • 人 • 员工/创新 • 员工/合伙人 • 员工发展 • 人事 • 潜力 • 潜力/未来 • 资源 • 未来	• 有吸引力的工作地点 • 社会 • 销售道德的提高 • 沟通 • 业绩订单 • 使命 • 组织 • (作用)范围

资料来源:Greiner(2012,第79页)。

由平衡计分卡可以得出所谓图片形式的战略地图。"一般来说,战略地图的编制能够帮助我们更好地理解关联并检验合理性。特别是对于战略沟通,战略地图要优于常见的仅用表格列示战略目标的平衡计分卡"(Greiner,2012,第76页)。

案例

从潜力、流程、客户、结果、当时的战略目标角度,图3.34展示了费斯托有限公司平衡计分卡的基本结构,该平衡计分卡得到扩充,是基于创新战略的一个创新平衡计分卡。

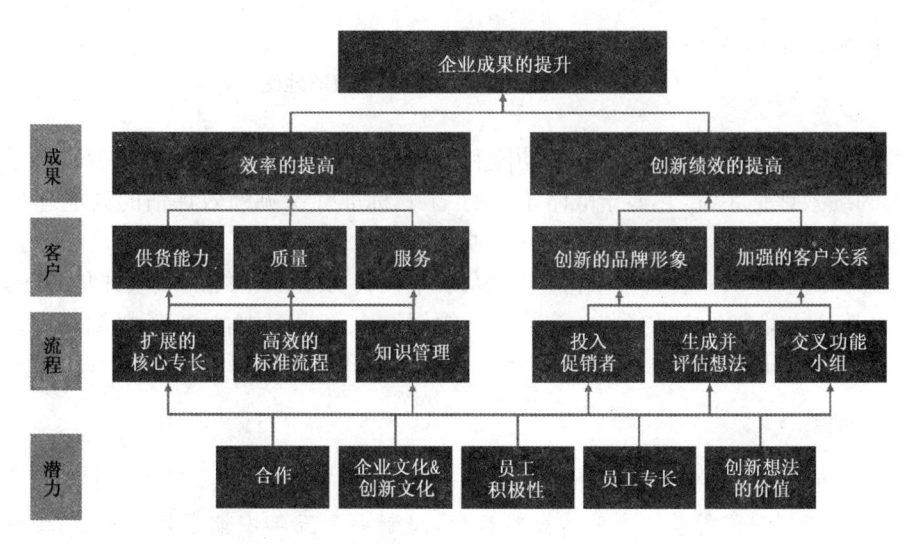

资料来源:参照 Nestle(2008,第34页)。

图3.34 费斯托有限公司基于创新战略的平衡计分卡的基本结构

在文献和管理实践中,使用平衡计分卡的作用已经毫无争议了,例如,霍华德合伙公司(Greiner,2012,第82页)在他们的研究中发现,在以下战略工作领域,平衡计分卡能起到明显改善作用(100多个研究参与者中,每次有大于70%的人回答"绝对同意"或者"绝大部分同意"):(1)共同的战略理解;(2)战略沟通;(3)战略实现;(4)目标束缚力;(5)目标协议流程;(6)战略行动方案的开发;(7)跨功能的理念;(8)报告系统。

图3.35展示了南德的研究集团MicroTEC Südwest的战略地图。

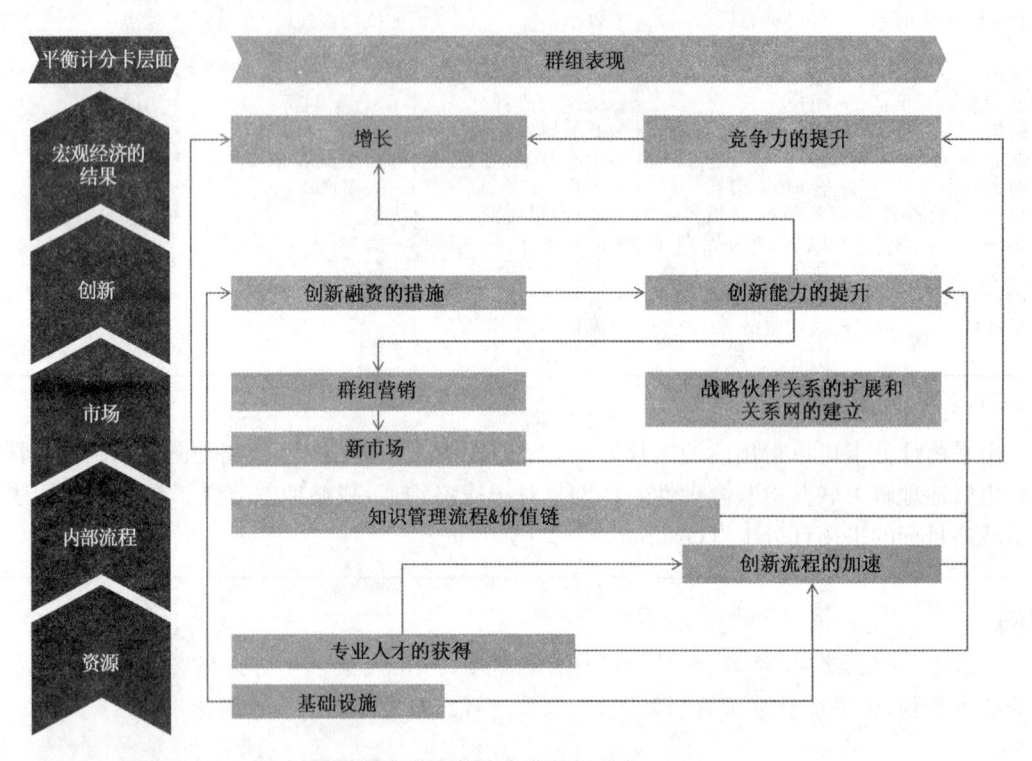

资料来源:Nestle(2012,第200页)。

图3.35 MicroTEC Südwest的战略地图

尽管其他理念也绝对有值得关注的功能和成功应用,但平衡计分卡逐渐变得几乎无可匹敌,并且作为绩效评估系统,它属于战略工作的"工具标准"[参见绩效评估的其他理念,即1.4节)以及理念比较(Gleich,2011a,第67~125页)]。

在过去几年里,尤其是在许多实际应用领域,平衡计分卡从单纯的绩效评估系统,逐步发展到以其为基础的管理系统,再到"关注战略的组织";在该组织中,所有等级制度层面的战略发展和实施都属于日常工作(Kaplan & Norton,2000,2001;Horváth & Partners,2007)。

3.7.2 预算

3.7.2.1 预算作为结果导向的计划

"我们首先根据我们对整个企业的战略目标,编制一个五年中期规划。然后,由中期规划的第一年得出预算——首先是对企业整体,接下来的步骤是管理控制部门与相应业务部门的讨论。如此确保我们既考虑了部门的特殊性,又始终关注企业目标。"

——史博科,奥迪集团财务总监(Strotbek & Horváth 2011,第678页)

在管理控制师的管理实践中,预算占有重要地位。在美国企业,"管理控制师任务"常常等同于"预算"。然而,在管理实践和文献中,没有对"预算"这个概念做出统一定义。有一点是广泛达成一致的,那就是预算和规划间有着紧密联系;但对于它们之间的联系有多紧密,有各种不一致的观点(Heiser,1964;Knight & Weinwurm,1964;Sweeny & Rachlin,1987;Camillus,1984;Welsch et al.,1988)。

预算通常被看作一种规划工具,在规划流程的阶段性结尾时,把编制的计划数量化,尤其是以价值为基础的数值:"预算是规划的'阶段性结尾'"(Steiner,1975,第340页;Busse von Colbe,1989,第176页)。安东尼(Anthony)做出如此表述:"……预算只是一个用数量形式表达的计划"(1970,第356页;1989,第87页)。还有更狭义的定义认为,"预算"是"财务计划"的近义词(如 Perridon,Steiner & Rathgeber,2012,第661页)。此外,尤其是美国文献中的定义,将预算等同于"利润规划"(如 Welsch et al.,1988)。

尽管1990~2005年间德国文献忽视了预算,然而,由于这个话题逐渐对企业管理实践具有重要意义,因此在几乎所有关于管理控制的重要出版物中都可以找到它。虽然教科书的第一版中完全没有提到预算这个关键词,但在新的出版物和版本中,也涉及这个话题(Eschenbach & Siller,2009;Reichmann,2011)。这里要强调哈恩和亨格贝格(2001),这两位很早就在他们的著作中认识到预算的重要性,他们将"业绩和流动性导向的规划和监控核算"看作整个规划与监控系统中贯穿始终的一部分。德语区过去几年对超越预算的讨论为预算研究增添了活力,尤其值得注意的是,由国际管理控制师协会首创的《现代预算》(参见3.7.2.4节)及其出版物。

我们已经简要谈了对预算的看法(参见3.2.3.3节)。如前所述,从规划目标角度,我们同时考虑实物目标导向和财务目标导向的规划。图3.36显示了实物和财务目标导向规划间的联系,它们是如何存在于企业中的。虚线部分表示,在规划阶段中,预算"自上至下"越来越多地与行动规划重叠。

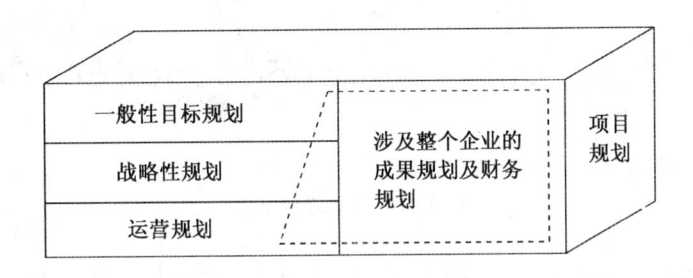

资料来源:Hahn & Hungenberg(2001,第103页)。

图 3.36　实物目标和财务目标导向的规划

明茨伯格(Mintzberg,1994,第67页)更加清楚地介绍了它们间的联系,他区分了四个规划等级(参见图3.37);他将财务目标导向的规划("绩效控制")分为预算和财务目标,将实物目标导向的规划("行为规划")分为战略和项目,规划的范围延伸到所有等级层面。明茨伯格的观点主要涉及这四个等级的耦合,在关于规划的文献中,尤其是在规划实践中,他确定了完全不同的连接线:原则上,企业预算可以反映战略的预期结果,而战略也可以根据预算即财务目标来制定(Mintzberg,1994,第74页)。明茨伯格理所当然地批评了四个不同规划范围耦合时常常存在的模棱两可的情况。

115

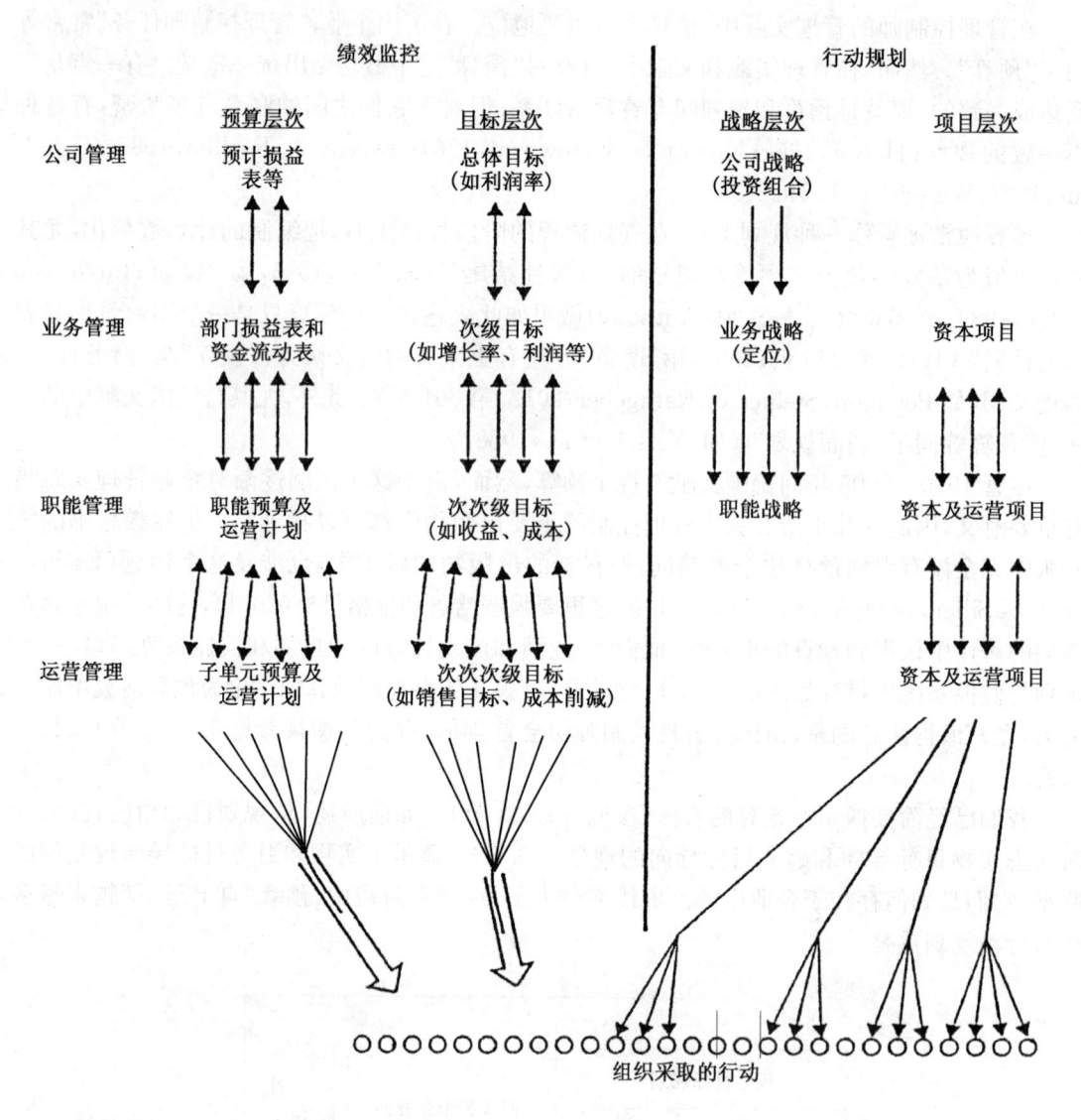

资料来源：Mintzberg(1994,第70页)。

图 3.37　四类规划层次

  预算是一份财务目标导向并运用价值基础数值编制的计划，它预先设定了一定时间段内决策单位行动的空间。因此在所有规划阶段中，对所有规划期限都有预算（参见图 3.38）。

  根据我们的观点，这也是符合实际的观点，预算和作业计划存在于所有规划阶段中，这一点很重要。在这些阶段中，实物目标导向和财务目标导向的计划必须相互协调。预算的重要性和细化程度从战略阶段到运营阶段逐渐提升。没有预算，管理控制的结果目标导向就无法实现。

  可以根据预算的各种特点对其进行区分。从我们的定义出发，可以间接得出以下几种可能的分类依据：(1)根据决策单位的特点：根据功能、流程、产品、地区或者项目的水平区分；根据企业等级层面的垂直划分。

  (2)根据有效期的特点，例如月度预算、季度预算、年度预算、多年预算。

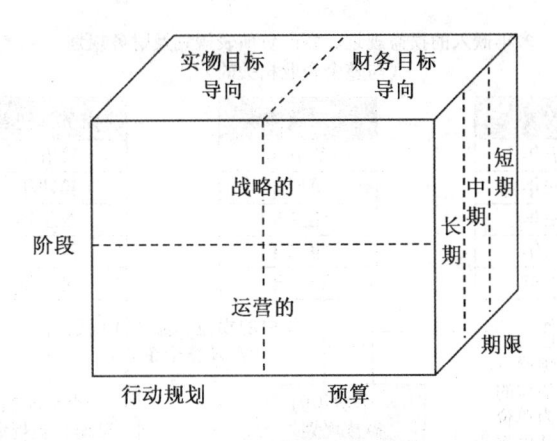

图 3.38 规划框架中的预算

(3)根据价值范围的特点,例如支出预算、成本预算、边际贡献预算、销售额预算。

(4)根据负债程度的特点,例如预先规定绝对固定上限和下限的预算("国家预算")、预先规定导向数值的预算。

"固定"预算和"弹性"预算的区别在于,对一个或者多个雇用水平进行各种程度的预算。固定预算只是在一个特定的雇用量基础上确定的,弹性预算按可能达到的预计雇用水平来编制能适应多种情况的预算。

在管理实际中,有时人们仅将预算理解为短期并具有高约束度财务目标导向的计划("年度预算")。我们并不同意这种局限性的理解,因为我们认为,在所有规划阶段中,财务目标导向的计划对企业操控都有重要意义,即使它的约束程度和细化程度在长期战略计划中逐渐降低。

经验研究(Horváth,1985;Posselt,1986;Dambrowski,1986)指出,在大多数大型工业企业中,除了所有职能领域都编制的年度预算,大约半数企业也编制多年预算。

图 3.39 展示了 IT 辅助的效益规划、报表规划和财务规划模型。这个模型可以应用于多年到一年以下的收益和流动性规划。

3.7.2.2 预算系统

预算可以理解为整个预算流程,主要是编制、通过、监控和偏差分析(Camillus,1984)。

预算系统是规划与监控系统的一个子系统,财务目标导向的规划和监控可以归入这个子系统。对于预算系统的子系统,我们对其进行和之前论述类似的区分,将它分为:(1)职能视角:预算(预算系统)、预算作业;(2)制度视角:预算机构、预算流程;(3)工具视角:"理想的"规划工具、实际的(技术上的)规划工具。

之前所有对规划与监控协调的论述同样也适用于预算。接下来我们将论述预算系统协调最重要的特殊方面。首要的问题是,如何构建实物目标导向与财务目标导向规划间的结合部(Shank et al.,1973;Jung,1985):(1)这涉及系统联系的紧密度;(2)两种规划子系统的等级关系十分重要。

在职能和组织上,系统联系的紧密度涉及,实物目标导向与财务目标导向规划间的区别有多大。经验研究(Horváth et al.,1985;Posselt,1986;Dambrowski,1986)显示,这两个子系统的耦合度始终相当高,例如,许多实物目标和财务目标导向的规划任务在同一个人的责任范围内;预算流程常与整个规划流程紧密联系,预算和作业计划在内容上常有重叠的地方。预算与

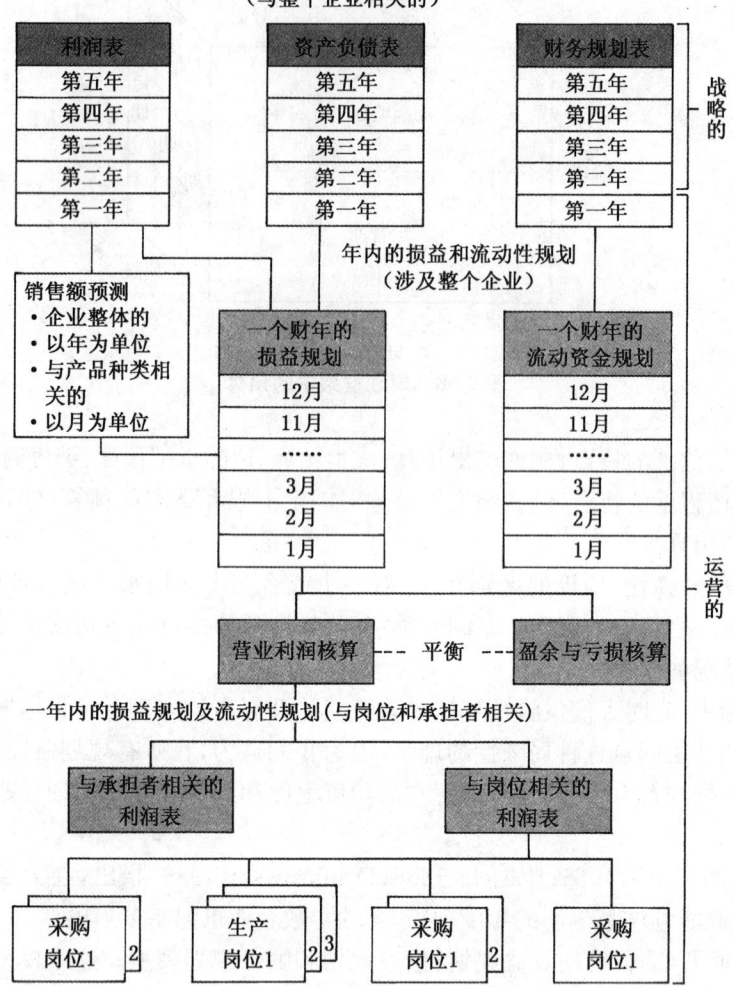

多年嵌入的损益规划、资产负债表规划及财务规划
（与整个企业相关的）

```
   利润表          资产负债表         财务规划表
   第五年           第五年            第五年        ┐
   第四年           第四年            第四年        │ 战
   第三年           第三年            第三年        │ 略
   第二年           第二年            第二年        │ 的
   第一年           第一年            第一年        ┘
```

年内的损益和流动性规划
（涉及整个企业）

销售额预测
- 企业整体的
- 以年为单位
- 与产品种类相关的
- 以月为单位

```
   一个财年的          一个财年的
   损益规划            流动资金规划
   12月                12月
   11月                11月
   ……                  ……
   3月                 3月
   2月                 2月
   1月                 1月
```
                                                    运
                                                    营
                                                    的

营业利润核算 ---- 平衡 ---- 盈余与亏损核算

一年内的损益规划及流动性规划（与岗位和承担者相关）

与承担者相关的利润表   与岗位相关的利润表

采购岗位1 生产岗位1 采购岗位1 采购岗位1

资料来源：Lachnit(1989,第 157 页)。

图 3.39　嵌入的成果及财务规划模型

作业规划间的等级关系有两种基本类型：(1)作业计划先于预算并完全决定预算；(2)预算先于作业计划并基本确定作业计划的内容。

在管理实践中，混合形式占主导地位，甚至在规划与监控系统的不同子领域有不同的形式，实例见图 3.40。

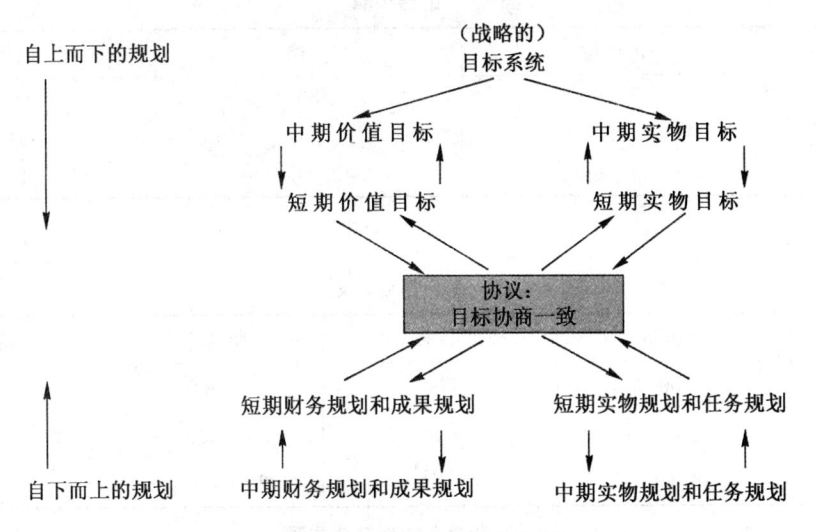

图 3.40　汽车生产商实物和价值规划的双向法

例子

下图 3.41 和表 3.10 是一个工业企业简单的(年度)预算系统的例子。

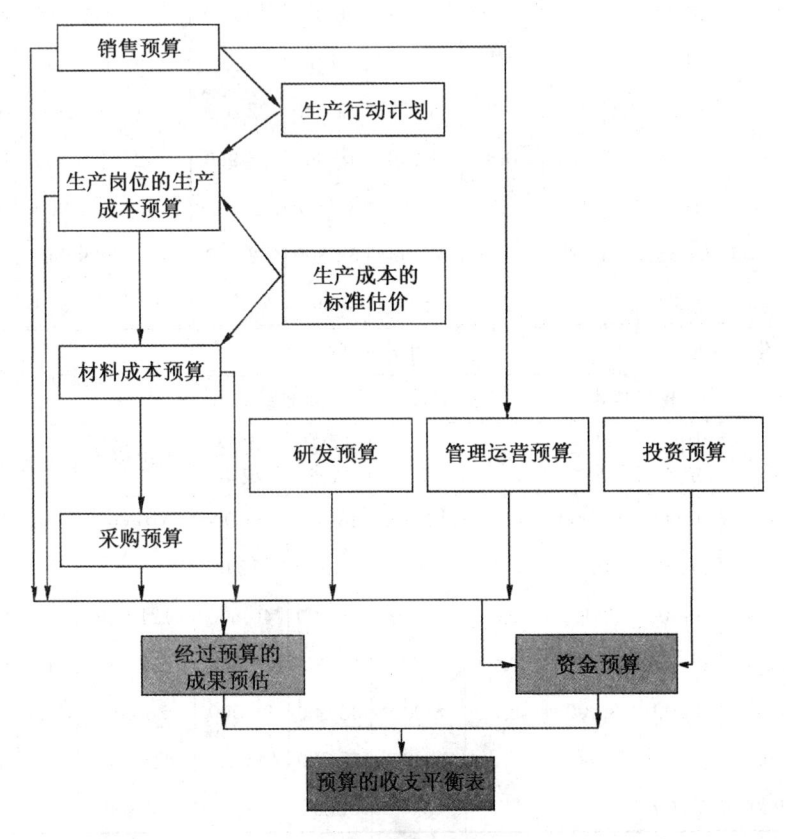

图 3.41　小型企业的年度预算系统结构(数字举例见表 3.10)

表 3.10　　　　　　　　　　　　　销售预算

产品	销售量	价格	销售额
A*	7 000	80	560 000
B*	5 000	120	600 000
C*	4 000	110	440 000
			1 600 000

生产作业计划

产品	销售量	理论期末库存	期初库存	待生产数
A*	7 000	700	900	6 800
B*	5 000	500	200	5 300
C*	4 000	400	400	4 000

生产中心的生产成本项

行数	生产中心1 标准工时 每小时	标准工时 总计	标准成本 固定成本	标准成本 可变成本	生产中心2 标准工时 每小时	标准工时 总计	标准成本 固定成本	标准成本 可变成本	生产中心3 标准工时 每小时	标准工时 总计	标准成本 固定成本	标准成本 可变成本
1		11 000	66 000	44 000		14 000	56 000	56 000		13 000	260 000	65 000
2			6.0	4.0			4.0	4.0			20.0	5.0
3	1.0	6 800	40 800	27 200	1.2	8 160	32 640	32 640	0.1	680	13 600	3 400
4	0.6	3 180	18 080	12 720	0.8	4 240	16 960	16 960	1.2	6 360	127 200	31 800
5	0.2	800	4 800	3 200	0.2	800	3 200	3 200	0.5	2 000	40 000	10 000
6		10 780	64 680	43 120		13 200	52 800	52 800		9 040	180 800	45 200
7		220	1 320			800	3 200			3 960	79 200	

行数	生产中心4 标准工时 每小时	标准工时 总计	标准成本 固定成本	标准成本 可变成本	生产中心5 标准工时 每小时	标准工时 总计	标准成本 固定成本	标准成本 可变成本	制造成本总预算 固定成本	可变成本	总计
1		8 000	80 000	80 000		12 000	48 000	144 000	510 000	389 000	899 000
2			10.0	10.0			4.0	12.0			
3	0.3	2 040	20 400	20 400	0.5	3 400	13 600	40 800	121 040	124 440	245 480
4	0.8	4 240	42 400	42 400	0.1	530	2 120	6 360	207 760	110 240	318 400
5	0.2	800	8 000	8 000	2.0	8 000	32 000	96 000	88 000	120 400	208 400
6		7 080	70 800	70 800		11 930	47 720	143 160	416 800	355 080	771 880
7		920	9 200			70	280		93 200		93 200

行1＝正常作业标准成本

行2＝每小时标准成本率

行 3＝6 800A 生产的标准时间与成本
行 4＝5 300B 生产的标准时间与成本
行 5＝4 000C 生产的标准时间与成本
行 6＝总计标准工时与标准生产成本
行 7＝固定成本的作业偏差

生产成本的标准核算

材料成本

产　品		A*		B*		C*	
材料种类	每千克标准价	标准量(kg)	标准值	标准量(kg)	标准值	标准量(kg)	标准值
Ⅰ	1.0	4	4.0	—	—	2	2.0
Ⅱ	2.0	1	2.0	2	4.0	—	—
Ⅲ	3.0	1	3.0	3	9.0	—	—
Ⅳ	4.0	—	—	1	4.0	4	16.0
总　计			9.0		17.0		18.0

生产成本

生产中心	每小时标准成本率		标准时间	标准成本 A*			标准时间	标准成本 B*			标准时间	标准成本 V*		
	固定成本	可变成本		f	v	t		f	v	t		f	v	t
F^1	6.0	4.0	1.0	6.0	4.0	10.0	0.6	3.6	2.4	6.0	0.2	1.2	0.8	2.0
F^2	4.0	4.0	1.2	4.8	4.8	9.6	0.8	3.2	3.2	6.4	0.2	0.8	0.8	1.6
F^3	20.0	5.0	0.1	2.0	0.5	2.5	1.2	24.0	6.0	30.0	0.5	10.0	2.5	12.5
F^4	10.0	10.0	0.3	3.0	3.0	6.0	0.8	8.0	8.0	16.0	0.2	2.0	2.0	4.0
F^5	4.0	12.0	0.5	2.0	6.0	8.0	0.1	0.4	1.2	1.6	2.0	8.0	24.0	32.0
总计			—	17.8	18.3	36.1	—	39.2	20.8	60.0	—	22.0	30.1	52.1
每件标准生产成本						45.1				77.0				70.1

材料预算

	待生产件数	材料数量与价值											材料总成本
		产品种类Ⅰ			产品种类Ⅱ			产品种类Ⅲ			产品种类Ⅳ		
		标准件数(kg)		标准价	标准件数(kg)		标准价	标准件数(kg)		标准价	标准件数(kg)		标准价	
			单价	合计		单价	合计		单价	合计		单价	合计	
A*	6 800	4	27 200	27 200	1	6 800	13 600	1	6 800	20 400	0	0	0	61 200
B*	5 300	0	0	0	2	10 600	21 200	3	15 900	47 700	1	5 300	21 200	90 100
C*	4 000	2	8 000	8 000	0	0	0	0	0	0	4	16 000	64 000	72 000
生产物料准备			35 200	35 200		17 400	34 800		22 700	68 100		21 300	85 200	223 300

采购预算

	材料数量与价值								
	产品种类Ⅰ		产品种类Ⅱ		产品种类Ⅲ		产品种类Ⅳ		材料总成本
	标准件数(kg)	标准价	标准件数(kg)	标准价	标准件数(kg)	标准价	标准件数(kg)	标准价	
	合计		合计		合计		合计		
生产材料消耗	35 200	35 200	17 400	34 800	22 700	68 100	21 300	85 200	223 300
＋理论最终库存									
＝2倍月消耗量	5 866	5 866	2 900	5 800	3 783	11 349	3 550	14 200	37 215
－初始库存	12 000	12 000	1 000	2 000	8 000	24 000	10 000	40 000	78 000
＝采购预算	29 066	29 066	19 300	38 600	18 483	55 449	14 850	59 400	182 515

研发预算

总(固定)成本分摊·················		180 000.00
可分摊到	产品 A*·············	25 000.00
	B*·············	10 000.00
	C*·············	35 000.00
不可分摊	项目 D*·············	40 000.00
	E*·············	70 000.00

管理与销售预算

总固定成本·················		140 000.00
可分摊到：	产品 A*·············	10 000.00
不可分摊	B*·············	30 000.00
	C*·············	20 000.00
	·················	80 000.00
可变成本(佣金、货物等)	销售额的10%	

预算效益核算

	合计	A*	B*	C*
销售量		7 000	5 000	4 000
销售价格	80.0	120.0	110.0	
销售额	1 600 000.0	560 000.0	600 000.0	440 000.0
生产量		6 800	5 300	4 000
每件标准生产成本		45.10	77.0	70.10
生产标准成本	995 180.0	306 680.0	408 100.0	280 400.0
库存变化(数量)		－200	＋300	0
库存变化的标准生产成本	－14 080.0	＋9 020.0	－23 100.0	0
销售产品的标准生产成本	981 100.0	315 700.0	385 000.0	280 400.0

续表

	合计	A*	B*	C*
分摊研究成本	70 000.0	25 000.0	10 000.0	35 000.0
分摊管理与销售成本(固定)	60 000.0	10 000.0	30 000.0	20 000.0
分摊可变管理与销售成本(销售额的10%)	160 000.0	56 000.0	60 000.0	44 000
总成本	1 271 100.0	406 700.0	485 000.0	379 400.0
总盈利(边际贡献)	328 900.0	153 300.0	115 000.0	60 600.0

不可分摊的研究成本	%110 000.0
不可分摊的管理与销售成本	%80 000.0
生产成本的作业偏差	%93 200.0
净盈利	45 700.0

投资预算

楼宇	50 000.00
机器与设备	160 000.00
总计	210 000.00

金融工具预算

期初值+收入	现金、邮局支票、银行销售额		120 000.00
	+期初储备债务人借方	1 600 000.00	
	−期末储备债务人借方	200 000.00	
	(=1/6 销售额)	267 000.00	1 533 000.00
−支出	材料采购		182 515.00
	+总生产成本	771 880.00	
	+作业偏差	91 200.00	
	+研发	180 000.00	
	+管理与销售固定	140 000.00	
	+管理与销售可变	160 000.00	
		1 345 080.00	
	−机器楼宇折旧	90 000.00	
		60 000.00	1 950 080.00
	+投资支出		210 000.00
	+债务免除		10 200.00
	总支出		1 597 795.00
期末值			55 205

预算资产负债

资产	期初值	±	期末值
货币资金(现金、邮局支票、银行)	120 000.00	−64 795.00	55 205.00
债权	200 000.00	+67 000.00	267 000.00
材料	78 000.00	−40 785.00	37 215.00
产成品	84 030.00	+14 080.00	98 110.00
设备、机器	540 000.00	+70 000.00	610 000.00
楼宇	600 000.00	−10 000.00	590 000.00
	1 622 030.00	+35 500	1 657 530.00

负债与所有者

	年初	±	年末
权益	170 000.00	−10 200.00	159 800.00
债务	450 000.00	0.00	450 000.00
贷款	1 002 030.00		1 002 030.00
包括储备金的自有资金		45 700.00	45 700.00
利润	1 622 030.00	+35 500.00	1 657 530.00

资料来源:Ulrich, Hill & Kunz(1994,第 87 页)。

****

预算是收益规划,预算可以是:(1)倒轧的,即单个计划是由计划收益值得出;(2)累进的,即收益产生于单个子计划的剩余值。

预算系统是互相协调预算的有序整体,单个预算中的计划值包括所有收益和财务导向的会计基本参数。所有单个预算的浓缩可以分为三个方面:(1)预算利润表;(2)现金预算;(3)预算资产负债表。

在管理实践中,我们把预算分成高度紧凑的多年预算与具体的年度预算,它们的联系和调整体现在滚动规划中。对于较大项目,会编制项目预算。

我们发现,预算始于"瓶颈"销售量,接着是生产、采购以及间接领域和投资预算,最后是财务预算、收益预算与资产负债表预算。认识成本与绩效核算对于预算的重要性是很重要的,案例公司中采用的简单灵活的标准成本核算,允许产品领域的不同成本规划。相反,研发预算以及行政与销售预算则相当笼统(对于间接领域的结果目标导向规划,我们将在 3.7.3 节中继续讨论)。预算利润表是一种原始多级的贡献核算,重要的是,成本和绩效核算的状况决定了预算质量。在管理实践中,重要数据——主要对于业绩和流动性目标——是预算的出发点。在我们的例子中,这可能导致,"捏造"单个预算,直到达到了目标利润。

预算系统设计中的核心问题是,要预先规定哪些作为单个子预算参数的数值。这首先取决于,决策单位的输出是否可以定量确定价值,以及流程的规定有多明确。因此,对于差异化,卡米卢斯(Camillus,1984)建议使用具有上述标准的矩阵(参见图 3.42)。

类型Ⅰ的决策单元最容易估价,输出可以相对简单地定量确定其价值,输入输出关系十分

	流程	
	已知	未知
可测（输出）	第Ⅰ类 多数生产部门 （重心在输入输出比例—效率）	第Ⅱ类 一些职能部门（如法务部）、一些市场部门 （重心在输出—有效性）
不可测	第Ⅲ类 一些职能部门 如人力资源部 （重心在流程程序及实践）	第Ⅳ类 一些研发部门 （重心在输入，资源分配）

资料来源：Camillus(1984,第5页)。

图 3.42 与预算结构相关的决策单位的种类

重要（例如生产预算）。

类型Ⅱ中要测定输出，相反，流程不能具体确定。这时能够选择输出的估计值作为预算预先设定值（例如市场预算）。

类型Ⅲ是企业中许多行政领域的典型类型。虽然输出并不总是能单独测定，但能够很好地定义流程。这里可以通过输入和流程导向确定预算，而目标必须是（可能的话）输出导向参数。

类型Ⅳ的决策单位既不能测定输出，也不能测定单个流程。这里决策将通过计划输入确定预算预先设定（例如基础研究预算）。

在管理控制实践中，Ⅲ和Ⅳ类型的预算会导致很大的问题。通过上述案例，我们能够确定，这涉及加权的预算总额，由于输出缺乏可测定性和/或流程缺乏可描述性，预算总额只能笼统计划。

3.7.2.3 预算的任务、组织和工具

预算的具体作业由管理执行线落实。在管理实践中，预算管理作业大多由管理控制师或其领导的预算机构作为预算部门执行。在国际管理控制师协会流程模型的逻辑下，图3.43展示了与各个子流程相关的主要流程"运营规划与预算"以及关于流程始终、流程必要的输入及预期输出等进一步的信息。

一般来说，预算流程是编入规划总流程中的，基于各个规划负责人的共同作用，图3.44中规划流程的例子说明了年内进程。长期目标计划首先建立各规划单位的投资预算与投资规划的框架，在通过并确定长期目标规划以后，便可以编制大约3个月的具体运营规划，最终结果是运营规划与由此得出的财务规划/预算。

在预算流程中，单个子预算的指标协调占用了很大一部分时间（"揉捏阶段"，图3.44中11月），管理控制师必须作为协调员共同参与。

从管理控制的视角来看，接下来主要的工作步骤集中在监控阶段（Posselt，1986），这里指目标现实比较的构建、持续监督以及偏差分析，以及在预算报告编制框架下进行指标的存档（关于报告与报告系统我们将在4.6节中深入讨论）。一般来说，年度预算会有一个月度目标

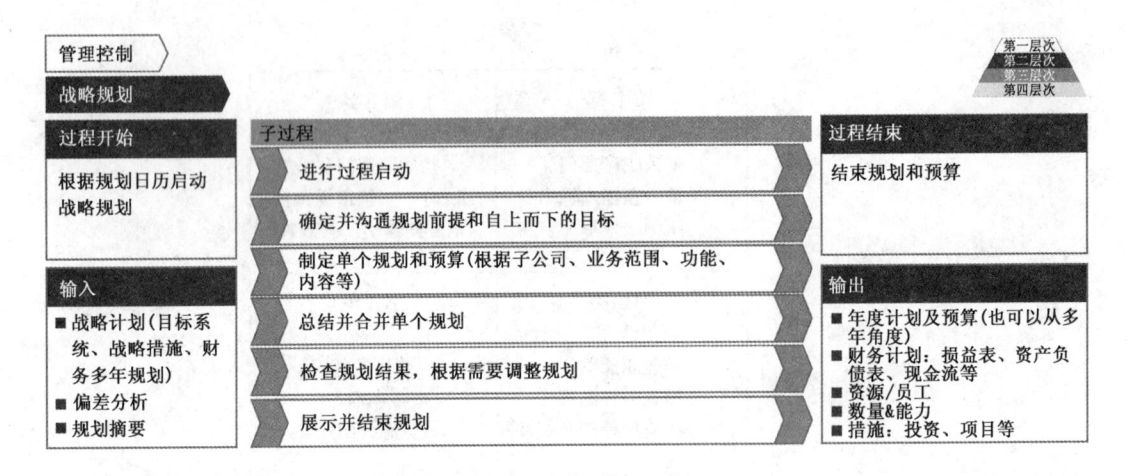

	管理层/公司委员会	财务部/控制部	公司领域	关联公司
截至4月		制定当前年份期望值		
5月		根据期望值修订长期目标规划		
6月	确定三年的投资框架及来年的投资预算			
7月	介绍长期目标计划		从选址角度对主公司及关联公司进行投资规划，与每个公司的总体规划一致	
8月	通过长期目标规划			
9月			细节规划(执行规划) —人事计划 —结果及财务计划 —规划评价(每一项都从当年的期望及来年的计划两个角度评价)	
10月	通过投资规划			
11月	介绍执行规划和财务规划	修订细节规划，准备结束当前年份，根据计划数据（来年的期望值和规划）来规划来年		将计划数据细化到每个月
12月	通过整体规划			

资料来源：Lehner & Schmidt(2003，第482页)。

图 3.44　公司规划的职责划分及时间顺序举例

现实比较，以及指标年度期望值预测，或在滚动规划下，也可以超出年末期望值，例如对未来 5 个季度的预测。

在偏差分析中，不仅要关注逐条逐项子预算目标现实的比较，还要考察偏差对总效益的损害。另外，还要找出偏差原因与提出改进建议。

一般来说,如果预算预先设定的主要前提发生改变,那么会调整该预算,期望核算表示了这种前提改变的影响。当然,人们会从经济原因上考虑,什么时候前提改变显著到必须进行成本造成的预算调整。

在进行关于预算预先设定的偏差分析时,并不仅关注单个偏差。偏差的权重是很重要的,即它的"业绩价值",表3.11展示了在管理实践中某个单独偏差产生效益损害的评价分析。偏差的趋势发展也是很重要的。

表3.11　　　　　　　　　　　　　　　　偏差值比重的例子

月份:1~6月	计划		业绩数值		实际数值		偏差 %	偏差值		负债差比重
	百万欧元	%	基础	数值	百万欧元	%		+	−	
总销售额	240.0	10.0		32.0	230.0	100.0	−4.2		134	1
收益减少	12.0	5.0		5.0	13.8	6.0	−20.0		100	2
净销售额	228.0	95.0			218.2	94.0				
销售可变成本	7.2	3.0		3.0	7.4	3.2	−6.7		20	7
可变生产成本	144.0	60.0		60.0	133.2	57.9	+3.5	210		
产品	76.8	32.0			75.6	32.9	−1.6			
销售渠道固定成本	12.0	5.0		5.0	12.5		−4.2		21	6
销售路径的边际贡献	64.8	27.0			63.1		−2.6			
成本					+3.0		+2.3			
采购、价格	—	—	原料比重	37.0	(+1.0)		+1.2	44		
生产、收益	—	—	原料比重	37.0	(+1.5)		+1.8	67		
利润										
生产绩效	—	—	生产成本	20.9	(−0.5)		−1.0		21	5
其他	—	—	可变生产成本	57.9	(+1.0)		+0.8	46		
工厂固定成本	24.0	10.0		10.0	25.3		−5.4		54	3
销售/广告固定成本	12.0	5.0		5.0	11.4		+5.0		25	4
交通/分销固定成本	7.2	3.0		3.0	6.9		+4.2	13		
管理固定成本	16.8	7.0		7.0	16.6		+1.2		8	
其他收益	+2.0	0.8		0.8	+2.5		+30.0	24		
利息收益	−2.4	1.0		1.0	−2.8		−16.7		17	8
营业利润	+4.4	1.8			+5.7			412	392	

资料来源:Huch(1982)。

(理想的)预算工具首先是信息供给,这涉及会计领域,尤其是成本与绩效核算(Welsch et al.,1988,第593页),对此我们将在4.5.3.2节中进行讨论。在预算的多个作业步骤中,可以将信息加工作为工具(参见5.2.2.3节)。

与所有计划一样,预算会影响作业。为了使预算能够实现它的操控作用,需要遵循一些作业方面的构架建议(Göpfert,1993,第599页):(1)预算必须有明确的责任范围;(2)预算预先设定必须可以测量;(3)预算预先设定必须易受预算责任人的影响;(4)预算预先设定必须有挑战性,但是能够实现;(5)预算预先设定必须有处理的回旋余地("预算空间");(6)预算责任人要参与预算流程。

实践表明,预算通常也能产生所谓的机能障碍效应,参与者尝试"智胜"预算,一个典型的错误行为是"预算浪费":预算资金被浪费了。原因在于,新的授权总是要取决于之前授权是否得到充分利用,或者资金使用的效益无法测量。要改变这种状况,一般来说,只能通过资金使用效益的证据或者列举事实证明其可信度。产生另外一个机能障碍的原因是参数值太低或太高,以致没有回旋余地("空间")。

除了机能障碍效应之外,如今竞争环境的发展也一直限制着预算的效果和效率。对于这个问题与相应的解决方案,我们将在以下章节探讨。

3.7.2.4 传统预算的进一步发展

在多数企业中,预算等同于年度效益和财务规划,它详细全面地从资金角度反映了运营规划的内容。预算来源于20世纪上半叶工业企业的大批量生产,自此,预算并不完全适合第三产业、日益增加的动态状况以及公司环境的复杂性。

明茨伯格已经提出批评,预算将规划简化为"数字游戏"(Mintzberg,1994,第80页)。要在如今多变的竞争环境中生存下来,战略灵活性与客户导向十分重要,而传统预算没有反映出新的成功要素,并且在以下方面阻碍了操控系统必要的调整:(1)时间和内容都固定的战略和(年度)预算不能快速灵活地适应新环境;(2)一般来说,预算和战略没有联系,预算是行政上操控的"指挥与控制"——预算阻碍了员工的创造力,并且是导致机能障碍的行为方式;(3)创新需要投资,预算因其短期与风险厌恶的特点反对独创性的革新;(4)预算中周期的成本目标持续阻碍市场基准导向的流程改善;(5)预算中缺乏对关键"软"成功因素操控的衡量指标,例如客户满意度;(6)预算关注的是短期效益目标而并非长期价值增长。

尽管预算有上述缺点,结果目标导向的协调(预算职能)对于企业操控仍然不可或缺,有两种基本方法可供选择:(1)对到目前为止的预算在职能和机构方面的改善("改良预算");(2)放弃传统预算并且通过其他工具执行必要职能("超越预算")。

改良预算通过关注规划内容(职能观),以及缩短预算流程(机构方面)来优化现存的预算系统。职能观尤其包括:(1)关注对成功关键的流程,从而减少必要预算与财务参数值;(2)市场导向的目标与参数来代替以参数延续为基础的预算;(3)快速的预测信息代替具体基于预算的预测核算;(4)超越日历年的限制以及例如向里程碑预算的过渡;(5)降低预算监控频率与数量从而关注报告。

从组织构架角度,可通过以下几点来使预算流程变得灵活并得到缩减:(1)增强组织机构自上而下的要素,以降低工作与时间消耗;(2)简化预算协议与决策流程;(3)分权的运营规划。

通过这些措施,不仅使当前数据得以包括在规划之中,而且规划的时间间隔也可以降低到三个月。

诺华(Novartis)企业集团的一个部门CibaVision,成功将预算流程从6个月缩减为2个月(Peach,2000)。尽管如此,必须对这个理念提出异议,它只是增量改善,而战略与预算联系的缺陷并没有改进。另外,霍普(Hope)与弗雷泽(Fraser)批评了对"指挥与控制"关注的领导文化,以及由于预算而对企业员工自由的限制(Hope & Fraser,2000,第32页;Hope & Fraser,2003)。

超越预算理念完全放弃预算,因此传统的预算职能必须通过其他工具来实现。授权与战略管理的现代工具应用——如平衡计分卡——避开了预算的缺点,同时实现了更有效果、效率更高的操控理念:该新操控理念支持运营规划与公司战略的联系,并促进了战略开发的持续流程。资源责任的授权表现积极,并同时通过"更接近经营"来改善规划质量(Hope & Fraser, 2001,第 22 页)。霍普与弗雷泽(2003)和弗莱金(Pfläging,2003)给出了一个超越预算条款与工具的概览。

在实际使用中,在 2015 年后,这个理念在许多出版物中没有被提及。几乎没有人熟悉其传播与实际应用(Rieg & Oehler,2009,第 107 页)。另外,超越预算理念的几个前提也饱受批评(Rieg & Oehler,2009,第 100 页)。尽管该理念没有在管理实践中得到确立,但它为预算系统的进一步发展做出了重要启示(Rieg & Oehler,2009,第 111 页):(1)以市场和竞争为导向;(2)关注管理(管理流程与管理行为)而非工具;(3)注意小众但重要的工具(相对目标、滚动规划以及预算需求导向的资源操控)。

基于不同的预算理念(改良预算与超越预算),文献中也总是反复提到高级预算,它针对的是"在短期规划质量提升及预算费用减少时,中期预算渐减的意义"(Horváth & Partners, 2004)。表 3.12 根据不同的准则目标、观点、结果、规划、动机与协调,提出了不同的理念。

表 3.12 现有三种预算理念的对比

	改良预算	高级预算	超越预算
目标	单个领域规划的优化	整个规划系统的优化	整个管理系统的改变
意图	保留预算	压低预算比重	废除将预算看作固定绩效合约
结果	规划重要节点的优化,效率提高,费用下降	规划质量提高,预算费用下降	通过回顾员工导向参与型的管理理念,更好地操控公司
规划	简化并专注于重视成功的过程;在执行规划中加强对战略内容的考虑	简化并专注于重视成功的过程;加强对非货币数值的考虑;投入新工具(平衡计分卡、标杆法),将执行规划与战略规划结合	规划轮流专注于货币及非货币重要指标;将执行规划与战略规划结合;分权化规划
动机	更加重视以市场为导向的目标	更加重视以市场为导向的目标	相对内部/外部参照物进行自我调节的目标
协调	主要是关于计划协调	主要是关于计划协调	分权的类似市场协调;总部的支持

资料来源:Tschandl & Schentler(2012,第 13 页)。

一个崭新的并具有较强实践背景的模型是"现代预算"理念,该理念是过去几年由国际管理控制师协会以及来自学术、实践和咨询领域的专家提出的。因为预算是企业财务目标规划的核心,因此管理控制师作为最高规划经理,必须特别注意在预算框架下的协调行为。一个特殊挑战是,实物目标导向的运营规划与更偏向财务目标导向的预算之间的协调。

新提出的模型虽然也有与过程相关的说明,但还是聚焦于关于构架和所谓基于财务的建议,这些建议主要涉及预算的功能与工具观。

构架建议包括对规划流程与层面构造以及规划工具选择的三个建议。

(1)简单:直接干脆的流程,仅限于与操控有关的内容,仅使用带来效益的工具与方法,仅少量地输入端值,找到最佳细化程度,"自上而下法"有时就足够了。

(2)灵活:对变化、敏感性、意外情况的准备以及基于基准、(滚动)预测、有弹性且受控资源重组的相对目标。

(3)融合：战略、规划、报告与预测必须相互联系。要将具体但较独立的预计值、预算与激励体制松散结合，不仅是短期目标。

同样，这三个建议确定了最重要的基础：(1)组织构建：具体明确的目标，以总体目标为导向，组织必须找到又短又快的决策之路。(2)价值创造构架：对自身价值创造链的理解、目标、"瓶颈"与限制决定了规划。(3)明确意图并沟通：明确目标与意图，沟通计划的核心并转化到绩效层面，分配实施责任，通过预定前提与自上而下的预沟通避免规划弯路（Gleich et al., 2013a，第 37 页）。

"强化的自上而下方法能够明显降低过去几年规划流程的持续时间及费用，这样可以保证，一开始确定的规划前提的绝大部分在计划通过后还是同样适用。"
——麦思格（Lutz Meschke），保时捷集团财务&IT副总裁（Meschke & Horváth, 2013, 第 190 页）

基于上述构架建议与基础，图 3.45 给出了专家组估计对"现代预算"有利建议的概览。

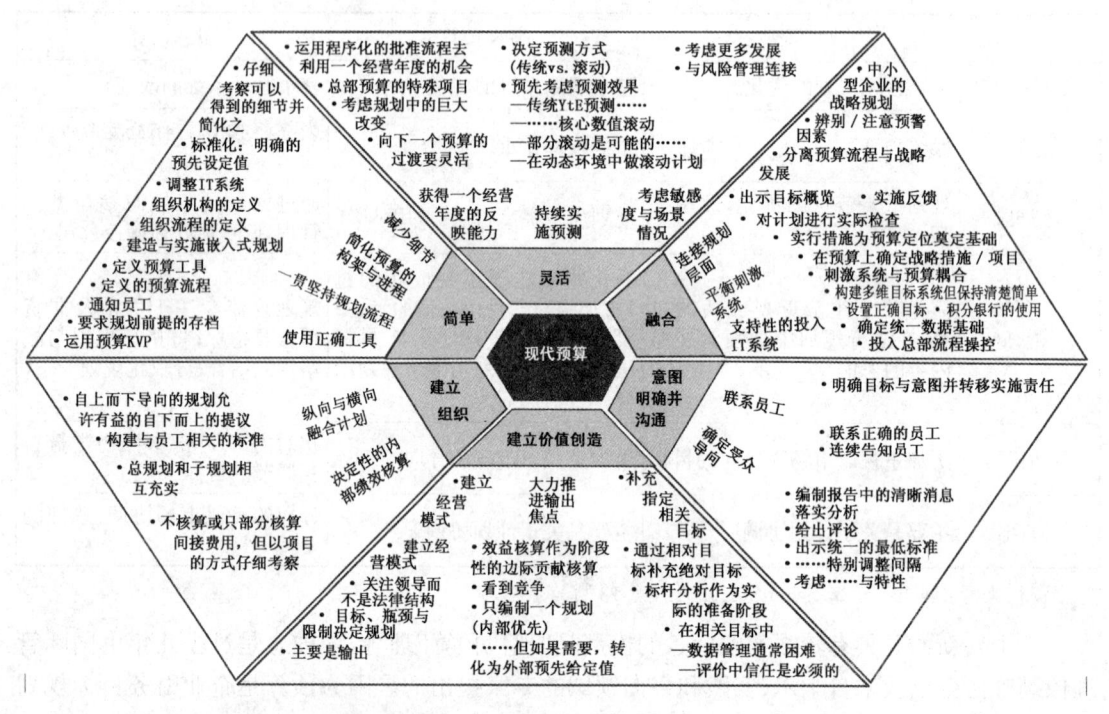

资料来源：Tschandl & Schentler（2012，第 106 页）。

图 3.45 基于职能、流程与工具建议的"现代预算"模型

概览参见格莱希等（Gleich et al., 2013a）以及钱德尔和申特勒（Tschandl & Schentler, 2012）。挑战在于，将预算中重要的问题融合进开发工作，因此要权衡效用与费用、考虑灵活性、权衡作业操控与决策支持，并且将规划与预算嵌入整个领导体系。问题的解决方案以及"现代预算"的挑战见表 3.13。

表 3.13 现代预算的解决方法

挑　战	"现代预算"的解决办法
权衡投入—产出比	• 降低复杂度:简化 IT 工具、方法、流程 • 限制在本质的、与控制相关的规划内容
给持续的变化一个灵活的框架	• 引入新工具:通过情景模拟、滚动式规划、预告或者相关目标来"变得灵活" • 变"粗略":年度目标作为框架,制定短期具体目标 • 定制:为企业定制适应规划的节奏和范围
"权衡行为操控和决策支持"	• 预算应该专注于决策支持 • 依据短期及长期的个人、领域和公司目标的平衡混合制定可变报酬。需要考虑的是,激励是通过非金钱的手段奏效。
"将规划和预算嵌入整个领导系统"	• 在构建规划和预算的时候,考虑情境因素(如分支、组织、增值和市场情境) • 加强对短期和中期规划的战略校准;措施规划的整合"更加一体化"

资料来源:Gleich 等(2009,第 84 页)。

"现代预算"的一个重要部分是预测。根据基础流程的构造可以区分一般预测与滚动预测,相对于一般预测,滚动预测的特点是始终不变的规划周期,并且不以某一特定时间点为导向。

除了计划成果,在增量理念下,基于成果的滚动预测也可以考虑预算成果。图 3.46 展示了增量理念下预算核算的可能性。

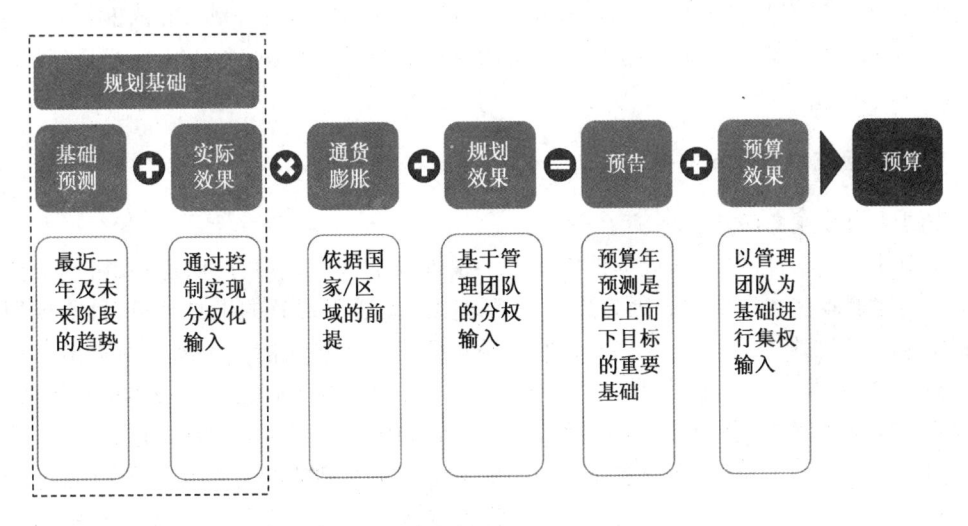

规划基础

基础预测 + 实际效果 × 通货膨胀 + 规划效果 = 预告 + 预算效果 ▶ 预算

- 最近一年及未来阶段的趋势
- 通过控制实现分权化输入
- 依据国家/区域的前提
- 基于管理团队的分权输入
- 预算年预测是自上而下目标的重要基础
- 以管理团队为基础进行集权输入

资料来源:Becker,Leyk & Riemer(2013,第 138 页)。

图 3.46　基于增量数据的预算核算

除了运用预测,对不同事件的观察也同样可以对抗变化市场中不断增加的规划不确定性,企业规划框架下的应急计划可以基于各种事件来制定。应急规划与原始规划在目标值方面有所不同,应急规划基于各种销售场景,但相对于原始规划,应急规划执行时详细程度不同(Gleich et al.,2013b,第 100 页)。图 3.47 展示了一个应急规划的例子,在经济危机的框架下,对两起不良事件做出计划。

值得注意的是,大量的现代预算实施与企业管理实践中单独子方面的落实。五个不同规模和行业的企业可以作为榜样:

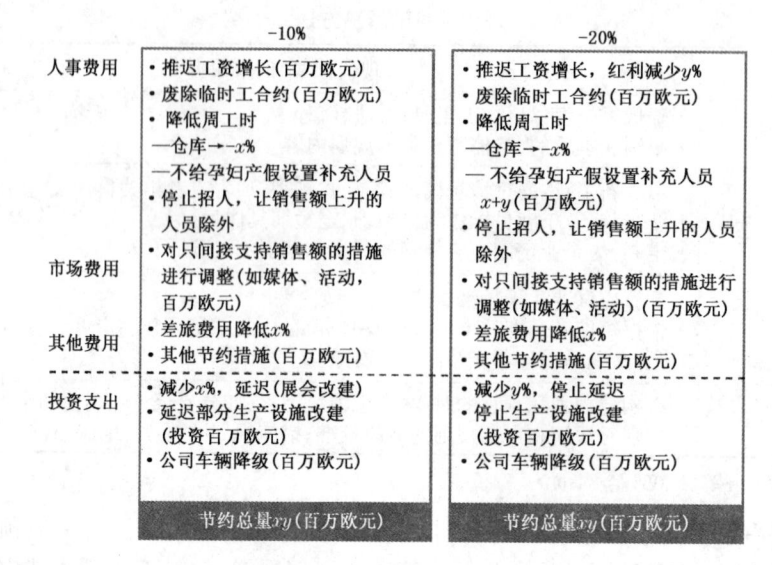

	−10%	−20%
人事费用	• 推迟工资增长(百万欧元) • 废除临时工合约(百万欧元) • 降低周工时 ——仓库→−x% ——不给孕妇产假设置补充人员 • 停止招人,让销售额上升的人员除外	• 推迟工资增长,红利减少y% • 废除临时工合约(百万欧元) • 降低周工时 ——仓库→−x% ——不给孕妇产假设置补充人员 $x+y$(百万欧元) • 停止招人,让销售额上升的人员除外
市场费用	• 对只间接支持销售额的措施进行调整(如媒体、活动,百万欧元)	• 对只间接支持销售额的措施进行调整(如媒体、活动)(百万欧元)
其他费用	• 差旅费用降低x% • 其他节约措施(百万欧元)	• 差旅费用降低x% • 其他节约措施(百万欧元)
投资支出	• 减少x%,延迟(展会改建) • 延迟部分生产设施改建(投资百万欧元) • 公司车辆降级(百万欧元)	• 减少y%,停止延迟 • 停止生产设施改建(投资百万欧元) • 公司车辆降级(百万欧元)
	节约总量xy(百万欧元)	节约总量xy(百万欧元)

资料来源:Gleich et al.,(2013b,第 100 页)。

表 3.47　有两种场景的应急计划举例

(1)汉斯格雅公司(Hansgrohe SE)(Kraus & Kalmbach,2009);(2)DATEVeG(Maron,2009;Maron,2013);(3)森海塞尔集团(Sennheiser-Gruppe)(Doerner & Sinn,2013);(4)西克股份公司(Sick AG)(Willmann,2012);(5)斯普林格股份公司(Axel SpringerAG)(Piotrowski,2012)。

3.7.3　间接成本规划和监控

3.7.3.1　间接成本问题

由于企业内复杂性的增加,成本结构发生了根本性的改变。由计划、操控、协调与监控行为产生的间接成本占主导地位。因为流程与流程输出无法用现有的工具计量,目前规划与监控遇到了很大的困难(我们在 3.7.2.2 节中已经介绍了与此相关的由卡米卢斯提出的预算类型)。随着间接成本——尽管短期内是"固定"的——在过去几年较之直接成本增长更快,这个问题也变得越来越紧迫。因此,如今间接成本的规划和监控也意味着对成本削减的尝试。

在间接成本规划之初,必须确定在规划中要考虑成本类型的细化程度。这里,细化程度只能降低到一种水平,在这个水平上,进一步降低成本将由于规划费用增加而引起操控效益降低。确定最优细化程度的一个指标是成本类型占间接成本的相对份额。图 3.48 显示了如何运用 ABC 分析法来得出与成本规划相关的成本类型。

对于不产生直接市场绩效的经营领域来说,财务导向的规划是一种成本规划。鉴于与物质导向规划的协调,成本的规划可以不同形式进行。如果成本规划是基于细化的消耗分析,我们称之为"分析性"规划。如果规划是基于整体估计或者非强制性的决定来实施的,我们称之为"非分析性"规划。

"价值导向"的成本规划直接建立在价值的基础上,"数量导向"的成本规划建立在分析性或者非分析性的数量规划基础上。在工业企业的生产领域,成本规划的数量导向特别突出,这里,直接成本(例如生产工资与材料)大多是分析性的,间接成本(例如厂房费)是非分析性的。

如今,在企业的"行政"领域(例如管理控制领域),一般还没有分析性和数量导向的成本规

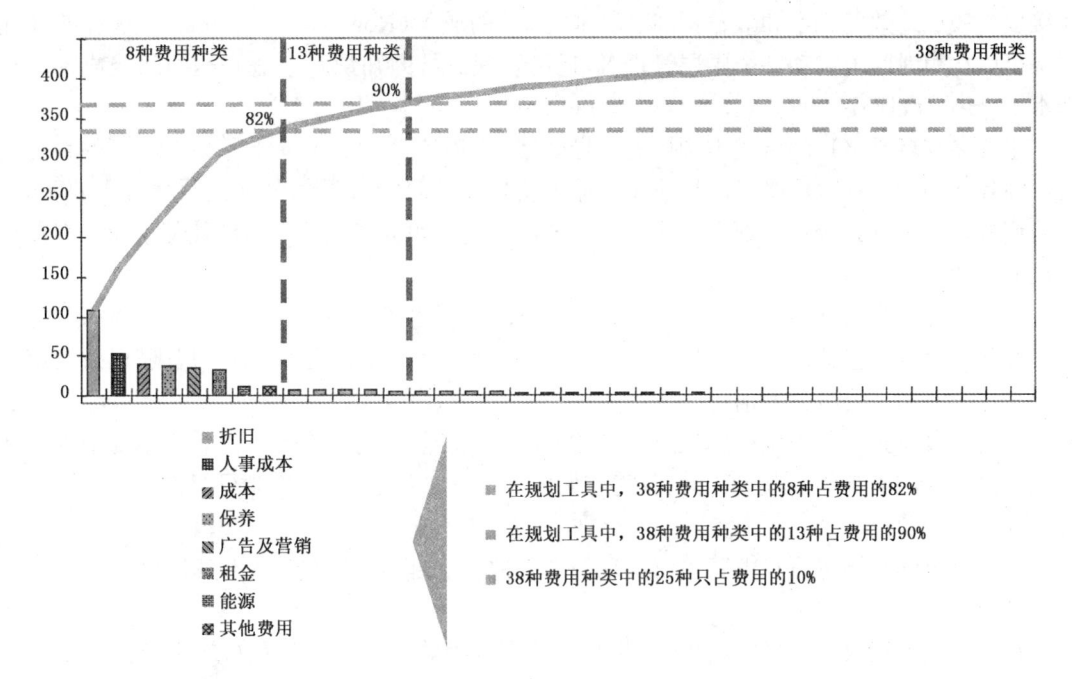

资料来源：Gleich 等(2013b,第 96 页)。

3.48　通过 ABC 分析确定费用规划的具体等级

划的条件。对于数量上的产出,除了轻度标准化的行政事务(例如客户会计),几乎没有可以定义的绩效单位以及预先规定值(例如时间标准)。后果是,这里大多采取总成本预算预先规定值形式的非分析性与纯价值规划。

传统的管理学成本规划工具专注于生产领域的成本岗位(例如计划成本核算)。最近才发展出新的理念,研究行政领域的成本规划("间接成本领域")。在最初始的形式中,这些工具存在于以前短期的成本"节约"中,这种"节约"通过在特定领域总体减少预算预先规定值来强制执行("割草机方法")。

而我们需要满足全面要求的规划工具具有以下特点：(1)在所有行政领域,它们应该既适用于重复任务,又适用于创新任务。(2)它们也应该符合长期战略目标设定,即不但要符合短期成本降低的目标,也要适合战略资金分配的目标。(3)它们应该在所有使用阶段(现状分析、寻找备选方案、评估)透明且经济。(4)工具应该有规律并且灵活地使用,且无接受问题。

我们根据其出发点,将工具分为四个种类：输入导向、输出导向、流程导向与结构导向的工具(Troßmann,1992；Göpfert,1993；Küpper et al.,2013,第 446 页)。

3.7.3.2　输入导向的工具

在处理输入导向的预算预先规定值时,预算输入与它的成本是分析的出发点(Küpper et al.,2013,第 448 页)。最原始的形式涉及记录过去的数值。现存的预算理念将会改变,可能会增加,也可能会降低("增量预算")。

数值分析的方法将数值分析的想法转变成间接成本的分析与预算,这里首先涉及成本降低目标,分析进一步针对输入,输出位居第二(Jehle,1993)。

间接成本价值分析(GWA)是管理费用价值分析(OVA)的进一步发展,OVA 由麦肯锡开发,符合欧洲环境。间接成本价值分析遵循的目标是,在一个系统且促进创新的流程中,评判间接成本领域绩效的成本和效益,并降低"非必需"的成本(Roever,1980,1982)。这样的处理方法可以在短时间内调动整个中层管理者,运用管理人员的知识和想法来达到间接成本的合理水平(Huber,1987)。

主要参与者是:(1)间接成本领域的领导("绩效制定者");(2)作为此绩效"顾客"的管理人员("绩效运用者");(3)由受过间接成本价值分析培训的管理人员和管理控制师组成的团队,来协调调查过程;(4)企业内部专家作为特殊成本节约问题的咨询师;(5)由外部企业咨询师来提供方法知识与培训。

处理过程分为以下三个阶段:(1)准备阶段;(2)分析阶段;(3)实施阶段。

准备阶段主要包括建立必需的组织条件,例如建立项目组织、定义"游戏规则"以及确定有关员工与企业职工委员会的信息。

分析阶段将查明每个调查单位成本节省的潜力。分析分为四个步骤:(1)成本与绩效的结构化;(2)比较成本与效益,思考如何改善它们的关系;(3)评估想法,检验可行性;(4)具体化到行动计划。

企业单位的领导将所有由其单位实现的绩效放在一起,同样还包括由其他单位所要求的绩效。

在征求绩效接收者意见的前提下,我们比较成本和效益。为此,绩效、成本与接收者应当是众所周知的。对于成本—效益比较差的绩效要有节省成本的思路,可以通过由绩效供需双方共同组成的工作小组进行。我们将复查每个绩效,查明它能否完全取消或者可能逐步减少。除此之外还会查明,有多大的可能性通过绩效质量、范围与频率或者绩效投入的减少来实行节约。例如,通过取消第二次复查,企业的报告成本可以降低30%,企业也要容忍由此产生错误率的微增。另一个重点是寻找低成本的替代方案。

要研究节约方法的后果,步骤如下(Roever,1982):(1)每个工作小组要陈述,每个单独的替代方法将在何种范围内减少工作与成本费用;(2)列出每个替代方案可能的负面作用;(3)工作小组处理用以实施的初步建议,按照不同替代方案的效果来对它们进行排序;(4)这些建议将提交给上级决策者。

最高管理层制定实施措施的最终决策,并确定实施日期。行动计划通过之后,紧接着就是实施阶段。两个先行阶段需要3~5个月,实施需要1~3年,因为一般也会涉及裁员。节约价值实际在12%~20%。

一项对于企业管理实践中间接成本管理工具使用的研究($n=139$)显示,仅极少数企业积极使用间接成本价值分析,而使用间接成本价值分析的企业表示对结果非常满意(Schneider & Schmidt,2012,第77页)。

根据上述要求,对于间接成本价值分析的评价如下:

(1)此处理方法可以在所有间接成本领域中使用,既适用于重复任务,又适用于创新任务。

(2)间接成本价值分析通过降低成本以达到短期和中期的结果改善。战略的资金运用不是考察的对象。

(3)间接成本价值分析制度化程度高、透明性高,且完整考虑了所有领域。经济性体现在成本节约上。

(4)大体来说,间接成本价值分析的提出是为了解决危机情况。在管理实践中,刚性的成本节约目标会引起接受问题。

因为间接成本价值分析不和企业流程的再造并驾齐驱,成本节约常常在短时间内又会被恢复(Friedl,2009,第232页)。

3.7.3.3 输出导向的工具

间接成本规划输出导向的工具以绩效作为重心。人们会提前检查,先前的预算输出保持了多少、削减了多少或者扩大了多少。分析也会考虑引入新输出的可能性以及资源的重新分配。

零基预算(ZBB)由菲瑞(Phyrr)在《德克萨斯工具》中于20世纪60年代初提出(Phyrr,1970,1977),它是一种分析与规划流程,要求每位经理人能够完整细致地从平地开始(零基础)说明预算的根据,如此一来,举证责任,即说明为什么成本应当产生,就落在了经理人的身上。这种理念要求一个细致的行动规划来列示预算。零基预算的主要参与人与间接成本价值分析相似,这里,承担主要工作责任的也是待分析领域的经理人。

零基预算的目标在于复查绩效,以及降低并根据运营与战略目标重新分配间接成本(参见图3.49)。

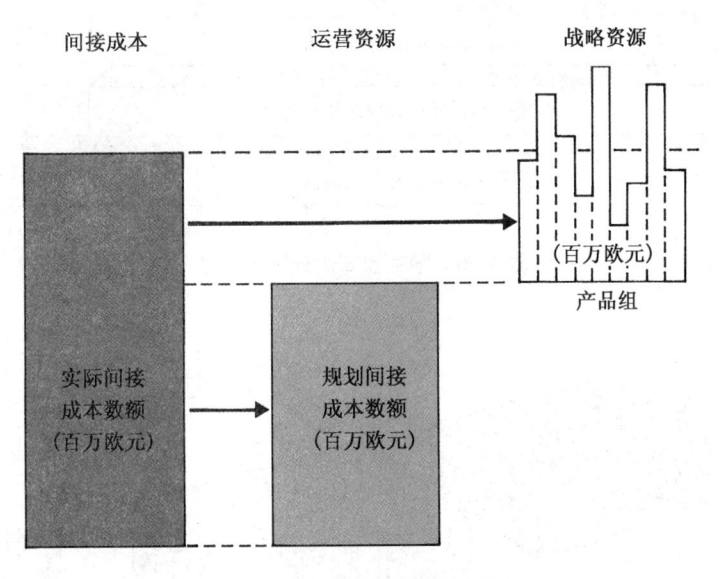

图 3.49 零基预算的目标

处理过程分为三个阶段九个步骤(参见图3.50)(Meyer-Piening,1989)。

准备阶段(步骤1)是组建团队并制定分析目标。

步骤2分设所谓的决策单位,并为子目标落实具体内容。

在零基预算过程框架下,决策单位是进行分析的行为总和,它是一个成本岗位或者是成本岗位的一部分。这些行为具有共同的特征,因此是可能进行限定的(参见图3.51)。

决策单位的领导:(1)制定目标;(2)描述主要作业与工作结果;(3)将人事与物质成本按类别归入不同作业;(4)说明绩效接收者。

在实际分析的框架下,步骤3将确定所谓的绩效水平。这里,绩效水平是指决策单位工作结果的数量和质量。一般来说,每个决策单元有3个绩效水平:

(1)绩效水平3(高级)包含了具有短期、中期和长期未来保障的期望绩效(例如采购:全球采购市场的运营);

(2)绩效水平2(中级)包含了通过工作指导原则规定的实际工作流程(例如采购:至少3份标书);

(3)绩效水平1(低级)包含为了获得有条理的工作流程而强制必需的工作结果(最低水

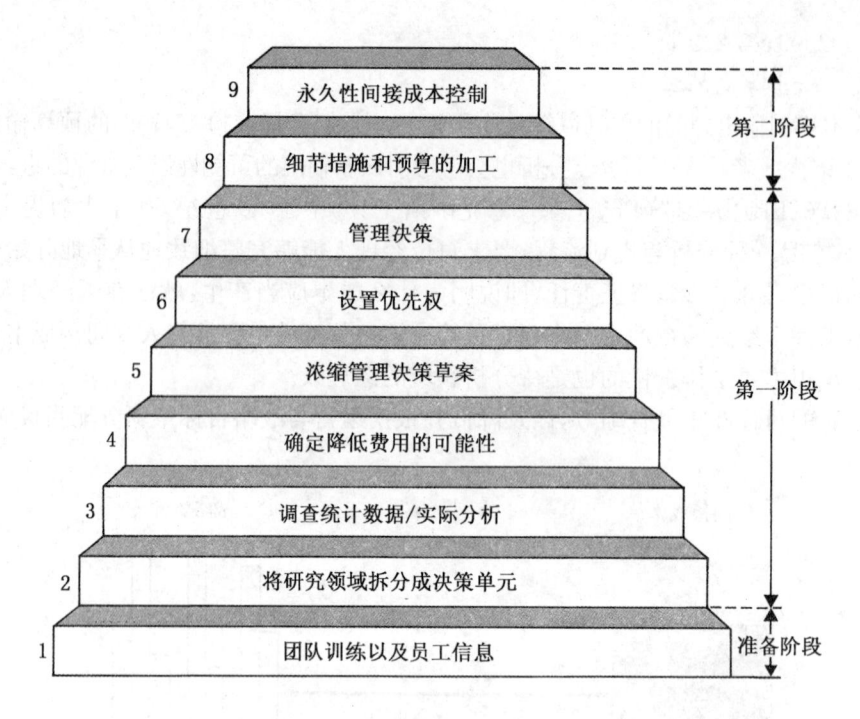

图 3.50 零基预算的分级与阶段

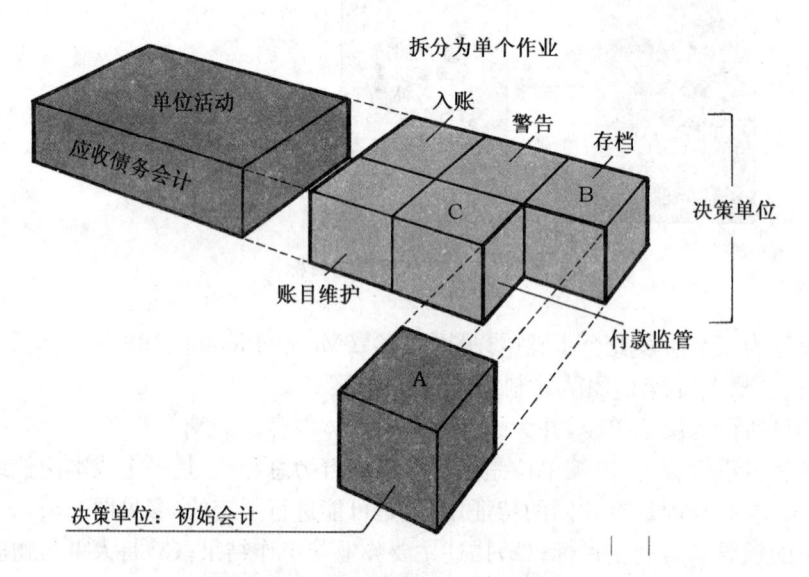

图 3.51 将一个组织单位拆分成决策单位

平,例如采购:在最近的供应商处订购)。

步骤 4 的任务是,通过寻找每个绩效水平的替代方案来找到最经济的处理方式,这里将确定成本降低潜力。

步骤 5 描述了绩效水平并确定了一揽子决策方案。一揽子决策方案汇总了关于决策单位绩效水平的最重要信息,并构建了资源分配的基础(参见表 3.14),这是给予管理层决策方案。

表 3.14　　　　　　　　　　　制定一揽子决策的工作辅助表格

决策单位编号					
名称：			排列顺序确定		
职位　　　编制　　　日期			岗位：		
部门　　　批准　　　日期			企业领域		
^			企业领导		
绩效水平		所需资源	估计2015年实际值	预算2016年	
^		^	^	此水平	累计水平
1. 任务/目标：		人数			
1.1 应完成哪些任务？需要做什么？		人力成本			
1.2 为何要做这些任务？		外部绩效			
1.3 要达到哪些目标？		实物成本			
制定帮助：		累计成本			
"完成、办好、实施……以保证，担保、达到、实现……为目标。"		总成本			
^		投资			
2. 这些行为的描述：为了完成任务，必须进行哪些工作？怎么做？				
3. 其他选择				
还能怎样完成任务？				
谁也可以做？				
还能做什么？				
还能在哪里做？				
4. 这些活动的优势				
为什么要如(2)所述来完成任务，而不是其他选择(3)？				
为何要如上所述来做，有何优势？				
如果批准此水平，对于企业有什么优势？				
5. 结果				
对其他决策单位有何影响？				

此表1～5点以缩写形式完整描述，所需解释见反面。

步骤6将进行一揽子决策方案的排序。排序将考虑一揽子决策方案中每个决策相对于另一个的成本和效益，以及每个决策与企业目标的符合程度(参见图3.52)。

步骤7将进行"预算分割"，即企业将最终确定优先次序，并为战略与运营任务分配资源(参见图3.53)。

步骤8将确定具体措施，实现被采纳的改变计划，并将制定预算。

步骤9将从结果出发对间接成本进行永久操控。

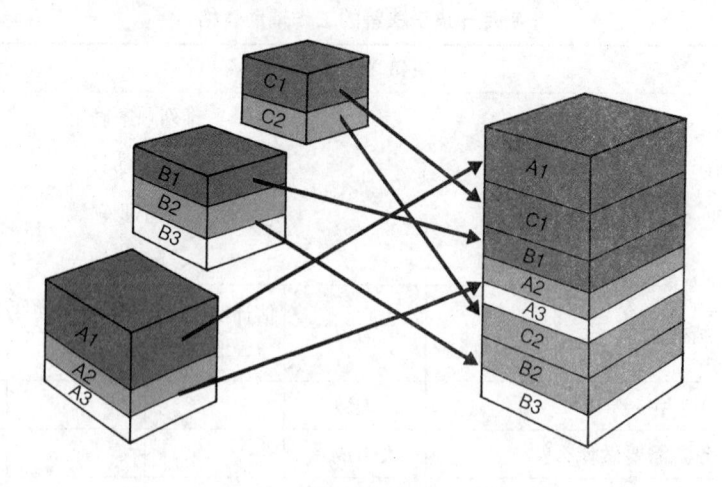

图 3.52　一揽子决策的排列顺序

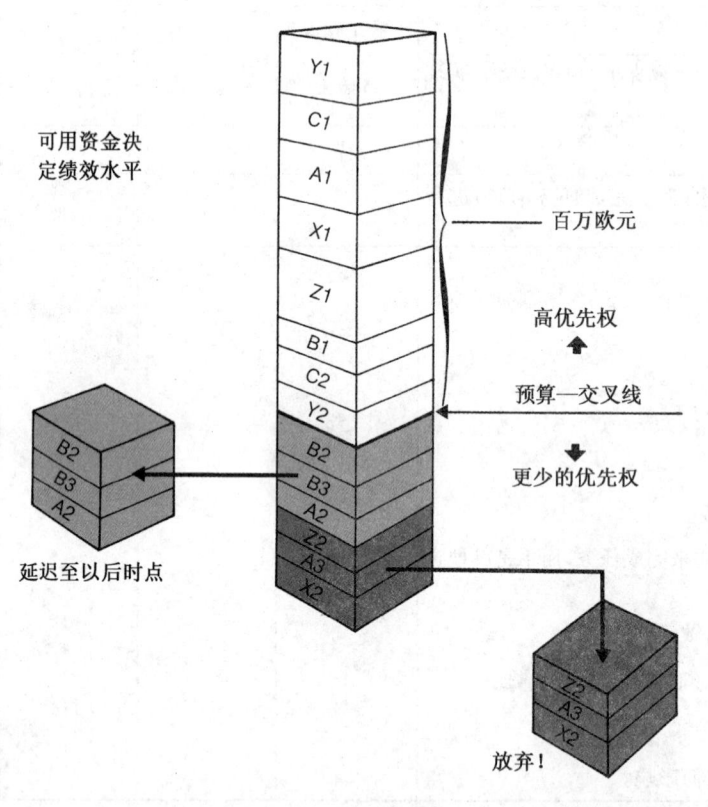

图 3.53　预算步骤

零基预算流程的阶段Ⅰ和Ⅱ预计进行 3~9 个月，节约价值预计在 10%~20%。对于零基预算的评价如下：

（1）这种方式可以用于所有间接费用领域，既可以用于重复任务，也可以用于创新任务（如同间接成本价值分析）。

（2）因为会花费较多时间，所以零基预算较少用于短期，更多用于中期的成本节约。相对于间接成本价值分析,从战略目标设置的意义上讲,资金的再分配很明确是这个方式的对象。

(3)零基预算(如同间接成本价值分析)具有很好的组织结构与透明程度;它记录了所有的间接成本领域。经济性目标较少体现在绝对成本下降,而较多体现在更好地实现战略目标。

零基预算不适用于紧急情况,这种方法比间接成本价值分析复杂,然而其目标设置比间接成本价值分析更易在参与者中传播。

3.7.3.4 流程导向的工具

不管是间接成本价值分析还是零基预算,都有四个重要缺陷:

(1)它们以已经存在的组织结构为出发点,一般来说保持它们功能导向的结构划分("成本岗位"),没有考虑跨成本岗位具有决定意义的流程和它们的输出。

(2)没有解决预算间接费用与成本归集核算的必要联系。

(3)没有与战略规划连接,或者连接得不够紧密。

(4)没有对引起成本因素("成本驱动")的系统分析,因此无法做到对间接成本的永久规划、操控与监控。

这些缺陷解释了,为什么间接成本价值分析与零基预算效的成本节约效益经常只是短期有效。

在嵌入式流程管理的背景下,寻找间接成本规划与监控问题的解决方案(参见图3.54;Gaitanides et al.,1994)。

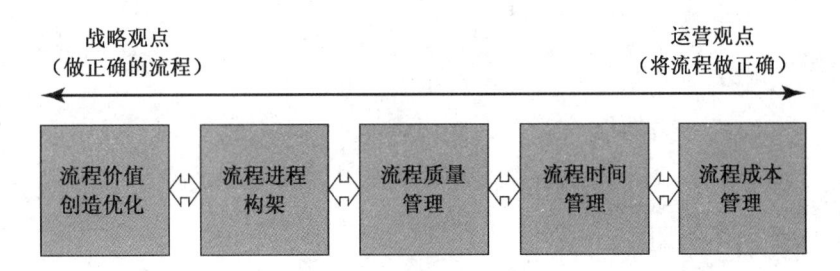

图3.54 嵌入式流程管理

流程中最全面的任务在于,价值创造链的选择被称为流程价值创造优化的任务,在这个价值链以及在从获得原材料到终端使用者的整个价值创造链中,企业将定位自己的工作(Shank & Govindarajan,1992)。价值创造链内的定位回答了以下问题:价值创造中的哪些步骤应在自己企业中实施?由此要购进哪些初级产品?产品在哪个精炼阶段再次离开企业?

流程构建的任务是,从自己企业的定位出发,在价值创造链中,确定自己企业要实施的行为(Hergert & Morris,1989),这些任务不仅包括将市场任务分解为单个处理步骤并确定相关行为,也包括执行组织或者选址优化的任务。

在流程执行构建时,要注意多元的目标体系。在价值创造链中,要继续传递给直接购买者的产品一定要符合顾客的质量要求,一定要考虑时间方面的因素,而且一定要保证绩效生产的内部经济性。为了能够符合这些要求,需要流程质量、流程时间以及流程成本管理这些功能块,在各自特殊视角下,其对企业进程进行全面观察,并有助于目标的实现。

流程质量管理遵循的目标是,就总体质量理念而言,在整个流程链中实施质量保证(Juran,1993,第71页)。这里要避免仅仅通过极小部分的生产能力来确定终端产品的质量,而应该追求执行一种无缺陷的流程来保障生产的最终绩效,同时也就是顾客得到的绩效。

流程时间管理是从时间视角的经营进程优化，这项任务不仅涉及生产中订货至交货的时间，还涉及销售中的交付时间。这里更要注意的是整个价值链，特别是产品研发到市场成熟时期（能上市），相比研发成本，这段时间对产品在市场能否成功通常具有更大的影响。

流程成本管理是企业中流程整体优化的另一个功能块。与其他功能块一样，流程成本管理也以一种全面理念来关注企业内的流程。领域导向的部分优化应由整个流程的成本优化这种理念来替代，如果由此能够在其他领域做到进一步节约，那么在一个领域中成本的升高是可以接受的。即使是改变将要实施价值创造行为的顺序，也会导致整个成本水平的下降。

嵌入式流程管理的功能块并不表示阶段示意图中的次序。更需要一个嵌入式反复流程来执行企业运营的构架。另外，还需要一些将来能够用于结构复查与适应的工具。

在如今的管理实践中，流程管理的首要方面不是降低间接成本，而是降低复杂性（Rommel et al.，1993）。由此缩短产品循环时间并改善产品质量，继而实现持久的成本降低。

流程成本管理作为流程管理的子环节，包含了成本管理以及成本结算的任务（Horváth & Mayer，2011，第 7 页）。后者包含了企业内绩效结算与中央操控、核算产品与顾客收益率的子任务。成本管理涉及"流程优化行为"子任务以及人员与成本规划。

在现代预算框架下，要求以作为流程管理子方面的流程成本核算（参见 4.5.2.2.7 节中对流程成本核算的详细介绍）为基础的输出导向资源规划（参见 3.2.4 节以及 3.7.2.4 节）。图 3.55 展示了间接成本规划与预算的原则逻辑。

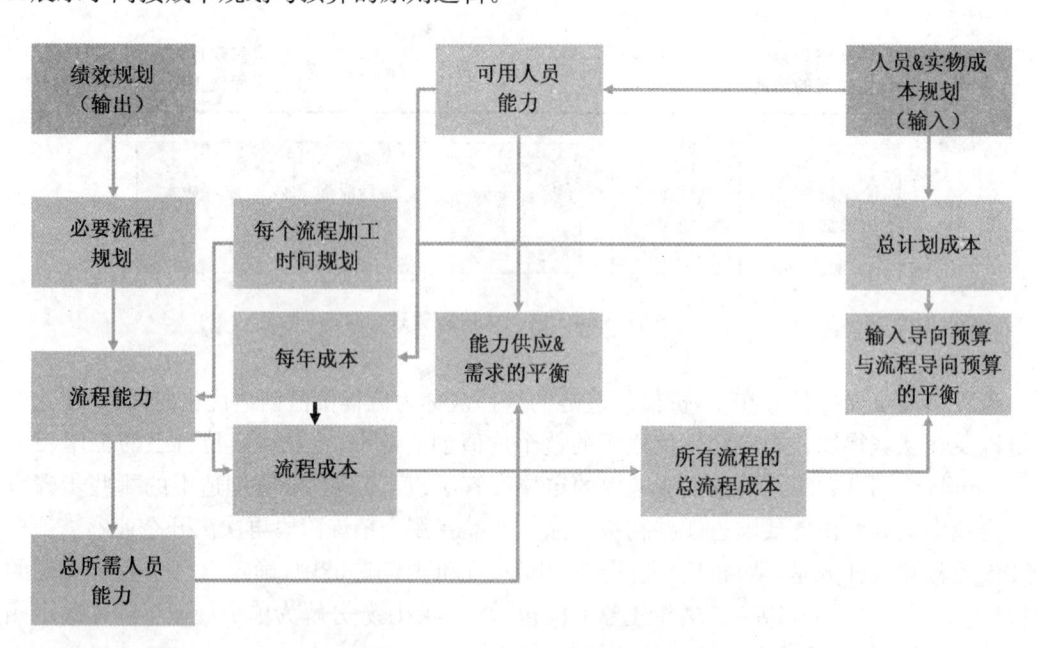

资料来源：Rieg（2015，第 121 页）。

图 3.55　流程导向预算进程和信息流

运用中小型企业管理控制领域的例子，可以构建流程导向预算的运行模式（Gleich et al.，2013b，第 109 页）：

"管理层会要求把'成本岗位报告'作为绩效成果，而背后与此相应的流程"编制成本岗位报告"将每个月实施一次。流程岗位核算将得出，每份报告编制花费 200 欧元的流程成本。流程总成本预计为 24 万欧元（以 100 个成本岗位，每个成本岗位 12 份成本岗位报告计）。此流程由 1.5 个管理控制师编制。

企业对管理控制师能力的分析、合适性以及逻辑规划,现在不是从管理控制师能力与它基于业务发展可能的变化为基础,而是从管理控制师绩效出发。如此,例如企业中有 10 个附加的成本岗位(由 100 个变为现在的 110 个),就需要比原来多 10% 的管理控制师资源,前提是效率没有提高或者也没有其他效果。这些预定参数的改善可以基于输出视角而得出。如此一来,例如期望循环时间的减少(例如较少 15% 的循环时间,等待时间的减少)也能够减少流程成本与必要的管理控制师资源。

一种与工作规划相似的处理方式几十年来已经深入到了生产领域,只有很少的理由(例如大量采集费与维护费)支持不将这种逻辑用于非生产单位以及间接成本领域。

2010 年的一项对于德国大企业流程控制与管理状况的经验研究表明,只有 3.6% 的受访企业的预算是遵循流程视角的(Picot & Liebert,2011,第 95 页)。这个比例在中小型企业中会更小,根据我们的估计,这是缘于流程导向的预算中不小的复杂性与昂贵的费用。

3.7.3.5 结构导向的工具

降低成本方面最大的压力是顾客与竞争者施加的,因此,最有影响力的间接成本规划与监控的(伴随)工具是,对尽可能多的由间接成本引起的流程施加市场压力。对此有若干种方法:(1)行政服务绩效的定义;(2)以结算价格建立内部市场;(3)建立盈利目标导向的单位;(4)建立企业内部的竞争;(5)将内部作业扩展到企业外部市场。

那些先驱企业没有独立市场作业的例子表明,在这个领域中对于大多数企业还有许多发展空间。

3.7.4 税务规划与监控

3.7.4.1 结果导向的税务规划与监控的必要性

在之前讨论的 FEI 目录中(参阅第 1 章),管理控制任务也提及"税务管理"。系统构架方面与系统配合方面的协调任务被明确定义为:"为了建立和管理税务政策与程序。"

美国的管理控制文献详细描述了管理控制师的任务(Willson & Colford,1990,第 1175 页;图 3.56)。这里提及三个职责范围(Williams,1964):税务规划、税务监控和税务管理。

过去,德国的管理控制极其忽视税务。1997 年,齐默尔曼(Zimmermann)发现,管理控制文献没有在合适的框架下对于税务的关注,也没有所谓"税务控制"且包含有关内容的职能控制(Zimmermann,1997,第 135 页)。随着时间的推移,越来越多的人投身于税务管理的研究(Feldbauer-DurstMüller,Schwarz & Wimmer,2005,第 613 页)。

如果人们的出发点是,如今大多数企业决策也会导致显著的税务后果,那么税务的规划与监控就是不可放弃的。由于它们的结果效应,因此也要求管理控制师的参与。

与征税捆绑在一起的是企业中极多的行政管理任务,这会导致极高的成本。另外,在信息供给上,还有一个对管理控制师重要的方面:在其基本概念与结构上,信息系统受到强制性税务规定的深刻影响,因此,例如企业实践中用到的利润概念也受到税务的影响。

罗斯(Rose,1989,第 1867 页)认为,系统的税务规划与监控有三点普遍的必要性:(1)征税的重要性:德国联邦共和国企业利润的税负高。(2)征税的构架依赖性:税收义务所引起的事务是可塑造的,即可计划的。(3)不确定性:税务规定的复杂性、不肯定性以及不稳定性引发风险,这些风险可以通过规划来限制。

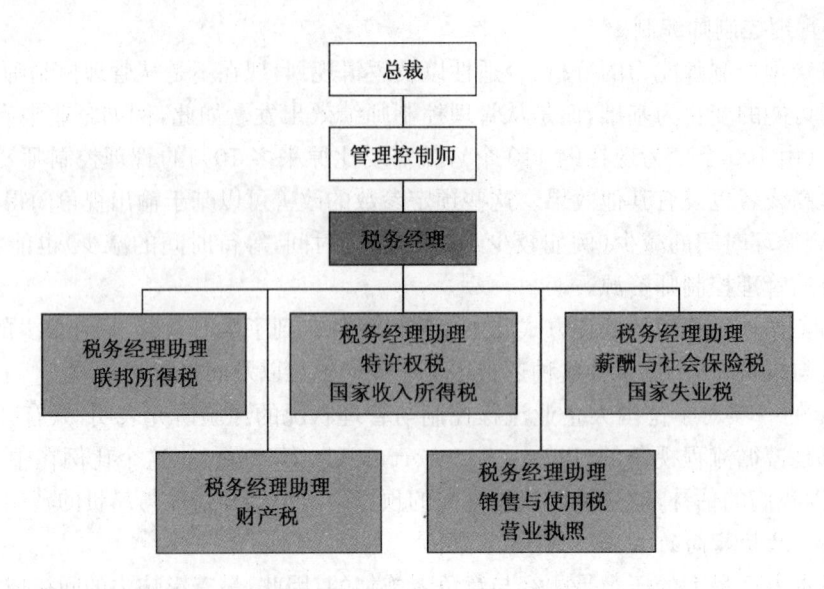

```
                    ┌──────────┐
                    │   总裁   │
                    └────┬─────┘
                         │
                  ┌──────┴──────┐
                  │ 管理控制师  │
                  └──────┬──────┘
                         │
                  ┌──────┴──────┐
                  │  税务经理   │
                  └──────┬──────┘
          ┌──────────────┼──────────────┐
   ┌──────┴─────┐  ┌─────┴──────┐  ┌────┴───────┐
   │税务经理助理│  │税务经理助理│  │税务经理助理│
   │  联邦所得税│  │ 特许权税   │  │薪酬与社会保险税│
   │            │  │国家收入所得税│ │ 国家失业税 │
   └────────────┘  └────────────┘  └────────────┘
          ┌──────────────┬──────────────┐
   ┌──────┴─────┐  ┌─────┴──────┐
   │税务经理助理│  │税务经理助理│
   │   财产税   │  │ 销售与使用税│
   │            │  │  营业执照  │
   └────────────┘  └────────────┘
```

资料来源：Willson & Colford(1990,第1177页)。

图3.56 "税务经理"的任务与分类

3.7.4.2 企业税务

《税收征稽条例》(§3 Abs. 1 AO第三节第一段)将税定义为："不针对特别绩效回报的付款，并且它由公法机构为了获得收入而设置，法律将此规定为一项义务；获得收入可以是次要目的。关税与附加税（欧盟针对欧盟以外国家农产品征收的进出口调节税）就是这种法律意义上的税。"

德国的税务系统由大约40个单独的税种组成，每个单独税种的含义大相径庭。五个最大的税种[收入所得税、流转税、能源税（俗称石油税）、营业税和公司所得税]占到了2012年总税收的80%（联邦统计局，2013）。

一个常见的分类是根据经济绩效能力的种类来区分。直接税直接涉及自然人、法人或者事务的经济绩效能力（例如收入所得税）。与此相对，间接税只间接涉及经济绩效能力，即通过资产流通与收入使用的过程征收(Haberstock & Breithecker,1997,第7页)。表3.15展示了不同税种的概览及其发展沿革。由此可见，在过去10年，与直接税相比，尤其是由于能源税的增加，消费税的份额急剧上升。对此，出于节约资源理念的目的，要在生产要素劳动力降价的同时，实现消费的涨价（尤其是能源的涨价）。自2011年起征收的核燃料税与航空交通税（表3.15中"其他间接税"项下）也应有相似的推进措施。

表3.15 1990~2012年根据税务组别税收的发展　　　　　　　　　　　　　　单位：百万欧元

	1990	2000	2005	2010	2012
税费与关税总计	281.041	467.252	452.079	530.587	600.046
Ⅰ 直接税	159.477	243.512	218.845	255.960	303.844
a)个人税					
工资税与确定的收入税	109.473	147.958	126.684	159.083	186.327
企业所得税	15.385	23.575	16.333	12.041	16.934

续表

	1990	2000	2005	2010	2012
遗产税	1.545	2.982	4.097	4.404	4.305
b)物品税					
营业税	19.836	27.025	32.129	35.711	42.345
土地税	4.460	8.849	10.247	11.315	12.017
其他直接税	8.778	33.123	27.355	33.405	41.916
II 间接税	121.584	223.740	233.234	274.627	296.202
a)交通税					
销售税	75.459	140.871	146.888	180.042	194.635
保险税	2.266	7.243	8.750	10.284	11.138
机动车辆税	4.251	7.015	8.673	8.488	8.443
土地继承税	148	5.241	4.791	5.290	7.389
赌马与彩票税	1.045	1.801	1.813	1.412	1.432
b)消费税					
能源税	17.702	37.826	10.101	39.838	39.305
电力税	0	3.356	6.462	6.171	6.973
烟草税	8.897	11.443	14.273	13.492	14.143
其他间接税	8.134	5.550	5.281	5.233	8.282
c)关税	3.662	3.394	3.378	4.378	4.462

还有一个重要的进一步分类：有些税种是持续征收的（例如营业税），其他只针对一次性的事务（例如土地购置税）。

对于伴随着营业事务征收的税种有一个问题，即谁是经济上真正承担税负的人。这里经常会用到几个相近的概念，但各自表达不同的事务。纳税义务人（＝债务纳税人）法律上定义为（§ 33 Abs. 1 AO 第33节第一段）："纳税义务人是欠有税负、承担付税义务，为第三方账单扣除与缴纳税务、提交纳税申报者，保证完成管理账本与记录或要履行税法中对纳税人所规定的其他义务。"

税务支付者是将税支付给税务局的人，他并不完全与纳税者一致（对于工资所得税来说，职员是纳税者，企业是支付者，因为它扣除并缴纳工资所得税）。税务最终承担者法律意义上应该是在经济上承担税收的人（例如对于营业税，最终使用者是税负最终承担人）。如果发生税负转嫁，人们还可以区分税负最终承担者和税负支付者。课税对象指的是对什么征税（例如营业税的课税对象是销售行为），税基是课税对象的数量（例如销售收益），由税基与税率得出税负。

税负反映了许多企业经营事务。有许多税种是只有自然人负担的；企业的盈利归属于所有者并要对此征收收入所得税。法人（股份公司、有限责任公司）的盈利由企业自己承担纳税义务，这里产生了企业所得税，可以看作股东与股份持有者的收入所得税。我们将把自然人从事企业事务的税记作企业税负。

施奈德(1994,第 111 页)草拟的系统给出了一个对企业税负极佳的概览,我们将采用这套系统来进行介绍:

(1)对企业资金的征税。包括:①对资金筹集的征税。②对土地购买的征税:土地购置税。③对进口征税:关税与附加税(欧盟针对欧盟以外国家农产品征收的进出口调节税)。④对企业资金全部库存的征税。⑤对企业自有资金支配权变动的一次性征税:遗产税与捐赠税。⑥对资金投入的征税。⑦对生产前提的征税:土地税。⑧对企业资金投入的征税:机动车税。

(2)企业绩效的税收。包括:①对单个企业绩效的征税。②对单个产品的征税:消费税(例如能源税)。③对单个行业绩效征税:附加的流转税与乡镇税(例如保险税)。④对企业绩效的一般征税:销售税。⑤经济结果的征税。

(3)对个人经济结果的征税:收入所得税。

(4)对单位经济结果的征税:企业所得税。

(5)对工商企业经济结果的附加征税:营业税。

克拉夫特(Kraft,2004)给出了所有与企业征税有关的税收及其在整体税负方面的共同作用。许多公司还没有对税负的规划,虽然在短期会实行税务策略,以实现短期内最大可能的税务节约,然而还是缺失对税负的长期规划。

3.7.4.3 税务规划与监控的管理控制任务

税务规划是对税负高低与税务支付时间点的预先确定(Wagner & Dirrigl,1980)。这是可行的,因为税负不是凭空而来的外部数据,在很大程度上是可以通过措施来对其进行构建。

税收可以双重方式融入企业计划中:(1)税收首先可以作为子计划中的前提(例如在投资计划中考虑税务影响)。从法律上来说,这里涉及"行为构架"的问题。(2)税收可以是特定子计划的对象,由此来计划结果与偿债能力的税负。税负规划要求税法的"事务执行或避免",即人们从已知行为出发并寻找它最佳的税务处理方式。这种情况在狭义上称为税务规划。

狭义的税务规划中一个重要的子领域是税务平衡规划,它的核心是对资产负债表与评估选择权的最佳构建。

税务规划的职能子方面包括(Koschmieder,2000,第 912 页):(1)构架职能:税务行为构架、选择权与判断空间符合目标效用。(2)信息职能:通过税收支付实现偿债负担的量化与终止。(3)保险职能:税务支付风险的披露、量化与降低。

结果导向的税收次级目标包括(Koschmieder,2000,第 912 页):(1)相对税收支付负担最小化。(2)税务管理成本最小化。(3)相对补贴最大化(最大利用税收优惠与资助条例)。

作为税收规划的狭义替代方式,我们考察事务执行或避免的可能性。这首先涉及税务上允许的选择权,这里不包含所谓的行为构建选择,否则人们就必须将整个企业规划视为税收规划。它们是企业子计划的对象,在特定情况下,这些子计划绝对可以在税收视角下进行(例如投资规划)。在事务执行前,税负受税收导向行为构建的影响,在事务实现后,它受到税收选择权影响。

在进行税负规划时,根据税收的重要性与复杂性,我们重点研究占有税(收入所得税、企业所得税、营业税和土地税)。在占有税中,收益税(即对企业盈利征税)又特别重要。

许多企业的税收规划都是从短期视角出发,短期的节税通常会导致长期税收损失。

曾德(1975,第 101 页)认为,这种单方面的思考方式有两个原因:(1)鉴于无法看到税收系统的全貌,信息获取耗时巨大。(2)在税收领域,期望的不确定性是规划中一个特别的难题。

对于税收导向的行为构建有三个主要的界限(Eisenach,1974,第109页):(1)企业政策上提供的边界;(2)归属与布局边界;(3)税收合法边界。

为了实现战略规划的目标,首要任务在于收集税收系统中长期可能发生变化的信息并弄清税收变化的影响。在进行一些战略决策时,要首先考虑税收影响(Kußmaul,2006,第415页):(1)企业选址;(2)企业法律形式的选择与变更;(3)企业合并与拆分。

在选址时,必须认清国内与国际选址的区别。国际选址在征税方面主要受以下因素影响(Kußmaul,2006,第623页):(1)由于国家间的税差造成的征税差异("低税区""保税区");(2)税收政策上的优惠措施造成的征税区别;(3)反逃税的法律,使得企业选址没有吸引力。

尤其是电子商务领域的迁址,电子商务不需要大规模建造或拆除生产设备,就可以在企业之外的任意一地经营,在紧接着的几年中可能会发生企业选址上更激烈的"税收竞争"。

然而,在德国也有税负区别影响选址,例如一家新子公司的选址。同样的税种在不同的地区,其高低也不同:(1)特定税种(如土地税、营业税)在不同地区的税率不同;(2)区域特别规定(例如对新联邦州)。

特定税种的征收以及特定税种税率的构建是各个地区与乡镇的权限,这是形成差异的原因,区域特别规定涉及税收优惠。

德国税法对不同法律形式征税上的规定是不同的。根本区别首先在于人合企业与资合企业的征税,这些区别涉及以下事实(Heinhold,1996,第48页):

(1)不同税种:对个体企业与人合企业的利润只需征收合伙人的个人所得税,这将抵消由股东支付的个人所得税。相反,对资合公司的利润要征收企业所得税。在资合公司会对财产双重征税:对企业征收一次,对合伙人(股东以及所有者)征收一次。

(2)不同税率:对个体企业与人合企业的营业税适用累进的盈利计税率。对于资合公司有统一的盈利计税率。

(3)不同税基:税基"利润"在人合企业与资合公司是不同的。

如果最初选择的企业法律形式渐渐不再合适,那么就有必要转变。转变过程遵循详细的税收规章,这些规章首先涉及对隐性储备的利润征税。总之,如今转变过程可以说是与税收无关的。

企业可以联合成为一个更大的经济统一体。重要的是,在规划联合的过程时,要考虑对康采恩、卡特尔以及利益共同体的税负规章。

确定产品计划、产能与行动的中期规划行为,也要考虑所做决策对税收的影响。这具体意味着两方面:(1)人们首先要认识到所做决策的税收与结果导向的后果;(2)在规划核算时要考虑税收影响。

接下来,我们简要谈一谈收益税对企业子计划最重要的影响(Wöhe,1997),其他税种的影响没有那么重要,这里就不进一步展开了。

在对投资进行规划时,要注意计划投资利润将导致税收。在(动态)投资核算中,税收是附加的支出,它会减少投资的现值。而利润税与盈余减折旧有关,因此税负与税收所允许的折旧多少有关。对比其他折旧进程,前几个使用年度税收的特别折旧会使资本价值上升。在比例税率下,次年较低的折旧额节省税收,但较晚支付税负的利息就是税收节省。

在财务规划领域,要考虑税法可以阻碍或者促进融资,因为某些融资方式会导致附加征税或者税负增加。首先可以通过设立非公开和/或公开的留存收益,或者通过税率,促进或者限制内部融资的可能性。内部融资可以由此得到促进,即股息首先不征税,而是转入公开的留存收益,这些留存收益在之后几年才会作为利润提取,由此产生了税收延迟。适用的税法包含一系列设立非公开留存收益的可能性(递减的折旧、特别折旧、转为非公开留存收益)。这些都对内部融资有积极影响,因为盈利份额不征税。如与相应条款的规定相反,当然就对内部融资造成负面影响。

在生产与销售规划领域一般涉及税负对企业成本水平的影响。这里我们不讨论不同税种的成本特点,这个问题是根据决策来回答的;在做每一个具体决策时都要考虑,决策是否会改变税负,以及会改变多少。

在运营规划中,对税收行为的考虑首先涉及运营流动性规划。税负规划必须与其余规划一起制定,它们是互相联系的。企业子计划一般以企业职能为导向。在该视角下,税负规划被视为"跨职能规划",因为它必须采用所有子计划中与税收相关的数据;它又是"二级规划",因为它首先处理从其他计划中获得的信息。

税基(例如利润)一般是企业自己计算出来的,这就使得税务机关对纳税申报陈述的定期检查非常必要。税法中还有更多的检查措施,在这些措施中,所谓的外部审计扮演着主要角色。这里企业有很大的参与义务。在大企业中,外部审计一般三年进行一次。在税收外部审计中,由企业实现及申报的税收事实都要受到税务机关的监控,这里可能会出现两个重要的目标现实比较问题:(1)具体与税收有关的事实确认;(2)税收条款的注解。

在个案中有许多困难,原因首先在于,企业的税务规划在事实确认及税法解读时,还是自己的税务目标为导向的,相反,税务局是以财政目标为准绳的。此外,税务条款的解读并不总是明确,这造成了在外审框架下,税务局与企业间可能会在某些事务上出现意见分歧,有时要通过法院判决才能澄清。

对企业自身来说,监控的必要性分为两个方面:(1)在行为构建与税务条款的解读方面,税务规划要受到持续的检查;(2)外审报告的确定要经过深入的检查("双重审计")。

管理控制在征税领域的协调任务首先在于,考虑企业规划中的税务影响并协调税负计划与其余的子计划。另外,要将企业征税的"法律导向系统"融入企业管理规划与决策核算系统(Eisenach,1974,第59页)。在这个领域中,激励与咨询是重要任务,这涉及"流程规划"。

"物质规划"意义上的税负规划(狭义上的税务规划)不是管理控制任务,因为它们首先基于流动性而属于财务管理,这也是税务管理的任务,通常与外部会计相融合。

在美国大型企业中,税务部门传统上有以下任务(Cohen & Robbins,1966,第761页):(1)关于领导决策税务影响的咨询;(2)关于税务义务对企业领导的咨询;(3)关于税务问题对决策线部门的咨询;(4)税务记录的组织;(5)税务事务的协调;(6)单个企业领域出于税务目的数据采集协调的保证;(7)与其他部门在税务问题方面的合作(例如在折旧率方面与生产部门合作);(8)税单的编制,进行税务支付;(9)税务回执的监控;(10)与税务局关于税务问题的交流;(11)与外部审计的合作;(12)税务争端的参与;(13)税务记录的保存。

任务描述表明,人们可以从税务管理的大规模集中化出发。税务任务集中化的首要原因是对任务承担者能力与知识的特殊要求,税务关系的复杂性要求专门人才。第二个集中化的原因是存在于各个税种间的复杂联系。在德国的管理实践中,中小型企业的"税务管理"大多由外部税务咨询师进行,重点在于及时进行符合形式要求的纳税申报。

德国大型企业的税务部门通常都是非常注重税法的,同时非常注重会计报告。仅仅有税务管理是不够的,对税法合规的监控方面越来越重要("合规")。

对所有企业都重要的是,要有融入结果导向整体规划的规划与监控导向的税务管理,规划与监控系统必要的连接和通过管理控制师的连接协调任务相对应。

3.8 实践案例

3.8.1 经验知识

对于规划与监控经验调查数量十分全面巨大,这里我们不尝试全面讨论它的问题设置与结果。达沃斯基、弗雷和申特勒(Dworski,Frey & Schentler,2009)给出了一个德国国内与国际对于规划与预算各种研究很好的结构化概览。

接下来,我们介绍的两个核心方面要依靠经验调查的结果来阐述与支持,这涉及:(1)运营规划与预算的构建;(2)企业管理实践中战略规划流程的设计与参与者。

作为首个经验性研究,应找出跨行业问卷所需最重要的知识(Leyk & Kappes,2013),在这份问卷中,主要调查了德国、奥地利和瑞士的企业(有效问卷:248),尤其是关于企业运营规划与预算的安排与面临的挑战。

总的来说,可以确定以下几个重要结果(Leyk & Kappes,2013,第 2 页):

(1)一般来说,受访公司计划得十分细致,并且运用双向方法作为主要的规划方法(68%的受访公司)。

(2)超过 80%的参与研究者有确定的规划目标价值,有的在战略规划和关键值交流的框架下,有的作为运营规划前或运营规划时独立的流程步骤。

(3)被采访企业规划持续时间的范围从少于 6 个规划周(9%的受访企业)到明显大于 20 个规划周(8%的受访企业)。多于 2/3 企业的规划持续时间在这个范围以内;大部分企业(34%的参与研究者)的持续时间在 11~15 周之间。

(4)在预测方面,绝大多数受访企业(94%)还一直在经营年度末做出短于一年的预测。只有大约少于 1/6 的企业至今使用始终相同时间长度的滚动预测法(例如未来的 5 个季度)。

(5)非常有趣的是对规划中 IT 工具使用的研究结果。表格核算解决方案似乎还是处于领先地位(40%的受访企业),只有 13%的受访企业在规划中使用 ERP 软件,而将近 1/3 的企业也使用特殊的规划软件。

(6)如上所述,在文献与管理实践中,有很多关于规划与预算进一步发展的想法。研究结果也反映出这一点,例如,大约 60%的受访企业认为,在自身规划系统的规划流程、规划持续时间以及规划质量上,在减少费用方面还有优化潜力。

(7)在研究参与者中,规划与预测 IT 支持方面的改进(46%)、规划中进一步的自动化包括建议值的使用(43%)以及对模拟与场景更深一层的考虑(40%),在现行改变措施中处于领先地位。

"BMS 控制的一个进一步优化领域是,在我们核心流程中持续不断的场景分析。由模拟软件的投入来支持战略规划、运营规划与预测,使我们能够核算动态场景,即'在飞行中'核算。"

——亚历山大·贝克尔(Alexander Becker),拜仁材料科学股份公司的集团管理控制部总经理(Becker & Schulze,2013,第 22 页)

这里同样要简要介绍关于战略规划流程设计的进一步研究(Günther & Schäfer,2012,第342页)。研究参与者是来自不同行业的164个大型企业,受访者主要是管理领导层、管理控制师和战略部门的专家。以下是一些重要结果:

(1)在研究参与者中,战略规划的焦点在于与管理控制师其他任务的连接,如偏差分析、财务规划或者预算。另外,强调与目标协议的特别联系。

(2)在受访企业中,战略规划单个流程步骤的规划强度千差万别,特别重要的流程步骤有"企业范式""战略目标规划"中期及短期目标规划或持续监控;像供货商分析、资产组合分析或者竞争战略研究的流程就显得不那么重要。这与结论很相近,即"尽管有长期战略方向,企业中存在着巨大的落实与实施的压力"(Günther & Schäfer,2012,第345页)。

(3)有趣的结果是,问卷调查显示,在战略规划流程单个阶段内,相应的领导层也有参与(参见表3.16)。按照教科书的说法,战略规划是高级领导层的任务,与中级领导层有一部分联系,而无领导责任的下级领导层或者职员很少参与到规划步骤中来。

(4)参与研究者对战略规划结果的使用既有诊断的特征(例如目标遵循),也有互动的特征(例如,顶层管理重点关注战略规划或对战略规划数据进行评估并用于企业进一步发展的新思路)。

表3.16　　　　　　　　　　战略规划流程单个阶段中领导层的参与

	高级管理层	中级管理层	初级管理层	无管理任务的员工
阶段1: 战略目标规划阶段(例如任务、愿景、哲学/价值、战略目标)	65.3%	25.6%	5.5%	3.6%
阶段2: 战略分析与预测阶段(例如环境分析、竞争分析、内部优势与弱点分析)	36.5%	35.9%	16.5%	10.9%
阶段3: 竞争战略开发、评估与选择阶段(即竞争战略的拟定)	52.0%	34.1%	9.0%	4.9%
阶段4: 竞争战略实施阶段(例如短期、中期目标与措施规划)	30.1%	40.3%	19.3%	10.3%
阶段5: 评估与监控阶段(即竞争战略实施遵循目标的实现程度)	36.8%	37.6%	16.9%	8.7%

资料来源:Günter & Schäfer(2012,第344页)。

3.8.2 斯图加特机场有限责任公司:战略与运营规划

斯图加特机场有限责任公司是国有参股公司,巴登—符腾堡州占股65%,斯图加特市占股35%。斯图加特机场每年运送乘客970万人次,属于德国较大的机场之一。除了运送乘客,航空货运以及航空邮政每年共运输约31 600吨货物,是第二大支柱。这两个业务领域平均每天起降飞机341架次。

整个机场集团拥有约1 700名员工,销售额2.62亿欧元,营业利润2 090万欧元。斯图加特机场有限责任公司自身雇用932名员工。2014年公司销售额达2.36亿欧元。航空业务以60.7%的比例占据销售额最大份额,其业务范围主要是对起飞与降落设备的管理、飞机以及乘客的发送。2014年,非航空业务销售额占总销售额的39.3%。斯图加特机场的非航空业务主要包括经营楼宇建筑、出租租赁及提供供应服务(参见组织结构图)。斯图加特机场用2014年2 980万欧元的税后利润证明了,国有企业也可以有效经营。

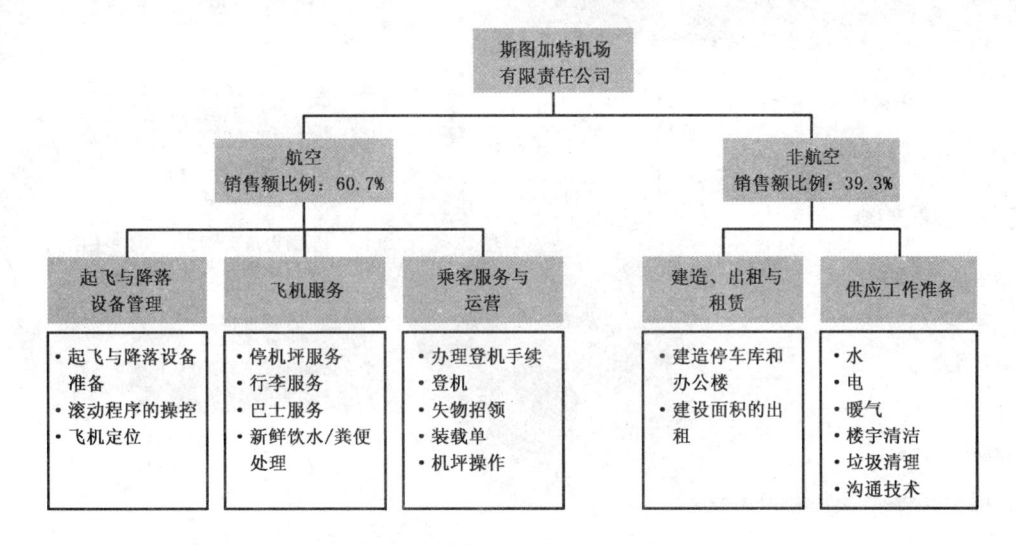

```
                    斯图加特机场
                    有限责任公司
              ┌──────────┴──────────┐
            航空                    非航空
      销售额比例:60.7%          销售额比例:39.3%
    ┌─────┬─────┬─────┐         ┌──────┬──────┐
  起飞与降落  飞机服务  乘客服务与    建造、出租与   供应工作准备
  设备管理            运营          租赁
  ┌────────┐ ┌────────┐ ┌────────┐ ┌────────┐ ┌────────┐
  •起飞与降落 •停机坪服务 •办理登机手续 •建造停车库和 •水
   设备准备  •行李服务   •登机       办公楼      •电
  •滚动程序的 •巴士服务   •失物招领   •建造面积的出 •暖气
   操控    •新鲜饮水/粪便 •装载单     租        •楼宇清洁
  •飞机定位   处理      •机坪操作              •垃圾清理
                                           •沟通技术
```

斯图加特机场对环境有着巨大影响,是航空的系统支柱,同时以其250个公司约9 500名员工(包括所有服务提供商与行政机关)属于巴登—符腾堡州最大的雇主之一。由于与之相连的社会责任,很明显,企业行为的可持续性一直具有特别重要的意义。从历史上看,人们一直采取措施来减少与优化由于机场经营及与其相联系的成本所导致的环境负担。由此斯图加特机场有限责任公司(FSG)如今拥有全面的可持续管理。

可持续性定位的出发点是斯图加特机场有限责任公司的长期愿景,内容如下:"我们一直希望是欧洲绩效最强、可持续性最高的机场之一。"

这个愿景可以转化为三个企业上级目标,即斯图加特机场有限责任公司想在经济上成功,同时兼顾社会责任(对于员工与社会)与生态环境。

按照之前描述的可持续性战略定位,斯图加特机场有限责任公司也遵循嵌入式的可持续性操控理念。这意味着,企业将按照经济、生态与社会标准和目标来做决定。由此,斯图加特机场有限责任公司的管理控制对自己提出了要求,将所有相关信息都保存在"统一中央系统"(Single Point of Truth),并为连续的报告与分析提供高质量数据。运用这种方法,财务数据能够更快、更方便地与企业数据及属于其的资源消耗(即排放值)相联系。传统的管理控制因而经历了新的、生态与社会内容的拓展,这样可以避免与企业管理控制平行的可持续性管理控制冲突,在传统的管理控制循环中,可持续性将被排除在分析、规划、实施与监控之外(Fundel, Koch & Isensee,2013,第203页)。

为了实现企业目标,斯图加特机场每年实施一次两步规划流程。在此,企业区分短期运营规划与长期战略规划(参见图3.57),企业首要目标是,与可持续性项目价值导向结合的企业价值可持续上升。对此,斯图加特机场采用了预测期限十年的现金流贴现法。通过场景与敏感度分析,以适度风险的利率模拟可能事件与大型投资对企业价值、流动性、排放与目标的影响。除了不同乘客状况的发展,可想象的场景对提高能源效率科技投资的影响。为了确定现金流,斯图加特机场实施了在不同的销售量/销售额预测下，不同的成本预测与分散的投资规划，包括确定随之而来的电力、燃料与CO_2变化，只有通过收入与支出的对比，才有可能做出现金流预测。战略规划流程的结果是战略的预测，可持续的企业价值最优投资项目的确定，与为了以平均占用资本回报(ROACE)为目标，把电力与燃料使用作为运营关键业绩指标(KPI)。

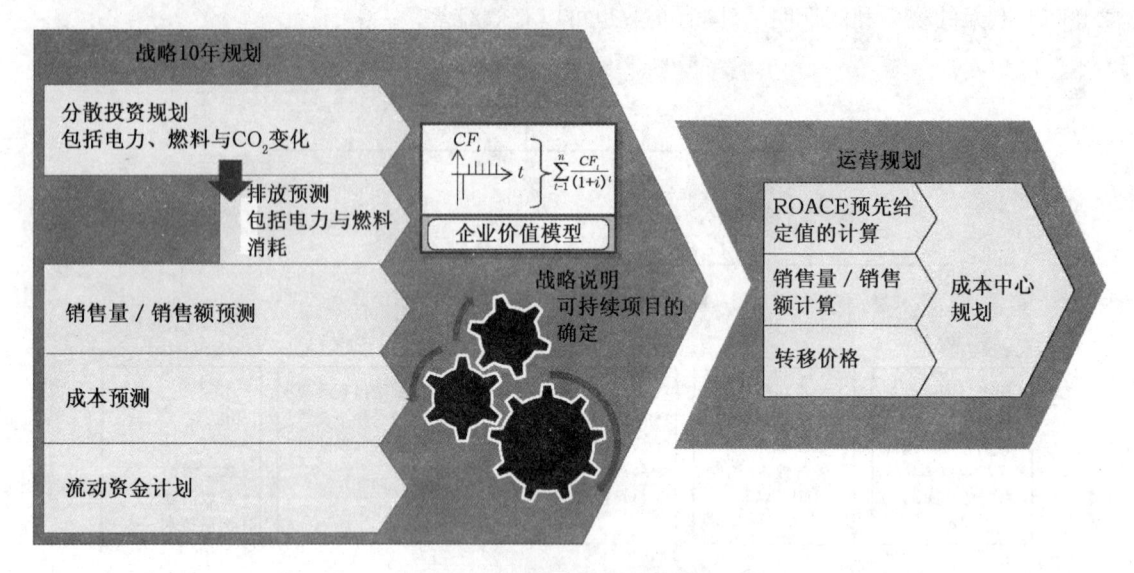

图 3.57　战略与运营规划流程

这里要考察，基于机场的高设备密集度，从而在其他变量不变的情况下，业务量增加导致固定成本减少，由此基于 ROACE 的总体表现也会改善，业务量主要取决于乘客情况。然而，乘客情况在短期内受到机场的影响极小，主要由经济景气波动决定。由此可以得出，ROACE 目标以具体乘客情况为基础。进一步得出，在 ROACE 改善下，却可能有更差的表现，当乘客情况更好的时候就是这种情况。为了排除经济因素影响来评价具体营业年度的表现，在直接与乘客有关的经营领域与整个企业的层次上，运营规划与操控的管理控制提出了乘客总量的线性目标函数$[ROACE = f(x), x$ 为百万人次$]$，在可持续性项目中确定的排放、电力与燃料情况是约束条件，也要引起注意。在可持续性管理控制的进一步扩展中，也会加入社会可持续性的标准——如工作满意度——作为进一步的约束条件。

在经营年度预期乘客总量的运营扩建规划框架下，斯图加特机场责任有限公司采用了双向方法。这意味着，运用战略规划知识并基于集团管理控制部建议，企业管理层预先确定了自上而下从战略规划到业务层面年度目标 ROACE 的任务。在直接与乘客相关的业务领域，各自的目标函数由期望乘客总量得出。在自下而上流程的框架下，每年企业成本岗位的成本以符合成本种类的方法计算出来（参见图 3.58）。对此，在这种处理方法的框架下，成本岗位领导计划不同的初级与次级成本，这些对得出成本岗位要求的绩效量是必要的。这假定，要求的绩效量之前从销售量/销售额导出。机场的有些业务领域出现了"瓶颈"并落实到企业子业务领域，机场公司开始在这些子业务领域采用古腾堡的规划平衡规则。因为机场作为服务商无法在生产时堆积产出存货，因此销售量/销售额直接由生产决定。

销售量/销售额规划可以细化分为：通过使用 SAP-BW 收集过去 12 个月所有航空事务的数据，以月份/顾客/机型/里程（包括交通量与销售额）作为特征标签压缩到一个多维数据块。

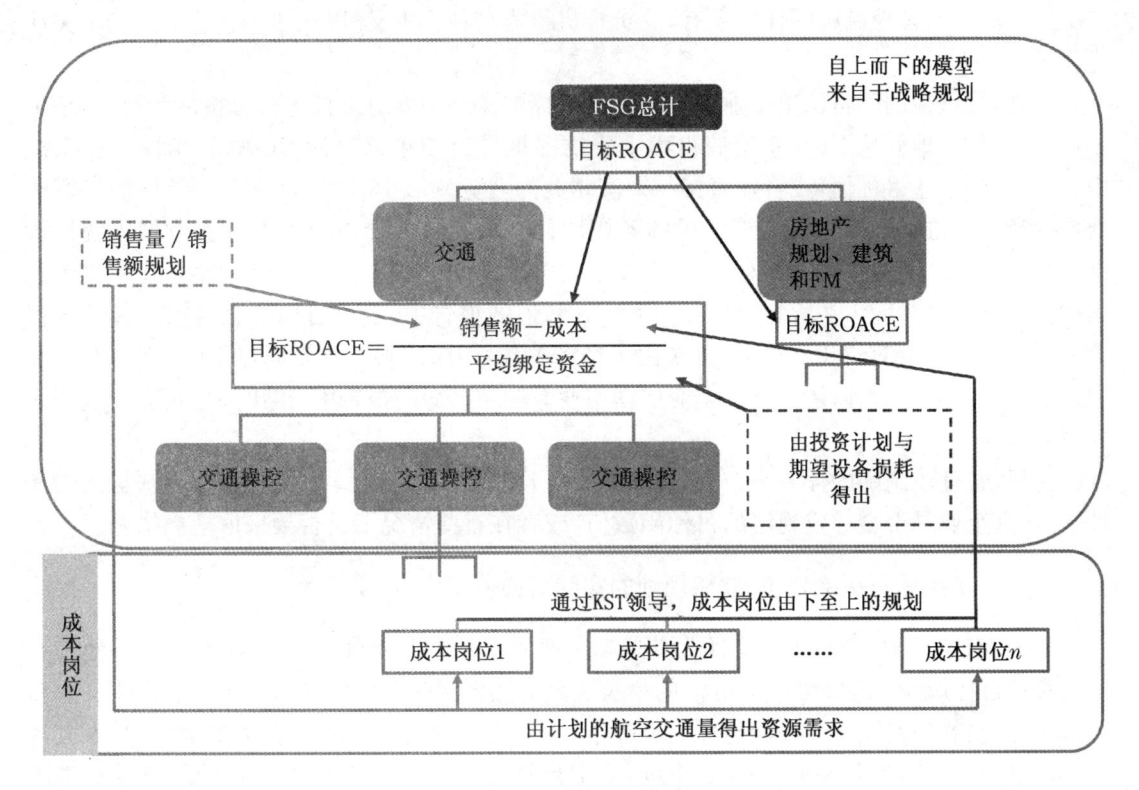

图 3.58 双向过程中的运营规划流程

这些数据是基本的规划基础,在销售中,将以现有知识为基础,对这些数据进行进一步加工。对此可以使用一系列之前设置的规划提纲,用这些提纲可以根据不同的标志组合来加工数据块。例如,可以添加或取消单个里程或者航线,对它们进行不同的修改,以及实行对期望组合总体增长因素的整体重新评估。对机场提供的产品,例如摆渡车服务或行李运输,在流程层面,根据成本核算必要的航空事件变体,企业处理系统将计算出对参与人员与设备成本岗位的不同标准投入量,标准投入量将记入工作计划与零件清单,在其帮助下,可以在系统中计算出计划交通总量必要的市场绩效成本。在计划中,也就是依据一年以内的实际数据,通过绩效核算(绩效量×成本率),成本将从参与成本岗位转移到具体航空事务绩效目录的子流程。结果是,一方面,在数据块中产生了对生产、顾客与航线业绩多维核算的不同数据基础;另一方面,在每个成本岗位的绩效核算时,由于销售量/销售额中期待、季节性波动交通总量的生产要求,绩效量基于时段进行核算。有了不同的成本岗位扩建规划,现在就能自下而上研究或者有时需要自上而下地调整任务。这个流程的结果是,为所有成本岗位、产品、流程以及顾客做好准备,系统中有用于年内操控、经校验与目标一致的计划值与计划量(Koch & Weber, 2008,第 124 页)。

为了实现年度目标,在年内操控流程框架下,人们会做一项持续的计划与实际偏差分析,以期在需要时马上采取行动。

在斯图加特机场责任有限公司的规划与操控流程中,管理控制师担任重要角色:他们协调并伴随领导流程,全程提供咨询。在规划期间,他们用其方法支持领导层,从业务领导人到成本岗位领导,为其提供咨询,并代表整个企业利益与企业经济的良知,保证做出基于理性基础的决策。同时管理控制师的任务还有，反抗投机行为与利己主义，以从整个企业的角度来关注优化潜力。

另外，管理控制师将从单个业务领域年度目标的实现角度对月报进行分析。为此，在单个企业单位层次，他们从 ERP 系统获得由上年情况推导出的年末累计 ROACE 情况。在系统中，可以得到上述目标值，或者在直接与乘客相关的业务领域中，以各自具有季节性的目标函数作为衡量标准，从技术上来看，这里的各线性目标函数的参数 m 和 b 被作为领域内统计指标。此外，指标"期望年度乘客总量"在系统中记为 x 值，管理控制调整该值，使其在一年内总是适应当下经济环境。在所有包含目标 ROACE 值的报告中，定义目标值总是通过线性方程等式 $y=mx+b$ 计算得出。例如，如果由于经济萧条，期望的乘客总量明显下降，必须在系统中只录入当前期望值，以便在整个企业层面与业务领域层面的报告中，得出弹性规划中适合业务量的标准。

这里，管理控制师的任务只在于，检验 ROACE 发展的可信度，并在进一步信息与框架条件下，研究企业是否会达成规定的目标函数值，或者在有些情况下是否要采取适当措施。

3.8.3 慕尼黑再保险公司：战略规划的实际实施

130 多年来，慕尼黑再保险集团为其遍布全球的顾客提供全面的风险管理方案，并使其有可能实现可控风险下可持续盈利导向的增长。慕尼黑再保险公司以它的三个经营分支——慕尼黑再保险、德华安顾人寿保险与慕尼黑健康——活跃在所有保险领域，遍布全球，其中大约 13 000 名员工在再保险领域。2013 年度，慕尼黑再保险集团的贡献收入总计超过 510 亿欧元，盈利超过 33 亿欧元。

在再保险业务领域，慕尼黑再保险 2013 年度保费收入约 278 亿欧元，是全球领先再保险企业之一。在医疗保险与再保险领域，慕尼黑健康业务领域在全球已有 20 多年的经营经验。在增长最快的保险市场之一，慕尼黑健康提供未来解决方案，它在 2013 年度获得了大约 66 亿欧元的保险费，它的初始保险行为归于德华安顾人寿保险，其在 2013 年度赚得了约 167 亿欧元。

慕尼黑再保险复杂的商业模型需要一个不同但严格的战略流程。这里，平衡计分卡(BSC)被作为战略规划与战略实施的核心工具。慕尼黑再保险的平衡计分卡理念进一步遵循财务、市场/客户与流程层面的理念。对于一般称为"资源/能力"的层面，因为人力资源是成功因素，所以被视作"员工"层面。

自从 2002 年引入了平衡计分卡以来，其理念便持续进一步发展。而其基础理念还是没有改变：其基础是整个企业集团的长期目标、慕尼黑再保险集团的任务陈述与基础的企业价值。在这个框架下，基于不同框架的分析与参数的内部预测（国民经济、需求、竞争、风险偏好以及管理和其他框架条件的发展与趋势），起草制定定性与定量的战略目标与建议，与测量参数[关键业绩指标(KPI)]与目标值[关键目标价值(KTV)]一起交存，并定期审核确定目标定性与定量角度的实现程度。

战略目标的时间期限一般是 3~5 年。通过清晰定义的衔接点与反馈以及运营规划流程可以保证，战略在运营规划与其实施中得到落实。运营规划的实现在全球都建立在 SAP 基础上，与其相反，定量战略规划明显以 Excel 为基础。数据完整性的潜在不足将通过降低规划深度最多到业务领域层面得以克服，以及仅仅关注一些 KPI（如奖金、运营结果与价值增加值）而减少考察对象，对于其下的整体以及单个的产品部门将有意不做计划，这仅仅发生在运营规划中。最近几年，对战略规划的精细度要求有所下降，财务"责任"处于上升地位。

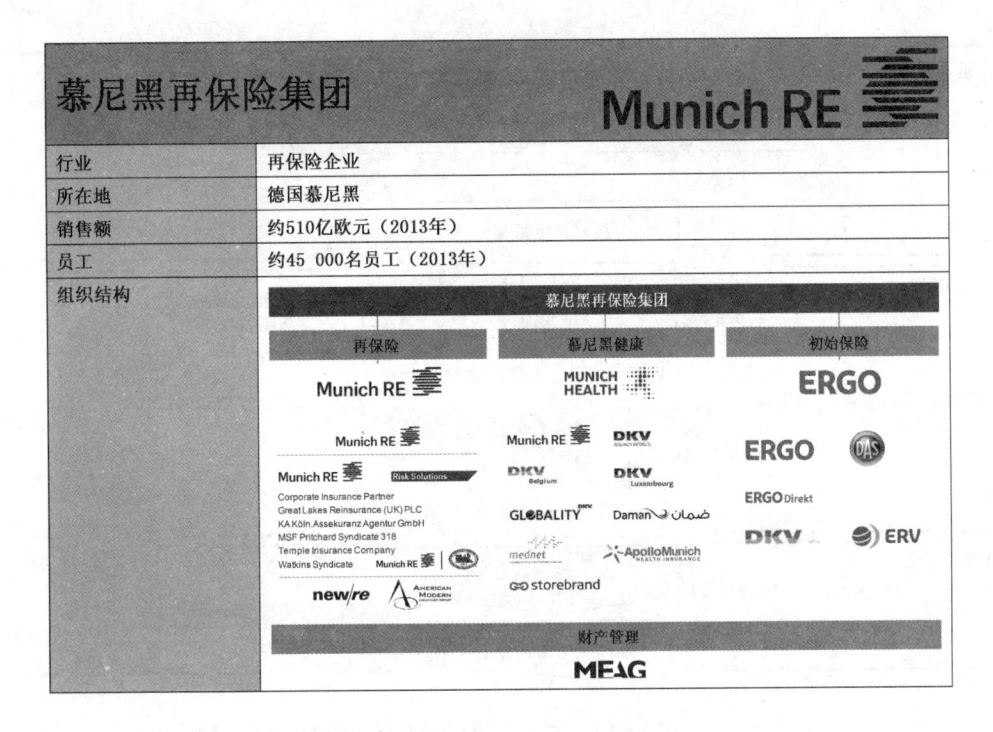

慕尼黑再保险集团	Munich RE
行业	再保险企业
所在地	德国慕尼黑
销售额	约510亿欧元（2013年）
员工	约45 000名员工（2013年）
组织结构	慕尼黑再保险集团 再保险 / 慕尼黑健康 / 初始保险 Munich RE / MUNICH HEALTH / ERGO Munich RE / Munich RE / DKV / ERGO / DAS Munich RE Risk Solutions / DKV Belgium / DKV Luxemborg / ERGO Direkt Corporate Insurance Partner / GLOBALITY / Daman / DKV / ERV Great Lakes Reinsurance (UK) PLC KA Köln Assekuranz Agentur GmbH MSF Pritchard Syndicate 318 / mednet / ApolloMunich Health Insurance Temple Insurance Company Watkins Syndicate / Munich RE new/re / AMERICAN MODERN / storebrand 财产管理 MEAG

接下来详细论述涉及再保险业务的战略规划流程(下文称为慕尼黑再保险)，介绍重点于运营，即市场与顾客单位。

众所周知，再保险行业中，每年1月1日是重新谈判到期失效再保险合同的日子；慕尼黑再保险每年1月1日等待处理超过60%的失效组合。因此，战略规划流程的节奏以运营规划流程为导向，而运营规划流程又在新的谈判之前：慕尼黑再保险的战略规划始于春季战略分析，终于夏季到运营规划的过渡。主要谈判日1月1日左右(从10月到次年2月)是不做规划的，以使负责市场的单位不受内部流程之累。

战略规划年的重要时间点是集团层面春天的保密会议，以及接下来慕尼黑再保险春天的保密会议。在前者，集团将确定慕尼黑再保险业务领域的战略目标；在后者，执行董事会将确定并通过再保险业务领域的BSC。接着，BSC工作小组给出职能部门战略，在这个战略中，小组层面的任务细化到每个职能部门，有时会补充一些职能部门特定的元素，并使之转化为职能部门BSC(参见图3.59)。

狭义的战略发展到此结束。在职能部门中，会提到战略实施，为了保持一致性，从小组任务与职能部门任务到运营领域与部门转化的解释自由是受限的。这通过BSC工作小组发生在部门领域层面，这些工作小组可以中止部门领域或责任职能部门任务，并开始起草制定具体方案(包括责任、目标实现参数以及时间规划)。

在所有BSC工作小组中，一般来说，BSC的"拥有者"，即负责制定BSC的人，像直接向他汇报并最后实施BSC的员工一样参加工作小组。对于执行董事会职能部门层面，职能部门董事作为"BSC拥有者"，像直接向他汇报的管理层(即部门领导)一样参加工作小组是值得效仿的。

上述的战略规划流程遵循一贯的自上而下的理念。相反，运营规划流程是由意愿操控、有反馈机制的自上而下流程。战略与运营规划流程之间的重要接口是部门领域计分卡：战略规划随着部门领域计分卡的制定而终止，部门领域计分卡包含了直接从战略规划流程转向运营规划流程的元素。

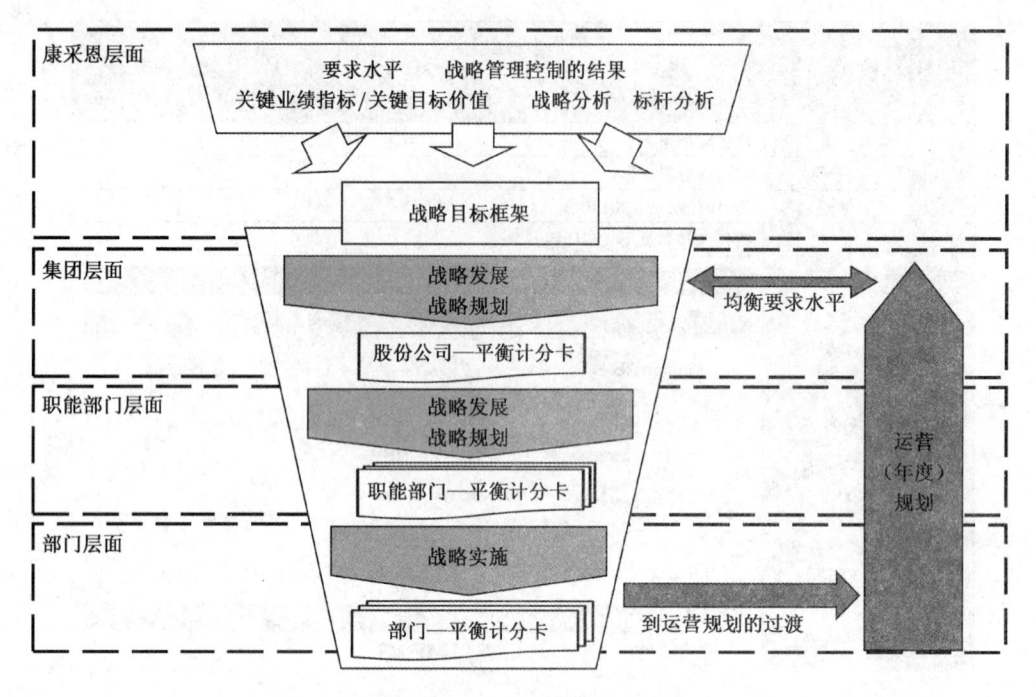

图 3.59 战略规划流程的内容视角

在对年度运营规划详细讨论的框架下,也会批判性地探究对战略建议的适当考虑,验证它对运营规划参数的量化影响,并用中期的意愿水平(五年期的货币量化目标)对其进行调整。

最后,在秋季会议上,进行主要(大多是财务的)KPI的战略要求水平与从运营规划聚集而产生的情境之间的平衡。在此,会在一个广泛的意义上使用战略发展的概念。原则上,战略自然不会在每个循环中都有新的发展,而是对大多数元素仅做了调整、加工。除了对变化的框架参数的考虑,如需求、供给、竞争、管理或者司法权力,通过大规模的输入流程可以确定,新兴战略与发展、机会或者风险一样对结构的战略检测有影响,而由于它们自身有限的影响,例如本地或者细分市场,还尚未也无法纳入集团宏观经济分析。另外,这个输入流程收集对于主要战略元素的反馈,后者没有纳入结构性战略管理控制(例如,具有决定意义的战略建议对地域性特殊市场环境的适应困难)。

战略开发的出发点是三四月份进行的战略分析。一方面分析主要框架参数的发展和趋势,并在战略规划时间期限内对其进行预测;另一方面,将根据定性与定量的参数来实施市场与竞争者开发,将慕尼黑再保险的数据与定义的参照组进行对比,并听取外部专家(如评级机构或投资银行分析师)的意见,这些分析是运营规划的基础。

与此同时,在战略管理控制中,有最近几年平衡计分卡目标达成与建议实施情况的集中调查。集团职能部门"战略与组织开发",将根据战略分析的知识与战略管理控制对慕尼黑再保险的重要性进行评估、排序并整理5月春季会议的结果。以有组织的研讨会形式,执行董事会对更新及实时的BSC进行加工。在研讨会中,将按顺序定义或至少调整以下内容,首先是要求水平与目标层次,接着是对目标实现必要的小组战略提议。测量参数(KPI)与其理论值(KTV),一部分直接在BSC研讨会上分类进入不同目标,一部分之后通过运营领域部门分类进入目标。

一般来说,在研讨会之后进行的执行董事会会议上,将最后合乎程序地通过慕尼黑再保险的 BSC;该 BSC 是高层管理的核心交流工具,同样也是董事会具体部门中战略开发的基础。

同时,为了与所有员工交流战略基础定位,将编制一份特别的 BSC 交流版本。在这份易于大家理解的"内部 BSC"中,再次完整呈现战略地图(参见图 3.60),但是出于保密原因不包含细节的提议、实现时间或测量值与目标值。更多是对每个目标的解释,这个目标具体意味着什么以及将采取什么措施(大致描述)来实现这个目标。

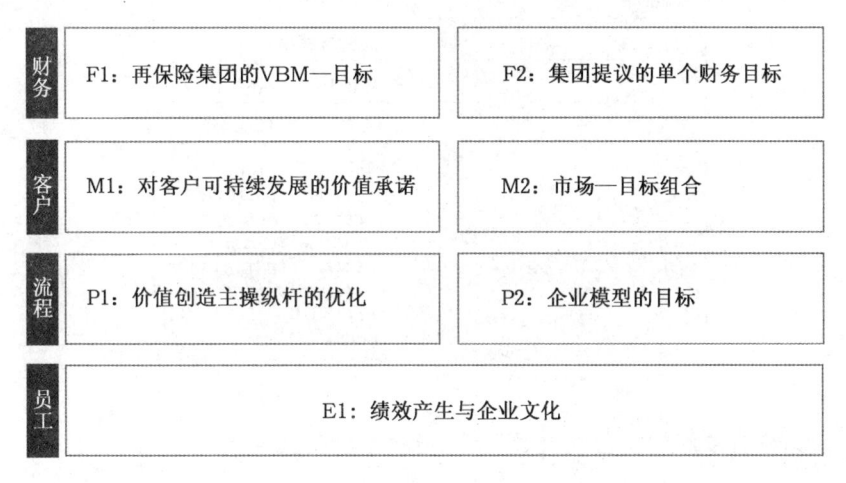

财务	F1:再保险集团的VBM—目标	F2:集团提议的单个财务目标
客户	M1:对客户可持续发展的价值承诺	M2:市场—目标组合
流程	P1:价值创造主操纵杆的优化	P2:企业模型的目标
员工	E1:绩效产生与企业文化	

图 3.60 慕尼黑再保险的战略地图

在狭义上,战略开发中第二个同时也是最后一个层次是对执行董事会部门计分卡的修订。这里基本上与慕尼黑再保险 BSC 开发采用一样的模式。在部门层面,将通过对重要地域或分区,以及关于至今部门 BSC 目标达成与提议实现的调查有选择进行分析,该分析对小组层面有决定性意义,并将作为对涉及全球所有市场的慕尼黑再保险战略分析的补充。另外,在部门内部,将实施与战略相关主题与开发的调查,已实现部门 BSC 实时更新的分散输入。

随着部门计分卡的编制,战略开发便告结束,接着在部门内开始战略实施。

上述自上而下的流程将在部门内部到领导层面继续。此时,随着具体化程度的升高(即更低的等级层面),实施的自由程度相应降低;也就是说,在部门层面通过战略目标与部门内提议不会有新的演绎与彻底讨论。当然,"战略紧身衣"没有绝对的限制,不能绑得太紧;地域或分区特定证实的偏差随时都有可能发生,但它们必须有基于事实的理由。这特别适用于小组涉及面广泛的提议,这些提议应该与全球战略统一。这些最高层的提议是基于市场和分区都致力于相应的调整与落实。

战略管理控制的任务显示,在任意时间段内,被观察单位在达成各自战略目标的路上前进了多远(为了避免与运营管理控制的混淆,也可以说"战略监测")。

在慕尼黑再保险的战略规划流程中,从战略实施到战略管理控制的过渡是很流畅的,因为早已在战略规划阶段或 BSC 研讨会上,就测量值与目标值的定义进行了讨论,它们是严格战略管理控制的主要基础。这里要注意,目标值不要设得太不上进,而是要坚持市场与竞争比较中的标杆作用。

通过执行董事会上再次提交 BSC(每半年提交一次),将对 BSC 小组各自目标达成程度进行分析与评价。整个过程是集中控制的,通过标准化报告给出了目标实现度和重要想法的落实情况(红绿灯逻辑)和细节(项目规划与里程碑、资源运用、实现程度)。在此,单独的提议实施状态将由对提议负责者分别负责并报告。通过这种方式,与战略相关市场提议的操控也能融入 BSC 系统中。

汉斯格雅欧洲股份公司 http://www.hansgrohe.de	
行业	卫浴技术
所在地	德国希尔塔赫小镇
销售额	约8.74亿欧元(2014年)
员工	约3 650名员工(2014年)
来源	此实例取自:Gänßlen, S., *Strategisches Controlling: Best-Practice-Konzept der Hansgrohe AG*, in: Klein, A. (Hrsg.), *Strategische Controlling-Instrumente*, Freiburg 2010, S. 21 - 34, entnommen.

3.8.4 汉斯格雅欧洲股份公司:操控循环与战略企业操控

汉斯格雅欧洲股份公司战略发展与实施的集中操控工具是"汉斯格雅经营系统"。运用嵌入式理念,它包含战略开发、战略实施与战略回顾。汉斯格雅战略开发的基础是企业哲学,它总结了企业内部与外部合作(与职员、客户、供应商)的指导方针。此企业哲学包含基本价值观、伦理原则和跨文化的行为规则。

由此,企业哲学可以称为公司的行为法典。在营业计划(三年期)中将确定战略,通过每个职能领域与销售市场在路线图中确定下来的单独项目,实施修订过的战略。

资料来源:Gänßlen(2010,第 26 页)。

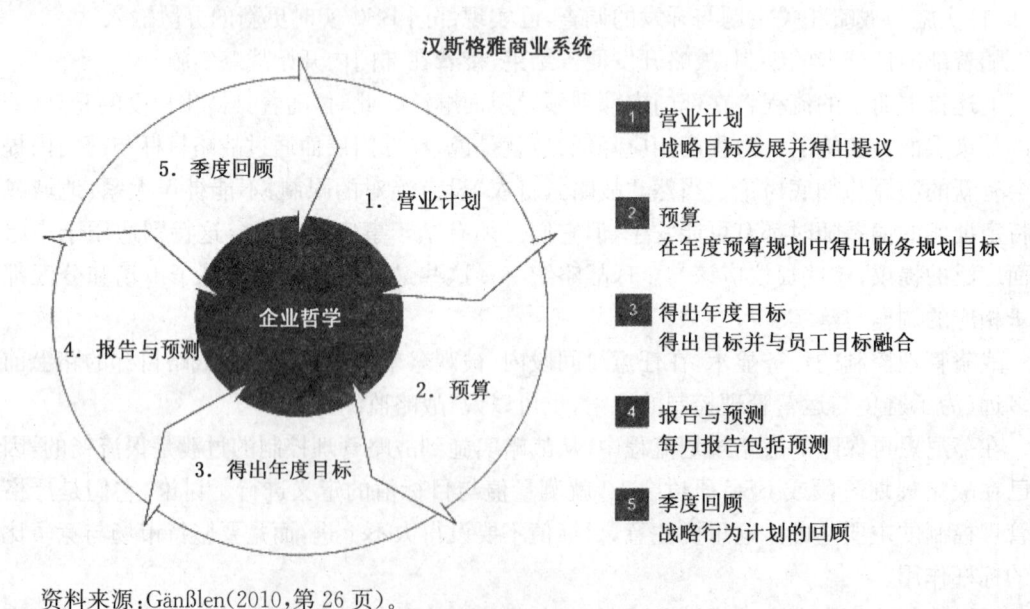

图 3.61 汉斯格雅企业操控流程

营业计划给出了运营预算规划(一年期)的基础。集团发放给州层面下属企业的预算,以每个州单独的市场研究与竞争分析为基础,该规划指导方针包含与销售有关的销售额增长、相关结果、投资方式与营销策略的变动方向;同时,会加强对相关目标(例如人均销售额)的关注以及对波动幅度的处理。这确保了即使在瞬息万变的市场中,也不至于在1月份就已超出预算规划。

由预算来制定具体的年度目标,并将其与员工的个人目标相挂钩(目标管理),由此来确保所有员工都同心协力。目标达成系统给出基本的报酬要素,同时也是领导工具。这里也会用到首要相关的目标,例如销售额提升、相关息税前收益的发展、供应服务的百分数、人均销售额与百分化的生产力提升,这同样保证了在市场波动时,目标保持其有效性与可接受性。

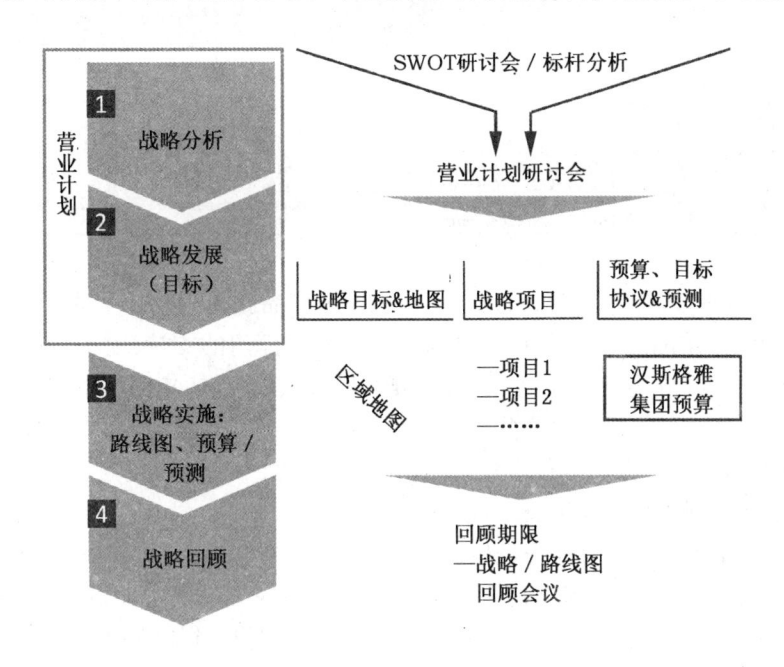

资料来源:Gänßlen(2010,第28页)。

图3.62 汉斯格雅战略企业操控

经营过程的数据透明与战略实施提供了包括滚动预算的月度报告。预算已发展成为公认的操控工具,同时由它可以得知未来产能的需要。而且实时的市场信息(例如,经过修正的数据、建筑许可证、终端客户的购买行为和竞争的数据)将进入预算规划。在这个市场导向的操控中,也要考虑作业的边际贡献,以在世界范围内最优地进行生产。同时要密切关注管理费用,以高效完成销售与营销。在所谓季度的回顾会议中,执行董事会、销售经理与管理控制师将探讨战略行为计划(路线图)在该季度的实施情况。由于市场环境与竞争环境的不断变化,通过会议来提前预备重要调整,以调整战略或者对战略重新校准。如此,战略就不是固定不变的,在需要时,会进行短期高效率的政策调整。

3.8.5 汉高股份有限及两合公司:集团规划流程

汉高公司位于德国杜塞尔多夫,2014年,汉高取得了164亿欧元的销售额。汉高拥有约49 750名员工,他们来自超过124个国家,汉高拥有全球范围的市场能力,这些使汉高成为德国最国际化的企业之一。汉高在全球主要运营三大业务领域:洗涤剂及家用护理、化妆品/美容用品及黏合剂技术。

管理控制

汉高股份有限及两合公司		Henkel
行业	化妆品工业	
所在地	德国杜塞尔多夫	
销售额	约164亿欧元（2014年）	
员工	约49 750名员工（2014年）	
管理控制部门的组织结构	管理控制&发展 投资者关系 | 房地产&设施管理 | 集团财务管理控制 | 企业合并 | 国际项目 企业规划 | 管理报告 投资管理控制 | 职能管理控制&供应管理控制	
来源	此实例取自：Wenner, C., Corsmeier, C., Oehler, K., Integrierte Konzernplanung bei Henkel - Anforderungen und Umsetzung, in: Gleich, R., Klein, A.(Hrsg.), *Moderne Budgetierung umsetzen, Der Controlling-Berater*, Band 27, Freiburg 2013, S. 245-264, entnommen.	

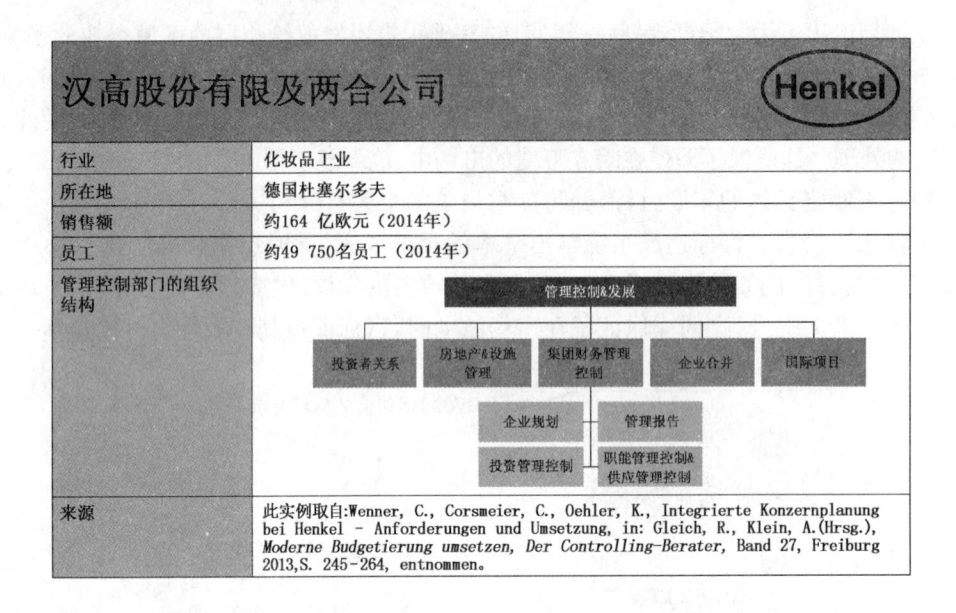

在这些运营业务领域中，生产、营销与销售以及与产品相关研发的全球责任是联系在一起的。这些市场上运营的企业业务领域得到以下集团业务部门的支持：财务、管理控制与发展、嵌入式商业解决方案（IT与分享服务中心）、采购、嵌入式供应链、集团审查、法律、企业交流以及人力资源，这些集团职能操控汉高集团的全球业务。

为了确保集团高效的规划流程，除了要顺利连接长期、中期与短期规划在编制时间上的进程，也要保证不同规划单位间无瑕疵的互相配合。

为了优化规划流中的时间进程，汉高进行进程模式的修改。结束战略分析以后，在6月中，根据新的模式，从开始中期规划着手进行规划流程。在结束了中期规划后，8月末便开始了从中期到短期规划的过渡。在短期规划的最后1/3进程里，预算流程已经开始并仅由高度自动化的短暂流程组成。图3.63说明了在预测期间内汉高的财务规划流程。

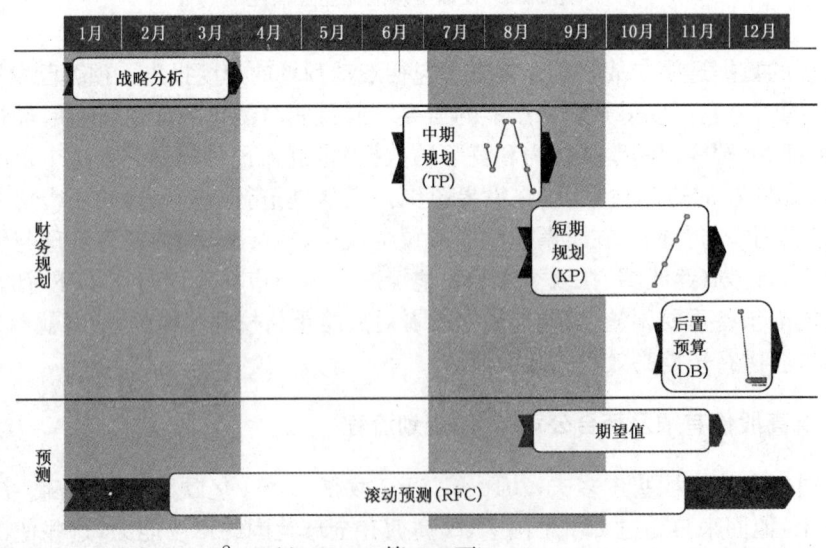

资料来源：Wenner, Corsmeier & Oehler(2013, 第253页)。

图3.63 汉高新规划流程的时间进程模式

规划进程重新调整的重点是减少不同规划层次。在中期规划中,自上而下制定目标与自下而上确认相互配合的新组织形式有助于节省时间。过去,提前考虑当地组织单位会浪费很多时间,而新的规划流程中只有地区层面的目标规划。

短期规划将从每月一次减少至每年一次,如此就能实现月份分布转移进入预算。在减少的规划流程中,规划单位的相互配合参见图3.64。

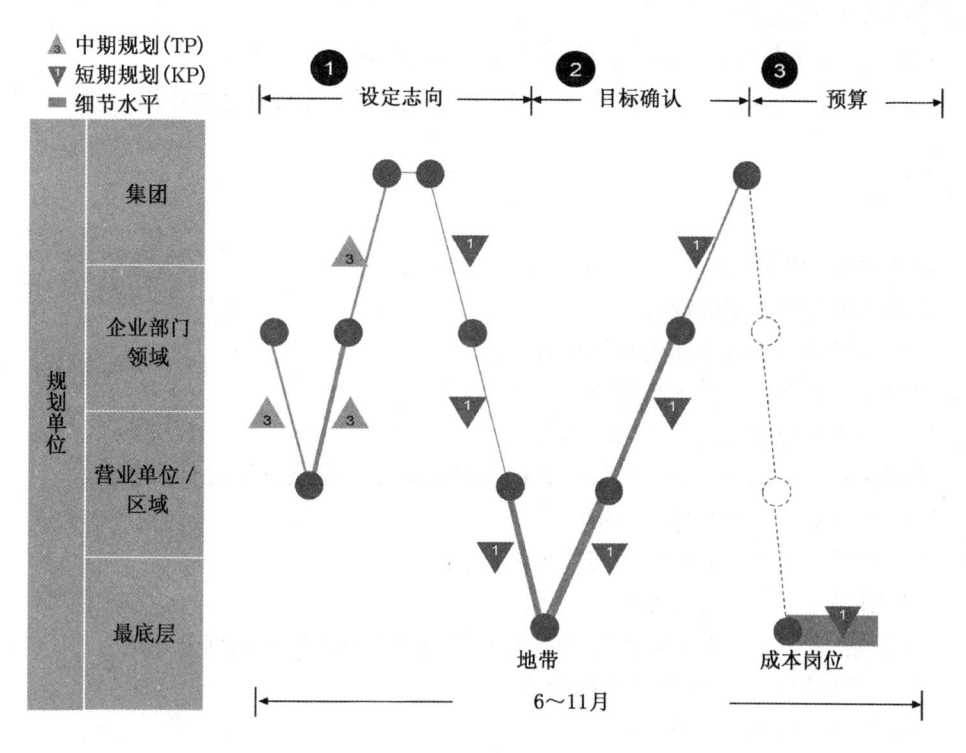

资料来源:Wenner,Corsmeier & Oehler(2013,第254页)。

图3.64 汉高规划单位的相互配合

总结

在之前有关规划与监控系统的章节中,我们首先讨论了结果目标导向协调问题,我们最重要的思想是:

1. 对于管理控制师来说,参与规划与监控是中心任务。
2. 规划与监控被看作统一系统。
3. 我们将规划与监控系统分为职能(计划、规划行为)、工具(理想与实际工具)与机构(规划组织、规划流程)子系统,它们有各自的协调问题。
4. 管理控制协调的聚焦点是组织目标。
5. 管理控制的协调任务涉及规划与监控系统的构建(系统构成的协调)与规划管理(系统耦合方面的协调)。
6. 管理控制的协调任务延伸到战略规划阶段,人们称之为战略管理控制。由于外界变化越来越快,战略灵活性也日益重要。

7. 填补战略与运营规划/措施之间空白的可能工具是平衡计分卡。

8. 对于管理控制实践重要的是，区分实物目标导向与财务目标导向的规划，我们称之为行动规划与预算。由于其高度复杂性与高额费用，对传统预算的批评日益增多。人们将研究讨论其改善潜力，甚至放弃预算。

9. 在实践中日益重要的领域是，管理部门间接成本的规划与监控。投入的可以是输入、输出、流程或结构导向工具。

10. 财务目标导向规划的另一个重要领域是操控规划。

11. 管理实践显示，在企业实践中，由我们制定的协调观念具有重大作用。

复习题

1. 企业规划有哪些作用？
2. 规划系统有哪些组成部分？
3. 为什么把规划与监控作为整体理解？
4. 规划与监控系统的基本构建原则是什么？
5. 请区分战略规划与运营规划的概念。
6. 请解释实物目标导向与财务目标导向规划的联系。什么是结果目标导向？
7. 有哪些协调子计划的解决方案？
8. 对于计划的灵活构架有哪些实践可能性？
9. 如何对规划工具进行分类？
10. 在原规划与运营规划方面，管理控制与决策线管理部门是如何分工的？
11. 请说出规划协调最重要的组织形式。
12. 规划的执行机构有何任务？
13. 请说出最重要的规划档案。
14. "战略管理控制"是什么？
15. 规划考虑哪些形式的税负？
16. 请说出传统预算最重要的缺点。
17. 规划中有哪些新发展？

对经理人及管理控制师的提问

1. 规划与监控系统在您的组织中是如何构建的？
2. 在您的规划与监控系统中，考虑企业环境日益增加的多变性了吗？
3. 在您的战略与运营规划预算中，管理控制师扮演什么角色？他们有哪些具体任务？
4. 您定义的战略有多少是真正通向成功的？
5. 您每隔多久批判性地探究您的战略？当时您与管理控制师有哪些任务？
6. 战略与运营规划间的联系是如何构建的？您使用了哪些现代预算工具？
7. 管理部门对运营规划与预算有哪些期望？
8. 这些顾客期望与预算系统统一了吗？
9. 您定期将您的规划和监控系统与其他企业的规划和监控系统比较，以获得高质量继续发展的抓手吗?

延伸文献阅读

在目标导向规划与监控方面,带有企业实例的全面介绍参见 Hahn & Hungenberg: *PuK-Wertorientierte Controllingkonzepte*,6. Aufl.,Wiesbaden 2001。

值得一读的英语文献经典是 Anthony,R. N. & Govindarajan,V.: *Management Control Systems*,12. Aufl.,Boston 2006。

第 4 章
信息供给系统的协调

> 仅当信息供给系统经过协调和内部一致时,它才能实现作为决策支持工具的目标。
> ——卡斯滕·莱尔(Carsten Lehr)博士,德国财务有限责任公司 CEO 和 CFO

第 4 章介绍如何构建支持规划和监控系统的信息供给系统。与此有关的管控任务是本章首要话题。信息供给的工具是描述的重点,特别是会计学。

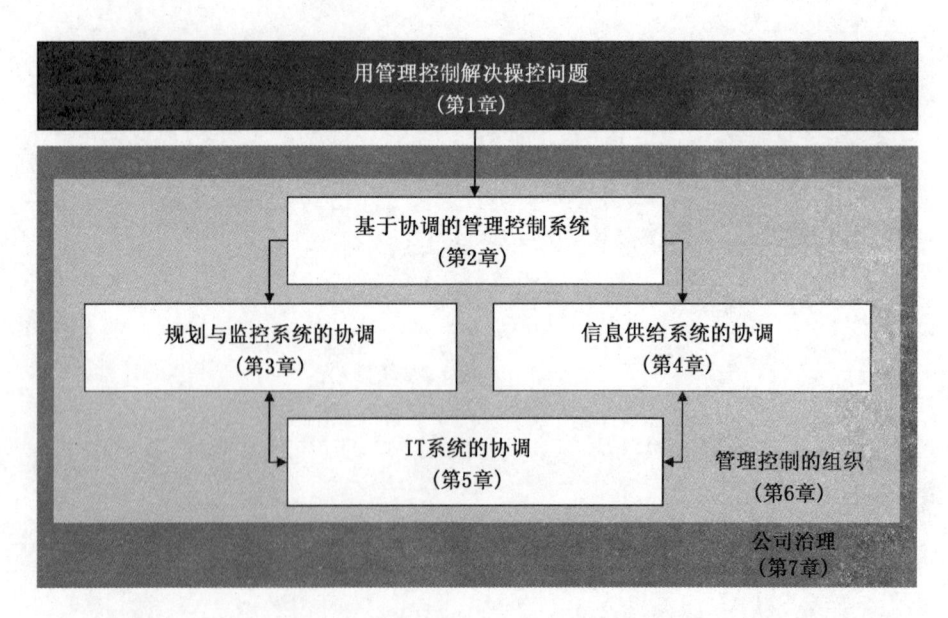

4.1 引言和概述

规划和监控需要信息供给的支持,应该在正确的时间地点、按照必要的精度和浓缩程度提供所有规划和监控所必需的信息。为领导层提供结果导向的信息一直就是管理控制师的核心任务,然而,信息供给的核心内容却已经随着时间推移而发生了巨大改变。

在管理控制任务形成的初期,私人企业中的控制任务往往仅限于加强会计记账和改善它的信息功能(Jackson,1949)。在随后的发展中,人们发明了成本核算并将其作为一种信息工具,进一步开发了计划、变动成本核算系统,信息供给的特殊工具(如指标体系等)得到开发运用。西蒙等人(1954)的一次经典调查表明,在会计学中存在多种信息供给的可能性,如今它已经成为现代管理控制师的主要职责。

随着企业中规划职能的建设,管理控制师的目光被来自企业环境的信息吸引,企业内部的会计数据已经不能满足企业战略规划的信息要求。有必要对特定领域的未来发展状况进行预测(如经济政策、技术发展),只有这样才能找到潜在的成功因素。从这一意义上来讲,管理控制更倾向于一种战略的控制视角(Mann,1989)。与此同时,人们还认识到,市场和消费者是所有结果导向信息的来源。

在规划和监控流程中,管理层不仅需要具体的信息,他们还需要信息处理的特定模型和方法,例如投资核算、指标体系等。在这些工具的发展、选择和利用方面,管理控制师需要为决策线经理提供支持和帮助。

从总体上看,当今管理控制师的职责就在于,为规划与控制系统构建目标导向的信息输入,管理控制师具有一种全面的"管理服务"职能,企业的管理控制部门正在逐渐转变成企业的"智囊"。归根结底这又涉及协调问题:如何协调信息获取和信息运用之间的联系?管理控制师的协调职能,一方面涉及信息供给系统内部的协调,另一方面还涉及信息供给系统与规划和监控系统之间的协调。除此之外,协调还意味着系统构建以及系统连接,例如如何构建一个报告系统,以及如何把单独的报告融入现有的报告系统之中。

"总的来说,管理控制师的职责是,通过整理和报告信息为整个系统的设计和运营服务;然而,在控制职能中,信息在操控中的应用其实是决策线经理的职责。管理控制师就是一个介于会计师和首席执行官之间的角色"(Anthony,1970,第433页)。

在本章中,我们将着重讲述信息供给系统对企业规划和监控职能的意义。如何构建信息系统以及如何做好系统间的信息耦合,是本章的中心内容。

我们感兴趣的是,哪些方面的信息是信息需求环节关注的内容、这些信息从何而来以及如何加工处理这些信息。虽然对信息从职能视角上的解读是我们的重点,但同时也会从组织视角上进行解读。当然如果不涉及信息管理工具,我们这里所有的论述都是空谈。为了满足概览的要求,本章阐述的重点内容涉及信息需求、信息获取、信息加工以及信息转达,不涉及IT运营技术,这方面的有关内容我们将在第5章进行阐述。

4.2 信息供给系统

4.2.1 管理控制视角下的信息和信息供给

在上一章中,我们把规划与控制系统概括为信息加工处理系统。规划和监控系统中的信息供给并不是一个孤立的环节,信息的获取和准备环节会涉及大量专业问题,因此这些问题通常会经由特定的信息供给系统加工处理,从而充分运用企业在这一专业领域的知识和技能(如会计学)。

解决协调任务是信息供给的核心问题,包括以下两个方面:(1)在信息供给系统中,系统构建和系统内部耦合的协调问题;(2)信息供给系统与规划和监控系统接口的定义和界定,即与规划和监控职能之间的协调问题。

首先我们需要对信息处理活动的属性进行划分,即这一活动应该归属于规划和监控系统,还是信息供给系统。

企业领导过程的阶段同样也可以看作信息处理的阶段,每个阶段包含特有的信息获取、处理、储存和传递流程。然而,在信息处理的各个阶段,各种信息类型分别占据某阶段的主导地位,例如,在目标构建阶段占主导地位的是目标相关的信息;在预测阶段中则是预测相关的信息。突出阶段观念还是强调信息加工观念,取决于我们的观察方式。在对领导过程的信息观察中表明,以下的信息划分方法是合理的(Wittmann,1959,第82页):(1)假定规划和监控系统的作业都基于已知的信息状况;(2)属于信息供给系统的作业有利于改善信息状况。

在信息输出方面,以上两种作业也存在差别:信息系统着重处理和解决描述性的信息,然而规划和决策系统处理的是规范标准化后的信息(Szyperski,1971,第40页)。

信息供给系统与规划和监控系统的分离首先不过是一个设想而已。在对规划的阶段性描述中,作为"建立信息基础"的手段,信息供应经常被解读为规划的预备阶段。在企业管理实践中,规划和信息供给则是同时进行的过程,其中的各个阶段存在多样化的内部联系,因此应该一起考察信息流程与其所属的决策流程(规划和监控)。

在本章中,我们将着手探讨,为规划和监控系统供应有用信息的有关事宜,即首先规范化供应的企业内外部信息。与此同时,还会涉及疑问的存档和数据收集相关的问题。

按照本书的理解,信息供给系统支持规划和监控。当然,运营职能的直接控制(或直接计划)也必须有信息供给环节的支持。我们在此不着重探讨操控信息的话题,而是把它们作为规划和监控信息的一部分加以阐述。

还有一个界定性的说明:企业信息系统的大部分是不规范的,它们由企业部门经理自行构建,由专家构建的专业信息供给系统通常只涉及公司内部信息中的很小一部分,其中一个原因是,规范的信息供给系统很少顾及经理重视的信息(Mintzberg,1972)。此处仍然是另外一个需要协调的领域。

信息供给的对象就是每条信息,信息作为解决规划和监控问题的基础受到人们的关注。"信息是知识的一部分"(Kosiol,1966,第162页)。信息并不是一般而言的知识,它是具有意图指向的知识。按照威特曼(Wittmann)的定义,信息被理解为目标导向的知识,因此信息加工被看作"收集、利用和传输信息的流程,无论其作用是什么"(Anthony,1965,第94页)。

信息供给任务会涉及哪些种类的信息?为了回答这个问题,我们需要从管理控制学的基本任务谈起,它就在于使管理层时刻确保和维持对目标事件的协调、反应和适应能力。由此可见,所有具有结果目标导向的信息对管理控制都是有意义的,它们是结果目标导向的,可以作为实现结果目标导向信息的元素(例如:成本＝数量×价格),或是对结果目标产生影响(基于服务质量的客户需求),或是提高结果导向信息的有效性(生产率数据用于解释成本)。

通常人们把信息特征分为两类:表述内容以及表述方式。"表述方式"即信息在语言上的组织方法。信息特征可以把信息内容按照质量做出分类。信息的特点即问题相关度、概率、认可度、可检验程度、准确度和实时程度。

信息需求的经验调查是为了精确展示,不同的信息特征被期望以何种强度展现。一个重要的问题在于,哪种信息特征是为了实现最优信息而必须具备的?这里的最优并不是指数学意义上的,而是指信息特征的最小表达。这个问题只能通过经验回答,经济性在此可起到重要作用。

从管理控制角度看,信息就是一种重要的经济资产;也就是说,信息的生产需要成本支出,信息的价值源于运用信息过程中获得的利益。

人们需要从原则上解决以下四类信息问题:

(1)信息的数量问题涉及相关信息的需求范围。当今时代中的一个典型现象就是,"信息过剩时代中的信息贫困",因此通过过滤、浓缩和渠道化获取有价值的信息是本质问题。

(2)信息的时效问题源于日益增长的环境动态性,更短的规划和监控周期有利于获取对企业内外部情况描述更具时效性的信息。

(3)信息的质量问题涉及现存信息的决策相关程度。此处的问题是,如何实现目标一致化,以及存在哪些影响因素。

(4)信息的交流问题在于信息流动的渠道化,因为在通常情况下,需要信息的地方并不是信息产生的地方。

我们的主题是,把信息区分为用于领导和执行的信息。

领导信息包括全部为解决领导任务所需的相关信息,也就是说,为实现规划和监控职能所需的信息。该概念还需要进一步精确化,领导信息具有以下三个特征:(1)领导信息是高度浓缩的信息,它来源于单个信息的总结;(2)领导信息是具有内在联系的信息,它表明不同信息种类之间的相互联系(例如指标"销售利润率");(3)领导信息是被领导层认同接受,并且实际使用的信息。

在明茨伯格(1972,第95页)经典的经验性调查中,领导偏爱的信息形式可以概括为:(1)快速、甚至推测性的信息有时比无误的信息还重要,这也揭示了常规的信息供给渠道常常被闲置的原因;(2)触发决策的信息比各种经过浓缩的信息更容易引起重视;(3)口头的信息比书面的信息更容易引起重视。

然而,在信息供给的过程中,这些事实经常得不到重视。问题就在于:"当管理者寻求"触发的、推测的、当前的信息时,常规的信息供给系统常常会给出浓缩的、无误的、历史的信息(Mintzberg,1972,第96页)。对管理控制师来说,这一问题也是根本任务之一。

总的来说,管理控制相关信息划分方法不是唯一的,"结果目标导向"这一划分的准则并不够具体化。在结果有效性直接和可测视角下,在考虑个案时,实用性会发挥重要作用。信息种类的广度可以通过表4.1加以理解。

表 4.1　　　　　　　　　　　　　领导信息的框架

		企业内部		企业外部	
		过去	未来	过去	未来
价值目标导向	定量	实际成本	预算指标	竞争获得的利润	目标的成本价格
	定性	成本核算的行为层面	企业的基石	信用度	媒体对盈利的期望
实物目标导向	定量	产出量	计划生产率	实现的市场份额	预计的市场份额
	定性	绩效分析	战略目标	顾客意见	技术预测

在规划和监控视角下,信息供给有一些根本性的要求:(1)通过展示企业内外部的实际状况,信息供给使规划问题清晰可见;(2)它应该给出关于某一行为的可能性及其影响的信息;(3)信息供给应该灵活适应突发、不规律的环境变化;(4)它应该是经济的。

从学术角度上需要注意以下几点:(1)信息供给应该适合使用者的喜好,也就是考虑明茨伯格上述提出的观点;(2)信息供给应建立一个结构完整、任务和任务之间界限明确的信息系统;(3)涵盖规划和监控的各个阶段。

同时,规划具备的几个特征也同样相应适用于信息供给:(1)信息供给存在于多个控制阶段;(2)它是协调的工具,同时自身也需要协调;(3)它必须是可规划的。

4.2.2　信息供给系统作为规划和监控系统的输入

在许多文献中,"信息系统"按照伯塞尔(Berthel,1975,第 17 页)的观点被一般定义为:"企业信息系统是有序的内部组织结构,由四个元素组和元素之间的相互关系组成的。"

四种元素组分别为:(1)信息本身;(2)信息流程;(3)流程的作业载体;(4)信息系统存在目的相关的任务。

我们把信息系统进一步理解为,具有改善规划和监控职能中的信息状态、信息供应功能的系统。信息供给系统为规划和监控系统提供信息输入,信息供给的协调也涉及其与规划和监控系统之间的协调。

在文献中,按照信息加工的过程,信息系统经常按照不同阶段进行差异化。划分的第一步就是确认信息需求。信息提供追随规划和监控隐含的信息需求,主要的问题是:怎样让决策者有效确定信息需求?问题在于,实际的信息行为不能提供保障知识。

信息获取存在以下问题:(1)企业中已经有现存的信息了吗?(2)对于没有的信息有哪些获取的可能?谁应该为此负责?

困难在于:(1)有很大可能成功地获取信息,或者真正需要的信息来源通常是不为员工熟悉的;(2)获取信息是不可能实现的;(3)参与者不想要获取一些特定信息。

信息的加工过程是信息流程的核心阶段。信息加工的形式(信息的连接形式)应依赖于客观的任务设置(规划或是监控),按照使用者的喜好进行。需要解决的重要问题在于:(1)在缺乏进一步信息时,某些可用的信息是不可使用的(例如,由于时限方面的缺陷);(2)没有可用的信息加工技术或者没有掌握相关技能;(3)参与者不愿意使用有关信息。

信息运用在企业中的时间节点,首先是由决策的必要性决定,信息的可用性在此并不是决定性因素。在信息运用和可用时间不对应的时候,信息存储是必要的。信息存储的关键在于:(1)可用哪些信息存储的形式?(2)信息存储器在组织中的存放位置在哪里?

信息输出是一个由多种作业复合而成的过程。发送者一方的作业是信息表述、确定地址、触发发送和发送过程。接受者一方的作业是接受信息和同化信息。

企业中的工作职能划分决定信息传输的必要性,这里产生的主要是协调问题:(1)信息的制造者不知道,企业其他职位需要他生产或者储存的信息;(2)缺乏交流的动力;(3)存在缺乏主动交流的意愿。

以上谈及的几点听起来颇为正式,对于管理控制师而言,有很多等待解决的系统构建任务,每天的常规任务都与这些问题紧密联系(例如,解决市场部和财务部员工意见的交流难题)。

4.2.3 信息供给系统架构方面管理控制相关差异化的观点

按照我们的观点,规划和监控系统确定信息供给系统的结构,即信息系统具有一种支持性的职能,信息供给系统建立在规划和监控信息化的基础上,因此,协调活动大部分来源于规划和监控系统的调整。

因此,我们在第3章中谈到的规划和监控系统差异化视角是有意义的,因为信息供给系统运用信息来为规划和监控系统提供支持,由此可以根据规划分级、规划期限、规划目标、规划流程的阶段加以区分。

作为划分标准,可以考虑企业事件的各种方面(参见图4.1),在管理实践中,存在例如市场信息系统、规划和信息系统以及信息传送系统(即报告系统)。

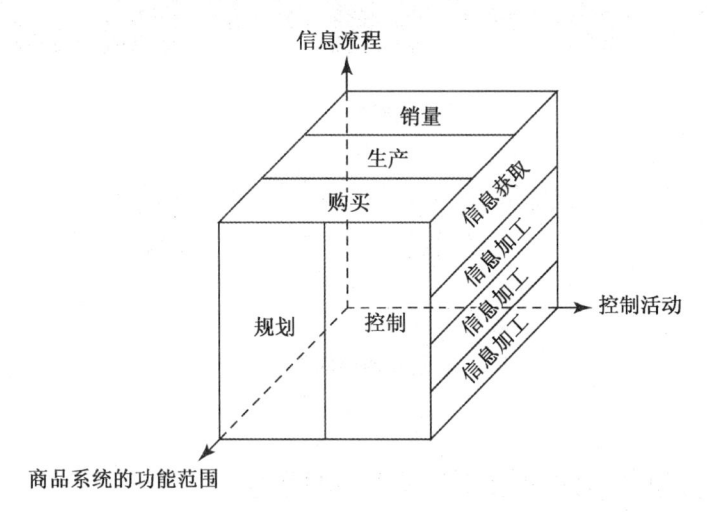

资料来源:Berthel(1975,第7页)。

图 4.1 信息供给系统的划分

若是考虑到在组织以及技术工具方面的划分,则会讨论到更多视点。

一个针对规划和监控的信息供给系统涵盖了所有的信息流程和信息,这些信息是执行规划和监控职能必备的。因此,我们集中考虑信息供给中一个特定的部分,因为"大批量的信息并不是首要应用在规划和监控方面,而是为组织内部的必要运营作业而生产的"(Anthony,Dearden & Vancil,1972,第16页)。来自运营部门的信息构成了规划和监控职能有关信息供给的一部分"原材料"。

所有的规划阶段都是与监控过程密不可分的,因此我们总是把规划和监控视为一体。在研究信息供给问题时,我们必须关注到每个计划的内容,以确定信息供给的需求,监控信息供给分为两类(Berthel,1975,第 91 页):(1)监控过程需要的信息(监控—输入);(2)监控过程产生的信息(监控—输出)。

针对单个规划和监控步骤的信息可以这样确定:

(1)战略规划重点关注企业外部定性信息,它们具有一次性、不甚精确且未来导向(例如,预测技术发展趋势),由于其特殊性和推测性的特点,这些信息的获取经常由执行线负责部门自行收集。

(2)运营规划则需要持续供给相同形式的特定信息,例如估计投资的收益率。除资金信息之外,运营规划还重点关注数量、时间、质量和生产能力等数据。值得注意的是,这些必要的信息只在短时间内可用。

图 4.2 展示了规划和监控所需内外部信息的多样性。通过明确的定义、选择和衡量标准,图 4.2 还说明了统一表述的必要性。这一结果的有效性形成了管理控制的主要观点。

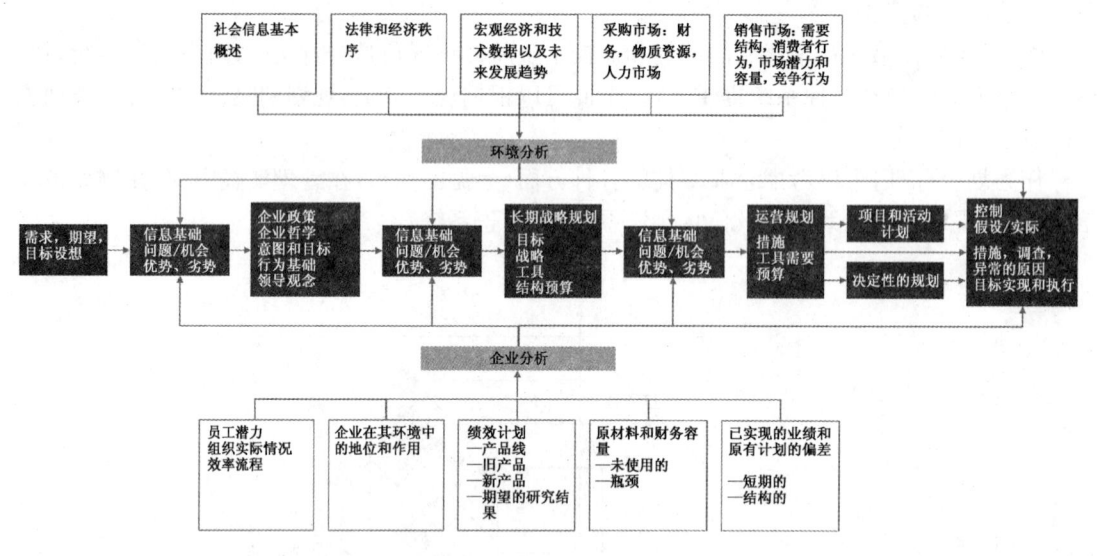

资料来源:Hill,Fehlbaum & Ulrich(1981,第 566 页)。

图 4.2　规划和监控的信息供给

4.3　涉及信息供给系统的管理控制任务

信息供给相关的管理控制协调任务应分为两个层面:(1)信息供给系统首先是系统构建协调任务的对象;(2)在出现信息缺口和信息干扰时,信息供给系统保障对规划和监控持续的信息供给(系统耦合协调任务)。

接下来,本节会首先涉及系统构建过程中的协调。在我们看来,控制职能的重要任务是,在衡量多种构架选择可能性之后,构建信息供给系统,流程分析是进行有关构建的方法。在管理实践中,为了解决流程分析这一复杂的问题,尤其是在有关信息技术支持下,通常有多种特殊的系统开发方法可供选用。

接下来我们会引入信息供给系统的理念,以此与我们关于规划和监控系统的建议前后关联。我们的信息供给系统由以下几个子系统和其间的内在联系构成(参见第 3 章):(1)功能角度:信息、信息供给作业。(2)制度角度:信息供给职能部门、信息供给流程。(3)工具角度:信息供给工具、信息技术。

从功能角度,涉及信息供给活动的分析,以及它们之间的内在联系。此处我们会对执行导向的信息供给活动(狭义的信息工具任务),以及对象导向的信息本身这二者加以区分。

从事信息供给任务形成的组织领域被称为信息供给职能部门,信息供给在时间顺序上的各个过程构成了组织中的信息供给流程。

为了完成信息供给任务,引入经济模型和方法等工具,在实际应用中,这些工具普遍需要信息技术部门的支持。

存在于信息供给系统和管理控制系统之间的联系,同样可从以下两个层面观察:

(1)从宏观层面上看,信息供给系统的设计和实施都是管理控制任务。在管理实践中,这一系统构建协调任务通常属于管理控制师的职能范围,例如管理控制师通常负责构建会计(信息)系统。

(2)这里,系统连接协调任务,不仅表示信息供给系统与规划和监控系统的连接,还包括保障信息供给系统的运行,这一协调职能同时也被视作管理控制系统的一部分。重要的是,在管理实践中,属于执行性的任务(例如核算)通常在组织上也被列入管理控制职能的范围。

信息供给系统的服务特性使其与规划和监控系统具有明显的差异:信息供给系统构建和运行的目的就是为规划和监控系统服务。考虑到信息供给系统的协调任务,信息供给系统的服务特性还包括,在系统构架和连接上,与规划和监控系统的主动协调一致,此处最重要的问题在于,弄清规划和监控系统的信息需求。

接下来,我们研究信息供给子系统之间在管理实际中的多样性。首先,我们会阐述功能、工具和制度上普遍存在的协调问题;接下来,按照信息供给流程的阶段,再分别对各个阶段中特定的协调问题进行讨论。

图 4.3 展示了信息供给系统功能上划分任务差异化的标准。

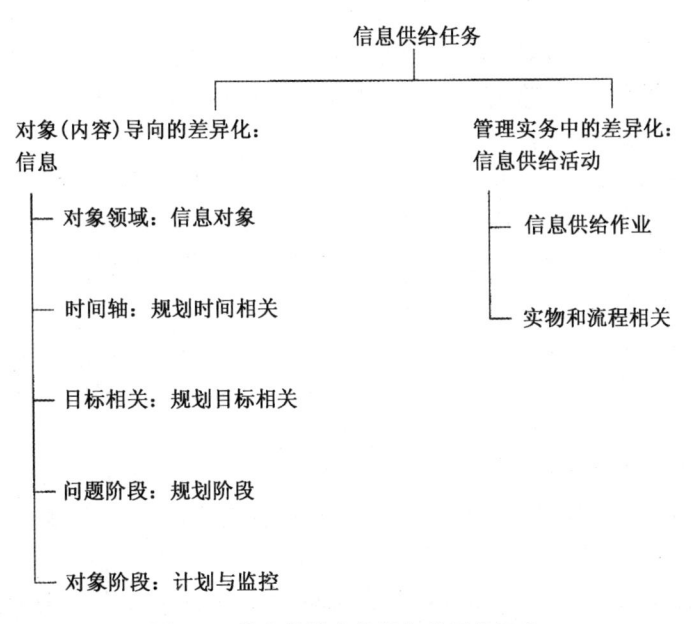

图 4.3 信息供给中的任务差异化标准

对象导向(内容上)的信息供给,即与规划和监控系统之间存在充分信息差异化,同时进行信息系统的构建。

根据信息供给的目标领域,我们把信息分为企业外部环境信息(机会和风险)、企业结构特征信息(优点和缺点)、企业流程信息(会计)和企业税负信息这四大类。根据信息的时间跨度,我们把信息区分为过去的、短期的、中期的、长期的和未来的信息。

信息供给的目标涉及实物目标信息和财务目标信息的区分,以及实物目标计划和财务目标计划的区分。问题阶段是指规划阶段,即在战略和运营规划上的信息运用。最终根据目标阶段,我们还可区分规划信息和监控信息。

具有自我协调结构、能够呈现一切规划和监控所需信息的系统,在现实中是不可能完全实现的。信息系统的子系统以及子系统之间可以灵活存在的"桥接",是管理实践中解决这一问题的合理方法。信息供给系统任务执行导向的差异化,形成了按照供给流程阶段的划分方法。我们参照文献就此加以划分:信息需求的确定、信息的获取、信息的加工、信息的存储、信息的输出。

因为我们认为,在信息供给中待解决的协调问题具有很强的阶段性,所以我们进一步要研究的是阶段性问题。我们为此把信息供给任务分为两类:以收集和确定信息内容为目标的信息供给任务,以及对信息供给流程管理有价值的信息供给任务。

与规划阶段相比,此处对决策线管理和管理控制划分的方法不同:在管理实践中,管理控制师承担着"信息责任",他负责在正确的时机提供正确的信息。不仅在流程方面,在内容方面的信息供给任务通常也是管理控制师的职责。决策线管理只需要多次重复执行信息供应者的任务。

执行相关的重要信息供给子系统(会计)通常属于管理控制师的职能。虽然在规划和信息供给方面,很多工具是统一的,但是目标不同决定了它们的角色也不同,因此区分规划工具和信息供给工具是有意义的。例如,在德尔菲方法中,信息基础的制定和备选规划的确定都是目标所在。

规划工具的含义是,通过对已经获取的信息进行加工得出计划预设值;信息供给工具主要用于信息的获取和准备,它们输出的信息需要经过规划工具进行"再次加工"。支持信息供给作业的流程和方法在此被视为工具。

按照确定信息需求、信息获取和准备、信息加工、信息传送,我们对规划工具加以区分,接下来我们会就此继续深入探讨,这里将从基本协调的角度对它们进行考察:(1)说明规划工具与规划和监控系统及其子系统之间的联系;(2)说明在特定信息等级下,确定信息需求、信息获取和准备、信息加工、信息传送规划工具之间的协调功能。

在基本的协调任务之中,有很多特定的协调要点,它们对于管理控制非常重要:(1)规划和监控系统——报告系统;(2)外部会计学——内部会计学;(3)投资核算——成本核算;(4)单个指标——指标系统。

协调问题还包括一个额外的维度,即 IT 支持信息系统所提供或要求的协调。

信息供给协调的组织视角:信息供给组织机构的含义是,企业中的哪些岗位收集或者提供哪些信息,以及哪些职位应该接收哪些信息,即企业中的信息责任和权利。然而,组织流程的对象则是信息的流动过程,进一步明确在什么时间、用什么方法来获取、处理和传送信息。

上述提到的信息供给子系统的多样性,不允许对各个子系统的组织结构提出一般性规定。但是,仅有两个方面具有普遍意义:

(1)为了防止组织结构的碎片化,并保障按照统一标准建立信息供给,对信息供给系统的责任是集权化的。系统构建的协调应该以特定最低标准进行统一,这里要考虑到信息内容、信息责任和权利、信息的归档和保存等因素设定最低统一标准,只有这样才可以保证规划和监控系统的信息供给。总系统下信息供给系统构建的协调是管理控制师的核心任务。然而,系统构架的 IT 组成部分所占比例仍然有待研究(参见第 5 章)。

(2)在信息供给框架下,在内部会计领域内的信息生产是一个广泛且费时的任务,然而,其有效果和效率的解答构成了规划和监控不可缺少的前提条件,这也就是要求管理控制师具有信息责任的原因。信息责任就意味着,在正确时间提供正确信息的责任。信息责任要求信息供给(如内部会计)作为管理控制师工作的核心部分,通过这种方式,人们可以更轻松地实现系统连接协调职能。

4.4 信息需求的确定

4.4.1 信息需要和要求,信息供给和需求

对信息的需要,一方面来自规划和监控过程,另一方面,信息应该带动规划和监控过程,为企业管理指明机会和警示风险。因此,信息需要是信息供给系统构架的决定性因素。

规划和监控信息包括所有描述和帮助解决规划和监控问题的信息,由此可以看出,并不是所有对规划任务的描述都能够引起信息需要。

在文献中,信息需求、信息供给、信息需要和信息要求是不同的概念。西佩斯基(1980,第904页)把信息需要定义为,"作为在给定的信息背景下,信息主体需要的特定类型、数量和质量的信息,用于在特定的时间和环境下完成某项任务"。

因此,信息需要被视为一个任务导向的客观事件,这要与主观的信息要求加以区分。一部分信息要求表达为信息需求,与信息供给相对应。

图 4.4 向人们展现了,总体信息中的大部分并不作为信息需要而存在。

对信息需要的特征加以概括,仅仅通过说明信息内容是不够的,我们可以通过其他特征进一步描述信息需要。信息需要最重要的特征包括信息的类型、数量、成本、质量、频率、意义、时效性、紧急性、准确性、安全性、可信度、可测性、使用目的、表达方法和整合程度等。

在这些信息需要的特征中,整合程度和时效性最为重要。信息的高整合度可以减少信息冗余。在文献中具有代表性的论点是,信息的整合需要随着管理者的等级增加而变强,这个想法是基于自下而上的管理信息流动,并不能代表所有的情况。

信息是会过时的,这导致了信息的时效性问题及其相关的获取周期,解决这个问题可以通过说明接下来的内在关系(Diller,1975,第 47 页):(1)更短的调查周期通常会导致在数据收集和数据更新方面更高的费用。(2)更具时效性的信息可以更早地发现问题。(3)因其较新的特性,由更短信息周期提供的信息可能得到更多重视。然而,由更长信息周期提供的信息需要用更长时间加以研究。(4)必要的信息时效性直接依赖于规划周期的长度。

对信息需要各个特征的具体化描述表明,对信息使用者行为的抽象概括是不合适的,信息需要的主要观点由信息行为决定。信息需要只会在重复发生的持续任务中保持不变,信息需要一般与管理任务和时间长度改变密切相关,这些改变当然源于规划者认知程度的改变。

环境对信息需要有重要影响。环境变化会产生新的信息需要,并且使现有的信息过时。与

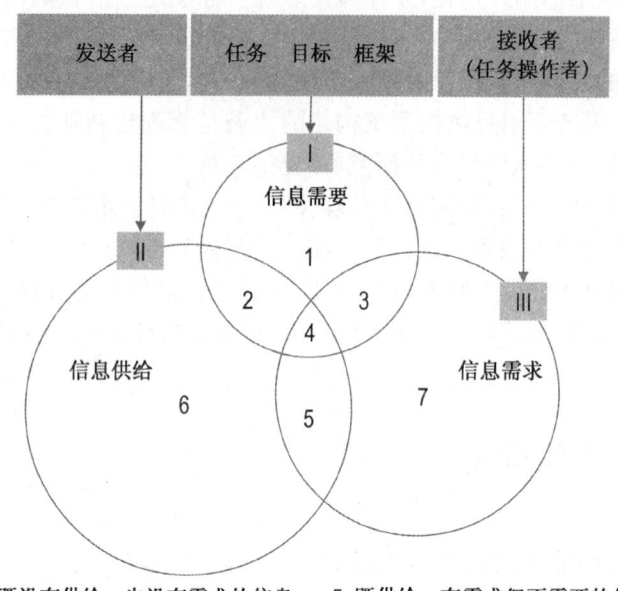

```
                    发送者        任务  目标  框架      接收者
                                                     (任务操作者)
                                         │
                                         ▼
                                       ┌─┐
                                       │Ⅰ│
                                       └─┘
                                    信息需要
                            ┌─┐          1
                            │Ⅱ│       2     3        ┌──┐
                            └─┘          4           │Ⅲ│
                                                     └──┘
                         信息供给                     信息需求
                              6        5          7
```

1=既没有供给，也没有需求的信息　　5=既供给，有需求但不需要的信息
2=供给，但没有需求的信息　　　　　6=供给，但没有需求也不需要的信息
3=需求，但没有供给的信息　　　　　7=需求，但没有供给也不需要的信息
4=既供给，又需求的信息

资料来源：Berthel(1992,第875页)。

图4.4　信息供给、信息需求和信息需要

此同时，一些特定的法规及其修订也会造成信息需要的改变(例如某些商业和税务归档要求)。

4.4.2　战略规划中信息需要的确定

战略信息需要具有特殊的属性，在确定战略信息需要时，必须考虑到一些重要的标准(Bea & Haas,2013,第277页)：(1)战略相关的信息可以由于环境改变产生突变，这表明不应该对事实和观察范围事前加以约束，因为某些看起来不相关的信息可能突然与战略具有相关性。(2)战略信息是高度聚合和全面的，其涉及企业及其所在市场环境。(3)战略信息通常是定性的并且不够精确，有时甚至用文字也不能精确描述(例如社会价值观的改变)。(4)战略信息的不确定问题尤为重要。(5)信息的使用时效越长，对未来的影响越弱，使战略规划变得更加困难。(6)战略信息应该尽早提供，具有一定的排他性。

问题在于，应该如何在没有"信息过载"的情况下确定信息需要？此处应该提出的问题是，对于结构性较差或者至今尚未了解的决策对象，应该如何确定其信息需要？此外，信息应为尽早识别和结构化战略决策的可能性和必要性而服务，与此相关的是机会和风险以及优势和劣势。

为解决如何确定管理者的战略信息需要这一问题，洛卡特(Rockart)提出了关键成功因素法(Critical Success Factors,CSF)。这一方法的基本思想是，在每个企业中都存在少量对于成功和失败起决定性影响的成功因素。"它们是为数不多的为事业顺利'必须只能正确'的关键区域(Rockart,1979,第85页)"。例如，在汽车工业领域，高效的经销商结构和生产成本控制是决定性的成功因素。企业中的每一个管理者都应该详细了解自身的成功因素，这就是战略信息需要的核心含义。

关键成功因素主要有四个(Rockart,1979,第86页)：产业结构；本公司的竞争战略；环境因素(例如人口情况);暂时因素(例如季节性影响)。

确定关键成功因素的出发点是对宏观经济、环境和行业进行分析,重要的选择标准是其对盈利或盈利潜力的影响。

企业具体的关键成功因素,可以通过与领导层基于企业目标系统的详谈制定,重要的是如何对已发现的关键成功因素进行度量(参见表 4.2 的例子)。

表 4.2　　　　　　　　　在小型技术企业里关键成功因素的举例

关键成功因素	被测变量
金融市场形象	市盈率
顾客中的科技能力声誉	供给和需求行为
市场成功	市场份额的变化(每个产品) 企业市场增长率
主要供给及合同中的风险识别	生产相似产品的经验年数 新旧顾客 以前的交易关系
单个合同利润率	供给利润率作为生产线上其他任务的盈利标杆
工作环境	离职率、错误率等 非正式的反馈
主要合同的成功规划	合同成本的计划/实际比较

资料来源:Rockart(1979,第 89 页)。

关键成功因素法因其主观性过强而受到质疑。这一方法的优点在于,它直接从领导者的战略信息需求出发,对信息的寻找和选择加以控制和权衡。其他分析方法通常视战略信息需要为运营信息需要的参考,不考虑两种方法之间的本质差别。关键成功因素法对推动平衡计分卡的发展起到了决定性作用。

4.4.3　确定经营规划的信息需要

鉴于信息需要,我们考虑的出发点是规划和监控流程。因为在管理实践中,企业和企业之间的流程内容有明显的区别,我们并不能给出普遍适用的信息需要框架,我们必须分别确定每个企业具体的信息需求。企业按照规划内容划分逻辑上的"部门"是不够的,信息需求必须考虑每个规划组织中规划者具体的问题。此外,较低的计划表述形式通常不足以形成一个"部门"。

在管理实践和文献中,人们试图把信息需要分析的流程加以描述和系统化(Szyperski,1980,第 910 页;Martin,1982;Brenner,1988)。最受推荐的方法是基于运营需要的观点,这将导致一定程度的结构化,根据运营规划、管理和监控实现合适的信息供给。各个方法均建立在以下基本分析方法的基础上:(1)通过对信息加工以及决策流程的分析,任务分析确定了客观的信息需要。(2)档案分析检查供任务承担者使用的档案。(3)在运用报告方法时,信息使用者需要制定一份报告,说明其任务和需要的信息。

库佩等(2013,第 222 页)给出了针对运营决策多种信息确定方法的系统化概览,例如通过不同的信息来源,或者按照信息需求确定的方案(归纳与演绎)加以区分(参见表 4.3)。

表 4.3 确定信息需要的方法

信息来源	企业档案	企业的数据总结		信息使用者
归纳分析法	档案分析	数据技术分析	组织分析	回访 • 面谈 • 调查问卷 • 报告

信息来源	企业的任务和目标	企业的规划模型	理论规划模型
演绎分析法	演绎逻辑分析	模型分析	

在归纳法中,信息来源就是企业内部档案、企业信息收集结果或者信息使用者本身。此处应用的几种方法是:

(1)运用档案分析法,可以分析任务接受者能够使用的档案(例如,统计数据、报告、数据等)。问题在于,信息需求常常局限于现有的信息。

(2)数据技术分析对特定流程和报告中持续累积和使用的数据进行评估(例如完工时间、数量和质量),这样做的好处是可以追溯到决策制定的信息来源,同时检测实际状况。

(3)组织分析是对现有任务和运营结构的实际记录。在分析过程中,重要的时间、数量和价值数据会被记录在案并加以测量。并对在哪项任务中运用到了哪些信息加以分析,同时还会分析交流关系。

(4)回访可以体现信息使用者主观的信息需求,回访可以通过面谈、调查问卷或者报告的形式进行。

总体来说,通过组织导向的归纳法,并不能很好地对信息需要的确定和分析做出总结,分析结果在很多方面都不能实现我们的目标:(1)针对规划和监控中信息需要确定的问题,归纳法不能或者只能从侧面进行总结。(2)归纳法的结果取决于信息关系现存的网络。(3)并未被提及在未来不明确作业方面的信息需要问题,也就是在信息供给的战略规划方面。

演绎法试图通过逻辑的或者理论的方法,为管理决策寻求必要信息的来源。演绎法的出发点是企业目标构建和决策问题。信息需要的演绎逻辑分析从给定的实物或价值目标、一个领域的任务或者一个任务出发,并试图通过逻辑演绎法得到解决任务的必要信息。结果可以是一个所谓的信息目录,它给出了一个任务所需要的"典型"信息(参见表4.4的例子)。

表 4.4 销售计划的信息目录案例

A. 企业信息
一、销售方面
　1. 过去销售量
　　(1)绝对数值和趋势
　　(2)季节分配
　　(3)按照成果划分
　　(4)按照客户或客户群划分
　　(5)按照区域销售量划分
　　(6)内部和外部的特殊影响
　　(7)计划偏差的原因
　　(8)自身市场份额的发展
　2. 期望销售量

续表

(1)时间上为同期设立的销量计划 (2)前述的重复性计划 (3)长期的销量计划、规划周期 (4)通过未经计划的企业内外部职位评估未来企业销量发展 (5)自身市场份额的预期 (6)销售额发展目标规划 3. 销售开始 　(1)询价和未定的销售谈判 　(2)新订单和积压订单 　(3)自己的交付期限 4. 影响销售量的措施 　(1)更改自己的销售价格 　(2)广告 　(3)服务 　(4)产品和品种结构 　(5)销售技术(投入销售人员、奖励旅游等)
二、产成品方面 1. 现有的机器和人工生产能力 2. 计划阶段期望的生产能力变化
三、采购方面 1. 原材料投入的"瓶颈"和供应期限 2. 采购人员的"瓶颈"
四、储存方面 1. 生产状态(尤其是产成品) 2. 储存能力
五、财务方面 1. 财务能力 2. 要求的资本报酬率(为满足计划的财务需要)
六、公司整体 1. 产品或产品组合的边际贡献
B. 合作伙伴的信息
一、最终买家的信息 1. 根据产品种类的整体需求(过去和预测) 　(1)绝对数值和趋势 　(2)季节性分配 　(3)地区性分配 2. 特定因素整体需求的发展 　(1)产品价格(以及它对需求的影响) 　(2)替代品的供给结构 　(3)最终买家 　　①购买力预测 　　　a. 收入情况 　　　b. 收入预期 　　　c. 根据收入水平和一般价格水平的收入使用 　　②企业的经济状况

续表

a. 销售量发展
  b. 销售价格
  c. 经营业绩
  d. 企业、行业和整体经济发展情况预期
 (4)产品种类的使用目的和使用可能性
 (5)需要变化的原因
  ①对产品美观方面的要求改变(样式,口味)
  ②客户产品项目的更改
  ③技术革新
 (6)供应商影响整体需求的措施(广告,尤其是社区广告、社区咨询等)

二、贸易信息
 1. 根据产品种类的整体需求(过去和预测)
  (1)绝对数值和趋势
  (2)季节性分配
  (3)地区性分配
 2. 交易的仓储和产品覆盖习惯

C. 竞争者的信息
 1. 国内生产量
 2. 市场份额(过去和预测)
  (1)国内竞争者的市场份额
  (2)国内进口商品的市场份额
  (3)出口市场中重要竞争者的市场份额
 3. 竞争者的供应结构
  (国内和重要的出口市场)
  (1)交易价格
  (2)广告
  (3)产品结构
  (4)服务
  (5)销售技术
  (6)供货能力(供货期限)
 4. 竞争者对自身计划的影响销量的措施的反应期望
 5. 对于自身影响销量措施,竞争者的期望反应
  (1)销售量(过去和预测)
  (2)订单情况
  (3)存货情况
  (4)生产能力
  (5)人力资源水平
  (6)盈利能力和债务

D. 外部环境信息
 1. 自身市场
  (1)自有产品在海外的运用
  (2)互补品的使用习惯
  (3)被其他商品替代的可能性(以及需求发展的期望)
  (4)自身销量发展指标(即与自身销量有关的之前发生的数据)
 2. 行业市场(国内和国外)

续表

```
(1)销售额发展
(2)订单和库存
(3)就业形势
(4)价格范围
3. 国民经济(国内和重要出口国)
(1)宏观经济总量的发展(国内生产总值、工业销售等)
(2)基本经济形势
(3)经济政策和其他影响需求的政治性因素
```

资料来源:Berthel & Moews(1970,第86页)。

文献中"理论上的"规划模型展示了为解决一个特定决策问题的信息需要(参见表4.5),然而在具体应用中,许多规划模型通常会因为不能满足前提条件而失败。

表4.5　　　　　　　　　　　　几个决策模型的信息需要

模　　型	目标设置信息	成功因素信息	数量要求信息	其他数据信息
最优化批量	成本最小化	存储成本 安装费用	区间需要 生产批量	
投资组合选择	最优化证券投资组合	投资组合利息的期望值/方差		安全的资本市场利率
生产和销售计划	利润/边际贡献最大化	成本 销售量	生产/销售量	
同时投融资计划	终值最大化 利润流最大化 分红最大化	收款/支付	机器生产能力 机器数量	
同时人力、投资、生产和融资计划	净现值最大化	人力支出 投资支出 产品价格	按劳动力销售数量	预算

资料来源:Kupper等(2013,第22页)。

在管理实际中,人们不会只运用信息需求确定某一种模型和方法,而是结合运用多种归纳和演绎方法。

对管理控制师来说,信息需要确定的任务通常是两个阶段的:第一阶段提出的问题是,有价值信息可以支持哪些决策,弄清信息加工的特定流程,例如,边际贡献信息可以作为哪些决策的基础?第二阶段的问题在于,哪些数量和价值的信息输入对于特定计算方法是必需的?例如,确定边际贡献需要哪些数据支持。为了解决这些问题,我们需要重点阐述会计学上对信息的多种表述方法。

信息需要分析的结果为构造下一阶段的信息供给结构做出贡献。信息需要分析应该作为信息规划的基础,信息规划中最重要的几个元素是:(1)信息来源规划,即确定必要的信息来源。(2)信息存储规划,即确定信息应该以何种形式加以存储。(3)信息提供规划,对一系列问题给出看法:通过扩大知识储备取代附加信息,改善信息行为、信息发布形式、信息发布构架和日期、信息提供的范围和周期性。

企业管理层对信息供给有广泛的批评,通常在于:(1)信息时效性太差;(2)信息太过详细;(3)信息太过广泛;(4)信息的重点太偏重过去事项;(5)信息只能包含量化后的数据;(6)单一管理领域可能接收到前后不一致甚至相互矛盾的信息;(7)信息分类的定义不明确。

4.4.4　信息评估

仅仅确定了信息需要还是不够的,还应该对已经确定的信息加以评估。信息的价值首先告诉人们,一条信息具有哪些使用价值,以及特定信息活动的经济性如何。

一个经典的问题是:"这条信息对我来说具有多少价值"以及"我愿意为它付多少钱"(Marschak,1959,第 92 页)。

决策理论导向的文献(Marschak,1959;Feltham,1972;Demski,1980)对信息评估给出的首要建议,就是把信息对决策的影响效果加以评估:如果在没有运用特定信息时,一个决策获得 200 货币单位利润,然而运用特定信息的利润是 350 货币单位,那么,这条信息的价值就是 150 货币单位。当这条信息的获取和使用成本不高于 150 货币单位时,这条信息的获取就是有益的。

然而,出于以下两种原因,这种"信息经济"的评估方式并不能解决信息估价中出现的实际问题(Wild,1974,第 323 页):(1)管理决策并不是接受被评估信息的唯一对象,在更多的管理流程中,还有各种前期和后期的使用可能。(2)信息的评估不应将重点放在过去,而是应该放在未来。一个典型的实际情况是,在给定信息情况下,是否需要更多的信息作为补充。

因此在管理实践中,直接对信息评估进行量化的方法是不存在的。人们在信息评估中首先面对的三个基本逻辑问题是(Berthel,1975,第 54 页):

(1)界限问题:信息使用的前提条件是人们知道这条信息的存在。如果这条信息是已知存在的,那么获取它也就不是问题。

(2)预测问题:预测的基本问题在于,对未来信息的认知必须基于对过去信息的认知。预测的进一步问题在于,获取哪种信息内容必须是人们事先就已预定好的。还需要预测,随着信息的使用,人们想要实现哪些效用。监控信息的效用是一个特殊的问题。

(3)归类问题:使用信息获得的收入需要被分摊到每个管理决策当中。由于每个单独的决策通常需要很多信息作为支持,就有了收入的哪些部分需要归类到哪一条信息中的问题。

信息评估问题也是一般经济性问题的一部分:管理决策的选择应该按照哪种方法进行评估?在管理实践中,虽然理论上最优的评估方法并不存在,人们还是会使用一系列的计算方法,按照目标设置给出具有代表性的信息评估方案。

在信息问题中,信息供给的期望或计划成本通常总是与节约成本和提高收入这二者相对应,节约成本和提高收入也会经常根据其可能性和可定量化程度进行区分,根据实际需要,对研究问题进行限制。

4.4.5　确定信息需要的组织

在企业管理实践中,确定信息需要是一个多维度的组织问题。信息需要源自需要做出决策的管理者,因此第一个问题就是:谁来定义信息需要?信息需要的主观成分至少需要和管理者(信息受众)一起决定。在分析信息需要时,管理控制师发挥其协调职能来提供专业支持。

目前的趋势是,在市场关系下解决管理者的信息需要,"在一个充满不确定性的世界中,你愿意花多少钱购买一个什么样的信息系统?"(Horngren,1982,第 4 页。)

信息需要的确定还具有一个程序性的组成部分,需要在完全信息供给流程中进行观察,它就是迅速确定并且满足最新的信息需要。这就要求管理控制的权力下放,以便"当场"进行控制。为此,管理控制师应该深入了解其执行线管理者的决策情境和决策行为。

4.5 信息收集与处理

4.5.1 概观

在确定信息需求之后，信息供给流程的下一功能性阶段是，必要信息的收集与处理。事实上，一般并不存在与这种阶段性观察方式相对应的时间顺序。通常情况下，首先获取并处理了某个信息，接着才激发了相应的信息需求。信息需求的识别、分析、收集与处理可以同时进行。

接下来我们专注于，在通常情况下，规划和监控系统在不同阶段所需要的信息，即对战略与运营规划和监控有用的信息。不过这些描述并不一定直接以单个计划的内容为导向。对我们来说，更重要的是将信息收集与处理的特点作为中心，在企业组织架构方面也关注这些特点。这种描述的结构也适用于规划和监控系统：(1)首先，与环境中机遇与风险、企业优势与劣势有关的信息将有助于战略规划和监控；(2)会计主要是提供运营规划和监控方面的信息，但是战略方面的视角也愈发重要。

当我们讨论信息供给时，其实这个所谓的复杂问题已经被简单化了。在我们的理解中，管理控制的信息功能更加宽泛一些：它不仅意味着单个信息的供给，而且意味着科学方法与模型的应用。如今，信息加工的可能性，通过一定的信息加工方法与模型，使规划专员可以将现有的信息联系起来，然后将不同备选规划进行落实。这就导致，根据组织形式的不同，可能由计划专员自己收集信息。因此，人们应该从广义角度理解信息供给的概念。

企业内部信息的收集与处理并不只是为了规划和监控，大部分信息直接操控着执行过程。企业外部人员和单位参与信息作业的比例越来越高，这时，人们通常像处理规划和监控信息时那样，使用相同的原始信息资料（例如，公开的资产负债表、纳税申报）。为企业外部人员与单位构建信息供应体系也是管理控制任务的一部分。同样，出于清晰性考虑，结果导向的信息供应对规划和监控有着重要意义。

首先在系统构成的多方协调层面上，我们要研究信息获取与处理。首要是方法选择和系统构建问题，举个简单例子来说明：我们通过备选的成本核算系统讨论信息的各种可能性，并且考虑因其具有可行性而可以选择哪些组织上的解决办法。描述这个流程的具体细节并不是我们研究的问题，一个受众导向的信息供应系统对信息处理提出了以下关键要求（Bircher, 1976，第203页）：(1)需要考虑的是，许多信息处理标准事前并不为人所知，而是在使用之前才明晰起来；(2)信息使用者因此应该一起参与确定信息处理的形式；(3)在信息处理阶段，就应该对信息供应可能的意义进行评定，只有这样才能给信息使用者以激励；(4)信息处理应该考虑到使用者拥有信息的状况；(5)信息处理必须建立在与现存信息有关的信息基础上；(6)信息处理应该与信息储存与发布相协调。

最重要的信息获取视角，尤其是管理控制视角下的信息处理，是对信息如何影响结果的评价。信息与结果或与潜在结果（盈利或亏损）之间的关系，是衡量管理控制中获取的信息优劣的标准。

4.5.2 战略信息与战略导向信息

4.5.2.1 战略信息

4.5.2.1.1 环境与公司分析

规划作业的出发点是与企业环境和企业重要情况相关的信息。战略规划以对企业内外框架条件的分析与预测为前提,只有这样才能进行机遇、风险、优势、劣势的分析,从而形成战略(Hinterhuber,1989,第76页)。环境与公司分析的第一步通常是,将相关领域和观察变量的种类进行分类与系统化(参见表4.6),这一步可以与确定信息需求,甚至可以与信息分析联系起来。从管理控制角度来看,确定衡量指标十分重要。

表 4.6　　　　　　　　　　　　　　环境与企业分析的结构

	变量类型 (外在表现形式)	定性的	定量的
系统外部环境	**相关领域**		
	广义环境		
	经济环境	经济形势/商业气氛	国民生产总值
	技术环境	技术进步的重点	申请专利数量
	社会文化环境	认同/价值观	人口数据
	政治环境	反垄断法、税法、企业法	
	生态环境	环保运动	最高排放量
	狭义环境		
	经济环境	竞争者行为	行业销售额
	技术环境	产品、工艺	行业内专利申请数量
系统 (企业)	**可作为分析范围的广义目标**		
	社会目标	对待雇员的态度	—
	物质目标	行业	—
	价值目标	—	绩效
	战略分析领域		
	产品/产品规划(长期)	使产品适应市场	产品占生命周期各个阶段的比重
	人事(一般)	雇员的专业能力	各个领域的雇员数量
	设备	自动化程度	年限结构
	选址	基础设施	生产场所的数量
	资本结构	资信	所有者权益占比
	法律形式/结构	决策权的规则	税负
	组织	组织氛围	参谋部门的数量
	领导系统	规划和监控系统的形式	主管数量
	运营分析领域		
	产品组合	联盟效应	每个产品系列的边际贡献
	销售	销售路径系统	按照产品与顾客的接收订单
	生产	生产类型	工资费用占比
	采购	供应商的可靠程度	库存
	物流	按时交货	处理中的订单数量
	研究与开发	自行开发的方式与意义	研发成本占总成本的比重
	融资	与银行的关系	设备覆盖率
	会计/管理控制	管理控制师的影响	成本岗位的数量
	一般行政	灵活度	信息系统的成本
	大型项目作为分析领域		
	A项目	与集团伙伴的合作	项目费用
	B项目	与集团伙伴的合作	项目费用

资料来源:Hahn & Hungenberg(2001,第320页)。

环境与企业分析的任务在于系统性调查和评价与企业有关的可影响和不可影响变量(对象或现象)(Hahn & Hungenberg,2001,第319页),旨在处理信息,以达到规划和监控目的。

环境与企业分析首先关系到实际状况,它们可以是纯粹剖析事实状况,也可以附加额外原因分析。

为单个信息的重要性赋权十分困难,应该提出那些可以进行定量评价的检测问题(Hamilton,1971,第138页;Bircher,1976,第168页)。

1.一项开发是否对社会经济变革产生深远影响?
2.一条信息是否在信息检测清单的一个或者多个范畴上?
3.从杰出专家有关社会与经济变革的假说或理论角度来看,一条信息是否重要?
4.该信息是否与经济、社会、政治或技术方面的指标有关?
5.某信息是否揭示了技术转让的可能性?
6.信息来源是否值得特别关注?
7.某信息是只对专家有利用价值,还是对受到良好教育的非专业人士也可用?
8.信息来源是否可靠?它是否还承载着附加内容?
9.该信息是否显而易见?还是有可能失真?
10.该信息是否对社会结构改变传递着定性或定量方面的提示?
11.是否存在法律条文,排除涉及某一信息?
12.是否已经得到该信息?

许多方法可以分析信息对战略形成与结果影响的意义,它们隶属于战略管理控制的工具范畴,与战略规划和监控过程有着密切联系。这里我们将讨论以下工具:(1)SWOT分析模型;(2)环境分析;(3)企业分析;(4)潜力分析;(5)价值链分析;(6)组合分析。

SWOT分析是一切战略规划的出发点,它研究的是在战略框架下,企业目前的优势与劣势以及未来的机遇与威胁。SWOT分析的必要工具是环境分析和企业分析,目的分别在于识别机遇与风险、查明优势与劣势。

在识别机遇与风险时,应该回答以下问题:"企业未来哪些机遇与风险来源于可能的环境变化?"(Bircher,1976,第313页)基恩鲍姆(Kienbaum)认为,环境分析的任务是为企业管理层提供尽可能全面、保险和确定的信息(Kienbaum,1983,第2034页),其主要任务是从数量庞大、可能环境信息构成的信息流中,细分出对达到企业目标具有重要意义的信息。然后,主题分析须在不同层面上进行(Welge & Al-Laham,2012,第289页):全球环境、竞争结构、竞争动态、战略小组和直接竞争。

以其中一个分析层面为例,图4.5展示了行业竞争的五个驱动力,这五个驱动力影响着竞争结构,它们以哈佛教授之名命名,被称为"波特五力"。

环境分析的目的在于,辨识、预测环境变化与其中包含的企业机遇与风险。那些不连续、难以预计的事件必须被赋予特别的重要性,因为那里隐藏着企业发展的机遇与风险(Simon & Gathen,2010,第231页)。

企业分析有助于确定企业优势、劣势以及战略性成功因素。战略管理的方法要从以下层面加以区分(Bea & Haas,2013,第495页):(1)领导潜力:规划、监控、信息、组织、企业文化;(2)执行潜力:采购、生产、销售、资本、人力、技术。

在潜力分析框架下,只要某种潜力能体现出影响绩效的企业优势或劣势,就可以从中派生出战略性成功因素。为此,要弄清潜力的表现形式以及顾客要求导向,还要分析竞争优势是否存在。分析结果可以在一张优劣势表格中体现出来,例如该公司与最强竞争者相比的情况(参见表4.7)。

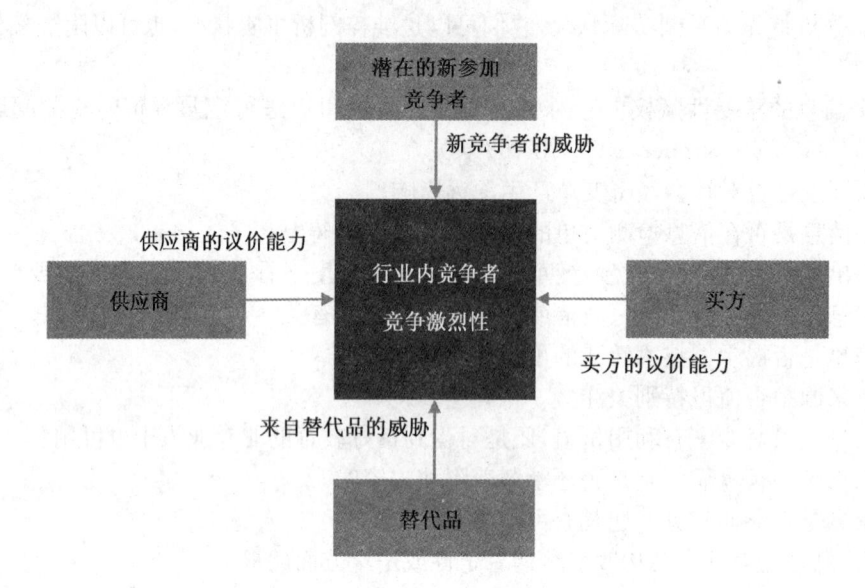

资料来源：Porter(2014，第25页)。

图4.5 竞争结构的决定因素

表4.7 潜力分析的结果：优势—劣势分析

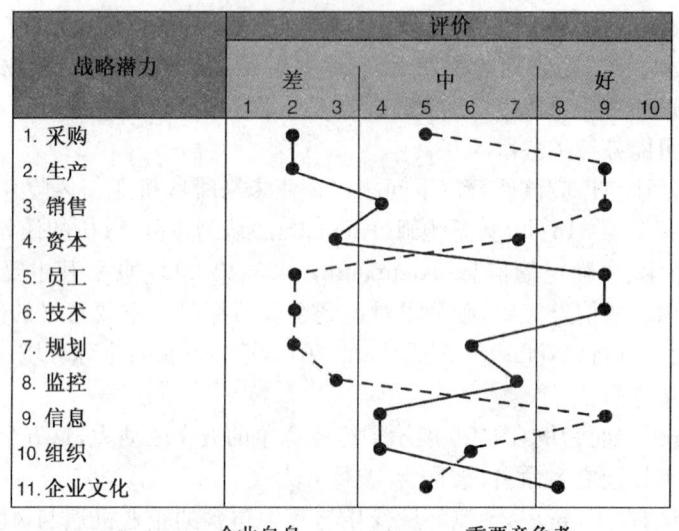

资料来源：Bea & Haas(2013，第125页)。

接下来这个分析工具是由波特(2014，第66页)提出的价值创造链分析，它可以提供企业核心专业能力方面的信息。应该根据价值创造链的单个子过程来研究企业的竞争状况，波特在这里区分了基本活动与辅助活动两个概念(参见图4.6)。针对具体情况，一个企业单个价值创造链应当作为流程分析的基础来研究(参见图4.7的例子)。

环境分析和企业分析的结果可以在SWOT分析矩阵中加以总结(参见表4.8)。对于不同的优势、劣势以及机遇、风险的组合，会生成相应战略：SO战略主张使用自身优势对机遇加以利用，这里包括新产品开发或企业扩张；与此相对应，在ST战略框架下，风险应该通过自身优势被降至最低；WO战略的目标是通过利用外界机遇的推动力克服企业劣势；WT的目的则是劣势的削弱以及风险的降低,这里经常包括多元化战略。

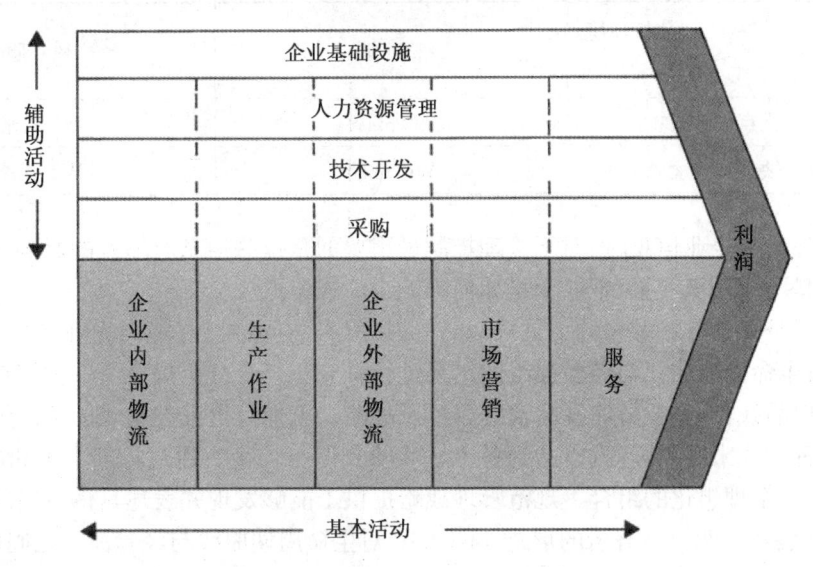

资料来源:波特(2014,第76页)。

图 4.6　波特的价值链创造分析模型

a. 雇用、个人发展、雇员管理
b. 采购对象：黏土、水、能源、包装材料、其余的辅助材料和动力燃料,生产原料、运输服务

资料来源:Hoffmann, Klien & Unger(1996,第259页)。

图 4.7　以砖瓦厂价值链为例

表 4.8　　　　　　　　　　　　SWOT 分析矩阵

分析企业 ＼ 分析环境	机　遇	风　险
优点	SO 战略	ST 战略
缺点	WO 战略	WT 战略

在评判环境与企业信息时，对于管理控制最重要的是这些信息对绩效的影响，而评判这些信息的前提是了解环境变量、企业变量如何影响企业战略形成。

组合分析是寻找战略的一种工具（Roventa，1981），它同样以环境与企业分析得出的信息为基础，再由生命周期曲线与经验曲线的结果进行补充。组合分析提供了一种体系，目的是观察某企业的产品线，从企业整体视角建立目标及战略。就像有价证券构成的资产组合一样，人们试图以一种方式来操控资源，以达到各个战略的和谐与均衡。通过诊断与分析实际组合情况，可以得出一个理想化的组合。规范管理战略提供了能够发现并表述具体战略的不同方法，图 4.8 和 4.9 展示了两个最著名的形式。图 4.10 对生命周期曲线与经验曲线之间的关系进行了说明。

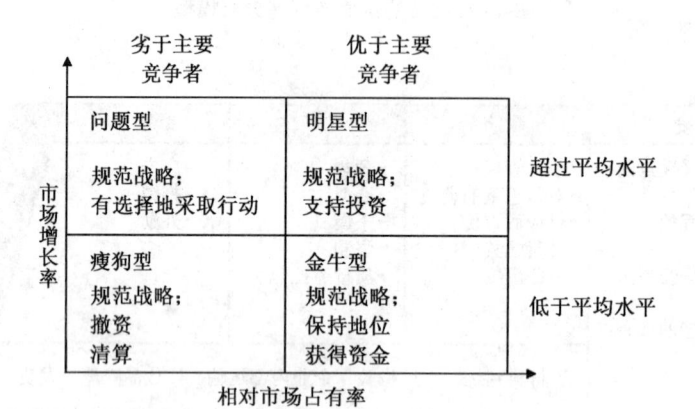

	劣于主要竞争者	优于主要竞争者	
市场增长率	问题型 规范战略； 有选择地采取行动	明星型 规范战略； 支持投资	超过平均水平
	瘦狗型 规范战略； 撤资 清算	金牛型 规范战略； 保持地位 获得资金	低于平均水平
	相对市场占有率		

资料来源：Müller-Stewens & Lechner（2011，第 285 页）。

图 4.8　市场增长率—相对市场占有率组合模型

多样组合方法作为分析工具和战略寻找工具的一大优点是，其简单从而利于传达；缺点是，影响战略选择的多个变量被缩减至各两个，由此出现了一个简单的、模式化的战略搜索地图。那种对企业战略地位一成不变的观察方式遭到多方非议，因为现如今内部会计所提供的信息仅仅对企业短期操控起到重要作用。

组合分析必须得到进一步发展，由结果导向信息向单个生产战略转化，通常情况下是与现金流和边际贡献有关的内容（参见图 4.11）。

由组合分析法帮助确定的多种规范战略，还不足以说明一个企业该如何面对竞争，波特的论文（2013）介绍了可以确定竞争战略的工具。

4.5.2.1.2　预警系统和预测方法

在经济周期缩短和易变性增加的情况下，我们必须更加深入地研究资本市场的压力预测以及如何有意义地定位资本市场问题。在这里管理控制具有重要意义，尤其是在分析预警信

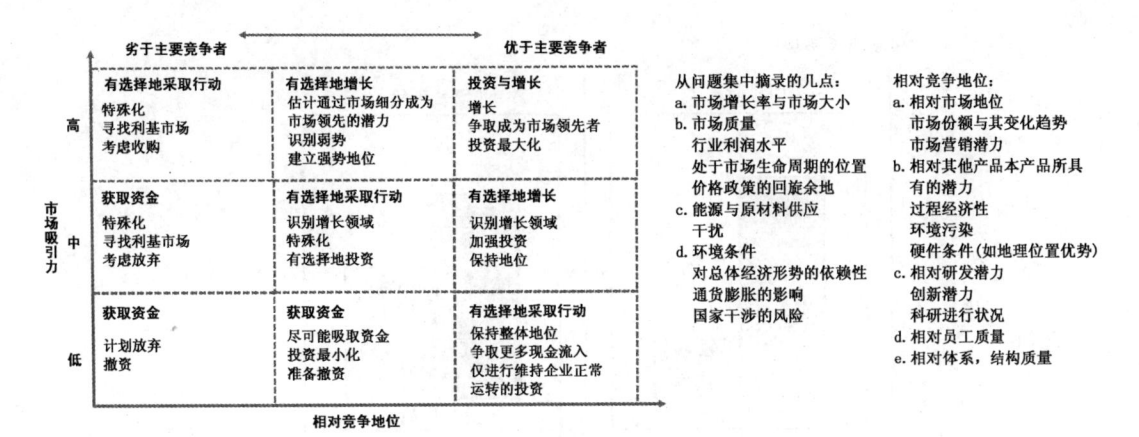

资料来源：Müller-Stewens & Lechner(2011,第287页)。

图4.9 竞争地位—市场吸引力组合模型

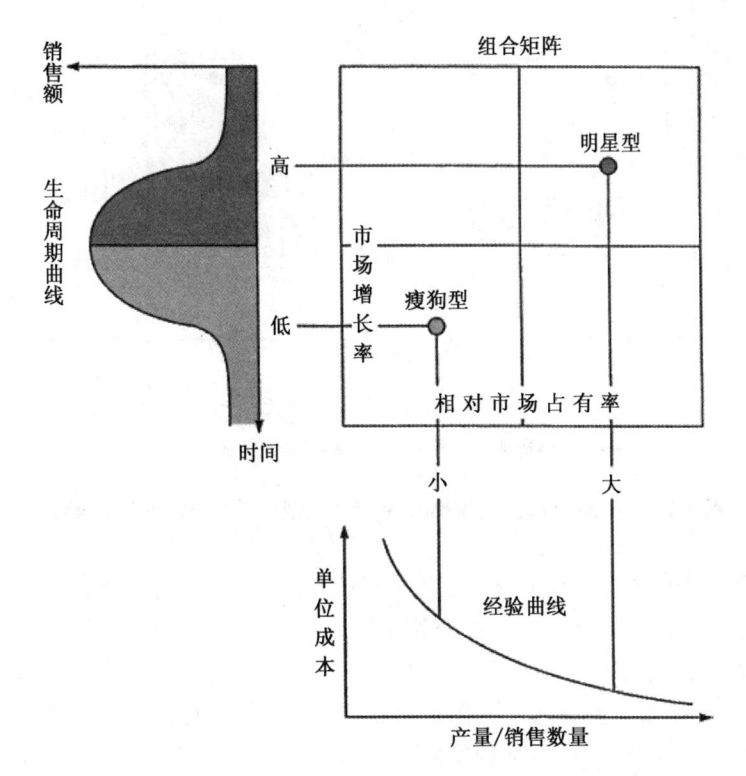

资料来源：ZVEI(1993,第27页)。

图4.10 生命周期曲线、经验曲线和相对市场占有率—市场增长率组合模型

息时。我们在金融危机初期就发现这一点，并且我们很快采取了行动。当竞争者在危机中不得不缩减其研发费用时，由于及早改善了成本结构，西门子可以在危机下继续投资于创新领域，以巩固其领先地位。

——乔·凯瑟(Joe Kaeser)，西门子公司财务总监(从2013年年中开始担任西门子公司首席执行官)(Kaeser & Horváth,2011,第260页)

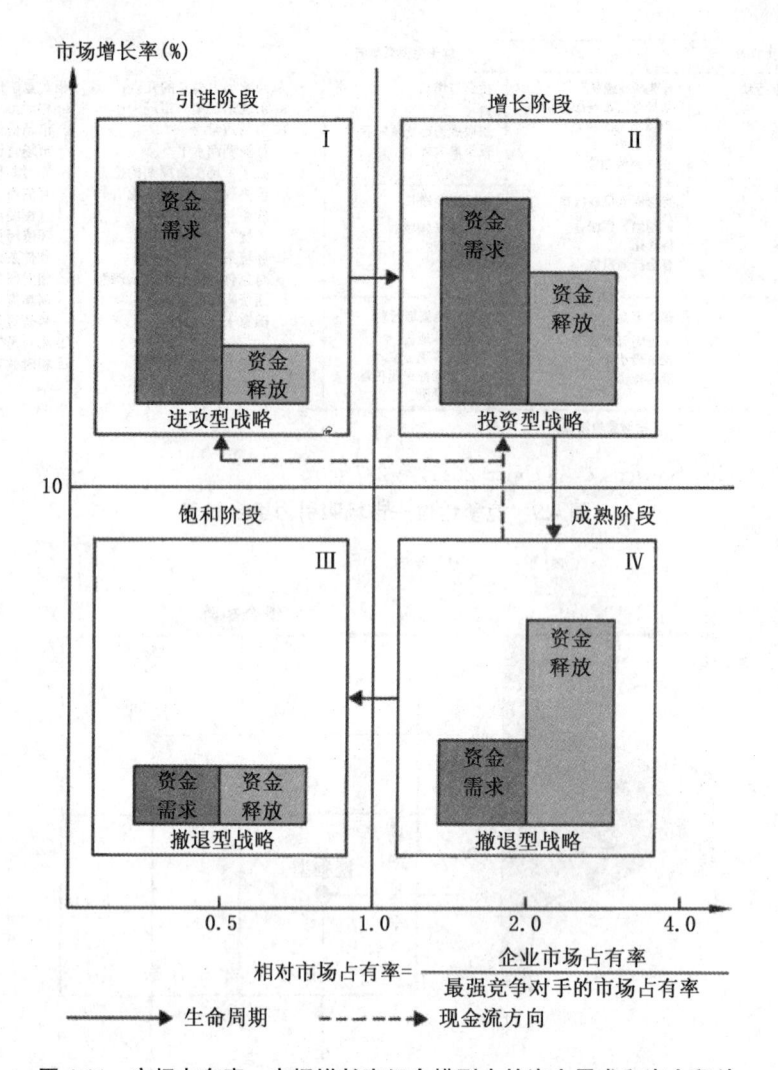

图 4.11 市场占有率—市场增长率组合模型中的资金需求和资金释放

企业周围环境变化趋向于更加激烈、更加不具有连续性;加之企业灵活度日益降低,这为信息供给带来了困难:(1)机遇与风险的分析识别总是不够及时;(2)企业对已经察觉到的事实状况反应时间变长。

其后果是,可能出现企业意想不到的危机状况,并且之后人们只能手忙脚乱、并不完美地应对它们。因此,提前辨认出预示某种发展的信号具有重要意义。首先,认清风险,即认清对企业存续或企业某一领域具有直接或者间接威胁的情况十分重要(Müller-Merbach,1977,第420页);除此以外,对机遇的识别也包括在内,所以我们不仅要讨论预警,还要讨论提前识别(也包括提前调查)。

预警系统是一种特殊的信息供应系统,其任务是通过预警信息传递有关潜在机遇与风险的信号,这些信号来自那些还没有被广泛注意到的实施状况。在未采取应对措施的情况下,它们的出现意味着企业危机以及错过机遇。

在汉斯格雅公司,越来越重视报告工具的预警功能,它提前向管理层传达风险信号,从而使理论上的应对措施及时变成实战操控。一个可以作为前导信号的众所周知的例子是订单确认分析,在这里,企业收集从年初到规定日期收到的所有订单,接着,将在关键客户、市场、产品线或者销售渠道几个领域分析利用这些收集到的数据。通过与一种滚动式的订单确认规划相结合,可以观察到企业在过去4年以及未来18个月中的具体情况(Gänßlen,Kraus & Dierolf,2012,第17页)。

20世纪60年代以来,无论是在理论上还是在实践中,预警系统都是系统化思考的对象。预警系统的目的是获取企业自身机遇与风险的信息,它分为以下三代(Klausmann,1983;Gomez,1983;Bea & Haas,2013,第300页):

(1)第一代预警系统:这里是指20世纪60年代以传统会计指标(如现金流、利润率)为基础的系统。人们想通过计划实际值比较和计划预测值比较得到操控信息。然而,这一代的信息不能满足战略要求。由于以过去为导向,它们更多地将某一征兆或结果作为事件原因来展现(参见图4.12),却并不能识别出不连续性,"软性事实"也没有一席之位。

(2)借助于前导信号,第二代预警系统希望识别出尚不能被认为是机遇或风险的环境与企业变化。因此,其主要任务是找到具有良好预警特征的前导信号,这里也是"硬性事实"起主导作用。可以区分那些可被广泛应用的前导信号(如某一行业的订单确认)与单个前导信号(如自身的订单确认)。这一代预警系统最大的缺点是其针对性(Bea & Haas,2013,第304页):通过聚焦某些特定领域,完全淡忘其他领域,而忽略这些领域潜在机遇与风险的危险很大,不连续性也不能被识别出来(参见图4.12)。

(3)第三代预警系统希望提前识别出对战略有影响的各种变化,其基本思想是:社会、政治和技术领域的变化与变革总是由人们提出,并且总是通过关键人物或机构来发表相应的观点与意见,人们需要捕获这些信息。因此,人们尝试建立一种"战略雷达",它广泛地接收各种变化信号。从管理控制角度来看,最艰巨的任务是估计这些接收到的信号对业绩的潜在影响。

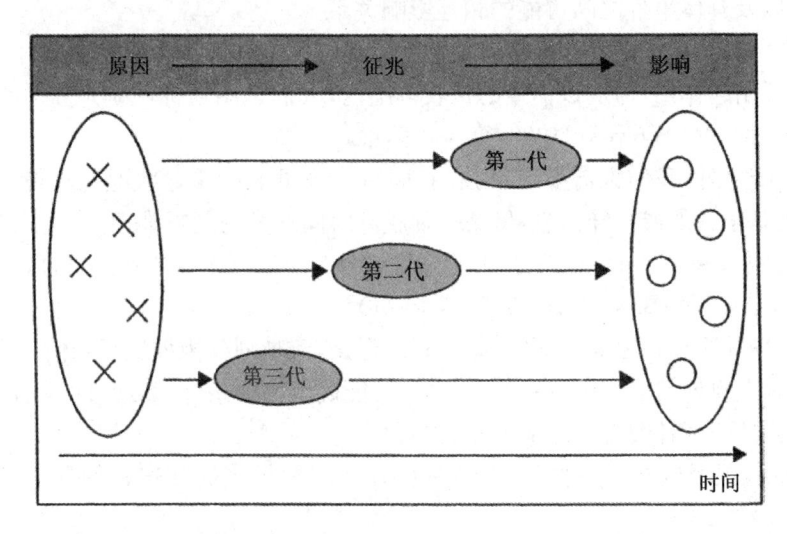

资料来源:Bea & Haas(2013,第305页)。

图4.12 三代预警系统的预警能力

第三代预警系统的科学基础是由安索夫(1976)提出的弱信号理念,他的基本思想是,环境不连续性将借助上述弱信号得以体现。

预警系统影响因素之间的复杂关系(网络化)需要图示并且按其可能性进行量化(参见图4.13),接着可以模拟或者借助实况分析各影响因素之间的共同作用,借此要引入战略规划流程。

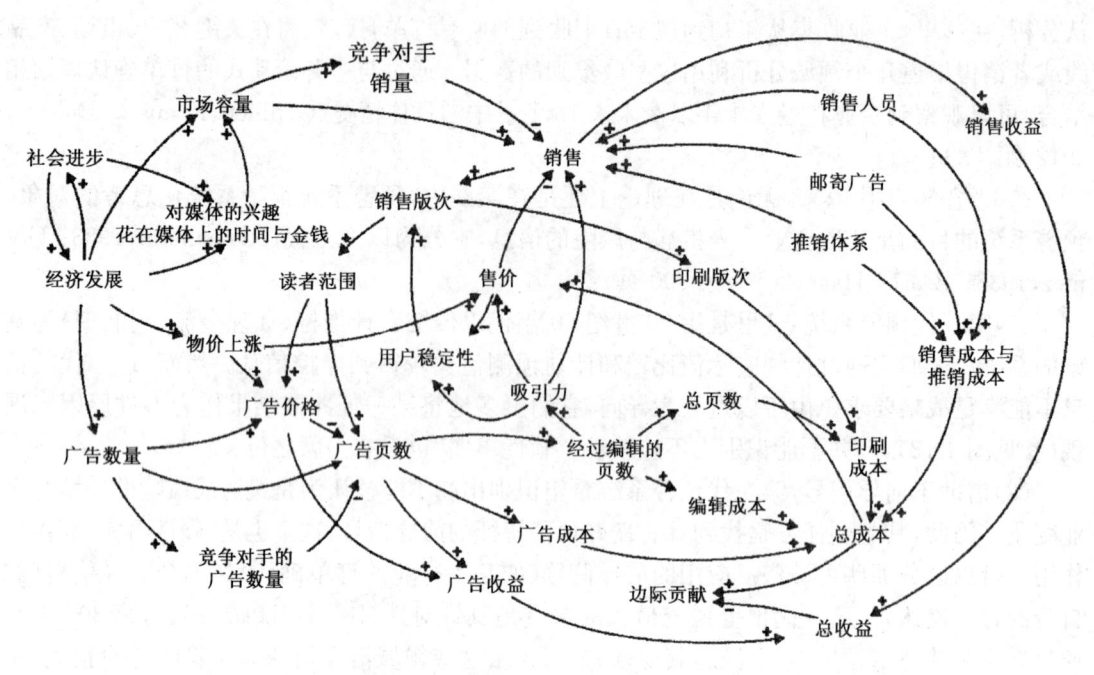

资料来源：Gomez(1983，第482页)。

图4.13　一家杂志社反馈图表的例子

战略预警行使着"前提管理控制"这一功能(Winterhalter,1981,第228页)：应该主动获取那些与企业的成功潜力有因果关系的信息。系统构成的多方协调重在整合观察领域、预警信息、成功因素以及具体事件之间可能的相互影响关系。

"扫描"与"监控"构成了寻找弱信号的基本活动。"扫描"即持续寻找弱信号。一旦定位该信号，监控就开始起作用，即从该信号的接收范围内，人们试图目标明确地获取更加准确的信息(Krystek & Müller-Stewens,1992,第350页)。

除预警系统之外，我们也需要市场预测，即对未来可能的企业状况与环境状况的一种描述。一项预测基于一般或特殊信息，借助一种脱离时间约束的逻辑推理，将与过去紧密相关的经验材料投射到未来。因此，在基于纯理论做预测时，常识必须以被认可的规律形式存在(Kosiol,1967,第85页；Brockhoff,1977,第16页)。

我们将市场预测理解为信息供应的一部分，但是，清晰划分规划流程和信息供应的界限却存在困难：只有在规划与信息供应密切配合时，才能确定预测条件、判断事件期望、评估预测指标。因此，由管理控制者做出的协调十分重要。

表4.9说明，预测包含了一种计划最关键、存在问题最多的陈述和信息类别划分(Wild,1974,第133页)。

表4.9　　　　　　　　　　计划组成部分和信息类别

计划构成	信息类别
目标	规范性
前提	预测性
问题	事实性、预测性、规范性

续表

计划构成	信息类别
措施	虚拟性或规范性
资源	虚拟性、规范性、预测性
期限	虚拟性、规范性、预测性
承担者	虚拟性、规范性、预测性
结果	预测性

资料来源:Wild(1974,第133页)。

预测伴随着几个根本问题(Berthel,1975,第265页):

(1)预测并不能直接从经验规律中派生出来。要想做预测,"经验规律在未来依旧有效"这个附加条件十分必要。

(2)经济管理领域至今几乎不存在自然科学意义上的经验规律。为了弥补这一"局限",出现了较为简单、时间上有限制的各种假设。

(3)在预测某一状况时,必须满足先行条件(边界条件)。不过首先要对未来前提做出预测,这通常导致无限和循环。同样,这里也需要几个"躲避战略"(参见表4.10)。

表4.10　　　　　　　　　计划目标、计划条件以及先决条件示例

计划内容 实现结果	预测构成	
	经验规律	先决条件
1. 目标 边际贡献最大化	产量变化引发的边际贡献变化 (线性增长:总边际贡献核算)	(1)与供给状况密切相关的价格变化(常数) (2)产量变动引发的成本变化(与产量无关的线性)
2. 内部条件 给定的生产能力	要素投入数量变化(常数)	(1)生产数量与质量(常数) (2)原材料质量(常数)
3. 外部条件 给定的销售总额	对该商品品类的有效需求(数据可得)	(1)需求结构(常数) (2)购买力(价格合适的条件下充足) (3)替代品与竞争者产品(没有销售额风险)

资料来源:Berthel(1975,第267页)。

(4)特定先决条件毋庸置疑是预先确定的。

(5)必须坚守特定先决条件。

(6)先行条件也可通过采取某项措施形成。

但是,这种所谓的"躲避战略"只能在规划层面的一个狭小领域(即经营规划领域)使用。而战略规划中出现的问题往往难以定义,结构化程度很差。只有当它成功具有了与经营规划相应的特征时(即完整披露规划内容),刚刚提到的"躲避战略"才能用于战略规划。

只有向结果使用者解释清楚一些问题之后,预测才能够成功运用。这些问题包括(Chambers,Mullick & Smith,1971,第46页):

(1)通过预测想要实现什么目标?怎样进行预测?使用者必须表明他们可以容忍哪些不

确定性,也就是说,预测准确性决策是受到什么影响的。

(2)预测成本有多高？预测成本和预测准确性之间存在一定关系:必须找到预测成本与不确定性成本之间的最佳均衡状态。影响预测成本的因素如下(Brockhoff,1977,第51页):预测方法的开发与执行成本;数据储存与记录成本;方法使用成本及数据收集和处理成本。

(3)预测指标之间的系统关系是怎样的？只有从一个体系中才能明确,哪里存在着做预测的可能性以及必要性。

(4)历史事件如何与预测发生关联？系统的改变使得过去与未来之间的相似性减弱,其相似程度需要由预测使用者和预测者商议得出。

在文献与管理实践中,有许多标准可以划分不同的预测类型。最重要的是以下几点(Brockhoff,1977,第36页;Makridakis et al.,1980,第29页):

(1)建模标准:如果所有变量都与同一观察期有关,那么它就是"静态模型";动态模型涉及变量在多个观察期的时滞。

(2)预测对象的标准:区分标准是预测变量的类型以及所属领域。

(3)预测时间跨度的标准:区分短期、中期与长期预测。

(4)局限性标准:无条件预测又称有效预测;有条件预测又称可能性预测。后者只有在某些条件下才能做出预测("只有……才……句式")。

(5)预测影响标准:预测的直接影响是帮助做出决策。间接影响是通过应用预测达到影响第三方行为的作用。

(6)预测报告构建标准:在这里重要的是区分定性和定量预测。

根据使用信息以及应用方法的类别,存在三种类型的预测方法(Chambers,Mullick & Smith,1971,第49页):

(1)定性预测法应用于战略规划,一般需要个人判断能力以及评价方法,以将定性分析的信息转化为定量分析指标。

(2)时间序列分析法用于预测季节波动、周期变化、趋势以及增长,可用于生产和库存管理的短期或中期预测,但难以在曲线变化中估计转折点。

(3)因果分析模型可应用于预测指标及其他因素之间关系已经清楚的情况,多用于销售领域。

定量预测的一种方法是GAP分析,也称"差距分析",是战略规划古典分析工具之一。差距分析基于趋势外推法,基本思想是:规划目标和目标达成情况的预测之间存在差距。差距分析认为,在保持现有企业活动的前提下,由于优势和劣势及机遇和风险的变化,差距会呈现逐步扩大趋势,应该采用适宜的战略手段消除这一差异。能够填补图4.14所示缺口的战略手段十分必要,而战略形成最重要的一步是分析信息,这里用到的古典分析工具就是前一章所讲到的业务组合分析。

对其他定量预测方法的具体描述可以参考专业书籍(Backhaus et al.,2011,Mertens & Rässler,2012),表4.11和表4.12从规划视角集中展示了定量与定性预测的方法。

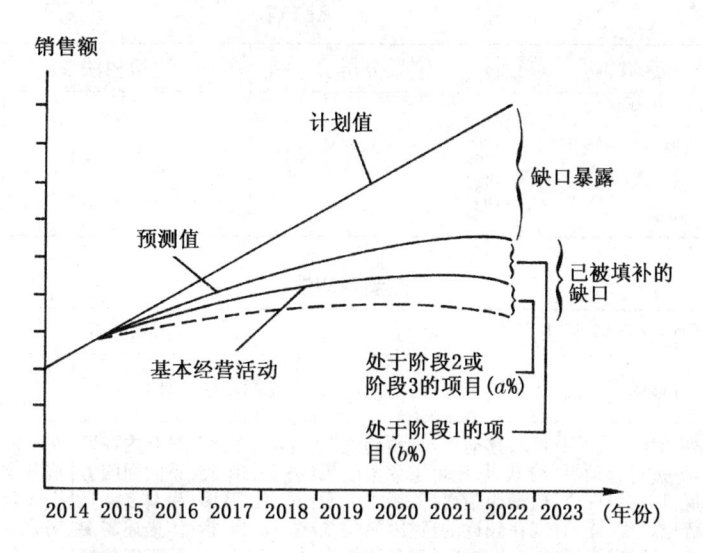

基础业务:已经存在的产品和已经发起并处于阶段 2 或阶段 3 的项目(假设成功可能性为 $a\%$)。
被填补的缺口:已经发起并处于阶段 1 的项目。
(假设差距:成功可能性为 $b\%$)

图 4.14 差距分析示例

表 4.11　　　　　　　　　　　　定性预测法

方法	德尔菲法	情景分析法	决策树法	历史推论法
描述	对多个专家(调查对象)进行书面采访,询问其对未来定性或定量发展状况的预估。调查由几轮组成,通过不断接收前一阶段做出的预测结果,从而得以将现有信息尽可能平均地发布给所有专家。	对未来定性或定量的发展状况进行思维上的分析与描述,这些零碎的发展状况整合起来构成未来情景。该方法可对多种发展可能性、来自其他领域的影响以及技术引入做出系统性处理。	由既定目标或项目出发,从可能解决方案或详细的项目解决方案一步一步进行逆推。在目标达成过程中,决策树上的每一根"枝条"都反映出可能采取措施的执行状况及其重要性,用这种方式可以预测目标实现状况,确认哪些措施更加重要。	对未来产品或技术的发展进行比较分析与预测,对与过去问题结构类似的发展问题做出相似论断。
典型应用领域	对销售状况以及新产品市场潜力做长期预测,对技术发展做长期预测等。	对长期的政治、宏观经济状况,或从机遇与风险角度对子市场的发展状况进行预测。	对子目标及战略做推论与预测,如销售系统的长期发展、研发项目的规划等。	对产品销量变动情况做长期预测、对新产品的利润状况进行预测。
信息需求	问题要固定,需总结调查结果,由一名联络人分发更新的调查结果。	要求专家对手头所有有关待预测事实的资料进行确认以及归纳,可能使用与过去类似提问有关的信息(历史分析)。	要求准确定义目标及目标项目,了解决策树各个必要层面。	要有类似经历的多年历史资料。
进程中发现关键转折点的能力	中—高	低	低	低—中

续表

方法	德尔菲法	情景分析法	决策树法	历史推论法
精准度 短期 中期 长期	中—高 中—高 中—高	低 低 低	中 中 中	低—中 低 低

表 4.12 定量预测法

方法	时间序列分析法			因果分析法			
	简单的趋势外推法	移动平均法	指数平滑法	简单回归法	多元回归法	计量模型	投入产出分析	生命周期分析
描述	将时间序列分成几部分，将其展现出的趋势投射到未来。	对时间序列进行移动平均的每一个点，都是简单时间序列一系列时间点的算术平均或加权平均。通过选择合适的平均点的数量，可以消除季节性波动。	可与移动平均法类比，但是为距离现在较近的历史数据赋予更高权重，借此可以抵消之前预测误差（如波动）的影响。	将预测值置于数学因果关系中。通过因果关系对某数值进行预测，并使用数学方法推算预测值。	与简单回归法原理相同，使用多个因果指标。	具有内在联系的回归方程体系，整体描述需要调查的领域（如某一经济部门）。通常对所有因果指标进行模拟预测。	在不同的经济分支及某企业及其市场之间，分析并预测商品与服务的流动。	基于历史销量及市场上的销售变动情况，分析并预测单一产品、产品系列或产品市场的增长状况。
典型应用领域	在相对稳定的环境下，预测存货量或销量等。	与简单的趋势外推法一致，但也用于日趋不稳定的环境。	与移动平均法一致，但也可应用于相对更强的波动环境下，即非常不稳定的环境。	预测产品系列销量，使用国民经济关键指标作为原因（如国民生产总值）对单个市场进行预测。	预测市场变动状况（销量、市场容量），它们往往受多个因素影响。	预测市场发展趋势，尤其是相互关联的宏观指标（消费支出、投资总额等）。	预测不同工业部门（行业）及其子部门销量。	预测单一产品或产品市场的销售发展状况。
信息需求	要有一系列趋势外推预测指标的历史数据，依其应用领域确定时间跨度。	与简单的趋势外推法一致，加上对移动平均数选择的具体要求。	与移动平均法一致，加上对加权因子的具体要求。	要有预测值以及因果指标过去几年的历史数据（多年度数据、季度数据等）。	与简单回归法一致，加上所有因果指标的相应数据。	对所有方程采取与多元回归相同的方法，要求增加数据的时间跨度。	要求对数据及待调查部门之间的投入产出关系具有长远认识。	到目前为止至少需要一年的该产品或产品市场销量及销售状况相关数据，或者是相应的类似产品或产品市场的数据。
进程中发现关键转折点的能力	低	低	低—中	非常高	非常高	非常高	中	低—中
精准度 短期 中期 长期	低—高 低 非常低	中—高 中 非常低	中—非常高 中 非常低	高—非常高 低—高 非常低	高—非常高 高—非常高 低	高—非常高 高—非常高 低	不可使用 高—非常高 高—非常高	低 低—中 中—高

由于定性分析法对战略规划的重要性,我们简单介绍一下其中一种——情境分析法。"情境……就是系统的、可理解的、从目前状况发展变化而成的可能未来情境"(Geschka & Hammer,1990,第 314 页)。情境应该为规划确定框架条件,它们反映了不同的战略。

情境可以回答两个问题:(1)一个假定的情境是怎样一步一步变成现实的?(2)参与者在每一阶段有哪些不同选择,以达到影响整个流程的目的?

情境分析的目的不是做出预测,而应该展现单个事件如何相互作用最终达成某一目标,尤其应该给出可能的"路径分支"。情境分析尤其适用于从不同视角考虑某一情境,综合展现事件原貌。

情境分析法从对长期可能趋势的分析出发(标准世界),为了估计某一发展状况的变动幅度,也可采用"标准世界"的变体加上惊奇项目的预测方法。

风险大小必须时刻可计量。我认为,闭上眼睛然后寄希望于什么也不发生的想法是不对的。当然企业各种交易总是与风险密切相关,但作为企业领导人,发现风险、评估其可能性并做好准备是我的任务,也是我的责任。想象一下经济发展,过去几年的状况说明经济环境波动愈发强烈,经济空间也越来越紧密地互相连接。因此在博世,我们用情境分析法进行规划,分析、评估风险并做好准备应对它们的发生。

——邓纳尔(Volkmar Denner)博士,博世有限责任公司总裁(Denner,2013,第 6 页)

图 4.15 清晰地展示了构造情境分析模型。随着时间推移,喇叭形的敞口越来越大,这表明目前状况对未来的影响逐渐减小,可能的发展情况被限制在两极端情境之间。未来不同的场景(如 2025 年的纳米技术)处于敞口的截面中,借助趋势外推法,由目前可辨认的发展情况可以得到未来可能发生的情境。A 情境是另一种可能的发展情况。t_1 时间出现的干扰事件导致,在 t_2 时间采取措施,最终到达情境 A_1。

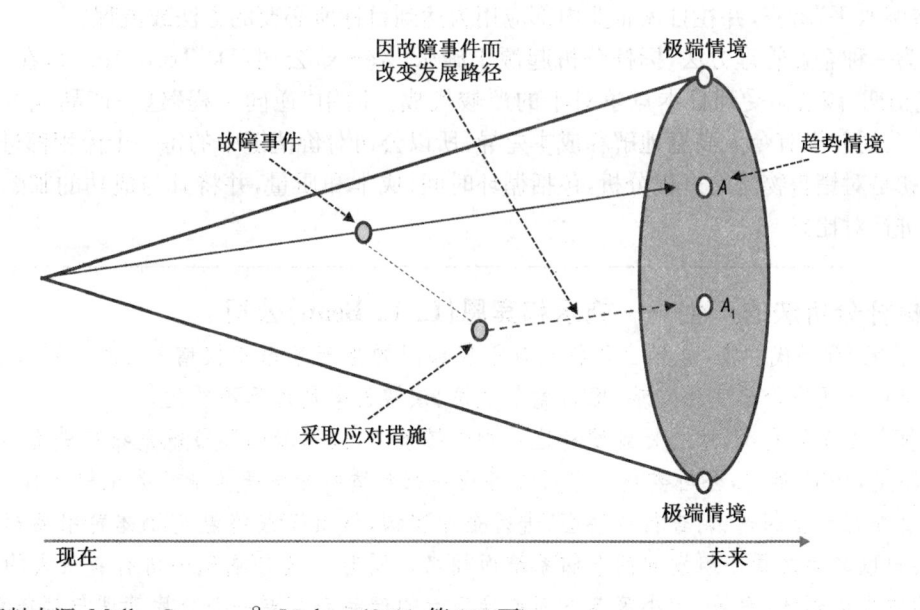

资料来源:Müller-Stewens & Lechner(2011,第 195 页)。

图 4.15　情境构建模型

情境分析的制定可以拆分为以下五个阶段:
(1)情境准备:确定项目目标,定义与分析情境构造的环境。

(2)情境环境分析:情境环境可以通过影响因子来描述,通过分析它们之间的关联以及重要性可以发现该情境的关键因素。

(3)情境预测:明确之前确定关键因素的其他发展可能(未来情境),这一阶段构成了情境分析技术的核心。

(4)情境构建:在成对比较预测连续性的基础上会产生不同情境,一个情境本身就是对未来不同预测的连续组合。

(5)情境转换:调查构建出的情境对第一阶段构造环境的影响,从而做出有关战略决策的表述。

情境分析技术可以为战略规划提供有关企业环境可能发展的重要提示,它是一种以可能的未来情境作为背景的评价与规划当前决策的工具。

预测为规划服务。因此在管理实践中,评价与预测方法的选择标准由规划来决定(Brockhoff,1977,第51页;Makridakis et al.,1980,第17页):(1)所需数据类型及其具体程度;(2)数据可得的时间跨度;(3)规划周期;(4)规划中单个数据的敏感性;(5)目标达成过程中单个规划的敏感性;(6)参与其中的有关机关、人员;(7)参与者的预测方法知识。

4.5.2.1.3 标杆分析法

在评价一家企业在所处市场中的状况时,最重要的是要知道该产品或从事该业务存在的标杆有哪些。

标杆分析是一个持续进行的过程,它对多家企业之间产品、服务,尤其是业务功能的流程与方法进行比较,从而发现自家企业与其他企业之间的差别、分析产生这些差别的原因、是否存在改善可能以及得出竞争导向的企业目标,比较的对象是那些极好地掌握了要调查的方法或流程的企业(Horváth & Herter,1992)。通过标杆分析法,在设立目标时,企业可以尝试着向"世界级水平"看齐,并在自家企业内部应用为达到目标所必要的方法或流程。

作为一种企业管理方法,标杆分析起源于施乐(Xerox)公司(De Toro,1987),在20世纪80年代初期,该公司受到日本竞争对手的严峻挑战。运用"逆向工程"这一产品成本分析方法,施乐公司并没有令人满意地解释成本差异,所以公司对价值链中的每一个流程都进行了分析。最初是对销售物流的过程分析,包括循环时间、成本和质量,并将其与成功的邮购公司这一标杆进行对比。

附录:标杆分析法的产生——施乐和宾恩(L. L. Bean)公司

20世纪80年代初期,施乐公司物流与销售部门的生产率每年仅增长3%~5%。要想在复印机市场上适应价格变化趋势、保持竞争地位,该增长率是远远不够的。

销售中心领导发现,从进货到发货这一物流链条中,最薄弱的环节就是物料进货。为了克服这一不足,1981年初,公司委托一名员工寻找一家合适的非竞争企业作为比较标杆。

通过查阅专业期刊、调查行业协会、进行企业咨询,该员工最终敲定了体育用品邮购商宾恩,该公司以其由质量小组发起的仓储系统而闻名。同时它又与施乐公司有着很大的相似之处,因为它也因形状、重量、大小等各方面差异巨大的产品而需要一个仓库管理与销售系统。

由三人组成的施乐代表团最终对宾恩公司进行了参观访问。结果证实了在绩效评价的几个标准——包括每个工作日的订单数量、件数以及最重要的过道数(过道是指通往某货运集装箱的路)——上,两家企业都有着令人惊讶的差别:宾恩公司在每日过道往返数这一指标上要超过施乐公司3倍。

其重要原因是,宾恩公司更多地应用信息技术操控企业经营活动。例如,根据周转率确定何时补货,以及持续进行订单分类和发货,从而简化清仓出货程序。

成功经验导致接下来在物流及销售领域的项目,这次的比较对象是医药批发商以及家用器具生产商。在接下来几年中,企业生产率提高达10%,印证了标杆分析法的巨大成功,其中3%～5%的增长是由标杆分析法贡献的。

资料来源:Tucker,Zivan & Camp(1987,第2页)。

****

标杆分析法所运用的比较不是仅仅涉及竞争企业,而是涉及所有极好地掌握了标杆分析观察对象的企业。与竞争对手分析不同的是,企业不再拘泥于自身所在的行业(Walleck,O'Halloran & Leader,1991)。相对于直接与竞争对手进行对比,本方法有以下好处(Horváth & Herter,1992):

(1)将目光集中于竞争对手,充其量不过达到与其相同的水平。而在同一行业或是其他行业的非竞争企业中,企业常常会得到最佳激励以及创新思路,标杆分析的对象正是这些企业的关键成功因素。

(2)相对而言,在与非竞争企业进行比较时,得到第一手信息以及相互交流更为简单。只有这样,人们才能更加贴近标杆分析的本质,即为什么其他企业优于自身企业？如何借鉴他们的方法？

在与非竞争企业进行标杆分析时,有两种方法。功能性标杆分析关注不同行业企业之间具有相同功能的同类流程,但也有可能更深入一步,在标杆分析中研究具有不同功能的流程。美国西南航空就曾经与一级方程式加油站的地面服务流程进行过比较(Weber & Wertz,1999,第13页),这种方法称为基础标杆分析。

在引入标杆分析法时,通常要关注相关成本。但是很快人们就会明白,理解最基本的流程及方法具有更重要的意义,只有这样才能采取对成本有积极影响的相应措施。除此之外,成本只是影响企业活动的一个侧面。为了更加全面地评价和比较各项流程,整体统筹观察是十分必要的,也就是说必须同时考虑成本、质量和时间三个流程范畴,它们会影响流程结果从而影响顾客满意度。而顾客满意度由实际结果和顾客对其寄予希望之间的差值决定。

标杆伙伴、研究对象和目标值这三个参数的不同表现形式组成了标杆分析的几种不同方法,标杆分析的可能形式可以通过一个表格形式很好地展示出来(参见表4.13)。

表4.13　　　　　　　　　　　　标杆分析法的形式

参数	参数表现			
对象	产品		方法	流程
目标值	成本	质量	顾客满意度	时间
标杆伙伴	其他业务范围	竞争对手	同行业	其他行业

资料来源:Horváth & Herter(1992)。

为落实研究标杆分析项目,需要组建3～10人的团队,通常一个小组平均有6个组员。按照标杆对象的不同,小组类型也会有所区分(Spendolini,1993)。

参考文献中有大量多种多样的阶段模式以及质量控制小组模式,它们描述了标杆分析的进行过程。这些模式一定程度上以施乐、美国铝业(Alcoa)或AT&T这些公司的实践经验,以及标杆分析的调查研究为基础。在一个可比的原始研究中,博纳(Böhnert)研究了这些模式并创建了一个质量控制小组模式,它涵盖了重要的核心业务(Böhnert,1999)。

规划阶段的出发点是确定标杆对象。如果想对一种功能进行标杆分析,那么首先应该对该种功能的"产品"进行提问,这些"产品"可能是核算、报告或是计划。通过接下来的提问,尤其通过对其现实性可能存在困难的考虑,可以进行下一步选择。

在确定好标杆对象以后,要确定绩效评价指标,这对评价潜在标杆企业的效率是必要的,并且借此会更加容易理解自家企业的活动。衡量绩效的起点便是基本的流程输入、流程本身、流程输出以及不可忽视的顾客满意度。接着要区分三类绩效评价指标,即价值指标(如成本)、时间指标(如交货期)和数量指标(如废品率)。在初期,需要确定的绩效指标并不能完全确定下来,因为在分析标杆企业时,有可能发现更合适的绩效评价指标。

在寻找标杆企业时,就开始进行数据收集。要注意,这一过程只能集中于少数几家甚至是一家标杆企业,否则不仅支出巨大,而且也仅停留于表面分析。在确认高效的标杆企业时,使用问题目录是十分有益的。

数据收集往往被看作标杆分析的首要议题。实践经验表明,大多数情况下,数据获取并不困难(Pryor,1989,第31页)。通常来说,分析要从二手信息源入手,如公司出版物、大会以及协会资料,这样可以低成本地获取所需的大部分信息。而能否获取第一手资料,则要看标杆伙伴的选择:当标杆伙伴是竞争对手时,双方交流讨论几乎没有可能;但如果标杆伙伴是其他行业或是其他业务范围的企业,相互经验交流的意愿就大大增加。在参观标杆企业时,获取第一手资料最为高效,但前提是标杆分析小组准备充分(Camp,1989,第93页)。

在这些准备工作之后,终于到了真正的分析阶段,这一阶段的任务是找到自身企业与标杆伙伴之间的绩效差异以及确定其原因。通常这时,大致了解标杆企业绩效评价标准的具体表现就够了。但是,无论如何还应重新检查一遍之前选择的绩效评价标准是否恰当。

在将标杆分析的结果应用于自身企业时,应进行调整以达到改善目标。因为不同企业有着不同的结构,因此不进行调整而直接照搬最佳范例,仅在极少数情况下可行。为弥补绩效差距,要确定企业特定的目标、战略以及行动计划。而在执行过程中,监控阶段就应该已经开始,这一阶段会根据之前定义的绩效评价标准,度量所采取的措施、效率以及表现提升状况。

博纳模型的特殊点在于引入第六个阶段,即沟通阶段。作为重要组成部分,这一阶段会持续进行并且与其他阶段紧密相连。通过这种方式可以了解,实践中观察到的标杆分析小组之间、标杆项目涉及的工作人员之间以及企业管理人员之间的信息交流情况。此外,还可以清楚观测到连续过程是否出现中断,单个步骤可以重复进行(Böhnert,1999,第137页)。

按照比较目标群体以及比较对象,可以将标杆分析法分为以下四类(Fischer,Möller & Schultze,2012,第282页;Friedl,2003,第339页;Siebert & Kempf,2008,第32页):(1)内部标杆分析:企业内部比较;(2)竞争标杆分析:与同一行业内的竞争对手进行比较;(3)功能标杆分析:对不受行业限制的功能与财务指标进行比较;(4)基础标杆分析:进行跨功能、跨行业的比较分析,以适应结构创新。

标杆分析法在德国企业中得到了非常广泛的应用,根据弗朗茨和卡宇特(Franz & Kajüter,2002)的研究结果,这一比例高达91%。

4.5.2.2 战略导向信息

众所周知,战略规划和监控的任务是寻找成功潜力,会计的战略导向意味着就战略可能对结果产生的影响提供信息支持,但它显然不能代替战略。

战略性问题,如产品多样性、灵活度及客户导向,超出了现存运营工具的能力范畴。在企业结构和流程(甚至在非直接相关的领域)日趋复杂、成本持续上升的情况下,有必要使内部会计与新环境相适应。

战略成本管理通常被定义为这样的成本管理操作层面,它通过长期预测以及在产品、流程及潜在地位方面设置成本水平、成本结构及成本变化,帮助形成并保持竞争优势。为更加具体地了解战略成本管理的内涵,考虑以下几个方面(Horváth & Brokemper,1998):

(1)战略成本管理应考虑如何形成并保持竞争优势地位,这里需要考虑企业所处行业信息和战略定位。

(2)战略成本管理并不以某一既定的战略框架为出发点,而是把产品、流程和潜力本身作为构建对象,但这一目标不能通过标准会计实现。

(3)战略成本管理必须揭示长期成本决定因素(规模经济、产品差异化、经验等),它们展现了预调指标对成本结构、成本变化和成本水平的影响。

(4)在产品开发阶段就必须运用战略成本管理,以便在最初阶段发现节约成本的潜在可能并加以利用。

但是,目前讨论的"战略成本管理"并不继续研究会计及成本信息的战略意义有多深远,也不继续讨论战略规划流程的哪一阶段有哪些应用可能。会计从本质上并不能"发明"一项战略,但它可以分析初始状况、评价可选战略并落实战略。

会计方法并非理所当然就是战略导向的,因为某一方法是战略导向还是经营活动导向要由基础问题来决定。如果成本管理工具并非战略导向,并且不能从理论上支持战略规划流程的核心,即不能支持"创造性战略寻求"过程,那么"战略成本管理"这一术语便容易引起误解。因而,在战略规划流程中,只能通过"战略导向的成本管理"这一术语来更为恰当地说明成本管理的地位,即借助估计客户导向、市场导向产品及流程的资源消耗信息,来支持战略规划及监控流程,这里成本管理工具与投资核算之间存在密切关系。

成本管理不会也不能排斥战略规划流程中的投资核算,重要的反而是将两种工具联系起来,形成有效工具。借助战略导向的成本管理可以呈现出产品及流程的前景,同时,展现并评价资源变化状况必须运用投资核算。

由于设置参数的增加,在战略决策时,并不存在"放之四海而皆准"的战略管理会计。因而战略导向的成本管理需要灵活的分析与构建工具,它们需要能适应不断变化的竞争及企业结构。图4.16将会计工具划归到战略规划的各个阶段中。

接下来我们将讨论用以支持战略定义阶段的信息类别,其实这些信息也可以用于企业运营。

在一项调查中,弗朗茨和卡宇特(2002)研究了德国的成本管理,调查目标是,通过与1996年调查结果进行对比,展现成本管理的发展趋势。为进行此项实地对比研究,他们向德国各行业的大企业(员工超过3 000名)发放了700张问卷并收到98份回复,问卷回收率达14%。其中与"成本管理地位"一项有关的调查结果是,所有参与调查的企业都大力推进能够降低成本的作业。

成本管理的主要目标是改善相对成本地位、增强企业竞争力,该目标可以进一步划分为子目标。图4.17展示了1996～2002年间成本管理目标优先度的对比情况。

4.5.2.2.1 战略导向的融资核算

战略规划的中心是战略经营范围和成功潜力。通过将成功潜力嵌入战略经营范围,达到企业长期增值的目标。成功潜力对企业长期生存具有重要意义,因为它确保了未来的成功,保

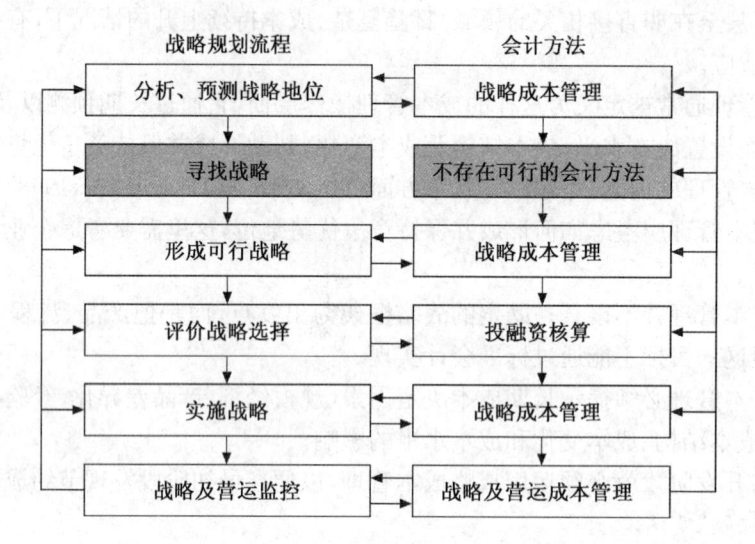

资料来源：Horváth & Brokemper(1998,第 587 页)。

图 4.16 会计战略规划流程及工具

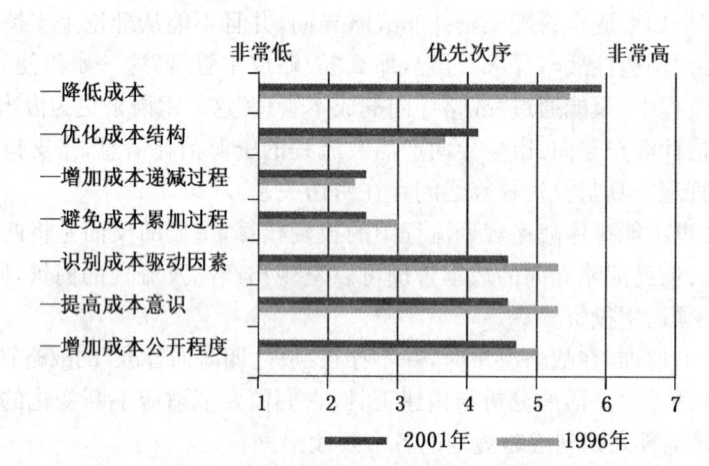

资料来源：Franz & Kajüter(2002,第 574 页)。

图 4.17 成本管理目标

证了未来企业的流动性，因此成功潜力成为企业成功及流动性的预调指标(参见图 4.18)。

另一方面，为了形成成功潜力，也需要流动性支持。所以企业常常面临这样的困境：在危机后期企业流动性匮乏，为了保证长期流动性供应，必须形成新的成功潜力，可是又缺乏必需的流动性支持。这时战略行动的运作空间非常有限，就经常导致企业不得不卖掉现存发展良好的业务部门，以创造必要的发展空间。

因此，从长远角度观察考量战略业务范围的流动性影响，以及建立一个合理平衡资金使用及资金来源的业务组合，对战略规划而言具有根本性意义；这里适用的信息供应工具是战略导向的融资核算。

战略融资核算由业务范围相关的融资核算和企业相关的融资核算两部分组成(Buchmann

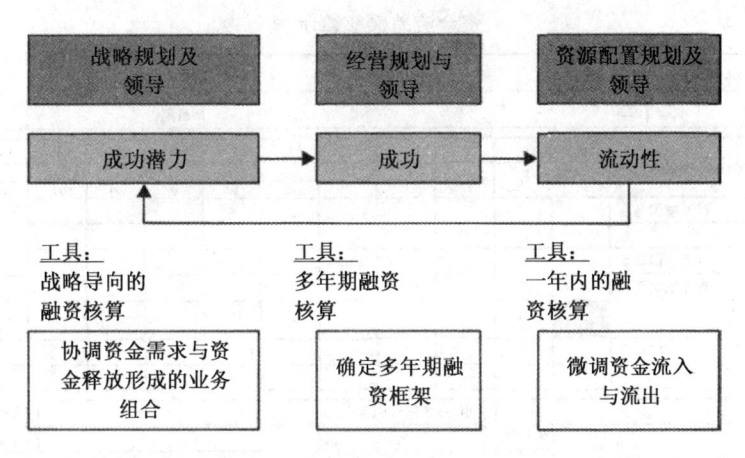

```
┌─────────────┐      ┌─────────────┐      ┌─────────────┐
│ 战略规划及  │      │ 经营规划与  │      │资源配置规划及│
│   领导      │      │   领导      │      │   领导      │
└─────────────┘      └─────────────┘      └─────────────┘

┌─────────────┐      ┌─────────────┐      ┌─────────────┐
│  成功潜力   │ ───→ │    成功     │ ───→ │   流动性    │
└─────────────┘      └─────────────┘      └─────────────┘

  工具：                工具：                工具：
  战略导向的            多年期融资            一年内的融
  融资核算              核算                  资核算

┌─────────────┐      ┌─────────────┐      ┌─────────────┐
│协调资金需求与资│    │确定多年期融 │      │微调资金流入 │
│金释放形成的业务│    │   资框架    │      │   与流出    │
│    组合       │    │             │      │             │
└─────────────┘      └─────────────┘      └─────────────┘
```

资料来源：Buchmann & Chmielewicz(1990，第 65 页)。

图 4.18　融资核算与目标层面

& Chmielewicz,1990,第 65 页)。

业务范围相关的融资核算任务是，揭示某一业务领域的资金流、弄清融资差额、确定整个企业为保证一定资金回旋余地而需留存的金额。业务范围相关的融资核算是确定融资风险的基础，在接下来要讨论的企业增值分析中也要用到它。

在进行业务范围相关的融资核算时，需要考虑一系列因素，如通货膨胀、销量增加对固定资产及流动资产的影响、生命周期或者经验曲线效应，部分内容在接下来的章节中会有所涉及。在管理实践中，为进行融资核算，应使用专用表格(参见表 4.14)。

与企业相关的战略融资核算包括业务相关的融资核算，同时又以那些不能划归到业务领域的资金头寸为补充。战略融资核算中与企业相关的子任务就是界定融资风险、将财务回旋余地加以最优利用。"与企业有关的战略融资核算就是企业的"棋盘"，在上面，企业各个业务领域对企业总体资金的争夺每天都在上演"(Buchmann & Chmielewicz,1990,第 77 页)。

4.5.2.2.2　价值管理理念

"我们很早就听说过基于价值的企业管理理念，并于 2001 年实施了价值管理的'经济增加值'这一关键指标。实施该方法的第一步就是识别价值驱动因素，然后将它们总结到一个层次清晰的构架中，这里我们要考虑到从战略基本定位到企业经营活动的所有层次。"

——蒂莫特乌斯·霍特格斯(Timotheus Höttges)，德国电信股份公司总裁(Höttges, Weber & Schäffer,2011,第 291 页)。

背景及起因

价值管理方法起源于美国，该理念首先应用于企业重组中的一次性决策，与此同时，人们考察出售、购买或分拆企业经营领域对企业整体价值有何影响，之后该方法便延伸到企业长期连续的规划与操控中。该方法应用范围的拓展也源于 20 世纪 80 年代美国企业总是面临恶意收购，此方法可以保护企业不受"企业狙击手"控制，保证它们无法通过采取重组措施实现企业价值增值。大约在 20 世纪 90 年代，价值管理方法在欧洲也得到了热烈讨论与广泛应用。

表 4.14　　　　　　　　　　　　　　　资金流差额核算示例

资金流差额				姓名：							MFS
GB:		GG:			电话：						
					日期：						

I．从战略规划中提取的市场数据		19.. 现状	19.. 预算	19.. I	19.. II	19.. III	19.. IV	19.. V	19.. VI	19.. VII	19.. VIII	19.. IX	19.. X
							计划年度						
(1) 市场容量	百万德国马克												
(2) 市场份额	%												
(3) 实际接收订单数	百万德国马克												
(4) 实际销售额	百万德国马克												
(5) 趋势因子			1.00										
(6) 名义销售额	百万德国马克												
(7)													

II．财务指标		
指标		销售额份额
(1) 固定资产		
(2) 投资		
(3) 折旧		
(4) 流动资产		
(5) 实际绩效（绩效差距）		

III．成本降低因素				企业自身 lt.I (3)	竞争对手	行业状况 lt.I (1)
(1) 数量或实际增长	实际 从19..到19..	计划年度 v 计划年度 x	a) b)			
(2) 趋势增长率（每年%）	从19..到19..		a) b)			
(3) 几年之内产量翻倍						
(4) 经验曲线因子（通常0.2到0.3）						
(5) 成本降低因子 $= 1.0 - \left[\frac{(3) \times (4)}{(2)}\right]$	目前 从19..到19.. 计划年度 v 从19..到19..	计划年度 计划年度 x	a) b)			

IV．绩效差距	19.. I	19.. II	19.. III	19.. IV-X
	计划年度			
(1) 初始绩效差距				
(2) 发生在过去但尚未实现的成本降低潜力				
(3) 成本降低潜力				
(4) 对绩效有影响的价格变动				
(5) 其他				
(6) 绩效差距				

V 行业均值的通货膨胀因子			
成本类型	成本结构 % (A)	价格变动 % (B)	通货膨胀因子 (A) x (B)
(1) 材料			
(2) 人事			
(3) 其他			
(4) 总成本	1.00		合计 + 1 - 1...

VI 影响售价趋势的因素	现状/计划年度 19../19..	计划年度VI/X 19../19..
(1) 初始水平	1.00	1.00
(2) 行业初始价格水平与长期价格趋势的偏离		
- 对未来价格变动提前采取措施		
- 对历史事件的必要补偿		
(3) 成本降低因子		
(4) 通货膨胀因子		
(5) 由竞争环境变动引发的价格调整		
(6) 市场价格因子 = (1) x (2) x (3) x (4) x (5)		
(7) 依照自身价格政策可能发生的价格调整		
(8) 总销售价格趋势因子(6) x (7)		

VII．当前资产负债表		百万德国马克
(1) 固定资产	+	
(2) 流动资产	+	
(3) 借方总额	−	
(4) 应付账款	−	
(5) 预付账款	−	
(6) 投入资本		

资金流差额	19.. 现状	19.. 预算	19.. I	19.. II	19.. III	19.. IV	19.. V	19.. VI	19.. VII	19.. VIII	19.. IX	19.. X
			计划年度									
(1) 投资	−											
(2) 折旧	+											
(3) 流动资产变动	±											
(4) 应付账款变动	±											
(5) 预付账款变动	±											
(6) 总收益	±											
(7) 资金流差额	±											

资料来源：Gälweiler(1983，第283页)。

价值管理的基本思想很简单:权益资本投资者对其投入的资本要求一份足够的、与投资风险相适应的回报,这一回报率由资本市场上其他投资机会决定(见图4.19)。对于股东来说,价值实现并不等于正收益;而是只有当收益超过资本成本时,才算实现企业价值(Schultze & Hirsch,2005,第13页)。资本成本既可以是实际的财务成本,也可以是所放弃的其他投资机会的收益(机会成本)。

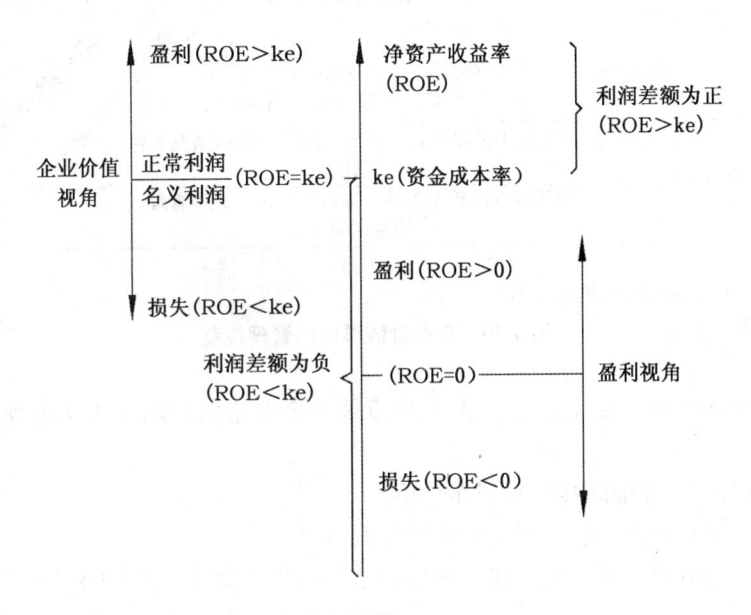

资料来源:Bühner & Weinberger(1991,第189页)。

图4.19 盈利视角与企业价值视角

价值管理的发展尤其对管理控制提出了新挑战。如果说"盈利"不适于作为衡量企业经营绩效的指标,那么管理控制就应该将重点放在"企业价值"上。价值导向的管理控制并非目前企业操控的替代,而是现存内控系统的补充与延伸(Günther,1997,第70页;1999,第363页):(1)将"提升股东价值"这一目标加入目标体系;(2)将企业价值分析补充到战略控制中;(3)将企业价值表现标准加入运营控制中;(4)考虑投资者与自有及借入资本提供者间的关系;(5)改进管理层激励体系。

但是,因为管理行为与管理决策密切相关,领导体系的其他因素会受到反馈影响(Günther,1999,第364页)。

图4.20所展示的企业价值导向的管理控制:一方面,企业增值信息自下而上为"股东价值"这一目标奠定基础;另一方面,股东价值也可以自上而下辐射到各项可能的价值驱动因素上。对分散的企业各单位进行的经营规划、实施及监控构成了企业增值的基础,同时,战略控制给出了实施运营计划的框架,从而具有承上启下的桥梁作用(Günther,1997,第205页)。

方法

过去几年研发出了多种可以支持上述价值管理的方法,它们从简单的净资产收益率与资本成本的比较开始,到研究基于资本市场方法的复杂工具,不一而足,其中最著名的方法便是拉帕波特(Rappaport)法、思滕思特(Stern & Stewart)的经济增加值理念(EVA)以及波士顿咨询团队开发的现金流价值增加法(CVA)。接下来我们要对以上方法进行一一介绍。

在讨论股东价值时,在20世纪80年代中期,由拉帕波特研究出的价值分析法具有指导性

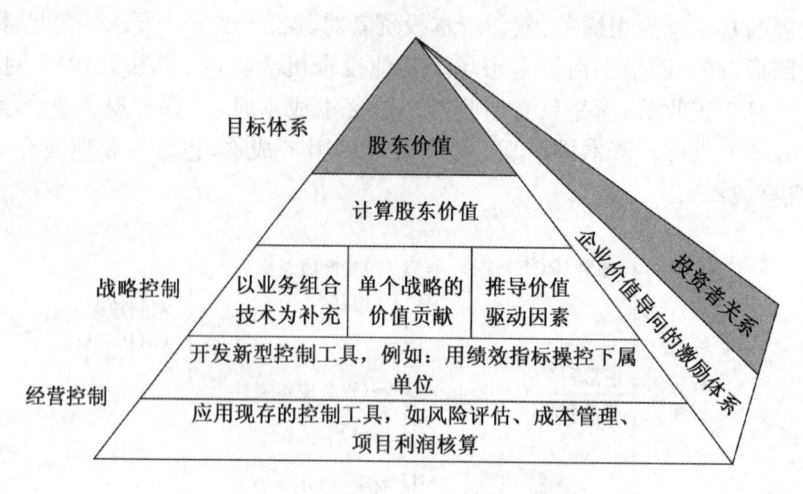

图中文字：
- 目标体系：股东价值
- 战略控制：计算股东价值；以业务组合技术为补充；单个战略的价值贡献；推导价值驱动因素
- 经营控制：开发新型控制工具，例如：用绩效指标操控下属单位；应用现存的控制工具，如风险评估、成本管理、项目利润核算
- 企业价值导向的激励体系
- 投资者关系

资料来源：Günther(1997,第205页)。

图4.20　企业价值导向的管理控制

作用(Rappaport,1999)。在该理念中,股东价值等于企业价值扣除在市场中评估的借入资金价值。

需确定企业价值,才能间接计算股东价值。

股东价值＝企业价值－借入资金的市场价值

企业价值＝自由现金流折现总和＋规划期之外的企业价值＋规划时点上非经营活动必需的企业资产

企业价值由未来自由现金流通过加权资本成本折现得出,因此该方法也被称作现金流贴现法(DCF)。

在折现过程中,使用的资本成本是由权益资本及借入资本按照二者所占总资本的权重加权而得的。这里需注意:应使用市场价值而非账面价值。

资本成本＝权益资本占比×权益资本成本＋借入资本占比×借入资本成本

拉帕波特提议用资本资产定价模型(CAPM)(Sharpe,1964;Lintner,1965;Mossin,1966)的资本市场模型或者无风险套利理论(Ross,1976)来确定权益资本成本。两种方法都可以推算出,考虑系统风险后投资者要求的投资回报,这里的系统风险是指某项投资未来价值增值的波动率(上下浮动范围),该风险无法通过对不同组合进行投资而分散。如果某风险根源在于市场经济状况的波动,那么这种风险就属于系统风险,因为所有投资选择都受到它同等程度的影响。相反,如果制药行业某一家企业新研制的药物得不到批准,那么这就是非系统风险,因为受到波及的只是这家企业。非系统风险可以通过分散化投资来应对,也就是说,企业的非系统风险可以在投资组合中均衡分散,这也解释了有效资本市场上,投资者对非系统风险并不额外要求更高的投资回报,即更高的资本成本。

资本资产定价模型可以通过以下方法计算出要求的回报率：

$r_A = i + [M(r_M) - i] \times \beta_A$

r_A＝某项投资 A 的期望收益率

i＝无风险收益率

$\mu^*(r_m)$＝市场上投资组合的期望收益率

β_A＝投资 A 的 β 系数

这里$[M(r_M)-i]$就是所谓的市场风险溢价,即投资者放弃无风险投资对某一市场组合进行投资所要求的额外收益。β_A系数展示了A投资的价值如何按照市场组合的价值波动而变化。能源供应领域的企业相较于一般企业受到市场经济形势的影响较低,其系统风险也就低于市场组合的风险,相应的β值小于1。相反,资本品的生产商通常极易受到市场经济状况影响,其系统风险相应的也要高于市场组合的风险,因此β值大于1,期望收益也更高(参见图4.21)。

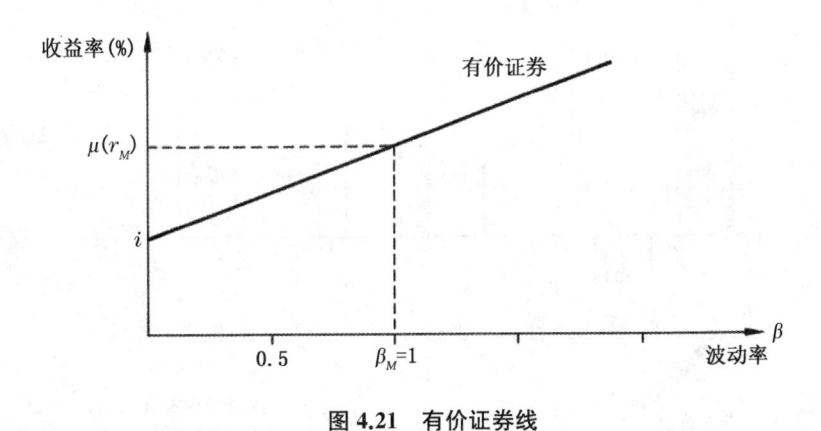

图 4.21　有价证券线

自由现金流被定义为企业支付盈余的一部分,可用于股东及外来投资者分红,也就是说,自由现金流并不用于缴税,也不必为实施企业战略而留存下来进行再投资。规划期间,自由现金流可以通过计划的资产负债表及利润表得出。通常认为规划期后的阶段,企业及待估业务单位并不会被清算,而是存在一系列资金回流。为计算资金回流,必须确定一个所谓的"企业终值"。企业价值便由规划期折现的自由现金流以及终值组成(参见图4.22),终值等于将最后一期计划自由现金流作为"永续年金"计算而得的价值。

为预测规划期间的自由现金流,拉帕波特(1999)建议使用"价值发生器",它关乎下列对自由现金流有重要影响的因素:销售额增长率、销售利润率、对固定和流动资产的净投资率、资本成本和销售业绩适用的税率,这些"价值发生器"和企业目标之间的关系可以用股东价值关联网的形式来展示(参见图4.23)。

在预测自由现金流时,使用"价值发生器"的优势在于,可以通过敏感性分析,明确单个"价值发生器"是如何影响企业价值的,这就为检测战略稳健性以及识别关键"价值发生器"提供了可能。了解关键"价值发生器"以后,就可以有针对性地寻找战略规划和可在一定程度上影响这些"价值发生器"的措施。增值分析不仅可以评价战略、企业和业务单位,而且可以推进战略规划进程。另外,也可以更好地评估对多个"价值发生器"有影响的企业活动的整体效果。

计算企业终值最常用的方法是,假定规划期之后企业有连续不断的等额自由现金流入,企业终值可以通过永续自由现金流除以资本成本得到,这里永续自由现金流就是预测最后一期的自由现金流,但如果业务领域受到周期波动影响,该值就需要进行调整。这种方法并不表明规划期之后业务就不再增长了,只是说竞争对手逐渐弥补了企业通过实施战略实现的竞争优势,从而规划期之后的新投资只能要求最基本的资本成本,因而该项新投资的资本价值为零。

例子:表4.15与表4.16展示了用增值分析法评价战略选择的简单例子(Günther,1997,第387页)。这里需要表明,某一业务单位应该被卖掉还是基于长期市场开发战略继续留存。

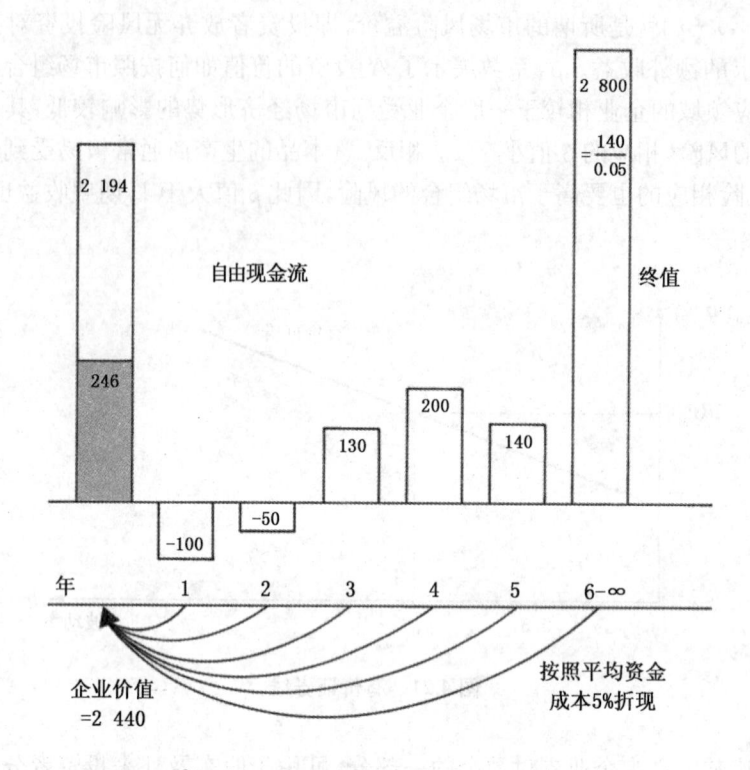

资料来源:Horváth,Herter & Michel(1994,第 17 页)。

图 4.22 为某一业务单位计算企业价值

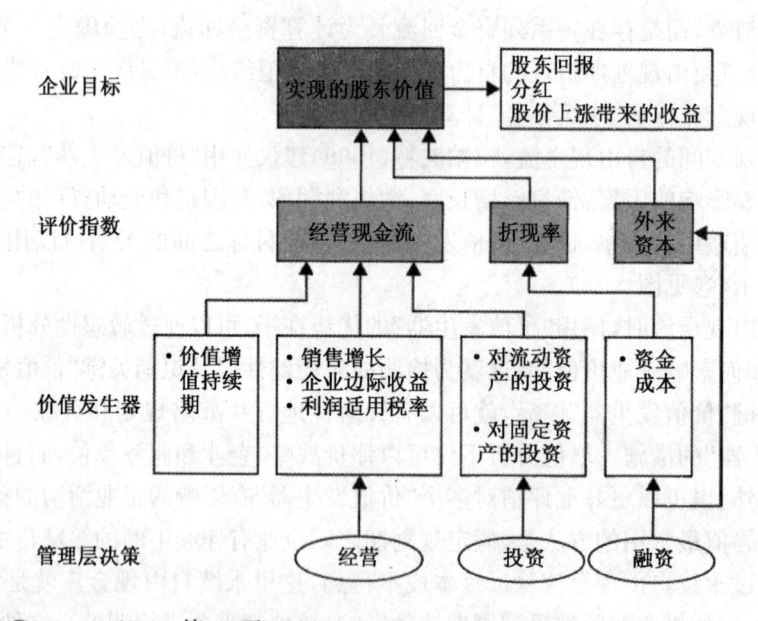

资料来源:Rappaport(1999,第 68 页)。

图 4.23 股东价值关联网

在售卖战略业务单位时,其对潜在购买者的价值贡献在于,该战略业务单元在相关市场部门具有特殊核心能力,可以凭其成本优势带来利润。计算出的价值贡献 455 万欧元即为购买者应付的价格上限。在继续运营业务单位时,需要将销售额持续增长作为目标,但同时要能够接受初期较低的销售利润率,本例中价值增长总额达298万欧元。如果购买者准备为该战略业务单位付出高于该价值增长的价格,那么从增值视角就可以优先考虑卖掉该战略业务单位而非继续运营。

表4.15　　　　某战略业务单位对潜在购买者的价值贡献　　　　单位:百万欧元

年份	0	1	2	3	4	5
销售额增长	20.0%	20.0%	15.0%	12.0%	11.0%	10.0%
税前销售利润率	4.0%	6.0%	7.0%	8.0%	9.0%	9.0%
税率	15.0%	15.0%	15.0%	15.0%	15.0%	15.0%
固定资产投资增长率	25.0%	22.5%	22.5%	22.5%	22.5%	22.5%
营运资本投资增长率	15.0%	12.5%	12.5%	12.5%	12.5%	12.5%
销售额	6.00	7.20	8.28	9.27	10.29	11.32
应付成本	5.76	6.77	7.70	8.53	9.37	10.30
税前现金流	0.24	0.43	0.58	0.74	0.93	1.02
税	0.04	0.06	0.09	0.11	0.14	0.15
税后现金流	0.20	0.37	0.49	0.63	0.79	0.87
固定资产投资	0.30	0.27	0.24	0.22	0.23	0.23
营运资本	0.18	0.15	0.14	0.12	0.13	0.13
自由现金流	−0.28	−0.05	0.11	0.28	0.43	0.51
规划期内价值贡献		0.90				
规划期外价值贡献		3.65				
依据规划总价值贡献值		4.55				

表4.16　　　　构建长期战略业务单位价值贡献　　　　单位:百万欧元

年份	0	1	2	3	4	5
销售额增长	20.0%	20.0%	15.0%	12.0%	11.0%	10.0%
税前销售利润率	4.0%	5.0%	6.0%	7.0%	8.0%	8.0%
税率	15.0%	15.0%	15.0%	15.0%	15.0%	15.0%
对固定资产的拓展投资率	25.0%	22.5%	22.5%	22.5%	22.5%	22.5%
对营运资本的拓展投资率	15.0%	15.0%	15.0%	15.0%	15.0%	15.0%
销售额	6.00	7.20	8.28	9.27	10.29	11.32
应付成本	5.76	6.84	7.78	8.62	9.47	10.42
税前现金流	0.24	0.36	0.50	0.65	0.82	0.91
税	0.04	0.06	0.07	0.10	0.12	0.14
税后现金流	0.20	0.31	0.42	0.55	0.70	0.77
固定资产投资	0.30	0.30	0.27	0.25	0.26	0.26
营运资本	0.18	0.18	0.16	0.15	0.15	0.15
自由现金流	−0.28	−0.17	0.00	0.15	0.29	0.36
规划期内价值贡献		0.39				
规划期外价值贡献		2.59				
依据规划总价值贡献值		2.98				

起源于美国由拉帕波特(1999)提出的增值分析法必须与德国背景相适应,因为两国税制、企业法律形式的侧重点等方面都不相同,赫脱(Herter,1994)于是提出了相应意见。从本质上来说,该方法也适用于非股份公司以及德国企业,一个更重要的应用领域则是评价战略联盟。

由思滕思特研发的经济增加值法(Stewart,1991;Ehrbar,1999)基于一种超额收益理念,它要求账面利润额包含股东的回报要求,经济增加值便是高出平均总资本成本、由投入资本赚得的部分:

$$EVA^® = NOPAT - k_K$$

经济增加值®=税后净营业利润-资本成本

NOPAT 即税后净营业利润,是指税后以及扣除资本成本前的年度利润净额。要计算出所有资本成本,以达到对所有投资人都一视同仁,不管他们是在缴税前(外来投资者)还是税后(股东)得到收益,这样会排除债务融资的税收优势。投入资本包括运营必需的资产,即固定资产及流动资产的账面价值,再加上企业运营所必需但并未借记的资产(如外租资产),减去并非经营必需的资产和零息的短期有价证券。

资本成本的构成类似于拉帕波特提出的自有及借入资本成本加权,计算方法也类似,应用资本资产定价模型。

按照这种理念,只要经济增加值为正,也就是当实现的总资本利润率高于加权资本成本时,就创造了价值。经济增加值这一指标反映出观察期内价值增长。

经济增加值的理念首先是从事后的角度评估价值贡献,其次便是将此法应用于管理实践中,用以监控企业或业务单位。当然,也可以通过对未来经济增加值的估计以及将资本成本作为折现率来计算市场增加值。

$$MVA_0 = \sum_{t=1}^{n} \frac{EVA_t}{(1+k_{GK_t})^t}$$

在市场增加值 MVA_0 基础上,加上评估期内为企业运营而投入的资本以及那些非企业运营必需的资产,就可以得到评估时点上企业总资本的市场价值。

在企业管理实践中,一个著名例子是西门子股份公司基于经济增加值方法的商誉贡献理念(Neubürger,2000),商誉等于市场价值与企业资产之间的差额(参见图 4.24)。

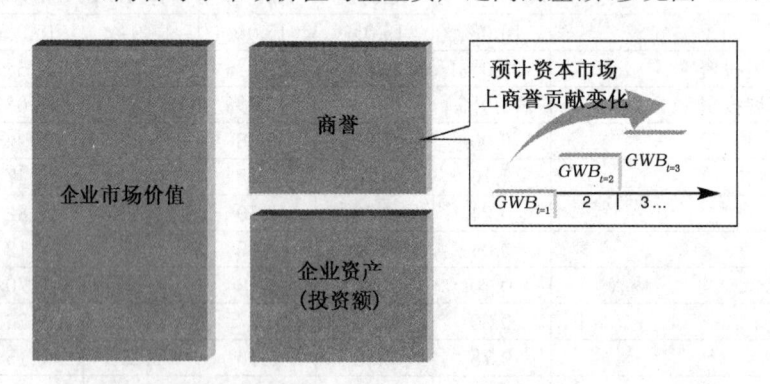

资料来源:Neubürger(2000,第 189 页)。

图 4.24 市场价值与商誉之间的关系

这样,一旦在资本市场上披露能提升商誉的措施,往往就会导致股价上升。因为只有上市公司可以明确其商誉,而其他业务领域价值却不明确,而且缺乏与经营活动的直接关联,因此由商誉派生出新的内部管理指标:商誉贡献。商誉贡献和企业经营成果以及资本成本位于同一层面,未来各期商誉贡献的现值就是商誉。因为企业个性化设计价值贡献必须符合专门的业务要求,所以西门子公司将商誉贡献划分到经营活动、融资活动、不动产以及养老金基金中(参见图4.25)。

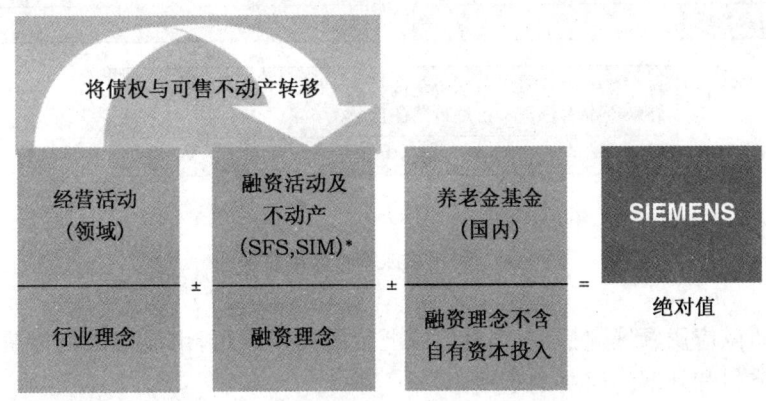

```
                    将债权与可售不动产转移

   ┌─────────┐   ┌─────────┐   ┌─────────┐   ┌─────────┐
   │ 经营活动 │   │ 融资活动及│   │ 养老金基金│   │         │
   │ (领域)   │   │ 不动产   │   │ (国内)   │   │ SIEMENS │
   │         │ ± │(SFS,SIM)*│ ± │         │ = │         │
   ├─────────┤   ├─────────┤   ├─────────┤   ├─────────┤
   │ 行业理念 │   │ 融资理念 │   │融资理念不含│   │ 绝对值  │
   │         │   │         │   │自有资本投入│   │         │
   └─────────┘   └─────────┘   └─────────┘   └─────────┘
```

*SFS:西门子金融服务; SIM:西门子不动产管理

资料来源:Neubürger(2000,第190页)。

图 4.25 西门子集团"商誉贡献"核算的相加理念

接下来要简单介绍,在运营领域如何计算商誉贡献。企业经营成果的出发点是扣除融资成本以及收益税之前从财务报表中得到的经营结果,即息税前利润EBIT,出于某些操控目的还需要对该指标进行几项调整(参见表4.17)。

表 4.17   从外部财务报表摘录的企业经营成果以及企业资产

财务报表	
利润表	资产负债表
－销售额	固定实物资产和商誉
－销售成本	＋金融资产
－研发成本	＝固定资产
－营销与管理成本	＋库存净额
－其他营业支出	－收到预付款(无息的)
＋其他营业收入	＋应付账款及其他资产
±提前为变动做准备(准备金、价值调整)	－经营领域负债(特别是他人提供的劳务)
±投资成本	＝流动资产
±客户与供给商关系(利率方面)	＝息税前利润资产
＝息税前利润	＝财务调整
±财务调整	＝企业资产
＝税前企业经营结果	
±总税额(固定值)	
＝税后企业经营结果	

资料来源:Neubürger(2000,第192页)。

企业资产包括企业资产负债表中借方项目减去不生息债务。企业经营年度内的净资产用四个季度的平均值核算，思滕思特建议用加权法计算资本成本（参见图 4.26）。

```
┌─────────────────────────┐    ┌─────────────────────────────┐
│    长期欧元债券利率      │    │  行业中评级较高的长期边际利率 │
│  ＋ 行业β系数            │    │ －企业层面上债务融资的税收优势│
│  × 市场风险溢价          │    │                             │
│    自有资金成本          │    │      税后外来资金成本        │
└────────────┬────────────┘    └──────────────┬──────────────┘
             │                                │
             ▼                                ▼
        ┌────────────────────────────────────────────┐
        │   自有资本占总资本市场价值的份额            │
        │   外来资本占总资本市场价值的份额            │
        │   税后总资金成本（1999年1月）      8%～11%  │
        └────────────────────────────────────────────┘
```

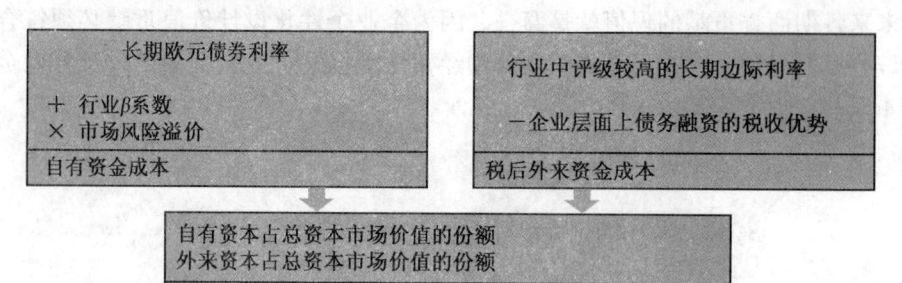

资料来源：Neubürger(2000，第 193 页)。

图 4.26　将资本成本引入运营领域

商誉价值贡献应用领域包括：辨别升值或贬值的投资项目，由设定的目标演化而来，为按绩效进行奖励支付和外部沟通奠定基础。

正如 2013 年汽车行业调查数据节选所显示的，每个企业资本成本都不尽相同。受访企业自有及借入资本的资本成本均值约为 8.3%，见表 4.18（《经理人杂志》，2013）。

表 4.18　　　　　　　　　　2013 年企业资本成本率

企　　业	2013 年资本成本率
宝马（BMW）	7.1%
大陆（Continental）	10.1%
戴姆勒（Daimler）	8.2%
菲亚特（Fiat）	6.6%
吉凯恩（GKN）	10.9%
曼（MAN）	8.1%
斯堪尼亚（Scania）	12.3%
沃尔沃（Volvo）	10.2%

由波士顿咨询公司发明的现金流投资回报率法（CFROI 法）（Lewis, 1994；Lehmann 1994），以投资核算中的常见方法内部收益率法为基础，目标是做出年末财务报表导向的监控核算。CFROI 就是使折现现金流总额与最初资金支出额相等的折现率，也就是使资本现值等于零的折现率。该利率便是企业或业务领域的"门槛利率"，即应该得到的最低收益率。

要计算 CFROI，首先要知道总现金流、总投资、借方项目的使用期限以及不可折旧的借方项目。

总现金流是去除通货膨胀因素后和扣除资本成本之前的税后盈利减去折旧和租金费用，它被视作固定资产在使用年限内每年的恒定净流入。

总投资等于固定资产重置价值加上流动资产价值以及资本化的租金支出，再减去不生息债务以及商誉。重置价值可由固定资产借方余额加上考虑到通货膨胀后的已提折旧计算而得。

使用年限的计算方法是历史成本除以年直线折旧额。

不能折旧的借方项目包括土地、净流动资产以及金融资产。

一旦确定了 CFROI 方法的组成元素,用以下方程就可求得一系列现金流,以确定内部收益率:

$$\sum_{t=1}^{T} \frac{BCF_t}{(1+CFROI)^t} = BIB$$

需要注意,在使用年限期间,总现金流被视作恒定,因为刘易斯(Lewis)将 CFROI 理解成结算日而非未来几年现金流的规划。不可折旧的固定资产残值增加了一系列现金流中最后一期的总现金流入。

计算出的 CFROI 可以与实际资本成本进行比较,但刘易斯拒绝使用资本资产定价模型,而是采用了另一种方法计算资本成本[资本成本计算方法参见刘易斯(1994,第 81 页)]。如果 CFROI 大于计算出的资本成本,则该投资是升值的,否则贬值。

在 CFROI 和资本成本 k_{GK} 基础上可以计算现金增加值 CVA。

$CVA = (CFROI - k_{GK}) \times$ 总投资

CVA 就是某投资项目扣除资本成本后获得的收益,即某一期间获得的真正价值增长。

拜耳公司就采用了 CFROI 法。

但是,因为价值管理方法也不能解决规划中的预测问题,所以用拉帕波特法或市场增值法预测企业长期现金流和经济增加值都有不少问题。行业或企业发展越激烈、不确定性越大,出现的问题就会越多。拉帕波特法除了在预测方面存在问题,企业终值占有企业价值重大比重这一事实也值得推敲。即便是只规划 5~7 年内的情况,企业终值还占到 50% 以上的比重。

经济增加值法易于操作、核算简单,但是问题在于,该法太过依赖于账面价值、思滕思特提出的 168 条修改建议为核算制造了困难(Michel,1999,第 373 页)。尽管从评价性视角来看,该方法能够极好地操控和监管单个业务单位以及绩效相关的管理层激励,但它的基本形式并不能用于评价战略实施情况。

CFROI 法仅能解释某一时期的价值。此外在管理实践中,预测固定资产的使用年限十分困难(Günther,1997,第 220 页),该法不能计算出企业价值、评估战略实施情况。与经济增加值法相比,该法的优势在于能够以过去为导向操控和监管企业或业务领域。

尽管饱受诟病,但价值管理法仍然是长期战略操控中十分重要的工具。该方法若想继续发展,就要首先克服以上缺点。

4.5.2.2.3 投资核算

投资就是在资金流入、流出以及收入、支出影响下的产品投入与产出数量的变动。我们从广义的投资概念出发,投资核算旨在为投资规划、操控与监管提供目标结果导向的信息。

在理论与管理实践中有一系列投资核算方法,它们之间的首要区别是:现金流随时间的变动、未来资金流入与流出的不确定性以及各个不同的投融资项目之间的可能联系得到的关注程度(Perridon,Steiner & Rathgeber,2012,第 29 页)。

按照上述第一个因素,我们把投资核算分为静态与动态投资核算。静态投资核算(成本对比核算、利润对比核算、利润率核算以及摊销核算)忽略时间变动,这些核算将所有资金流动(以年平均值的形式)限制在一段时间内。

动态投资核算(资本现值核算、内部收益率法、年金核算)应用一系列资金流通过折现的方法,解决了跨越几个时间段的问题(参见投资核算方法,例如 Blohm,Lüder & Schäfer,2012;

Troßmann, Baumeister & Werkmeister, 2003, 第 239 页; Heinhold, 1999; Warnecke, Bullinger & Hichert, 1996), 见表 4.19。

表 4.19　　　　　　　　　　各种投资核算法的前提

投资核算方法	·确定的期望值 ·单个投资项目的核算 ·简单的目标设置			·不考虑业务关联 ·权责划分清晰			
静态方法:不考虑时间变动(即基于平均值假设)				动态方法:对项目持续期间进行核算(折现) ·假设资本市场是完全的 ·核算收入与支出			
成本对比核算	利润对比核算	利润率核算	摊销核算	资本价值核算	内部收益率法	年金法
特别假定 ·待比较项目绩效相同	特别假定 ·确定了利润归属	特别假定 ·备用方案之间完全可以相互替代 ·确定了利润归属	特别假定 ·只考虑资本收回之前的时间段	特别假定 ·了解每个时期的支出与收入状况 ·备用方案之间完全可以相互替代	特别假定 ·了解每个时期的支出与收入状况 ·备用方案之间完全可以相互替代	特别假定 ·了解每个时期的支出与收入状况 ·备用方案之间完全可以相互替代
应用 主要是替代投资和改良投资	应用 ·扩张投资	应用 ·扩张投资 ·替代投资与改良投资	应用 ·数量扩张投资与替代、改良投资风险的标准(应用起来有问题)	应用 ·多用于扩张投资	应用 ·多用于扩张投资	应用 ·替代投资与改良投资

资料来源:Bottler, Horváth & Kargl(1972,第 65 页)。

但无论是静态还是动态投资核算,都基本上忽略了投融资核算之间的联系,它们只是根据某一标准评估投资项目的优势、注重其流动性角度;也不考量定性的标准。理论上的模拟优化模型,也因为脱离实际的假设,在管理实践中应用受限。

投资核算经常也被称作"经济性核算"。"经济性"是指某一投资估计出的投入与产出值之间的关系。

从管理控制师的视角来看,我们会在投资核算及其周边环境的设置方面发现以下几个问题:(1)投资核算的标准化以及前提条件;(2)界定有待计划分析的体系;(3)阐明影响因素的可核算性;(4)允许的简化核算;(5)定量标准的考量;(6)与企业规划的连接;(7)进行实际值与计划值的比较,进行偏差分析。

接下来我们简单讨论上述问题。

在管理实践中,以上提出的问题常常被称作投资管理控制,与企业组织规划紧密相连(Reichmann,2011,第 242 页;Adam,2000,第 1 页;见图 4.27)。

我们认为,在这里,管理控制师在系统构建的协调作用是最为重要的。在会计的任何一个其他领域,所应用的方法都带有对外会计惯例的特点,即方法之间很大程度上可以互相印证,唯独在投资核算上各类方法之间的相互印证存在困难。这就导致核算方法不够清晰一致,存在组织性缺陷(Blohm, Lüder & Schäfer, 2012, 第 5 页)。

标准化的目的就是使投资规划具有可比性及可检验性,这种标准化范围可延伸到应该考虑的前提条件(如通货膨胀率)、核算方法(如企业统一应用的内部收益率法)以及整个机构(决策执行者及流程)。

第4章 信息供给系统的协调

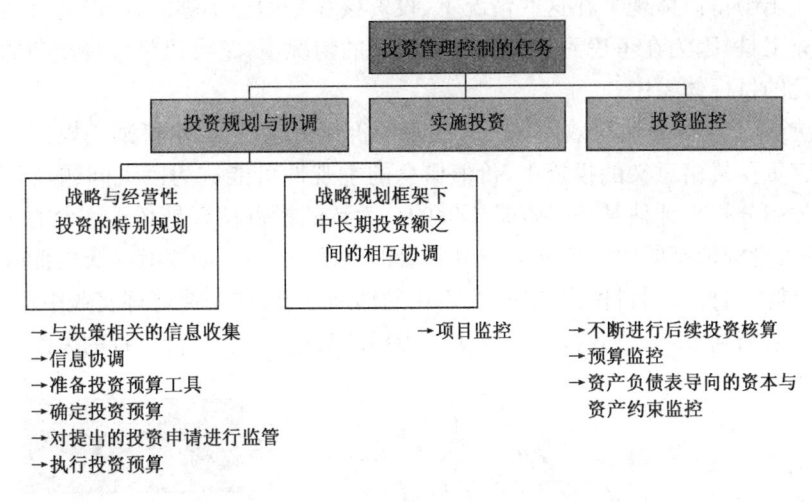

```
                    投资管理控制的任务
          ┌──────────────┼──────────────┐
     投资规划与协调      实施投资        投资监控
     ┌────┴────┐    ┌────┴────┐
  战略与经营性    战略规划框架下
  投资的特别规划  中长期投资额之
                 间的相互协调

  →与决策相关的信息收集     →项目监控    →不断进行后续投资核算
  →信息协调                              →预算监控
  →准备投资预算工具                       →资产负债表导向的资本与
  →确定投资预算                            资产约束监控
  →对提出的投资申请进行监管
  →执行投资预算
```

资料来源:Reichmann(2011,第242页)。

图4.27 投资管理控制的任务

对系统构成至关重要的协调工作的一部分是对投资分析系统的界定。这个问题之所以如此重要,是因为如果从狭义视角观察投资系统,会忽视一些重要的附属影响,例如,秘书处刚刚新增的办公设备不值得一提,但是因为不再需要秘书的帮助,因此随之而来的裁员可以大幅度降低成本。从根本上说,要将所有随投资决策而变化的实际情况加以分析。

对任何一项投资来说,一个关键问题是应用数据的不确定性。在管理实践中,产生了很多尝试衡量该不确定性的方法。这里最重要的仍然是所用方法必须统一,可用方法包括(Heinhold,1999,第153页):

(1)在预估的资金流入与流出的基础上,修正法通过增加风险溢价或跌价百分比的方法,估计投资不确定性。用大致的风险溢价或跌价来估计投资不确定性,这种方法准确性当然十分有限。

(2)敏感性分析研究可能的数据变动对投资项目经济效益的影响。该方法仅分析影响,但是并不把它们转化为决策标准。

(3)风险分析方法舍弃固定数值,而是采用概率分布。这种方法最适合度量投资规划风险期望值的不确定性。

人们可以这样认为:投资是企业流程的一部分,只有与其他生产要素相结合才能带来效用。这尤其表现在产出方面,想要明确界定资金流入具体归属于哪项投资通常是不可能的。对于如何解决这个归属问题,目前还没有通用的规则。因此在企业管理实践中,约定可信、可检查的惯例十分重要(Adam,2000,第73页)。

投资核算可以随其执行的细致程度加深而变得十分耗费精力。虽然高效信息加工技术使人们不必再在计算上浪费巨大精力,可是依托于企业及竞争大背景,想要预测某项投资产生的现金流量异常费时费力。因此在企业管理实践中,"应该应用哪些简化方法"这个问题十分重要。除了有意采用简化方法,各种计算方法的应用前提也可以限制投资核算的烦琐程度。

无论是静态还是动态的投资核算方法,都基于现金流或成本指标,它们仅依据一个货币形态计量指标(例如利润率)来评估某一项目。但大多数规划情况都有以下特点:存在大量影响因素以及目标值,对它们的评价存在各种不同的主观观点,并且这些观点并不能相互印证并在现金流入及流出中得以体现。在这些情况下,投资核算是远远不够的,因而通常使用成本效用分析作为补充工具,因为在考虑到决策执行者偏好的情况下,它可以将多种复杂的规划选择划归到一个多元的目标体系中。

图 4.28 展示了具体做法。效用是一个主观的价值概念,它给出了某一规划选择的优势所在。但在具有重要战略意义的投资中,价值概念的主观性可能成为巨大问题,因而我们认为,仅仅用成本效用分析来评估某一投资是不够的。大致的投资核算是必不可少的。卡普兰曾经冷静地分析道:投资带来的收入需要高于其花费的支出,否则企业终有一天要面临倒闭。他建议,至少要对具体的投资项目做出相应的、简化的辅助核算,在企业管理实践中也常常这样做。典型方法就是回归到成本、绩效核算以及应用指标的数据,并且进行大致的风险分析。

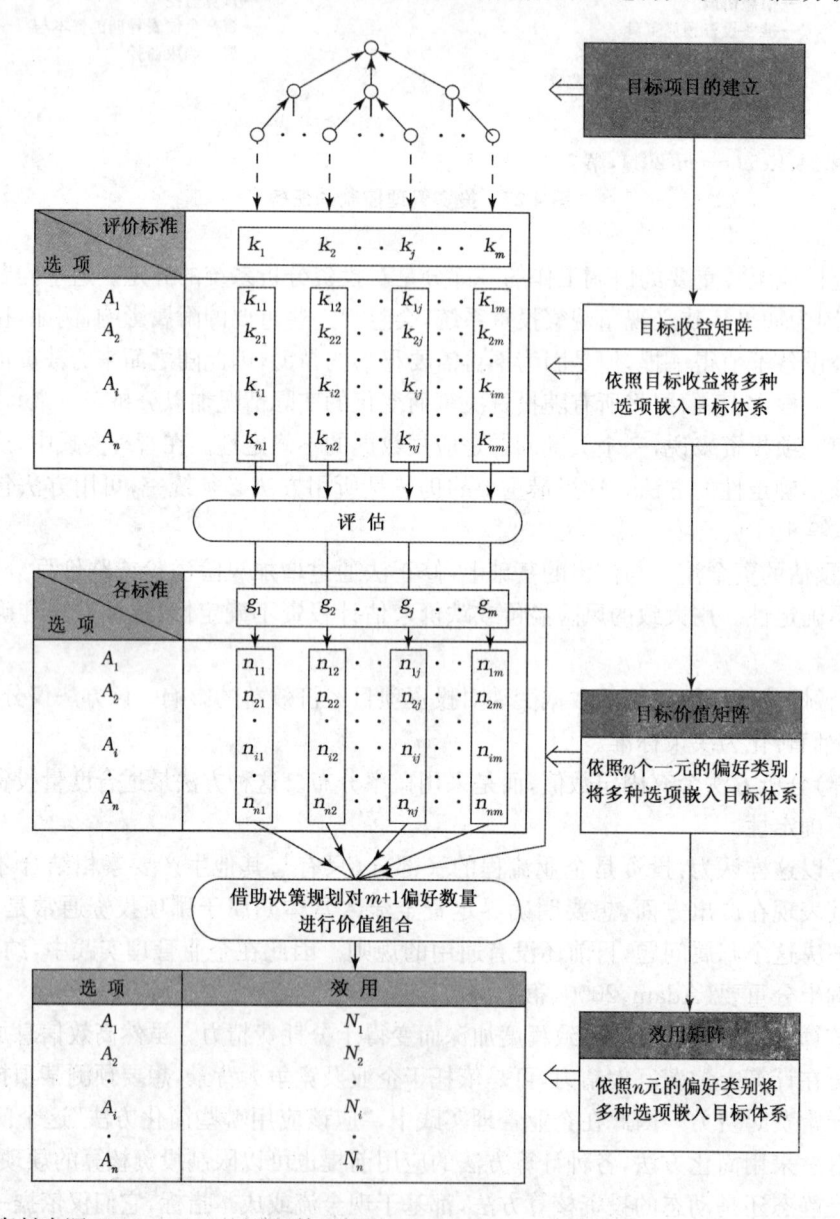

资料来源:Zangemeister(1976,第 73 页)。

图 4.28　效用分析的具体操作方法

例子:以下实例清楚地展示了该方法(参见表4.20)。本案例由销售及利润规划的数据出发,将进行扩张投资(提高产量)与改良投资(降低产量)两种选择进行了对比。本例清楚地展示了两个项目的原始数据以及判定标准。在原始数据方面需要注意,出于简化目的,将现金流量用成本与收入进行代替。而在判定标准上,要注意到本例试图在判定基础上,加入很多其他范畴进行补充:利润、现金流、资金回收期、利润率、税前及税后经营结果(总额与净额)。

表4.20　　某扩张投资的投资核算

	投资预算		申请号		A
			附件		↓
	项目:每年提高X产品产量约40 000件				1
工厂　A	资本需求		总额	均值	1
产品　X		固定资产	1 200	600	
开工日期 2016年1月1日		流动资产	400	400	
价值单位 1 000 欧元		合计	1 600	1 000	
	2015	2016	2017	2018	2019	2020	2021	12月15日

		2015	2016	2017	2018	2019	2020	2021	
边际贡献	(改变、销量、产量、销售额、可变成本)								
1. 营业经理的销售计划(千件)		200	220	235	250	270	290	310	360	2
2. 产量(千件)										
a)2005年1月不执行项目		200	202	204	206	208	210	212	214	3
b)2005年1月执行项目		200	242	244	246	248	250	252	254	3
c)产量增加额		—	40	40	40	40	40	40	40	
3. 因为执行项目而实现的销售量增加		—	18	31	40	40	40	40	40	
4. 边际贡献/件										
a)净收入(+2%年增长率)		50.00	51.00	52.00	53.00	54.00	55.00	56.00	58.00	2
b)可变成本										
员工(+6%年增长率)		10.00	10.60	11.20	11.80	12.40	13.00	13.60	14.80	4
材料(+3%年增长率)		20.00	20.60	21.20	21.80	22.40	23.00	23.60	24.80	5
总成本		30.00	31.20	32.40	33.60	34.80	36.00	37.20	39.60	
c)边际贡献		20.00	19.80	19.60	19.40	19.20	19.00	18.80	18.40	
5. 合计(3×4c,千件)		—	350	605	775	770	760	750	735	
固定成本	固定成本的变化									
以每年25%减速折旧			300	225	168	126	95	70	54	
维护费			40	45	50	50	55	55	65	1
在其他领域的额外费用			100	105	110	115	120	125	135	6
合计			440	375	328	291	270	250	254	
利润	边际贡献—项目固定成本									
总利润(平均39.8%)			−90	230	447	479	490	500	481	
净利润(平均19.9%)			−45	115	223	239	245	250	240	
现金流	(盈利+折旧)									
总额(4.5年)			210	455	615	605	585	570	535	
净额*(5¾年)			225	340	391	365	340	320	294	
资金回收期(不考虑利息)						总值↑	净值↑			
利润总额减去50%的收益税										

制表人　　　日期

* 总额减去50%的所得税

资料来源:Kleinebeckel(1980,第81页)。

以上对比结果显示出改良投资的优势。尽管上述方法比较实用,但是也不能忽视以下问题:本例中其实没有考虑到投资核算的一个重要特点,即折现这一动态因子。

但是,在上面展示的形式中,当待评估投资伴随着对未来行动的选择权时,动态投资核算也存在局限性。因为经典的投资核算方法忽略了企业灵活性的价值。像金融领域的期权一样,在考虑到企业自身灵活性时,也可以估计出企业一系列行为的操作空间,所谓的实物期权模型就可以应用于投资核算中(Dixit & Pindyck,1994;Trigeorgis,1996)。

在企业管理实践中,要区分几类实物期权,即灵活性较高的投资项目(Hommel & Pritsch,1999,第125页):

(1)学习期权是指可以等待新信息公开,再做投资决策的灵活性(如自然资源的开采权)。

(2)扩展期权通过进一步投资,使在未来实现利润潜力成为可能(例如创建一个商标名称,它也可以用于未来新产品发展)。

(3)保险期权通过灵活应对不利的市场变动,来减少企业风险(例如租赁合同中的解约权)。

与金融期权相似,在分享有利的环境变化带来利润的同时,实物期权也可以限制不利状况下的损失。股票期权与实物期权的相似,使得金融学中的期权定价模型(Perridon,Steiner & Rathgeber,2012,第355页)也可用于实物投资项目中。

虽然实物期权方法比经典的投资核算方法更有优势,但在管理实践中,这种方法常常面临操作困难的问题。决策执行者对该方法缺乏认知,以及难以较为准确地预测所需参数(例如,项目价值的波动率),使这种评价方法难以执行(Hommel & Pritsch,1999,第131页)。

经典投资核算涉及每个单一的投资项目,然而现在却不能将某一项目单独审视,因为它是一种战略乃至一个投资项目不可或缺的一部分,因而需要同时对整个投资项目以及单个投资进行评价。

投资核算为投资规划提供信息。由于数据可能存在不确定性,在管理实践中,人们通常希望定期进行投资监控活动。但事实并非如此,提取实际数据面临的困难、耗费时间的核算以及规划与实际数据之间的巨大偏差引发的担忧,都会导致投资监控难以进行。投资监控在两个方面是必要的:(1)财务监控要明确,投资进程中计划支出与实际支出之间相差多少;(2)经济绩效监控用实际数据核算投资的经济性。

基于以上两点,偏差分析既要在量上也要在质上深入研究投资计划中的实际值,同时还可能指明改正措施。

撤资也是可能采取的措施之一。从财务视角来看,撤资就是减少资本投入,具体做法可以通过停产或转让(Gehrke,1999,第15页),调整产品计划或者修改潜力体系(从绩效视角)。与寻找最优投资决策相反,管理实践中撤资的具体操作方法还是很没有章法的。但企业借助撤资手段适应环境条件变动也得满足以下条件:(1)积极的规划行为以及尽早识别可能的撤资行为;(2)在经济核算的基础上,对撤资选择进行细致的财务评价;(3)战略规划撤资行动,以适应企业发展。

在系统构成的多方协调框架内,投资管理控制必须生成一个规划控制系统,该系统可以根据一个明确、普适、体系完备的目标准则体系,对撤资的经济性进行评估以及确认(Gehrke,1999,第28页)。与投资核算相似,在评定撤资活动的经济性时,未来自由现金流量的现值可以作为决策基础。

在管理实践中,管理控制师常常由于其独立性而参与投资决策过程,通常他们也执行投资控制的任务。

在大众汽车集团,投资决策分两步进行:首先,根据融资难易以及利润率情况确定投资总体框架,这在品牌或企业层面针对 5 年的时间段进行。这些计划要与集团宏观投资计划联系起来,并且必须得到大众汽车集团监事会的批准,此后才能在真正意义上执行投资决策。在这里,一项投资需要满足不同标准,例如,一个新产品,其投资回报率至少要达到 9%,产能利用率要达到超过 30%。而具体决策过程取决于投资总额,所以在大众、奥迪以及中国的合资企业中存在着价值上限,超过这一限制,某项投资就会被视为一个超大项目,这时就需要集团核心的专业委员会与执行董事会共同做出决策。而在投资额没有超过价格上限时,仅由品牌或企业层面自行进行投资决策即可(大众汽车集团,2013,第 72 页)。表 4.21 展示了大众汽车一个投资项目的授权申请。

表 4.21　　　　　　　　　　大众汽车投资项目的授权申请

ⓥ 大众牌轿车投资项目授权申请 □完整申请　　□部分申请　　□事后申请			项目编号 日期		申请编号	
业务领域	工厂	要求的、应用到的成本岗位	责任及计划成本岗位		计划成本位置参考编号	
①描述投资计划						
②投资原因　□产品　□产品维护　□产量　□结构　□最低负荷 对象描述:　　　　　　　　　　　　　　对象编号:						
③预计支出(单位:千欧元)按年划分						
	合计	20　　20　　20　　20　　20　　20　　20				
本申请(a)						
授权价值 (一旦本申请出现差异)						
已经授权的(b)						
还未授权的(c)						
项目总额(a+b+c)						

资料来源:Volkswagen(2013,第 88 页)。

4.5.2.2.4　产品生命周期成本核算

在进行复杂的生产过程之前,企业需要做大量的准备工作,例如研发活动、规划设计、装配生产设备、组织生产活动等。随着这些准备工作成本的逐渐提高,与产品相关的直接成本及间接成本明显降低,因而基于计划成本的边际利润核算就失去了其在短期项目规划、定价、确定最高价格以及生产结果分析中作为通用工具的作用(Lassmann,1985,第 17 页)。图 4.29 展示了一辆轿车在生命周期模型有效期内每一阶段的支出。因此,应该建立一个跨期的、与项目相关的规划及监控核算,以对销售及生产进行中长期操控(Lassmann,1985,第 17 页)。

投资核算的作用是在潜在领域评价多种决策选择,而生命周期成本核算是一种在目标导向的决策下,结果导向基础的工具。生命周期成本核算关注的对象是技术、行业、组织架构以及产品。在该成本核算框架中,在整个生命周期内产生的所有成本与成果都被划归到每个对象上。在考察产品时,最基本的就是从产品生命周期这一基本思想入手(Wübbenhorst,1986)。

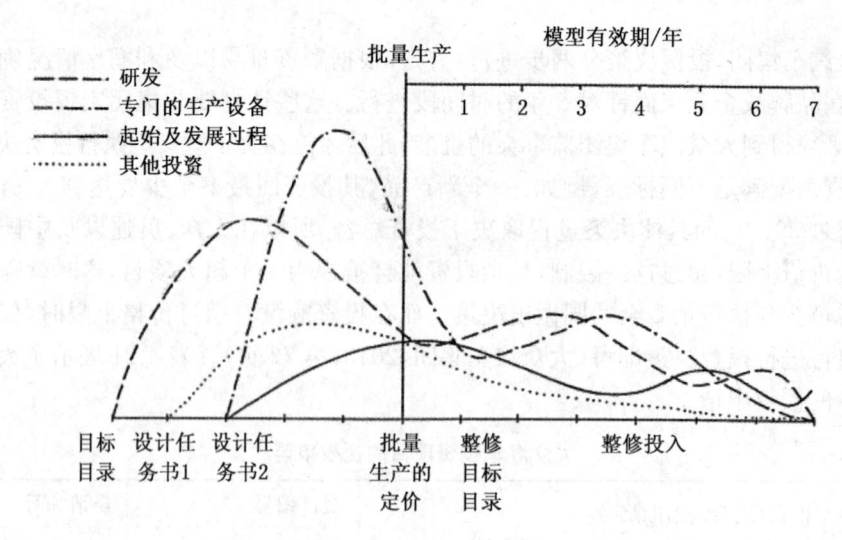

资料来源：Lassmann(1985,第18页)。

图 4.29　一辆轿车在生命周期模型有效期内的支出变动

这一理念基于以下前提假设：每个产品都只有一个有限的生命持续周期，在这一时间段内不同的阶段依次进行。经典的产品生命周期理念只关注某一产品存在于市场上的阶段，市场阶段由产品进入市场开始到做出产品退市决定结束。市场阶段尤其关注产品销售市场变动的过程。市场阶段也被称为市场生命周期，它可以继续划分为以下四个阶段：产品导入、成长、成熟和衰退(Back-Hock,1988)。

把市场周期单独研究导致该理念还可以加入兴起周期以及废物清理周期，从而形成完整的产品生命周期(Pfeiffer & Bischof,1981)。同样,产品生命周期也考虑到像保修以及提供配件一类的问题(后期维护周期,Riezler,1996),因而考虑由产品引发的前期及后期成本是可行的。

为做出产品导向的长期战略决策，要在产品生命周期理念的基础上进行经济性分析。产品生命周期成本核算考虑产品在整个生命周期各个阶段的所有成本(Sakurai,1997,第200页；表4.22),可以从生产者或顾客的视角做出经济性评价(Coenenberg,Fischer & Günther,2012)。

表 4.22　　　　　　　　　　　从生产者视角看产品生命周期成本

千欧元/年	1	2	3	4	5	6	7	8	9	10	K
资金流入											
售卖固定资产				150.00	200.00	300.00	250.00	100.00			1 000.00
资金流出											
生产				75.00	100.00	150.00	125.00	50.00			500.00
开发	11.00	14.00	18.00	14.00	27.00	21.00	6.00				111.00
管理	15.00	15.00	15.00	23.00	23.00	23.00	23.00	23.00	18.00	18.00	196.00
销售				20.00	14.00	18.00	14.00	8.00			74.00
废物处理									10.00	9.00	19.00
名义资金流	−26.00	−29.00	−33.00	18.00	36.00	88.00	82.00	19.00	−28.00	−27.00	100.00

续表

千欧元/年	1	2	3	4	5	6	7	8	9	10	K
累计名义资金流	−26.00	−55.00	−88.00	−70.00	−34.00	54.00	136.00	155.00	127.00	100.00	100.00
贴现率 $i=12\%$	−26.00	−25.89	−26.31	12.81	22.88	49.93	41.54	8.59	−11.31	9.74	36.50
累计折现资金流	−26.00	−51.89	−78.20	−65.39	−42.51	7.42	48.96	57.55	46.24	36.50	36.50

资料来源：Coenenberg, Fischer & Günther(2012, 第602页)。

在产品生命周期越来越短的情况下，因为前期与后期成本越来越高，所以有必要跨期核算生命周期成本。尽管成本核算是按期进行的，但这些成本并不直接划归到产品各个期间，而是作为间接费用来处理(Eisele & Knobloch, 2011)。

对生命周期的研究而言，动态的投资核算要强于成本核算，因为它考虑了资金流在时间上的分布。但在管理实践中，尽管与产品相关的成本信息通常都可以得到，确认产品相关的现金流量还是十分困难的。

为了沿产品生命周期各个阶段区分成本，以及更好地展现在不同阶段成本核算之间的权衡关系，巴克—霍克(Back-Hock)提出了一个给成本分类的方法(Back-Hock, 1988, 第25页)。

尽管成本通常被划分到生命周期的各个阶段中，但是因为某一产品当前处于生命周期哪一阶段并非总能清晰确定，因而成本通常要划分到某一实物点上（主要是作业）(Back & Hock, 1988, 第25页)。例如，在市场生命周期发生的开发行为应被划归到市场阶段，而并不划归到本应属于的兴起周期中去。

生命周期核算要解决两个问题：清算问题、预测问题。

成本清算问题研究的是前期成本与后期成本以什么形式转移到产品上。作为战略支持信息，对生命周期的研究要求，把成本依据其产生原因分配到未来的产品上，而不是以间接成本的形式分配到已经存在的产品上。这是一种跨期成本清算的方法，它与外部会计准则相左，因为在外部会计中，前期成本应借记，后期成本应贷记(Eisele & Knobloch, 2011)。成本清算问题的一个特别方面在于前期及后期间接成本的划分。也就是说，并不是将成本分配到一个产品，而是分配到产品整个生产过程中。

预测问题在于必须估计未来的产量以及产品价格，从而进行成本分配。在某些行业还要估计产品成功比率。医药行业(Ewert & Wagenhofer, 2014, 第286页)产品成功比率通常要低于5%，也就是说每100个项目中，实际上只有5个能够成为市场上流通的产品。问题是，是不是只有失败的研究成本才能够视作前期间接成本，还是对于某一时期的间接成本这一想法更加正确。

尽管提出的问题几乎没有正确答案，但生命周期成本核算对战略产品决策是不可或缺的。它有一个明显的优点，就是会帮助决策参与者塑造准确的观点，推动其参考重要决策参数。

生命周期成本核算在大约1/3的企业中得到了应用(Franz & Kajüter, 2002)。这些企业中有很大一部分是工业企业，尤其是汽车、电气工程及电子工业企业，它们的特点是大批量生产产品，在这些行业中，生命周期成本核算的应用比率分别达到67%和71%。而在机械行业的应用也达到了超过均值的55%。与这一章介绍过的其他方法相比，生命周期成本核算更准确地说是一种与行业相关的方法，与1996年相比该方法几乎没有得到进一步发展。

4.5.2.2.5 经验曲线

当涉及生产成本的长期变动时，局限于某一时期的成本核算就无能为力了。但在将产品战略性推出进入市场时,这些变动具有重要意义。

20 世纪 30 年代,在一项实证研究中,亨德森(Henderson)发现了一个规律:它揭示了长期战略规划中成本变动的意义。亨德森的基本假说是:在不考虑通货膨胀的情况下,累计产量每翻一番,价值链中的单个产品成本会降低一个固定百分比,例如 20%～30%(Henderson,1974,第 19 页)。

以下双对数图中展示了几条直线(一条 80%的经验曲线意味着产量每翻一番,单位成本降低 20%)(参见图 4.30)。

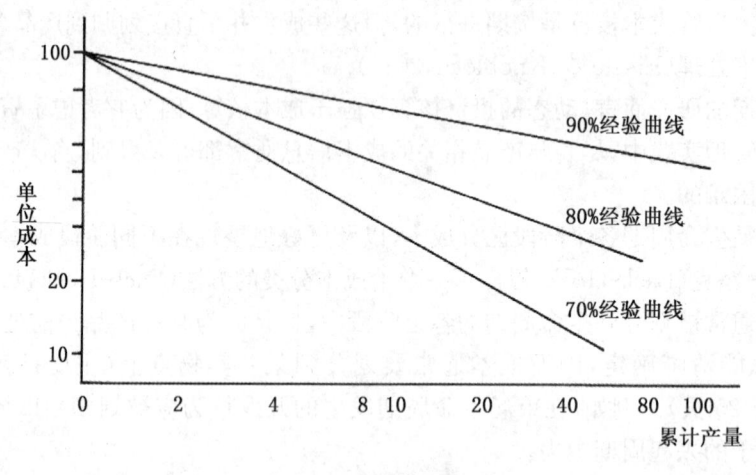

图 4.30 经验曲线原理

成本降低可以归结到动态及静态影响因素。动态效应由整个时间进程中产品数量的变动引起,人们把动态影响因素分为以下五种:

(1)学习效应:每多生产一个产品,工人都会学到如何更有效地从事生产工作。

(2)技术进步:通过应用更先进的技术(例如引进新生产设备),在超过一定生产数量之后,平均单位成本会降低。

(3)改良:通过采取改良措施(亨德森强调价值分析的作用),生产效率会有所提高。静态效应由年产量增加引起。

(4)固定成本递减:它由充分提高产量负荷率引起,也就是说,每一单位分担的固定成本降低。

(5)规模经济:在一定企业规模下可以降低单位成本(例如在采购方面的优势)。

由经验曲线原理产生了对正确战略行动的以下推论(Coenenberg, Fischer & Günther, 2012, 第 431 页):

(1)市场增长:即使是在市场占有率恒定的条件下,快速的市场增长也可以引起产量快速增长。生产扩张速度越快,经验曲线效应带来的成本降低就会越早出现。

(2)成本规划:并非产量增加成本就自然降低,上述产量翻倍时单位成本的降低仅仅是一种可能。实际操作中,成本降低的实现可以借助一种不断改良流程(持续改善)。

(3)价格政策:在规划价格政策时,从经验曲线理念中可以得到许多重要信息。单位成本的不断降低过程,导致不同阶段的价格有着不同表现。在产品引入阶段,由于前期研发支出,价格通常低于单位成本。如果某企业成功引入了一个产品,那么作为市场领先者,势必会尝试提高价格来实现高额利润,因为单位成本是不断降低的。由于来自模仿者的竞争越来越多,就会发生价格战,导致价格下降。那么市场就会淘汰掉具有较高成本水平的企业,因为随着价格降低,企业一定会亏损。

由于经验曲线理念在操作性与理论基础方面的问题,模型的假设以及应用问题常常受到批评(Lange,1984):(1)并未考虑到产品改良以及质量差别对竞争环境的影响与改变;(2)并未考虑到由品种决定的协同作用;(3)经验曲线并未考虑到生产能力的限制;(4)该模型的前提是将成本依其产生原因合理地分摊到产品上,但这种分摊在管理实践中是有缺陷的。

生产的自动化要求经验曲线为各个影响因素赋予新的权重。

在对灵活自动化生产领域进行调研时,希柏(Hieber)发现,在自动化日益普遍的情况下,在直接从事某一任务时,学习效应逐渐失去了其原本的作用,而经验曲线效应由于规模效应而具有重大作用。在自动化日益普遍的情况下,设备的有效使用期限以及与其相关的资本越来越重要。高度的自动化也避免了工间休息的无人运作,并使得中班和夜班对人员数量的要求下降。希柏的研究成果显示,在经验曲线研究框架下,在灵活自动化生产中,主要的成本降低潜力可以通过规模经济来实现(Hieber,1991)。

尽管对经验曲线有着众多批判以及使用限制,但它仍是一种重要的辅助工具,可以为战略决策提供很多宝贵信息。

4.5.2.2.6 目标成本法

1. 起源与概念界定

经典的成本与绩效核算关注企业内部经济性,即效率,其核心是此产品与劳务的生产。

而市场与客户愈发重要的地位导致在以下两方面的需要发生彻底改变与调整:

(1)我们研究问题的出发点并不是企业内部在生产过程中产生的成本,而是被市场接受的成本。我们研究的再也不是"一个产品要花费多少成本",而是"一个产品最多可以花费多少成本"。

(2)成本规划与成本核算不能在生产阶段才开始应用,而是早在产品设计研发阶段就应该加以应用,这里直接关系到企业战略。

在成本管理中,借助目标成本法可以加入对市场以及顾客的考量(Horváth et al.,1993)。

目标成本法的理念及方法最初源自20世纪80年代的日本,之后传到了美国,再到达德国。在日本,这种成本管理的方法早在20世纪60年代就得到了应用。因而在美国发表的刊物大多参考了日本专家的著作(Hiromoto,1988;Makido,1989;Monden,1989;Tanaka,1989;Sakurai,1989;Monden & Sakurai,1989;Tani,1994;Sakurai,1997)。现在在美国,目标成本法已经得到了广泛关注(Cohen & Paquette,1991;Shields & Young,1991;Worthy,1991;Cooper & Kaplan,1991)。而在德国也有相似反响(Horváth,1990;Franz,1992;Seidenschwarz,1993;Horváth,1993)。

在西方企业中,可以在产品生命周期日益变短、竞争十分激烈的市场上(例如汽车行业或电子行业)找到相关案例。在这里涉及的市场上,日本企业也具有相当竞争力,并对已经存在的生产者形成了威胁。

目标成本法的基本思想十分简单(参见图4.31):市场允许的最高成本由可达到的售价减去规划中设定的利润(目标利润)得到。对于新产品,市场允许的最高成本要与估计的标准成本相对照。二者之间的差额预示着产品设计开发阶段必须缩减的成本。

接下来我们并不讨论目标成本法或目标成本核算,而是研究目标成本管理。正如接下来

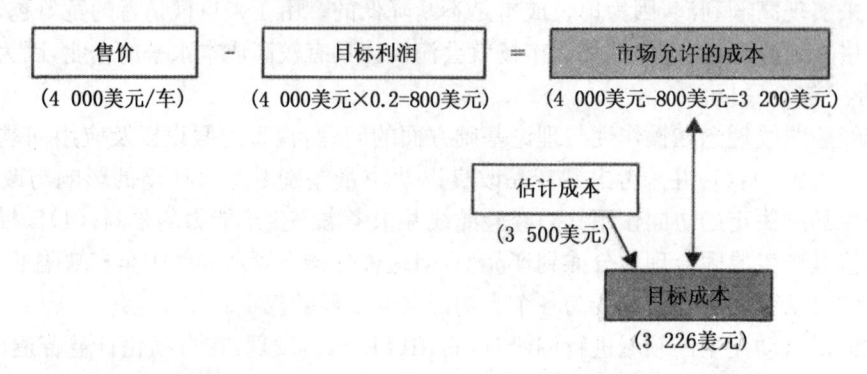

```
售价          -    目标利润            =    市场允许的成本
(4 000美元/车)    (4 000美元×0.2=800美元)    (4 000美元-800美元=3 200美元)

                                         估计成本
                                         (3 500美元)
                                              ↓
                                         目标成本
                                         (3 226美元)
```

资料来源：Sakurai(1989，第57页)。

图 4.31　目标利润与目标成本之间的关系

要介绍的，目标成本管理并不讨论成本核算方法，而是研究根植于产品整个设计开发阶段、宏观的成本规划、操控与监控流程。

目标成本管理目的在于：(1)在关注单个产品设计和生产的基础上，使企业适应于市场发展；(2)尽管竞争日益激烈，还要保持甚至提高产品利润率。

目标成本法并不仅仅局限于成本目标的确立，而是与其他从日本借鉴的管理技术相似，关系到整个企业及其与周边环境的关系，尤其是与客户、供应商之间的关系(参见表4.23)。

表 4.23　　　　　　　　　　目标成本法的基本理解

目标成本法原则	组织架构方面	管理控制工具角度	激励角度
市场导向	—能力强的项目组领导 —在存在疑问的情况下，项目比功能重要	除措施层面外，对每一层面进行逆向计算、分解成本	—个人对目标成本的达成负责 —自我监督 —激励体系以产品生命周期的成效为目标 —例行管理控制小组监控
团队导向	—跨学科小组 —明确的组内责任划分 —成本测试研讨会	备用评价方案及成本一览表	目标成本控制及成本预检
普适原则	—整个流程链及产品生命周期中明确的目标成本责任划分 —准则普适性		

资料来源：Seidenschwarz(1995，第109页)。

目标成本管理最重要的特点是全面市场导向，它体现在成本管理的各个方面。一些因素如成本、时间以及质量需要照顾到顾客愿望，这使成本管理的重心更加倾向于市场(涉及市场调研的组成部分)以及企业遵循的战略。两种情况下的核心在于：企业应以市场期望的产品特征以及特点作为导向来进行经营活动，而这些特征又在产品功能上有所体现。

战略规划，其后是战略管理控制，通常十分严格地以定性的操控标准(市场份额、市场吸引力、全球技术评估等)为导向。财务目标的实施(关系到多种可能行动的绩效以及流动性，例如每个市场部门的计划销售额或者预测现金流)操控着企业活动，却没有考虑到具体的(也就是关系到企业流程的真实对象以及作业的)实物目标。此外，战略业务范围框架下的战略规划是产品整体导向的。目标成本管理按照上述方式进行，实物导向的内容通常只涉及整个产品，并且被划分到各个产品功能中去。在产品战略层面,从市场要求角度看,财务和实物导向的规划之间有着一定联系。为了解产品功能,仅针对产品整体的视角需要拓宽战略规划,这就产生了产品功能预算,它以市场对某一产品的功能要求为出发点。这就在产品生命周期基础上,在产品设计中,确定了顾客所期望的产品功能与价值的关系。

说到传统的监控方法,首先想到的就是与生产相关的偏差分析法。由于其主要关注产品设计流程,因而在目标成本管理框架内,其起到的作用十分有限(Makido,1989,第 2 页)。规划和监控小组尤其要遵守产品功能相关的价值—成本比率,还要基于后期的目标成本达成情况进行前期监控。以下工具可以辅助监控小组的工作:目标成本监控表、价值构架、成本表(用企业中得到的标准成本信息来支持)、结构计算方法、作业成本核算作为事前成本分析工具、成本预估方法。

2. 体系及处理方法

目标成本法体系面向新产品的规划流程,其独特的处理方法具有以下四个基本步骤:(1)确定未来产品目标总成本;(2)目标成本分解,也就是确定产品零部件的目标成本;(3)目标成本的达成:成本调整;(4)同步进行的核算与持续进行的计划与实际成本的比较。但这里不能忽视复杂性问题,一辆机动车有超过 10 000 个零件!

为一个新产品确定目标成本是目标成本管理的出发点。目标成本越贴近市场,产品获得成功的可能性越大。相关文献中有许多确定目标成本的方法。

而最重要的两种方法是根据市场成本定价和根据竞争对手成本定价:(1)根据市场成本定价。该方法是目标成本管理的最简单形式,借助减法可以计算出目标成本。(2)根据竞争对手成本定价。在确定目标成本时,该方法以竞争者产品的成本为基准。虽然已经确定以竞争者为导向,但是实行该方法时只能进行模拟,因而这种形式只限于确定产品整体的目标成本;但该方法对市场标准零件的逆向工程十分适用。

首先是针对产品整体确定目标成本。为了从整体目标成本中得到单个产品零部件的目标成本,需要一个清晰并可以实施的目标成本分解方法,其中关键的分界线处于由市场规定的产品功能以及实现这些功能的产品零部件之间。接下来操作流程的基本思路是:通过类比零部件成本占总成本的比重来相应确定各零部件承担的产品功能权重。一种理想的资源使用方法就是合理应用资源,使其满足客户所希望的产品价值比例。

单一产品的目标成本管理首要进行目标成本的分解,也就是将产品整体目标成本分解为功能成本、构件成本(主要结构组与零部件成本)、零件成本。

功能成本既包括对象功能(关系到实物产品),也包括操作功能(服务与附加劳务)。为了实现这些功能,产品零部件也相应分为市场创新零部件、企业创新零部件以及标准零部件。

这种对产品功能的考虑,以客户对产品特征及性能的主观要求为出发点。在市场营销方面,早就运用联合分析法对它们进行描述与研究(Schubert,1991,第 1 页;Tscheulin,1991,第 1267 页;Green & Srinivasan,1990,第 3 页;Kucher & Simon,1987,第 28 页),它是一种市场调查的工具,可以检查市场上已经存在产品的特征、(提前)选择产品创新特征、选择新产品关键特征及其表现、度量这些特征具有哪些效用贡献,从而进行产品设计(Schubert,1991,第 197 页)。

我们描述的问题可以追溯到田中(Tanaka,1989,第 56 页)的建议,它以下列典型的环境特征为基础:(1)创意产品可以通过市场上的功能描述来确定;(2)计划和确定售价、销售量以及利润率;(3)目标成本由规划中的数据计算而来(减法),并在研发初始阶段就被确定下来(依据市场定价)。

创新产品的研发及成本规划的出发点是由市场决定的效用图,而效用由产品功能决定。那么现在就要确定各项功能,将它们列入清单并且试图构建一个体系。这里区分"硬功能"与"软功能"是有好处的:"硬功能"决定了产品的技术功能,而"软功能"为客户满意度服务并确定了产品对客户的价值。

在大众汽车集团,在目标成本定价法框架下,目标成本基本上是由市场价格以及目标利润率决定的(参见图 4.32)。首先是确定预期的新汽车实际成本。核算的基础是目前某一系列的参考成本。如果新汽车并没用到系列中的某一部件或者用到该系列中没有的零部件,那么成本就要做出相应调整。接下来要将成本估算与自上而下法相适应。

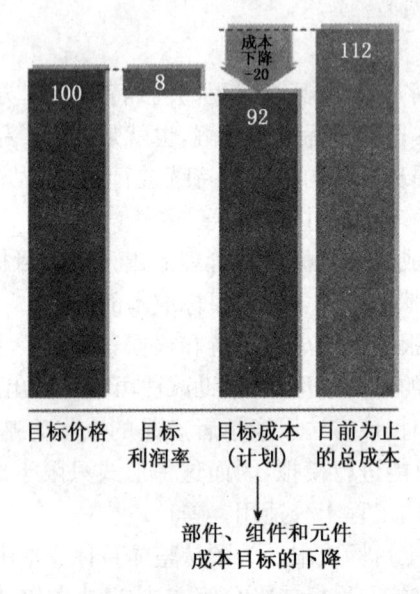

图 4.32 大众汽车集团的目标成本算法(例)

大众汽车集团旗下的奥迪股份公司落实的一个项目,很好地展示了整个目标成本流程的实施方法(Deisenhofer,1993)。在确定功能结构时尤其要注意,技术功能与顾客所看重的功能通常并不相同(Deisenhofer,1993,第 97 页)。因此首先要了解顾客视角下的汽车性能以及顾客选购时的侧重点(参见图 4.33)。

为确定主要构件在实现产品性能方面贡献如何,要举行研讨会,会上不仅有主要构件组的代表,产品研发流程中其他专业领域的人员也要参与其中。通过研究在顾客视角下哪些技术性产品特征对汽车哪些性能有何种贡献,尝试从顾客角度思考问题。因此市场调研以及销售领域的代表参与研讨会十分必要。研讨会讨论结果就是一个功能成本矩阵(参见表 4.24)。

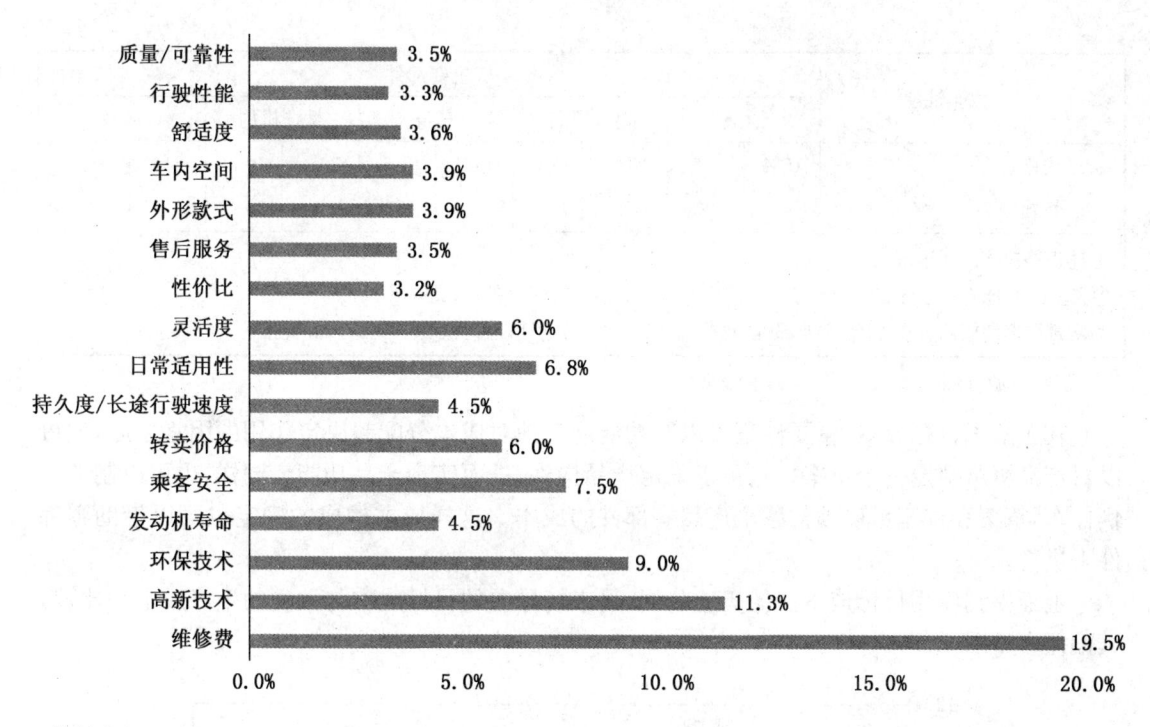

图 4.33 顾客视角下的汽车性能重要度排序

性能	百分比
质量/可靠性	3.5%
行驶性能	3.3%
舒适度	3.6%
车内空间	3.9%
外形款式	3.9%
售后服务	3.5%
性价比	3.2%
灵活度	6.0%
日常适用性	6.8%
持久度/长途行驶速度	4.5%
转卖价格	6.0%
乘客安全	7.5%
发动机寿命	4.5%
环保技术	9.0%
高新技术	11.3%
维修费	19.5%

资料来源：Deisenhofer(1993,第103页)。

表 4.24　功能成本矩阵

%	汽车性能	总成		电气设备		车身		悬挂机构		内饰	
3.5	质量/可靠性	20%	3.9	18%	3.5	30%	5.9	15%	3.0	17%	3.3
3.3	行驶性能	21%	2.4	9%	1.0	12%	1.4	51%	5.7	7%	0.8
3.6	舒适度	8%	0.7	8%	0.8	17%	1.5	5%	0.5	61%	5.6
3.9	车内空间	5%	0.2	5%	0.2	58%	2.6	20%	0.9	13%	0.6
3.9	外形款式	8%	0.6	11%	0.9	44%	3.3	15%	1.2	21%	1.6
3.5	售后服务	—	—	51%	3.0	3%	0.2	10%	0.6	36%	2.2
3.2	性价比	15%	0.7	25%	1.1	23%	1.0	13%	0.6	25%	1.1
6.0	灵活度	45%	3.1	13%	0.9	18%	1.2	15%	1.0	10%	0.7
6.8	日常适用性	27%	1.6	4%	0.2	39%	2.3	24%	1.4	7%	0.4
4.5	持久度/长途行驶速度	20%	0.6	20%	0.6	20%	0.6	20%	0.6		
6.0	转卖价格	10%	0.4	5%	0.2	50%	1.8	5%	0.2	30%	1.1
7.5	乘客安全	5%	0.2	5%	0.2	50%	2.0	10%	0.4	30%	1.2
4.5	发动机寿命	95%	3.7	5%	0.2	—		—		—	
9.0	环保技术	30%	1.1	15%	0.5	20%	0.7	20%	0.7	15%	0.5
11.3	高新技术	20%	0.7	20%	0.7	20%	0.7	20%	0.7	20%	0.7

续表

%	汽车性能	主要部件									
		总成		电气设备		车身		悬挂机构		内饰	
19.5	维修费	15%	0.5	15%	0.5	45%	1.6	20%	0.7	5%	0.2
100	总和		20		15		27		18		20

上述表格应该这样理解：

"舒适度"性能有 8% 归结到主要部件"机组"上，8% 归结到电气设备，以此类推。

为实现顾客期望的各项性能，主要部件"总成"贡献了 20%，电气设备贡献了 15%，以此类推。

资料来源：Deisenhofer(1993，第 104 页)。

在了解了目标成本、重要性程度以及功能这三项对成本分配起决定作用的因素之后，就可以对产品粗略拟定一个草案。它可以确定产品构件，进而实现产品功能。同样，也可以制造一辆样车，草案和样车可以预估各个产品零部件的成本。这样成本构成的确定也可以借助零部件来进行。

上面提到应用目标成本法的奥迪公司，将市场导向的目标成本与预测的生产成本相比较，其偏差参见图 4.34。

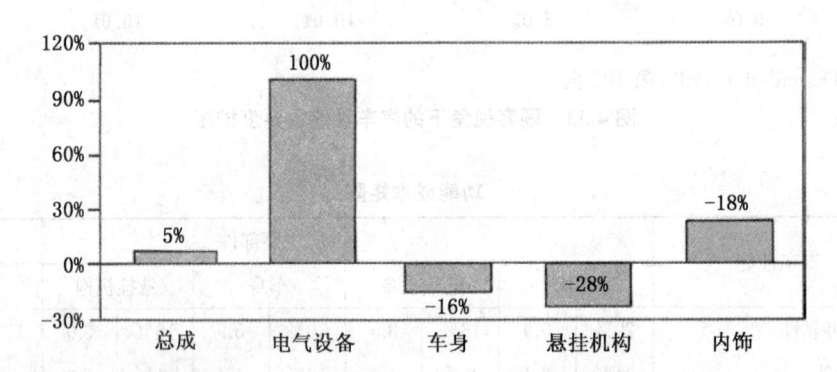

资料来源：Deisenhofer(1993，第 105 页)。

图 4.34 市场导向的目标成本与预测生产成本之间的偏差

为了客观评价该偏差的实际意义，可以在一个矩阵中将功能领域和实现该功能的产品零部件对应起来，功能与零部件之间的这种对应关系可以通过估计来实现。

通过在功能成本控制表中登记数值以及确定目标成本区域，明确可以接受和不能接受的偏差。在不太重要的主要部件上可以允许有相对大一些的偏差，而重要部件却不行，因为不太重要的部件绝对成本偏差不会很大(Deisenhofer，1993，第 105 页)。图 4.35 展示了奥迪公司实施项目的目标成本控制图。

若基于手头信息，客户需要的产品主要部件的成本太高时，目标成本控制流程中就要加入调整环节。为把成本水平压低到计划成本，需要检测功能、更改设计、进行价值分析。

伴随着规划流程同步进行的核算以及目标值与实际值的比较。

3. 评价与进一步发展

目标成本法并不是一种成本核算的方法，而是在实践中产生的、带有战略侧重点的全面而具有互动性质的规划流程。因此在德国，在众多学术导向的成本核算文献中，这种方法至今还没有成为一个常见的议题。在管理实践中，目标成本法是一种将顾客需求放置到企业所有流

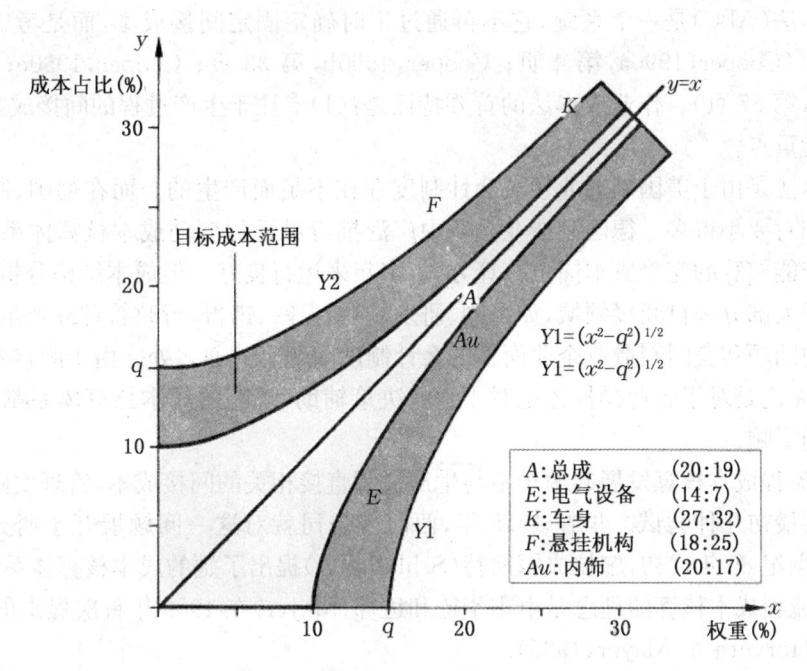

资料来源：Deisenhofer（1993，第 106 页）。

图 4.35　目标成本控制

程中审视的工具，这也是人们将目标成本法与流程成本核算联系起来的原因。如果没有这层联系，（引发间接成本的）内部流程也不会与市场发生关联（Freidank，1994）。

在德语国家和地区，目标成本法可分为三个典型的应用阶段：

第一阶段，目标成本法用于逐步确定单一产品目标成本，顾客导向并没有太多体现。

第二阶段，目标成本法更加体系化，应用于所有新产品目标成本的确定。它不仅是一种核算方法，而且也是一个完整、互动的产品规划流程。在产品功能方面，在成本预算允许的条件下，广泛倾听顾客的要求。

在第三阶段，供应商在早期就参与到目标成本流程中，它们积极参与产品设计，是预先设定产品构件不错的执行帮手。

在汽车、电气工程及电子工业行业，目标成本法早在 20 世纪 90 年代中期就成为高端技术。但与之相反，在服务行业的经验调研中，目标成本法至今依然没有得到广泛使用。

4.5.2.2.7　流程成本核算

1. 起源与概念界定

正如我们所看到的那样，传统的成本与绩效核算关注可变的直接成本，人们将注意力集中在（实物）生产过程上。但是，在最近几十年，价值创造过程逐渐向引发固定间接成本的准备、计划、操控和监控行为转移。影响成本的主要因素不再是雇员人数，而是种类多样性以及产品和流程的复杂性。

在美国，生产过程产生的间接成本被普遍归结到工资成本一项，在间接成本非常高的情况下，这降低了生产成本的说服力。米勒（Miller）和沃尔曼（Vollmann）在 1985 年发表的论文《隐藏的工厂》中，深度分析了美国企业在操控、降低和核算间接和固定成本方面存在的问题，成为审视美国"通用标准成本"体系的导火索（Johnson & Kaplan，1987）。

作业成本法(ABC)是一个系统,它不再通过工时确定固定间接成本,而是考虑产品相关所有生产作业(Cooper,1990a,第 4 页;Cooper,1990b,第 33 页;Cooper,1990c;Cooper & Kaplan,1991,第 87 页)。作业成本法的首要特征是:(1)专注于生产过程的间接成本;(2)以确定产品成本为重点。

作业成本法是由于美国制造业领域会计制度存在不足而产生的。而在德国,制造业领域面临的压力相对要小得多。德国制造业企业中广泛推行灵活的变动成本核算体系,它基于带有企业内部产能核算的完善成本岗位核算方法,多年来运行良好。但成本结构分析表明,德国企业成本的一大部分来自间接领域,如采购、研发、质量保障、销售、行政管理或者生产调度,这些领域出现的问题和美国制造业企业面临的会计制度问题有共通之处。由于间接费用所占比重不断上涨,无论是对于企业操控还是对于企业决策辅助,现有的成本核算体系都作用有限,甚至会有不利影响。

在德国,流程成本核算发展起源于不与生产过程直接相关的间接成本,管理实践中出现了解决该问题的最初几种尝试。早在 1975 年,西门子公司就对这一问题展开了研究(Ziegler,1992),在 20 世纪 80 年代初,施拉夫霍斯特(Schlafhorst)提出了她的成本核算体系(Wäscher,1987)。现今流程成本核算的理念是由霍华德和迈耶(Mayer)在 1989 年首次提出的(Horváth et al.,1993;Horváth & Mayer,1995)。

从二者的发展与体系目标角度来看,美国的作业成本法与德国的流程成本核算不能等同。流程成本核算是一种专注于间接成本领域、针对德国会计制度中存在的特殊问题及事项、以企业活动为导向的核算方法(参见图 4.36)。

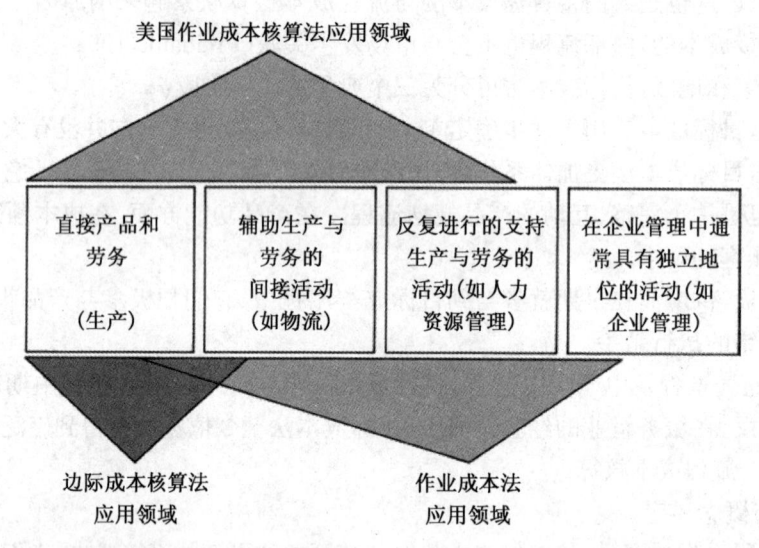

资料来源:Horváth & Mayer(1995,第 60 页)。

图 4.36　边际计划成本核算和作业成本法的适用范围比较

流程成本核算与美国作业成本法的另外一个重要区别在于,流程成本核算从一开始就引入作业流程的基本思想,而作业成本法,顾名思义,首先关注的则是单个生产作业。随着时间的推移,作业成本法也越来越注重整个作业流程。

相比作业成本法,流程成本核算在各种类型的服务业领域中得到了更加广泛的应用。这时,流程成本核算广泛应用到所有流程中,一般来说,服务业领域的应用条件与其在工业企业间接费用领域的应用条件相同。

流程成本核算的任务既包括支持长期战略规划,又涉及中期成本控制和成本调整。

流程成本核算涉及"提升间接生产领域的成本透明度、保证有效的资源分配与消耗、揭示生产负荷程度、改良生产核算,从而避免错误的战略决策"(Horváth & Mayer,1989,第216页)。

2. 体系及处理方法

要理解流程成本核算,首先必须认识到,在大多数组织架构中,那些对企业取得成功具有重要作用的流程(主流程)是跨越部门界限的,它们由多个位于不同的组织单位的子流程构成(Striening,1988)。它们的成本并不能借助传统成本核算系统中的功能划分来确定(例如,如何确定一个涉及所有生产部门的定制产品的加工费用?),这里我们不讨论与运营时间和节点相关的质量问题(参见图4.37)。

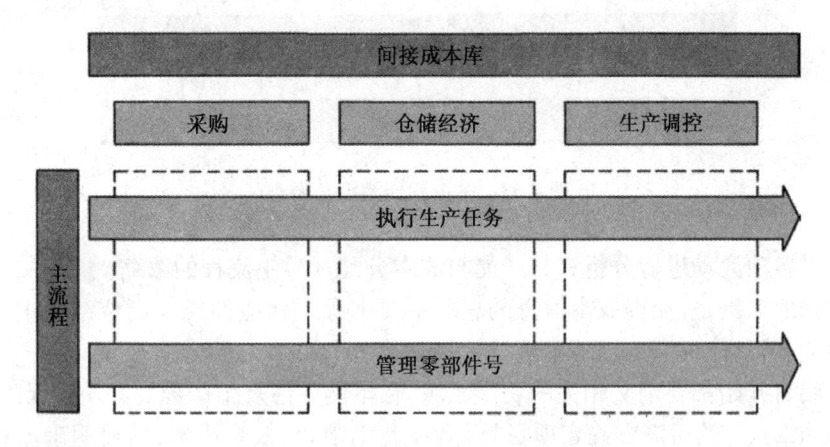

图 4.37 主流程是跨越部门界限的过程

流程成本核算基于对非生产领域所产生绩效的全新理解。如果可以像在生产过程中那样,将规划、操控以及监督任务划分到各个子过程中并将成本归类,那么不仅可以提升间接领域的透明度,还可以创造良好的前提条件:一方面有利于基于绩效与成本岗位的成本规划控制;另一方面也可将非间接成本合理地划归到产品总成本核算中(Kilger,Pampel & Vikas,2012,第15页;Vikas,1988,第28页;Johnson & Kaplan,1987,第229页;Cooper & Kaplan,1988;Wäscher,1989;图4.38)。

流程成本核算包括三个组成因素:

(1)流程:与产能输出相对应的一系列作业的总称。这里要区分主流程(涉及全部的活动)和子流程(它们隶属于一个成本岗位)。具有相似成本影响因子的子流程可以叠加形成主流程。

(2)成本动因:成本影响因子之一,是衡量成本产生原因的标准,同时也是衡量主流程产能出处的标准。

(3)流程成本:依据产生原因和需求原则,所有可以归入某流程的成本。流程成本核算在这里先不区分固定成本和按比例划分的成本(但在成本管理的框架下需要进行这种区分)。

流程成本核算的具体做法包括以下几个步骤(Mayer,1991b,第85页;Horváth & Mayer,1995,第70页):(1)定义所涉领域、项目目标;(2)对主流程与成本动因进行假设;(3)为弄

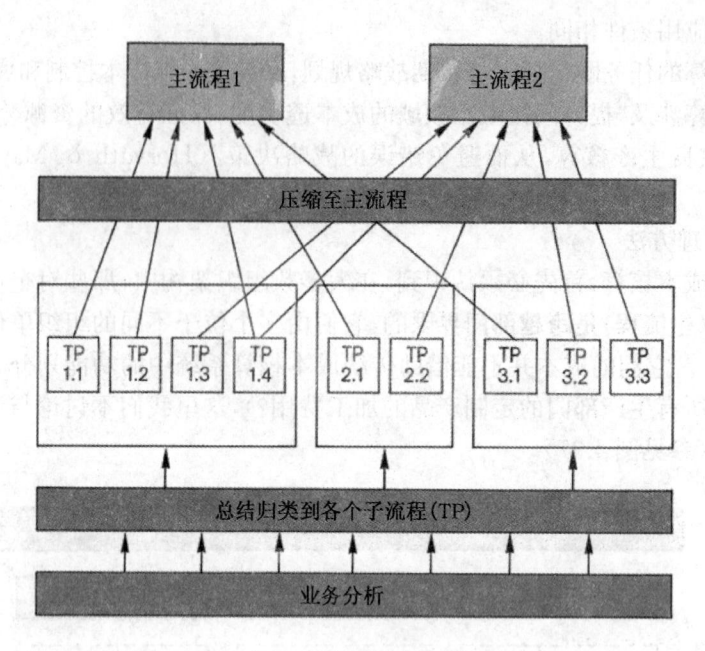

图 4.38 主流程压缩汇总原则

清子流程而对各项活动进行分析;(4)产能与成本分配;(5)主流程的浓缩。

以上步骤的前提是,流程成本信息的获取主要来源于功能性成本岗位结构中与成本岗位相关的计划成本,具体可参见以下示例(Mayer,1991a)。

每一个项目开始都要定义相关的功能领域,在本例中涉及生产规划和质量保障领域(参见表 4.25 和表 4.26)。然后需要确定项目目标,在此例中,为核算成本,需要明确流程中涉及的单位成本。

表 4.25　　　　　　　　　　示例:成本岗位"5501 生产规划"

流程:有限公司 成本岗位 5501 生产规划			计划年限:2015 负责人:Mayer		
成本类型	数量	价格	比例	固定	总成本
工资		60 000		660 000	680 000
社会福利费用				200 000	200 000
办公用品			50 000		50 000
电话			30 000		30 000
核算的 IT 成本			50 000	50 000	100 000
核算的租金	400m^2	100		40 000	40 000
核算的折旧费				20 000	20 000
核算的总额			130 000	970 000	1 100 000

表 4.26　　　　　　　　　　　　示例：成本岗位"5504 质量保障"

流程：有限公司 成本池 5504 生产规划				计划年限：2015 负责人：Mayer		
成本类型	数量	价格	比例	固定	总成本	
工资	10	55 000		550 000	550 000	
社会福利费用				160 000	160 000	
办公用品			30 000		30 000	
电话			20 000		20 000	
工具、检查用具			120 000		120 000	
核算的租金	200m²	100		20 000	20 000	
核算的折旧费				100 000	100 000	
核算的总额			170 000	830 000	1 000 000	

然后，就要对主流程和成本动因进行假设，本例中"产品种类"和"产品变动"在成本动因方面的假设是产品变动和种类的数量。

为弄清子流程而进行的作业分析，有助于确定成本岗位的子流程(参见表 4.27 和表 4.28)。

表 4.27　　　　　　　　"岗位 5501 生产规划"的子流程及其单位成本

成本池 5501 生产规划									
子流程		指标		成本分摊	作业成本			单位作业成本	
	项目	种类	数量	基数	与产能有关	与产能无关	总成本	与产能有关	单位成本
1	更改工作计划	产品变动	200	4MJ	400 000	40 000	440 000	2 000	2 200
2	照料生产过程	产品种类	100	6MJ	600 000	60 000	660 000	6 000	6 600
3	领导部门			1MJ		100 000			
				11MJ			1 100 000		

表 4.28　　　　　　　　"成本岗位 5504 质量保障"子流程及其单位成本

成本池 5504 质量保障									
子流程		指标		成本分摊	作业成本			单位作业成本	
	项目	种类	数量	基数	与产能有关	与产能无关	总成本	与产能有关	单位成本
1	更改检测计划	产品变动	200	2MJ	200 000	60 000	280 000	4 000	4 500
2	保障产品质量		100	6MJ	600 000	160 000	720 000	6 000	7 600
3	质量小组参与			1MJ		100 000			
4	领导部门			1MJ		100 000			
				10MJ			1 000 000		

在生产能力以及成本核算过程中,因为本例中人工成本的重要意义,我们依据员工需求量(该数量必须弄清),将成本岗位上所有成本划分到子流程中。

这里要区分与产能有关以及无关的子流程。与产能有关的流程与成本岗位的工作量有关,与产能无关的流程(如领导一个部门)则不然。为简化起见,与产能无关流程产生的成本除以所需员工总量,也可以分配到与产能有关的流程中。这样就可以通过成本除以数量算出每个子流程的单位作业成本。

主流程的浓缩过程(参见图 4.39)有助于计算其单位作业成本(参见表 4.29)。

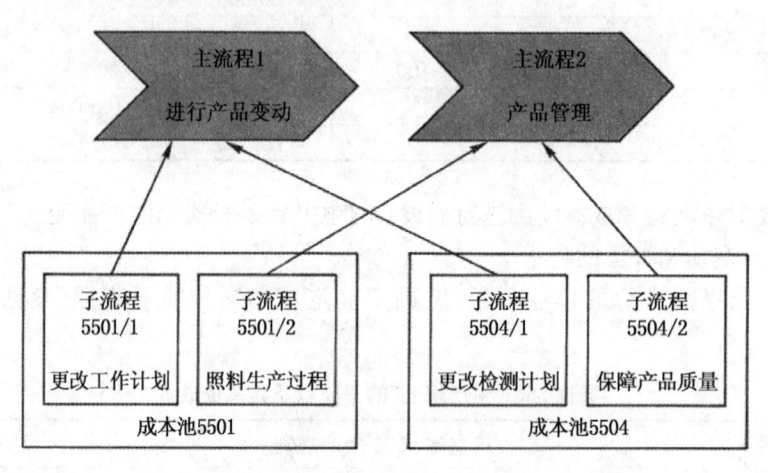

图 4.39 主流程浓缩过程示例

表 4.29   主流程单位成本示例

主流程	成本动因	数量	作业成本	单位作业成本	成本占比
1. 进行产品变动	产品变动数量	200	690 000	3 450	33%
2. 产品种类管理	产品种类数量	100	1 410 000	14 100	67%

这个简单的例子表明,借助流程成本理念,可以将间接成本依据流程需要分配到产品上,从而改良计算。在本例中,我们可以依此计算出重要事件(如产品变更以及开发新产品)的成本。这种成本核算方式相对于其他方式优势明显:完全成本核算的附加费用将按照固定间接成本比率,分配到生产阶段人工成本或者生产材料上。变动成本核算并不处理这样的问题,多级贡献率核算也不能进行类似的专门固定成本的分配与划归。

3. 应用领域

流程成本核算作为一种成本管理工具,目前在管理实践中得以广泛应用。它的基本任务是:(1)间接费用的规划和操控;(2)成本归集单位核算(核算)。

流程成本核算理论上可以对间接成本进行持续不断的规划、操控和监控,其在预算框架下的应用使得定量分析并计划间接成本成为可能。这是它与传统间接成本规划方法最主要的区别,因为传统方法,如零基预算或间接成本价值分析,仅能使用一次(再次参见第 3 章)。

可以通过两种方式对间接产能领域的成本进行持续披露以及监控:从成本岗位角度,可以借助计划与实际成本比较;但从整个流程角度,持续披露与监控并不局限于成本岗位。根据经验,只有跨越部门界限和整个流程内部的授权,才能影响该措施的设计和效率,因而产生了跨越部门限制的责任制。"作业责任者"应对作业流程层面所有涉及质量和效率的流程负责(Striening,1988,第164页)。

流程成本信息不仅在运营预算中被用于降低间接成本。流程成本核算及管理的应用还为企业长期战略提供了新视角,即广泛的流程管理,这里战略目标是市场和顾客导向的流程设计,而非降低现有流程的成本。从长期战略角度来看,减少成本动因的数量(例如"服务的客户数量")可以引发销售渠道和销售战略的转变。另一个例子是:供货商数量作为成本动因的设定,导致了汽车工业采购战略的根本性转变(即仅从单一供应商进行采购)。

在长期间接成本管理方面,流程成本对产品开发也具有重要意义,开发人员会得到有关零件种类、产品变动数量或者制造阶段数量如何影响间接成本的信息。

流程成本信息的第二个基本用途涉及成本核算。由于材料、产品、合同和销售结构明显不同,加上没有细分材料、管理和销售三方面的间接成本加成,只能忽略各间接领域专门的成本需求。

在材料及生产成本基础上,依百分比计算的成本加成法会忽视以下区别:材料和零件结构是简单还是复杂,价值创造程度是高是低,产品是大批量生产还是具有特殊性质,订单是大是小,以及销售渠道成本是高是低。

同样,在计算某些特定制造成本时,也面临同样问题。究竟是在生产成本基础上进行成本加成,还是根据机器运转时间或单位场地成本来计算,在管理实践中是很难确定的。尽管机器运转时间或场地成本可以依其产生原因合理计算直接生产成本,但加工时间和机器运转时间并不是衡量规划、操控、监控以及协调等各项支出的合适指标。

而标准产品和个性化产品的例子说明,不准确的成本信息会导致战略决策的失误(Horváth & Mayer,1989,第215页):

(1)毋庸置疑,小批量复杂产品的生产在规划、操控和协调方面的支出要高于大批量简单产品的生产。

(2)在分摊间接成本时,相同的成本加成会引起较大误差。标准产品的成本往往被高估,边际贡献相应较低;而在为个性化产品计算成本时,只将它们引起成本的一部分计算在内,因而造成了利润的虚高。

(3)如果企业领导层过于相信以上结果,那么他们将全力开发个性化产品,从而提高企业产品的多样性。

(4)当产品定价太低时,这种战略将会有致命后果:间接成本将继续上涨,但利润却会持续降低。

在进行流程导向成本核算时,间接成本将会通过单位作业成本(成本分配率)间接分摊到产品上。而这种方法最核心的部分就是确定产品与生产该产品所需流程之间的关系。一般而言,这一关系仅在生产流程中比较明确,因为它们在生产计划中已被提前确定。因此有必要确定成本岗位与流程之间的相互联系。

在流程导向的一体化成本核算中,该理念得以体现。借助零件清单、工作计划以及基础零件信息,可以将主流程成本分摊到单个个体上(如零件、构建组与产成品),这里重要信息包括各个零件的数量或工作计划项目的数量。在核算产品成本时,在直接成本和机器成本的基础上,我们要加上该产品所分摊的所有重要主流程的成本。但是,并不需要把所有的流程成本都直接分摊到各产品单位上,而是只需要那些与产品有着密切关系的流程成本。

因此,实际操作中的成本核算经常加入流程成本因素,而采用传统方法计算与产品无关的固定间接成本(参见表 4.30)。值得一提的是,多级的边际贡献核算也加入了流程成本的思想(参见表 4.31)。

表 4.30　　　　　　　　　　　用流程成本核算生产成本的例子

作业成本导向的产成品生产成本计算(由各阶段总结而得)					
目　标	阐　释		原材料成本/生产成本	作业成本	固定生产成本	总成本
原材料成本	1 个构件	每个 90.00	180.00			180.00
	20 个零件	每个 4.00				
	10 个零件	每个 1.00				
采购作业成本	1 个构件	每个 15.00		46.50		46.50
	20 个零件	每个 1.50				
	10 个零件	每个 0.15				
生产成本	1 个构件	每个 0.50	50.00		40.00	90.00
	安装	每个 0.40				
委托作业成本	1 个构件	每个 0.10		34.00		34.00
	安装	每个 0.24				
生产调控作业成本	1 个构件	每个 0.10		24.00		24.00
	安装	每个 0.14				
生产成本			230.00	104.50	40.00	374.50

表 4.31　　　　　　　　　　　流程导向的顾客边际贡献核算例子

顾客边际贡献核算以某一国外代表处为例	
销售额	30 000
一根据流程计算出的生产成本	20 000
边际贡献 1(与生产相关)	10 000
一基于产品任务成本	8 400
30 项任务,每个成本 280 欧元	
一客户委托成本	2 250
(Φ5 单位/任务:150 单位 15 欧元)	
边际贡献 2(与任务执行相关)	－650
一客服成本	2 000
边际贡献 3(与所有客户相关)	－2 650

　　用流程成本核算工具计算出来的结果,为项目和定价等战略决策提供了重要启示。"以顾客为导向的生产灵活性"这一战略要求,以及由此引发的产品种类多样性,要求以生产流程为导向,合理计算成本。

4. 评价与进一步发展

　　在德国企业经济学领域中,流程成本核算引发了激烈争论(Horváth et al.,1993;Männel,1995),我们不想在这里复述争论细节。总而言之,流程成本核算的批评者仅将它看成笼统的完全成本核算。但我们认为这种指责并不成立，流程成本核算具有长期战略意义，即便是"固定成本"，在流程成本核算理念中也是可以改变的。

柯能贝格和费舍尔（Fischer）在其论文《作业成本核算——成本核算的战略新方向》（Coenenberg & Fischer, 1991, 第31页）中提出了流程成本核算的战略信息优势，他们阐述的重点在于，应用流程成本核算合理分摊间接成本，对产品项目的长期设置具有积极意义。通过核算作业成本，可以得到战略决策的正确信号。这也是我们的观点。

相反，克洛克（Kloock, 1991, 第30页）认为，作业成本核算的战略意义存疑并且应该加以讨论。在他的访谈中，克洛克提醒柯能贝格和费舍尔，将流程成本核算视为支持战略决策的合理工具，这一想法并不完善。如果真正想要支持战略决策，还要进一步考虑发展长期导向的信息工具（Küpper, 1991, 第390页）。

格拉泽（Glaser, 1992, 第288页）提出了解决该问题的一个思路："在这个问题上，其实更需要运用投融资核算方法，辅以计划成本核算。"这就让我们再次面对以下问题：成本核算与投资核算之间的界限在哪里。该问题对流程成本核算的评价有着重要意义，这里我们并不想从理论角度，细致讨论投资核算与成本核算之间的联系（Küpper et al., 2013），而是暂且将二者的分工这样理解，动态投资核算是衡量长期决策经济性的唯一正确方法，它解释了资源（能力）的形成。在涉及战略决策时，投资核算不可或缺。相反，成本核算描述资源使用状况，无论是灵活的变动成本核算还是流程成本核算都是如此。

毫无疑问的是，尽管优缺点并存，灵活的变动成本核算对于短期的（一年以内）销售和生产决策还是一种合适的工具。当格拉泽认识到"在成本结构不断变化的情况下，短期决策问题和相应的基于可变成本的成本核算体系将逐渐失去意义"的时候，他也不得不肯定灵活变动成本核算的作用（Glaser, 1992, 第288页）。

相反，流程成本核算的意义还需要在长期决策中得以体现。它涉及长期与流程和产品相关的资源消耗，指明现有的生产能力是否得以充分利用，并为中长期生产规划提供信号。通过准确计算资源消耗及其在各产品上的分摊状况，流程成本核算为长期战略市场定位以及由此派生出的投资或撤资决策提供了举足轻重的信息。流程成本管理也为投资管理补充和细化了输入信息（投资核算是以资源为导向，作业成本核算则是以生产流程和产品为导向）。那些经常用作标题的专有名词"战略核算"和"战略成本管理"在这个意义上有着细微的区别。

许多经验研究已经证实，在德国企业管理实践中，流程成本核算的应用越来越广泛，该应用还带来了质量与数量上的改善（Stoi, 1999; Horváth et al., 1993）。弗朗茨和卡宇特在2002年的研究报告中指出，近半数的企业运用了流程成本核算方法。而在工业和服务业领域，流程成本核算的应用范围近乎一致，不必加以区分讨论。

4.5.3 运营信息

4.5.3.1 会计是最核心的信息供应子系统

会计是信息供应框架下最古老、最完善也是划分最为细致的体系，它是管理控制功能历史演变的开端，并且到目前为止仍是管理控制活动的核心领域。

会计为规划、操控和监控框架下的决策行为提供必要的财务目标导向信息，它的信息加工任务涉及信息流程的所有阶段。

根据柯能贝格、费舍尔和冈瑟（2012, 第7页）的定义，在企业经济学中，会计可被视为企业内部一个特殊的信息系统，它主要用于描述企业内部及其与周围环境之间的经济联系，总结过去、现在与未来的经济事实与过程,并用数量和价值计量重要经济数据。会计可以借助信息载体保存数据,根据一定目标加工信息,并将其传递给内部与外部信息使用者。

会计是信息供应系统的核心。企业物质目标导向的领导任务通常需要非货币计量的非定量信息,会计对这些信息进行结果导向的评估与转化。

一些作者(如 Küpper et al.,2013)用"企业核算"这一概念,描述所有与企业目标有关的核算,这一概念也包括与企业社会责任和环境目标有关的核算。通过企业核算这一概念,人们试图将投融资及信息理论方法作为会计的理论基础(Ewert & Wagenhofer,2014,第 1 页)。在这里我们仍从会计的古典概念出发,因为它(见上述概念)的范围足以囊括各种理论。更重要的是,会计古典概念在施马伦巴赫(Schmalenbach)学说中显示了其应用导向。

文献中有许多将会计细分及体系化的建议(Weber,1988,第 2 页;Coenenberg,Fischer & Günther,2012,第 8 页)。对我们来说,最主要的划分标准涉及会计所传递信息的接收者,这里要区分企业内部及外部信息使用者(参见图 4.40)。

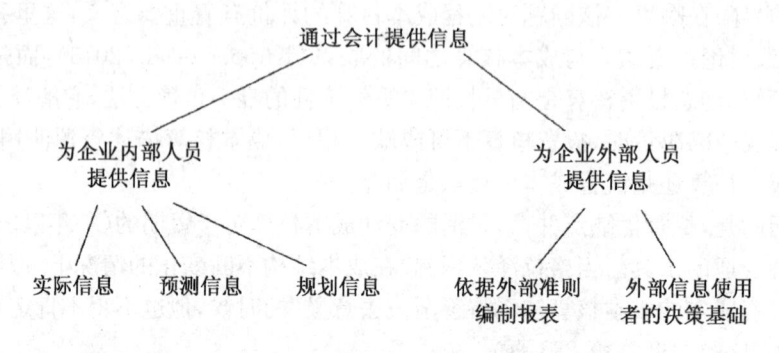

图 4.40 通过会计系统提供信息

企业内部信息接收者需要会计信息来执行规划、操控与监控任务。企业外部信息使用者借助会计信息编制报表,做出决策。对于管理控制来说,内部会计尤为重要,接下来提到的会计均指内部会计。

内部会计的对象是目标结果导向的规划与监控核算,通过数字表达或计算,这些核算可以反映出目标、为实现目标采取的多种方案、不同方案对目标的影响、决策结果和执行结果以及偏差报告等情况,这里决策结果与偏差报告就是规划和监控流程的结果(Hahn & Hungenberg,2001,第 56 页)。相关数字可以衡量数量、时间、价值及其形成过程,既可以是预测性的,也可以是评价性的。

若存在某一数量工具,可以从结果与流动性两方面支持规划监控系统的所有计划,那就是由哈恩和亨格贝格(2001)提出的规划和监控核算系统(参见第 3 章)。

另一种划分会计体系的方法涉及会计信息涵盖的价值范畴(会计科目),该分类方法我们也并不陌生:现金流入与流出、收入与支出、收入与费用、绩效与成本。

图 4.41 展示了各个会计科目之间的界定及联系。对于信息供应来说,重要的是要理解会计科目连接着多个专门的会计子系统,并且在连接处存在着过渡信息。除以上分类方法,还有许多其他对于会计系统分类来说具有实际意义的方法(参见表 4.32)。

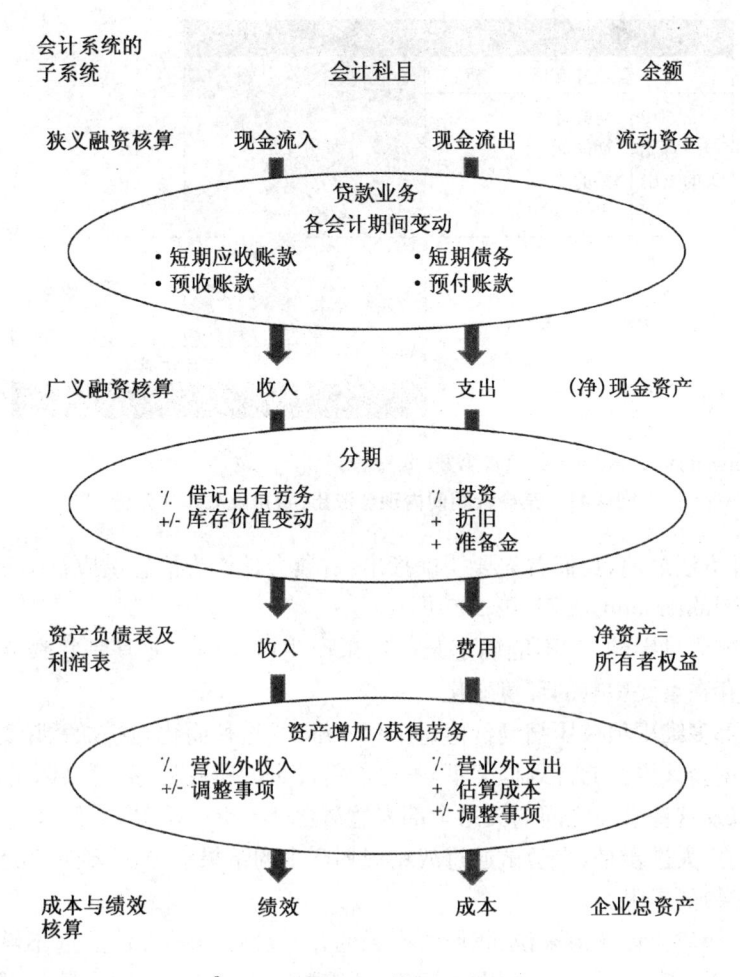

```
会计系统的
  子系统              会计科目                    余额

狭义融资核算     现金流入        现金流出         流动资金
                  ┌─────────────────────┐
                  │      贷款业务        │
                  │    各会计期间变动     │
                  │ ·短期应收账款 ·短期债务│
                  │ ·预收账款    ·预付账款 │
                  └─────────┬───────────┘
                            ▼
广义融资核算      收入           支出         (净)现金资产
                  ┌─────────────────────┐
                  │        分期          │
                  │ ⁄.借记自有劳务 ⁄.投资 │
                  │ +/-库存价值变动 +折旧 │
                  │              +准备金  │
                  └─────────┬───────────┘
                            ▼
资产负债表及     收入           费用         净资产=
  利润表                                     所有者权益
                  ┌─────────────────────┐
                  │   资产增加/获得劳务   │
                  │ ⁄.营业外收入 ⁄.营业外支出│
                  │ +/-调整事项  +估算成本 │
                  │              +/-调整事项│
                  └─────────┬───────────┘
                            ▼
成本与绩效       绩效           成本         企业总资产
  核算
```

资料来源:Coenenberg,Fischer & Günther(2012,第 11 页)。

图 4.41　会计系统的子系统

表 4.32　企业会计核算分类的特点

特　点	表现形式			
核算目标	记录	为规划提供信息	为操控提供信息	为监控提供信息
按决策目标划分	盈利目标	融资目标	产品目标	潜力目标　社会责任目标　环境保护目标
按组成部分划分	现金及账面资金	应收账款及应付债务		现金
按基本科目划分	现金收入与支出	资产与负债	利润与费用	收入与成本
按时间划分	过去(实际核算、事后核算)		未来(事前核算、预测与计划核算)	
按时间作用范围划分	单个期间 (短期)			多个期间 (中长期)

资料来源:Küpper & Schweitzer(2011,第 7 页)。

在管理实践中,出于经济与组织架构方面的考虑,以上会计分类方法通常混合使用。最重要的一点是,这些信息在之后加工的过程中只能记录一次。

图 4.42 对现金支出、费用和成本的概念做出了区分。

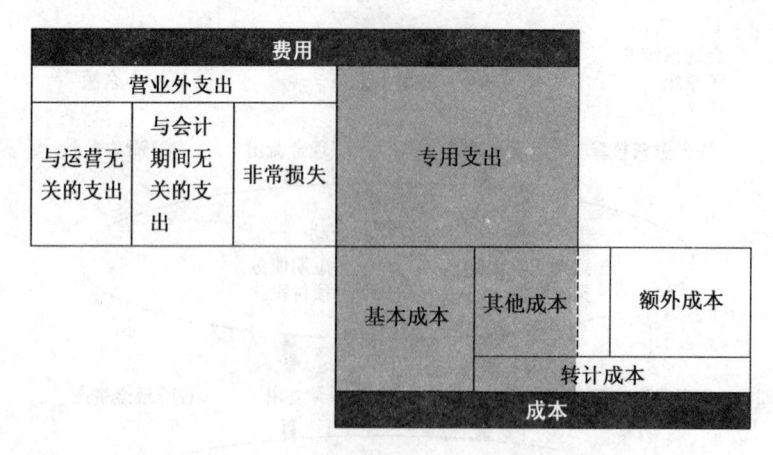

	费用		
营业外支出		专用支出	
与运营无关的支出	与会计期间无关的支出	非常损失	
		基本成本	其他成本	额外成本
			转计成本	
		成本		

资料来源:Schweitzer & Küpper(2011,第 20 页)。

图 4.42　某会计期间内现金流出、费用及成本的区分

在介绍会计方法之前,我们首先要明确指出:古典会计作为信息供应系统是具有局限性的(Szyperski & Schünemann,1973,第 200 页):

(1)会计只能测量影响,却不能确定某一结果产生的原因。尤其是它察觉不到逐渐显现的、对企业战略存在重要影响的环境变化。

(2)企业内部多维事项被压缩到价值这个单一维度,这种简化与叠加意味着信息损失。

结论:在利用会计语言的计划框架下,不可能将设定的所有目标、可供调用资源的整体、预期的环境变化以及这些事项之间的关系全部表达清楚(Szyperski,1973,第 31 页)。

会计体系的一大进步是,它尝试通过战略规划产生的结果潜力,突破短期经营阶段性成果(如年度经营结果)的界限。

对从细节上构建会计体系来说,我们所提到的几种会计分类方法远远不够。为了确定会计对目标达成是否有利、对其经济性做出评价,还需要其他标准,例如时效性、具体性、易懂性、信息频率以及灵活性。

会计作为信息供应系统的核心,与计划监控体系进行高频度的信息交换。规划对会计系统的信息输出包括对问题的定义、预测、备选方案、评价及决策等阶段,这些阶段以用价值与数量计量的会计体系为基础。相反,会计信息可以为以上所有规划阶段提供助力并使其有序进行。企业经营活动的规划、预算以及会计三者之间的相互作用十分复杂,很难在企业实践中弄清其中的联系。

文献中大量罗列了会计是如何支持规划活动的,"会计要为规划活动提供真实与名义的消耗情况,展示各项流程对目标达成的影响,为阶段、绩效产生岗位以及创造者提高效率,对企业内部绩效进行评估与协调,操控价值和资源,进行偏差分析,从而实现多种专门的规划核算"(Szyperski & Winand,1981,第 1354 页)。

我们理所当然地将会计视为规划活动的信息供应系统,然而,由于实践和文献中的发展路径变化,需要进一步讨论这种观点。这里可以把规划活动与会计之间的相互作用大致分为以下三个阶段(Szyperski & Winand,1981,第 1349 页):

(1)规划活动作为一种预算活动,可以视为会计体系下属的一部分。由于会计为企业外部信息使用者提供信息,因而会计主要为企业运营规划提供第一手财务导向信息。

(2)由于有限信息已经不能满足规划活动日益增加的信息需求,产生了双向发展的趋势,即战略规划几乎无法使用经营规划成果的信息。

(3)在规划活动中,必须考虑某一决策对结果的影响,这就需要将规划和会计重新联系起来,也就是为了达到目标将会计和规划进行整合(Szyperski,1980),这就构成了管理控制的协调任务。

会计提供的监控信息来源于规划活动中的计划值。通过比较计划值与会计计算出的实际值,辅以分析信息,就构成了计划控制系统所必需的决策基础(如操控决策、重新规划、激励措施等)。会计的监控信息还可以支持企业外部信息使用者进行决策。在管理实践中,规划中给出的计划值既有利于选择,又可作为评价标准(Frese,1992,第916页)。

会计对结果的监控涉及企业财务与利润状况,偏差分析通常要借助经营活动规划中的数量及时间结构(例如,由超额使用原材料引起的成本偏差:使用偏差)。

会计提供的监控信息要满足以下三个标准(Hauschildt,Sachs & Witte,1981,第131页):(1)系统性,即完整、没有重叠、结果导向;(2)必须按照固定周期收集信息,以保证时效性;(3)必须按照一定规则收集信息,即书面的、正式的、按照一定规则起草的。

我们不能在本书中详细介绍会计的不同方法,有关会计方法的书籍不胜枚举。我们相信本书的读者或多或少都知道会计的基本方法,在特殊情况下,我们会介绍一些导论及加深理解的书籍。我们在这里只关心与管理控制相关的问题,它们并不局限于会计的方法论。首先,某些方法作为规划控制活动的信息提供工具是否科学。其次,信息供应流程十分重要。

因而我们要关注以下问题:(1)服务于规划活动的具体情况;(2)服务于操控与监控活动的计划值—实际值比较和偏差分析;(3)核算方法的信息基础与设置标准;(4)会计体系内的过渡;(5)为提高说服力需要对不同子系统进行连接;(6)信息供应体系的构建。

信息处理的前提是信息获取。为了获取信息,正确理解定义及分类意义重大。但在会计实务中很难实现这种清晰理解,因为概念界定并不清晰,归类也存在重叠,一些推论并不能涵盖企业流程的全部范围。因而对管理控制师来说,在为会计系统收集信息之前,首先要明确以下基本准则:(1)清晰性原则。所有价值范畴都必须加以清晰定义,以保证其内容不存在疑问。(2)不重叠原则。依照实际情况及时间这两项标准,信息必须能够确定无疑地划归到某一范畴。(3)完整性原则。信息范畴必须能够完整展现所构建的系统。

会计中价值范畴及其之间的关系要基于以上原则加以确定。当然,企业实践中还需要大量的覆盖面广泛、内容详尽的惯例,以补充以上基本准则。

如何从经济性角度设置信息归类的层次是一个重要问题,也就是说,信息若能向下归类到基本信息,则其说服力增加,而同时收集这类信息的成本也加大。

从广义上说,会计的信息收集意味着将具体数据归类到不同事件中,不论这些数据是虚拟的还是真实的、是过去导向的还是涉及未来的(Hummel,1970,第25页),据此定义,客观数据的例子包括为购买某一机器花费的款项;而主观数据的实例可以是对某个新项目的成本预估。

从狭义角度(即对客观数据的收集),信息收集可以通过多种方式进行(Hummel,1970,第32页),包括按照数量或价值收集、持续收集或按具体情况偶尔收集、基于一手数据以及二手数据收集等。按数量度量的信息获取涉及实物及资金数量,这里乐观与悲观等主观因素会产生一定影响(根据以上从狭义和广义角度对信息收集定义的区分,我们认为资金数量属于从数量角度进行的信息收集,而排除通货膨胀影响后得到的结果是从价值角度进行的信息收集)。

除了实际资金流出之外,会计中的信息收集都是二维的:任何价值标准都由数量和价格决定。持续收集重要数据是会计的重点,在此基础上,还要偶尔收集特殊核算信息。基于一手数据的信息收集是为了解决某一确定的感兴趣问题,而基于二手数据的信息收集指的是应用现存信息。

应用于会计实务中的新方法要适合对二手数据的收集。由于会计原则规定数据只能收集一次,并要将其应用于会计的不同分支,考虑到数据的多种用途,这就要求数据要有多层次的特点。

会计中信息收集的二维特性对管理控制师提出了很多要求。为了得到价值体系中的决策相关信息,管理控制师首先要把握事件的时间、数量与质量结构。具体来说,管理控制师要知道企业结构及经营流程,并对其有足够的理解,这样才能高效完成信息供应任务。

4.5.3.2 会计中的经营信息

4.5.3.2.1 融资核算

融资核算是会计体系的一个以流动性为导向的子系统(Buchmann & Chmielewicz,1990,第2页),它辅助完成流动性规划、操控与监控活动。确保流动性是达成目标结果的前提,所以融资核算对管理控制具有重大意义。流动性保障可分为结构性流动性保障(战略角度)和持续流动性保障(运营角度)。

融资核算的对象是阶段性现金流入和流出以及收入与支出,研究的是短期、中期及长期的财务计划。我们将融资核算分为两种:狭义的融资核算只涉及流动性资金,以及由现金流入和流出引发的流动性变化;广义的融资核算还包括净现金资产。融资核算是财务预算的基础,它将企业经营活动的子计划转化为现金流指标。与之相关的所有协调任务均为财务管理控制的对象(Reichmann,2011,第198页),财务管理控制还要在流动性方面保证其经济性。

过去,会计的出发点是不分期的现金流入及流出。如今,业绩衡量的思想体现在资产负债表与利润表上,并导致分期现金流指标的出现。现在,会计更加注重分期的业绩衡量,而不分期的资金流入与流出被逐渐淡忘(Chmielewicz & Caspari,1985,第165页)。

因为单从财务会计(资产负债表和利润表)中并不能得到控制流动性所必需的额外信息,所以融资核算是必须的。

通常融资核算要按照核算的期限分类(Hauschildt,Sachs & Witte,1981,第77页):(1)每日财务配置核算:它服务于每日现金流动的顺利进行。(2)财务计划:对照3~12个月期限内的资金流入与流出。(3)资本约束计划:涉及多年的财务预算,它可以说明企业是否处于长期财务平衡状态。

制定融资核算有两种基本方法。第一种,可以直接从现金流入手,按照这种方法进行的直接融资核算也称为财务核算。但尤其对于监控核算来说,制定财务核算势必要在数据获取上产生相对较高的费用,因此人们通常尝试从年报的阶段性指标出发,即第二种为间接制定融资核算。这种间接制定融资核算的方法,按照其参照的是年度盈余还是利润表中的销售总额,分别称为动态资产负债表和现金流量表。

在核算方法正确的前提下,采用现金流量表与财务核算得到的结果应该是相同的,因而现金流量表适用于在利润与流动性之间建立联系(见图4.43)。

4.5.3.2.2 财务核算

财务核算关注资金流入与流出,因而提供与企业现金流动性相关的信息。

财务核算的基本结构可以通过年度财务计划的例子加以展示(参见表4.33),在库存现金的基础上,首先要将企业活动中资金流入与流出估计值相对排列,在此基础上,加入由资本变动及投资引起的资金流入与流出。

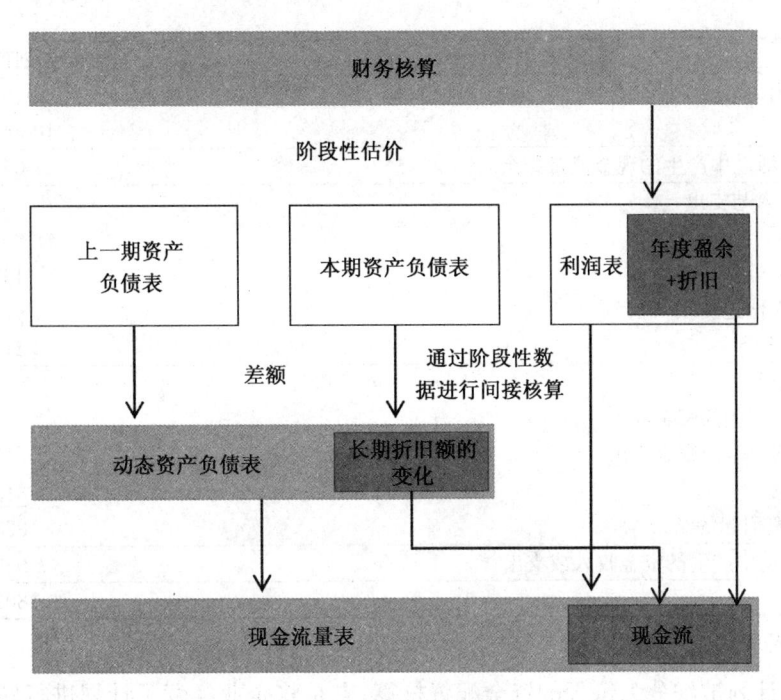

```
                        ┌─────────────────┐
                        │    财务核算      │
                        └─────────────────┘
                          阶段性估价  │
                                     ▼
┌──────────┐      ┌──────────┐    ┌──────┐┌────────┐
│上一期资产 │      │本期资产   │    │利润表││年度盈余 │
│ 负债表   │      │ 负债表   │    │      ││ +折旧  │
└──────────┘      └──────────┘    └──────┘└────────┘
      │    差额     │  通过阶段性数
      │             │  据进行间接核算
      ▼             ▼
┌──────────┐    ┌──────────┐
│动态资产   │    │长期折旧额的│
│ 负债表   │    │   变化    │
└──────────┘    └──────────┘
      │             │
      ▼             ▼
┌──────────┐    ┌──────────┐
│现金流量表 │    │  现金流   │
└──────────┘    └──────────┘
```

资料来源:Coenenberg,Fischer & Günther(2012,第15页)。

图 4.43 财务核算、动态资产负债表、现金流量表之间关系以及其前导体系及结果

表 4.33　　　　　　　　　　　示例:年度财务计划　　　　　　　　单位:10亿欧元

年度财务计划	计划值	实际值
A. 初始库存现金		
1.现金	37	37
2.邮局支票	25	25
3.银行存款	<u>721</u>	<u>721</u>
总额	783	783
B. 经常性资金流入与流出		
Ⅰ.企业经营活动中的资金流入		
1.从预期的总营业额出发 　　　预计现金营业额占比	7 778	
2.上一期计划现金流入	3 484	
3.利息收入	187	
4.劳务收入	<u>256</u>	
总额	11 404	
Ⅱ.企业经营活动中的资金流出		
1.规划期间内购买原材料的资金支出(在考虑到原材料初始库存、预期原材料消耗以及期望原材料库存的条件下进行预测)	4 030	
2.上一期通过远期交易购买原材料产生的支出	303	
3.员工支出	4 787	
4.利息支出	218	
5.劳务支出	330	
6.支付税额	387	

续表

年度财务计划	计划值	实际值
7.红利支出	191	
总额	10 346	
Ⅲ.企业经营活动中产生的现金流量结余	1 058	
C.非经常性收入与支出		
Ⅰ.资本变动		
1.从债务人处获得资金	462	
2.向债权人偿还贷款	675	
资本变动结余	−213	
Ⅱ.投资或撤资		
1.出售土地得到的资金收入	4	
2.自建厂房产生的资金支出	317	
3.购置机器	613	
投资或撤资引起的结余	828	
Ⅲ.非经常活动中产生的资金收入或支出	−1 039	
D.资金余额	802	

资料来源：Weber(1988,第25页)。

年度财务计划被细分为每天的资金配置核算，它是将企业经营子计划进行转变以后得到的流动性导向的结果。

现金流量表的制定决定了一段时间内资金流入和流出要与收入或支出进行协调，通过到期日相关信息可以确定，借贷的收入与支出在什么时候可以成为实际的资金流入与流出。以下例子对理解整体相互联系十分有益(Hahn,1975,第124页)。

销售计划给出了未来几个月可销售产品数量的信息。基于这个数量，加上对库存的考虑，就可以定出生产计划，其目的是在规定期限内备足计划销售所需的产品。生产计划同时也是采购计划的基础，计划的最终结果是数量计划表(见表4.34)。

表 4.34　　　　　生产与销售计划(以1 000为单位)

月	销售量	产量	差额	库存
上一年度	—	—	—	15
1月	3	9	+6	21
2月	4	10	+6	27
3月	6	10	+4	31
4月	12	11	−1	30
5月	23	11	−12	18
6月	20	11	−9	9
7月	16	11	−5	4
8月	12	11	−1	3
9月	6	9	+3	6
10月	3	9	+6	12

续表

月	销售量	产量	差额	库存
11月	2	9	+7	19
12月	13	9	−4	15
总额	120	120	0	15

借助成本核算可以从产量和销售量中得到支出与收入。从表 4.35 中的数据可以得到可变成本和总销售收入(将相应的数量与单位可变成本 80 欧元和售价 130 欧元相乘),得到每年可变成本总额为 960 万欧元(120 000×80),总销售收入 1 560 万欧元(120 000×130)。根据其之后对流动性的影响可以将成本作为支出,销售额作为收入,而固定成本还包括折旧,所以在财务计划中,折旧作为支出的组成部分不必加以考虑。经常性的、对流动性有影响的固定成本达到每年 144 万欧元(12×120 000),四次一次性资金支出总额达到 113 万欧元。

表 4.35   生产及销售计划的成本及收入数据

每生产一单位的可变成本					
		到期日			
	总额	当前	1个月后	2个月后	3个月后
原材料	45	4	11	5	25
工资	25	18	5	—	2
其他	10	2	—	3	5
	80	24(=30%)	16(=20%)	8(=10%)	32(=40%)

每月固定成本					
		到期日			
	总额	当前	1个月后	2个月后	3个月后
工资	80 000	30 000	50 000	—	—
折旧	180 000	—			
其他固定成本	40 000	15 000	20 000	5 000	—
	300 000	45 000	70 000	5 000	

1~3月固定成本对流动性的影响				
成本月份		支付月份		
	1月	2月	3月	4月
不考虑前一年				
1月	45 000	70 000	5 000	—
2月	—	45 000	70 000	5 000
3月	—	—	45 000	70 000
4月	—	—	—	45 000
	45 000	115 000	120 000	120 000

续表

影响流动性的每月固定成本		
每半年的固定成本		
3月和9月		240 000
4月和10月		325 000
收入		
每单位产品收入		
平均来看，支付情况如下		
本月	10%	3个月后 20%
1个月后	20%	4个月后 10%
2个月后	40%	

总成本与总收入在表4.36和表4.37中构成了支出与收入。

表4.36　　　　　　　　　　　资金支出计划　　　　　　　　　　单位：1 000欧元

支出－月份	生产数量	支出	1月	2月	3月	4月	5月	6月	7月	8月	9月	10月	11月	12月
可变成本														
前一年	—	—	504	360	288	—	—	—	—	—	—	—	—	—
1月	9	720	216	144	72	288	—	—	—	—	—	—	—	—
2月	10	800	—	240	160	80	320	—	—	—	—	—	—	—
3月	10	800	—	—	240	160	80	320	—	—	—	—	—	—
4月	11	880	—	—	—	264	176	88	352	—	—	—	—	—
5月	11	880	—	—	—	—	264	176	88	352	—	—	—	—
6月	11	880	—	—	—	—	—	264	176	88	352	—	—	—
7月	11	880	—	—	—	—	—	—	264	176	88	352	—	—
8月	11	880	—	—	—	—	—	—	—	264	176	88	352	—
9月	9	720	—	—	—	—	—	—	—	—	216	144	72	288
10月	9	720	—	—	—	—	—	—	—	—	—	216	144	72
11月	9	720	—	—	—	—	—	—	—	—	—	—	216	144
12月	9	720	—	—	—	—	—	—	—	—	—	—	—	216
可变成本总额		9 600	720	744	760	792	840	848	880	880	832	800	784	720
对流动性有经常性影响的固定成本		1 440	120	120	120	120	120	120	120	120	120	120	120	120
对流动性有一次性影响的固定		1 130			240	325					240	325		
对流动性有影响的总成本		12 170	840	864	1 120	1 237	960	968	1 000	1 000	1 192	1 245	904	840

表 4.37　　　　　　　　　　　　　　　资金流入计划　　　　　　　　　　　　　单位:1 000 欧元

收入月份	销售量	收入	资金收入月份											
			1月	2月	3月	4月	5月	6月	7月	8月	9月	10月	11月	12月	下一年度
上一年度	—	—	598	767	364	169	—	—	—	—	—	—	—	—	—
1月	3	390	39	78	156	78	39	—	—	—	—	—	—	—	—
2月	4	520	—	52	104	208	104	52	—	—	—	—	—	—	—
3月	6	780	—	—	78	156	312	156	78	—	—	—	—	—	—
4月	12	1 560	—	—	—	156	312	624	312	156	—	—	—	—	—
5月	23	2 990	—	—	—	—	299	598	1 196	598	299	—	—	—	—
6月	20	2 600	—	—	—	—	—	260	520	1 040	520	260	—	—	—
7月	16	2 080	—	—	—	—	—	—	208	416	832	416	208	—	—
8月	12	1 560	—	—	—	—	—	—	—	156	312	624	312	156	—
9月	6	780	—	—	—	—	—	—	—	—	78	156	312	156	78
10月	3	390	—	—	—	—	—	—	—	—	—	39	78	156	117
11月	2	260	—	—	—	—	—	—	—	—	—	—	26	52	182
12月	13	1 690	—	—	—	—	—	—	—	—	—	—	—	169	1 521
收入		15 600	637	897	702	767	1 066	1 690	2 314	2 366	2 041	1 495	936	689	1 898

接下来要确定,收入和支出什么时候转化成实际资金的流入和流出。这可以从相应的到期时间看出,从而确定资金流入和流出。1月产生的支出(720 000 欧元)依照流动性分配到 4 个月,形成了以下资金支出:

1 月资金流出 30％＝ 216 000(欧元)
2 月资金流出 20％＝144 000(欧元)
3 月资金流出 10％＝ 72 000(欧元)
4 月资金流出 40％＝288 000(欧元)

1 月销售 390 000(欧元),分配到 5 个月后,每月资金流入如下:

1 月资金流入 10％＝ 39 000(欧元)
2 月资金流入 20％＝ 78 000(欧元)
3 月资金流入 40％＝156 000(欧元)
4 月资金流入 20％＝ 78 000(欧元)
5 月资金流入 10％＝ 39 000(欧元)

这里需要注意,每年的 1 月份还要偿付前年的支出,实现前年的收入。

表 4.38 展示了资金流入与流出情况及相应的差额,财务规划的任务在于弥补赤字、配置盈余。

表 4.38　　　　　　　　　　　　1～12 月的流动性计划

	资金流入	资金流出	结余	累计额
1月	637	840	−203	−203
2月	897	864	＋33	−170
3月	702	1 120	−418	−588
4月	767	1 237	−470	−1 058
5月	1 066	960	＋106	−952
6月	1 690	968	＋722	−230

续表

	资金流入	资金流出	结余	累计额
7月	2 314	1 000	+1 314	+1 084
8月	2 366	1 000	+1 366	+2 450
9月	2 041	1 192	+849	+3 299
10月	1 495	1 245	+250	+3 549
11月	936	904	+32	+3 581
12月	689	840	−151	+3 430
	15 600	12 170	3 430	3 430

在财务核算中,监控活动的重点是确保流动性。对于偏差分析框架下的某些监控对象,要向专业部门提出特殊的财务经济方面的监控问题。对销售收入偏差要与市场部一同分析,对原材料和能源支出方面的偏差要与采购部一同分析,利息规划方面的偏差要与财务部门一同分析。这些分析为企业管理提供推动信息,可以看到,它们往往要超越单纯的财务经济分析的界限。

4.5.3.2.3 动态资产负债表

与财务核算中细致的资金流动信息所不同的是,动态资产负债表提供的是过去和未来导向的累加信息,表明收入的来源以及支出的使用情况(资金使用和资金来源)。

两个资产负债表分别在两个不同时点给出了资产与资本存量的信息。从某一事项在不同时间点的差额可以得到余额差异资产负债表(参见表 4.39 中的例子),正值表示余额增加,负值表示余额减少。通过将负值移到平衡等式的另一边可以得到变动资产负债表,它从形式上来看与动态资产负债表相符。但是动态资产负债表中的余额差异被理解成资金的流动。借方增加和贷方减少代表资金使用,而借方减少和贷方增加代表资金来源(参见表 4.40)。

表 4.39　　　　　　　　　　　余额差异资产负债表　　　　　　　　　单位:千欧元

	2016	2015	差额
借方			
非流动资产			
无形资产	12 241	7 654	4 587
固定资产	2 853 033	2 537 722	315 311
金融资产	33 250	32 165	1 085
流动性资产			
存货	656 575	775 121	−118 546
应收账款及其他应收款	920 920	897 196	23 724
有价证券	244 566	196 300	48 266
库存现金、邮政储蓄、银行存款	667 684	677 050	−9 366
递延费用	1 800	1 621	179
	5 390 069	5 124 829	265 240
贷方			
自有资本			
注册资本	215 000	215 000	0
资本公积	110 954	110 954	0
留存收益	1 144 756	959 756	185 000

	2016	2015	差额
其他留存项目	83 352	100 351	−16 999
准备金	2 503 517	2 447 380	56 137
应付账款	1 332 490	1 291 388	41 102
	5 390 069	5 124 829	265 240

表 4.40　　　　　　　　　　　动态资产负债表　　　　　　　　　　单位:千欧元

	2016
资金应用	
借方增加额	
无形资产	4 587
固定资产	315 311
金融资产	1 085
应收账款及其他应收款	23 724
有价证券	48 266
递延费用	179
贷方减少额	
其他留存项目	16 999
	410 151
资金来源	
借方减少额	
存货	118 546
库存现金、邮政储蓄、银行存款	9 366
贷方增加额	
留存收益	185 000
准备金	56 137
负债	41 102
	410 151

　　动态资产负债表以余额数量为基础,它被理解为一种变动额。这也限制了动态资产负债表的说服力,因为人们并不知道状态变动是由哪些过程引起的。例如,存货的变动可以由采购、销售、固定资产处置增值或折旧引起;后两者是会计处理方法,并不涉及说明相应的资金流动。因此动态资产负债表只能提供比较粗略的信息。

　　但是动态资产负债表可以揭示企业在中长期视角下的财务平衡状况,说明内外部融资各占多少比例以及应该占比多少,它是运营与战略导向的财务信息之间的一个过渡。

　　4.5.3.2.4　现金流量表

　　动态资产负债表中高度浓缩的信息可以借助现金流量表展开分析,它的任务是根据不同范畴,从细节上展示某一时段资金的来源及使用情况。

　　与动态资产负债表一样,现金流量表以年报中每一时段的资金流动额为基础。但各时段之间的连接点是每一时段的收入与费用,它由资产负债表中的相应项目计算而得(Buchmann & Chmielewicz,1990,第20页)。

为了提高现金流量表的信息含量,我们首先以资金池的结构为例(Coenenberg, Haller & Schultze, 2012,第795页)。资金池是某一会计主体资产负债表中各个项目的总和,它的变动情况需要加以精确计量。表4.41展示了资产负债表中最重要事项构成的资金池,在此例中最基本的是要理解,对流动性的考察期限越短,所选资金池就越接近企业实际的流动性情况(Weilenmann, 1985,第13页)。文献中将资金池视为现金流量表的组成部分。

表4.41　　　　　　　　　资产负债表事项构成的资金池

包括的资产负债表中的事项	资金池					
	纯流动资产类型一	流动资产类型二	未来短期内将得到的现金类型三	未来短期内将得到的净现金类型四	流动资金类型五	现金类型六
库存现金	✕	✕	✕	✕	✕	✕
银行存款	✕	✕	✕	✕	✕	✕
邮政储蓄	✕	✕	✕	✕	✕	✕
流动性较强的有价证券	✕	✕	✕	✕	✕	
短期应收账款	✕	✕	✕	✕		
存货	✕	✕				
预付账款	✕	✕				
短期借方事项	✕	✕				
短期应付账款	✕			✕		
短期贷方事项	✕					

资料来源:Coenenberg, Haller & Schultze(2012,第796页)。

所选择的资金流结构形式对现金流量表的说服力十分重要,基本形式包括按照资金来源与使用进行划分以及按照销售、投资以及资本等经营领域进行划分(参见表4.42和表4.43)。参考表4.43中依据企业经营领域进行划分的方法,可以将现金流划分为三类(Coenenberg, Haller & Schulze, 2012,第1083页):(1)经营性现金流:从企业经营性活动中获得的资金盈余。(2)投资性现金流:在企业长期资源框架下,现金流入与流出的结余。(3)融资性资金流:由权益资本与外来资本提供者交易活动产生的资金流入与流出的差额。

表4.42　　　　　依据资金来源与资金使用划分的现金流量表基本结构

子账单核算	现金流形式
原因核算	资金来源
	内部融资(企业经营活动中的资金净额)
	+外部融资资金流入
	+撤资资金流入
	=资金池总资金流入(1)
	资金使用
	投资资金流出
	+融资减少的资金流出
	=资金池总资金流出(2)
资金池变动核算	资金池资金变动(1与2之和)
	+资金池初始资金存量
	=资金池最终资金存量

资料来源:Coenenberg, Haller & Schultze(2012,第800页)。

表 4.43　　　　　　　依据企业经营领域划分的现金流量表基本结构

子账单核算	现金流形式
原因核算	经营领域 　　企业经营领域资金流入 　−企业经营领域资金流出 　＝企业经营活动中的资金盈余或亏损（经营领域结余）(1) 投资领域 　　撤资引发的资金流入 　−投资引发的资金流出 　＝企业投资活动引发的盈余或亏损（投资领域结余）(2) 融资领域 　　融资引起的资金流入 　−融资减少引起的资金流出 　＝企业融资活动引发的盈余或亏损（融资领域结余）(3)
资金池变动核算	资金领域 　　资金池变动（总结余）(1、2、3 项总和) 　＋资金池初始资金存量 　＝资金池最终资金存量

资料来源：Coenenberg, Haller & Schultze(2012,第 801 页)。

图 4.44 展示了各类现金流之间的关系。经营性现金流反映了企业内部融资规模，可用于为流动资产与非流动资产的扩张性投资和替代性投资进行融资。自由现金流是经营性现金流与投资性现金流之间的差额，用于偿还外来资本以及给现有股东发放红利。此外，自由现金流还可以清楚反映企业的状况。如果它高于经营性现金流，那么该年度撤资活动（例如，出售工厂设备或经营领域）就会超过投资活动，企业规模缩小。如果自由现金流是负值，那么企业内部融资规模并不能满足过去经营年度企业进行投资活动的需求。企业可能吸收了新的资本（权益资本或外来资本），或是使用了一部分流动性储备。

经营性现金流通常简称现金流，可以直接通过对支付有影响的收入减去费用计算而得。或者也可以采用间接方法，用利润表中的年度盈余加上对实际现金流没有影响的费用，再减去对实际现金流没有影响的收入，求得现金流。

但是这种间接计算方法存在争议。通常在计算的时候，人们仅仅将折旧一项包含在内，其他一些对实际现金流没有影响的费用还包括养老金准备金等。在通常情况下，外部分析人员计算现金流时，只是按照销售流程对流动性资金进行调整，从而大致得出并不准确的现金流量（Wöhe，1997，第 838 页）。

资产负债表和利润表是编制现金流量表的前提。企业内部人员可以编制出与财务核算一致的现金流量表，同时财务核算里面的内容也与现金流量表相符。但是，外部人员在编制现金流量表的时候会遇到以下问题：了解状态变动的前提是知道企业账目，但是这些信息少之又少。对于外部分析人员来说，当企业现金流量表已经编制完成，那么它只能在资产负债表和利润表的基础上提供一些额外信息。

相对外部来说，企业内部现金流量表的说服力更强。如果现金流量表是在成本核算表以及短期利润表的基础上编制而成的，那么这样的现金流量表还有一个额外的好处：它不仅适用于整个企业，还适用于单个业务部门。相应的设置方法由西格沃特（Siegwart，1990）提出（参见图 4.45 和表 4.44）。借助业务部门信息，现金流量表也可以用于更多方面，如可以确定流动性导向的价格下限。

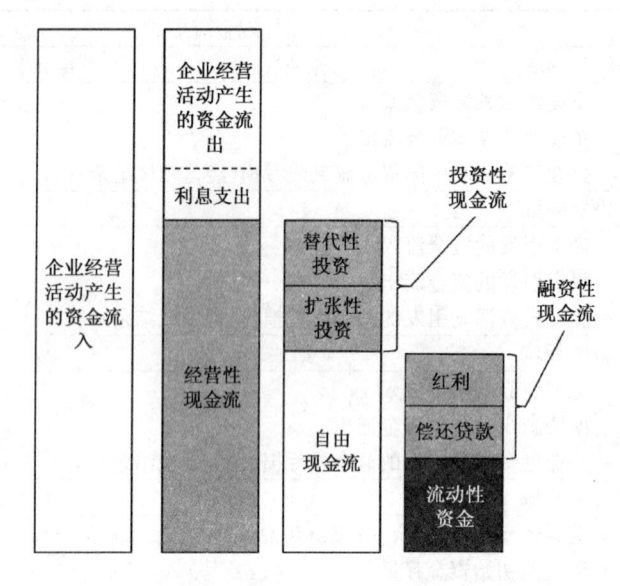

资料来源：参见 Bühner(1990,第 38 页)。

图 4.44　不同现金流之间的联系

表 4.44　　　　　基于成本核算与短期利润表直接计算现金流的示例

成本岗位核算	总额	裁剪			缝纫			熨烫		
		可变的	固定的、引发资金流出的	固定的、不引起资金流出的	可变的	固定的、引发资金流出的	固定的、不引起资金流出的	可变的	固定的、引发资金流出的	固定的、不引起资金流出的
人工成本	3 665 000	220 000	60 000	0	1 010 000	110 000	0	630 000	65 000	0
第三方劳务	800 000	35 000	5000	0	120 000	12 000	0	65 000	8000	0
其他实物成本	1 193 000	155 000	24 000	0	220 000	86 000	0	195 000	33 000	0
引起资金流出的利息	750 000	0	75 000	0	0	60 000	0	0	67 500	0
不引起资金流出的利息	300 000	0	0	30 000	0	0	24 000	0	0	27 000
折旧	1 040 000	0	0	105 000	0	0	84 000	0	0	94 500
总成本	7 748 000	410 000	164 000	135 000	1 350 000	268 000	108 000	890 000	173 500	121 500
计划员工工作时间(单位:小时)		523 625	523 625	523 625	2 574 000	2 574 000	2 574 000	1 632 750	1 632 750	1 632 750
计划成本(单位:欧元小时)		0,783	0,313	0,258	0,524	0,104	0,042	0,545	0,106	0,074

包装与运输			销售			促销			管理		
可变的	固定的、引发资金流出的	固定的、不引起资金流出的	可变的	固定的、引发资金流出的	固定的、不引起资金流出的	可变的	固定的、引发资金流出的	固定的、不引起资金流出的	可变的	固定的、引发资金流出的	固定的、不引起资金流出的
130 000	60 000	0	295 000	265 000	0	0	0	0	0	820 000	0
100 000	25 000	0	25 000	5000	0	0	260 000	0	0	140 000	0
190 000	59 000	0	0	28 000	0	0	148 000	0	0	55 000	0
0	52 500	0	0	165 000	0	0	2250	0	0	327 750	0
0	0	21 000	0	0	66 000	0	0	900	0	0	131 100
0	0	73 500	0	0	231 000	0	0	3150	0	0	448 850
420 000	196 500	94 500	320 000	463 000	297 000	0	410 250	4050	0	1 342 750	579 950
320 750	320 750	320 750	16 000 000	11 019 125	11 019 125	11 019 125	11 019 125	11 019 125	11 019 125	11 019 125	11 019 125
			(净收入)					(总的、引发资金流出的)			
1,309	0,613	0,295	2,00 %	4,20 %	2,70 %	0,00 %	3,72 %	0,04 %	0,00 %	12,19 %	5,26 %
						附加费用					

生产(继续) ←→ 间接成本领域

资料来源：Siegwart(1990,第 32 页)。

成本归集核算

产品系列 产品	衣物	休闲				无袖女式上衣	Heidi 民族服饰	D'Alberto 女式上衣	总额
		短裤	T恤	衬衫	总额				
直接成本	998 375	1 472 500	1 031 250	185 250	2 568 000	1 761 750	590 000	588 000	6 627 125
可变剪接成本									
—裁剪	47 860	37 193	35 235	74 385	146 813	105 705	109 620		410 000
—缝纫	170 979	249 126	157 343	139 510	545 979	297 378	335 664		1 350 000
—熨烫	133 275	207 135	183 969	90 622	481 726	198 686	76 313		890 000
—包装与运输	85 375	31 090	98 207	99 517	228 823	84 851	20 951		420 000
库存减少量	70 000	75 000	82 500	22 500	180 000	270 000			520 000
已售产品的可变制造成本	1 505 865	2 072 053	1 588 504	611 784	4 272 341	2 718 370	1 132 549	588 000	10 217 125

边际贡献核算

产品系列 产品	衣物	休闲				无袖女式上衣	Heidi 民族服饰	D'Alberto 女式上衣	总额
		短裤	T恤	衬衫	总额				
净收入	2 106 720	3 201 000	3 483 380	925 800	7 610 180	3 658 500	1 511 600	1 113 000	16 000 000
可变制造成本	1 505 865	2 072 053	1 588 504	611 784	4 272 341	2 718 370	1 132 549	588 000	10 217 125
边际贡献Ⅰ	600 855	1 128 974	1 894 876	314 016	3 337 839	940 130	379 051	525 000	5 782 875
固定生产成本	119 011	119 263	127 140	121 675	368 078	179 748	135 163		802 000
边际贡献Ⅱ	481 844	1 009 685	1 767 736	192 341	2 969 761	760 382	243 889	525 000	4 980 875
可变研发、管理与销售成本	42 143	64 020	69 668	18 516	152 204	73 170	30 232	22 260	320 000
边际贡献Ⅲ	439 709	945 665	1 698 068	173 825	2 817 557	687 212	213 657	502 740	4 660 875
不变研发、管理与销售成本	326 771	440 684	345 024	147 502	933 211	582 826	254 943	118 250	2 216 000
现金流	112 938	504 980	1 353 044	26 322	1 884 347	104 386	(41 286)	384 490	2 444 875
不造成资金流出的成本									1 340 000
企业盈利									1 104 875

资料来源：Siegwart(1990,第33页)。

现金流与投入资本的比值还可以作为盈利指标加以使用,它表示投入一定数量的资本可以获得多少流动性。现金流信息也可以充实业务组合分析,它与获取战略信息存在明显的联系。

以上介绍的几种核算方法为管理控制师提供了分析财务与利润之间联系的重要工具,它们首先有助于理解结构之间的关系,其次有助于操控企业日常经营活动(Jehle, Blazek & Deyhle,1986,1994)。

4.5.3.2.5 费用及收益核算

以上提到的融资核算如果被视为变动核算,就涉及企业的支付与借贷情况,这涉及企业现金与借贷现状,它并不涵盖企业创造盈利的过程。只有在引发支付与借贷活动时,商品的生产

(收益)与消耗(费用)才通过融资核算加以记录。费用及收益核算的任务是披露企业每一阶段的经营成果。为了完成这一任务,该核算将价值创造以及价值消耗对应起来,总结在阶段性利润表中。而基于某时间点的资产负债表可以对该阶段性利润表加以补充,它展示了还未引发收入或费用的资产存量及资本状况。由于同时包含流动性及收益结余,资产负债表可以看作连接融资核算与利润表的桥梁。

表 4.45　　　　　　　　融资核算、资产负债表、利润表之间的基本联系

融资核算(F)		资产负债表(B)		利润表(E)	
阶段收入(1 300)	阶段支出(1 300)	资产＝借方(不包含现金)2400	负债＝贷方 2 300	阶段性费用(800)	阶段性收入(1 000)
初始值(100)	财务结余＝流动性结余或流动性储备＝现金资产(100)		利润结余＝盈利(200)	

资料来源:Chmielewicz(1973,第 21 页)。

　　财务会计的任务是,对企业经营流程中发生的一切资产与资本变动进行持续的总结与分类。在管理实践中,财务会计有多个子体系,它们分别应用于特定资产与资本变动的情况(例如债务人、债权人、固定资产以及人事会计)。在进行利润核算时,财务会计要进行两次记录,一次在利润表中,一次在资产负债表中(Eisele & Knobloch,2011)。

　　财务会计是会计大框架下最古老的子体系,它主要用于企业外部记录与披露企业经营状况,它的编制方式是由商法及税法深度制定的。

　　有两个方面对财务会计的经营结果以及资产状况产生重要影响。由法律规定,它们构成了资产负债表政策的内容[整个体系参见 Wöhe(1997)]。(1)有哪些实际行为构成了财务会计(会计科目的问题)?(2)如何评估与计量这些会计科目(评估问题)?

　　如果管理控制师要从财务会计的数字入手,那么了解这些科目内容是必不可少的。

　　在通常情况下,从组织架构上看,财务会计、与之并列的其他附加核算、资产负债表以及利润表,并不属于管理控制的范围。在过去几十年中,由于不同的目标与要求,外部会计与内部会计在管理实践中常常交叉使用,这导致很多重复性工作以及对某些概念的误解。

　　现在我们借助信息系统,正经历着会计体系的重新塑造。原因很简单:降低会计体系的复杂性、加快信息获取速度、降低会计体系的成本。

　　西门子公司(Ziegler,1994)将内部会计加以调整,使之与外部会计相适应,这种做法虽然引起异议(Pfaff,1994),但还是可行的。

　　我们认为,管理控制师的核心任务在于,在对会计记账及资产负债表的编制形式有着基本理解的情况下,将这些子体系融合到整个会计体系中,加以正确阐释以及改进。具体原因如下:

　　(1)通过复式记账原则,会计记账、资产负债表和利润表建立起信息划分的模型,并在几百年的实践中得到了证实(Ijiri,1967,第 101 页)。

　　(2)在规划活动中,最重要的财务目标被转化为典型成本与收益核算中的术语(销售额、利润、资产)。

　　(3)出于经济性考虑(只计量一次,但使用多次),外部会计所总结与归类的信息也可以用于内部评价。

　　(4)资产负债表提供的信息可以引发财务结果(发放股利、缴税),这些对规划和监控起到了举足轻重的作用。

(5)资产负债表传递的信息影响外部人员(如债权人)的决策行为,这对企业规划同样十分重要。

将外部导向的会计核算和资产负债表融合到会计体系中,需要一座连通两个方向的"桥梁":财务核算、成本与绩效核算。

除此之外还有一座"内部桥梁",它连接的是内部导向的费用与收益核算。

一代又一代的企业经济学家在试图正确阐释会计账与资产负债表的含义。我们想要强调,传统资产负债表传递着对规划活动最重要的信息(Neuhof,1978,第10页)。

(1)传统的资产负债表就像瞬时拍照,它将暂时未完成的投资与撤资活动以数字的形式确定下来,因而它包含企业未来发展情况的重要信息。

(2)通过预测未来资金支付情况,传统资产负债表又增加了不确定性信息。

(3)通过对资产与负债配置情况的具体评价,我们假设未来的收入可以清晰地与为产生这些收入所投入的物资相匹配。

要想改良上面提及的问题,就要编制内部导向的资产负债表以及其他附加核算,可以从规划与监控角度改良传统资产负债表,它们也完全适用于战略规划(Hamel,1984)。

会计核算与资产负债表的补充核算可以用于连接会计体系的子体系(如动态资产负债表),或者它通过细化和连接会计体系其他领域的数据来分析会计信息(如现金流量表)。

建立一个规划和监控导向的费用与收益核算体系,首先意味着借助复式记账体系,编制计划资产负债表和计划利润表。内容上,人们先不考虑商法与税法对资产负债表编制方法与评价规则的束缚,而将重点放在目标与未来导向的预期费用与预期收入上。

计划资产负债表具有预测性,它的编制基于规划(预算)的考虑。首先它们包含预测值,根据我们之前讨论的规划与信息获取的区别,计划资产负债表首先属于信息获取的范畴。只有当人们将它视为预先给定值时,它才具有计划特征。

关于计划资产负债表在规划与年度报表中的地位,出现了分歧(Schedlbauer & Oswald,1979,第467页)。

计划资产负债表的数据源于规划活动(分析、预测、寻找备用方案)(至于计划资产负债表与子计划之间的关系参见本书中有关预算的章节)。

为了编制计划资产负债表,企业经营活动中的计划值必须转换成复式记账法(Jehle,Blazek & Deyhle,1986)。编制计划资产负债表的目的有很多(Lücke,1981,第1282页):

(1)计划资产负债表展示了活动规划的多种可能以及结果。通过编制计划资产负债表,可以了解企业经营活动规划会对资产负债表产生哪些影响。

(2)计划资产负债表的数值(盈利、资产与财务结构)可视为企业经营活动规划的计划值。

(3)编制计划资产负债表可以帮助领导层权衡、选择不同的编制资产负债表的方法。

(4)编制计划资产负债表还可能出于为外部信息受众提供信息的目的。

与传统资产负债表和利润表相比,计划资产负债表和计划利润表的说服力不强。为了克服这一问题,在编制计划资产负债表和计划利润表时,要解决以下三个问题:

(1)考虑到企业规划中的资本与资产保值理念,财务会计的计量规则要加以调整。

(2)传统的利润表要转化成利润核算,它将单个产品的盈利或损失金额与其他中性的影响分离开来。

(3)利润核算必须可能进行非常短时间内的核算,以便计划值与实际值比较的结果可以应用到企业短期控制活动中。

最后两点要求只能在成本与绩效核算中有效完成,我们将在该章节中具体讨论。

企业规划的内容是保持并提高绩效能力。因此,用于规划的资产负债表和利润表需要关注资本与资产保值情况。

商法与税法对编制会计报表的要求是假定货币价值一直不变(Hoitsch & Lingnau, 1999,第 533 页),它们奉行"1 欧元=1 欧元"的原则(名义上的资本保值)。

在传达企业利润信息时会发现,企业会提高产品售价,产生一部分盈余,从而弥补在市场上重置价格更高的生产必需品而产生的支出(表面上的盈余)。但为了弥补更高重置成本而提高售价这一做法,其结果是这部分利润要缴税或是进行利润分配,企业因此降低了效率。

对于计划资产负债表和与年度报表并列的其他报表来说,需要采取企业规划应用到的资本和资产保值理念,计算相应的企业盈利。

在实际的资本保值中,只有期末资本的购买力与期初资本的购买力相同时,才可能出现利润。通过一些指数,可以将期末资本的购买力换算到与期初相同,但实践中的问题是,如何得到并选择这些指数。实际资本保值的理念完全是从资金角度出发,只考虑通货膨胀的影响(Wöhe,1997,第 356 页)。

只有当期末资产数量与期初相同时才达到了资产保值。资产保值可能是期末数量和质量与期初相同,或者企业规划中确认,期末的数量与质量要高于期初(绝对资产保值与相对资产保值)。在会计处理方法上,这个问题可以借助重置成本的不同折旧方法以及专门的公积金来解决。为了实现企业资产保值,可以相应调整规划方法。

由 20 世纪 20 年代对资产负债表理论的讨论生发开来,在管理实践中也产生了多种"通货膨胀会计核算"的方法(Vancil,1976)。

该问题涉及内部与外部两个方面。在外部资产负债表中,为了消除通货膨胀的影响,通常只采取特定评价方法。而内部资产负债表需要考虑到会计体系的方方面面,并将公司目标导向的整体规划考虑在内。下面的例子展示了人们如何在大企业实践中处理通货膨胀的问题(Solaro,1975)。

例子:因为人工、物料以及服务领域的成本在不断变化,需要在五年规划和年度预算中考虑到这些因素。通货膨胀的影响可以从财务状况及盈利情况两方面体现出来:(1)所谓的"经济等式"应该展现出通货膨胀对利润表的影响;(2)现金管理理念则负责保持财务平衡。

表 4.46 展示了某生产领域的"经济等式"。计划销售量乘以同比价格得到价格上涨对销售额的影响,计划销售量乘以同比成本得到成本上涨对销售额的影响。通过采取成本降低以及成本规避措施,可以抵消一部分通货膨胀的影响。本例中,还剩下 910 万欧元的通货膨胀净影响,它对企业经营成果无疑是不利的。

表 4.46 通货膨胀核算"经济性等式"举例

	计划年度
1. 产品定价上涨	16.5
2. 人工成本上涨	(29.3)
3. 物料及服务价格上涨	(17.4)
4. 总成本上涨(2+3)	(46.7)
5. 通货膨胀总效应	(30.2)
6. 为改良成本采取的措施	21.1
7. 通货膨胀净效应(对经营结果有负面影响)	(9.1)

资料来源:Solaro(1975,第 708 页)。

生产领域的现金管理建立在经营性现金流量表基础之上。"经营性现金流"意味着不考虑外部融资、投资、金融资产以及金融交易,企业经营所必需资金需求和资金释放要与现金流对应起来(参见表4.47),其差额就是融资需要或融资盈余。本例中不考虑通货膨胀的影响,需要融资800万欧元,但加上通货膨胀,企业融资需求提高到2 660万欧元。通货膨胀的影响使现金流减少3 020万欧元,从而总的现金流量是5 490万欧元。最终出现2 830万欧元的融资性盈余。

表4.47　　　　　　　　　通货膨胀核算"现金管理"举例

资金获取与释放	计划年度(百万欧元) 不考虑通货膨胀 借方项目	通货膨胀的影响
1. 应收账款变化	1.8	(1.3)
2. 存货变化	8.7	(16.3)
3. 预付账款变化	4.6	1.6
4. 投资变化	(23.1)	(2.6)
5. 总的经营性融资需求	(8.0)	(18.6)
现金流量核算	(20.6)	
6. 利润	73.4	(32.2)
7. 折旧	11.7	2.0
8. 总现金流	85.1	(30.2)
	54.9	
9. 边际利润/(赤字)	77.1	(48.8)
融资性盈余	28.3	

资料来源:Solaro(1975,第710页)。

示例企业的每个生产领域在对下一年度的每个月制定计划时,都要将计划值与实际值对应起来。企业的另一个目标是,通过资产管理将企业经营所必需的资产降至最低。

不容忽视的是,以上额外企业会计核算的应用,使管理控制师面临额外的任务:(1)会计体系更加复杂;(2)需要额外信息费用(重置成本、通货膨胀率)。

费用与收益核算说明:尽管经常有人不顾会计系统一体化的考虑,提出要分开内部会计与外部会计的建议,但这一任务在企业经营实践中十分困难。

这时候我们就需要建立一种桥梁式的核算方法,它可以清晰易懂地对内外部经营结果指标进行转化。

4.5.3.2.6 成本与绩效核算

管理控制师可以使用成本与绩效核算中的多种工具,在管理实践中,这些工具被视为信息供应体系的核心组成部分。在大多数企业中,建立成本及绩效核算体系是为了解决短期运营性规划问题,观察期为一年。

成本及绩效核算的核心是绩效产生过程及其经济性。在生产过程中,具体计算、预测、计划和监控物料使用及产品生产情况是该核算的主要对象,会计系统的其他方法并不能完成这些重要任务。

成本及绩效核算要以生产要素的生产能力为基础,因此,成本及绩效核算首先要为产能过程的运营性规划和监控活动提供信息。

很多文献介绍了成本及绩效核算的具体任务,并将其系统化,该核算主要关注三个方面:

计算、预测、计划和监控物料使用情况(成本);计算、预测、计划和监控产品生产情况(产出);计算、预测、计划和监控企业经营成果。

这里,成本及绩效核算可以应用到产品、生产方法与组织单位等方面。具体例子如下:(1)自行生产产品零部件或者外购;(2)产品最低售价;(3)节约成本的生产方法;(4)某一销售地区的经营成果;(5)某月的经营成果。

成本核算提供的成本信息必须具有"重要性"。在面临多种可行性措施时,只有方案的成本比其他方案低才是合适的。成本的重要性原则意味着,只有受到决策参数(变量)影响的成本才能在进行决策时被加以考虑(Schweitzer & Küpper,2011,第 482 页)。

成本及绩效核算的任务在于支持管理层做出决策,它可能是经常发生的,将信息包含在利润规划、操控与监控流程中(例如,基于成本池的成本规划和监控);也可能是只在特定情况下支持管理层做出决策(例如,在销售谈判时确定价格下限)。

目前,在学术与管理实践界,成本及绩效核算的信息供应能力得到广泛讨论。人们从三个角度对用短期运营信息支持决策这一做法提出了质疑,而这恰恰是成本及绩效核算的重要研究领域:

(1)因为在目前企业成本结构中,中长期固定成本还是起到决定性作用的,而传统成本及绩效核算以功能性导向的成本池为中心,它所提供的短期运营性信息没有用武之地。

(2)在短期操控活动中,与企业目标有关的操控指标(例如,数量、时间以及质量指标)要比成本指标更加简单易于理解。

(3)传统的成本及绩效核算提供的信息仅仅是内部导向的,它只关注生产及产品使用情况,并不关心企业外部与顾客相关的给定指标。

而只有在对传统方法批判的基础上,像战略成本管理、目标成本法,尤其是作业成本法,这些新方法才易于理解。在企业管理实践中,在现有体系的基础上,有关方法仍在发展。

1. 成本与绩效核算体系概况

我们无法在本书中详细介绍成本与绩效核算体系,相关问题请参见教科书(Coenenberg, Fischer & Günther,2012;Horngren,Foster & Datar,2011)。

这里我们想简单强调一下管理控制师视角下,成本及绩效核算的重要领域和体系。

管理控制师关注以下问题:(1)规划、操控与监控信息的可能性与局限;(2)如何将成本及绩效核算融合到会计和信息供应的整个体系中;(3)管理实践的情况。

我们首先研究成本核算,然后讨论绩效核算(销售核算)。

目前常用的成本核算方法可以从两个角度加以清晰划分(参见表 4.48):(1)根据成本的时间指向可以划分为实际成本核算、标准成本核算和计划成本核算;(2)根据成本核算的范围及程度,可将其分为完全成本核算与变动成本核算。

表 4.48　　　　　　　　　　　成本核算体系

成本概念的时间指向 成本划分程度	实际成本核算	标准成本核算	计划成本核算
完全成本核算	实际成本核算作为完全成本核算	标准成本核算作为完全成本核算	计划成本核算作为完全成本核算
变动成本核算	实际成本核算作为变动成本核算	标准成本核算作为变动成本核算	计划成本核算作为变动成本核算

实际成本核算只涉及实际产生的成本以及绩效。标准成本核算将过去的平均成本(标准成本)与实际成本进行比较,而计划成本将规划活动中预计产生的成本值进行归类,并将其与实际成本进行对比。

表 4.49 展示了完全成本核算与变动成本核算在传递利润信息时的主要区别。

表 4.49　　　　　　　　　　完全成本核算与变动成本核算的对比

	完全成本核算	变动成本核算
1. 每单位产品的收入	售价－优惠	售价－优惠
	报告中的收入－销售直接成本	报告中的收入－销售直接成本
	净收入－总自有成本	净收入－生产边际成本
	＝每个产品的净利润	每个产品的毛收入
2. 阶段性净利润	每个产品的净收入加总＝阶段性净收入	每个产品的毛收入加总固定成本＝阶段性净收入

在管理实践中,传统的会计成本核算体系,从以完全成本法为基础的实际成本核算,发展到以变动成本法为基础的计划成本核算,是长期发展的成果(Chmielewicz,1983)。但在企业实际应用情况大不相同,在通常情况下,采用变动成本核算法辅以利润贡献核算,但是,也有很多其他企业在基于变动成本法的实际成本核算基础上,加入了企业核算以及其他附加计算。

不同行业的成本核算有着由生产流程决定的不同变体,即使在一家企业内部,成本核算的整个体系也通常是多种形式的融合。目前企业的常见做法是,同时采取完全成本核算和变动成本核算。

传统的基于实际成本的完全成本核算体系有着致命缺点,该核算在做短期决策时最致命的问题如下:(1)该方法并没有将成本划分为固定成本和可变成本,固定成本是按照比例分配的;(2)间接成本的分类方法十分随意;(3)通过这种方法计算出来的净利润有缺陷,容易引起误解。

实际成本核算只把已经发生的成本包括在内,无法进行计划值与实际值的比较。成本并不会按照雇员情况变动与其随时间的变动加以区分。

从整体上看,传统的基于实际成本核算的完全成本法并不能满足规划和监控活动的信息需求。标准成本核算使用过去发生成本的平均值,因此也属于实际成本核算的一种。

计划成本核算有不同的表现形式(参见图 4.45)。

如果把总成本(包括固定成本和可变成本)考虑在内,我们指的就是基于完全成本法的计划成本核算。

如果记账时只将可变成本包括在内,我们讨论的对象则是基于变动成本法的计划成本核算。根据某一阶段的就业率是固定的还是变动的,我们要区分固定的或灵活的计划成本核算(Kilger,Pampel & Vikas,2012)。

总体上,从管理控制师的视角看,计划成本核算有一定的积极作用,因为它有助于进行计划值与实际值的比较,但是其说服力取决于规划与计划值－实际值比较的差别。

在管理实践中,基于完全成本法的计划成本核算通常被作为一种"灵活"的核算得到运用,也就是说,为了得出计划成本,要将成本划分为固定和可变的部分(Corsten & Friedl,1999,第263 页)。但在预定值方面,这种划分表现不是十分明显,因此它并不能构成规划备选方案的

```
                    ┌──────────────┐
                    │ 计划成本核算 │
                    └──────┬───────┘
              ┌────────────┴────────────┐
    ┌─────────────────┐       ┌─────────────────┐
    │ 固定的计划成本核算│       │ 灵活的计划成本核算│
    └─────────────────┘       └────────┬────────┘
                              ┌────────┴────────┐
                      ┌──────────────┐  ┌──────────────┐
                      │基于完全成本  │  │基于变动成本  │
                      │法的灵活计划  │  │法的灵活计划  │
                      │成本核算      │  │成本核算      │
                      └──────────────┘  └──────────────┘
```

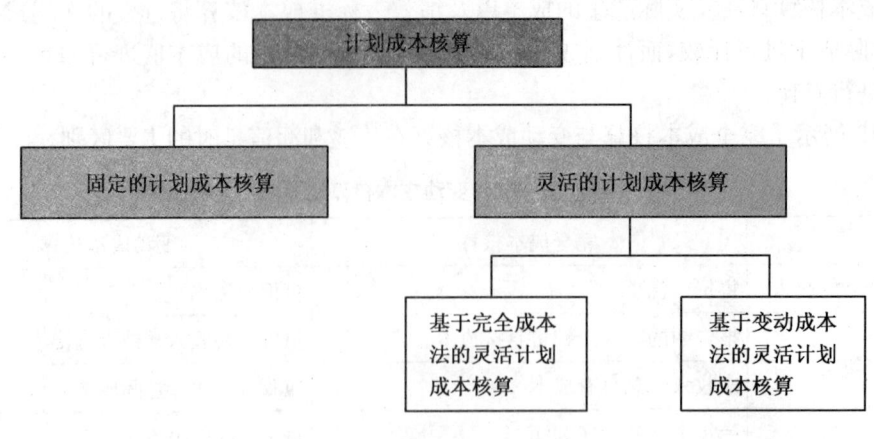

图 4.45 计划成本核算的形式

基础。此外，要在规划前提之上，借助就业率情况计算计划成本，"因此成本核算在做出决策方面最多考虑到就业状况"（Layer，1976，第 110 页）。灵活的计划成本核算只将就业率视为重要的成本影响因素。

变动成本核算规避了完全成本核算的许多致命问题，它假定成本对象只引发可变成本，而固定成本源于整个企业。这里经营性信息的局限如下（Layer，1976，第 110 页）：(1)某一固定资产的成本被划分到固定成本中，因此它不能作为重要成本对决策产生影响。(2)可变成本也只包含可以改变的成本，例如要根据员工雇用情况做出决策。可变成本在做超短期决策时并不重要。(3)仅仅局限于年内可以影响的成本，这就导致不能考虑长期影响（例如，推迟某一机器的更换时间）。

各种成本核算方法都在一定程度上降低了企业内流程的复杂性，可以计算出实际情况。这里重要的是，要清楚灵活计划成本核算的基本前提（Weber，2005，第 93 页；Ewert & Wagenhofer，2014，第 641 页）：(1)企业内部就业情况是变动的，它构成了最重要的成本影响因素。(2)基于企业活动涉及的各项参数，计划成本可以清晰地划分为按比例分摊的成本以及固定成本。(3)成本是可以规划的。(4)成本规划基于给定的价值组成部分以及确定的转移价格。(5)在变动成本核算中，只有与就业率相关的成本才被视为能够影响决策的成本。

成本规划将直接成本和间接成本、价格规划和数量规划区分开来。它的具体流程如下：(1)确定计划价格。(2)规划直接成本。(3)规划间接成本（成本岗位规划）：规划初级成本岗位成本、规划次级成本、确定计算比率。(4)成本归集单位核算。

灵活的计划成本核算可以是完全成本核算或变动成本核算，它是当前预算活动的基础（参见第 3 章）。在管理实践中，变动成本核算通常与边际贡献核算结合使用。

边际贡献核算是一种变动成本核算，它将收入与某一产品单位所占成本份额对应起来，从而计算出毛利，它代表了边际贡献（Hoitsch & Lingnau，1999，第 302 页）。边际贡献核算有多种表达形式，单层的边际贡献核算对边际贡献的计算只停留在一个阶段（参见表 4.50），它并不对固定成本进行进一步划分。

固定成本的边际贡献核算（多层次边际贡献核算）是单层边际贡献核算的进一步发展与改进（Agthe，1959；Mellerowicz，1966，第 154 页）。固定成本的整体被划分为多个层次，通过这种方式可以对中长期计划提供更加优质的信息（参见表 4.51）。

单层的和多层边际贡献核算的基本假设与变动成本核算相同,但这两种发展趋势令变动成本核算与传统边际贡献核算在应用方面出现问题:(1)人工成本占总成本的比重急剧下降。(2)除员工成本之外,还有很多能够影响到固定成本的重要因素,而它们都不在考虑范围之内。

在传统的成本核算体系中,存在着成本信息对决策重要性的争议,这促使里布尔(Riebel,1994)着手研究相对的直接成本与边际贡献核算,他的目的是描述与会计事项相关的决策对货币资金的影响。为了划分明确界限,他既没有采用价值衡量的成本概念,也没有像传统会计那样将成本细分为可变成本和固定成本或是直接成本和间接成本。"相对"的含义在于,成本与收入的划归取决于所观察的会计事项,因此的确具有"相对性"(Ewert & Wagenhofer,2014,第694页)。在会计事项体系中,所有成本都可以被划分到某一特定层次,并被视为"相对的"直接成本,从而避免形成复杂的间接成本。

里布尔将成本与收入的对应情况成功地放在一个被称为"基础账单"的数据库中,它并没有特殊的用途,因为里面存放的决策相关信息可以应用到任何一项评估中。

表 4.50　　　　直接成本与边际贡献核算体系中"基础账单"的例子

成本范围	成本类型(例)	划分对象	I 辅助领域	II	III	IV	V	VI	VII	VIII	IX	X	XI	XII	XIII	XIV
				成本岗位							成本归集者					Σ
				制造岗位			原材料岗位	行政岗位	销售岗位	企业整体	产品种类					
			H	F₁	F₂	F₃	M	VW	V	G	P₁	P₂	P₃	P₄	P₅	
生产成本	与销售有关的成本	与销售总额有关的成本	销售佣金								20	10	5	15	10	60
			销售许可								—	5	15	—	20	40
			关税								5	—	—	10	5	20
	与其他因素有关的成本		货物运输成本						80							80
			包装成本						50							50
	与生产有关的成本	与批量无关的成本	物料损失		5	—	5									10
			水电等能源		30	15	20									65
		与生产数量有关的成本	原料	30								60	75	100	50	70	385
			辅助材料	50								10	10	20	5	15	110
			能源									5	10	15	10	5	45
			许可									10	—	—	15	—	25
			加班费			10			5			5	10	—	10	15	55
			临时工成本					10				—	5	5	—	—	20
总计:生产成本				80	35	25	25	—	15	130	—	115	125	160	115	140	965
准备成本	月直接成本		制造人工费	10	80	85	70									*10	255
			生产所需物资	5	10	10	5	5	5	15							55
			第三方服务	5	—	5	10	10	5	10							45
			办公用品	5	5	5	5	5	5	20							50
			燃料	5	10	10	5	5	5	5							45
	季直接成本		租金							30						*5	35
			保险							10							10
			工资	10	20	30	25	30	40	30						*10	195
	年直接成本		房租							20							20
			财产税							50							50
			土地税							5							5
			营业税							10							10
			租金							30						*5	35
			定额特许权费用								*5						5
总计:准备成本				40	125	145	125	55	70	65	135	—	5	—	—	25	790
总计成本				120	160	170	150	55	85	195	135	115	130	160	115	165	1755

资料来源:Hummel & Männel(1986,第71页)。

边际贡献核算将某一事项的直接收入与直接成本对应起来,通过这种方式形成了一种多级边际贡献核算。这里最基本的原则是"一致性原则":两项数值只有来源相同或可以追溯到某一事件上时,才能把它们归到一起,或者归结到一个对象下(Riebel,1983,第22页)。

建立一个相对的直接成本与边际贡献核算的意义首先在于,它指出变动成本核算与传统边际贡献核算在假设方面存在的局限性,并提出了质疑。然而,该方法在管理实践中十分复杂,这也是在管理实践中根本不使用这种方法的原因。

通过一个生产五种产品的例子,表4.51和表4.52展示了变动成本法中,成本对象核算以及经营成果核算的方法。如果将绝对收入减去可变成本(一级边际贡献核算),就得到了Ⅴ-Ⅳ-Ⅰ-Ⅲ-Ⅱ的顺序。分步的固定成本覆盖率核算通过一步一步减去固定成本,最终也得到了经营期间的盈利情况。

表 4.51　　　　　　　　　示例:单层边际贡献核算

产品	1	2	3	4	5
每个产品单位的总价	42.50	20.00	37.50	30.00	25.00
—销售优惠					
(20%的优惠或现金折扣)	8.50	4.00	7.70	6.00	5.00
净价	34.00	16.00	30.00	24.00	20.00
经营期间每种产品类型的净收入	14 960.00	5 760.00	13 800.00	12 840.00	9 800.00
—每种产品类型的可变成本	10 259.00	2 257.00	9 278.00	8 021.00	4 791.00
每种产品类型的边际贡献(占净收入的百分比)	4 701.00	3 503.00	4 522.00	4 819.00	5 009.00
经营活动的总边际贡献			22 554.00		
—固定成本			10 280.00		
期间盈利			12 274.00		

资料来源:Küpper & Schweitzer(2011,第468页)。

表 4.52　　　　　　　　　示例:固定成本覆盖率核算

产品	1	2	3	4	5
每个产品类型的边际贡献Ⅰ	4.701	3.503	4.522	4.819	5.009
—产品成本	—	—	100	—	—
(占边际贡献Ⅰ的百分比)			(2.21%)		
边际贡献Ⅱa	4.701	3.503	4.422	4.819	5.009
产品系列	A		B	C	
每个产品类型的边际贡献Ⅱa	8 204		4.422	9.828	
—产品成本	150		—	250	
(占边际贡献Ⅱa的百分比)	(1.83%)			(2.54%)	
边际贡献Ⅱb	8.054		4.422	9.578	
成本岗位领域	1			2	
边际贡献Ⅱb	12.476			9.578	
—领域固定成本	4.295			4.795	
(占边际贡献Ⅱb的百分比)	(34.43%)			(50.06%)	
边际贡献Ⅲ	8.181			4.783	
边际贡献Ⅲ加总			12.964		
—企业固定成本			690		
(占边际贡献Ⅲ的百分比)			(5.32%)		
期间盈利			12 274.00		

资料来源:Küpper & Schweitzer(2011,第575页)。

2. 成本与绩效核算的结构设置

任何一个成本核算体系都要研究三个问题,并且由以下三个子体系构成:(1)产生了哪些成本(成本类型核算)?(2)成本产生在何处(成本岗位核算)?(3)这些成本应用在何处(成本归集核算)?

在设置成本与绩效核算体系的结构时,要将这三个子体系包含在内,并定义三者之间的信息流(参见图4.46)。

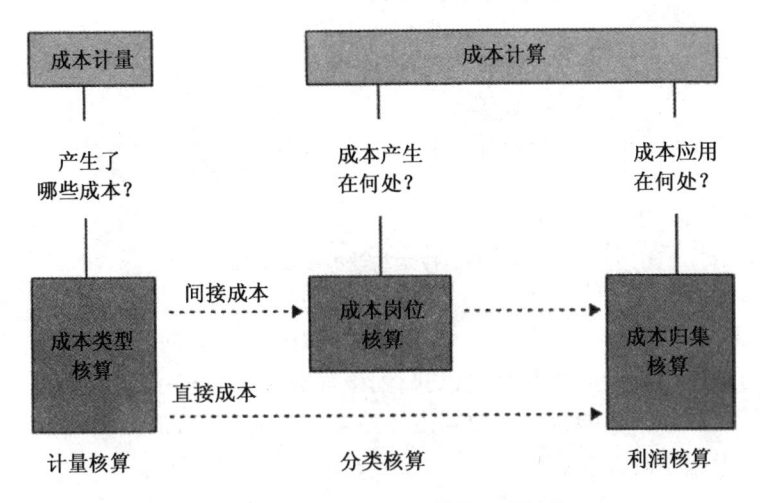

图4.46 成本与绩效核算体系的结构

在设置成本与绩效核算体系的结构时,管理控制师尤其要面对三个特殊问题:(1)根据一定的标准计量成本与绩效;(2)将成本与绩效划分到相应参考值中;(3)对成本与绩效进行分析与评价。

这三个问题是互相联系的,因此其结构设置应该相同。成本计量要考虑之后的成本划归问题,而后者又与接下来要进行的评价方式密切相关。

我们来看一个具体例子:如果想要控制某一部门的人工成本(评价与分析),就必须将成本划分到某一具体部门,而具体部门划分方法又决定了部门相应的成本计量方法。

此外,结构的一致性也非常重要,成本与绩效核算需要与相关的运营计划控制体系结构相同。

评价成本与绩效核算的基础在于,将实际值、预测值以及规定值用一种特定的方式计量并存储下来,从而实现多样化的划分和多种评价方式(参见图4.47),这里可能涉及用不同方法计量数量和价格,用相同方法计量价值或者涉及一种自动的确定方式。可以从多个领域划分成本(商品类型、相关对象、反应灵敏度、决策有用性等)。同样,也可以采用不同方法对绩效(收入)进行计量,也就是按照产品种类、不同地域(国内外)以及按照组织架构(例如销售渠道)进行计量。

对成本与绩效进行多样化评价及分析的一个重要前提是相关参考值的计算。相关参考值是指,具有某一特定特征的对象(事项),按照它们的数量、价格或者价值可以进行明确划分(Dellmann,1984,第286页)。例如,具有某一型号的产品就属于这样的一个相关对象。

相关参考值可以划分为三种:组织单位(职责范围)、产品、计量期间。

相关参考值可以被划归到某一结构层次中(相关参考值等级),这种等级可能是一个企业、

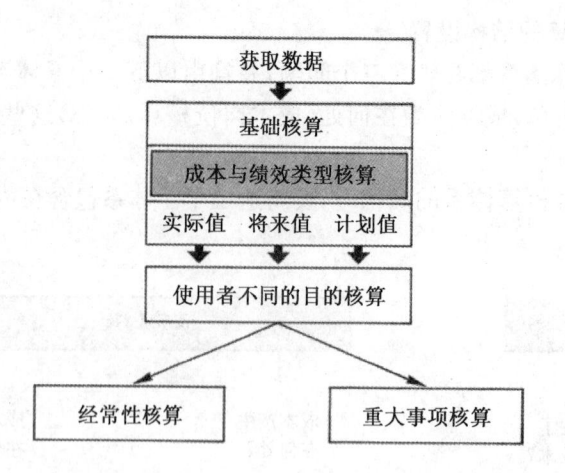

资料来源：Dellmann(1984，第286页)。

图4.47　成本与绩效类型核算

一个领域、一个部门或一个岗位(参见图4.48和图4.49)。这种划分对决策的意义在于，所有成本与绩效都可以作为直接成本或绩效，划归到该等级体系的某一具体位置，在此可被视为决策相关成本或绩效。如果不能直接定位到该体系某一特定位置，那么该成本可以视作该层面的间接成本——里布尔的理念。

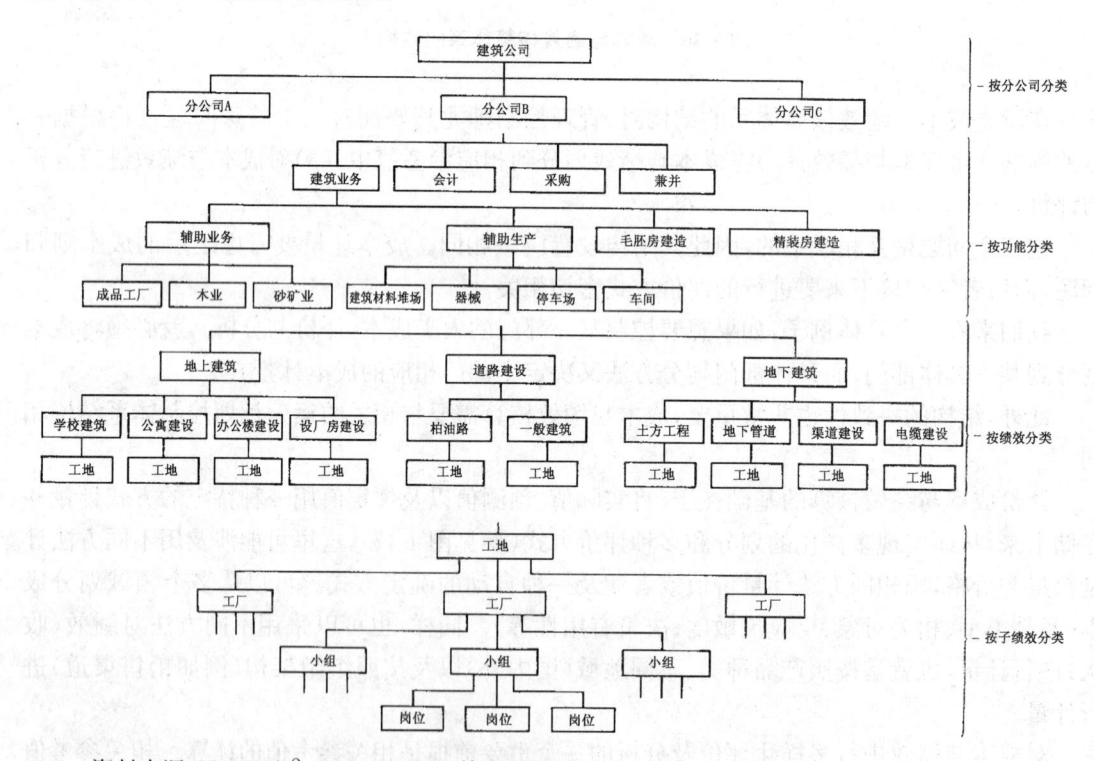

资料来源：Hummel & Männel(1983，第62页)。

图4.48　与产品和组织架构有关的相关参考值等级

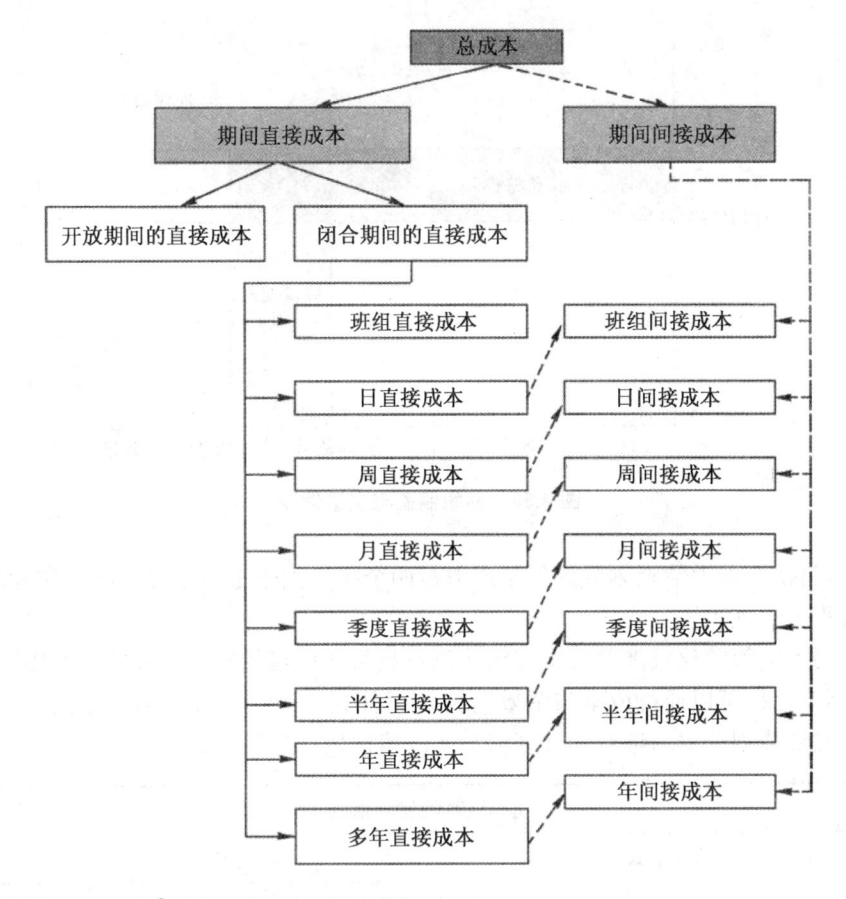

```
                        总成本
              ┌──────────┴──────────┐
         期间直接成本            期间间接成本
         ┌────┴────┐
   开放期间的直接成本  闭合期间的直接成本
              │
              ├──→ 班组直接成本 ⇢ 班组间接成本
              ├──→ 日直接成本   ⇢ 日间接成本
              ├──→ 周直接成本   ⇢ 周间接成本
              ├──→ 月直接成本   ⇢ 月间接成本
              ├──→ 季度直接成本 ⇢ 季度间接成本
              ├──→ 半年直接成本 ⇢ 半年间接成本
              ├──→ 年直接成本   ⇢ 年间接成本
              └──→ 多年直接成本
```

资料来源：Hummel & Männel(1983,第65页)。

图 4.49　按照时间进行划归的等级体系

以上三个范畴可以涵盖成本与绩效核算信息所有重要的决策领域：(1)"职责范围"这一相关参考值可以将成本与绩效划归到组织单位中进行计划、操控和监控。它既可以是成本中心(成本岗位)，也可以是利润中心。(2)"产品"这一相关参考值将成本与利润划归到每一个产品单位上。(3)"计量期间"这一相关参考值确定了分期利润核算的制定(短期利润核算)。

以上讨论的结构问题既适用于所有成本核算体系，同时也构成了用信息技术解决问题的基础(参见第 5 章)。

3. 计划值—实际值比较及偏差分析

对成本、绩效(收入)以及利润的监控，从根本上是计算并分析设定值与实际值之间的偏差(Scherrer,1999,第 466 页)，这里比较对象可以有多种选择(如过去数据的平均值或者计划值与过去值的综合或完全的计划值)。在计算与分析偏差时，可以采用完全不同的对象，这里要再一次强调规划与监控活动必须的结构平衡，因为这与体系构成息息相关。

在计算偏差值时，最基本的问题就是划类问题，成本与绩效分别是数量和价格的产物，因此偏差由三部分组成(参见图 4.50)：

(1)数量偏差：用与计划相比出现的数量偏差乘以计划价格(初级偏差)。(2)价格偏差：用与计划相比出现的价格偏差乘以计划数量(初级偏差)。(3)次级偏差：它是价格变化与数量变化的产物。

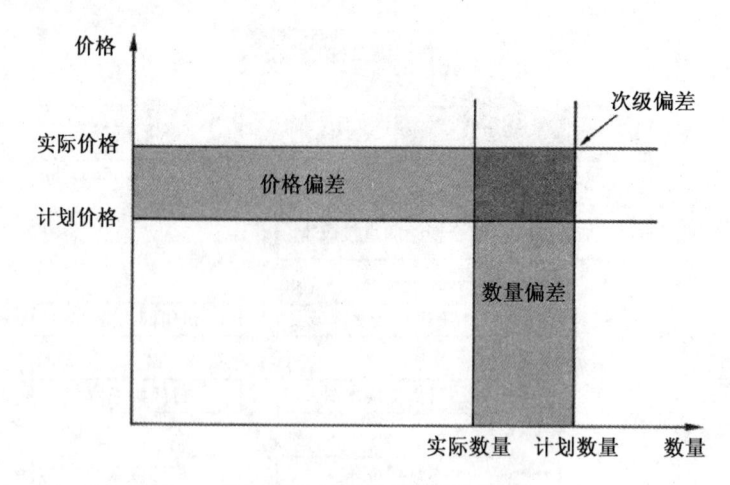

图 4.50 初级偏差与次级偏差

理论上,将次级偏差清晰划分到价格或数量两个决定因素上是不可能的。实际上,为解决这一问题有很多处理手法。

计划值与实际值的比较涉及成本与绩效以及数量和价格的对比。借助利润核算以及边际贡献核算,利润监控可以通过成本与绩效监控加以补充(参见 4.7.3 节中的例子)。成本与绩效核算逐渐发展成划分更为细致的计划值与实际值比较(参见图 4.51)。

成本核算的发展形式						
完全成本核算	实际成本核算	基本形式		实际成本		直接成本—消耗偏差	价格和员工工资偏差
:::	:::	与外界有关的生产因素价格确定	使用计划的直接成本	按固定价格确定的实际成本		:::	:::
:::	:::	:::	:::	计划直接成本 +按固定价格确定的成本岗位实际成本		:::	:::
:::	标准成本核算	:::	:::	计划直接成本 +成本岗位标准成本		:::	:::
:::	计划成本核算	固定的		直接成本 +成本岗位计划成本	成本岗位计划成本偏差	:::	:::
变动成本核算	:::	可变的	作为完全成本核算	计划直接成本 +计算出的成本岗位计划成本	雇员偏差	:::	:::
:::	:::	:::	作为变动成本核算	计划直接成本 +按照比例计算的成本岗位计划成本	固定的计划成本	成本岗位消耗偏差	:::

资料来源:Kilger(1987,第 121 页)。

图 4.51 从偏差分析视角看成本核算的发展形式

在计划值与实际值比较之后是偏差分析,它试图研究绩效产生过程中的相互关联,从而找出引起偏差的因素,并提出必要的应对措施。图 4.52 展示了偏差分析的基本体系。销售额与成本偏差是两个最主要的偏差,它们可以回溯到很多其他偏差,它们的划分程度越来越细致(Coenenberg,Fischer & Günther,2012,第 453 页)。

在大众汽车集团,每年的经营成果都要与下一年的结果一同进行偏差分析(参见图 4.53)。

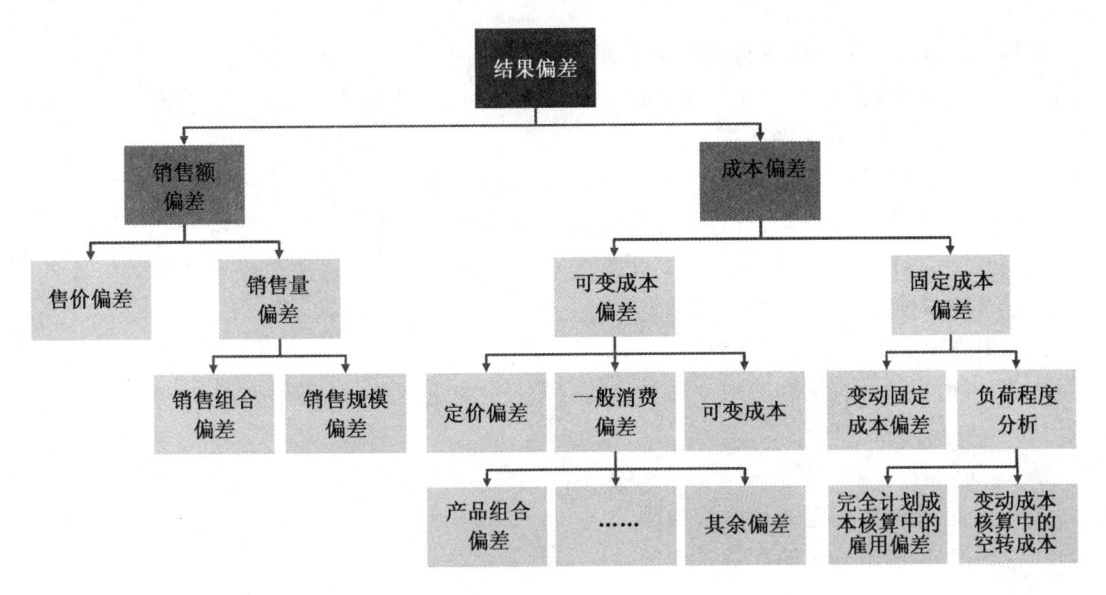

资料来源：Coenenberg，Fischer & Günther(2012，第454页)。

图 4.52　偏差分析的基本体系

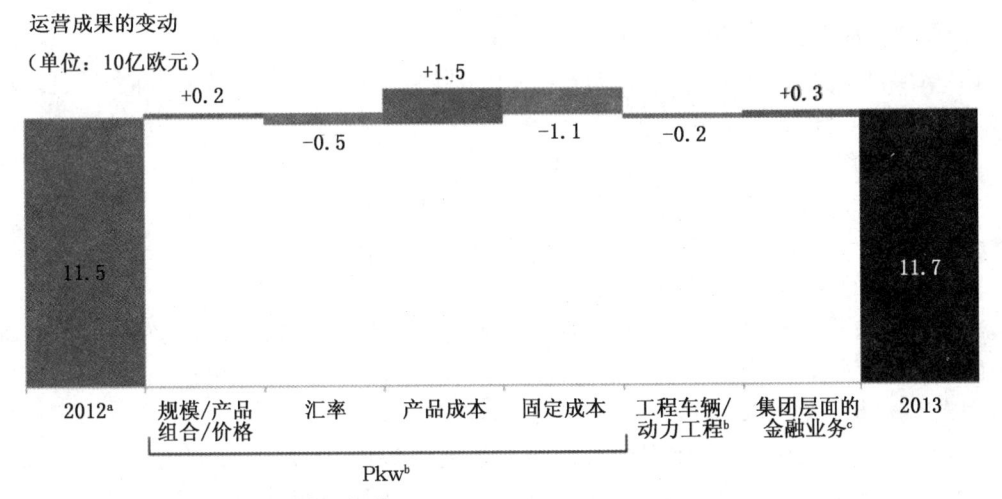

资料来源：http://www.volkswagenag.com。

图 4.53　大众汽车集团 2012～2013 年的偏差分析

a. 上一年的数据根据ISA19进行了调整
b. 包含购价分配，不包含金融服务
c. 包含购价分配

4. 收入核算

收入就是销售获取的价值（数量乘以价格），收入核算是绩效核算的一部分，内容包括收入核算、存货核算、企业内部绩效核算（Männel，1993）。

与成本核算相比，总是忽视绩效核算。收入核算是短期效益核算的基础。

在成本方面，人们通常可以对价值使用进行细分，但在价值产生方面，人们却几乎不能对收入进行细分。

因此,设置成本及绩效核算系统最重要的挑战在于,至少要对收入种类及范畴进行较为细致的划分。因此,销售优惠是定价策略的一个重要方面,对特定产品来说,这一部分甚至可以达到总收入的50%(参见图4.54)。

5. 短期效益核算

短期效益核算的任务是:计算一年以内的经营成果并对其原因进行分析(Kilger,1987,第482页)。一年以内包括季度、月份、十天或一周。短期利润核算建立在成本和绩效核算的基础上,它有很多种计算方法(参见图4.55)。

(1) 用完全成本法核算短期收益

人们将销售额减去用制造成本计算出的存货变化之总成本,就得到收益(成本类型导向)。完全成本法具体做法如下:

　　　期间收入
＋　由制造成本确定的存货增加额
－　由制造成本确定的存货减少额
＋　借记的自己提供的劳务
－　根据成本类型确定的期间总成本

＝　正/负的企业经营成果

(2) 用销售成本法核算短期利润

这里思路是:用销售量减去单位总成本的值乘以销售数量(成本归集者导向),销售成本法具体计算方式如下:

　　　期间销售收入
－　售出产品的成本

＝　正/负的企业经营成果

完全成本法要求在结算日当天对库存进行清点。因为成本已经被划分为多种类型,收入并不能与之对应起来,因此这时并不能对经营成果进行分类,完全成本法还不是一种切实可行的短期成本核算方式(Kilger,Pampel & Vikas,2012,第554页)。

与完全成本法相比,销售成本法有两个明显的优势(Kilger,Pampel & Vikas,2012,第554页):首先,收入和成本可以分别按照成本对象进行细分(如根据销售领域、顾客等),这就可以对经营成果进行更加详细的分析;其次,可以免去费时费力的存货盘点。

但需要注意的是:基于完全成本的完全成本法将固定成本按比例划分,这可能导致管理过程中出现错误决策。完全成本核算的缺点可以由基于边际成本基础的销售成本法加以规避,这种方式采用的是边际贡献核算结构(参见表4.53中的例子)。

主要绩效的基础收入	
特别定制的额外收入	编制报表时的数据处理
少量订单的额外收入	
额外收入	
主要业务的总收入	
额外服务的额外收入	
运输包装的额外收入	
其他额外收入	
辅助业务的额外收入	
主要与辅助业务的总收入	
功能性折扣	
与数量有关的批发折扣	
自提折扣	
其他折扣	
收入的直接减少	
收入的间接减少（免费运送也是一种折扣）	
收入减少	
除去收入减少部分之后的净收入	
退货	在编制报表与获得收入/退货期间的数据处理
顾客的现金折扣	
坏账	
优惠价格	
赔偿费	
违约金	
汇率变化	
其他直接与销售活动相关的收入	
直接与销售活动相关的收入	
暂时净收入：	
目前的收入减去直接与销售活动相关的优惠	
优惠	期间结束时的数据处理
其他只涉及会计期间的收入	
只涉及会计期间的优惠	
暂时净收入：目前的净收入减去只涉及会计期间的优惠	
更正计算错误	最终收入的确定
更正会计记账错误	
更正收入	
最终的净收入	

资料来源：Männel(1985，第 15 页)。

图 4.54　收入与优惠的分类

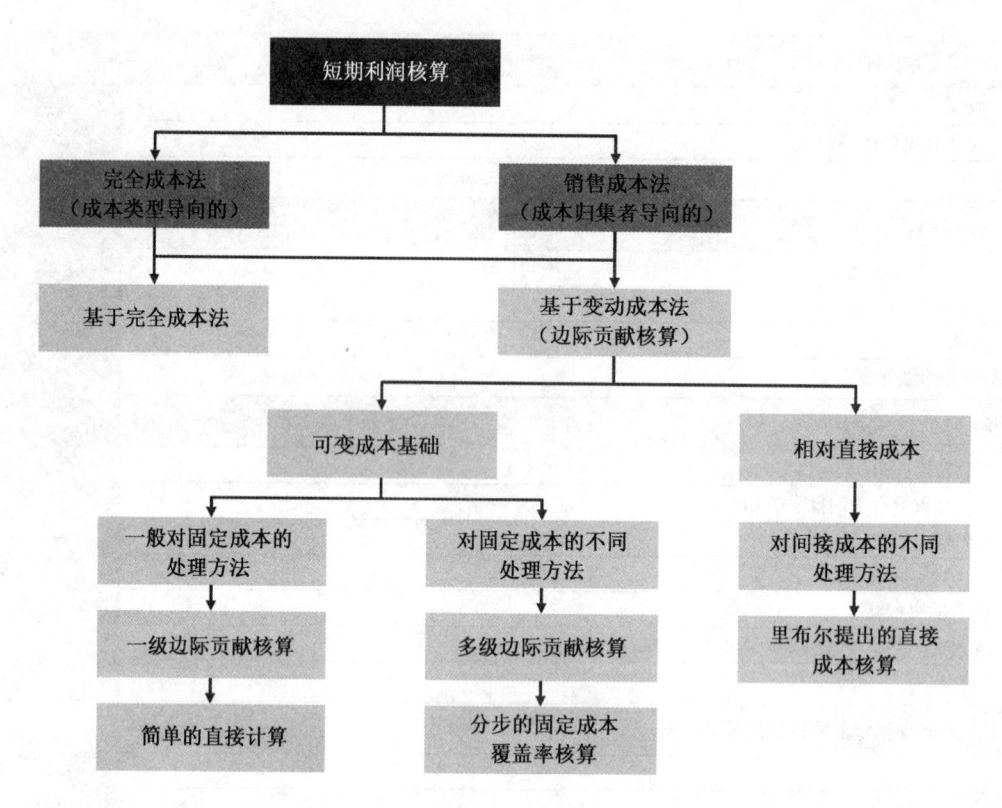

```
                        ┌──────────────┐
                        │ 短期利润核算 │
                        └──────┬───────┘
                   ┌───────────┴───────────┐
              ┌────┴─────┐           ┌─────┴─────┐
              │ 完全成本法│           │ 销售成本法 │
              │(成本类型 │           │(成本归集者 │
              │  导向的) │           │   导向的) │
              └────┬─────┘           └─────┬─────┘
                   │                       │
          ┌────────┴────────┐              │
          │ 基于完全成本法  │      ┌───────┴────────┐
          └─────────────────┘      │ 基于变动成本法 │
                                   │(边际贡献核算) │
                                   └───────┬────────┘
                                ┌──────────┴──────────┐
                         ┌──────┴──────┐       ┌──────┴──────┐
                         │可变成本基础 │       │相对直接成本 │
                         └──────┬──────┘       └──────┬──────┘
                          ┌─────┴─────┐               │
                   ┌──────┴──┐  ┌─────┴────┐   ┌──────┴─────┐
                   │一般对固定│  │对固定成本│   │对间接成本的│
                   │成本的    │  │的不同    │   │不同        │
                   │处理方法  │  │处理方法  │   │处理方法    │
                   └────┬─────┘  └─────┬────┘   └──────┬─────┘
                   ┌────┴─────┐  ┌─────┴────┐   ┌──────┴─────┐
                   │一级边际  │  │多级边际  │   │里布尔提出的│
                   │贡献核算  │  │贡献核算  │   │直接成本核算│
                   └────┬─────┘  └─────┬────┘   └────────────┘
                   ┌────┴─────┐  ┌─────┴────┐
                   │简单的直接│  │分步的固定│
                   │计算      │  │成本覆盖率│
                   │          │  │核算      │
                   └──────────┘  └──────────┘
```

资料来源：Coenenberg，Fischer & Günther（2012，第 217 页）。

图 4.55 短期利润核算的种类

表 4.53　　　　　　　　　　商品经营收益核算的例子

商品编号	销售量(个/月)	收入 欧元/个	收入 欧元/月	销售的计划边际成本 欧元/个	销售的计划边际成本 欧元/月	成本偏差 欧元/月	销售的实际边际成本 欧元/月	边际贡献 欧元/个	边际贡献 %	边际贡献 欧元/月
21	1 200	27.67	33 204	19.50	23 400	624	24 024	7.65	38.2	9 180
22	950	29.00	27 549	24.10	22 895	978	23 873	3.87	15.4	3 676
23	2 480	22.96	56 951	14.38	35 662	1 273	36 935	8.07	54.2	20 016
24	1 200	49.52	59 429	30.76	36 912	1 578	38 490	17.45	54.4	20 939
25	1 420	17.52	24 879	10.78	15 308	2 450	17758	5.02	40.1	7 121
26	1 050	21.04	22 088	13.21	13 871	1 033	14904	6.84	48.2	7 184
总和	8 300		224 100		148 048	7 936	155 984		43.7	68 116
31	1 040	44.80	46 592	30.20	31 408	680	32 088	13.95	45.2	14 504
32	800	77.36	61 887	41.73	33 384	1 620	35004	33.60	76.8	26 883
33	3 200	47.00	150 401	23.48	75 136	4 450	79 586	22.13	89.0	70 815
34	2 370	39.64	93 944	25.10	59 487	2 120	61 607	13.64	52.5	32 337
35	2 350	37.43	87 963	20.80	48 880	3 200	52 080	15.27	68.9	35 883
36	1 000	27.95	27 950	18.60	18 600	850	19 450	8.50	43.7	8 500
37	560	56.70	31 750	38.90	21 784	1 875	23 659	14.45	34.2	8 091
38	1 080	41.77	45 113	25.00	27 000	2 876	29 876	14.11	51.0	15 237
总和	12 400		545 600		315 679	17 671	333 350		63.7	212 250
41	1 200	50.83	60 997	28.11	33 732	1 690	35 422	21.31	72.2	25 575

续表

商品编号	销售量(个/月)	收入 欧元/个	收入 欧元/月	销售的计划边际成本 欧元/个	销售的计划边际成本 欧元/月	成本偏差 欧元/月	销售的实际边际成本 欧元/月	边际贡献 欧元/个	边际贡献 %	边际贡献 欧元/月
42	2 360	43.16	101 862	23.38	55 176	3 210	58 386	18.42	74.5	43 476
43	800	32.35	25 883	22.01	17 608	1 607	19 215	8.34	34.7	6 668
44	1 240	23.92	29 658	14.15	17 546	875	18 421	9.06	61.0	11 237
总和	5 600		218 400		124 062	7 382	131 444		66.2	86 956
总计	26 300		988 100		587 789	32 989	620 778		59.2	367 322
固定成本										279 320
不能加以归类的成本偏差										7 812
最终收益										80 190

资料来源:Kilger(1976,第443页)。

短期利润核算是预算活动框架下最核心的,对一年内的经营成果进行规划、操控与监控的方法。通过对边际贡献核算的设置,短期利润核算可以对经营成果进行多方评价,它是管理控制师评价企业经营成果的重要工具。

6. 盈亏平衡点分析

"通过降低盈亏平衡点和系统的复杂性和变体个数,我们成功地把固定成本长期保持在低位,以保证营利性增长,这比平均节省显然有优势。在经济危机以后,这样节省的成本又恢复到了以前的水平,由于我们缩短了过程、简化了进程,所以我们仍然能够长期保持固定成本的低水平。"

——玛格丽特·阿斯(Margarete Haase),道依茨(Deutz)股份公司财务、人事和投资者关系副总裁(Haas & Möller,2015,第129页)

在就业形势不好或经济动荡时,让管理部门快速得到有关经营活动的准确信息是十分重要的。这就要用到盈亏平衡点分析,它是管理控制师和管理部门交流信息时的常用工具,它可以清晰地展示出价格、成本和产量的变化对经营成果的影响(Coenenberg, Fischer & Günther,2012,第313页;Peters & Pfaff,2005,第109页)。

博世集团应用了这一方法,它分析的不是什么时候会出现盈利或损失,而是收入以及相应的销售数量达到多少时,固定成本和与销售数量对应的成本才能被覆盖掉(Poensgen,1981,第303页)。在美国的教科书中,它被称作"成本—销售量关系"。在最简单的情况下,盈亏平衡点分析呈线性关系,并且应用了图4.56的形式。图4.57显示,怎样通过杠杆改变盈亏平衡点。

当降低固定成本或抬高利润时,盈亏平衡点就会左移。因此,售价、变动成本和固定成本的变化都会对盈亏平衡点的位置产生影响(Robert Bosch GmbH,2013,第40页)。

很显然,盈亏平衡点分析是建立在边际贡献核算基础上的。盈亏平衡点通常应用于以下领域:

(1)盈亏平衡点的计算可以提供重要信息,即在按比例分配的成本和固定成本以及售价改变时,如果想要保证没有损失或者达到某一设定的利润目标,销售量要如何变化。在销售数量一定、成本及售价改变时,也可以计算出盈利的变化。

(2)成本以及价格的哪些变动能够达到盈亏平衡?

(3)确定目前的价格及数量变动是如何改变利润的。

(4)获悉一些方法上的改变(例如更高的固定成本和更低的可变成本)是怎样改变盈亏平

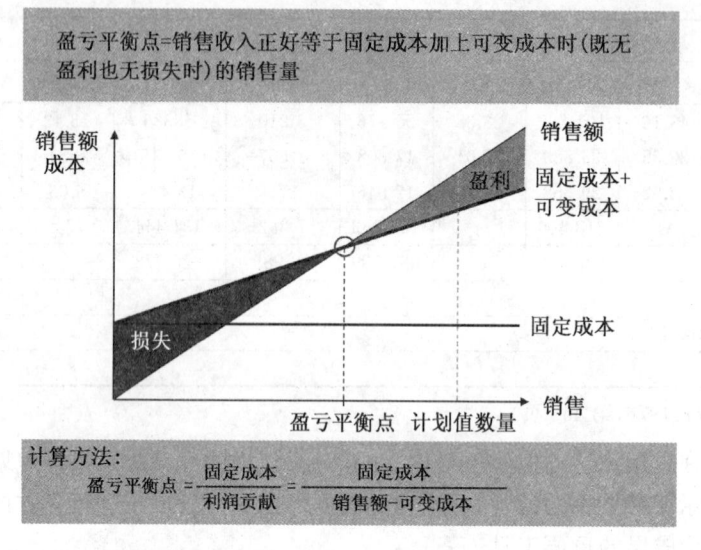

资料来源：Robert Bosch GmbH(2013,第39页)。

图 4.56　盈亏平衡点

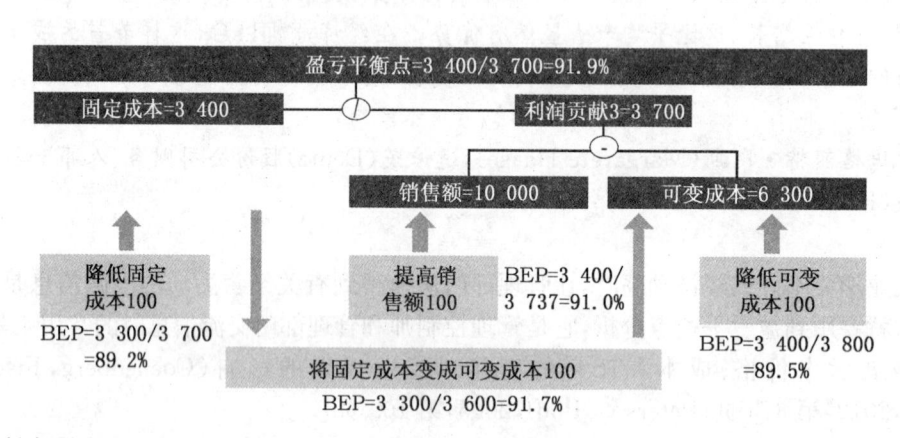

资料来源：Robert Bosch GmbH(2013,第40页)。

图 4.57　盈亏平衡点的影响因素

衡点以及利润的。

以上讨论都是基于如下假设(Poensgen,1981,第308页)：(1)只有一种产品；(2)所有的成本和价格都是已知的；(3)价格和产量无关；(4)成本被划分为固定成本和可变成本；(5)成本和产量无关；(6)不存在成本延迟。

这些批判的声音导致霍恩格伦(Horngren,1982,第61页)做了如下阐述："盈亏平衡点分析法可以被视为一把切肉刀,只能大致解决问题,而不是手术刀。"但是,通过扩展这个基础模型,可以将盈亏平衡点分析法加以完善(如生产多种产品的企业)。人们使用每个产品单位的平均成本及收入,或者按照边际贡献的高低将产品种类进行排序,进而分析成本及收入的具体情况[参见图4.58中的例子,以及Schweitzer & Troßmann(1986)]。

7. 会计学中的趋同性

众所周知,由于不同的会计核算目标,在内容和时间上,成本和绩效核算以及费用和收益

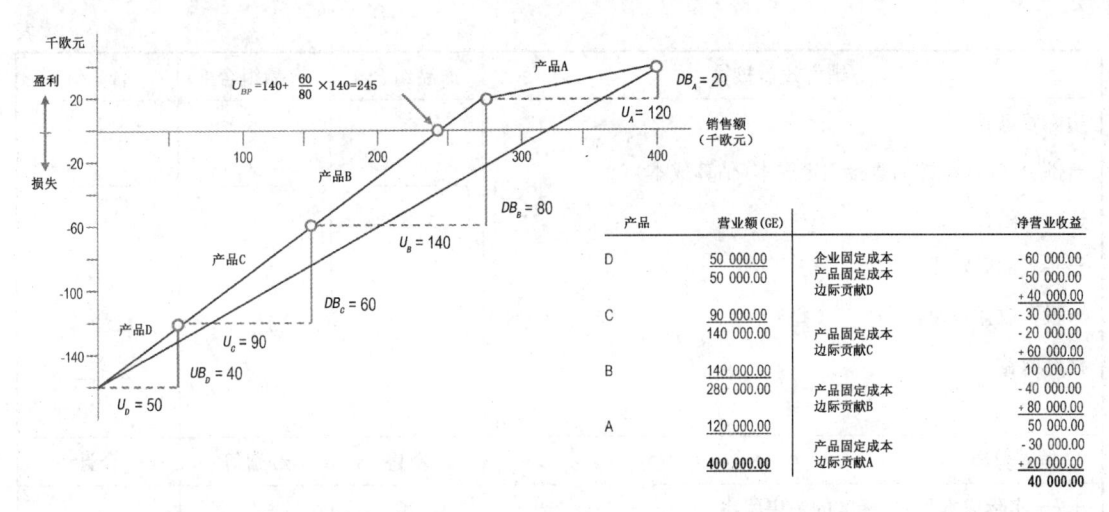

资料来源:Coenenberg,Fischer & Günther(2012,第343页)。

图4.58　对一个生产多种产品的企业进行盈亏平衡点分析

核算有所不同。出于层次清晰性和经济效益的原因,在会计分支中要有明确定义的交接处和过渡,这一点对管理实践很重要。实际中的问题很复杂,在对外的费用和收益核算方面通常有如下区分:(1)商法的费用和收益核算;(2)根据所得税法的费用和收益核算。

在对内的成本和绩效核算方面也有如下区分:(1)完全或变动成本核算;(2)实际成本核算、标准成本核算和计划成本核算。

基于以上区分可以认为,现今的诸多企业仍使用尚未成熟的成本和绩效核算系统。我们接下来的论述将展示,这两个系统领域常常需要完整的过渡系统,而不是单个的过渡。

我们想要借助一种特殊相关的方式举例说明这个问题:内部主营业务效益和商法年度利润之间的过渡,管理控制师内部会计的效益会过渡到资金经理的资产负债表效益上(Blazek,1986,第74页)。本质区别在于,在基础的内部经营业绩核算中,会估算到可变的销售成本,在利润表中会根据费用种类划分涉及某一年度的全部费用。下面来具体考察细节内容(参见表4.54)。

表4.54　内部效益(经营效益)和商法资产负债效益间的调整过渡

1. 销售效益核算	产品组合1	产品组合2	合　计
已出售的单位	×	×	×
核算价格的销售量	×	×	×
－标准销售优惠	×	×	×
＝净销售量	×	×	×
－标准的销售边际成本/复核的销售边际成本	×	×	×
边际贡献Ⅰ	×	×	×
－商品(组合)的直接促销固定成本	×	×	×
边际贡献Ⅱ	×	×	×
－部分/绩效监控的直接固定成本(直接成本)	×	×	×

续表

1. 销售效益核算	产品组合1	产品组合2	合　计
边际贡献Ⅲ	×	×	×
一部分/绩效监控的直接固定成本(估算成本)	×	×	×
边际贡献Ⅳ	×	×	×
一一般的固定成本			×
一投资收益率目标			×
标准收益			×
2. 偏差分析	销售	经营等	合计
+/一实际成本偏差/标准的销售优惠	×		×
+/一成本岗位成本的使用偏差	×	×	×
+/一材料量的偏差		×	×
+/一材料价格偏差		×	×
+/一方法偏差		×	×
经营收益	×	×	
(企业收益)			×
3. 调整过渡			合计
+/一产成品和非产成品库存变化的固定成本			×
+/一借记自行生产绩效的固定成本			×
+/一其他评估差异			×
+/一资产负债表/估算折旧			×
+/一实际成本/估算的社会福利成本			×
+/一财务会计的时间限制			×
+/一准备金和价值调整的计提和冲减			×
+/一对投资收益率目标的利息和税收支付			×
+/一效益无关的支出和收入			×
+/一资产负债效益(年度利润)			×

资料来源：Blazek(1986,第73页)。

在对生产成本的商法核算中,完成和未完成的产品都基于完全成本进行评估,这包括生产中按比例分摊的固定成本。经营效益核算基于可变的生产成本,经营效益按固定成本的比例而下降,库存减少时的效益高于利润表效益。需要对此进行相应的加减修正。

(1)相同的考虑方法也对自己生产的设备有效(借记企业自行生产的绩效)。

(2)由于许多不同的经营业绩核算和年度结算评估原则会产生更多的差异,因此在经营业绩核算中加入估算成本是很重要的。在年度结算中,允许仅使用有效的实际成本以及会计规定的价值(例如,资产负债表上的折旧)。

(3)在不同时间的成本和销售界定中,可以对两者进行进一步的调整。

(4)在准备金和价值调整的计提和冲减中,也可以得出不同区别。

(5)积存的债务资本利息和收益税必须与经营业绩核算中的资本业务目标(投资收益率目标)进行比较。

(6)最后还要考虑非营业支出和收益。简单阐述的过渡形式很大程度上取决于会计的组织(一循环或二循环系统)。根据不同的经营情况(例如国际性大企业)会建立复杂程度不同的形式。

"不同信息目标有不同的会计核算"这一经典的原则,导致在大企业中有着极其复杂的总会计核算体系。不同业绩概念使得管理中存在杂乱无章的现象(中小型企业会出于简单化的原因而大多数采用税收上的费用和收益核算)。从更简单明了的意义上说,现今更多采用法律硬性规定的外部会计核算体系进行内部(部分)调整。在企业外部受众的信息供给框架下,自2005年1月1日起,欧盟出台了1606/2002规定,在交易所上市的欧洲公司有义务将公司的会计核算与国际财务报告准则保持一致。

位于伦敦的国际会计标准理事会经常修订并更新资产负债表的准则。除了国际财务报告准则,在国际领域还有美国通用会计准则,这对在美国交易所上市的公司有重要意义。由美国资本市场发展而来的会计准则,由美国财务会计准则委员会进行修订。因为国际会计标准理事会致力于得到美国资本市场的认可,所以两家标准协会在标准的进一步发展上进行合作。国际财务报告准则和美国通用会计准则展示了超国家范畴的会计标准框架,也替代了越来越多的国家规定,例如至今权威的德国商法规定。

德国商法准则主要针对外部信息需求提供工作报告,有很强的债权人导向意识,国际财务报告准则主要针对不同的内部信息需求接收者(International Group of Controlling,2006;Biel,2004,第12页;Weißenberger,2005,第186页;Weißenberger et al.,2003,第7页),尤其是已经存在的和潜在的投资者,这不仅仅是资本市场全球化引发的要求(Weber,2004,第180页)。

根据国际财务报告准则,在风险收益率平衡的视角下,资产负债表使得投资人能基于已经发布的财务信息优化投资组合,这等于给出企业的经济描述,这也在管理控制师的任务特征范畴内。国际财务报告准则的经济方面,反映出针对市场价格的资产与负债评估,这导致评估原则和会计准则有更多的经营特征。表4.55总结了国际财务报告准则的这一经济基准。

表 4.55　　　　　　　　　国际财务报告准则中的经济基准

会计评估原则	国际财务报告准则内的理解	国际财务报告准则内的实施	国际财务报告准则的经济基准
风险报酬方法	核算问题的解决方案从对机会和风险的归类到每个相关的事实情况	例如细分市场的界定(《国际会计准则第14号》) 例如与金融租赁标的物相关的机会和风险金融租赁认证(《国际会计准则第17号》)	决策方案的发现是基于行为选择的机会和风险的权衡。一旦选择其中的一种,行动者就必须承担相应责任

续表

会计评估原则	国际财务报告准则内的理解	国际财务报告准则内的实施	国际财务报告准则的经济基准
资产负债表核算	资产的价值是可供使用的资源,其使用价值会在未来流入企业	例如资产定义(国际会计准则框架) 例如借记的自行生产非物质资产价值(《国际会计准则第38号》) 例如针对资产负债的评估,例如在准备金方面(《国际会计准则第37号》)	所有权属于资产价值的所有人。也就是说,他可以使用或者破坏或者转让资产,他有权得到相关收益
考虑即时价值的资产负债表核算	资产的价值和负债不被评估为购置成本,而被评估为即时价值	例如金融工具评估(《国际会计准则第39号》),不动产收益率(《国际会计准则第40号》) 例如实际非物质资产价值的重新评估(《国际会计准则第16号》《国际会计准则第38号》) 例如计划外的折旧需求核算(《国际会计准则第36号》)	即时价值反映与所有市场参与者的知识和期望相关的事实或者理想市场价值。对完全市场假设下,则对应了基本货品的使用和消费潜能
收付实现原则	如果可能的话,给出生产过程的实际经济效益和实际支付	例如即时资产负债表核算(同上) 例如在风险下降假设下实现销售额的收付值(《国际会计准则第18号》)	决策就是在给定时刻来评估某一期待的效益
配对原则	费用和效益按时间分类,某一年度费用描绘的资源损耗与效益产生出的销售量相对	例如借记开发支出(《国际会计准则第38号》) 例如在长期生产框架下的部分盈利实现(《国际会计准则第11号》)	对生产过程的经济评价来说,已经耗用的资源价值与生产效益相对
经营范围限制界定	在效益核算中,非计划的和经营外的事件不能部分单独入账	例如国际财务报告准则框架下的收入支出和得(计划内/经营)和损益 例如纯粹评估事件的部分效益无关的结算,例如重新评估(《国际会计准则第16号》《国际会计准则第38号》)	计划外以及经营外的事件是不可控的突发事件,会妨碍对可控性的估算效益的推断,以及未来效益的预测

资料来源:IGC(2006)。

案例

根据国际财务报告准则,博世集团公开年度核算,因此,与标准相对应的记账价值在全世界范围内可供所有法人使用。内部报告使用的这些价值也用于企业税收。业绩核算以外部投资者的决定有效性标准为基础,而不是以内部税收目标的激励有效性为基础。由此,内部和外部会计系统保留一些不同之处(Robert Bosch GmbH,2013,第6页)。

****

根据国际管理控制集团的分类,国际财务报告准则的核算与管理控制存在两个交接点,在这两点上,国际财务报告准则的财务报告与管理控制工具紧密连接。这被视为管理理念和嵌入式会计核算(Weißenberger,2005,第186页;International Group of Controlling,2006;图4.59)。

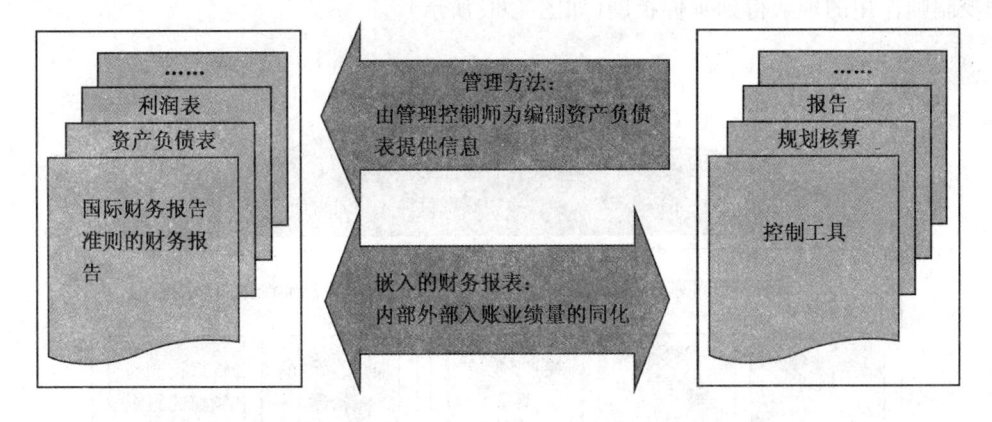

资料来源：International Group of Controlling(2006)。

图 4.59　国际财务报告准则的经济基准

"透过管理者的眼睛"对企业的描述是国际财务报告准则框架下许多规则的基础(International Group of Controlling,2006)。这意味着,与决策相关的内部税收信息也供外部受众使用。管理控制师接手了信息服务人员在资产负债表目的上的额外功能。

管理方法以两种不同形式得到运用：一方面,可以使用内部数据以及直接运用财务报告的任务结构；另一方面,可以将信息间接从管理控制师领域的数据中引导出来。否则,附加提供的外部会计信息不涉及任何管理方法的运用。

另外,在管理实践中,能观察到内部和外部会计系统的融合,仅通过调整来实现内部和外部业绩数据的一致性(Lingnau & Jonen,2004,第 11 页；Wussow,2004,第 65—68 页；Bruns,1999,第 595 页；Küting & Lorson,1998,第 490 页)。为了使规划、操控和监控目的的核算业绩与财务报告业绩之间具有尽可能高的一致性,就要最大限度地放弃企业层面上估算要素的估价,其他前提条件有嵌入式账户系统分类的使用和统一的结算与评估方法。内部业绩核算的报告形式和操作层决策上的估算数据一体化仍继续存在。

企业经营实务中存在两个维度的财务报告编制一体化：第一维度是内容上的一体化程度,它以必要头寸的数量展示出内部业绩数据到外部业绩数据的过渡。第二维度是组织上的一体化程度,它展示出企业内等级化的一体化程度：从企业集团最高领导层到各个成本岗位。

国际管理控制集团(2006)推荐一种内外会计系统的部分一体化,它拟定了集团层面上一种完整一体化的会计制度,也涉及从中层的过渡核算到基于成本岗位估算内部财务会计,这是一个不断向最低等级阶层推进的非一体化过程。

完整合并的缺点尤其支持部分一体化,这特别适应于国际财务报告准则投资者导向的观点,所以具体规则可以与管理控制的兴趣相反。在内部经济研究框架下,从市场价格得出公允价值能出现偶发的变化,这些变化与最初的营业范围发展与实际的管理成效没有直接关系(Wagenhofer,2005,第 52 页；Weißenberger & Blome,2005,第 11—15 页；Beißel & Steinke,2004,第 69 页)。

内部报告与资产负债表核算紧密连接的两方面导致会计学范式的变化,因而对管理控制有重大影响(Biel,2004,第 20 页,第 110 页),管理控制工具也必须满足对财务报告的信息需求。

总体来说,管理控制师的范式保持不变,但由此引导出的作用范围和关于内部会计方面的管理控制师作用的理解得到延伸扩展（如图 4.60 所示）。

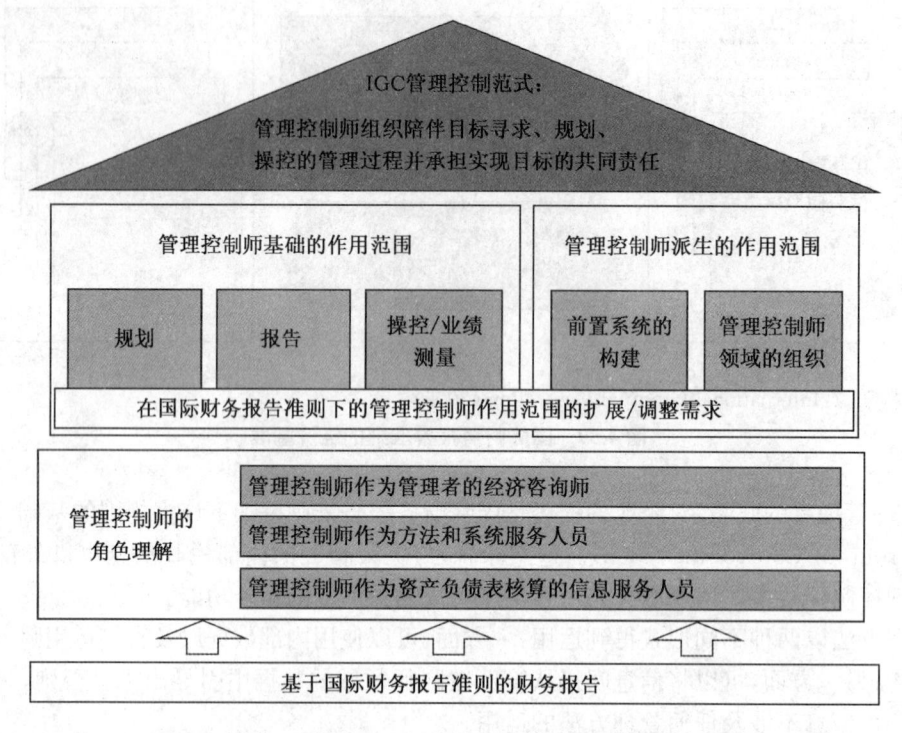

```
                    IGC管理控制范式：
           管理控制师组织陪伴目标寻求、规划、
           操控的管理过程并承担实现目标的共同责任

   管理控制师基础的作用范围        管理控制师派生的作用范围

   规划    报告   操控/业绩         前置系统的      管理控制师
                  测量              构建           领域的组织

      在国际财务报告准则下的管理控制师作用范围的扩展/调整需求

   管理控制师的    管理控制师作为管理者的经济咨询师
      角色理解    管理控制师作为方法和系统服务人员
                 管理控制师作为资产负债表核算的信息服务人员

                  基于国际财务报告准则的财务报告
```

图 4.60　通过《国际财务报告准则》，管理控制师在角色理解和作用范围上的变化

在规划中，从管理方法到基于净现值法的价值核算来看，中期财务和现金流规划是重要的（《国际会计准则》第 36 号"对长期的实物和非物质资产"以及《国际会计准则》第 3 号"对企业所获得的商誉进行损失测试"）。

规定给出了有关现金流规划构建的详细过程，它以上述一种评估为基础。另外，要提供来自中期业绩规划的信息（《国际会计准则》第 12 号"递延所得税的保值性"）、来自项目估算的预测价值（《国际会计准则》第 11 号"项目总额估计"和《国际会计准则》第 38 号"研究与发展核算的重新检测"）以及针对管理控制师价值报告的可信度说明。整体财务报告编制不仅涉及实际成本，还涉及计划核算。还有，除流量和存量之外，在价值导向的研究框架下，必须对中期核算规划必要的要素进行规划。预先确定追求的一体化途径，得出直到哪一层面相关的调整是必要的。

在报告制度中，尤其在企业分部报告中，企业领导层面的报告结构信息对国际财务报告准则的资产负债表核算是重要的。对管理控制师来说，还有其他的作业领域：(1) 来自设备会计的信息（《国际会计准则》第 16 号"确定使用期限"）；(2) 项目估算（《国际会计准则》第 11 号"在长期生产订单方面部分盈利的实现"、《国际会计准则》第 38 号"研究和发展支出的借记"）；(3) 根据销售成本法的内部业绩核算（Krimpmann，2005，第 10—14 页）以及风险报告（《国际会计准则》第 39 号"金融工具的核算"）。

在报告制度内，一体化特别涉及报告格式的协调（在 IFRS 下运用销售成本法）和过渡核算的制定。另外，会产生新的报告要素，例如，在内部操控中使用公允价值。对内部操控来说，从管理方法角度看，内部调整价值指标是重要的。如果提供这些国际财务报告核算，投资者要求公开它们和流量以及状态值的关系。在一体化视角下也要去探究,当管理层的奖金基于价值导向指标时,在这些价值指标的核算中,应该在何种程度放弃使用国际财务报告准则,尤其在市场公允价值方面,它违反了控制能力的准则。

控制领域的组织必须以拥有充分的国际财务报告知识为保障,管理控制师必须拥有相应的国际财务报告准则知识,他们自身专业知识重点和专业能力的一致很有意义。另外,管理控制和报告部门的合作也是必要的,财务报表编制的一体化最终会落实到管理控制和报告部门的组织一体化上。

8. 指标、指标体系和转移价格

(1)分权作为信息不对称的结果

随着企业规模和复杂性的不断增加,产生了信息不对称。在下属部门,员工可以拥有比企业总部更好的信息状况。为了将集团必要却无法实现的信息交流控制在一定范围内,这将导致决策的不断分权。

规划和监控系统能实现多种集权化和分权化混合类型的制定,在达到业绩目标的协调上,它能在每个集权化和分权化程度的方面发挥作用。在管理控制实践中,预算编制是重要的业绩目标设置工具。

在信息供给方面,为能优化实现目标,即整个企业在决策不断分权化下的业绩,有两个特别方面值得考虑:①在这样的方式下,整体业绩目标分解成部分目标,以便下属单位能在优化整体目标前提下工作(指标和指标体系);②在生产能力不足的情况下,企业内部绩效的转移必须通过整体优化意义上的业绩控制来进行评估(转移价格)。

这里提及的任务不会通过单个作业或过程协调的信息来完成,需要一定的工具,它们的任务是使得企业能够面对多层次的业绩目标。

管理实践中组织的结果是大企业不断增强的部门化(Poensgen,1973;Eisenführ,1974,第826页),这本身就有重要的问题要解决:①在考虑出现协调和监控问题下,对业务范围的界定;②通过确定实质权力,制定业务部门的自主性;③业务部门领导层的挑选;④业务部门和总部间相互合作的规划和监控过程;⑤对业务部门的效益标准,业务部门的行为完全取决于该定义;⑥激励系统的选择:按照下属组织单位领导的决定能力范围,分成若干责任中心(参见表4.56)。

表 4.56 负责部门的种类(责任中心)

中心类型	责任和业绩评估范围
成本中心(多数是生产部门,部分内部服务中心)	负责绩效生产的效率,业绩评估基于相关成本。不存在对雇员的责任。
收入中心(多数是市场部门)	负责销售量,但不对生产成本负责,因为生产成本产生在其他部门
利润中心(具有广泛经营决定权的部门)	负责利润,既对销售量负责也对成本负责
投资中心(具有广泛投资决定权的部门)	负责投资回报或者留存收益

资料来源:Ewert & Wagenhofer(2014,第393页)。

决定能力的范围取决于任务的类别、其他组织单位和企业领导风格、独立自主性程度等因素(Shillinglaw,1992)。原则上,部门可以作为利润中心或投资中心,也就是说,他们负责企业部门的利润和经济效益。

(2)指标

指标应当描述浓缩的、数量上可测的重要相关性。一种特别的指标小组组成定量目标,尤其是企业的业绩目标。指标属于管理控制师的典型工具,借助指标能以满足管理层的方式提供信息(领导信息)。对管理控制师来说,自然是货币的、涉及业绩目标的指标占重要地位。指标可以有信息和操控任务。表 4.57 对指标进行了细化,指标给出一个关于规划(目标量)和监控(实现量)的重要辅助工具。在经营实践中,有大量具有不同来源和说服力的指标(Radke,2001)。通常使用相对数,而不是绝对数:①结构相对数(部分与全部的比率,如固定资产比全部资产);②关系数(涉及两种概念不同的特征,例如利润比权益资本);③指数(两种相同性质特征相对数,以 100 为基数,如工资成本的发展)。

表 4.57   企业经营指标的类型

系统特征	经营经济指标的类型					
经营的功能	采购	仓储生产	销售	人力	财务	年度核算
统计方式角度	绝对数			相对数		
	单个数	总额	差额	平均数	关系数	结构相对数	指数
数量结构	总量			部分量		
时间结构	时间点的量			时间段的量		
内容结构	价值量			数量		
判断价值	独立判断价值指标			非独立判断价值指标		
会计体制的来源	来自资产负债核算表		会计	费用收益成本核算和统计的指标		
经济原则要素	投入价值		业绩价值	投入和业绩价值间关系的标准		
陈述领域	整体经营指标		部分经营指标			
规划角度	计划指标(以未来为导向)			实际指标(以过去为导向)		
参与的企业数量	单个企业指标		企业集团指标	行业指标(系数)		整体经营指标
计算范围	标准指标			企业具体指标		
企业经营的绩效	经济指标			财务安全指标		

指标的信息任务尤其通过指标间比较来实现,既可以进行内部经营比较(例如不同部门的比较);也可以进行平行经营比较(例如与另一个公司的一个部门比较)。

指标比较的进一步发展推出了标杆分析法(参见 4.5.2.4 节):①使用时间比较(不同时间段的相同指标比较)。②目标实现比较(某一时间段目标数和实现数的比较):出于简化数据制定的考虑,许多实际的指标都建立在年度核算数据基础上。一个重要的指标投入领域是资产负债表分析。与财务业绩和流动性相关的指标有以下两个主要缺点:没考虑到对评判业绩数据和操控以及绩效测量来说非常重要的实物目标维度;完全忽视通过质量和时间角度表达出的市场和顾客导向性。

这是不断运用非财务指标的原因,这些指标是对业绩管理指标的补充,它们通常基于顾客分析和调查(例子参见表 4.58)。

表 4.58　　　　　　　　　　　不同功能部门的质量测量

功能领域/部门	计量单位的举例
产品研发	以月为单位的新产品研发时间
采购	由于质量较差,每美元材料购买的补订成本
生产	由于质量较差,每美元的总计生产成本
物资管理	以百分比为单位的缺货数
销售	以百分比为单位的取消订单
应收账款项目	以销售额的百分比为单位的应收项目
财务会计	以百分比为单位的记账错误
客户服务	以服务投入的百分比为单位的重复索赔

资料来源：Juran(1993,第 180 页)。

　　管理控制还未解决的一个重要问题是,非货币业绩指标的测量(质量改善会不会导致更好的业绩,这在战略上也是重要的)。

　　"当指标被用作操控目标时,指标则起到协调的作用"(Küpper et al.,2013,第 496 页)。建立在整体目标基础上的所有下属单位交易是这样实现的,每个单位获得与整体目标一致的目标预定值,这个目标值会引入将目标预定值特殊化和具体化的规划监控系统。

　　目标协调有两种方向(Küpper et al.,2013,第 497 页)：在涉及组织不同等级层的目标系统帮助下,垂直协调起到对下属单位操控的作用；借助水平协调,企业部门应该对部门目标的预定值进行操控。

　　垂直调控常常以"对象管理"的形式实行(Odiorne,1967)。对于"目标协商",在不同等级层上,每个组织单位都要协商作为计划基础的目标组合(货币和非货币的目标量),这些目标量是衡量组织单位或单个任务完成者的标准(绩效测评)。

　　在水平协调方面,是以下属组织单位的决策能力为出发点(与表 4.55 不同的责任中心比较)。基于整体业绩目标设立部门目标,三个条件很重要：①部门业绩必须可以归入每个单位；②在部门领导者中存在激励,使得部门业绩最大化；③部门领导者不允许操控业绩测量。

　　通过下属部门间绩效交换的转移价格,可以支持下属部门的操控。

　　一个重要的课题是,如何选择合适的目标评判不同部门的长期战略业绩。在管理实践中,人们尝试通过特殊竞争情形的指标来补充业绩量。在合适的激励和可操控性方面,这种挑选不是简单的行为。

　　在规划过程的所有阶段和等级中,指标被用作分析工具。借助指标,可以形成预定值并实施监控。

　　设置合适的指标体系属于管理控制师的重要任务。在指标体系设置方面,与指标体系相关的结构值得注意(Kern,1971)：目标系统；组织结构(组织机构、业绩责任、领导过程)；规划、操控和监控系统的构建。

　　为了有效使用指标体系并将其作为信息供给的一部分,在信息处理阶段方面,可以设置指标体系。这意味着,需要澄清有关信息需求、信息获取、信息整理和信息传播的事宜。

(3)指标体系

　　由于大量潜在的可选指标,以协调为目的的指标运用常常是混乱和矛盾的,因此有必要在关系层的角度下,将使用的指标分类(Küpper et al.,2013,第 471 页;图 4.61)。指标体系是处在一定关系中指标的有序总体,也作为整体来完整了解事实情况。

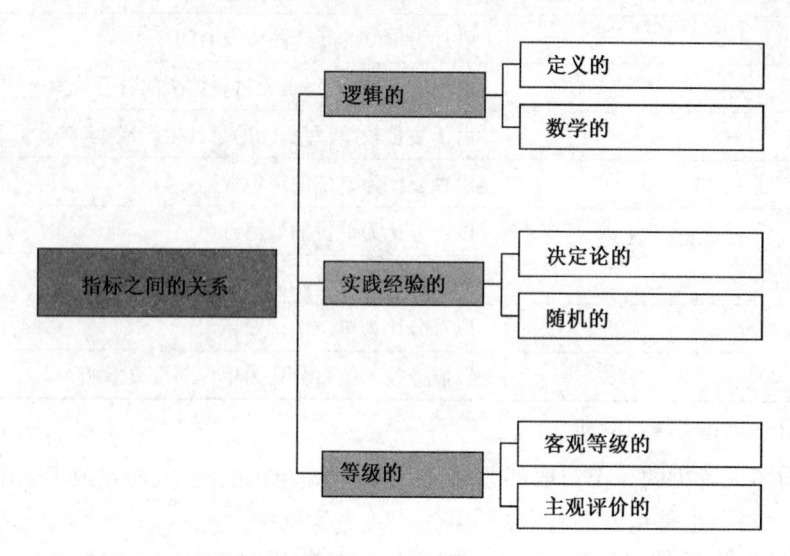

```
                        ┌─ 逻辑的 ──┬─ 定义的
                        │          └─ 数学的
                        │
指标之间的关系 ─────────┼─ 实践经验的 ─┬─ 决定论的
                        │              └─ 随机的
                        │
                        └─ 等级的 ──┬─ 客观等级的
                                   └─ 主观评价的
```

资料来源:Küpper 等(2013,第 473 页)。

图 4.61　指标间的关系层

通过定义(例如:利润＝收入－费用)或者通过数学变换(例如:$G/K = G \times U/K \times U = G/U \times U/K$)可以产生逻辑关系。经验关系来自于对企业实践的观察(例如,更多的研究开销表明收益率的提高)。

等级关系定义了指标的等级顺序。等级关系可以客观或者主观形成(例如,年利润是每月利润的总和;高的流动性比高收益率更重要)。

在管理实践中,指标体系有两种表现形式(ZVEI,1989,第 23 页):①分类系统按照确定的事实情况进行指标分类(例如企业的销售部门),涉及企业特定的方面;②核算系统基于指标的计算拆分,有金字塔式的等级结构。图 4.62 展示了核算的结构。

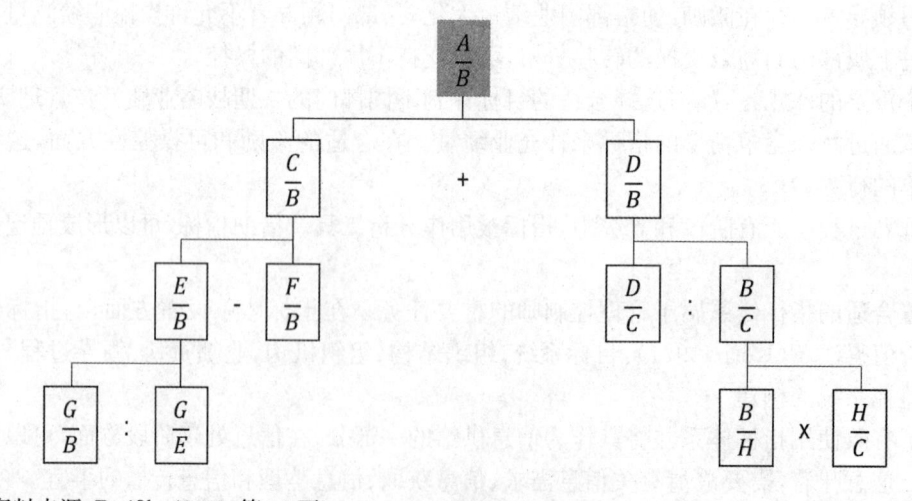

资料来源:Preißler(2008,第 18 页)。

图 4.62　指标金字塔的举例

在指标金字塔的构造方面，有一个最重要的内容就是顶层指标，它应当以简练的方式指出经营最重要的系统观点。在大多数情况下，选择业绩目标作为顶层指标。进一步的考虑涉及系统内有说服力指标组的形成，这些指标组能够了解到确定的部门信息（如资本结构、成本组成等）。

指标体系是一个对规划和监控有价值的协调性信息整理工具。当人们看到管理实践中的下列指标体系时，就必须看到它们的运用边界（Lachnit，1976，第219页）：①它们大多数为"单一目标"，不会考虑到实际的多目标性。②因为人们主要通过调整来适应年度核算数据，所以对于使用范围缺乏区别。经济效益作为顶层指标的系统是适合全局操控的，在下属组织方面却是不够的，这里还需要有部门特点的指标体系。③指标体系有这样的趋势，把"系统"这一概念限于计算形式。大多数的指标体系按照要素间的计算关系（不包括重要的、但不能定量的关系）排列。

拉赫尼特（Lachnit，1976，第224页）因而建议构建运用导向性的指标体系，后者有两种主要类型：①分析指标体系：通过将最终的事实情况一步步地拆分为要素，进而产生这个分析指标体系；②操控指标体系：构建原则是对企业目标位置特有的分解，作为事实特有分解的补充。作为预定值工具，该系统包括目标价值和目标偏差。

案例

在大众汽车集团，"集团生产指标体系"用于生产的绩效测量，自2006年来，它被大众集团的不同品牌用作集团范围内的指标构架。通过统一定义和计算指标，可以创造出一个"共同的事实"，这包括指标的自动生成、报告的统一编制和为了对偏差进行目标跟踪的统一进程。集团的单个工厂提供数据给品牌和集团总部的职能部门，通过体系交接点直接输入集团生产数据库。在那里可以收集指标，并对20个指标进行目标—实际值比较，为报告系统提供图表（Volkswagen AG，2013，第213页；图4.63和表4.59）。

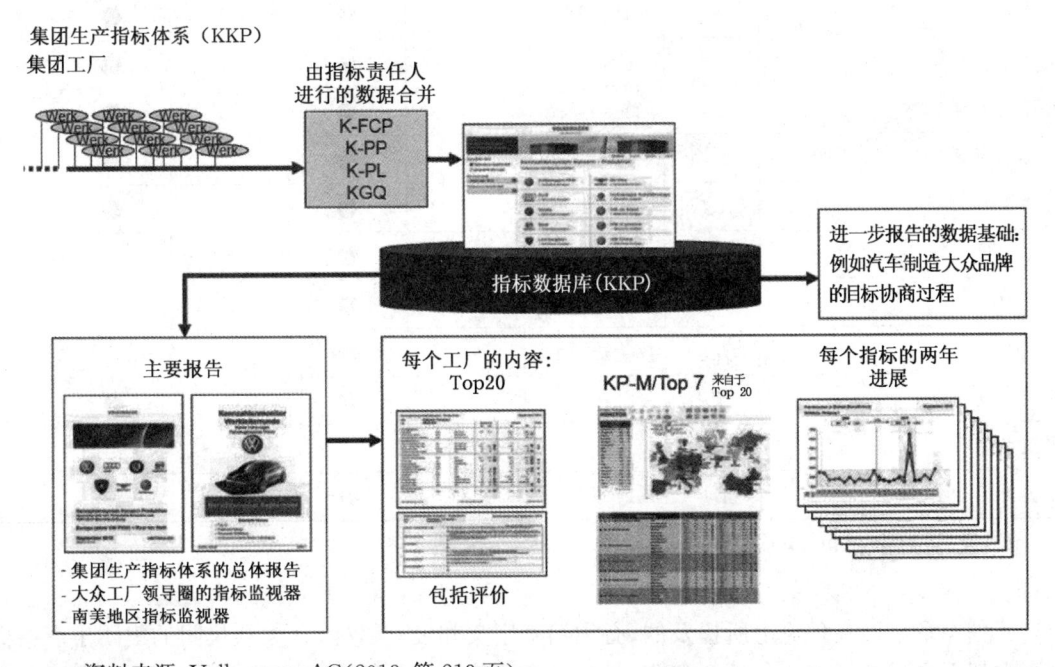

资料来源：VolkswagenAG（2013，第213页）。

图4.63 大众集团的集团生产指标体系

表 4.59　目标—实现值比较的指标

集团指标体系—生产					
工　厂	汽车产品	每个月		累积		趋势
^	^	实现	目标	实现	目标	^
财务观点						
工厂成本	工厂	百万欧元			●	
工厂成本(与修正目标相比)	工厂	百万欧元	●		●	
每单位工厂成本	工厂	欧元/单位	●		●	
每单位工厂成本(与修正目标相比)	工厂	欧元/单位	●		●	
投资利用率	工厂	%/百万欧元			●	
客户角度						
不启动 3 MIS	类型	SF/千辆车				
产生损害的情况 3 MIS	类型	SF/千辆车				
交易用时	类型	日历天数	●		●	
如实履行交易(包括预期)	类型	%	●		●	
过程角度						
			●		●	
容量(项目满足)	工厂	%	●		●	
AAS-EK 耗用时间	类型	小时/单位	●		●	
生产时间	类型	小时/单位	●		●	
生产率	工厂	单位/MA	●		●	
生产过程时间	类型	AT	●		●	
程序忠诚度 ZP8 精确到天	工厂	%	●		●	
直接运行率 ZP8	类型	%	●		●	
流通率	工厂	%	●		●	
ZP8 审计	类型	Note	●			
A 拒收	类型	数量/千辆车	●			
B 拒收	类型	数量/千辆车	●			
期间的储备	工厂	AT	●		●	
员工角度						
缺勤时间	工厂	%	●		●	

资料来源：VolkswagenAG(2013,第 215 页)。

****

　　正如本章已经在理论上所提及的，必须精确定义和设立目标，在大众集团的集团生产指标体系框架下可见这一点。与每个企业一样，大众不使用标准的指标名称。图 4.64 阐释了一个"耗用时间"指标例子。

所耗用时间（小时/辆）

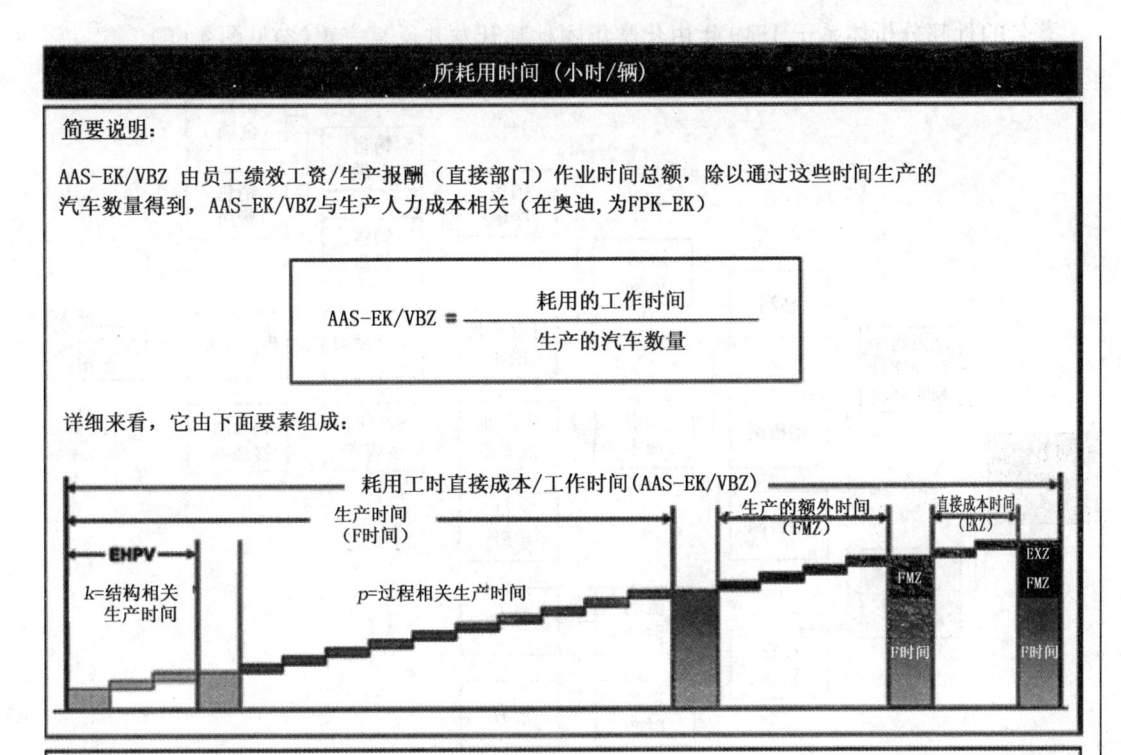

简要说明：

AAS-EK/VBZ 由员工绩效工资/生产报酬（直接部门）作业时间总额，除以通过这些时间生产的汽车数量得到，AAS-EK/VBZ与生产人力成本相关（在奥迪，为FPK-EK）

$$AAS\text{-}EK/VBZ = \frac{耗用的工作时间}{生产的汽车数量}$$

详细来看，它由下面要素组成：

耗用工时直接成本/工作时间(AAS-EK/VBZ)
- EHPV，$k=$结构相关生产时间
- 生产时间（F时间），$p=$过程相关生产时间
- 生产的额外时间（FMZ）
- 直接成本时间（EXZ）

目标推导：

根据K-PPI、品牌和地域进行耗用时间目标的协调。耗用时间的核算以小时/车为单位，通过每个车型的所有车辆组合进行。每年的耗用时间缺口是针对产品生命周期的递减曲线。

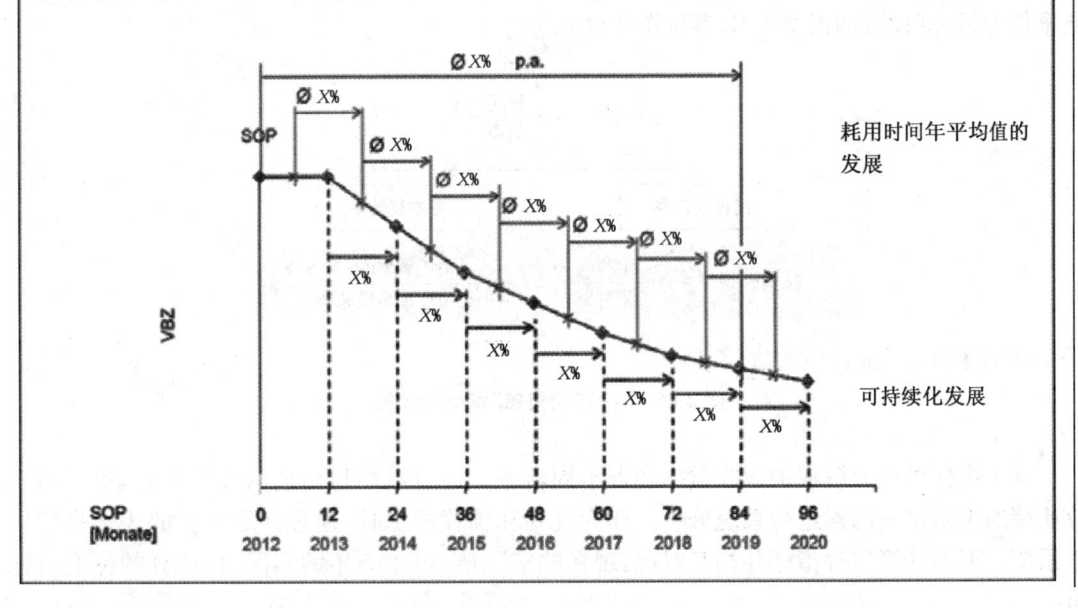

耗用时间年平均值的发展

可持续化发展

资料来源：Volkswagen AG(2013，第219页)。

图 4.64 大众集团"耗用时间"指标的定义

下面简单讨论一下管理实践中经常使用的三种指标体系：杜邦财务分析体系；ZVEI 指标体系；风险操控指标体系。

著名的杜邦分析体系于1919年由化学集团杜邦开发并反复完善(参见图4.65)。

图 4.65 杜邦指标体系

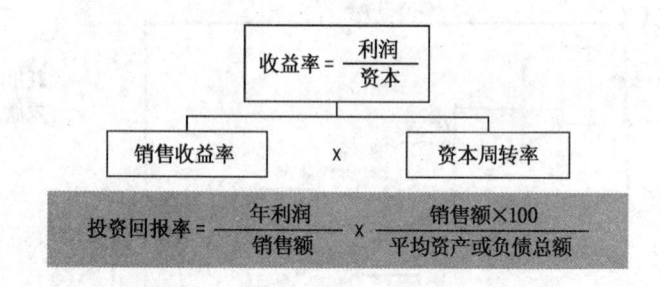

基本想法是,不把利润(一个绝对数)最大化作为企业追求的目标,而是把相对数总资本收益率作为目标(投资回报率RoI,参见图4.66)。

$$收益率 = \frac{利润}{资本}$$

$$投资回报率 = \frac{年利润}{销售额} \times \frac{销售额 \times 100}{平均资产或负债总额}$$

资料来源:Preißler(2008,第49页)。

图 4.66 "投资回报率"指标的计算

这个指标可以分解成销售收益率和资本周转率。通过最高目标值的计算分解,可以对企业业绩的主要影响因素进行系统分析。作为规划和预算的工具,通过计划指标的表述来使用该系统。下面计算三种指标并相互对比:现在的实际值;过去5年的实际值;预算的标准目标值。

投资回报率理念的优点如下(Zünd,1973,第127页):投资回报体系承担企业核算的收益目标;这种想法也适用于分权企业;在对象管理的意义上,把行动自由转让给部门领导;体系允许长期的部门绩效比较。

投资回报率的缺点如下(Zünd,1973,第128页):投资回报率的相对数不能反映出分子或者分母是否改变。在投资回报率公式中,没有考虑非借记的创新(例如研究费用),因而评估会不利于创新。针对部门的投资回报率会导致次优状态。有要求短期利润最大化的趋势。

杜邦体系首先起到分析作用。当针对部门进行指标分解时,借助该系统的帮助也不可能实现细节上的协调操控。

ZVEI指标体系克服了杜邦指标体系的单一目标设置问题。1969年首次公开的ZVEI指标体系,适应1989年《资产核算准则法案》对财务报表编制新规定,并在构建和结构上有所改善,实现两个目标:在规划方面,在指标的帮助下,可以定量表达出目标量;借助时间和经营比较,可以进行分析。

ZVEI指标体系包括下列两方面(参见图4.67):增长分析;结构分析。

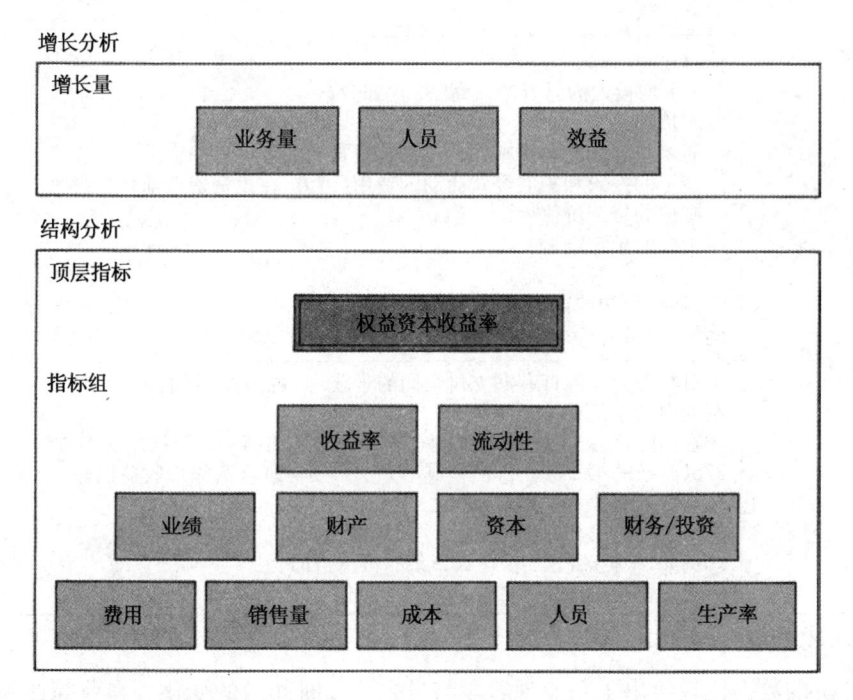

资料来源:ZVEI(1989,第43页)。

图 4.67　ZVEI 指标体系的结构

在增长分析中比较绝对数:订单状态、销售量、与销售相关的利息税收前业绩、年度利润、现金流(参见表4.60);一般商业活动的业绩、人员费用、价值创造、员工。

表 4.60　　　　　　　　　　"现金流占总资本的百分比"指标定义

ZVEI/BWA	指标定义	指标编号 103
项目	现金流占总资本的百分比(每年)	
使用	收益率的评判 现金流与平均投入的总资本之比: 尤其是来自一定会计期间内的业绩、折旧、储备金特别账目变化和退休准备金投资变化资金范围的确认、债务偿还、利润分发; 尤其是与投资回报率(指标102)的比较	
公式	=现金流×100/平均投入的总资本×360/观察时段(天)	

续表

ZVEI/BWA	指标定义	指标编号 103
公式含义	分子:现金流 《商法》第 275(2)条（总成本方法） 《商法》第 275(3)条（销售成本方法） 年利润/年赤字[①]（利润表第 20 项目——总成本方法） 　　　　　　　（利润表第 19 项目——销售成本方法） ＋经营年的投资资产折旧和对借记的投入和扩展经营活动的设备表折旧（资产负债表或附录） ＋储备金份额的特别项目（符合《商法》第 273 条）（期末结存/期初结存） ＋退休准备金期末结存/期初结存 ＝现金流[②] 分母:平均投入的总资本 （＝平均投入的总资产）《商法》第 266 条 资产负债总额 －尚未收到的注册资本（借方,在投资资产前）[③] －借记的投入和扩展经营活动的费用（借方,在投资资产前）[④] －减记的贷记价值[⑤] ＋持有的预定定金[⑥] ＝总资本（总资产） 平均＝（期初结存＋期末结存）/2 间段(天)1 年＝360 天 1 月＝30 天	
备注	①对与母公司签订利润支付合同的子公司,视为按照《商法》第 277(3)条一定会计期间内的减记业绩金额。 ②在国际比较方面,根据《商法》第 275(2)条的第 18 项目（总成本方法）和《商法》第 275(3)条的第 17 项目（销售成本方法）,要对现金流添加收益税。 ③与《商法》第 272 条比较。 ④与《商法》第 269 条比较。 ⑤例如,根据《商法》第 281(1)条的特殊折旧。 ⑥当在资产负债表中扣除存货	

资料来源:ZVEI(1989,第 106 页)。

增长分析的数据比较给出了企业现阶段与过去一段时间内的变化。在业绩评判的结构分析框架下,权益资本收益率可以用作指标金字塔最高指标(见表 4.61)。

表 4.61　　　　　　　　　　"权益资本收益率"指标的定义

ZVEI/BWA	指标定义	指标编号 100
项目	权益资本收益率(年度)	
使用	收益率的评判 计量平均权益资本投入时一定会计期间内的业绩: 尤其确定权益资本在一定会计期间内生息的业绩范围, 尤其是与总资本收益率(指标 101)和其他收益率的比较	
公式	＝一定会计期间内的业绩×100/平均投入的权益资本×360/时间段(天)	

续表

ZVEI/BWA	指标定义	指标编号 100
公式含义	分子:一定会计期间内的业绩 《商法》第 275(2)条（总成本方法） 《商法》第 275(3)条（销售成本方法） 年利润/年赤字[①]（利润表第 20 项目—总成本方法） 　　　　　　（利润表第 19 项目—销售成本方法） 分母:平均投入的权益资本 《商法》第 266(3)条和第 272 条 注册资本[②]（贷方 A.Ⅰ.） ＋ 他方占有份额[③] ＋ 资本公积金（贷方 A.Ⅱ.） ＋ 利润公积金（贷方 A.Ⅲ.） ±利润结转项目/损失结转项目（贷方 A.Ⅳ.） ±年度利润/年度赤字（贷方 A.Ⅴ.） ＋ 公积金份额的特殊项目[④] ＋ 贷记的资本合并差额[⑤] －尚未收到的注册资本[⑥] －借记投入和扩展经营活动的费用[⑦] ＝权益资本 平均＝(期初结存＋期末结存)/2 时间段(天)1 年＝360 天 1 月＝30 天	
备注	①对与母公司签订利润支付合同的子公司,视为按照《商法》第 277(3)条一定会计期间内的减记业绩金额。 ②以及相应其他法律形式公司的资产负债表项目。 ③根据《商法》第 307A(1)条。 ④根据《商法》第 273 条,结合《商法》第 247(3)条,贷方项目基于公积金前减记;但没有列入贷记的减值。 ⑤根据《商法》第 301A(3)条。 ⑥与《商法》第 272(1)条比较。 ⑦与《商法》第 269 条比较。	

资料来源:ZVEI(1989,第 103 页)。

运用经营相关的指标组,可以分析企业的收益率(收益能力指标)、流动性(风险指标)、业绩(收益能力指标)、财产(风险指标)、资本(风险指标)、财务/投资(收益能力指标)、费用(收益能力指标)、销售额(收益能力指标)、成本(收益能力指标)、人员(收益能力指标)、生产率(收益能力指标)。

基于使用指标的数量,体系的计算结构会相当复杂。

绝对数作为经营指标的组成部分被分成两组:经营存量数据(例如存货库存)考虑与时刻有关的企业风险;经营流量数据(例如销售量)考虑与时间段有关的收益能力。

可以区分以下四种经营经济的指标类型:风险指标 A:存量数据/存量数据。风险指标 B:存量数据/流量数据。收益能力指标 A:流量数据/存量数据。收益能力指标 B:流量数据/存量数据。

ZVEI 体系一般分类参见图 4.68:指标作为可以进一步分解分类的体系组成部分;辅助数额能解释指标,可以不用进行分解。

ZVEI 体系的指标金字塔可以用多种方式进行分解:①分子的分解。例如:成本/销售额

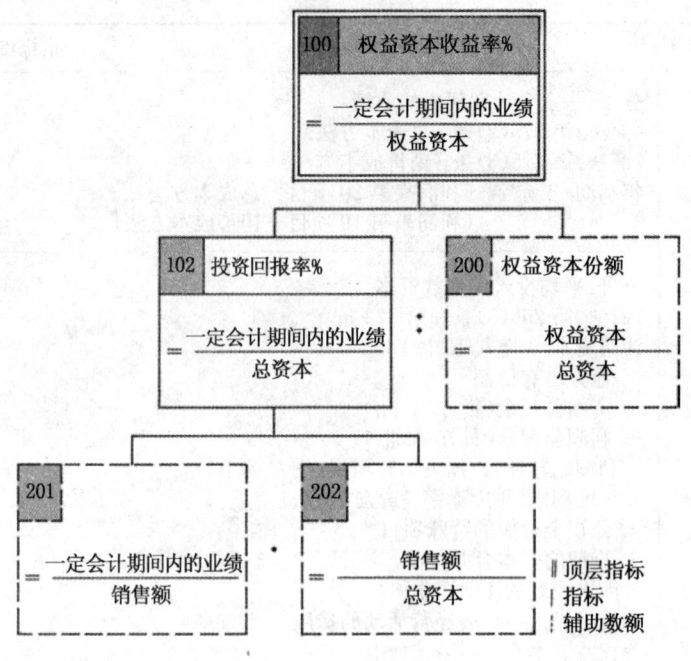

```
┌─────────────────────────┐
│ 100  权益资本收益率%     │
│    一定会计期间内的业绩  │
│ = ─────────────────── │
│         权益资本         │
└─────────────────────────┘
            │
      ┌─────┴─────┐
┌───────────────┐  ┌───────────────┐
│102 投资回报率%│  │200 权益资本份额│
│ 一定会计期间  │  │               │
│ = 内的业绩    │  │ =  权益资本   │
│   ─────────  │ ·│   ─────────  │
│     总资本    │  │    总资本     │
└───────────────┘  └───────────────┘
      │
  ┌───┴────┐
┌──────────┐  ┌──────────┐
│201       │  │202       │
│一定会计期 │  │          │
│=间内的业绩│ ·│= 销售额  │
│ ────────│  │  ───────│
│  销售额  │  │  总资本  │
└──────────┘  └──────────┘
```

资料来源：ZVEI(1989,第46页)。

■ 顶层指标
│ 指标
┊ 辅助数额

图 4.68　ZVEI 体系的指标结构

＝人员开支/销售额＋剩余成本/销售额。②引入新的分母。例如：业绩/资本＝业绩/销售额：资本/销售额。③引入新的分子。例如：权益资本/固定资产＝内部筹措资本/固定资产：内部筹措资本/权益资本。④引入新的数据作为分子和基准数。例如：人员成本/人员数＝人员成本/价值增值×价值增值/员工数。

体系是相当复杂的（参见图4.69）。总的来说，体系由大约200个指标组成，其中大约一半的指标都起到建立数学联系的作用。收益指标和风险指标的区别不是一直一目了然的(Reichmann,2011,第34页)。

通过许多参考资料，可以使ZVEI体系很容易运用于管理实践。体系内每个指标的定义都基于下面组成部分：指标项目；指标的运用；指标公式；分子分母的财务含义。

风险操控指标体系（Reichmann,2011,第35页）以作为最高目标指标的业绩和流动性为重，而放弃了指标间的数学联系。

在使用规划和监控数据的情况下，体系首先为企业领导层的内部操控任务服务（参见图4.69）。体系分成四部分，一般部分包括连续操控所需的业绩和流动性数据，特殊部分也分成业绩和流动性组成部分，该部分会考虑到企业领导层在每个上级目标方面的特殊信息需求。业绩的效率标准，尤其是收益率和业绩量，以及作为特殊部分的销售份额、边际贡献和成本结构。一般的流动性份额包括除顶层指标的其他量，例如"固定资产覆盖率"和"工作资本"。在流动性紧张的情况下，流动性的特殊部分可以作为基于指标的规划工具。另外，可以放弃内部分析的特殊部分而基于外部年度核算指标使用风险指标体系(Geiß,1986,第95页；Reichmann,2011,第35页)。

在构建原则上，风险指标体系与大多数理念的区别在于，首先因为该体系在流动性和业绩的项目内容上构建，因而包括双元的指标等级；另外，可以找到定义以外的关系。由经验挑选

第 4 章　信息供给系统的协调

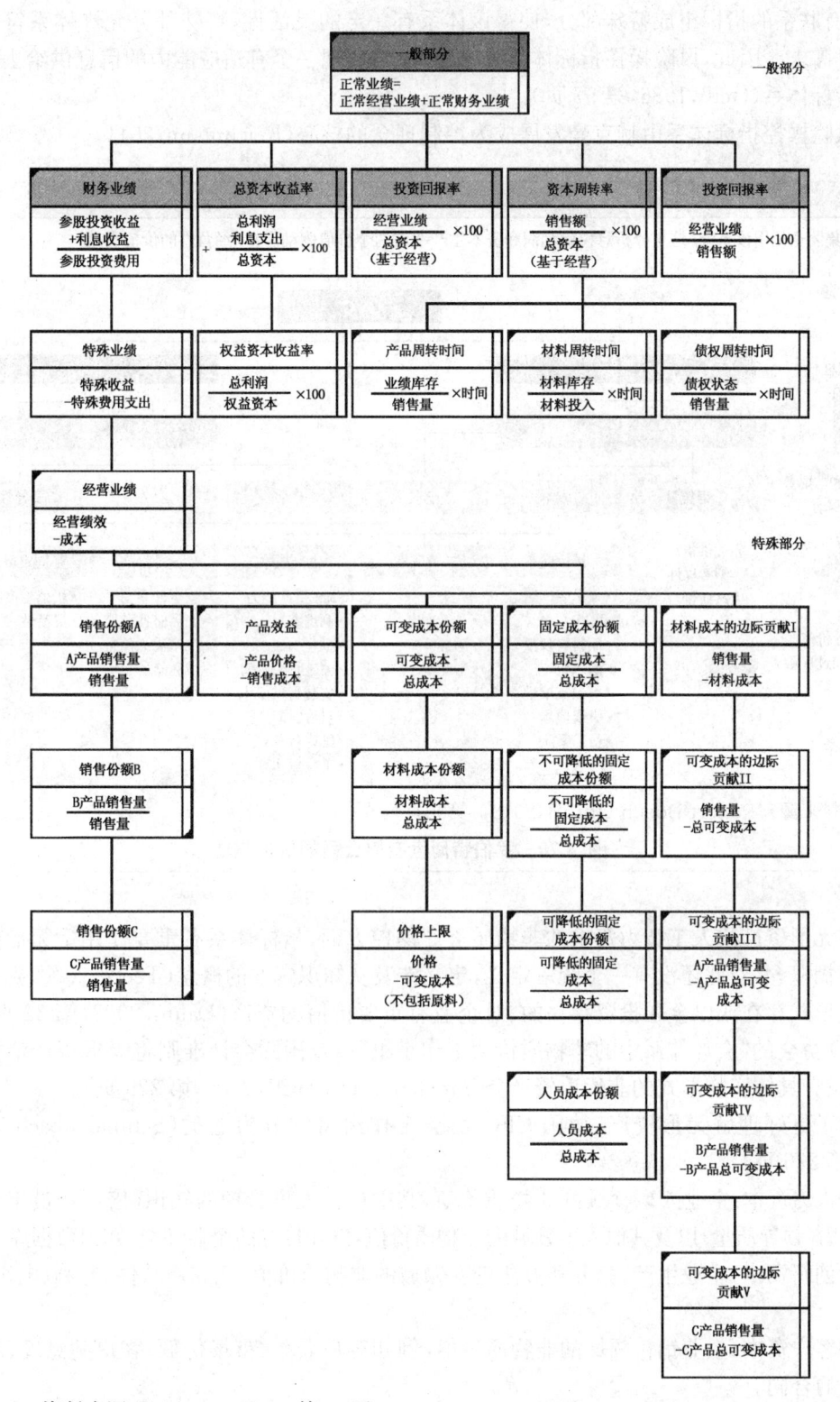

一般部分

一般部分
正常业绩＝
正常经营业绩＋正常财务业绩

财务业绩	总资本收益率	投资回报率	资本周转率	投资回报率
参股投资收益 ＋利息收益 参股投资费用	$\dfrac{总利润＋利息支出}{总资本} \times 100$	$\dfrac{经营业绩}{总资本（基于经营）} \times 100$	$\dfrac{销售额}{总资本（基于经营）} \times 100$	$\dfrac{经营业绩}{销售额} \times 100$

特殊业绩	权益资本收益率	产品周转时间	材料周转时间	债权周转时间
特殊收益 －特殊费用支出	$\dfrac{总利润}{权益资本} \times 100$	$\dfrac{业绩库存}{销售量} \times 时间$	$\dfrac{材料库存}{材料投入} \times 时间$	$\dfrac{债权状态}{销售量} \times 时间$

经营业绩
经营绩效
－成本

特殊部分

销售份额A	产品效益	可变成本份额	固定成本份额	材料成本的边际贡献I
$\dfrac{A产品销售量}{销售量}$	产品价格 －销售成本	$\dfrac{可变成本}{总成本}$	$\dfrac{固定成本}{总成本}$	$\dfrac{销售量}{-材料成本}$

销售份额B		材料成本份额	不可降低的固定成本份额	可变成本的边际贡献II
$\dfrac{B产品销售量}{销售量}$		$\dfrac{材料成本}{总成本}$	$\dfrac{不可降低的固定成本}{总成本}$	$\dfrac{销售量}{-总可变成本}$

销售份额C		价格上限	可降低的固定成本份额	可变成本的边际贡献III
$\dfrac{C产品销售量}{销售量}$		价格 －可变成本 （不包括原料）	$\dfrac{可降低的固定成本}{总成本}$	$\dfrac{A产品销售量}{-A产品总可变成本}$

			人员成本份额	可变成本的边际贡献IV
			$\dfrac{人员成本}{总成本}$	$\dfrac{B产品销售量}{-B产品总可变成本}$

可变成本的边际贡献V
$\dfrac{C产品销售量}{-C产品总可变成本}$

资料来源：Reichmann（2011，第 38 页）。

图 4.69　风险指标体系

出的、有联系的指标组成特殊部分,使得该体系有一定的灵活性,特殊部分允许体系符合个别的信息需求。因此,风险操控指标体系揭示出,能够实现一个有适应能力的信息供给去取代不变的指标体系(Geiß,1986,第 97 页)。

风险操控指标体系由赖克曼发展成为控制理念的核心(Reichmann,2011)。

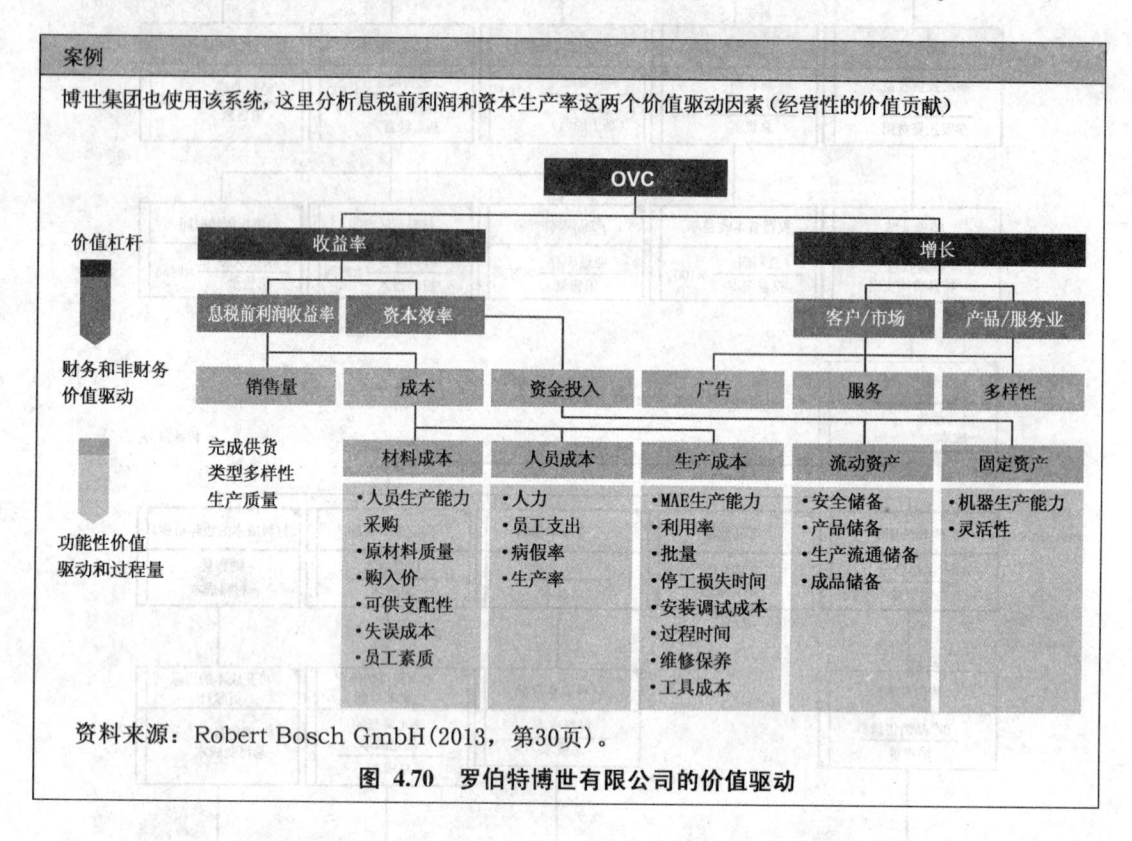

> **案例**
>
> 博世集团也使用该系统,这里分析息税前利润和资本生产率这两个价值驱动因素(经营性的价值贡献)
>
> ```
>                          OVC
>            ┌──────────────┴──────────────┐
>         收益率                          增长
>     ┌──────┴──────┐              ┌──────┴──────┐
>  息税前利润收益率  资本效率        客户/市场    产品/服务业
>   ┌────┬────┐   ┌──┴──┐          ┌──┴──┐    ┌──┴──┐
>  销售量 成本   资金投入 广告       服务    多样性
> ```
>
> 价值杠杆
>
> 财务和非财务价值驱动
>
> 完成供货 类型多样性 生产质量
>
> 功能性价值驱动和过程量
>
> | 材料成本 | 人员成本 | 生产成本 | 流动资产 | 固定资产 |
> |---|---|---|---|---|
> | •人员生产能力采购 | •人力 | •MAE生产能力 | •安全储备 | •机器生产能力 |
> | •原材料质量 | •员工支出 | •利用率 | •产品储备 | •灵活性 |
> | •购入价 | •病假率 | •批量 | •生产流通储备 | |
> | •可供支配性 | •生产率 | •停工损失时间 | •成品储备 | |
> | •失误成本 | | •安装调试成本 | | |
> | •员工素质 | | •过程时间 | | |
> | | | •维修保养 | | |
> | | | •工具成本 | | |
>
> 资料来源:Robert Bosch GmbH(2013,第30页)。
>
> **图 4.70 罗伯特博世有限公司的价值驱动**

在无形资产或人工智力资本的非物质资产操控方面,指标体系有重要作用。无形资产是一个模糊概念,对此还没有一个统一定义,定义涉及从知识资本的概念(Teece,2000)到所有不以物质形式存在或以金融投资存在的、对企业有重要价值的资产(Daum,2002,第 32 页)。德国 CFO 协会的"会计体系中的非物质价值工作小组"以及国际会计准则将无形资产消极地定义为,没有具体实物形式的非货币资产(Schmalenbach 工作组,2005,第 225 页)。

为了更好理解无形资产,德国 CFO 协会工作组将它分为七类(Schmalenbach 工作组 2005,第 226 页):

①人力资本:企业人事领域的非物质价值,其中包含人事管理的知识(培训和员工专业知识)、能力(领导质量)以及其他人事领域的非物质价值,例如良好的企业环境、知识数据库。

②创新资本:企业生产、服务和方法创新领域的非物质价值,例如新软件、专利、电影、观念等。

③客户资本:企业销售领域的非物质价值,例如客户名单、市场份额、客户满意度、品牌和被拒绝的合同。

④供应商资本:与客户资本相似的企业供应领域非物质价值,例如确定的原材料订购合同、分包商的发展合作。

⑤投资者资本:企业财务金融领域的非物质价值,在权益资本和借入资本供应的有利条件

中得以体现。一个具有信用评级的企业,可以改善贷款条件。

⑥过程资本:组织领域的非物质价值,尤其是在组织机构和组织流程中,例如起作用的销售网、高价值的质量保障和好的联络网。

⑦地域资本:由企业驻地得出的非物质价值,如基于便利交通的地点优势和当地的税收优势。

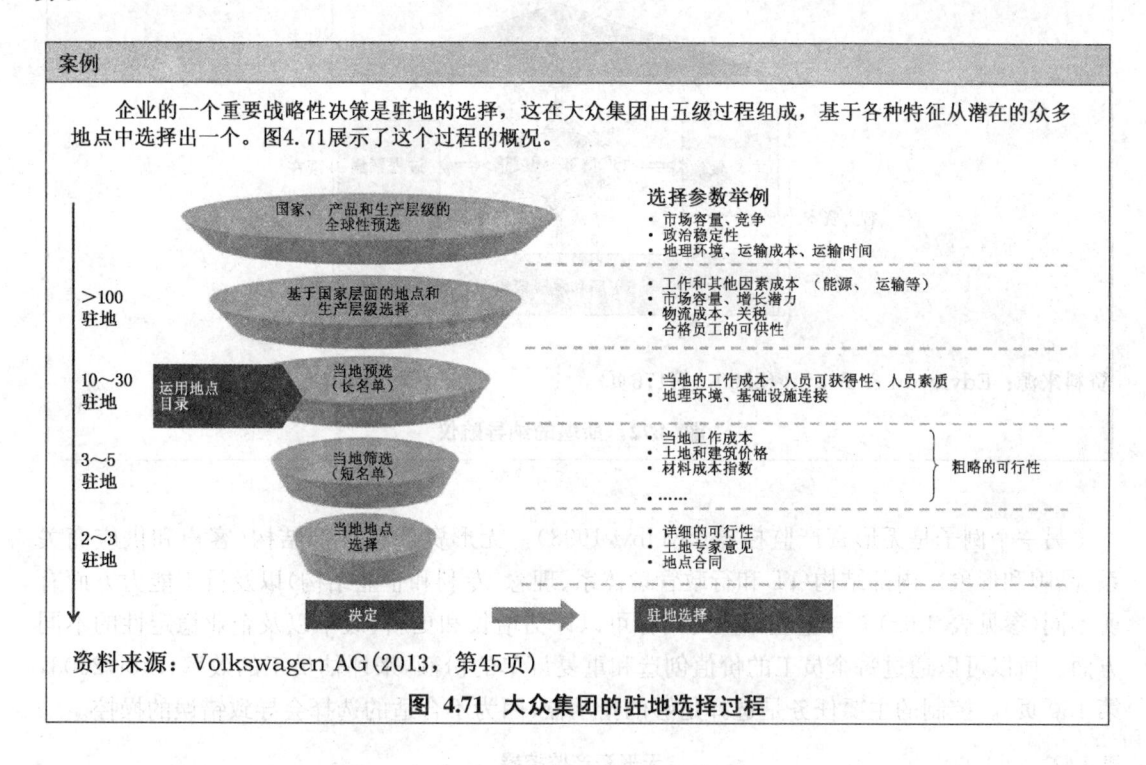

案例

企业的一个重要战略性决策是驻地的选择,这在大众集团由五级过程组成,基于各种特征从潜在的众多地点中选择出一个。图4.71展示了这个过程的概况。

资料来源:Volkswagen AG(2013,第45页)

图 4.71 大众集团的驻地选择过程

控制的任务是使操控财产成为可能,对此的先决条件是,状态清查以及对无形资产进行评估。对于评估存在一些理念,然而,这些理念已经在主要无形资产方面失败。由于它们在价值上易变,所以智力资本在最短时间内会失去价值,因而这也是企业风险管理的对象。解决这个问题的方法是放弃评估,找出可以影响无形资产价值的驱动因素。以这种方式可以操控价值,不需要绝对的评估。

由平衡计分卡指出的指标构建原则有特别重要的意义。无形资产的组成部分可以被识别、分类,进而在若干指示器的帮助下被测量和描述出来。这样的方式不是计算无形资产具体的货币价值,但是可以管理无形资产(Stoi,2003,第179页)。

案例

随着斯堪的纳导航仪的发展,瑞典保险企业Skandia被视为企业操控中无形资产监控的先锋者。斯堪的纳导航仪的结构分成三部分:过去、现在、将来(参见图4.72)。

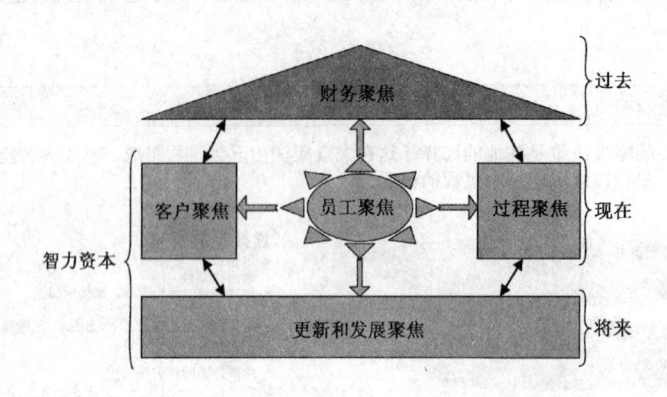

资料来源:Edvisson & Brunig(2000,第176页)。

图 4.72 斯堪的纳导航仪

另一个例子是无形资产监控器(Sveiby,1998)。无形资产在外部结构(客户和供应商关系、品牌和形象)、内部结构(IT 和行政管理体系、理念、专利和企业结构)以及员工能力方面有所不同(参见表 4.62)。与企业相关的指标可以评估增长和更新、效率以及企业稳定性的不同方面。所以可以通过每个员工的价值创造和重复订单的份额,来评估员工的效率(Stoi,2003,第 180 页)。控制的主要任务是选择足够的指示器,因为不合适的选择会导致错误的操控。

表 4.62　　　　　　　　　　　　　　无形资产监控器

有形资产				无形资产			
财务资本	2017	2016	2015	客户(外部结构)	2017	2016	2015
总体评价年				总体评价年			
•增长率/恢复率				•增长率/恢复率			
股票增长率	67%	−3%	−3%	收入增长率	9%	22%	8%
净投资率	8%	19%	35%	增加客户形象	41%	54%	59%
•效率				•效率			
毛利润	2%	1%	0%	每位客户收入	355	367	306
股票回报率	12%	8%	1%	•稳定性			
销售利润率	7%	8%	12%	客户满意系数	5	5	5,2
•稳定性				重复订单	78%	68%	66%
固定性	32%	20%	29%	五大客户	39%	29%	33%
流动储备天数	19	32	11				
组织(内部结构)	2017	2016	2015	人(能力)	2017	2016	2015
总体评价年				总体评价年			
•增长率/恢复率				•增长率			

续表

增加客户组织	8%	21%	51%	平均职业经验(年)	10,1	9,2	8,3
新产品收入	26%	17%	49%	增加客户能力	44%	27%	59%
研发/收入	5%	14%	12%	职业能力增长率	18%	38%	8%
无形资产投资增加价值	14%	22%	42%	第三学位专家	75%	80%	67%
• 效率				• 效率			
管理人员比例	13%	20%	25%	每位专家增加的价值	817	892	802
每个管理人员收入	12 727	9 205	6 774	毛销售量增加的价值	48%	49%	47%
• 稳定性				• 稳定性			
管理人员变动率	17%	33%	13%	人员满意系数	48%	5	4,6
管理人员工龄	4,2	3,8	2,6	专家变动率	16%	14%	13%
新手比例	41%	36%	41%	专家工龄(年)	4	4	3,3
				所有雇员年龄的中位数(年)	39	37	37

资料来源：Celemiab Group AB(2001,第 176 页)。

从投资者的角度可以证明，企业无形资产的发展是投资决定的重要基础。因此根据要求，建议补充年度核算(Lev,2001)。这里需要的数据可以从管理控制工具中取出并整理，管理控制起着信息供应者的作用。

另一出于完整性而被提及的无形资产评估方法是智力资本导航仪(Stewart,1997,第 245 页)。

(4)转移价格

转移价格问题的最初起点在于分部门的企业结构，特别是由于不断增长的全国性和国际性的集团联系，使得转移价格问题有着重要的实际意义。1990 年初，已经有超过 60% 的世界贸易在集团内结算。

每个组织单位"买""卖"内部产品和服务业，对总绩效的生产是必需的，转移价格应当调整供需关系。为此要尝试，为了企业内部或多或少的独立经济主体间的绩效交换，而利用独立经济主体的市场协调机制。"企业"描述了与市场相反的模型，从制度经济学的角度，以内部市场导向的企业复制市场是一种次优解决办法，它放弃了由企业带来的优势。

当结算内部协调和操控比外部市场协调更有效时，企业作为若干参与者的合作单位，比起那些分开使用市场的单位，总拥有优势(Battenfeld,1999,第 2 页)。一个优势是产品开发的更好协调性以及知识的使用和保密。转移价格由企业中的虚拟市场而产生，问题在于，要找到一个相对于短处拥有尽可能多长处的转移价格。

在 1909 年的首次公开出版物中，施马伦巴赫(1909)提及事前价格导向(价值)："企业的价格导向在于，上层领导给下层单位独立性，仅保留特别重要的决策权，原则上要基于部门的业绩核算，对下属进行绩效评价。"

转移价格同自然价格不一样，不是通过经济力量的自由博弈而形成的，而是由经济承担者为了达到一定目的而确定(Kilger,Pampel & Vikas,2012,第 170 页)。准确地说，转移价格是对内部经营绩效的价值估价，该绩效由其他独立核算的企业部门使用。大多数情况可以同义使用转移价格、核算价格和指导价格等概念，但是也存在区别，核算价格是企业价值创造阶段商品转移的内部价格；转移价格是内部服务部门的价格；指导价格描述了转移价格的主要作用——协调以及管理导向(Ewert & Wagenhofer,2014,第567页)。

除了预算和业绩指标外,转移价格是部门经理操控的重要工具,它的作用是:协调和导向、业绩计算。

从管理控制角度,协调和导向作用占有重要地位。转移价格形成下属部门的决策基础,例如对于要实现的产品项目或者要生产的数量。下属部门致力于最大化部门利润,这会导致,采取的决策从该部门角度是有利的,但是从整体企业角度是有弊的。原因是部门决策对其他部门的影响具有外部性,而部门经理不考虑这点。转移价格的高低影响下属部门的决定以及整体企业利润(Lohschmidt,2005,第10页)。

在业绩计算作用的框架下,转移价格实现了不同下属部门或独立法人的收入计算,部门管理层的报酬可以部分与部门的业绩联系起来。在税务利润计算方面,集团业绩的划分也有重要作用,对于独立法人的企业部门间交易,可以使用转移价格。在外部会计体系中,为了完成法定税收的年度核算需要转移价格,这形成了完成集团年度核算的基础。所以,在合并报表的框架下,原则上可以抵消集团内部交易,这样转移价格的高低对集团年度核算就没有意义。当不在同一业绩联合体的母公司和子公司参股比例不一样时,在商法上转移价格有重要意义。例如子公司有少数所有者,业绩计算就有用,以使少数团体不会得到亏待。其他作用有:核算(生产成本计算);对第三方和公共控制机构的价格正当性;为了从成本核算中扣除投入价格的外生波动,通过使用规范化的量而简化成本计算。

在转移价格问题框架下,大多数人认为,至少存在两级的生产过程。问题是投资开支和导出的单个部门业绩都不能合乎缘由地找到出处。部门每个人都存在必须独自承担所有投资开支的风险,而没有从导出业绩足够获利。每个部门都会预料到这个问题,所以减少投资,由此,原本的生产活动减少,产生所谓的阻滞问题(Pfeiffer,2002,第1270页)。

在税收的转移价格问题方面,有一个现实的问题是,企业在管理实践中经常忽视转移价格核算的存档;此外,还有对价格确定的时间和事后经营审计方面的问题。因为事后都会公布所有必需的细节,经营审计者更容易确定对应的正确转移价格。而企业必须在不确定性下规划,实行事先观察。

不同的法律框架条款、额外的参与者以及目标冲突和信息不对称对形成和使用转移价格方面都有影响。法律框架条款有:双重征税和监控措施、税率的高低、重要的税务种类、贸易限制和关税。

其他影响有:市场形势、战略性的互动、组织(集权或分权)。

在这个联系上有一个问题,用于税收的转移价格是否可以用来内部企业核算,或是否应该为了行为操控而采用特殊的转移价格体系。后者打开了自由空间,因为会特别探究这里所列出的企业内目标冲突和信息不对称。但这提高了记录成本,也会导致员工的接受问题。在不同的转移价格体系中,人们会"各说各的"(Lengsfeld,2005)。

特别从税收角度,正常交易原则,也就是以市场条件进行经营,有重要意义(Ewert & Wagenhofer,2014,第576页),这里也使用由独立第三方给出的价格。尽管它们有关联,但企业在思路上应该如同独立第三方。

在转移价格的计算方面,人们可以区分以市场价格导向的价格、边际成本和完全成本导向的价格,以及稀缺价格。

因为基于较高市场透明度方法的较少操纵性,在管理实践中,所以常会使用市场导向的转移价格,它可以很好地满足业绩核算功能的要求,但是,互相联系的部门无法使用主要的协同效用。整体目标最优的转移价格导致相互联系的部门间供需的中间产品,直到每个生产能力被用尽或者每个部门内部的边际贡献为零。对中间产品的内部供应超过了内部需求或者反之,这些量可以毫无问题地在外部市场进行出售或者购买。同样两个部门都有降低生产成本的动机,例如通过生产创新。在中间产品具有相同市场价格时,节约成本会导致更高的经营业绩。

在不完全市场上,市场价格有机会成本的特性。只有在特定条件下,协调作用才会通过市场价格方法实现(Küpper et al.,2013,第 521 页):内部经营商品必须在外部市场上交易;内部和外部商品必须一样;必须能自由选择内外部市场。

市场价格计算方面的问题尤其表现在价格变化,例如具体折扣的形式。也要注意,在不同地域市场上,比较价格是彼此有偏差的,这尤其在跨国集团中有重要作用。

在确定比较市场的市场价格后,应该通过调整,使得市场价格和企业或集团的特点相适应。这样的调整可以是由不同供应条件或者联合优势造成的,尤其是销售成本、运输成本、分摊的营销成本、债券的核算利息;内部经营运输成本(Ewert & Wagenhofer,2014,第 581 页)。

通过调整,不仅得到转移价格,还包括可能的转移价格浮动幅度。

另外的转移价格计算基于边际成本。通过边际成本价格,只结算可变成本,固定成本由供应部门承担。当人们仅仅根据短期决策和业绩的边际贡献来评判部门时,这看起来完全合理。但并没有完成业绩核算的任务。仅当没有经营限制存在,供应仅仅在内部市场进行时,边际成本价格才具有协调作用。这样,其使用受到重大限制,在实践中很少运用。

在管理实践中,除了市场导向的价格以外,首先使用完全成本价格。在如何计算利息成本以及可能情况下按份额分配的利润时,存在差异,这种方法对应于得到广泛运用的价格计算法,它可以作为与长期决策相关的支付现款近似值。但没有考虑有关事实,尤其是每个规划情况的现值,也能导致错误的短期决策。另外,在固定成本分配中,几乎不能避免随意性。

针对从企业角度出发最佳数量的决策,建议设立双转移价格。按照这种想法,可以预先确定不同部门的价格。当接收部门必须承担供应部门的完全成本时,后者的边际贡献会在成本扣除前作为价格被预先确定,这样两个部门利用同样的函数进行利润核算。但是,同样的绩效就有不同的价格,由于其复杂性,在管理实践中几乎不使用该理念(Ewert & Wagenhofer,2014,第 601 页)。

还有一个计算转移价格的方法是稀缺价格。稀缺价格就是一种表达出该产品决策机会成本的转移价格。如果有供应给市场的机会,那么转移价格按外部商业活动业绩计量。如果涉及限制,那么可以基于被挤出市场产品业绩的机会成本来计算。转移价格由边际成本和被挤出市场的边际贡献组成。当缺少两个或多个成品或半成品时,需要通过线性规划来算出稀缺价格,这就是所谓的影子价格,以实现集中和利润最优的决策(Coenenberg, Fischer & Günther,2012,第 746 页)。

关于构建作为协调和操控工具转移价格的新知识源于代理理论模型(Ewert & Wagenhofer,2014,第 357 页)。其中要注意,部门领导者拥有比总公司更多信息,能实现部门目标,总公司不知道部门领导能力和部门成本情况。基于这个模型,人们可以得出结论,如何确定和使用转移价格,来实现尽可能以企业为导向的操控。转移价格基于导向和激励作用的平衡,该模型发展迄今为止是以特定条件为前提的,因此,它只提供理念化的认识,不提供解决方法。它清楚表明,在确定导向价格时,要考虑信息不对称以及不同的效用追求,纯粹的市场价格机制、直接可影响的可变成本以及内部经营的能力限制都是不够的。

一个算例可以清楚表明不同计算方法的区别(Lohschmidt,2005,第67页):一个集团由A和B两部门组成,A生产半成品X,然后卖给B。对A来说,每个产品存在高达18欧元的直接成本和11欧元按份额分配的间接成本。部门B继续加工该半成品,然后以54欧元卖给集团外的第三人。此时,有9欧元的直接成本和3欧元的间接成本。未完成的产品可以在外部市场以38欧元市场价购得,B买了A的半成品,每项产品分摊订单加工成本和广告费3欧元。B购买市场产品,额外积存产品收购和检测成本2欧元。图4.73形象表明市场情况。

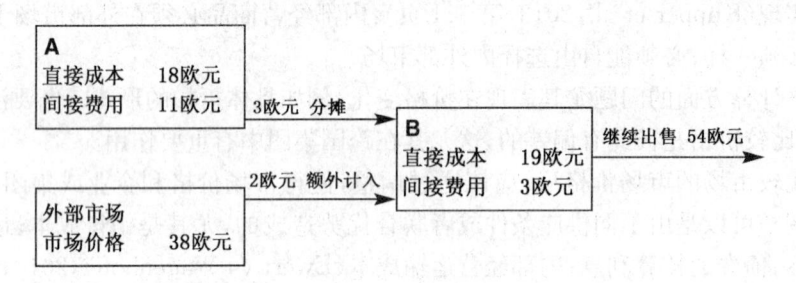

资料来源:Lohschmidt(2005,第67页)。

图4.73 转移价格形成的起始情况

下面借助不同的方法计算转移价格(参见表4.63):

①当人们面对未纠正过的市场价格时,得出转移价格38欧元。

②在纳入购买A而减少了3欧元的市场价,以及从外部市场购买而增加2欧元的市场价时,得出转移价格在35~40欧元。

③在成本导向的转移价格形成方面,可变成本转移价格和完全成本转移价格不同。前者从供应部门的直接成本中得出,在上述例子中是18欧元。再增加11欧元的间接成本,得到转移价格29欧元。

④以再出售为导向的转移价格是基于市场价格 p_m 计算的。考虑直接成本时,得出转移价格45欧元。减去继续出售价格的继续加工成本,得到42欧元转移价格。

表4.63   转移价格计算的举例

直接方法	
市场价格	$p_v = p_m = 38$
纠正过的市场价格	$35 \leqslant p_v \leqslant 40$
狭义的成本导向转移价格	
可变成本	$p_v = 18$
完全成本	$p_v = 18 + 11 = 29$
以再出售为导向的转移价格	
可变成本	$p_v = 54 - 9 = 45$
完全成本	$p_v = 54 - 9 - 3 = 42$

资料来源:Lohschmidt(2005,第68页)。

案例

因为在拥有众多子公司的大集团中,存在频繁的模块、产品、生产能力和服务的交换,所以大众集团投入使用分配数据库,这为模块提供者和使用模块者间的模块交换给出了一个可靠的核算方法。通过使用计算机技术,可以实现模块战略、集团中可规划支付流的透明性以及税收和记录的要求。另外,分配数据库形成汽车估价和集团业绩的规划基础(Volkswagen AG, 2013,第 111 页)。

****

(5)会计中呈现出的税收信息

在 3.7.4 节中,我们指出了税收结果对企业经营决策的意义:企业经营决策不是完全忽视税收观点,就是税收观点完全占统治地位的(Koschmieder,2000,第 911 页)。

除了已经提及的内部规划和控制方面,出于税收目的的信息供给还有外部和核算导向的方面,也包括两种有不同信息愿望的信息受众:

①国家财政需要从企业获得构成实现税收事实方面的信息。与此相关的,有许多部分与具体时间相联系的信息收集、信息准备、信息储存和信息传播任务,它们的设置是通过法律条例而形成的。

②为了对税收的行为选择进行判断,企业本身需要信息。这里,获取信息首先指税收条例及其解释的可能性,它们应该基于税收规划和监控,也能实现对税收负担的规划,尤其是对与征税相关的流动性负担有重要意义。基于有效税收条例,信息可以借助会计进行量化。对于战略性的规划而言,关于未来可能出现的外部税法方面变化的信息尤其重要。

这里要提及的信息提供任务是由资金主管和管理控制者分工完成:信息产生于财务领域,管理控制者要将其融合进规划和监控系统。

最重要的经营性税收与测量基础相关,这些基础也描述出会计学的基本概念:①企业的利润是测量个人所得税、法人所得税和营业税的基础;②企业财产在土地税、遗产税方面起决定性作用;③销售收入决定销售税。

会计学还是与经营性事实相关税收信息的主要来源。为了能实现对全部税收测量基础的有效核算,需要对会计部门进行整体设计(Zimmermann,1997;Schneider,2002)。

我们接下来简要讨论与企业会计学相联系的三个问题:①在税法和企业经济的概念中,存在内容上和范围上的显著区别;②针对企业经营任务的内部会计学不适合直接用于核算税收测量基础,这里实行特殊的核算;③内部会计的全部分支都要考虑税收。

利润、企业财产、销售收入、生产成本、折旧(税收上:计提折旧)会在许多税收条例中涉及和定义。在概念定义中,税收观点,例如征税的一致性和可控制性起到重要作用。企业内部会计学中直接运用税收概念,忽视了这两个领域不同的目标设置。

为了核算税收的测量基础,要实行特殊的核算方法,该方法对企业事件的陈述不会引起任何根本变化。但是,因为税收财务报表编制带来巨大的工作量,所以,尤其在小企业中,会计较强地针对税收构建,例如,只编制一个与税收条例相应的资产负债表,该表同时也是经营资产负债表,可以帮助回答企业经营的问题,会计核算符合企业税务条例,成本核算计算税收的生产成本。

在大企业中更存在这样的可能性,平行于内部经营会计,运用特殊的外部会计,这样,企业可以将其内部经营会计仅针对特别的企业问题。所以,人们会在"自制或者外购"的判断问题上,不是依赖基于完全成本核算意义上的实际生产成本,而是可以从会计中得出对此决策相关的成本。从简化和提高效率的因素出发,现今许多企业走上内外部会计的融合之路(参见4.5.3.2.2节)。

税收是内部会计全部分支中的重要输入信息,在支付和成本方面有重要作用。只要税收导致费用,并影响决策的优势性,税收就会被吸收到内部会计中。

经常讨论不同税收的成本特性问题。因为"会计核算目的决定会计的内容,以及税收的成本特性"(Fischer,1974,第16页),所以这样的讨论是徒劳的。必须为决策的备选方案分别计算确定相关的税收效用,这些问题在这里更具体:①现存税收体系中的哪些税收种类与要准备的决策相关?②在多大程度上,这些决策相关的税收种类能列入备选方案?(Geese,1972,第11页。)

税收归责的标准参考值是面对已实现的备选方案,在由里布尔提出的"身份确认原则"帮助下,可以决定可归责性。

当税额和核算参考值的存在都归于这种决策时,我们接下来讨论依据核算参考值的税金可归责性(Geese,1972,第25页)。例如,在购买生产用地时,发生的营业税列入"生产用地购置"的核算参考值。除了这个客观的可归责性,还有时间上的税收可归责性需要解释:与一个月(季度、年度)相对应的税收是否可以归于该时间段上,这涉及月度、季度、年度的直接成本。如果税收基于积累与购置资本以及生产因素时,则可以把它们理解为资本期限或者生产因素使用年限的直接成本,以及作为相应会计核算期的间接费用。

在为内部规划而制定的会计核算和税收核算之间要定义"过渡",最重要的客观事实是,内部核算利润和税收利润之间的关系,以及与此相联系的税收负担。

一个例子可以解释这个问题:在内部核算中重置价值的折旧,在税收上是不被承认为成本,只承认对历史购置成本的折旧。事实上,重新估值的公积金可以入账(与图4.74的数据例子相比)。在价格水平不断上升的阶段,比起按照重置原则进行利润计算之后得出的利润,会产生更高的税务利润,这意味着,重新估值法准备金要交税。对于企业,产生递延所得税负债,会通过递延所得税义务来考虑(再次参见图4.74的数据例子)。

4.5.4　信息获取及加工的组织

信息获取及加工的两大主要组织问题是:(1)谁进行分析及预测?(2)信息获取及加工的过程是如何安排的?

从自制或外购决策的角度,企业内部和外部的岗位对于信息获取的实现是一个问题,对它们的选择依赖于对信息的质量、经济性和连续性的要求。这种选择主要是在组织上确保,信息能找到进入规划和监控过程的方式。

所以,应该要通过管理控制师来协调。原则上,要选择具有分析和预测特点的组织解决办法:(1)整体经济性的信息可以由企业外部的职位得到;(2)以行业为导向的信息可以从行业协会得到;(3)销售市场的分析和信息可以由市场部来实施;(4)技术上的前提由研究和发展部门专家提供;(5)采购市场的分析和预测可以通过采购部门来进行;(6)借助文献评估得到的预测是由档案部门编制的;(7)特定的预测方法(例如德尔菲法)以若干人的共同作用为条件,这时会组建一些小组。

由于彼此相关活动的宽泛分布,信息供给的过程十分复杂。要解决的协调任务在于,将分析和预测的载体、要提取的信息、预测方法、分析结果的评估及其对规划和监控的转达相结合。

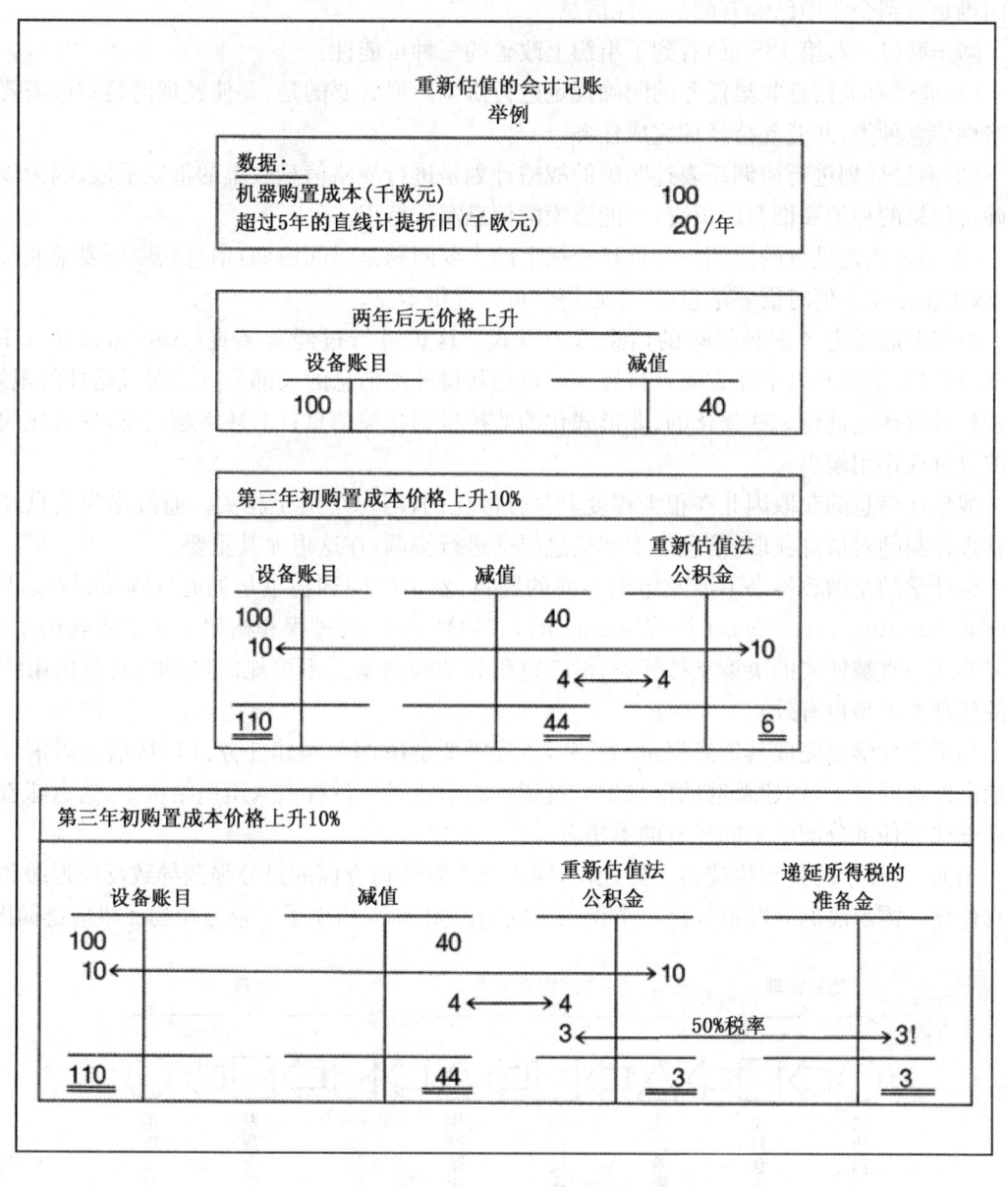

```
                     重新估值的会计记账
                           举例
    ┌─────────────────────────────────────────────┐
    │ 数据：                                       │
    │ 机器购置成本(千欧元)              100        │
    │ 超过5年的直线计提折旧(千欧元)      20 /年    │
    └─────────────────────────────────────────────┘

    ┌─────────────────────────────────────────────┐
    │           两年后无价格上升                   │
    │    设备账目              减值                │
    │    100                    40                 │
    └─────────────────────────────────────────────┘

    ┌─────────────────────────────────────────────┐
    │   第三年初购置成本价格上升10%                │
    │                                  重新估值法  │
    │   设备账目      减值              公积金     │
    │   100            40                          │
    │   10←───────────────────────────────→10     │
    │                  4 ←───→ 4                   │
    │   110           44                 6         │
    └─────────────────────────────────────────────┘

┌──────────────────────────────────────────────────────────┐
│ 第三年初购置成本价格上升10%                              │
│                              重新估值法    递延所得税的  │
│   设备账目      减值          公积金        准备金       │
│   100            40                                      │
│   10←─────────────────────→10                            │
│                  4 ←──→ 4                                │
│                          3 ←────50%税率────→ 3!          │
│   110           44            3              3           │
└──────────────────────────────────────────────────────────┘
```

图 4.74 重置价值和税收结果的折旧举例

所有参与者必须拥有相同信息基础,规划和预测是相联系的。"该系统的设计,必须包括环境扫描的功能,来确保规划的努力能实现其相应的任务"(Lorange & Vancil,1976,第 78 页)。

在"扫描"方面,企业领导的角色很大程度上依赖于企业规模大小:(1)在小型企业中,环境分析是一项战略的、由企业领导自己完成的任务,该任务通常比纯粹对市场和竞争者进行数据收集更进一步;(2)在大型企业中,企业领导者提供一些对于环境发展的战略假定,其他的任务是分工进行的。

在阿圭勒(Aguilar,1967)的一项经典研究中,对来自 41 个美国化学分支机构公司的 31 名经理进行问卷调查。其结果显示,在信息收集活动的解决办法方面,存在两个分工问题:(1)通过个体和组织单位进行信息收集的方式,事实上信息对其他方面有重要意义;(2)决策者的困难是得到企业中已经有的战略性信息。

阿圭勒(1967,第185页)看到了组织上改善的三种可能性：

(1)通过有关信息收集任务的明确规定进行协调。但必要的是,要使经理清楚知道需要的战略性信息种类,并能支持经理完成任务。

(2)通过规划进行协调。表述明确的战略计划是进行战略信息收集的重要手段,因为该规划确定信息的种类和谁对此负责,并能够唤醒信息需求意识。

(3)通过沟通进行的协调。在信息交换上的主要问题是时间协调:信息获取所要求的时间点,取决于接受者何时需要信息,而不是何时可以提供信息。

组织上的规定考虑到经理的信息行为方式。这里进行过经验调查(Aguilar,1967；Kefalas,1971),主要看以下几方面:(1)经理能自动获得外部信息的大部分；(2)对战略性的规划,经常通过对环境进行一些强化的、非形式化的监控得到相关信息；(3)环境越动态,形式化的信息搜寻过程作用越小。

战略性信息的获取因此在很大程度上是分散化的,与每个员工相关。通过作为信息经理的管理控制师对信息获取、信息加工和信息提交进行协调,在这里尤其重要。

会计学的德国教科书不涉及组织方面的题目,新出版的刊物也是如此(Coenenberg,Fischer & Günther 2012；Ewert & Wagenhofer,2014)。会计的过程和构架不是出版物的主题,但要实现一直被证实的决策支持任务,没有过程和结构构架是不可能的(这里,对自由组织空间的代理人模型也有效)。

如果会计学要完成其信息提供的任务,首先需要解决两个构建任务:(1)从信息需求计算到信息准备的分工,构建普遍的信息供应过程；(2)信息供应过程嵌入组织结构中,这意味着将会计学的子任务分配给不同任务的承担者。

当前,会计学的过程构建占主要地位,因为至今对结构方面的过分强调导致反应迟缓和机构官僚化。需解决的问题最好由一个例子来阐明。图4.75描绘了一个公司物流供应链简图。

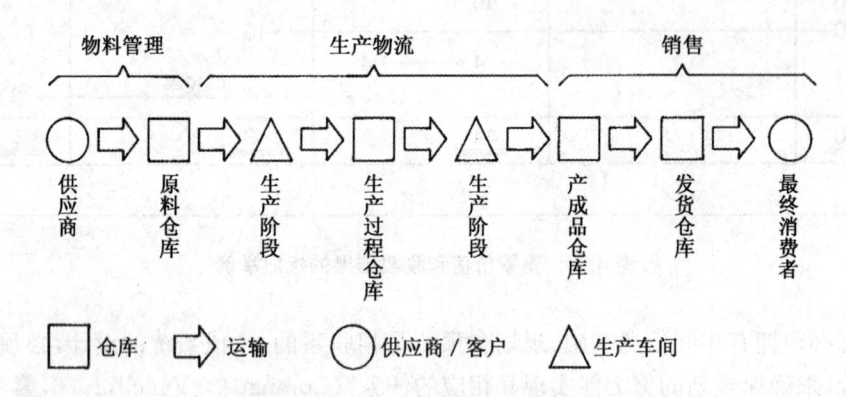

资料来源:Reichmann(2011,第357页)。

图 4.75　企业的物流供应链

为了提供符合需求、有物流成本信息的信息,有必要组织这样一个沿着物流供应链的过程,给出计划和实际数据(参见图4.76),以便于对成本信息进行加工并传递给决策者。

在IT支持的框架内,有必要形成跨越部门界限的物流供应过程,把形成和评估任务本身作为过程来进行组织。

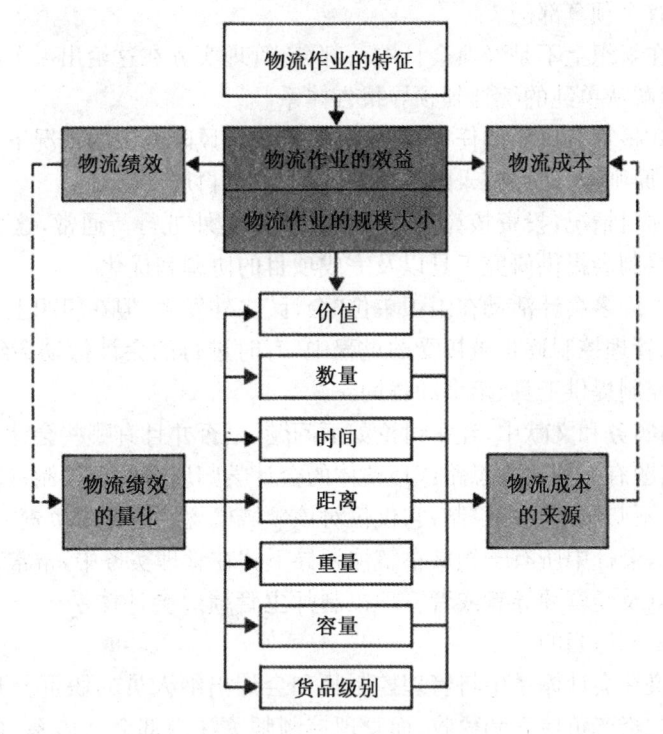

资料来源：Reichmann(2011,第362页)。

图4.76 物流成本和绩效的系统数据汇编

会计子过程的复杂性是显著的。通过例子可以感受到整个会计系统中的复杂程度(参照第5章中关于会计学中IT支持的内容)。

在构建机构方面,有两个问题领域有重要意义(Bleicher,1981,第1243页):会计学的内部划分;会计学以及控制体系嵌入企业组织中。

针对IT支持信息体系的发展,存在这样一个问题,必须就会计的集权化或者分权化做出选择(Hammer & Champy,1994,第112页)。集权化意味着,所有会计体系的任务要从其他的企业任务中分离出来,并归入一个中心。分权化意味着将会计中相同的任务归入若干中心,例如,根据每种信息需求而设立中心。通过运用IT支持的信息体系,有可能全面集中处理信息,并保障不同使用者的分散输入。

在企业实务中,形成典型的会计子任务领域,这些领域有组织上不同的归类:

(1)财务会计(商业会计)是外部导向的,涉及整个企业过去历史的会计,以利润表以及资产负债表为产出结果。财务会计指明整个集权化趋势,每项子领域(最重要的是:债务人、债权人和资产的会计核算)可以被完全分权化(例如资产会计)。财务会计原则上也负责税收会计核算。

(2)成本核算是一项内部导向的历史/未来核算,它阶段性核算成本和绩效。它的三项主要会计核算是成本种类、成本中心和成本归集核算。在功能性组织的企业中,成本核算大多数是集权化的,在部门分工性组织中可以确定分权化趋势。核算(单位成本归集核算)作为成本会计的一部分,包括成本效益的归类,它可以是事前或事后核算。因为核算可以追溯到对成本会计涉及的成本,所以它和成本会计原则上直接相连。但它也可以按照项目分权化进行。

(3)特殊的规划和监控核算通常从传统的会计学中分离出来,它们经常被直接归类到规划领域,大企业通常有个预算部门。

(4)统计通常在组织上不是经典会计的一部分,管理实务在这给出一个组织结构的多样性画面。对任务的理解从单纯的统计到领导报告体系。

(5)财务和财政核算有这样的任务,在考虑回报率和风险方面的情况下,要确保短期、中期和长期的流动性。原则上,它们归入财务部门,组织上不再属于会计。

(6)根据投资项目情况,投资核算经常在会计体系之外进行。通常,这会由投资实施的领域自己进行,管理控制会提供研究工具以及完成项目的协调和优化。

可以确认的是,许多会计活动在组织单位"会计"之外发生,但在组织上仍是管理控制部门的一部分。在自我管理控制逐步被接受的过程中,有时进行的会计活动会经常首先由管理层完成,这时由管理控制提供工具、培训和咨询。

在管理控制的实务和文献中,经常讨论如下问题,是否并且有哪些会计领域归属于管理控制师之下。这个问题有三种解答思路:(1)整体的会计学归属于管理控制;(2)内部会计归类于管理控制;(3)会计不归属于管理控制,它仅仅对该领域概念性的考虑负责。

柯能贝格认为,会计中所有子领域在整体领导下:"在管理实务中,常常是财务领导人主管的财务会计体系,以及经营领导者或者管理控制师主管绩效会计体系……由于它们之间的相互关系,这种分工是不适当的。"

相反,道尔建议在会计体系中将管理控制师和会计出纳人员的职责分开。会计出纳人员关注的是财务整体、资产负债表和税收,而管理控制师关注内部会计体系、企业规划和电子技术领域(Deyhle,1990,第161页)。

这里也有一个问题,会计体系组织上的职责是否属于成功的管理控制功能。

我们倾向于柯能贝格的观点,因为通过所有会计体系任务的联系,我们能最快地确保"会计"IT体系的必要一致性。而在管理实务中,对这三种观点都可以找到成功的例子,使得这个问题是不会有答案的。

无论如何,信息提供的过程关键在于确定的交接点,这些交接点可以通过协调来克服。最重要的交接点处于规划监控系统和IT系统之间。这里是管理控制组织的焦点。一方面可以确保,会计体系通过其工作得出必要的规划信息;另一方面与绩效相关的必要会计数据可供规划使用。我们将进一步讨论这一点,并提出具体解决建议。

4.6　信息传送

4.6.1　企业报告制度的概念和基本问题

"在多年以前,德国邮政DHL已经为其企业内部的实际、计划和预测数据开发了一套中央报告系统,并运用在公司的全球各个领域,在DHL全球200多个运营的国家中,该系统可以在运营单位层面,实现存取主要关键绩效指标(KPI)。使用一套统一的报告系统可以保证同一个定义适用于公司的全部领域。在跨国公司层面上,这一报告系统是向董事会和监事会做月度报告的基础。与此同时,它也是企业内部各个领域报告的基础。"

——梅勒妮·克瑞斯(Melanie Kreis),德国邮政DHL企业集团管理控制执行副总裁(Kreis & Horváth,2011,第476页)

根据各个组织中信息集中化的程度,企业中信息的获取和使用各有不同。在信息产生和信息使用的两个岗位之间,必须存在一个信息传送的过程,该过程称为"企业报告制度",这一概念有广义和狭义的区分。

广义的"报告制度"概念与"信息系统"的含义是相同的。布洛姆(Blohm,1982,第866页)把企业报告制度理解为,"企业获取、传播和加工关于内外部环境信息的设备、方法和工具"。我们对该概念的理解比布洛姆要狭义:(1)基于信息加工的流程,我们把报告的概念限制在广义信息传送过程。(2)从信息受众的角度,我们此处只考虑企业员工,主要是管理层,而非外部的报告受众。(3)鉴于信息传播方式,我们在此只考虑结果目标导向的、支持规划和控制职能的报告信息。

综上所述,在接下来的企业报告制度部分,我们探讨企业"内部管理报告"的制定和传送(Willson & Colford,1990,第939页)。从报告制度角度出发,经典的研究问题由布洛姆总结如下:

(1)报告的目的是什么?这一问题是其他所有问题的核心内容,报告的目的越明确,越能充分满足信息需要。

(2)报告的内容是什么?内容的整合程度和准确程度如何?

(3)报告由谁做?报告给谁听?需要确定信息的发出者和接受者。

(4)何时给出报告?需要确定报告所需时长和时间节点。

在管理实践中,存在以下几个主要报告目的:(1)事件的记录(例如会议纪要、审核清单);(2)触发操作流程(例如预算报告触发计划审核);(3)控制企业流程(例如销售报告);(4)支持决策(例如流动性报告)。

企业报告制度的基本问题在于,把信息的创建和使用过程按照时间、事件和组织拆分开来:(1)对报告生成来说,不是取决于加工报告的节奏,而是取决于评估需要的节奏。(2)评估需要的节奏只是系统中的时间变量,它对内部报告制度提出不断变化的要求。(3)对报告制度最主要的要求产生于数量和质量不断变化的信息需要。(4)因为这个信息需要总是不完整甚至部分不能预先确定,一个有效的企业报告制度总是在适应不断变化的情况——无论是在数据输入方面还是在信息输出方面。

4.6.2 报告方式

在企业管理实践中,产生的报告可以按照多种标准进行分类:(1)工作领域(例如生产报告);(2)时间属性(例如实际数据);(3)媒介类型(例如电子信息);(4)频率(例如周期性);(5)整合程度(例如指标);(6)功能(例如存档功能)。

鉴于规划和控制流程中的信息应用,存在三种有意义的报告种类:标准报告、偏差报告、按需报告。

我们将进一步对这三种报告加以阐释。

(1)标准报告。①这种类型的报告制度很大程度上基于各个职位和部门一次性提出的信息需要。②内容上的特点是广泛的单独项目表述。③信息受众必须从报告中自行识别并找出与其相关的信息。④报告的建立和分发遵循预设的时间节点。⑤信息受众一方不可能干预报告节奏周期或说服力。⑥在这种标准报告框架中,信息流的格式、内容和时间节点是固定的。

(2)偏差报告。①引起对有关事物的注意,这些事物对于具体决策是必需的。②该类型报告的触发原因通常是超越了一定的容忍限度,即若没有预定目标与实际值的偏差,就不产生此类报告。③因此这类报告是"例外管理"原则的正规表达。

(3)按需报告。①偶尔会需要这些报告,把它们作为事实情况的补充分析,例如偏差报告。②该类报告本质上不具有撰写和评价的节奏,而是由具体突发信息需求引起。

因为它会被众多受众使用,所以给出标准报告是绝对经济的。它的缺点自然就是,不能满足特殊的或实时出现的信息需求。

偏差报告仅仅用于监控和触发操控措施。一个重要的框架问题是确定容忍数值:它既不能妨碍引入必要的控制措施,也不应该产生过多报告行为。

按需报告可能是非常昂贵的,但它能直接满足某些特定的信息需要。计算机技术支持的企业报告制度增加了按需报告推广的可能性。通过联网的远程计算机直接访问数据库,使受众有能力直接获取数据。用户友好的软件可以提供有关支持。

当然,标准报告将继续保持它的重要性。在管理实践中,可以低成本地满足可标准化的信息需要。标准报告还能确保提供协调一致的信息,使得所有参与者的信息状态一致。

以上讨论的报告数据是运营导向的。战略导向的报告问题仍然未解决,很难以标准化报告的形式展现具有战略意义的信息。

4.6.3 报告系统

我们把适应业务信息需要、具有分类报告结构的系统称为报告系统。

报告系统的结构必须与规划和监控系统的结构相适应。事实上,报告系统是规划和监控系统的一个方面,以报告形式的信息流伴随着规划和监控的过程。

报告系统的建立需要同时逐级地考虑三个方面:(1)时间频率(周度、月度、年度报告);(2)管理流程中的阶段(规划报告和监控报告);(3)管理层级别(低级、中级、高级管理层报告)。

根据默滕斯和迈尔(Mertens & Meier,2009)的表述,IT支持的管理控制系统可以按照信息类别、受众数量或受众级别进行分类,表4.64展示了一个词汇工具箱,由此可以配置出截然不同的报告系统。接下来会谈到两种可能的报告系统:经典报告(参见表4.65)在固定的日历日形成,为解决方案框架下的问题识别服务,也就是能够指明紧急的风险或者积极的发展。对话操控是纯粹的系统操控,只有当系统数据丢失时才需要人工介入。经典报告系统的一个例子是,向所有业务单位领导发送的月度企业业绩报告。新订单和销售额数据以标准化的形式从企业内部得到,通常以表格的形式表述。

表 4.64　　按特征分类的词汇工具箱和 IT 支持的控制系统

触发者	信号/数据形式	日历日期	使用者愿望	决策需要
接收者人数	个人		小组	
接收者等级	下层领导	中层领导	上层领导	
使用者模型	不存在		存在	
信息来源	内部来源		外部来源	
信息种类	数量信息		质量信息	
展示形式	报告	表格	图表	口头传递	专家鉴定
询问模式	标准询问		自由询问	
信息分发方式	向内拉动方式		向外推送方式	

续表

对话控制	仅使用者控制	评价体系，适应性对话	对话引导系统	仅系统控制
决策模型	不存在	数据方法决策模型	运营研究方法决策模型	人工智能决策模型
模拟	非模拟		假设模拟	如何实现仿真
解决方案流程阶段	发现症状	诊断	疗法	预测	控制

资料来源：Mertens & Meier（2009，第3页）。

表 4.65　　　　　　　　　词汇工具箱"经典报告系统"

触发者	信号/数据形式	日历日期	使用者愿望	决策需要
接收者人数	个人		小组	
接收者等级	下层领导	中层领导		上层领导
使用者模型	不存在		存在	
信息来源	内部来源		外部来源	
信息种类	数量信息		质量信息	
展示形式	报告	表格	图表	口头传播	专家鉴定
询问模式	标准询问		自由询问	
信息分发方式	向内拉动方式		向外推送方式	
对话控制	仅使用者控制	评价体系，适应性对话	对话引导系统	仅系统控制
决策模型	不存在	数据方法决策模型	运营研究方法决策模型	人工智能决策模型
模拟	非模拟		假设模拟	如何实现仿真
解决方案流程阶段	发现症状	诊断	疗法	预测	控制

资料来源：Mertens/Meier（2009，第9页）。

另一种常见的报告用途是决策支持（参见表4.66）。与经典报告不同的是，它还涉及来自企业外部以及定性的信息。报告结果是专家意见书，不通过标准化索取方式而仅仅是询问方式获取（拉动方法）。决策支持的报告被应用于诊疗和预测阶段，报告的目标是为一个已经存在的问题获取决策答案，一个例子是被判定为非最优化的分公司密度问题。除了收集当前情况（实际数据）和与有关竞争者的比较之外，支持决策报告首先必须提供针对措施影响可能的数据，例如在关闭或新开分公司时的成本和利润情况。

表 4.66　　　　　　　　　词汇工具箱"决策支持"

触发者	信号/数据形式	日历日期	使用者愿望	决策需要
接收者人数	个人		小组	
接收者等级	下层领导	中层领导		上层领导
使用者模型	不存在		存在	
信息来源	内部来源		外部来源	

续表

信息种类	数量信息			质量信息	
展示形式	报告	表格	图表	口头传播	专家鉴定
询问模式	标准询问			自由询问	
信息分发方式	向内拉动方式			向外推送方式	
对话控制	仅使用者控制	评价体系，适应性对话	对话引导系统		仅系统控制
决策模型	不存在	数据方法决策模型	运营研究方法决策模型		人工智能决策模型
模拟	非模拟		假设模拟		如何实现仿真
解决方案流程阶段	发现症状	诊断	疗法	预测	控制

资料来源：Mertens & Meier(2009，第12页)。

在管理实践中，报告系统的重要问题是，信息供给环节缺少受众导向。

通常报告的产生是发送者导向的，也就是说，报告的内容只会反映出报告制作者相关的信息，结果是报告数量和范围都太大。

我们在此处把"报告金字塔"替换为"报告圆柱"的概念(Helffenstein,1981,第266页)。

4.6.4 报告的构架

报告服务于规划和监控信息的沟通，以及触发操控措施。从管理控制师的视角出发，控制师报告的生成存在几个基本标准：

(1)它必须把计划(目标)、实际和期望这三种指标类别加以对比，帮助形成相应的目标现实比较。

(2)不得出现没有说明的数字。经理人或管理控制师应该对报告的数字加以说明("病历"和"诊断")，以及列举出预期的控制措施("疗法")。

(3)结果有效性以及偏差的影响应该重点、清楚地表示出来。

表4.67展示了一个成本中心的月度报告作为例子。

表4.67　　　　　　　　　　成本岗位标准化月度报告

成本类型	月度报告 2014年12月 成本岗位：IT-服务								
	本月数据			本年实时				年度总计	
	上年同期	预算	实时	上年同期	预算	实时	预算%	上年同期	预算	二次预算
工资费用	42.639	42.718	43.225	614.052	612.047	622.047	1.6%	614.052	612.047	619.504
社保成本	8.557	8.805	8.740	104.266	108.020	106.778	−1.1%	104.266	108.020	106.800
继续教育	595	550	477	6.170	7.150	6.977	−2.4%	6.170	7.150	6.970
差旅费	2.026	2.120	2.354	24.228	25.030	27.445	9.6%	24.228	25.030	26.120
保险费	2.550	2.214	2.506	13.849	14.115	12.058	−14.6%	13.849	14.115	14.850
人事经费	56.367	56.407	57.302	762.565	766.362	775.364	1.2%	762.565	766.362	774.244
办公用品	114	108	104	1.150	1.220	955	−21.7%	1.150	1.220	1.090
软件授权许可	852	792	812	10.450	9.995	9.875	−1.2%	10.450	9.995	10.430

续表

月度报告 2014 年 12 月成本岗位:IT—服务										
成本类型	本月数据			本年实时				年度总计		
	上年同期	预算	实时	上年同期	预算	实时	预算%	上年同期	预算	二次预算
IT 设备	474	480	492	6.411	6.250	6.844	9.5%	6.411	6.250	6.540
电话费	868	905	1.072	9.428	10.030	10.941	9.1%	9.428	10.030	10.840
其他	122	104	94	1.150	1.180	1.245	5.5%	1.150	1.180	1.180
材料成本	2.430	2.389	2.574	28.589	28.675	29.860	4.1%	28.589	28.675	16.100
初级成本	58.797	58.796	59.876	791.154	795.037	805.224	1.3%	791.154	795.034	790.344
建筑费用分摊	22.012	22.750	21.878	258.010	262.300	254.845	−2.8%	258.010	262.300	260.400
管理费用分摊	7.540	8.100	8.056	110.640	112.050	109.500	−2.3%	110.640	112.050	110.900
IT 费用分摊	2.774	2.850	2.977	36.554	32.010	34.100	6.5%	36.554	32.010	35.120
次级成本	32.326	33.700	32.911	405.204	406.360	398.445	−1.9%	405.204	406.360	406.420
总计	91.123	92.496	92.787	1.196.358	1.201.397	1.203.669	0.2%	1.196.358	1.201.397	1.196.764

资料来源:Fischer,Möller & Schultze(2012,第 98 页)。

在报告构架中有三个重要问题待解决:关键信息的选择;单条信息的浓缩度;正确的表述形式。

具体解决办法很大程度上依赖于工具的条件,这一差异可以从手写生成记录的董事会会议到应用移动设备。此处产生的具体问题以及可应用的工具,我们只能用关键词描述。

关键信息的选择直接与信息需要的确定相关。现有信息的可用化是多种存档方法的对象。在"数据组织"这一关键词下,选取、浓缩和描述信息问题的处理取决于信息技术方式。

在构建一个报告系统时的主要问题是需求导向的数据库浓缩。每个数据库可以通过分类码进行压缩,例如,加密可以实现对产品组件—产品组—主要产品组的三级浓缩。多个数据库可产生多样化的浓缩组合方式,总的来说可以分为两种类型(Mertens & Meier,2009,第 62 页):(1)某浓缩级别的单条信息就是下一个浓缩级别的汇总信息(参见图 4.77 中的实线)。(2)在其成为上个浓缩级别的单条信息之前,一个浓缩级别的汇总信息必须再次加工(参见图 4.77 中的虚线)。

在有重叠的数据库分类时,通常仅在最低级别有组合的可能,例如在图 4.78 中,只有对外勤人员/顾客的分类具有明确规则。在更高的浓缩级别中,大多出现重叠(如"零售商"这一主要客户群,只有柏林零售商可以归类到销售区域"柏林")。

报告构架的一个特殊问题领域是对数量信息的图表化展示,图表的有效性、可理解性和受众对报告的认可度会产生强烈的积极或者消极影响。

若要避免"数字坟墓",在报告的信息描述中,应当注意以下的构架规则:

(1)信息量应该按照受众要求设置:针对相同的问题,管理者的信息需要可能有所不同。例如,一位领导者对销售额、外勤人员和本营业周期顾客访问数的整体描述感兴趣;而另一位领导者却认为销售额、外勤人员和本营业周期的直接销售额之间的关系更为重要。通过确定受众的个别需要,通常可以使信息量大幅减少。

(2)一个信息系统应该拥有统一规定的格式:这些特别包括报表页眉统一设计、相同的元素和汇总信息顺序,以及相同的报告发布标准。

物流成本的来源

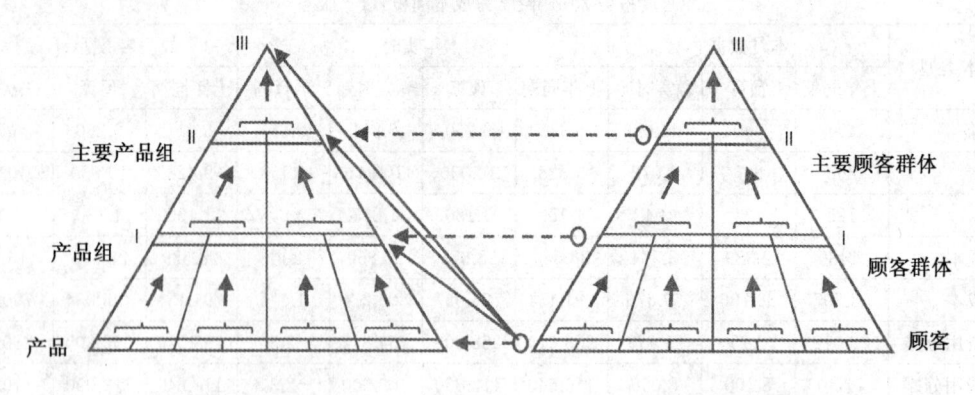

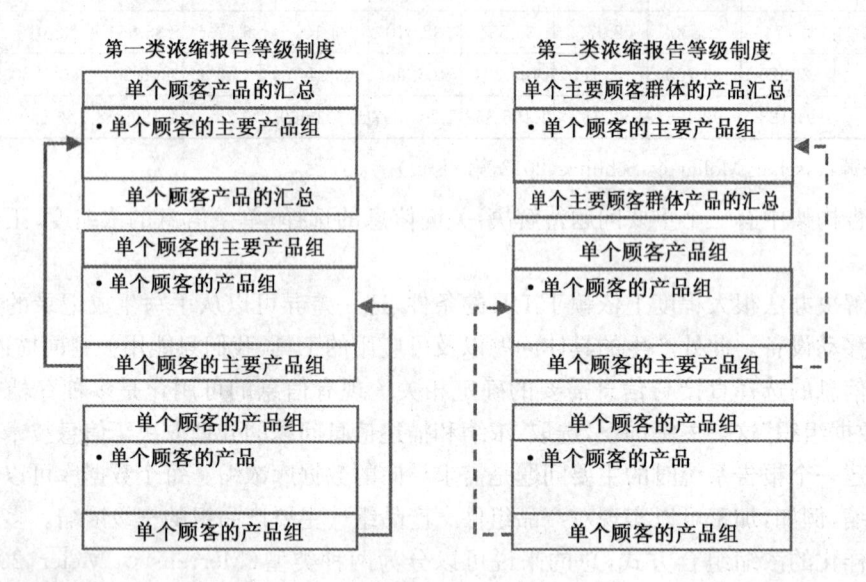

第一类浓缩报告等级制度　　　　　第二类浓缩报告等级制度

资料来源：Mertens & Meier(2009,第64页)。

图 4.77　数据浓缩的举例：两个数据库无重叠的分类

(3)多个信息的表述不应该相互孤立,而应从相对比较的角度来看:报告不应当只包含绝对数字。除了绝对实际数据,还应包括计划数据、历史数据、偏差数据、趋势数据、预测数据、指标和对比数据。

这些数据可以用绝对、相对或累积的形式加以描述。

(1)概述和详录应加以清楚区分:首先描述汇总信息,再描述具体补充信息。

(2)在报告中尤其强调一些例外情况:管理中例外原则的应用。

(3)图形描述比表格描述更具表现力:只要存在可能,就应该在信息描述时用图形描述,因为根据经验,运用图形比表格描述更容易认识内在联系。

为了更高效地起草报告,人们必须知道,哪些干扰因素和干扰原因会损害交流的有效性。科赫(Koch,1994)深入研究了这个问题,并开发了关于报告制度中干扰因素的信息理论导向模型(参见图 4.79)。

技术方面涉及信息发出、信息传播和信息接收的技术问题,信息必须无错误且不失真地到

象征性的信息浓缩略图

全部外勤人员汇总　　　　　　　　　全部顾客汇总

销售大区　　　　　　　　　　　　　主要顾客群体

销售地区　　　　　　　　　　　　　顾客群体

外勤人员　　　主要顾客群体　　　　顾客

第一类浓缩报告等级制度

| 企业整体 |
销售大区
企业整体

| 销售地区 |
销售地区
销售地区

| 销售地区 |
外勤人员
销售地区

| 外勤人员 |
顾客
外勤人员

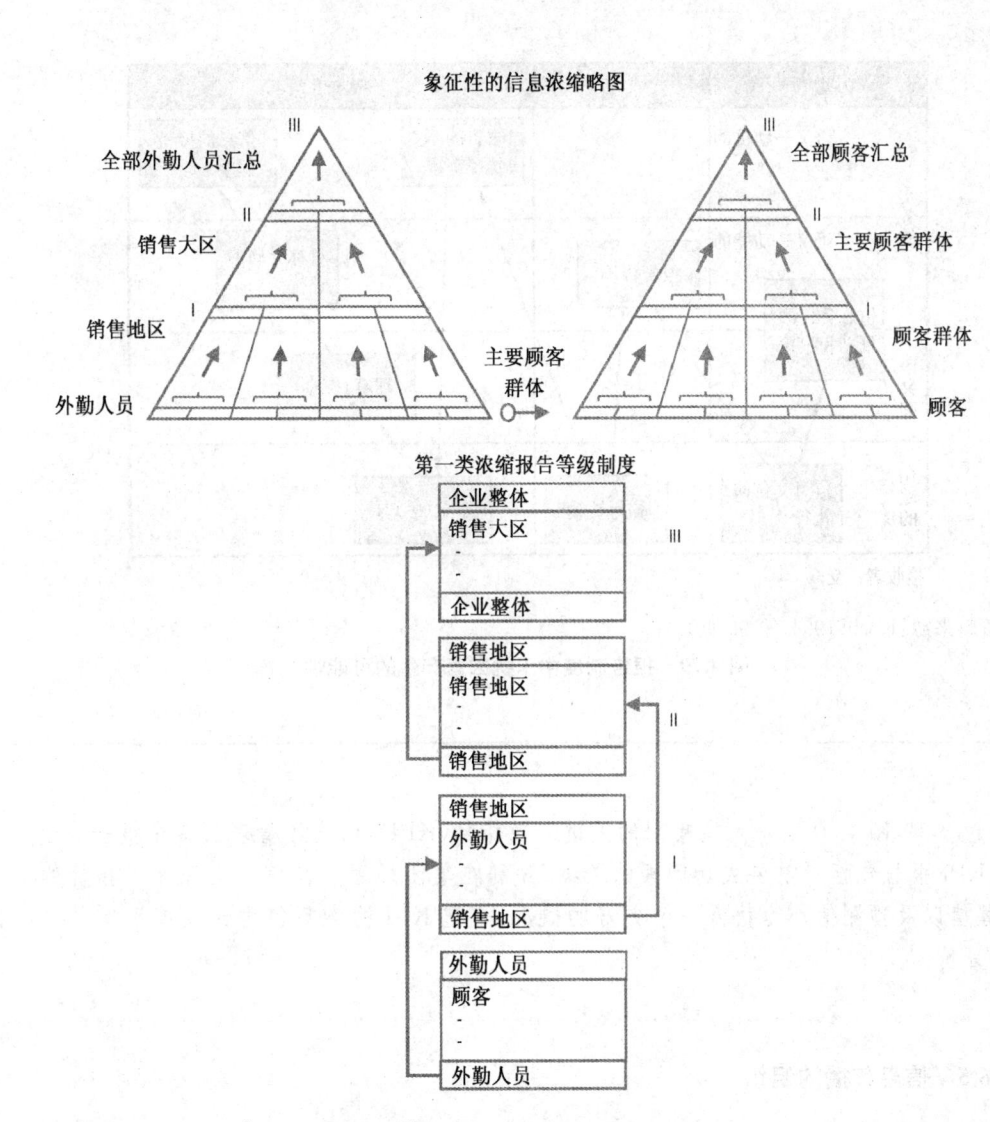

资料来源：Mertens & Meier(2009，第65页)。

图 4.78　在两个数据库有重叠分类时的数据浓缩

达。

语义方面涉及，通过明确和易懂的概念描述，避免对报告信息的误解和不理解。例如，也许报告起草者把"销售额"概念理解为"毛销售额"，报告受众却理解为"净销售额"。

实务层面上，报告起草者的主要任务是，设定报告的目标导向和受众导向。受众必须接受报告内容，根据目标导向对其评价。此处应分清确定因素的事实理性和人工动机。例如，报告受众必须识别出汇率波动对其决策的影响，不能由于风险规避而排斥报告信息。

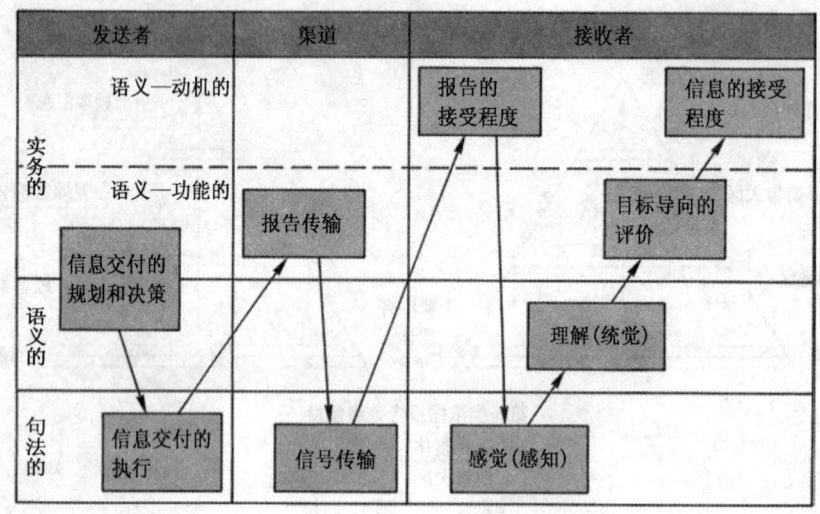

资料来源:Koch(1994,第99页)。

图 4.79 报告制度中干扰因素产生的可能性

案例

通过举例,图 4.80 展示大众集团的关键绩效指标(KPI),给出了管理实践中报告的起草和构架。KPI 报告包括对重要成功因素的浓缩,分别在集团层面和品牌层面描述了指标的实际值、预算值以及预测值。为获得一个更好的概况,会把 KPI 的实际值和比较值用信号灯的方式加以评价。

****

4.6.5 信息传播的组织

报告制度很适用于实现对自身规划和监控广泛的自我规范。基于转移定价的价格操控作为控制工具,使信息受众满足于对自己重要的信息。报告制度导向的经济性目标具有两种表现形式:最大化信息效用、最小化信息成本。

报告制度的组织和监控通常是管理控制师的职责,他在系统构建时的协调针对受众导向报告系统的组织布局,他的监控任务集中在系统的弱点上。报告制度的弱点通常也揭露了企业管理中的问题(Blohm,1974,第 76 页)。

组织构架有多种可能性。此处有待讨论的多种变体都假定,报告是通过信息技术生成的,然而它们的生成和所用工具无关,最基本的假定是创建报告的成本中心产能不足。

理性的报告制度组织可以分为两种基本形式:(1)自我控制系统架构,即具有自我优化功能;(2)报告系统架构,即可以通过系统外部的措施改变其结构。

自我操控的传统形式是转移定价,它假定作为信息受众的成本中心具有预算并对费用/收入负责。因为把收入和费用分配到单个报告中会遇到无法克服的困难,需要在衡量报告经济性时考虑其作用程度大小。要么计算出效用/价格的数值,要么确定一个生成报告的优先级顺序。此处效用的含义是报告的预期利益(例如节约成本、提高销量等)。

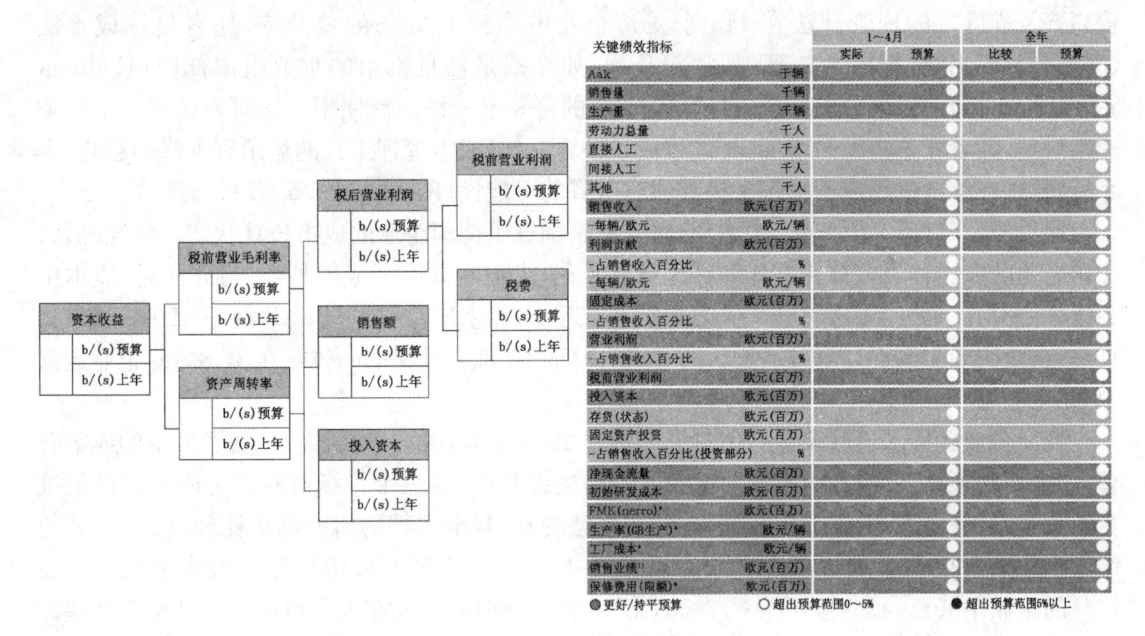

资料来源：德国大众集团（2014）。

图 4.80　德国大众集团的 KPI 报告

价格不是根据成本给出的，但其首先具有操控功能。当信息受众确定信息供给的内容和时间节点时，可以进行自我控制。如果使用者能详细指明每种情况所需估值，生成报告的数量可以大幅减少。

除了通过自我控制，还可以通过对信息生产和使用的直接控制，从系统外部促进报告制度的合理化。报告生产的控制和监控，首先具有避免意外产生重复报告的目标。一个重要手段是盘点已生成的报告。

报告使用的监控旨在减少报告使用成本，报告使用成本由两部分组成：采纳特定信息产生的成本；忽视任务履行所需信息产生的成本。

各项措施都应该防止采纳报告不相关信息，或是应该简化、明确对报告相关信息的采纳（例如，信息需要分析，或者使用描述信息的特定形式，以实现快速和准确采纳信息）。

4.7　实践案例

4.7.1　经验研究结果

对信息供给工具的经验研究，是管理控制研究的核心。这一实证研究的对象通常是工具多种变体的作用。一个典型的问题，例如，哪些指标尤其适用于某一企业职能的控制，如研发或者生产职能。其他经验研究涉及报告的理想设计。

与信息供给时一样，在如此广泛的研究范围内，一个几乎完整的研究现状概述是不可能实现的。因此，我们阐述一些选定的管理控制核心领域——成本核算。

卡宇特（Kajüter, 2005）的研究针对成本核算和成本管理的方法。在管理实践中，许多工具，如目标成本法、过程成本核算、标杆管理法以及生命周期成本核算，如今在部分企业中具有较高普及程度。标杆管理法在 115 个受访企业中达到了 90% 的普及率,还有目标成本法 (55% 普及率)和过程成本核算(46% 普及率)如今都是信息供给的重要组成部分(Kajüter, 2005,第 91 页)。仅生命周期成本核算以 26% 的普及率未被广泛使用。该研究还有一个有趣的结果是,随着竞争程度的增加,与过程成本核算一样,成本管理工具的运用有下降的趋势,卡宇特猜测,在综合运用成本管理工具方面有节省的可能性(Kajüter,2005,第 93 页)。

弗里德尔等(Friedl et al.,2009)的研究特别调查了德国企业的成本核算状态。研究确认,受访企业的成本种类核算非常详细且极具差异化,大概有 800 个成本种类,与此同时,成本中心核算(平均 4 000 个成本中心)在受访企业中近 10 年来增长明显(Friedl et al.,2009,第 112 页)。企业明确强调会计学日益增长的意义,内部和外部会计学的一体化在 37.8% 的企业运营中"完全适用"(Friedl et al.,2009,第 114 页)。

咨询企业普华永道(PwC)和伯尔尼大学于 2008 年合作的一项研究,调查了瑞士的成本管理。"规划和预算"、"提高成本透明度"和"价格决策基础"这三个目标被确定为成本管理最重要的几个原因(PwC,2008,第 13 页)。需要注意的是,与卡宇特的研究结果比较,仅 14.5% 的瑞士企业采用成本管理。在近半数的企业至少在某些情况下采用平衡计分卡方法——在 13% 的企业中甚至经常使用(PwC,2008,第 26 页)。据估计,其在大企业中的普及率会高些。

4.7.2 德国财务有限责任公司:战略企业操控

德国财务有限责任公司 http://www.deutsche-finanzagentur.de	
行业	金融服务
地点	德国法兰克福
管理债务组合	约 11 060 亿欧元(2015 年)
员工数量	约 260 人(2015 年)
引用来源	以下案例选自公开的 Lehr,C.,*Hand-lungsoptionen für die Strategische Unternehmenssteuerung in der Fi-nanzagentur des Bundes*,Stuttgart,2009,第 277—288 页.

德国财务有限责任公司(简称"财务公司")成立于 2000 年 9 月 19 日,联邦德国政府是唯一的所有者,由德国联邦财政部(BMF)作为代表。

财务公司于 2001 年 6 月 11 日从德国联邦财政部,随后又从德意志联邦银行处接管了贷款和债务管理的核心职能。2006 年 8 月 1 日从联邦证券管理局把当时的私人银行业务与联邦债券,以及联邦政府账目都转移到金融机构名下。

财务公司的目标是:减少联邦因接受贷款产生的利息费用负担;优化联邦债务组合的风险结构(Lehr,2013)。

在联邦债务管理和特殊财产框架下,债务组合规模达到约 11 060 亿欧元(Lehr,2013,第 160 页)。

财务公司由两名负责人领导,具有扁平式的等级结构,其下共划分为 7 个领域和所属部门。

财务公司的企业操控、组织和人事结构的设立方式，是考虑到快速增长变化的金融市场和环境的要求。

基于企业控制相关的长期流动性影响，战略企业操控的任务是搜索、建立和保持更好、更安全的成功因素，因此除单纯的财务指标外，战略控制还需要其他导向指标。此外，应识别和构建未来的成功因素。战略针对金融机构的长期生存能力，而不是盈利最大化。

长期生存能力原则上产生于市场，在于顾客而非资产负债表。每个战略仅能够以其能实现结果为评价对象。因此从金融机构的角度出发，战略企业操控的定义从多个绩效领域和评价标准来看，是六个有意义的关键指标（Stöger，2007，第9页）：联邦财政部作为所有者的地位/联邦政府的市场地位；(2)创新绩效；(3)生产率；(4)对正确和称职人员的吸引力；(5)(资金)流动性；(6)盈利能力。

这六个关键指标确定了应该提出和回答哪些战略问题，作为分析和后续监控的对象。

从这六个指标角度进行初始状况分析。

引导问题是："我们应该知道什么，以回答与这六个指标的战略相关问题？"也就是说，只分析真正对这六个指标来说重要的事情。

对联邦财政部作为所有者的地位产生间接影响的是，由财务公司代表联邦与机构投资者进行的交易。市场地位的评判和市场界限的出发点，构成了初始的、与已经存在产品无关的顾客问题。联邦财政部就是其唯一的顾客。

创新绩效是评判长期成效的重要预警指标。在会计核算体现出数量下降以前，较弱的创新绩效往往预示一个公司有下降趋势。

通过对生产率的评判，可区分（企业）健康和不健康的发展。当发展不以生产率作为代价时，企业通常具备更强的竞争力。

对正确和称职人员的吸引力，是战略企业操控的一个重要方面。金融机构必须吸收和留住所需的雇员。

流动性是财务公司的一个短期操控指标。只要财务公司具有流动性，即使短期之内没有盈利也可以正常运营；与之相反，存在盈利却流动性不足时，就不能正常运营了。因此，搜索、建立和保持更高的成功潜力，必须始终考虑它们对于当前流动性的效果。

盈利能力必须从利润出发。有待回答的操控相关问题如："为持续经营，财务公司必须获得哪些利润？"战略操控过程的时间性流程可以分拆为以下三个阶段：规划、实施和监控。

规划的框架由"财务公司执行委员会"(EKom)的工作会议决定。这一委员会由财务公司的高层领导组成，即总裁和部门领导。因为决策者们在这个核心领导组中碰面，所以这些工作会议是规划的主导因素。在会议上有信息交换并产生决议，也会发布任务。这样在会议举行前必须充分搜索信息，加深对特殊问题的理解。

与此同时，具体量化的前提和结果会在一个粗略的资源规划中加以说明。按照这样的流程，一个战略最多要经历三次会议，会在12个星期内做出决定。

图4.81总结了战略控制流程：

以上六个关键指标构成了战略的基础，它们确定了内容的逻辑。通过分析关键指标、评判指标的未来发展，由此在最初的几次工作会议上确定60%～80%的战略方向，并提出最初措施。

成功的战略实施需要注意以下三个方面：(1)根据"结构遵循战略"原则，必须确保组织推动战略的实施。(2)管理层和雇员都必须认识和理解企业战略。在财务公司中，"中央操控"部

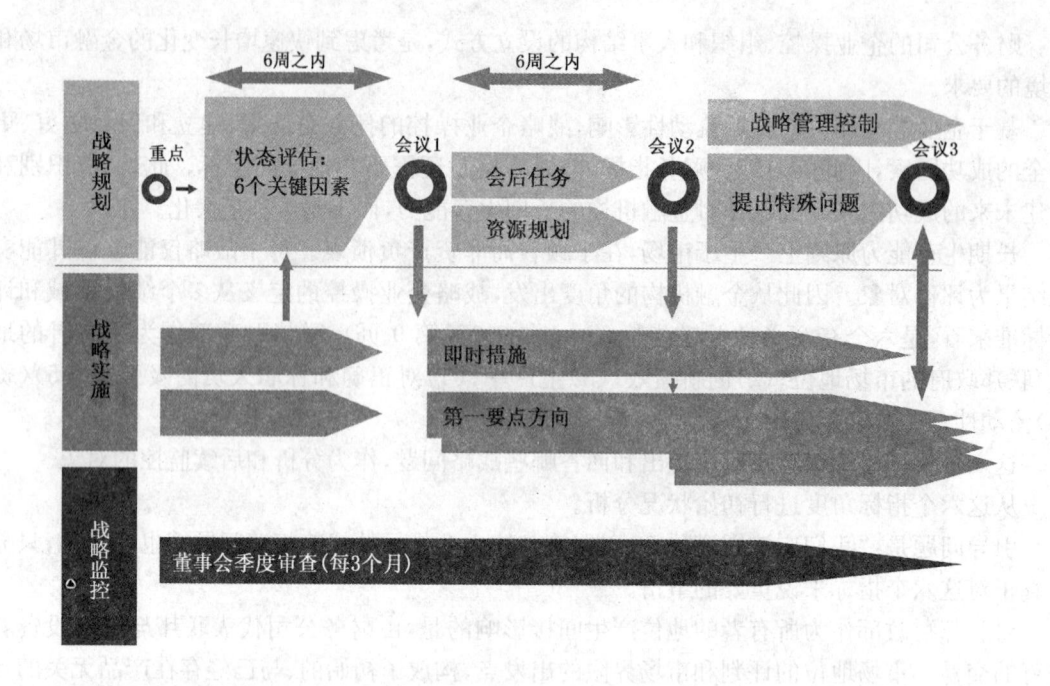

资料来源：Lehr(2009，第287页)。

图4.81 战略操控过程概览

门(战略办公室)确保战略的内部交流，其直接受管理层的领导。(3)战略的内容必须在集成的企业管理流程中找到切入点。

企业战略的监控发生在每季度的执行委员会检查时，作为年度经营预算流程的前期工作于每年年初开始。

4.7.3 大众汽车集团：价值导向的管理

德国大众汽车集团 http://www.volkswagenag.com	
行业	汽车
地点	德国沃尔夫斯堡
销售额	约2 020亿欧元(2014年)
员工数量	约592 600人(2014年)
引用来源	以下案例选自公开的 Volkswagen AC, *Finanzielle Steuerungsgrößen des Volkswagen Konzerns*, Wolfsburg 2009，第3—11页。

在财务方面，大众汽车集团基于嵌入式业绩评价体系进行控制。直到20世纪90年代后期，由"销售额"和"税前利润"得出的"销售利润率"仍作为运营控制的重要目标指标。集团的财务控制指标体系被证实有效，因其便于交流，包含与外部进行比较有说服力的基准指标。不过，从资本市场来看，也就是从投资人的角度看，这三个主要控制指标不能提供投入企业的资本是否都得到合理回报的信息。同样，业务部门和产品线必须做出判断，其投入资金或投入资产是否得到了合理的回报。

随着价值导向财务控制概念的发展和引入，自1998年起大众汽车集团开始考虑把资本市场要求的投入资本最低回报率引入控制指标中。为此，企业以及下述部门必须努力实现尽可能高的价值增长速度，以满足企业所有者群体的要求；该价值增长必须满足企业长期独立发展、投资者所要求的价值增长以及对于工作岗位和收入增长的要求。

投入资产的价值变动，或者因此获得的经济增加值（EVA）产生于经营成果和资金成本的对比：(1)在所有其他费用之外，当经营成果超过所需赚得的自有和借贷资产成本时，则实现价值的增加。(2)当正好赚得资本成本时，只实现保值。(3)当没有赚得资本成本时，将会消耗价值。

最少要赚得的资本成本，来自投资者期望的回报率要求，以及自有资产与借贷资产的比例。

股东喜好的股权资本投资回报率以股息和股价上涨的形式体现。股东眼中的企业价值——以及资本投资的价值——产生于股权资本的股票市场价值。外部投资者喜好的外部资本投资的利息即企业中相应的债务资本，这里债务的账面价值相当于其市场价值。股权资本和债务资本构成企业付息的资本。

由于投资者期望以市场价值获得收益，所以资本必须基于其市场价值付息。由此企业债权需达到最低期望收益率，它反映了股东和外部投资者特定的资产风险。由投入资产的市场导向最低期望收益，得出需赚得的资本成本。

需赚得的资本成本与投入资产的比，就是投资回报率（Return on Investment, ROI）的最低值。在实际收益率高于最低期望收益率以及资本成本率时，投入资产的价值增加，也就是获得的经济增加值。价值变动的战略影响因素有经营成果、财产投入，财务影响因素有资本结构和资本成本率。从这些基本因素出发，可以推导出战略和运营管理的特殊价值驱动因素。

资本成本包括债务成本和权益成本。由于总资本成本率作为企业的总目标，因此就不会经常地适应短期资本市场的波动调整，重要的是要长期有效，且具有未来导向的成本率（参见图4.82）。

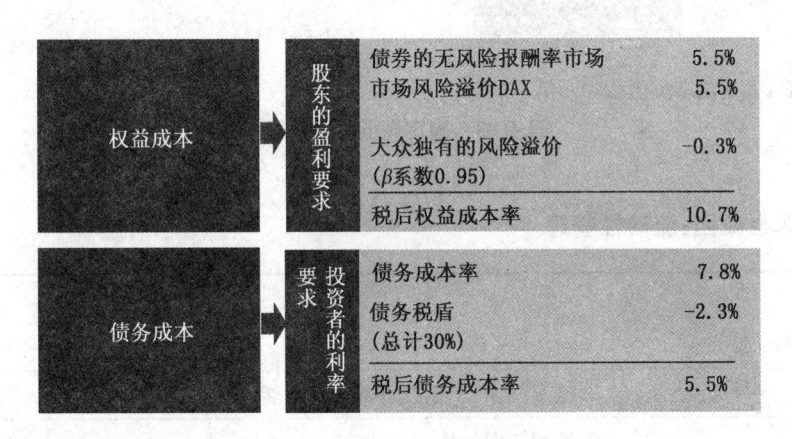

权益成本	股东的盈利要求	债券的无风险报酬率市场	5.5%
		市场风险溢价DAX	5.5%
		大众独有的风险溢价（β系数0.95）	-0.3%
		税后权益成本率	10.7%
债务成本	投资者的利率	债务成本率	7.8%
		债务税盾（总计30%）	-2.3%
		税后债务成本率	5.5%

资料来源：大众汽车集团（2009，第8页）。

图4.82 资本成本组成

债务成本率从长期贷款的平均利率得出。由于债务利息是税前可扣除的，可以使用税后的债务成本率。

要确定权益成本，可以使用资本资产定价模型（CAPM），其出发点是长期政府债券收益率,因为股东可以无风险地用其资金对此类证券进行投资。仅当通过增加的风险得到回报率更高的报酬时,投资者才会进行更高风险的投资。

这种增加的风险由两部分组成:(1)一般的风险溢价,这反映在股市投资的整体风险,因此侧重于 DAX;(2)大众独有的风险溢价,体现出相对于 DAX 的企业风险,通过 β 系数加以确定。

β 系数描述了大众汽车股票的系统风险,其通过股价相对于整个股市的波动(DAX)来确定。所以,这个系数表达了大众汽车集团的投资中,由投资者承担的企业风险,确定这一系数 $\beta=0.95$。

由于在股市中利润率溢价是短期和中期波动的,它不会持续对企业长期的运营目标设立造成改变,大众集团的权益成本率被定义在 10.7%。这一资本成本率是营业税税后的比率。

以企业中各资本比例加权债务成本率和权益成本率后,得出税后总资本成本率(参见图 4.83)。从投资者的角度,成本率的加权不是与历史名义或账面价值的股权资本有关,而是与市场价值的资本有关。对于大众集团来说,从资本市场的长期目标资本结构(股权资本/债务资本=2/1)可以得出,税后总资本成本率定义在 9%时,就可达到最低收益率的要求。

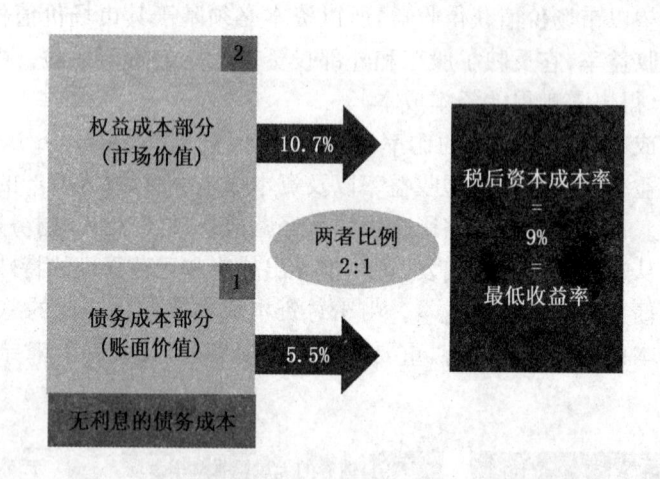

资料来源:大众汽车集团(2009,第 10 页)。

图 4.83　确定最低收益率要求

4.7.4　博世集团:流动性管理

博世集团	
http://www.bosch.de	
行业	汽车技术、工业技术、消费品、能源和建筑技术
地点	德国斯图加特
销售额	约 489 亿欧元(2014 年)
员工数量	约 290 000 人(2014 年)
引用来源	以下案例选自非公开的企业内部资料 Robert Bosch GmbH, Bosch Value Concept-Leitfaden zum Steuerungskonzept, Stuttgart 2013。

作为全球领先的技术和服务公司,博世集团在世界范围内利用机会,实现强有力的全球发展。这一思想源自博世理念,这就要求,博世及其子公司的价值连续和可持续性地增加。

像博世集团这样的非上市公司,不具有发行股票筹集股本的能力。企业盈利能力的保持和扩张,是在未来成长中融资的同时,保持企业财务独立的关键。

博世集团的增长必须主要通过内部融资实现。为了在激烈的市场竞争中获得长期成功,博世必须坚持与最强的竞争对手进行比较。这就要求在各个业务领域,赚得的平均利润率按息税前利润(EBIT)超过营业额的8%(见图4.84)。

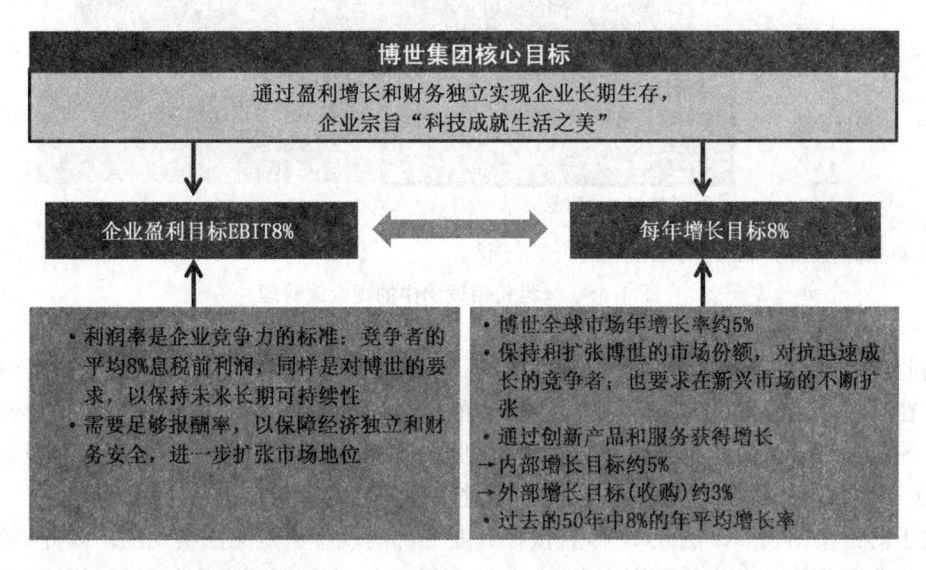

资料来源:Robert Bosch GmbH(2013,第3页)。

图4.84 博世集团的收益与增长矩阵

博世集团所经营的市场在全球以每年平均5%增长。为了确保企业的长期生存,因此其在全球的市场份额不仅要维持,更要扩大。博世的企业宗旨"科技成就生活之美"来源于,企业增长主要应通过创新的产品和服务,在高于平均水平的快速增长的领域得以实现。

因此,博世集团寻求以自身力量实现每年5%的增长。此外,通过开拓新业务领域和企业并购,博世集团已经实现企业长期平均每年3%的增长率。在过去的50年里,企业一直保持着总计8%的年平均增长率目标。

为了博世集团在未来同样可以实现这一目标,则必须采取创造价值和保证价值的措施。"博世价值理念"(BVC)把创造价值的操控与保证价值的操控互相结合,以在复杂多变的环境中保障博世的经济核心目标。

自2002年起,采用一个价值导向的操控系统价值实现了创造控制,其在2013年被明确简化为"基于价值的管理理念"。由于2008~2009年的经济危机,以及自那时起缩短的经济周期,为了对价值的保证进行控制,在经营领域层面引入现金流管理及其简化的自由现金流,以及在企业层面引入波动性管理与盈亏平衡点以及案例分析(见图4.85)。博世价值理念由此通过一个普遍的操控系统支持创造价值和保证价值。

2008~2009年的经济危机在很多企业中表明,在一场危机中,过去积累的企业价值可以被很快摧毁。

因此,管理层的首要任务就是保证企业的流动性。

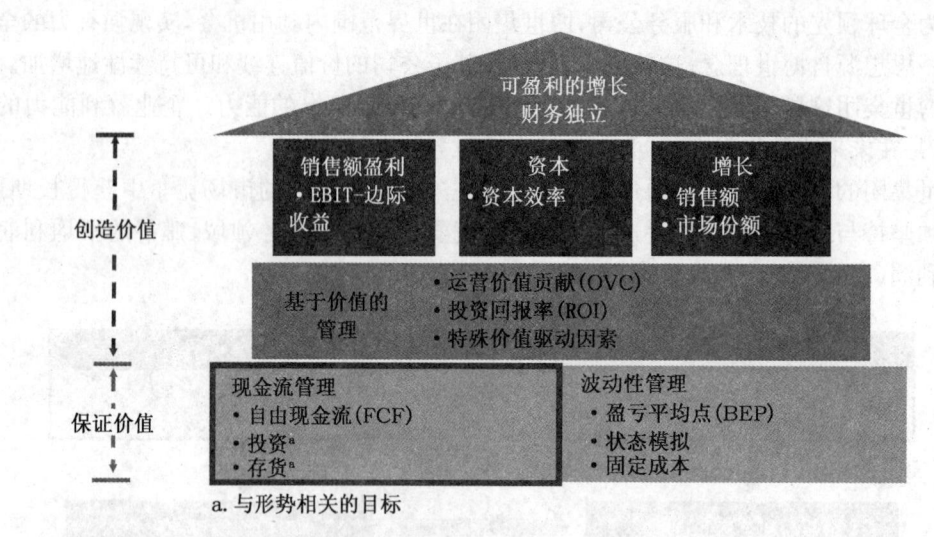

资料来源：Robert Bosch GmbH(2013,第2页)。

图 4.85　博世价值理念中的现金流管理

为此，在博世集团中单独的业务领域层面，运用一个简化的自由现金流概念。自由现金流给出了在某一固定期间，企业持续经营中得到的资金扣除投资之后的数额。留下的盈余就是一个正的自由现金流。这个盈余可以利用到(例如)外部的增长性投资中。在自由现金流为负时，高于当期收入的阶段性支出部分，需要通过库存现金或者贷款进行支付。

由于博世集团是一个法人单位，直接核算业务部门现金流是无法实现的。因此，确定现金流应从该业务部门的息税前利润出发，在息税前利润中，去除无现金支付科目(折旧、准备金变化)，但 EBIT 中缺失的现金支付科目(营运资金变动、投资)需要加入。

这样按照业务部门确定的自由现金流(见图 4.86 和图 4.87)，就是一个简化的自由现金流，它不需要考虑税，因为税务问题错综复杂。

资料来源：Robert Bosch GmbH(2013,第35页)。

图 4.86　按照业务领域的自由现金流

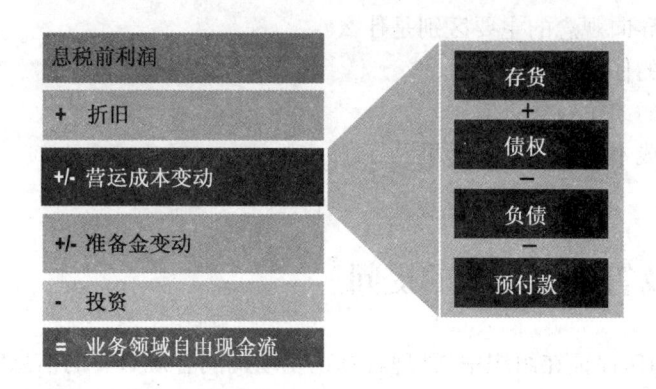

```
息税前利润
+ 折旧
+/- 营运成本变动         存货
+/- 准备金变动           + 债权
- 投资                  - 负债
= 业务领域自由现金流      预付款
```

资料来源：Robert Bosch GmbH(2013，第 36 页)。

图 4.87　按照业务领域间接确定自由现金流

总结

1. 在管理控制的观点下，信息供给系统是为规划和监控系统的信息输入而设计的。
2. 作为合理分析的区分标准，需建立信息处理流程的阶段（信息需求确定、信息采集、信息处理和信息传送）。
3. 在确定信息需要时，管理层需要区分运营信息和战略信息。
4. 对企业领导来说，有特殊意义的就是早期预警信息，它可以在早期提示企业和外部环境中的运营和战略重要变化。
5. 管理控制的核心领域仍然是会计。这里有两个主要目标领域：会计信息的运营和战略导向准备；创建一个会计综合系统。
6. 信息传送的核心问题是报告系统的受众导向设计。

复习题

1. 信息供给系统和规划和监控系统之间的关系是什么？
2. 如何刻画领导信息？
3. 针对高级管理层的信息具备哪些特征？
4. 信息供给系统的差异化需要注意哪些维度？
5. 输入各个规划层面（战略和运营）的信息表现出哪些特点？
6. 通过哪些特征可以描述信息需要？
7. 哪些预测技术在原理上可加以区分？请举例说明。
8. 如何把规划—预算—会计之间划分开？其内部联系是什么？
9. 从管理控制角度出发，需要对会计提出哪些要求？
10. 对于管理控制来说，收入/支出核算具有什么目的？
11. 什么问题是传统成本/作业会计系统所不能解决的？
12. 过程成本核算的优缺点是什么？
13. 目标成本法的任务是什么？

14. 多种价值导向观念的主要区别是什么？
15. 协调核算的任务是什么？
16. 学习曲线的结论有什么？
17. 生命周期成本的必要性在哪里？

对经理人及管理控制师的提问

1. 管理控制如何保证在组织中，管理者真正主动询问客观必要的信息？
2. 您是否检查过，您所在组织是否提供了过多的信息？（关键词：指标坟墓）
3. 您能否保证运营导向信息和战略导向信息之间的平衡？
4. 您如何保证企业中的会计信息不会过度详细？
5. 哪些战略导向的会计信息供给工具（目标成本法、流程成本核算等）适合您的组织？哪些工具是您已经运用的？
6. 为了对您的组织进行操控，早期预警信息的应用范围有哪些？这些预警信息得到所有管理者的重视了吗？
7. 您如何保证报告制度的构建是以报告受众为导向的？
8. 请确认，信息供给的参与者在您的组织中是否都被合理分类。

延伸文献阅读

没有一本图书涉及上述信息有关的所有方面。

有关内部会计特别推荐：

Coenenberg, Fischer, Günther, *Kostenrechnung und Kostenanalyse*, 8. Auflage, Stuttgart 2012.

Schweitzer, Küpper, *Systeme der Kosten-und Leistungsrechnung*, 11. Aufl., München 2015.

Friedl, Hofmann, Pedell, Kostenrechnung, 2. Aufl., München 2013.

有关外部会计我们推荐：

Coenenberg, Haller, Schultze, *Jahresabschluss und Jahresabschlussanalyse*, 22. Auflage, Stuttgart 2012.

有关企业战略领导问题我们推荐：

Müller-Stewens, Lechner, *Strategisches Management*, 4. Aufl., Stuttgart 2011.

还有其他的教材：

Van der Stede, Merchant, *Management Control Systems*, 3. Auflage, London 2012.

第 5 章
IT 系统的协调

"信息技术的发展现状及应用,很大程度上确定了管理控制的有效性和效率。"
——克里斯托夫·昂斯特博士,SAP 公司卓越财务中心主任

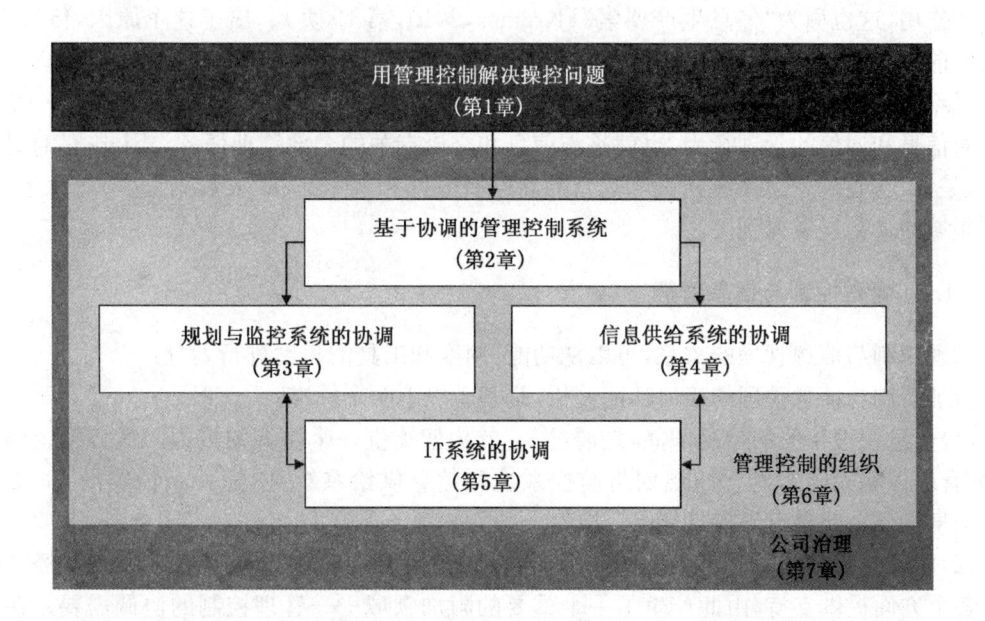

```
用管理控制解决操控问题
       (第1章)
          ↓
   基于协调的管理控制系统
       (第2章)
    ↙            ↘
规划与监控系统的协调    信息供给系统的协调
    (第3章)          (第4章)
          IT系统的协调
            (第5章)        管理控制的组织
                            (第6章)
                          公司治理
                           (第7章)
```

在本章中,我们主要介绍管理控制师所需信息技术(IT)的两个方面:一方面,企业的 IT 是管理控制的重要工具;另一方面,企业的 IT 也是管理控制师的新工作领域。

5.1 引言和概述

5.1.1 IT 对于管理控制的意义

在前面几章介绍规划和监控以及信息供给时,反复提及引入信息技术(IT)的重要性。事实上,如今在执行管理控制任务时,离开 IT 支持是不可能实现的。通过在企业中引入 IT,可以得出管理控制的两个重要方面,其在 1963 年就被赫克特和威尔逊(Heckert & Willson, 1963,第 741 页)发现:(1)IT 在很大程度上支持管理控制(例如会计);(2)由 IT 产生特殊的领导和控制问题(例如 IT 的经济性)。

通过持续快速发展的 IT 和由互联网带来的企业密集网络化,这些协调问题持续增长,最新的发展方向是"工业 4.0"。

引入现代 IT,不但可以改进信息供给、规划和监控的质量,还可以简化这些流程(例如通过自动化报表系统或 IT 支持的规划模型)。在管理实践中,这一发展导致管理控制师 IT 导向的增强,它表现在组织上管理控制师对 IT 经常性的责任。

如今,新 IT 系统经常涉及全企业范围内的规划和监控问题以及信息供给和管理控制的任务领域。这种系统的引入,经常会从根本上改变一个企业的组织结构。仅当企业领导层在这方面也履行其协调职能时,产生的问题才能够得到解决。为此有效的 IT 管理是必要的,IT 管理任务的复杂性需要确认特定的控制任务,可以归纳到"IT 管理控制"这一概念之下。

在过去几年里,许多企业都认识到,信息作为具有目标导向的知识,对成功更多地起到决定性的作用,这也称为"信息生产要素"(Krcmar,2010,第 19 页)。出于这个原因,传统 IT 管理发生的一个变化,就是从系统开发、编程和数据中心运营,发展到企业中的信息管理。按照海因里希和莱纳(Heinrich & Lehner,2005,第 7 页)的说法,所谓的信息管理涵盖了一个组织中针对信息和通信的管理行为,也就是与信息和交流有关的全部管理任务。因此,信息管理的任务,是 IT 支持的信息系统构架和运营的高度有效性和效率。在"大数据"这一概念下,这一研究领域的最新进展得到关注。

5.1.2 管理控制与信息管理

管理控制与信息管理的关系,可以从功能、制度和工具的角度进行划分:
管理控制与信息管理的接口功能分析,是基于以下两个标准:
(1)信息管理相关的控制职能,是通过 IT 的构架提供一个协调的潜力。这一系统构架是指,为管理控制完成的概念性规划与监控系统和信息供给系统,匹配一个精确的 IT 支持系统。信息管理在此具有支持功能。
(2)管理控制与信息管理相关的功能,旨在为信息管理在履行其职责时,从 IT 经济性角度的各个方面提供支持,由此产生了一个重要的附加领域——管理控制的协调需要。在这种情况下,管理控制具有支持功能。

两个与实践相关的观点,强调上述功能性关系:(1)管理控制的实质性责任,是对所有的规划和监控系统的责任分配,重点在于信息内容,尤其是与结果相关的信息。(2)信息管理是对整个信息系统技术构架的所有任务负责。"管理控制"的使用范围是全部信息系统的子系统之一,任务的重点在于适当的系统设计技术。

无论是管理控制还是信息管理,都对企业领导承担支持的职能,两者的功能相互补充:(1)作为企业领导的"指路人",管理控制给出成功目标,为此它提供适合的系统和信息。(2)信息管理承担"指路人"的职能,对信息资源进行精心策划管理。(3)两个支持任务的互补是基于上面讨论的交换关系:为了承担其职能,管理控制必然需要信息技术,信息管理只能从经济性角度的知识出发,正确评价和选择信息来源。

这两个职能的一个重要方面是把重点从运营推向战略:(1)管理控制如今不再把经济性仅限于运营方面,而是把构建成功潜能包含在分析中。尤其是通过当今电子商务以及"工业4.0"等现时发展,在战略分析中,同样要考虑已经产生和即将产生的机会和风险。(2)信息管理不再仅仅关注IT职能,同时还特别分析其战略角色。

由于所有的组织解决方案在内容上的内在关联,在按照制度关系回答问题时,不能给出一张"处方",而是仅仅说明其原理:

(1)系统核心功能责任的原则:无论是管理控制,还是信息管理,由于其系统的综合性意义,在系统构建时,必须保证这一核心功能的责任分配。

(2)企业领导决策能力的原则:由于管理控制和信息系统的战略意义,企业领导需要在构架原则下自行决策。无论是管理控制师还是信息管理者,都归类为企业领导(直接作为企业经营的参与者)。

(3)自治和协调的原则:鉴于现在实现的两个职能的复杂性,只要企业规模允许,管理控制和信息管理从组织上分别自行管理其职权范围。通过适合的组织规定可以保证,通过保留其职权范围可以产生一种协调。适合的方案有:①在信息管理范围内设立IT控制专员,功能上由总部管理控制师负责;②在管理控制范围内设立IT协调专员,功能上对信息管理负责;③设立决策准备联合小组,负责IT支持管理控制系统的相关构建和运营;④在IT支持的控制系统实现过程中,设立共同项目负责制。

值得一提的是,对于工具性的关系,由于企业经济方法中的矛盾性/两重性,IT控制方法和信息管理方法不能加以清晰划分。管理控制作为"方案供应商",被要求对于经济性分析和经济性控制的方法,以及信息系统经济性评价的方法进行研发。信息管理则研发和提供优先方法,服务于信息系统的设计和构建。上面谈到的互补,在工具性方面同样适用。

5.1.3 IT的协调潜力和协调需要

IT给管理控制师提出了两个复杂的协调问题(Hess,2006,第113页):(1)在实现规划与监控系统和信息供给系统时,利用IT的协调能力;(2)满足通过投入IT产生的特殊协调需要。

IT的协调潜力有两个重要的方面(Kieser & Walgenbach,2010,第371页):(1)通过投入IT,可以更好地量化系统构架的协调结果;(2)通过利用IT的一体化可能性,可简化系统连接时的协调问题。

IT的协调需要由IT自身的复杂性产生。在每个企业中,同时运行着很多子系统,如行政管理系统、处置系统、计划系统和监控系统(Mertens,2013,第27页)。

仅当其得到特殊的协调组织支持时,企业领导和信息管理才能够掌控这一协调需要。

接下来在5.2节中,首先介绍由管理控制通过IT提供的协调潜力。接下来在5.3节中将会探讨由投入IT产生的协调需要,以及在管理控制的帮助下满足这一需要的可能性。

5.2 信息技术的协调潜力

5.2.1 信息技术的业务运用部门

信息技术在企业中是不可或缺的,尤其是在企业规模增长时,针对日益累积的数据量以及增长的信息需要管理,没有信息技术支持是不可能实现的。在最初投入现代IT时,其使用范围仅限于非常格式化的行政和需求计划任务的自动化,也就是对数据的加工处理,以及支持解决结构化且反复出现的问题。IT现如今还更多地为管理流程提供全面的支持,以及应用于结构不够明确、间或出现的任务设置。目标是在各种形式的问题解决方案方面给领导提供支持,在多媒体下更多地实现数据、文字、图片和语言的信息交流与沟通。

为了描述运用IT系统的各种业务部门,斯塔尔尼奇和汉森坎普(Stahlknecht & Hasenkamp,2005)按照使用意图,将IT系统的运用目的划分为运营系统、领导系统、电子化信息交换以及接口系统(Mertens,2013,第19页),信息系统是对其总称(参见图5.1)。

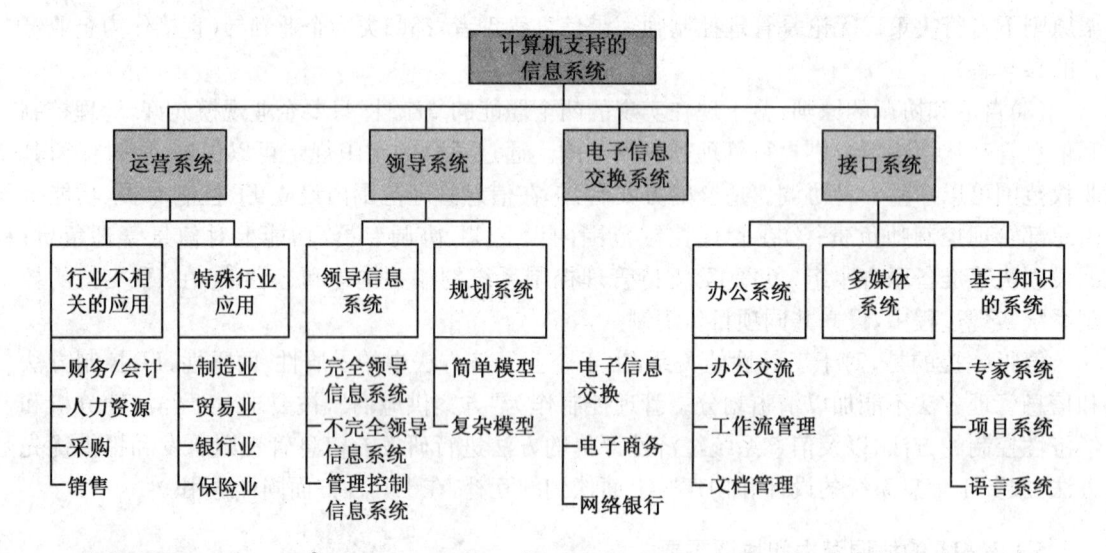

资料来源:Stahlknecht & Hasenkamp(2005,第327页)。

图5.1　IT支持的信息系统,按照使用目的划分

运营系统可以划分为管理系统和处置系统(Mertens,2013,第19页)。当管理系统(例如簿记等)对大量数据进行核算,以及应用于状态管理时,处置系统(例如成本计算、生产计划以及监控等系统)做出短期处置的决定,因此,运营系统起到描绘和支持合同处理的整体流程以及商品、信息和现金流的作用。运营系统的进一步差异化是鉴于产业分类,按照应用在行业无关、经济分支以及行业特殊运用进行分类。行业无关应用占支配地位的是财务簿记、薪酬核算,以及发票系统和采购,因其高度规范化,针对这些任务已经存在广泛的标准软件供应。进一步的行业无关应用,也就是办公沟通系统,如E-Mail。经济分支以及行业的特殊应用,是执行一项特殊的任务,例如计算机集成制造技术(CIM)在生产工厂的解决方案(Mertens et al.,2012,第100页)。

领导系统用于高级管理层的决策准备和支持,通常区分为规划系统和管理信息系统。

可以从一个企业内部广泛传播的IT系统入手。在电子信息交换的框架下,公司之间或企业级应用程序更具意义[(如电子数据交换(EDI)、电子商务(E-Business)、虚拟市场、协作软件)]。

商业伙伴之间结构化的电子数据交换,称为电子数据交换(EDI)。数据的电子交换更多地替代了传统处理方法,例如寄送纸质材料(订购表格、送货单、发票等);或者存储磁盘的交换,图5.2明确了常规和电子数据交换之间的界限。电子数据交换的目标是(Stahlknecht & Hasenkamp,2005,第400页):(1)避免重复获取或输入相同的数据;(2)加速通信;(3)可能通过快速反应获取竞争优势;(4)强化供应商和企业内部流程的联系;(5)加强客户服务,由此增强顾客与企业的联系。

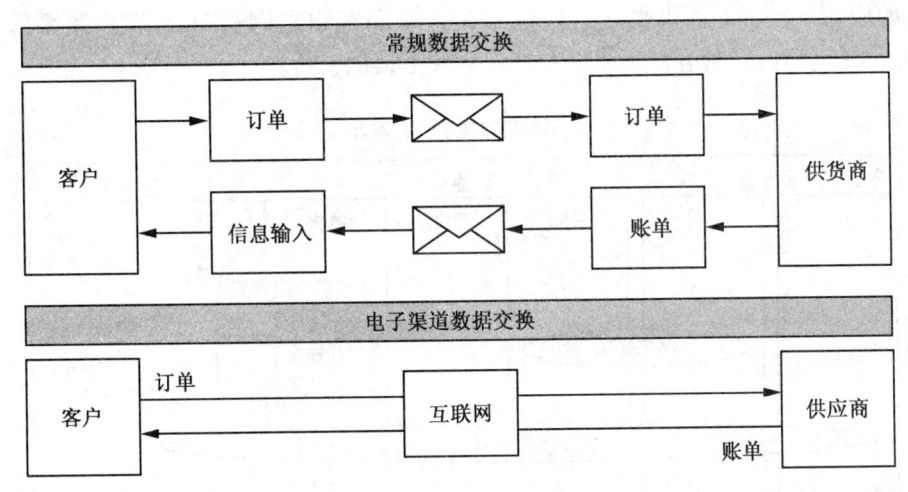

资料来源:Stahlknecht & Hasenkamp(2005,第667页)。

图5.2 常规和电子数据交换

由此可以节省时间和成本,例如以即时生产/适时反应战略为基础的商业关系,大多可以通过数据的电子交换(发送下载链接)加以实施。由于电子信息交换的高级应用,特别是互联网的普及,有可能将其应用到全公司范围的信息和通信。商业交易的电子化处理已经创造了电子商务的概念。

电子商务被认为是"借助信息和通信技术的工具,帮助优化产品服务流程的协调"(Laudon,Laudon & Schoder,2010,第574页)。电子商务,尤其是企业电子联网的特征,是供应商和客户之间一种新的合作方式,涉及新产品和服务的建立以及信息交换的灵活性。由于一些使用部门直接与狭义上的贸易相关,电子商务经常与电子贸易这一概念等同。在互联网市场中,存在与传统市场截然不同的特征"交易的方向"和"市场完备性"(Feld & Hofmann,2000,第197页)。

(1)交易方向。

传统意义上采购市场和销售市场之间存在差异,然而在互联网市场中,交易的方向由参与者的角色而确定。在企业之间的业务往来被称为B2B(Business to Business),在企业和(私人)客户之间的业务往来被称为B2C(Business to Consumer),在消费者之间的业务往来被称为C2C(Consumer to Consumer)。

(2)市场完备性

虽然信息的可支配性提高了,互联网市场仍然是不完备的。互联网市场有一个特别的优势,就是市场参与者不受到连接地点和时间的限制,市场透明度明显较高,以及交易成本大幅度减少。然而,并不是所有产品都能以一种标准化的格式描述,由此导致其在电子交易方式中变得困难。通过扩展的互联网记录或者特殊的独立解决方案可以消除已存在的安全问题(Stahlknecht & Hasenkamp,2005,第 408 页)。

针对价值链的每个阶段,图 5.3 中对重要的电子商务运营应用进行了归类(Kemper, Mehanna & Unger 2004,第 7 页)。供应链管理系统(SCM)致力于生产产品时全部参与企业之间的合作,目的是优化从原材料生产到最终用户的整体供应链。而电子采购系统作为企业之间(B2B)的应用,支持商品和服务的采购。在企业和客户之间(B2C),客户关系管理系统(CRM)在记录、管理、评价客户关系以及客户服务上提供支持。

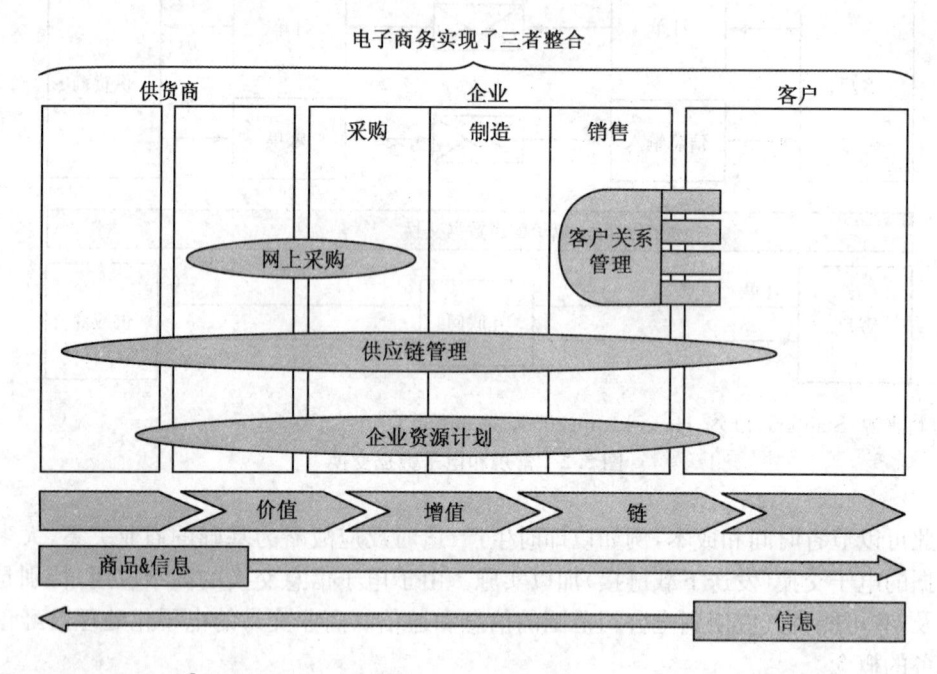

资料来源:Kemper & Lee(2002,第 14 页)。

图 5.3　电子商务和价值链

接口系统是一种应用系统,可以用于所有的业务岗位,并且可以应用在行政管理、处置和领导系统之间的接口位置,它包括办公系统、多媒体系统以及基于知识的系统(例如专家系统)。一个总集成系统支持企业内部所有的管理、处置和领导功能,被称作企业资源计划系统(ERP)。

企业 IT 功能和运用能力的一个特殊之处,就是一体化。一体化在此有多种形式,我们借鉴默滕斯(Mertens,2013)的思路,按照一体化的对象、方向、范围和时间以及其自动化程度进行区分(参见图 5.4)。

对企业应用系统有特殊意义的是数据和功能的一体化。数据一体化是指,一个子系统自动向另一个子系统传送数据,或者理想情况下自动归入共同的数据库。功能一体化是指,单个部门的功能相互协调,以及使用户不必直接进行干预,一个程序的输出适合直接用作随后处理

第 5 章　IT 系统的协调

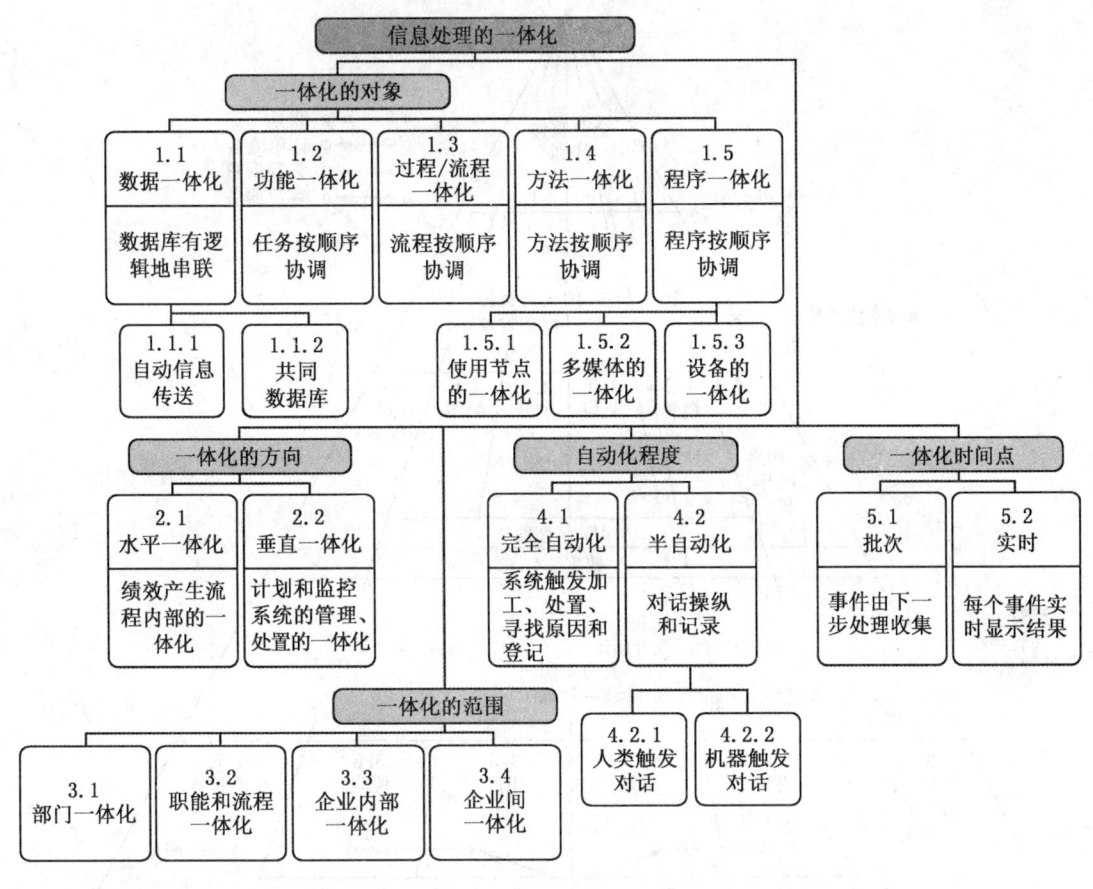

```
                    信息处理的一体化
                          │
                    ┌─ 一体化的对象 ─┐
        ┌──────┬──────┼──────┬──────┐
       1.1    1.2    1.3    1.4    1.5
     数据一体化 功能一体化 过程/流程 方法一体化 程序一体化
                        一体化
     数据库有逻  任务按顺序 流程按顺序 方法按顺序 程序按顺序
     辑地串联    协调      协调      协调      协调
     ┌────┬────┐              ┌────┬────┬────┐
    1.1.1  1.1.2            1.5.1  1.5.2  1.5.3
    自动信息 共同          使用节点 多媒体的 设备的
    传送    数据库         的一体化 一体化   一体化

    ┌─ 一体化的方向 ─┐    ┌─ 自动化程度 ─┐   ┌─ 一体化时间点 ─┐
      2.1      2.2          4.1      4.2        5.1      5.2
    水平一体化 垂直一体化   完全自动化 半自动化   批次     实时
    绩效产生流 计划和监控   系统触发加 对话操纵   事件由下一 每个事件实
    程内部的一 系统的管理、 工、处置、 和记录     步处理收集 时显示结果
    体化      处置的一体化 寻找原因
                          和登记
                                      ┌────┬────┐
                                     4.2.1  4.2.2
                                     人类触发 机器触发
                                     对话    对话

    ┌─ 一体化的范围 ─┐
     3.1    3.2    3.3    3.4
    部门一体化 职能和流程 企业内部 企业间
              一体化    一体化   一体化
```

资料来源：Mertens(2013，第 14 页)。

图 5.4　一体化的多种表现形式

程序的输入。通过功能的链接形成流程，从而增加流程集成的必要性。

在企业组织结构的一体化集成方面，可以区分为水平的一体化，即企业价值链中的行政管理和处置子系统彼此连接；以及垂直的一体化，即规划和监控系统的信息供给来自于行政管理和处置系统的内容(Mertens et al.，2012，第 9 页)。一体化集成方向的区分，可以直观地以一个金字塔的形式描述，该金字塔描绘了企业的组织结构，由运营系统(行政管理和处置系统作为信息供给的基础)，以及规划—监控系统组成(参见图 5.5)。

5.2.2　管理控制中的 IT 支持

"离开强力的 IT 支持，一个有效且灵活的管理控制是不可想象的。在频繁的结构改变中，过去对报告生成的速度和频度方面的经验和增长需求已经表明，特别是在统一的系统世界中，报告的生成有可能分权化。在我们公司，我们把标准化的系统和非常灵活的应用结合在一起。尤其是企业集团层面，在并入德累斯顿银行的过程中，通过报告系统的高度灵活性，我们可以非常快速地给出高质量报告。分散的数据按照境内外统一的标准，录入到一个统一结构的数据库，可以同时保证内外部的指标和信息的一致性。"

——迈诺夫·魏格纳(Meinolf Wagener)，德国商业银行管理控制部门总经理(Wagener & Hoffjan，2012，第 55 页)

图 5.5 一体化方向

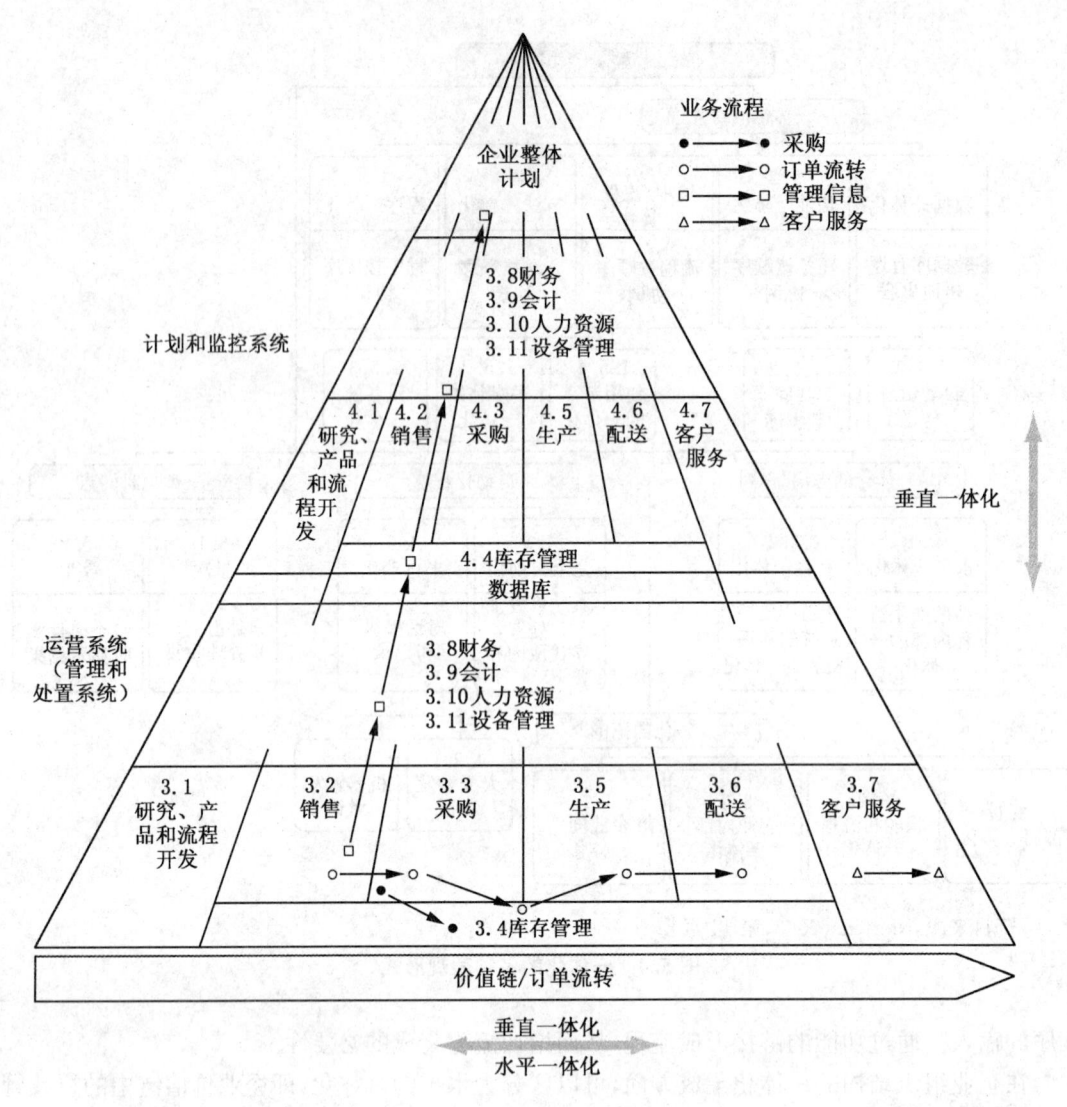

资料来源：Mertens(2013,第19页)。

5.2.2.1 概述

可用的 IT 支持如今很难给出概观的多样性。由于巨大的发展动态性,按照教科书的框架制定 IT 系统,通常在出版过程中已经过时了。因此我们决定给出一个概述,其中只提及具体的"无时间性"IT 提供者。我们把 IT 解决方案,按照其应用范围划分为五个领域:(1)会计中的 IT 支持:从财务会计软件到实现复杂成本核算的工具,以及投资分析的软件。(2)规划与监控中的 IT 支持:从 MS Excel 到专业的规划软件。(3)流程控制中的 IT 支持:工作流管理系统。(4)整体价值链控制中的 IT 支持:企业资源计划。(5)评估大量数据中的 IT 支持:商务智能和大数据。

这些领域之间并非毫无关联。毫无关联也是不可能的,因为 IT 提供者经常提供更大的软件包,其中集成了越来越多的功能和特殊解决方案。

5.2.2.2 会计中的 IT 支持

IT 的一个经典应用领域,就是会计及其子系统财务会计以及成本和绩效核算会计(Stahlknecht & Hasenkamp,2005,第 334 页)。尤其是在会计中,运营流程的自动化导致很大程度上日常工作人力资源的合理化和节省。财务会计系统的子模块是借记、贷记和总账。这些模块不但彼此互相关联,而且处于上下游的工作部门,尤其是发票、库存和薪资结账之间,存在紧密联系。主账户的建立基于访问其他模块的数据资料,如日记账、账目表、资产负债表的评估(资产负债表、利润表、差额),以及必要时访问特殊账户。为了高效投入需要一个集成系统,其子系统必须直接从上游模块中接收需要的数据,并且功能上彼此协调配合,这意味着,例如,在付款和核算的实物账目交易中,只会在会计项目中记录一次,然后直接自动计入实物账目中(Mertens,2013)。图 5.6 展示了单独子系统之间的关系,成本会计模块(KLR)通常包含成本类型、成本岗位和成本归集核算、预核算和企业经营效果核算。

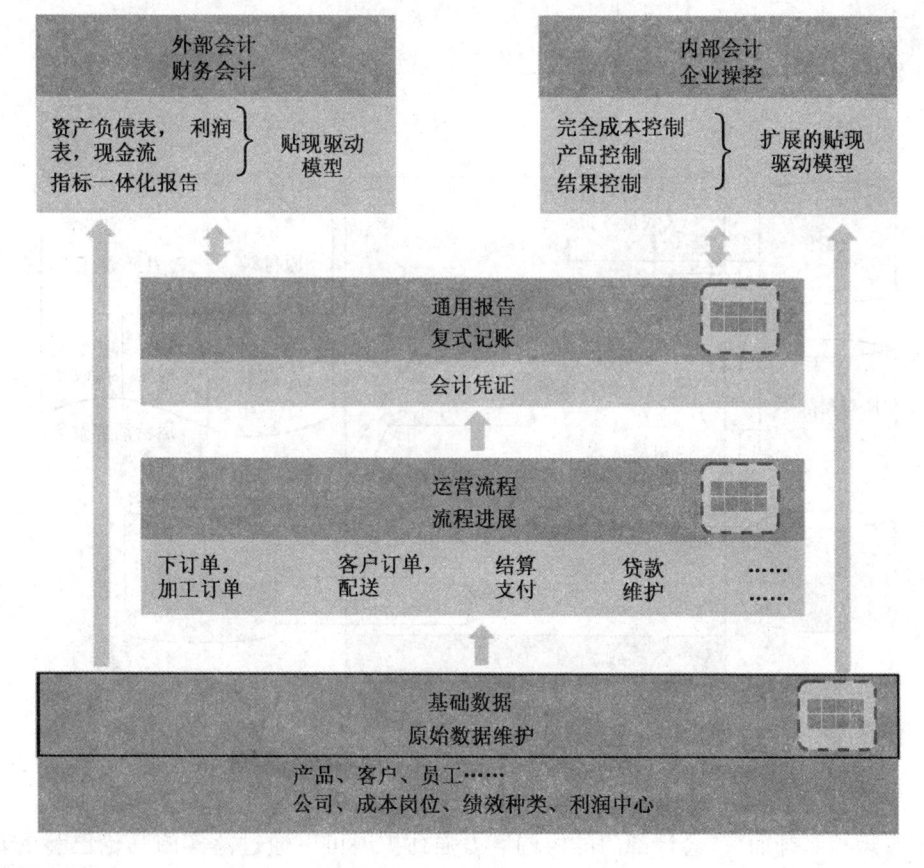

资料来源:Sinzig(2015,第 237 页)。

图 5.6　基于 IT 的子系统

成本核算接收几乎所有来自其他子系统的实际数据,例如主账户或者生产操控,这里因此也需要集成的系统。在理想情况下,计算机支持的成本会计模块,仅在计划数据以及错误和协商过程中才需要人工输入。成本会计模块的输出数据应该可供 IT 支持的企业规划所用。

在很大程度上,基于 IT 的成本岗位核算是按照工作人员的程序进行。系统集成可以显示成本、消耗和效率上的偏差,从而提供偏差分析所需信息。在前期核算时(参见图 5.7),生产成本是由访问存储的物料主数据、物料清单、工艺流程,并通过成本岗位核算模块确定的实际平均单位成本(例如根据生产分钟)确定,计算各个组件的生产成本后,按照自下而上的组装顺序计算出来。根据车间物流数据采集系统(PDE)得到的物流成本及相关的人工成本,由系统成本归集到直接费用(Mertens et al.,2012,第 122 页)。

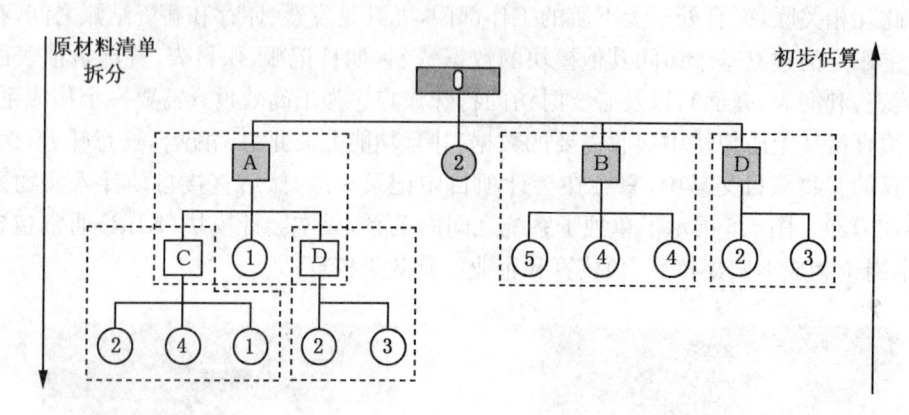

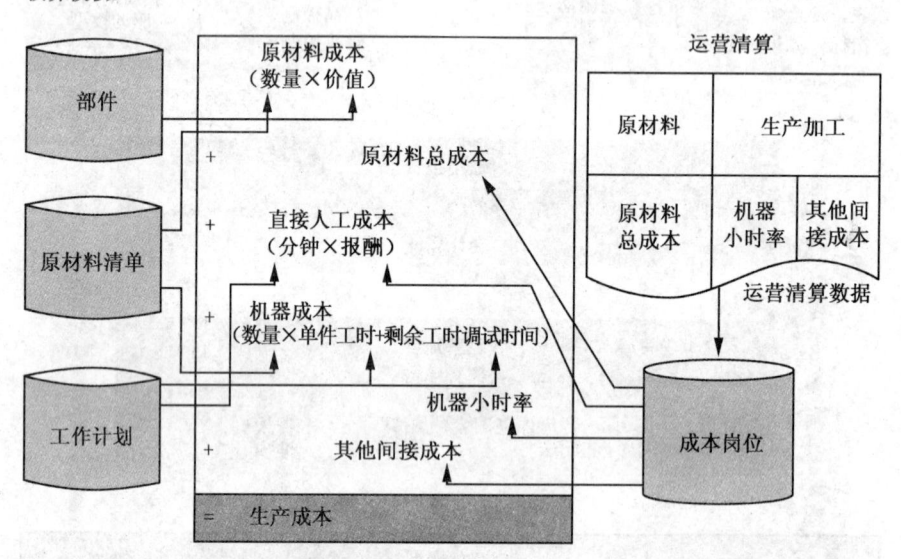

资料来源:Mertens et al.(2012,第 123 页)。

图 5.7 基于 IT 存储对生产数据的初步成本估算

对于管理控制师而言,会计部门的协调潜力强劲扩展可以通过落实施马伦巴赫的基本核算来实现,这里指的是建立一个综合和非浓缩的基础数据,作为定期评估和特殊账户的着手点。图 5.8 给出了这一概念的构架,通过一个对话导向的系统,可以实现高等级的实时化。

5.2.2.3 规划和监控中的 IT 支持

规划和监控系统中的 IT 投入情况,还没有达到会计那样的程度。原因可能包括规划和监控流程更复杂、应用多样化、企业外部因素以及不可量化的信息,较低的标准化程度也是原因之一。

因此至今为止,规划中的 IT 支持集中在可标准化的运营部门,如生产规划或者年度预算,其主要限于行政管理和数据分析、模型开发以及落实模型实验。然而,其优势在于战略规

图5.8 标准核算和特殊核算

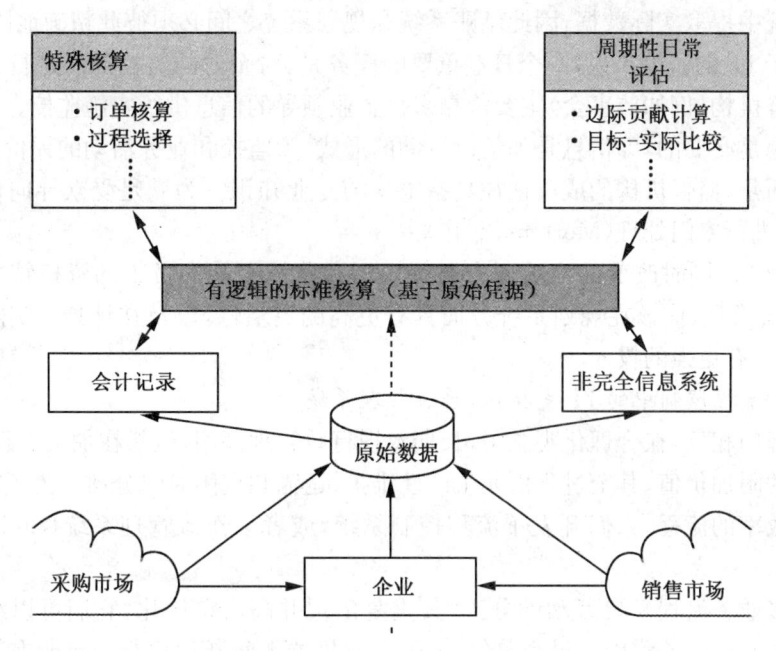

资料来源：Scheer(1990，第252页)。

划部门，这主要涉及利用企业模型（"what if"和"how to achieve"分析）模拟可行方案、图形评价、方法查询和数据库查询，以及利用规划语言生成模型。通过这种方式，给予规划过程中的信息收集、决策准备和交流以基础的支持(Mertens & Meier,2009)。

由于企业规划需要从IT运营系统中提取大量数据，在岗位上的本地PC通常要与中央服务器以及提供服务的数据库联网。因此，无论在任何位置，本地PC都可以从中央企业数据库中获取数据。

接下来，可以再次加工这些数据[例如在成本规划部门，通过使用者导向的应用，例如SAP ERP中的模块CCA（成本中心会计）或者企业特殊的规划程序]，并对其进行讨论和继续转发(Mertens & Meier,2009,第197页)。

由于持续增长的海量数据，管理控制必须在报告方面投入IT，以便能够尽快提供决策相关的信息服务。在此，可以按照决策相关的基于IT报告系统，划分为不同的发展阶段：(1)带有备忘录功能的纯信息报告系统，提供标准化信息，没有直接的决策参考意义（例如财务会计系统）；(2)提供处理后信息的异常报告系统，仅仅报告计划偏差，对现有行动提供指导；(3)标准查询系统，对给定的问题提供解释性信息；(4)自由查询系统，允许个别的信息检索；(5)模拟和优化系统，用于确定多个决策方案选择的影响。

报告系统使一个基于IT的监控能够对比计划数据和实际数据。在这个"例外的信息"的意义下，责任人仅指明值得注意的数据情况，以避免信息超载。为此，应用对整个数据集的特殊过滤技术(Mertens,Bissantz & Hagedorn,1995)：阈值（超过限制时触发）、排名（生成排名列表）、层次结构导航（通过结合阈值和排名方法生成）以及数据模式识别（从数据库中尝试找出一组具有相同的"特性"的数据）。在监控框架下，专长系统提供最广泛的支持，其通过一个专家系统分析现有的数据集，并尝试确定偏差的原因和影响。分析结果由管理控制师以表格、图表和解释性文字的专业形式展示(Mertens & Meier,2009)。由于基于IT的监控系统从现有的结账系统中提取实际数据,因此结账系统和规划系统之间必须彼此精确地协调。

对于基于 IT 的监控来说,一个日益重要的任务是,对企业的监控部门进行合适的信息供给。当前监督机构(例如监事会)主要依靠来自企业领导的信息供给实施监控。

一个问题是必要的,即信息是如何以自动的形式,为监控和业务活动的评价提供服务?一个特殊的方面是,监督机构的成员往往具备很少的专业知识。为满足受众导向信息生成的要求,因此必须进行专门处理(Mertens,2010)。

通过运用 IT,同时改变的当然还有履行规划和监控职能的员工的资格特征。未来基于 IT 的监控系统发展,应该在规划系统方面具有更高的灵活性,以及在计划—实际偏差的分析上,对专家系统有更强的投入。

5.2.2.4 流程控制中的 IT 支持:工作流管理系统

与生产部门相反,在合理化观念中,长期忽视行政管理部门,虽然在加工过程中,它提供约 10%~20%的附加价值,其余过程由非生产性维护、运输和空闲时间分摊。为了在管理部门也能获得更有效率的流程,人们开发了流程控制系统,或者工作流管理系统(Stoi,1997,第 420 页)。

由于许多业务流程来自劳动的分工,其重复出现并高度结构化,它们可以细分为单个作业。这里的作业是指流程中的最小单位,由工人或机器无间断地执行。只能在工作流程中前一个作业结束时,才能执行下一个作业。工作流管理系统就是为使相互依存作业有序服务的软件系统(Laudon,Laudon & Schoder,2010,第 713 页)。这里的工具就是:流程步骤中投入使用的应用程序、为准备必要文件的文件管理系统、基于工作组的支持系统以及岗位之间通过 E-mail 交流的机会。工作流管理的重点是流程控制,也就是要按照预定好的流程模型执行业务流程。

工作流管理不同于传统的办公通信,它操控并且监视着工序的进程,并把独立的办公沟通模块集成在一个封闭的系统中。工作流软件按照给定的条件,自行生成一个过程路径,并将其发送给负责的员工或者岗位。通过自动提醒、再次呈递和发送,可以避免加工过程中的延迟。每个加工岗位得到前一个岗位的半成品,不需要中间打断、运输和等待时间,这就实现了一个集成的加工业务流程,缩短了周期运行时长(Erdl,Petri & Schönecker,1992,第 25 页)。借助工作流管理系统的支持,它可以准确描述特定的详细流程,例如商务旅行或采购的申请。更高级别的是半结构化的流程,例如投诉处理,就必须为其提供可能性,使其在操作过程中有可能改变过程特点(Mertens,2013,第 30 页)。

在流程导向的企业实施上,工作流管理系统尤其起重要作用。每个流程小组都可以灵活地获取相关的流程数据,按照自身要求建立和更新相关的操控工具。在小组内部和小组之间,可以交换关于时间、数量、成本或者工作步骤的必要文件和信息(Fischer,1996,第 222 页)。流程参与者之间的交流可以通过集成所谓的协作软件系统实现,协作软件指的是基于 IT 的系统,以支持小组共同任务的执行,如 E-mail、群会议日历、协同创作工具、智能软件代理,以及包含在 Web2.0 中的变体,如博客或者维基百科。

工作流管理系统的使用部门,主要是纸张密集型的业务流程,由有关岗位进行时间和空间上的分离。工作流管理系统不仅可以支持结构化、重复性的流程,还可以支持异构的、复杂的、不规则的点对点流程。通过集成化提供必要工具和信息,可以明显简化和优化点对点流程的处理。

工作流管理系统的投入,在管理控制部门也是有意义的,因为这里经常有许多人为同一个课题工作,有必要进行广泛的协调,协调任务也可以从工作流管理系统得到强大的支持。在工作流管理系统运用的部门中,和管理控制接近的还有预算部门。

此外,工作流管理系统为企业领导,尤其是管理控制,提供了一个广泛的信息渠道。管理控制师可以随时确定,哪里存储了一个文件,是否已经被加工、上传或者转发。通过工作流管理系统,一个过程的状态以及过程的全部数据(所需的时间、员工数、加工步骤、过程步骤、预期完成时间等)对该过程都是可用的。在确定过程状态之后,可以继续落实相应的措施,例如由员工重新提交、咨询讨论或者再次转发。在一个过程完成后,管理控制可以借助记录的过程数据,按照改进必要性和可能性进行流程分析。

5.2.2.5 整体价值链操控中的IT支持:企业资源计划

企业资源计划(ERP)系统支持所有在行政管理、处置和领导中的重要功能。这个从美国兴起的概念,由一个设想演变而成,就是对生产资源计划系统进行扩展,以便处理企业经济的功能,如成本核算、财务会计或者人力资源核算。在工业企业中,ERP系统与集成标准软件这一概念等同,该观念的现代运用环境是,客户关系管理以及供应链管理对ERP进行补充。然而,这些作为企业特有的定制用法,通常成本过高(Mertens,2013,第26页)。ERP系统,例如SAP ERP软件系统,随着时间的推移而完善,但是原来只能用其开展企业内部的业务流程。通过功能的扩展,协作软件或者第二代企业资源计划(ERP Ⅱ)软件,具备了基于互联网开展具有跨企业业务流程的能力。为了提供更多的功能,SAP ERP植入了服务导向架构(SOA)模型。表5.1展示了SAP ERP的功能范围,可以支持企业的全部职能部门,可以通过系统的模块化建立实现个人设置。ERP系统的其他著名制造商,还有甲骨文和微软(Friedl, Hilz & Pedell 2012)。

表5.1　　　　　　　SAP企业资源计划(ERP)系统功能范围

		终端用户服务				
数据分析	财务数据分析		运营数据分析		生产力分析	共享服务供应 / 网络接入
财务管理	财务供应链管理	资金管理	财务会计	管理会计	公司治理	
人力资源管理	人才管理		生产力流程管理		人员雇用	
采购与物流执行	采购	存货和仓储管理		向内和向外物流	运输管理	
产品开发制造	生产计划		执行制造	产品开发	生命周期数据管理	
销售和服务	销售订单管理		售后市场服务		专业服务提供	
企业服务	不动产管理	企业资产管理	项目和投资组合管理	差旅管理	环境、健康、安全和合规管理	质量管理	全球贸易服务

资料来源:Friedl, Hilz & Pedell(2012,第8页)。

一项针对德国ERP市场的最新研究,从120个参与者处获得了153个方案。虽然绝大多数仍然描述了内部解决方案,但是,研究表明了一个未来发展的显著趋势(SoftSelect,2014):

(1)应用服务的提供(ASP)

通过网络,企业提供租用ERP应用程序和接受服务,例如行政管理、数据备份等。

(2)软件即服务(SaaS)

除了已购买的ERP应用之外,企业在互联网上再租用一个ERP,其具备灵活运行时间,以及与使用相关的收费方案。

(3)移动性

大部分的ERP系统可以通过网络上的客户—服务器体系结构进行下载。完全基于网络的解决方案近年来在不断增加。

5.2.2.6 海量数据评估中的IT支持:商务智能和大数据

"仅仅在拜仁州的一个大型汽车制造厂,现在每天产生的数据量就达到了30G字节。由于车辆日益增强的联网能力,汽车制造商估计,到了2017年,每天的数据量能达到千万亿字节。在企业中同样重要的是这些数据的多样性:从结构化的企业数据,到非结构化来自网络社交、模拟甚至传感器的数据。新的进展使得有可能对这些数据进行分析和评估,这可以导致更好的预测和更快的决策,按照目标开发产品,以及提供更好的服务。"

——哈根·里克曼(Hagen Rickmann),T系统总经理(T-Systems,2013)

在过去几年中,商业智能作为基于IT管理中的新概念,逐渐赢得人们的重视。这一概念下,技术应用的主要区域就是企业的领导系统。在文献中,对商业智能曾提出各种各样的定义方法,从"企业领导的信息处理"到一个"提出症状—诊断—疗法—预测—疗法监控"的过程控制环(Mertens & Meier,2009,第7页)。

与此相反,肯珀、迈哈纳和昂格尔(Kemper,Mehanna & Unger,2004,第7页)把商业智能理解为一个"基于IT、为企业提供决策支持、集成的企业决策支持总方案",商业智能的体系结构框架由图5.9给出。与其他定义不同,按此定义,商业智能可用于购买软件工具,建立企业特有的商业智能应用,这里软件只起间接作用。具有重要意义的是,由几个紧密相关的子应用程序组成了总程序方案。为了对这些解决方案进行分类,可以提出一个具有管理结构形式的普遍框架(Kemper et al.,2004,第10页)。

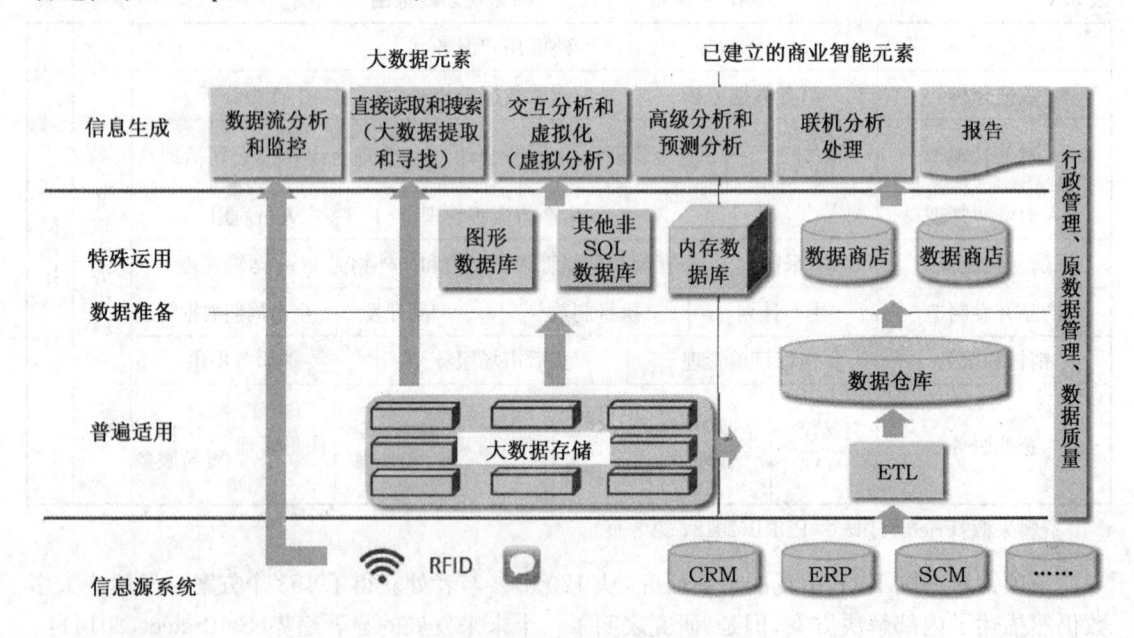

资料来源:Baars & Kemper(2015,第226页)。

图5.9 商务智能的框架体系

在数据供应方面,从执行系统的业务信息系统和通信系统获取持续、一致且部分汇总的数据,并可以通过外部的数据得到补充。常见的数据存储概念有数据仓库和数据市场。操作数据仓库是一种特殊的数据池,可为特定的应用和评估程序提供额外的交易数据(Inmon, Terdeman & Imhoff,2000,第218页)。作为信息生成的分析系统,可以对基础数据进行图表分析,这里主要理念为在线分析处理(OLAP)和数据挖掘。通过信息存储和发布,保证对评估产生的已修订知识存档,并将它进一步提供给公司的决策者。为了把这些多样化的功能整合到一种舒适的用户界面之中,需要运用门户的概念。门户提供了一个集中的入口,使统一的导航成为可能。在人性化技术的帮助下,确定特定角色的偏好设置和用户界面。

如今已投入使用的基于IT管理控制系统的大部分都是以一个或多个商业智能技术作为基础,或者至少为评估使用一个集中的数据供应源。商业智能的进一步发展就是大数据,它指明了所有的IT系统的数据量不断增长(参见图5.10),如今其存储无论从技术上还是从经济上都不是问题。然而研究中多次表明,只有该数据量的一小部分(约5%)得到了具体分析和利用。

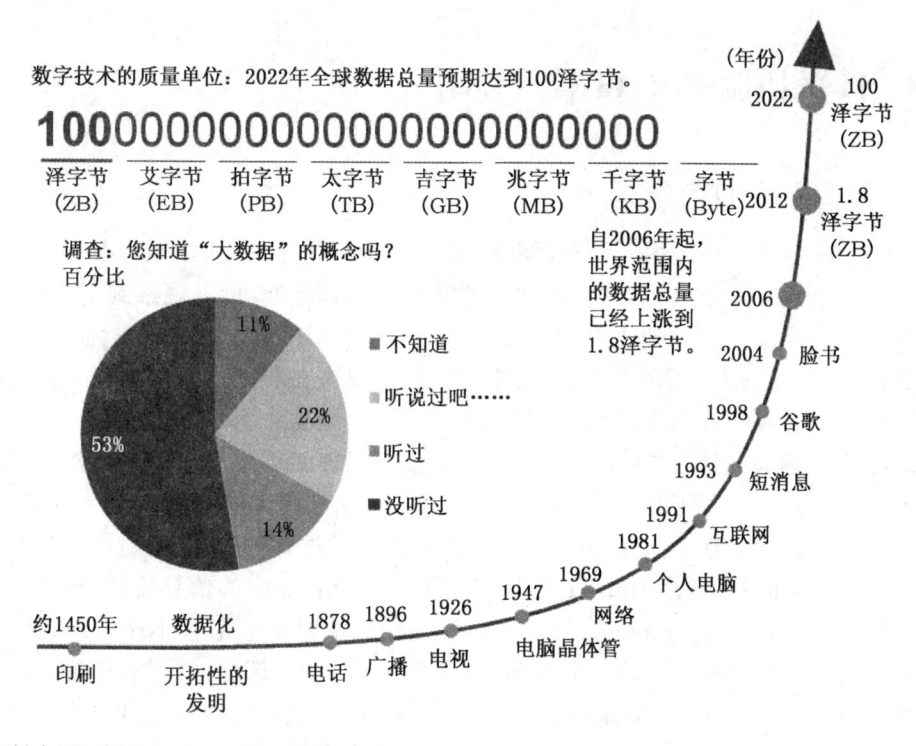

资料来源:Geldner(2013,第15页)。

图5.10 全球数据量的发展

IT解决方案的新价值涉及大数据,它具有以下四个特点:

(1)体量:"大数据"这个术语本身的意思,既包括了从兆字节到泽字节巨大的数据总量,也适用于很多较小的被共同分析的数据量。

(2)多样性:不仅巨大的数据总量,还有数据的多样性,是大数据时代的机会,同时也是挑战。这些数据来自企业内部和外部,呈现出结构化(关系数据库等)、半结构化(日志数据)以及非结构化(在互联网中的文件、视频流和音频资料等)的形式。

(3)速率:不断变化、有效性有限的数据,需要实时或接近实时的数据生成和处理(Matzer,2013,第18页)。

(4)真实性:必须确保这些数据的可信度(Neely,2013;Redman,2013),这尤其对管理控制师作为"正确数据担保者"有重大意义。IT系统的潜力,使人们可以利用大数据,同时又是"双刃剑",它使得对于利用范围/维度的系统化变得困难。达文波特(Davenport,2014,第73页)把利用范围区分为可以通过大数据来实现的四个类型:降低成本,快速决策,更好的决策,产品和服务创新。

大数据对信息系统有直接的影响,特别是支持和加速已经受到长期考察的发展进程的。由此,在企业管理中,依据非货币性信息与货币性信息相结合进行操控。这些新的非货币性信息通过大数据明显变得更复杂,其来源和种类变得更不统一。

管理控制师必须明确,哪些大数据信息与企业操控相关,并且提供相关信息。同样基于IT大数据的评估,对规划与监控系统很有意义。这里重要的主题是预测、预演和预警。然而,大数据的范围还可以进一步延伸:把大数据应用于形象开发,或者在社交媒体中用于风险控制。

5.3 IT的协调需求:IT管理控制

5.3.1 IT管理控制的对象

仅当通过IT投入产生的协调问题得到解决时,才有可能充分利用IT的协调潜力。IT发展的研究仍然大步前进,企业IT的复杂性正在持续增加。此外,可以观察到IT成本也急剧上升,IT成本份额平均占到企业销售额的7%,在IT密集型行业中,如电信行业,这一份额明显更高(Kesten,Müller & Schröder,2007,第13页)。仅当在职能部门层面以及最高的领导层,通过合适的工具保障其协调、接纳和反应能力时,这一问题才能得到解决。

因此,信息管理需要管理控制的支持。管理控制不但伴随其在整体战略概念的发展,而且是IT经济性计划和监控的工具。基于以上背景,在大型企业管理控制职能的专业化过程中,IT控制师的职能被设定为,在企业领导和信息管理的全部过程和作业中,应该支持与信息的采购和处理相关的协调任务。因此IT管理控制不但涉及企业中的信息流动,还具有实现这些信息流动的信息技术(Reichmann,2011,第451页)。按照克里克玛(Krcmar,2010,第542页)的说法,协调必须是跨职能、跨企业进行的,不能局限在IT部门,因为它渗透到整个企业中。IT管理控制的目标必须更好地将IT与业务目标匹配,从而更有效果和效率。操作上涉及增加IT部门服务生产过程的效率,以及短期和中期成本的信息技术检查和监控。从战略角度上看,IT应为决策者更好地提供决策相关信息,IT管理控制还应对此负责,并用于目标设置和企业战略(Kersten,Müller & Schröder,2007,第3页)。

在过去,IT管理控制的任务范围并没有清晰定义,特别是在划分信息管理的任务界限上存在难度。按照塞特(Seibt,1990)的看法,IT管理控制的主要任务是,目标和计划的设置、对信息处理流程是否按计划进行的监控以及对确定偏差的应对措施的制定和执行。他把IT管理控制的重心放在了信息处理流程的生产率、经济性和有效性上。克里克玛(2010,第543页)认为,IT管理控制任务是由信息管理任务结合管理控制的目标得出,在此产生了信息供应的规划和预测,以及新信息技术的潜力评价。应用系统的管理控制可以借鉴信息系统的生命周期,划分为组合控制、项目控制和产品控制(Krcmar,2010,第544页)。在组合控制中,要从战略的视角观察企业中主要的计划和现有的应用。在信息系统的实现和执行中,项目控制监控其经济性、质量、功能性和期限，与此相对，产品控制主要是确保生产设施的质量和功能性。在对IT管理控制的全面展示中，卡尔和库茨(Kargl & Kütz,2007)认为，战略规划、成本和绩效核算以及IT部门的组织最为重要。多布舒茨(Dobschütz)大力宣传一个按照效率的流程划分，通过将任务范围划分为应用规划、项目控制以及产品/应用控制，他区分绩效运用的管理控制，把绩效生产的管理控制区分为开发、维护、生产和使用者服务控制。他指出，在绩效生产方面管理控制尚不发达。

原则上，IT在效能方面的战略方向("IT做的是否正确？")，及其在效率方面的运营管理("IT工作的经济性？")是IT管理控制的对象。从应用系统的分权化和大型电脑主机的投入，以及强大的分布式工作站或岗位终端(关键词"精简")，使IT管理控制不仅限于IT范围之内，而且必须涵盖整体的信息基础设施(Hess,2006，第116页)。为此，IT管理控制师尤其需要注意，以理性的程度进行集权化和分权化，也就是说，对于每个任务领域都应该选择一个合理的组织形式(集中的系统 vs.分散的系统，也就是"合理精简")。随着公司业务流程的日益整合与互动，现在已经有回到集权系统这一基本趋势，或者至少确定一个集中协调的应用程序和系统架构。信息技术，如服务器系统的虚拟化或客户端基础架构，不仅为企业提供高效的潜能，还在系统准备和运行时提供较高的灵活性。

接下来将会具体描述IT管理控制的任务，然后将阐述IT控制师在企业组织中的定位。

5.3.2 IT管理控制的精选任务领域

5.3.2.1 IT战略

在所谓的"信息时代"中，IT对企业竞争力的意义在逐步增长，与此对应的是，IT规划的地位在近年来得到很大提升。

基于IT的信息系统的规划最开始被视为纯粹的附属规划系统。IT的计划源自其他部门的计划，其内容涉及项目组合以及设施和人员的能力。以后可以察觉到，在与企业的战略互动中，有必要发展IT独立的战略。也有人考虑，可以利用IT，为整个公司(IT作为推动者)产生新的战略机遇。因此，多家物流服务提供商，如UPS以及德国邮政，开发IT以更好地操控和监控物流运输。这些企业很快认识到，由IT产生的信息还可能会造成额外的客户效用，例如顾客可以在网上实时追踪其订购的包裹状态和路线。信息系统与企业战略之间的相互联系虽然较紧密，但或多或少还是相互分离的(Horváth & Rieg,2001,第10页)。

由电子商务产生的巨大变革，现在已经导致了不同的情景。在获得IT强大支持的企业(如互联网销售)中，甚至基本忽视业务战略和IT战略之间的分离，企业战略就是IT战略；反之亦然！

协调任务正在通过规划发展得到显著的扩大：它不仅涉及一个复杂的规划与监控子系统的设计和运营，还包括在规划与监控过程中一个协调的新维度。IT控制师在这里需要特别执行以下三个任务(Horváth & Rieg,2001,第10页)：IT战略表达中的支持；IT战略落实中的支持；战略监控中的支持。

IT管理和IT控制师的分离，同样适用于管理控制的其他所有部门：经理具有决策的责任，管理控制师则仅负责信息供给和操控系统。IT控制师首要关心的事情是，在IT部门中是否执行战略规划。他们参与对内容规划负责的IT管理，通过对规划方法论的监控、运用必要的信息系统规划IT总战略(Brockhaus & de Boer,1994,第73页)。IT管理控制尤其注意的是，为开发新的成功潜能以及为保证整个企业长期运营而投入使用IT。应该避免次优选择、分配不当和资源浪费。

选定的 IT 总战略被划分为多个战略的视角,以方便拟定多个单独的战略,这些子战略必须再次进行彼此协调(Krcmar,2010,第 399 页),单独的子战略有:

(1)IT 技术战略。它涉及未来企业中重要的硬件和软件技术。

(2)IT 基础设施战略。它涉及需要实施的计算机体系结构、网络连接、操作系统等。

(3)IT 应用战略。它涉及单独的应用系统,以及协调的应用环境总体架构,包括支持的数据模型。

(4)IT 组织战略。这里处理所有的战略—组织结构相关问题,例如内包或外部采购的 IT 服务。

(5)IT 安全战略。这里涉及所有数据安全的问题组合:首先考虑加强价值链一体化,以及新的技术,如云服务。

另一个 IT 战略控制的重要任务是战略在具体控制单位中的转化。在管理实践中,通常使用 IT 平衡计分卡(Kaplan & Norton;2000,2001;Horváth & Partners,2007;本书 3.7.1 节)。在 IT 部门中,通常应用各自部门的职能计分卡(参见图 5.11),特定的 IT 操控指标应包含在企业整体的计分卡指标中。此外,IT 部门计分卡应该与企业计分卡以及与其他部门计分卡彼此协调(Tewald,2000,第 635 页)。

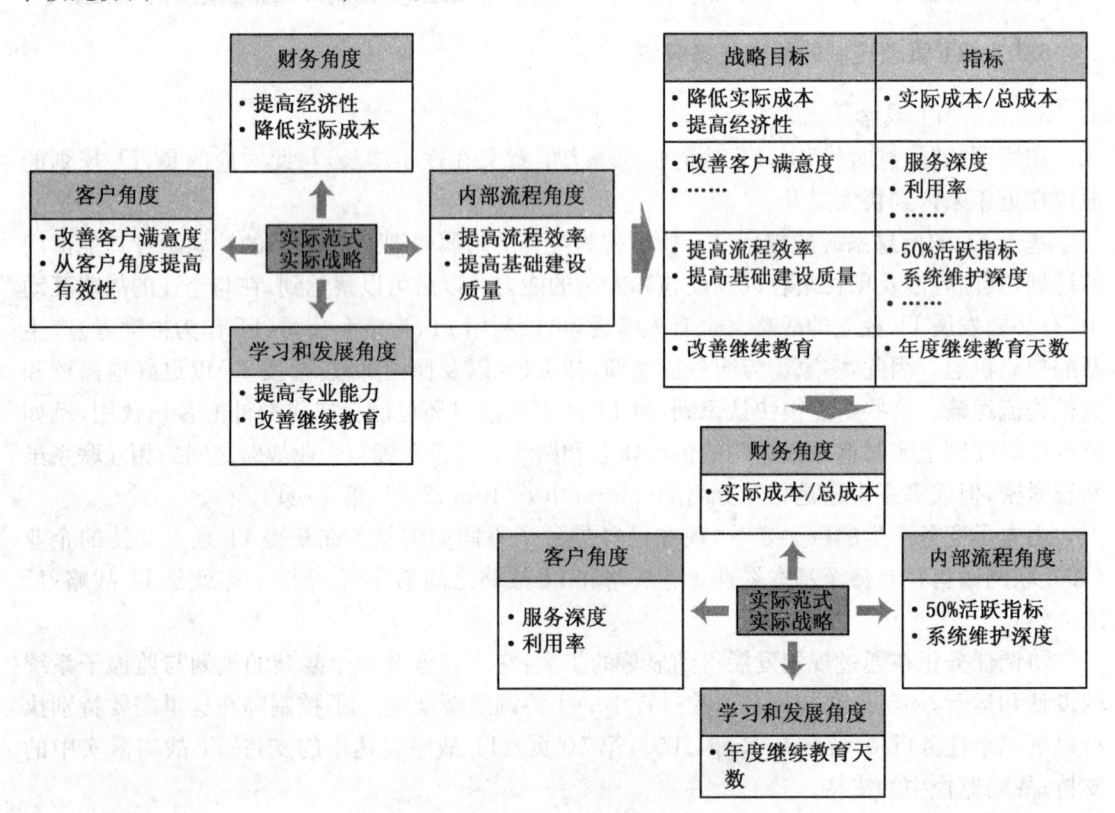

资料来源:Tewald(2000,第 635 页)。

图 5.11 平衡计分卡在 IT 领域的发展

仅仅运营监控(例如:来源于成本核算的计划与实际偏差的确定),不适合用实施 IT 战略监控的。战略控制必须对战略前提持续监控("事前控制"),以及对战略实施水平进行审查

("事中控制")。虽然在战略和运营领导流程中,事中控制是结合平衡计分卡方法的直接控制部分,但事前控制与战略过程本身也是密不可分的。下面的问题可以提供有关帮助(Horváth & Rieg,2001,第16页):(1)该战略规划过程是否有效？(2)在制定战略时,是否考虑到所有主要的发展？(3)仍然应用以前涉及的假设及前提吗？(3)是否具有风险？以及如何避免系统风险？

整体来看,由于信息技术的飞速发展,以及越来越多的业务流程的集成支持,管理控制师和管理人员可以预期,IT及其战略控制将更加重要。

通过这些操控模型,基于成本和结果控制的单纯货币控制将被取代。因此,如今货币与非货币视角相互结合。同样重要的是IT质量的积极操控。

5.3.2.2 IT预算

IT部门的预算是IT控制师工作范围中的重点内容。IT预算构成了企业IT运营控制的基础。IT具有较高的固定成本比例,从而间接费用也高,所以IT预算通常是刚性预算,为了确定未来的预算,通常只会把必要费用加起来作为将来的预算。大多数IT预算也只能通过简单的指标,如在(计划)净营收中所占比例来确定。由此不难看出,在这样一个过程中,IT预算并不能对IT投入的结果导向操控做出贡献。在系统构建的协调任务框架下,IT控制师对建立合适的IT预算系统以及这个系统与总系统的结合负责。在预算框架下,IT控制师需要接管预算生成的系统连接协调任务。只有这样,才能利用预算的操控潜能,在IT规划和监控框架下,保证预算的重要意义(Brockhaus & de Boer,1994,第77页)。

卡尔和库茨(2007,第77页)的建议是,首先通过制定各专业部门下属的IT预算,再集中到IT部门的总体预算之中(还要加上IT部门本身的IT成本)。通过再次向各专业部门结算IT服务,实现总体预算与下属专业部门预算的联系。各专业部门本身产生的IT成本(分摊的IT成本),需要在核算时免除,以避免双重结算(参见图5.12)。

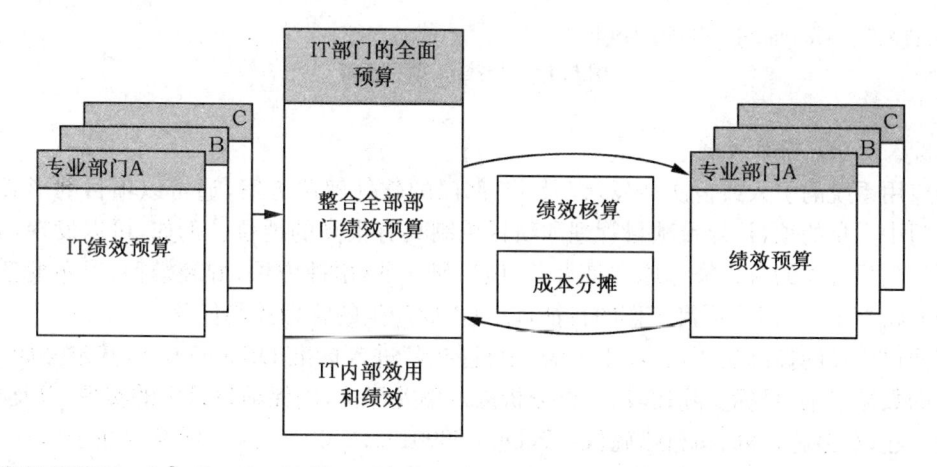

资料来源:Kargl & Kütz(2007,第78页)。

图5.12 通过整合IT部门预算,生成IT总预算

IT部门以及单独专业部门中的IT成本预算,促进了它们的交流和协调。通过IT管理(达到尽可能高的预算)和专业部门管理(为IT服务尽可能少支出)之间的必要协调,可以得到切实可行的计划数据。管理控制师必须协调这一调整流程,并且合并分部的IT预算。在IT预算的背景下,具有重要意义的是,如何确定IT部门的容量。这里存在最大的成本影响因素,即维持现有的人力和机器IT容量,它们很大程度上与提供服务的范围无关。可变成本在IT服务中(原材料、能源等)通常可以忽略不计。

在IT预算框架下,需要区分研发和执行新应用系统的IT预算,以及为持续IT运营的预算。在计算预算时,新IT系统的规划和维护成本也需考虑在内(总体拥有成本),它经常比构建系统的成本还要大(Grob,Reepmeyer & Bensberg,2004,第499页)。

为了把项目预算分摊到单独的分项目中去,舒曼(Schumann,1992)介绍了按照项目持续时间划分的方法,分为短期、中期和长期项目(参见图5.13)。因为项目持续时间与项目的风险呈正相关趋势,用这样的方法也可以同时对风险进行大致分类。单独的时间类项目会分别进行分析,此时也可能发现其他的限制,如可供使用的IT专业人员是问题的着手点(Schuhmann,1992,第248页)。

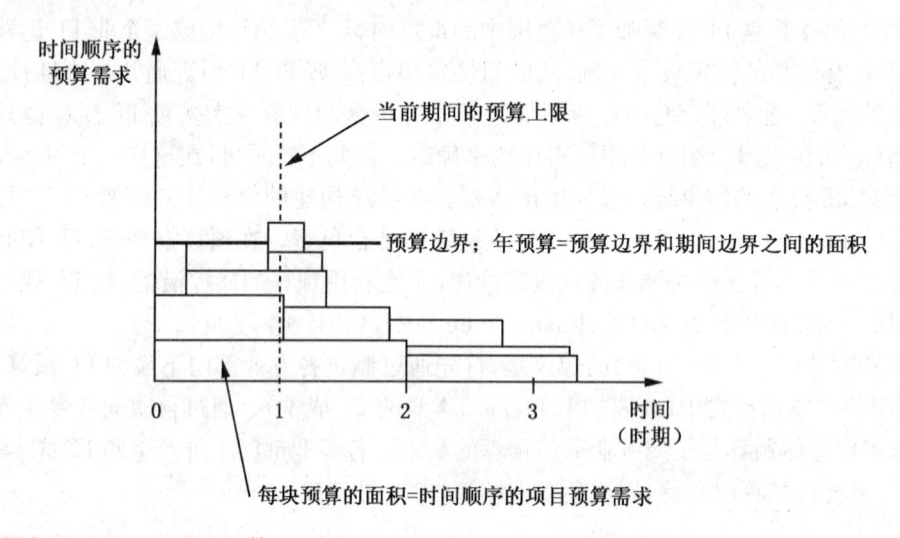

资料来源:Schumann(1992,第249页)。

图5.13 分摊IT项目预算

5.3.2.3 IT项目控制

新应用系统的引入或再次研发,以及IT部门的软件解决方案,通常以项目的形式执行。这一部门中大量的项目,导致项目管理和项目控制具有很高的地位。例如,可以发现,如今很多被用于项目管理的流程模型原本是为IT项目研发的(敏捷方法、螺旋模型、瀑布模型)。接下来我们将着重介绍IT项目工作的特征,以及由此产生的管理控制任务。

前面讨论过的控制功能,已经用术语"项目控制"进入标准DIN69901-5,其定义如下:"通过实际的数据采集、目标实际比较、偏差分析以及偏差评价,确保项目目标的实现;以及必要时提供更正建议、措施计划、执行措施操控"(DIN 69901-5,2009)。这一标准专注于运营项目操控,为操控单独的项目构建了一个基础标准(Boche & Hanisch,2009,第135页;Dobschütz,1995a)。与此不同的是战略项目控制,其聚焦多项目层面。按照标准DIN 69901-5定义,项目是"一个计划,原则上通过一次性制定的条件表明其全部特征"(DIN 69901-5,2009)。

战略项目监控支持例如决策,即企业执行哪些项目,确保对人员和其他资源的最大化利用;并考虑到项目之间的内在关联。对成功的战略项目监控来说,组织之间的紧密衔接和协调(例如项目管理办公室,见下文)、流程(例如项目报告)以及支持性的工具极具意义。

战略项目通常在执行董事会或者区域领导层面进行计划("自上而下"),对此进行补充的是,职能部门和IT部门进一步的项目建议("自下而上")。所有提议被总结到一个项目建议列表中,按照已经确定的简明准则和指标排出优先级排序。若项目的累计总量还处在为IT项目制定的预算范围之内,则纳入项目组合之中,并且执行该项目对人员、时间和其他条件的计划。IT项目控制师的一个主要任务就是协助把有限的资源分摊到每个项目中。

在运营IT项目监控中,也就是在项目规划以及单个项目操控和监控中,项目控制的任务大多是咨询、系统准备和决策支持(Krcmar,2010,第546页)。图5.14展示了IT项目控制的任务领域(克里克玛用IS控制来称呼我们的IT控制)。

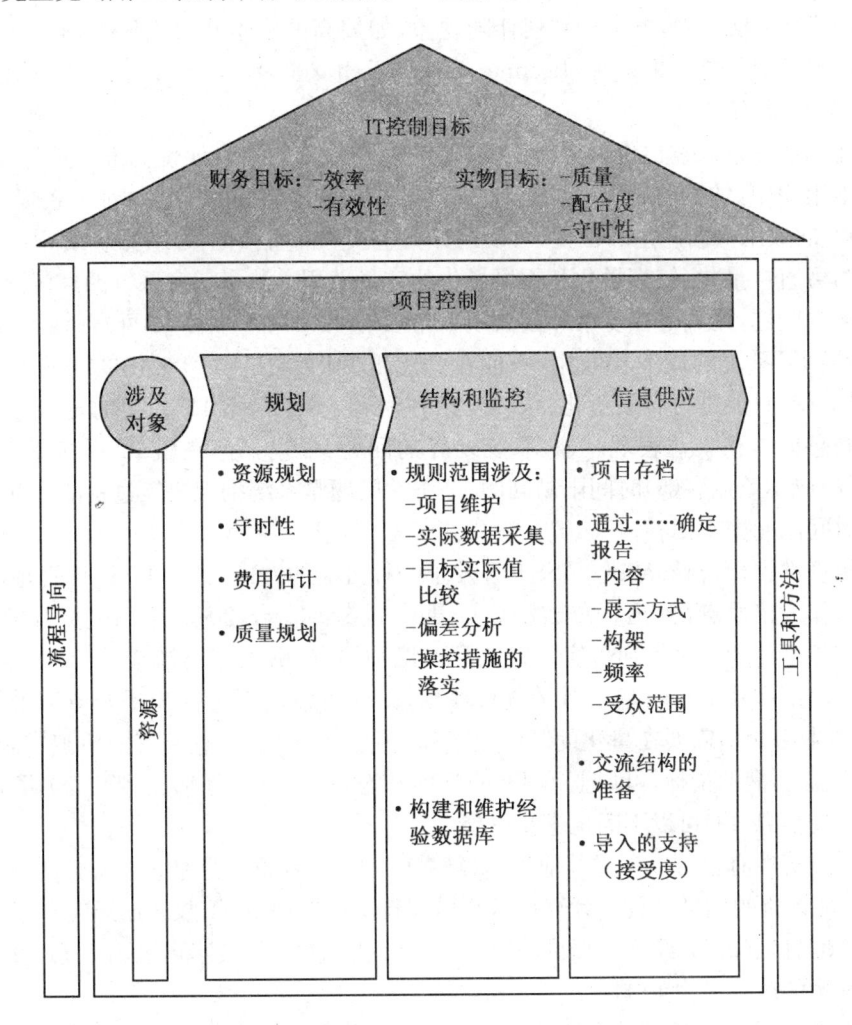

资料来源:Krcmar(2010,第546页)。

图5.14 IT项目控制的任务领域

通过运营项目控制,可以与项目内外部的相关责任人建立联系(Boche & Hanisch,2009)。在项目内部,项目控制是项目领导的一个重要操控手段。项目外部的利益相关者有项目委托人、督导委员会以及必要时的多项目控制等。IT项目控制的组织整合,本质上存在以下三种可能:

(1)把项目控制整合到项目中。项目成员或者下属的项目管理办公室为项目管理提供支持;在工程量较大以及少数项目中可以采用。

（2）项目控制作为执行线职能。项目控制作为来源于执行线组织的项目支持；在项目数量较少时可以采用。

（3）项目控制通过集团项目管理办公室。企业整体层面的项目管理办公室作为职能机构，或者为项目管理设立共享服务中心；在项目数量较多、工程量较大时可以采用。

从整体上看，IT部门持续增长的项目数量（其他部门也如此，Hofmann, Rollwagen & Schneider, 2007）导致在单独以及多项目层面上操控需要的增长。由此产生的IT项目控制提供操控的重要基础，具有日益重要的意义。不应忽视的是，在项目工作中的软性因素，在"People Business"这一项目中，由于一系列伴随现象，如较高的成本和时间压力，软性因素可能比执行线组织扮演更加重要的角色（Lechner & Hanisch, 2008）。

5.3.2.4 IT经济性分析

就对比估算的输入输出价值方面而言，经济性是作业的综合评价标准。无论是在企业中还是在其他组织中，估算的输出（效用）与估算的输入（成本）之间的关系，都关系到计划能否得到实施。IT的效用根据产生的位置，可以区分为直接和非直接的效用；根据货币的可估算性，可以区分为可直接量化、较难量化和不可量化的定量效用。测量信息系统的经济性，一般都会遇到相当多的问题，尤其是在复杂和创新项目中（Horváth, 1988, 第42页）：(1)不确定性的问题：未来新型IT系统的成本和效用，只能在一定范围内预估。(2)量化的问题：新系统的成本，尤其是效用，只能进行有限量化。(3)复杂性问题：由于新型IT系统的复杂性，不可能涉及所有的利息成本和收益表现。(4)系统划界的问题：根据如何在新IT系统下定义外围系统，有不同的成本效益。(5)时间限制问题：经济性问题是系统构架决策过程的一部分，它需要在给定的时间限制中来回答。

对于经济性评价，Fraunhofer ISST开发了一种可能的方式，这一IT评价管理（ITEM）以平衡计分卡作为出发点，由五个步骤组成（Gadatsch & Mayer, 2013, 第137页）：(1)IT审计：检查内部和外部计划是否得到落实。以此可以识别弱点，引入应对措施。(2)IT回顾：IT的业务价值由内部和外部专家基于质量进行评估，由此可以制定进一步提升业务价值的建议。(3)IT评估：业务价值需要在量化的基础上进行评估，为此，要检查所有的单独措施和投资决策。(4)IT监测：借助指标，可以监测IT的当前状态，以及进行外部比较。(5)IT连续控制：基于加工后的信息，IT可以不断地进步发展。

在评价经济性时也可以考虑其他理念，舒曼（1993）把评价信息系统经济性的方法划分为：(1)IT经济性评价的辅助工具。计算技术和描述技术可以评价IT投入的影响，前提是提供落实所必要的信息。(2)IT经济性评价的方法。统计技术和评价技术可以确定IT投入的影响，对数据和影响的统计尤为重要。

图5.15提供了评价经济性方法的概观。相对于单维的方法，多维评价工具不仅涉及量化数据，还有IT投入质量的影响。在IT用户项目中，动态投资核算必需的现金流量，通常不会仅限于现金收入方面（Hess, 2006, 第127页）。

IT控制师的基本任务是，明确可行地定义现金流相关的一系列数字，在管理实践中，就是（具有支出效应的）费用和节约成本。IT应用项目的效用，可以部分地从成本节约中体现出来。非物质的优势可以通过使用价值的分析体现出来（Kargl & Kütz, 2007, 第52页）。

可以通过对比表来实现某一IT投资的积极和消极观点的对比。在所有方法中，敏感性分析、概率考察和情境技术对风险的考虑都起到支持作用。这些方法的出发点，都是能够得到必要数据。与此相反，全面的考察涉及效果测定的程序，因为它们不仅包括评估，而且涉及数

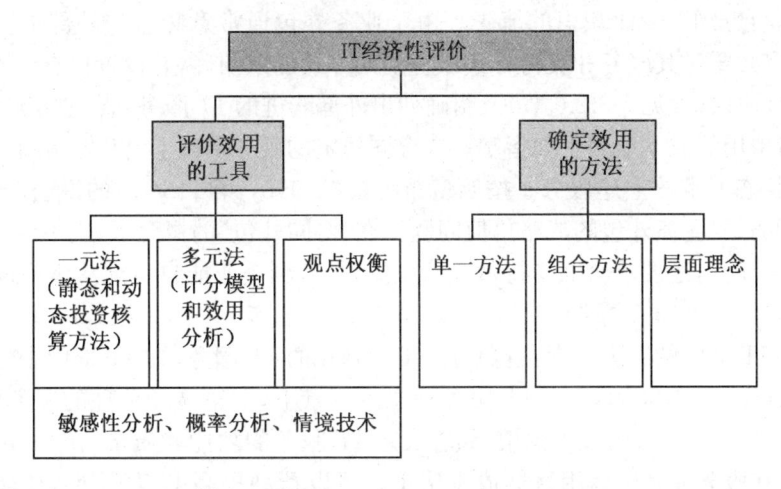

```
                    ┌─────────────┐
                    │ IT经济性评价 │
                    └──────┬──────┘
                ┌──────────┴──────────┐
          ┌─────┴─────┐         ┌─────┴─────┐
          │ 评价效用  │         │ 确定效用  │
          │ 的工具    │         │ 的方法    │
          └─────┬─────┘         └─────┬─────┘
        ┌──────┼──────┐         ┌────┼────┐
     一元法  多元法  观点权衡  单一方法 组合方法 层面理念
    (静态和动 (计分模型
    态投资核   和效用
    算方法)    分析)

         敏感性分析、概率分析、情境技术
```

资料来源：Schumann(1993,第170页)。

图 5.15　评价 IT 经济性的方法划分

据和效果的调查。方法分为单个方法、组合方法和层面理念(Schumann,1993)，精选的方法如下：

(1)成本—效用分析。把信息系统的投资和运行成本，与节约的金额进行对比。

(2)快乐主义方法。假设通过利用 IT，可以用更高质量的作业替换非生产时间和低价值的作业。分别对运用 IT 与否各自进行价格的测定，运用工厂会导致价格下降。

(3)连锁效应分析。描述效应的内在联系。由投入 IT 的初级影响，可推导出在企业其他部门，以及在竞争中的次级影响。

(4)交易成本分析。调查 IT 的投入可以在什么范围内降低由交流产生的交易成本，它尤其适用于企业之间的系统。

在组合方法中，不同的分析方法会一起使用，以实现全面的评价。例如，对财务成果(成本效用分析与情境技术的结合)或者扩展的经济性核算(财务评价与效用价值分析结合)。

在 IT 经济性分析中的管理控制任务在于，通过对行为方式的标准化，使决策更具客观性和可比性，以及适当考虑从所有重要视角评价信息系统。不仅是算法本身，还有组织因素，也就是责任和能力以及程序的流程，都需要加以明确。这是管理控制师参与决策的一个重要部分。原则上，在经济性分析中，IT 控制师只作为协调者和主持者。管理控制师应该保证，在他设计的系统中，项目负责人规划和监控的权力。在管理实践中，协调和决策参与的区分并不十分明确。出于实际原因，管理控制师还被委托负责批准和监控任务。

另一个经济性评价重要的决策区域是，IT 服务的自行设立或者外包问题(Dobschütz,1995b；Mertens et al.,2012,第 210 页；Jäger-Goy,2000,第 551 页)。IT 整体的外包(设施管理)、使用服务—运算中心以及购买主要或单个的软件系统是可能的决策选择。

随着成本压力的增加，更多企业愿意对以前自行设立的 IT 服务转为采取外包，所谓的"业务外包"的影响已经远超过 IT 部门本身。因为无论是撤销外包决策还是更换外部提供商，都能毫无问题在短期内落实。由于 IT 服务的外包经常具有战略意义，因此必须有谨慎的决策准备工作以及战略规划。IT 服务越趋于标准化，越是以外包为发展方向。

战略相关的信息系统，通常不适合应用业务外包。外包最重要的优势就是较低的成本、转移风险、释放人力以及利用外部的专业知识。然而需要注意的是，外包会给企业带来强烈的依赖性,导致企业自身 IT 专业知识的流失。由于业务外包通常意味着与外部提供商的长期合作关系,因此有必要对其服务和支付方式以合同的方式加以明确,并设置检查合同执行情况的标准(服务等级协议,参见 5.3.2.6 节)。明确列出外部购进的 IT 服务,管理控制师必须对服务产生的费用与费用的成本动因了如指掌。在合同规定的服务基础上,IT 控制师再运用合适的标准,在确定状态下审核上述服务。按照多布舒茨(1995b,第 113 页)的说法,比表面上的成本比较更重要的是,业务外包的战略价值问题。在"协同外包"的概念下,它不仅要求外部供应商愿意提供 IT 职能,还要求全面支持每个信息流程,直到企业能自主地从供应商处接管全部流程。

为了加强 IT 部门的顾客导向,避免过度工程师化的 IT 服务,在 IT 部门中也非常合适运用目标成本法(Baumöl,2000)。在 IT 服务理念的背景下,在整体和单独的服务中,确定专业部门(IT 领域的客户)认可的成本框架,顾客决定 IT 服务的功能和质量,在 IT 部门转化为力求达到的价格和服务关系。运用目标成本法不仅可以帮助提高 IT 经济性,还能够推动面向技术、效用和顾客的创新。为了在竞争中找到目标以及寻找创新解决方案,为此还应该运用标杆管理法(参见 4.5.2.1.3 节)作为支持工具(Grüner,1994)。

5.3.2.5　IT 成本和绩效核算

在 IT 部门中,信息供给的基础构成了一个决策导向的成本和绩效核算。借助信息供给,可以操控和监控 IT 的运用,以保证 IT 的经济性。通常成本和绩效核算直接归属于 IT 控制师。他需要保证,自己构建的系统在工作中令人满意且具有经济性。

IT 成本的采集和划分不会遇到显著的困难。划分上主要有:(1)IT 成本种类(例如设备成本、人工成本);(2)IT 应用领域(例如运营、组装);(3)IT 运用的种类(开发基于 IT 的应用系统、维护、系统运营);(4)IT 运用的目标(基础开发、解决新问题、合理化)。

在管理实践中,经常普遍应用的成本体系基于对设备成本和人工成本的二分法。对 IT 绩效的确定和系统化,需要解决基本层次的问题。除了行政管理和调度系统最为看重管理工作的速度,在其他时候则看重尽可能地为有效的规划和监控提供信息(Gadatsch & Mayer,2013,第 155 页)。信息评价的基本问题则在于,人们经常把信息处理流程或是前一步的系统构建流程的次级特征定义为评价的绩效,这些指标有:(1)提供系统的数量和大小(例如服务器数量、岗位计算机数量);(2)提供电子邮件账户的数量;(3)打印文档的数据(例如彩色、黑白、A4/A3);(4)CPU 时间的时长;(5)系统分析师、系统编程师工时数。

由于 IT 成本大部分(约 90%)是固定成本,在 IT 部门进行变动成本核算的意义并不大。在 IT 的实践中,经常会见到完全成本核算的系统。这是因为,无论是在 IT 部门还是在用户方面,完全成本都比变动成本更容易获取。另一个问题是,IT 部门较高的间接费用比例,不能通过传统成本核算的方法,有根据地分摊到成本承担者上。通过仅限收集对 IT 部门成本中心相关的成本,以及对单独绩效一次性的固定核算,并不能对信息处理进行有效操控(Weber,1991,第 54 页)。

因此,在 IT 部门中,运用流程成本核算法尤为可行。流程成本核算可以使成本结构更加透明化,同时可以形成一个全面的流程和相关的绩效指标。比起之前运用的方法,通过流程成本核算法,间接费用分摊更加合理(Kargl & Kütz 2007,第 92 页)。在确定 IT 部门的部分流程中,则必须区分仅限于 IT 部门的 IT 流程,以及在单独的专业部门中运行的 IT 流程。

成本和绩效核算是管理控制师一个重要的信息来源。因此,一个适合 IT 部门特点的 IT 成本和绩效核算系统,是 IT 目标导向管理控制的基本前提条件。建立和维护该系统,是 IT

控制师的主要任务。为此,在概念上进行精确的划分、IT 成本和绩效的持续记录,以及对照过程是尤为必要的(Gadatsch & Mayer,2013,第 155 页)。

5.3.2.6 IT 绩效核算

IT 成本描述了企业中一个较大的成本组成部分。IT 成本逐渐上涨,与此一同增长的还有 IT 部门在成本透明度以及成本绩效方面的压力。在 IT 部门对接受其服务专业部门的绩效核算中,IT 控制师首先需要解决系统构架的理念性任务。这主要涉及对以下问题的回答:(1)IT 部门在组织中应该作为成本中心、利润中心还是系统之家?(2)运用绩效核算应该追求哪些具体的目标?

这两个问题确定了系统构架,以及待解决的决策选择。各自的组织形式都对 IT 绩效核算有不同的影响,涉及透明度、客户导向以及产品构建(参见图 5.16)。

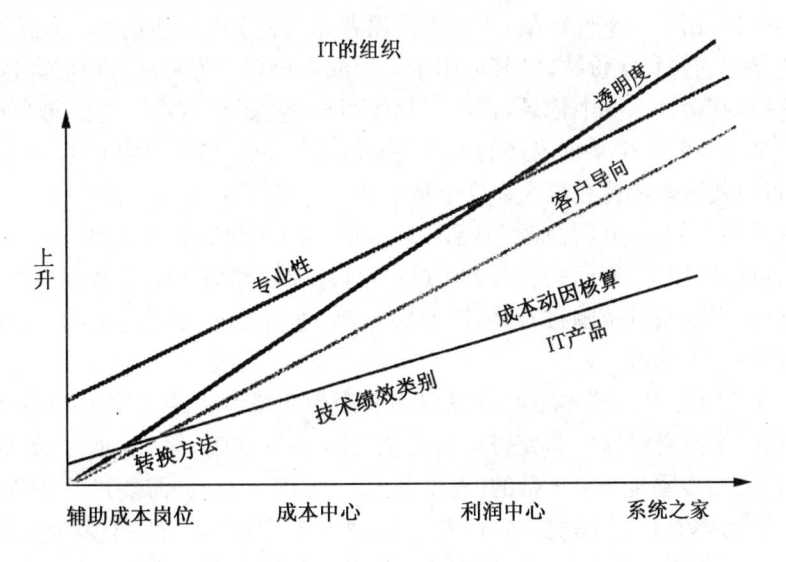

资料来源:Bertleff(2000,第 58 页)。

图 5.16　IT 组织形式及其对 IT 绩效核算的影响

把 IT 部门构建为成本中心的问题在于,IT 绩效只能运用于企业内部,收益很难进行核算,IT 部门赚得的利润通常仅是核算利润,集中 IT 绩效以实现边际贡献最大化的绩效,以及各专业部门避免更昂贵的 IT 服务(然而最终证实是必要的)会导致次优选择的风险。引入 IT 利润中心意在减轻企业领导的负担,实现现有资源的经济效用以及更高的灵活性。问题在于,有必要确定 IT 服务的市场价格,因为这一价格通常因企业而异且是易变的。如果 IT 部门有向第三方提供服务的可能性,那么企业内部还会额外产生供给缺口的问题。

如何核算一个系统 IT 的成本和绩效,可以考虑以下的目标设置:(1)把用户产生的 IT 成本计入用户(或者用户的成本中心)的成本账户,以此推动 IT 的经济利用;(2)把 IT 绩效核算作为业务外包决策的基础;(3)IT 部门的收入确认和效果监控;(4)开展 IT 项目的成本估算;(5)基于单独 IT 稀缺资源使用的操控;(6)经营者对 IT 效用的经济性监控(比较计划—实际成本)。

原则上,可以通过成本分摊,或者借助转移定价进行 IT 服务的评价和核算(Kargl & Kütz,2007,第 82 页)。通过分摊的成本核算,一个结算周期内的 IT 总成本可以在事后借助分摊比例(例如设备数量、打印页数、电子邮箱账户数量等)分摊到各个专业部门。成本分摊法的优点在于它的简单易懂，然而，不可能通过成本分摊法实现用户行为的监控或者IT部门的绩效监控。

运用转移定价系统的明显优势就在于此（参见4.5.3.2.5节），可以总体地或有差别地显示这些优势。总体绩效核算适用于少量的差异化和固定的核算基数指标（人工小时数、机器小时数、打印行数），并不适用于因果关系的绩效核算。在差异化的绩效核算中，使用大量指标（也许按照绩效种类进行划分），以描绘IT部门的绩效多样性。绩效核算的技术指标（如CPU时长）对于来自专业部门的客户来说也是难以理解的。

遵循价格或者成本导向，可以确定转移定价。市场导向的转移定价通常很难或者不可能确定IT服务的价格。由于IT成本中固定成本的份额很高，以边际成本为基础显然完全不合适。在管理实践中，转移定价绝大多数以完全成本为基础。完全成本虽然几乎没有操控指导的功能，但是它可以用于经济性评估，并且为使用者提供关于决定使用哪种绩效指标的相关提示。完全成本导向的转移定价法，尤其适用于流程成本核算。为确定流程成本，物理加工流程需要输入计算机，在会计系统中记录，再汇聚到使用者相关的流程中。为此每一个流程触发点（例如交易等）都会分配一个系统内部的记号（Kargl & Kütz, 2007，第94页）。通过运用流程成本核算法，可以使绩效核算在很大程度上透明化，同时具有因果关系。

转移定价适用于IT控制师协调IT部门和专业部门之间的服务关系，以及对使用者行为进行操控。它可以监控IT部门的收益，为IT的运营规划和监控构建数据基础。另外，通过对单独专业部门IT支持的范围进行核算，可以明确，通过哪种方式得出提示、在哪些点上应该加强或者减少对IT的投入。

由于在很多IT部门中，成本中心有发展为利润中心或者系统之家的趋势，针对IT产品进行核算，取代技术性指标的核算变得更有意义（Bertleff, 2000，第61页）。如何把技术性指标转化为IT产品的步骤是非常复杂的（参见图5.17和图5.18）。需要进一步确定的是，服务接受者如何归类到某个IT产品之下？也就是说，如何确定，是谁使用了多少数量的哪种服务（Pfüller & Thamm, 2006）？IT产品应该在一个服务系列内进行描述，该服务系列的内容包括（Bertleff, 2000，第61页）：（1）IT产品的标识，（2）包含哪些服务，（3）记账单位，（4）每个单位的价格，（5）条件（如最少运行期限），（6）服务级别协议。

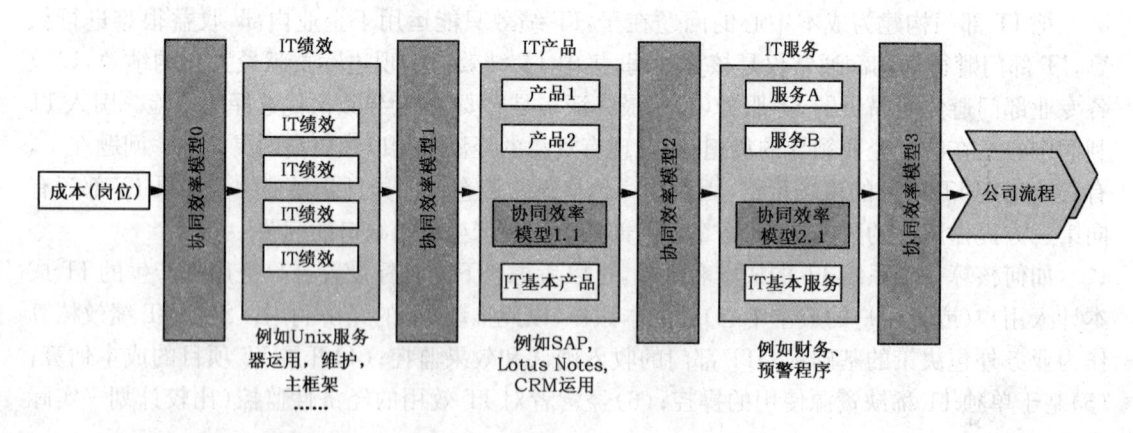

资料来源：Pfüller & Thamm (2006)。

图 5.17　IT绩效的核算模型

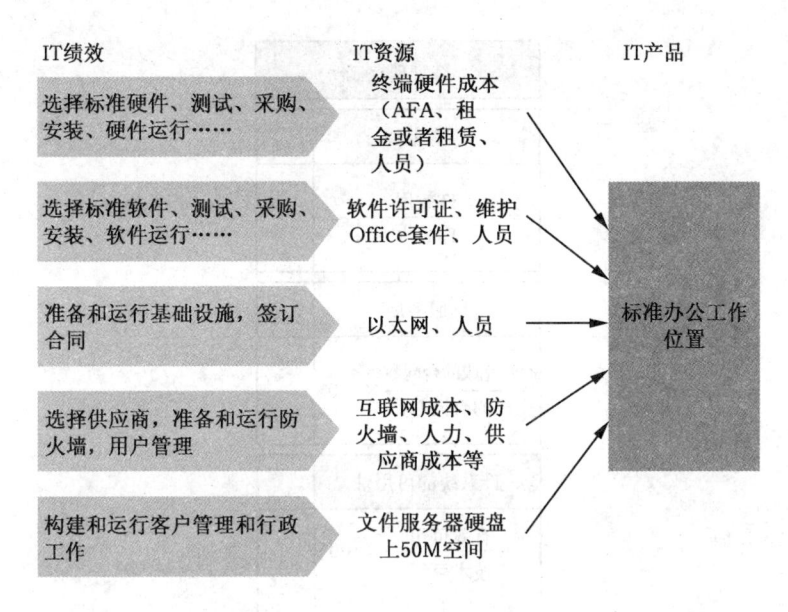

IT绩效	IT资源	IT产品
选择标准硬件、测试、采购、安装、硬件运行……	终端硬件成本（AFA、租金或者租赁、人员）	
选择标准软件、测试、采购、安装、软件运行……	软件许可证、维护Office套件、人员	标准办公工作位置
准备和运行基础设施，签订合同	以太网、人员	
选择供应商，准备和运行防火墙，用户管理	互联网成本、防火墙、人力、供应商成本等	
构建和运行客户管理和行政工作	文件服务器硬盘上50M空间	

资料来源：Bertleff(2000，第62页)。

图 5.18　技术性指标转化为 IT 产品

服务级别协议（SLA）是在规定的时效、协定的质量和确定的成本下，对IT服务达成的协议。内部服务级别协议规定了IT部门（合同接收方）与专业部门（合同提供方）之间的行为。外部服务级别协议则涉及IT部门或者专业部门及其一起作为合同提供方，以及外部IT供应商作为合同接收方，并协调它们之间的关系。根据服务级别协议的基本理念，合同接收方只关注其提供的服务内容。在提供服务的过程中，合同提供方并不需要了解，合同接收方需要解决的细节问题。服务级别协议由此可以降低复杂程度，节约业务流程中的成本（Gadatsch & Mayer，2004，第163页）。

客户端/服务器部门核算的一项特殊挑战是，如何把一般性的联网基础设施费用分摊到各个专业部门中。卡尔（Kargl，2000，第128页）建议，各个专业部门支付基础网络维护费，由阶段性的实际成本和至少一部分人员管理成本组成。联网基础设施的使用，同样可以借助适合的指标（例如连接时间）进行核算。

5.3.2.7　IT 指标

在企业管理实践中，指标用于规划、操控和监控目的，它以集约的形式给出目标值信息。单独的指标可以关联组合成指标系统，通过这种方式构建企业整体或部门的目标系统。IT部门中的指标运用于操控和分析（Reichmann，2011）。

IT控制师的任务是，研究从理念上如何选择合适的指标和指标系统。指标应该具有正确的目的性，也就是说，它应该满足信息需求，涉及经济性、准确性和实时性三个角度。当已经选出应用的指标时，管理控制师就可以通过一个明确的表述和"使用说明"来保证运用的一致性。赖克曼提出了IT部门指标系统的一个案例（Reichmann，2011，第458页；应用缩写IV来表达本书的IT概念）：

这一指标系统由17个指标组成，它们分别归属于技术基础设施、软件和系统结构和IT人事系统。IT部门管理中最重要的指标是IT效率、IT服务级别以及IT可用性。在指标系统中，这些指标具有引人注目的特性，图5.19展示了单个指标和它们的内在联系。

IT指标系统

```
                        ┌─────────────────┐
                        │   IT管理控制     │
                        └────────┬────────┘
                                 │
                        ┌────────┴────────┐  IV-C
                        │    IT有效性     │  2.1.5
                        ├─────────────────┤
                        │     IT效用      │
                        │     ─────       │
                        │     IT成本      │
                        └────────┬────────┘
                                 │
                        ┌────────┴────────┐  IV-C
                        │    IT服务度     │  2.1.5
                        ├─────────────────┤
                        │ 准时完成的合同数 │
                        │ ──────────── ×100% │
                        │  完成的合同总数  │
                        └────────┬────────┘
                                 │
                        ┌────────┴────────┐  IV-C
                        │  IT系统的可用性  │  2.1.5
                        ├─────────────────┤
                        │    有效可用      │
                        │    ──── ×100%   │
                        │    技术可用      │
                        └────────┬────────┘
                                 │
           ┌─────────────────────┼─────────────────────┐
           │                     │                     │
    ┌──────┴──────┐      ┌───────┴───────┐     ┌──────┴──────┐
    │ 技术基础设施 │      │ 软件和系统结构 │     │   IT人员    │
    │             │      │    (运用)      │     │             │
    └──────┬──────┘      └───────┬───────┘     └──────┬──────┘
```

技术基础设施

| 数据加工技术绩效度 | IV-C 2.1.5.1 |
| 数据加工效用 / 数据加工成本 | |

| 数据加工的运用度 | IV-C 2.1.5.1 |
| CPU时间的有效使用分钟/小时 / 计划可用的CUP使用分钟/小时 ×100% | |

| 数据加工的能力使用度 | IV-C 2.1.5.1 |
| CPU时间的有效使用分钟/小时 / 技术可用的CUP使用分钟/小时 ×100% | |

| 数据加工停工时间 | IV-C 2.1.5.1 |
| 检修停工时间 / 计划可用的CUP使用分钟/小时 ×100% | |

| 维护成本率 | IV-C 2.1.5.1 |
| 维护成本 / 数据价格成本 ×100% | |

软件和系统结构（运用）

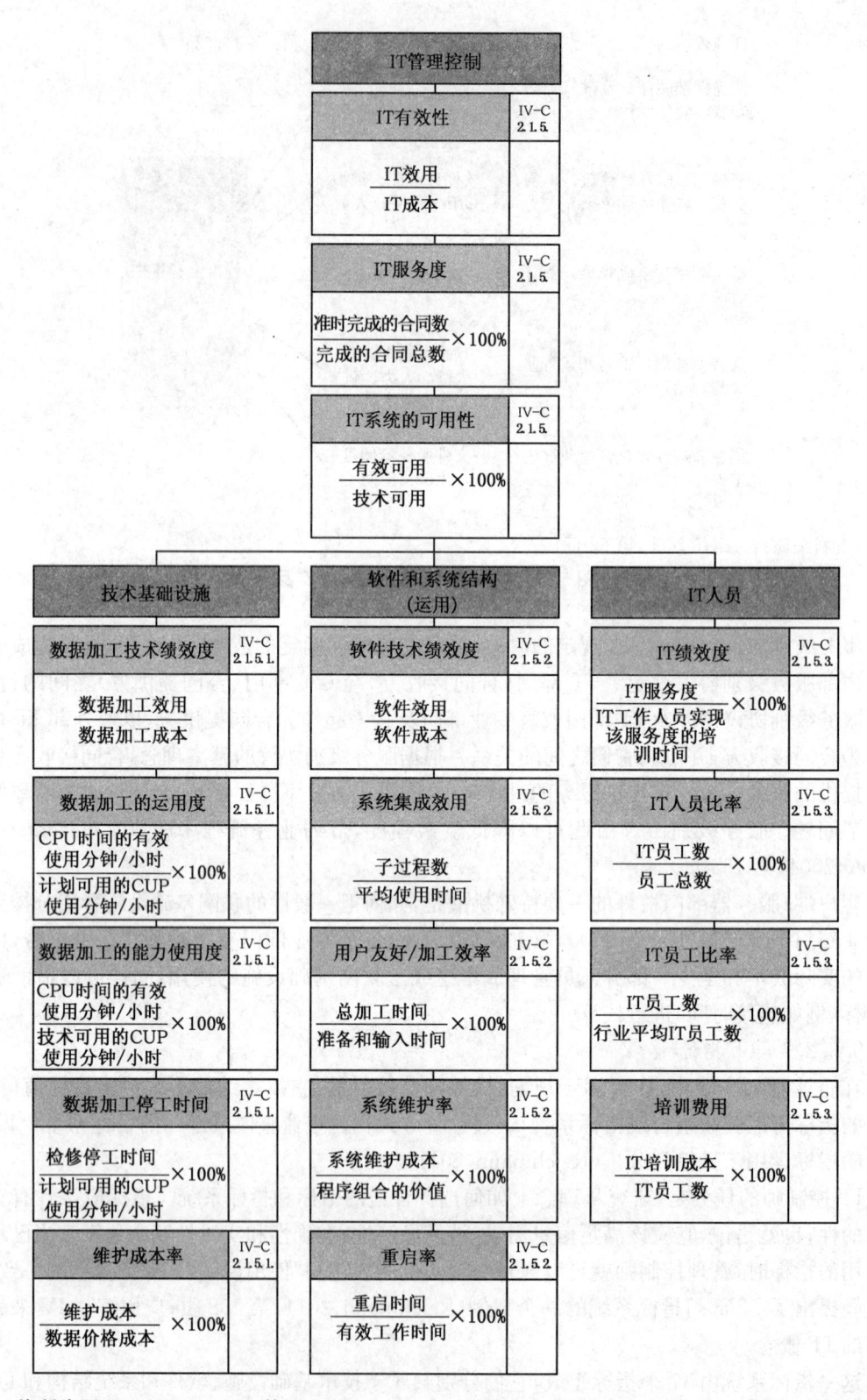

| 软件技术绩效度 | IV-C 2.1.5.2 |
| 软件效用 / 软件成本 | |

| 系统集成效用 | IV-C 2.1.5.2 |
| 子过程数 / 平均使用时间 | |

| 用户友好/加工效率 | IV-C 2.1.5.2 |
| 总加工时间 / 准备和输入时间 ×100% | |

| 系统维护率 | IV-C 2.1.5.2 |
| 系统维护成本 / 程序组合的价值 ×100% | |

| 重启率 | IV-C 2.1.5.2 |
| 重启时间 / 有效工作时间 ×100% | |

IT人员

| IT绩效度 | IV-C 2.1.5.3 |
| IT服务度 / IT工作人员实现该服务度的培训时间 ×100% | |

| IT人员比率 | IV-C 2.1.5.3 |
| IT员工数 / 员工总数 ×100% | |

| IT员工比率 | IV-C 2.1.5.3 |
| IT员工数 / 行业平均IT员工数 ×100% | |

| 培训费用 | IV-C 2.1.5.3 |
| IT培训成本 / IT员工数 ×100% | |

资料来源：Reichmann(2011，第462页)。

图 5.19　IT 指标系统

库茨将指标分为多个种类:财务管理类(例如每个岗位的 IT 成本)、客户管理类(例如绩效核算的质量)、流程管理类(例如故障上升率)、产品管理类(例如用户报告的停工时间)、员工管理类(例如 IT 部门员工占企业员工人数比例)、创新管理类(例如改进方案的执行程度)、项目管理类(例如资源利用率)以及多项目管理(例如关键路径的长度)。尽管提出了这个相对精细化的结构,库茨同时也指出了上述分类的主观性。他推荐运用"指标简要说明"这一概念,即对指标系统的记录应包括全部指标的操控任务、系统理念以及技术特点,使外部人员可以容易理解(Kütz,2003,第 219 页)。

5.3.3　IT 管理控制的组织分布

IT 控制的任务必须具有组织性,并在管理控制的过程中加以确定。小型企业的 IT 管理控制通常直接由领导层承担,也就是 IT 领导执行管理控制任务。在中型企业中,或许存在一个管理控制师岗位,但并没有专业的 IT 管理控制师。在这种情况下,管理控制师会受理 IT 管理控制任务,同时把某些具体的任务(例如把 IT 预算分摊到单独的项目)分配给 IT 部门领导。只有在大企业中,才存在一个或强或弱的、对管理控制任务从功能上或者部门上划分的部门(参见图 5.20)。

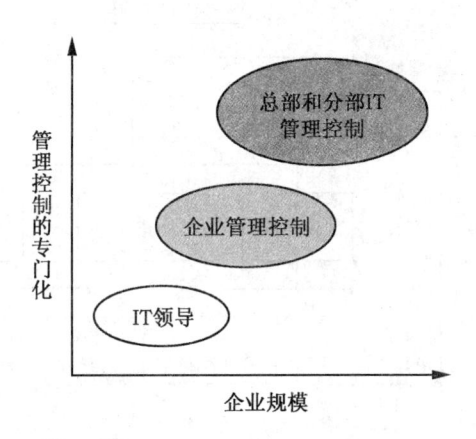

资料来源:Dobschütz(2000,第 16 页)。

图 5.20　企业中 IT 管理控制职能的重视程度

为了让 IT 管理控制师无论从战略和运营角度都能最优化地履行分配的任务,管理者应该建立起一个组织上集权的(战略)IT 管理控制构架,再利用附加的下属 IT 管理控制岗位对其进行支持。跨部门 IT 控制的必要性,一方面产生于 IT 管理控制师的工作职能,另一方面产生于企业中 IT 部门的分权化趋势,以及对分权化部门保持统一的必要性支持。

集团的 IT 管理控制需要承担起 IT 战略规划涉及的所有协调任务,尤其要保证 IT 战略与企业目标协调一致,以及设置和监控企业范围内的 IT 标准和准则。然而,为实现这个战略任务,并不一定需要一个直接的执行权力,集团的 IT 管理控制作为一种参谋部,最好设置在企业领导部门之内。

下属 IT 管理控制师的任务领域主要是规划、操控和监控具体的 IT 项目和 IT 作业。此外,还有对集团 IT 管理控制战略设定的布局和细化,以及保证标准和准则的执行(Dobschütz,2000,第 17 页)。另外,信息系统整体控制的必要信息需要从下属的 IT 管理控制单位送交到集团 IT 管理控制单位(参见图 5.21)。由于下属的 IT 管理控制师要负责自身的管理控制任务,他还需要保证对自身决策职权的有效操控(通常是短期且必要的控制作业活动)。

总部IT管理控制师	分部IT管理控制师
—整合IT战略进入企业战略 —协调IT战略计划 —与分部的IT管理控制师一起监控产品组合 —制定IT基础设施的选择和运营标准 —在IT委员会内部的合作	—拆分IT战略到各个部门 —协调部门目标与拆分的IT战略目标 —执行中期IT计划 —优先执行IT计划 —监控IT项目/应用 —与执行标准保持一致 —在项目委员会内部的合作

资料来源:Dobschütz(2000,第18页)。

图 5.21　总部和分部的 IT 管理控制师职能划分

基于该原因,下属的 IT 管理控制职能设立在下属 IT 部门的下面,图 5.22 展示了 IT 管理控制的组织构建分类,这张图涉及分权的大型企业。在小型企业中,则应用简化的组织形式。

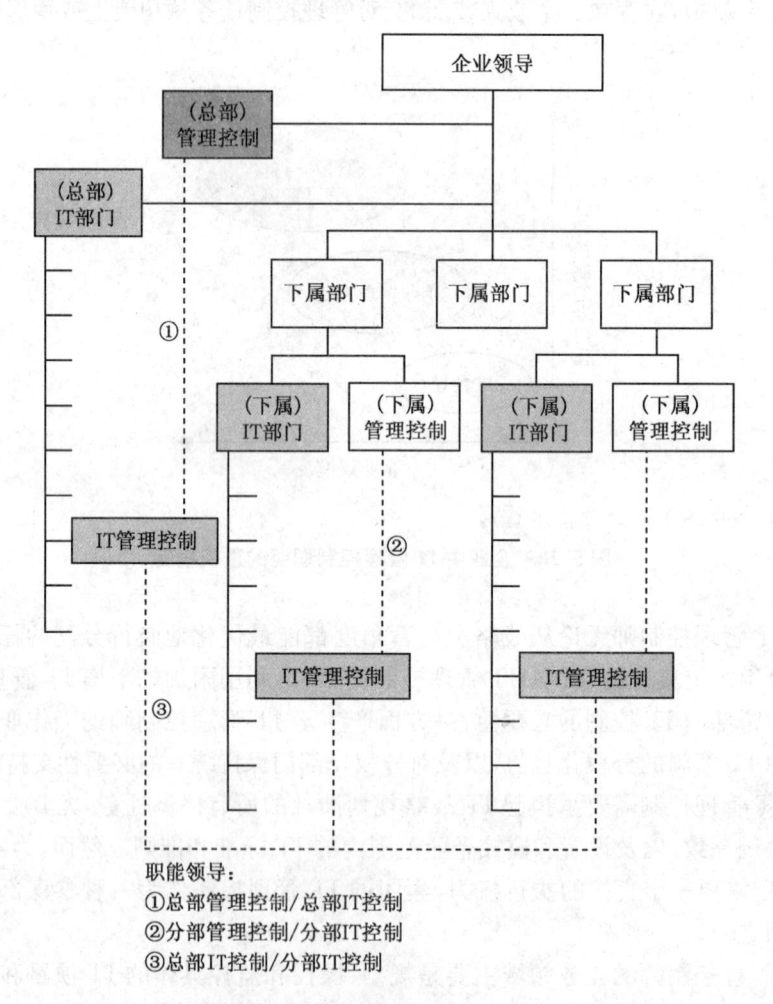

职能领导:
① 总部管理控制/总部IT控制
② 分部管理控制/分部IT控制
③ 总部IT控制/分部IT控制

资料来源:Österle,Brenner & Hilbers(1991,第77页)。

图 5.22　IT 管理控制的组织架构

关于IT管理控制单位之间领导关系的问题,可以运用"点线法"进行描述(对这一原则的表述参见6.3.1.1节)。集团的IT管理控制师在行政上隶属于集团IT职能部门,专业上则隶属于集团管理控制部门,这样的方式可以保证企业范围内的管理控制构建在统一的组织结构上。这样的IT管理控制和集团管理控制能够进行必要的深度合作,从而使得在IT方法和标准的开发方面更加容易。下属的IT管理控制在行政上归属于下属的IT部门。这样做的好处是,通过其行政隶属关系,下属的IT管理控制师被看作是下属IT领导小组的一员。在职能上,下属的IT管理控制师在管理控制任务上隶属于集团的IT管理控制师,从一般的管理控制角度,则隶属于下属的管理控制师。这样保证了IT管理控制在企业中的统一运用,同时加强了管理控制单位之间的交流和联系。通过上述的组织结构,通常在IT管理部门和企业领导层之间缺少交流的问题,也会得到改善(Österle,Brenner & Hilbers,1991,第74页)。

在IT部门内部,IT管理控制师对全部规划、监控和信息供给相关任务具有指导职能。在很多情况下,IT部门的领导把特定内容的权限,甚至否决权,转交给IT管理控制师,例如基于经济性的决策考虑专业部门申请更改的提议。以这样的身份,IT管理控制师通常也会是IT委员会的成员。IT管理控制的执行组织流程有两方面意义:在部门导向的规划方面,企业的规划和监控日程由企业规划部门确定;在项目导向的规划方面,项目阶段的时间计划具有决定意义。

5.4 实践案例

5.4.1 SAP公司:IT支持的管理控制,大数据场景下的软件SAP公司解决方案

\multicolumn{2}{c}{SAP公司 http://www.sap.de}	
行业	软件业
所在地	德国瓦尔多夫
销售额	约176亿欧元(2014年)
员工数	约74 400人(2014年)

SAP公司成立于1972年,作为企业应用市场的领导者,支持各个行业不同规模企业运营的盈利,同时自身持续调整更新,不断成长。SAP解决方案和服务使流程更加简化,使员工和组织具备高效率合作和有效使用运营信息的能力。在2014年,约74 400名员工就职于SAP公司,在2014财年实现了约176亿欧元的销售额。

早在1979年,SAP就开发了一套企业应用系统R/2,一个为大型计算系统开发的模块化软件。为顺应信息系统的分散化趋势,SAP公司开发了SAP R/3软件,于1992年投入市场使用。SAP R/3是一个基于客户端—服务器架构的软件系统,可以广泛运用于各个行业部门。2000年末,SAP R/3在全球范围内共计安装约22 000套,服务于100多个国家的12 000多个企业。

自2000年起,随之而来的是多次技术革新:内部存储技术提高了处理大量数据时的效率,云应用简化了企业软件的运营,企业背景下的移动终端得以实现,社交网络的商业用途持续增

长。SAP为客户提供SAP HANA平台，基于上述技术驱动力和商业模式转变，在数字化经济领域提供了统一的技术动因基础。

SAP ERP应用组件中的管理控制（Controlling）应用组件，是SAP商务套件SAP ERP Financials下的一个组成部分。SAP ERP Financials对财务和管理控制部门相关任务提供软件和服务支持，从付款处理到创建资产负债表、利润表，从单独产品的核算到提供战略模拟和决策数据。

在SAP ERP Financials框架下，现代的管理控制任务由R/3管理控制（R/3 Controlling）、NetWeaver商业智能（Netweaver Business Intelligence）和企业绩效管理（Enterprise Performance Management（EPM））这一软件组合来承担。SAP R/3 Controlling作为业务系统，建立了实时监控和掌控企业内外部任务处理的基础。与此同时，商业智能和企业绩效管理则主要支持管理中的战略决策，通过现代管理理念，为传统的成本核算理论提供必要补充，例如平衡计分卡。SAP ERP Financials中的管理控制应用组件，具有以下几个重要的特性：

（1）SAP Controlling能同时支持传统和现代的成本和绩效核算方法，从而它们可以共同运用在管理实践中。

（2）由SAP ERP Controlling提供的数据，可以照顾到用户自定义创建评估、持续监测、对组织单位和流程的管理控制，以及阶段性分析的需求。由此，例如，可以提供关于价廉物美的替代方案，或者业务外包潜力的信息。SAP ERP Controlling可以进一步用于提供满足一国法律要求的评价数据（例如：德国商法、US-GAAP以及IAS）。

（3）通过设定自定义参数，系统可以适用于企业的多种成本核算和业务需求。例如，一家同时进行大规模生产和小规模生产的公司，可以实施符合不同生产工艺的控制过程。这样可以在规划、价值和数量流以及报告生成方面区别对待。

（4）SAP ERP Controlling可以与ERP系统的其他应用组件完全整合（参见图5.23），这里作为最重要组件提及的是：销售（Sales & Distribution）、原料管理（Materials Management）、生产规划和操控（Production Planning）、项目系统（Project System）、人力资源管理（Human Resource）以及财务会计（Financial Accounting）。与SAP ERP中其他组件相连的物流系统流程，虽然本身不存在于SAP ERP内部，但是需要通过SAP ERP Controlling系统进行支持［如客户关系管理（CRM）或者高级计划优化器（APO）等］。

接下来将以订单式生产为例，进一步阐述SAP ERP系统内部完全整合的优势。

在ERP反馈的信息中，对生产控制重要的信息会存储在系统中，例如岗位产能的释放、订单中预期增加或减少处置相关的记录，以及生产订单中数据的更新（如数量、时间节点和状态）。工作过程中的反馈，会对在SAP ERP Controlling中同时进行的数据核算产生影响，例如，岗位产生绩效的反馈可以减轻相关成本岗位的负担，也可以用合适的绩效种类增加成本承担者的负担（这种情况下指的是生产订单）。在生产订单中产生的绩效量，以及对此产生的成本会进行更新。其他物流进程通常也会对SAP ERP Controlling产生影响，例如客户订单和生产订单的接收行为、订货需求的产生和订货行为，以及仓库的物流通道预约行为。

总之可以确定，在SAP ERP Controlling应用组件中，单独对成本的识别通常不是必要的，因为每个成本核算相关的业务事件本身都会附带要求，对数量、成本、成本种类和作业对象（例如成本承担者）的信息进行记录。

SAP ERP Controlling由多个应用组件构成（参见图5.24），以下是对各个应用组件的简要描述：

第5章 IT系统的协调

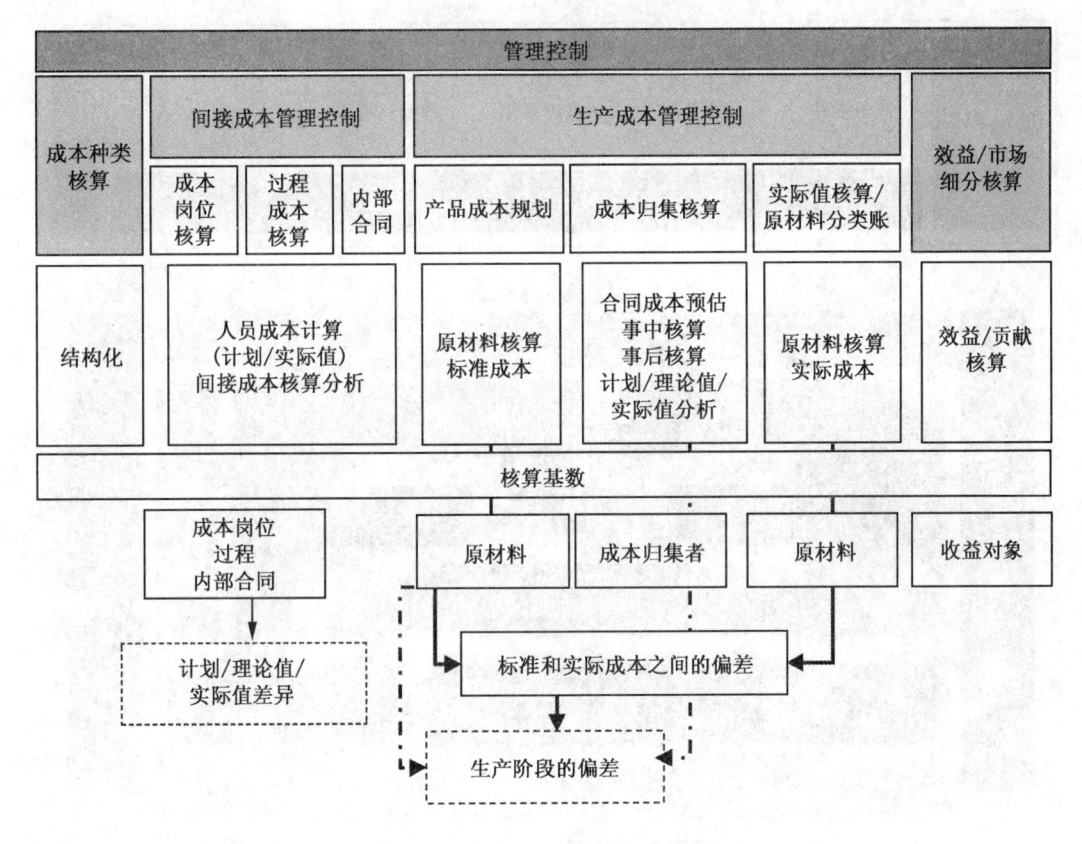

图 5.23 SAP ERP 中管理控制模块构架

(1)成本种类核算是对成本种类的结构化,成本种类可以总结到成本种类分组之中。成本种类分组可以按照等级进行构建,作为间接费用加成的基础或者在报告中用作评估目的。

(2)间接成本管理控制分为以下领域:

①成本岗位核算为各个职能部门的经济性监控服务。成本岗位核算是一个适用于直接在间接成本发生时进行分析的工具。岗位成本偏差作为监控信号,由此可以让负责专员介入业务流程之中进行修正。除对职能部门进行监控以外,通过成本岗位核算,可以为下一步下属部门的成本核算做相应的前期准备工作。通过分配或者摊销,可以把成本分摊到,例如,内部订单、项目、成本承担者或者交易结算账户上。

②企业内部订单有助于企业内部成本规划、收集、结算的措施和任务。首先,内部订单需要按照管理控制目标进行分类,这样一来可以区分,例如,有时效限定的措施、持续成本控制以及统计数据相关的内部任务。企业内部订单应用于持续成本控制的一个代表性案例是,对车队内每个车辆的监控。统计数据相关的内部订单实现了在成本岗位核算之外的其他评价方式,在企业中,燃料、维修、保险等全部发生的费用可以分别记录到车队成本,并分配到统计数据内部订单上。成本岗位会展示全部车辆在各项成本上总计发生的具体数值。从单项内部订单可以看出,每辆车的具体成本数值。

③流程成本核算。通过基于流程动因和流程量对业务流程的核算,可以更有根据地按照价值链进行成本加成核算。流程中占用的资源可以按照流程动因核算到具体的流程上。

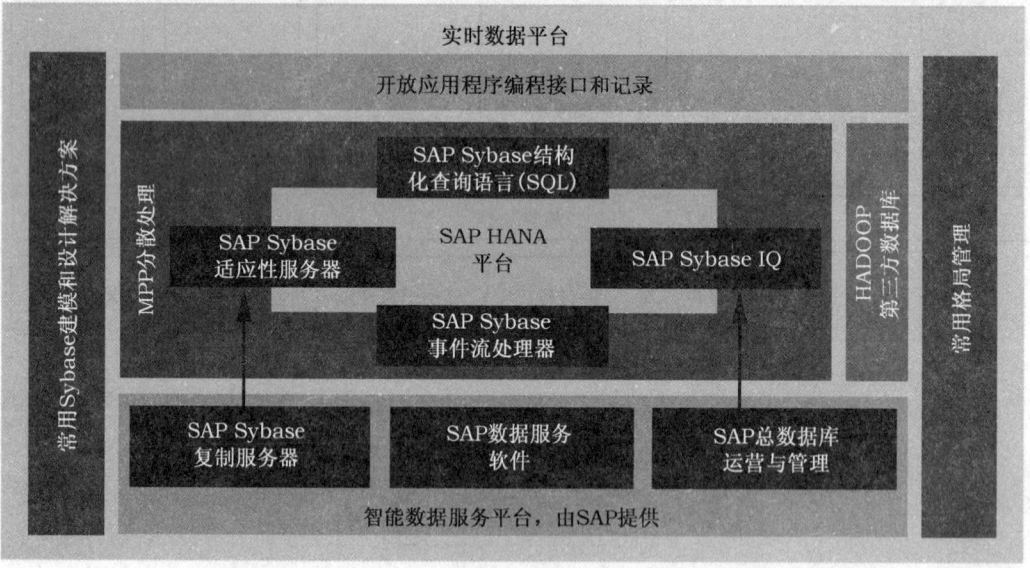

图 5.24　实时数据平台

（3）流程成本控制构建了成本归集时间核算和成本归集计件核算（事前计算、事中计算、事后计算）单独的流程。产品成本控制划分为以下领域：

①产品成本规划。主要涉及以订单为核心的核算，来确定原材料的标准成本。从标准成本生成计划成本分级，也就是说，加工流程之外的成本需要按照成本种类来确定成本元素。另外，成本的分级可以通过对详细记录的计算（验证单独头寸的计算），以及具有评价的结构产品列表（层级展示得到评价的结构产品列表和工作过程）进行展示。

②成本归集核算。包括对单独成本承担者的事前核算（例如加工订单）；事中核算，例如把生成绩效产生的成本实时更新到成本承担者身上；事后计算，包括期间费用核算到成本承担者，确定在制品和偏差种类（计划/实际比较），以及把数据转移到其他应用组件中。在成本归集核算中，可以详细查看具体加工层面上的产品成本。这样可以确定，例如，哪一部分成本可以分摊到原材料加工中一个特别频繁的运输流程中（如哪些劣质原材料被使用到生产线中），或者运输流程费用太高（如由于送货成本岗位缺员）等。

③实际值核算（原材料分类账）汇总了一种原材料在一个期间内所有加工流程产生的成本。如果使用和计划成本分级完全相同的成本元素，基于这些数据可以确定实际成本。实际成本核算以计划和实际成本分级之间的偏差分析为基础（如计划的运输费用 vs.实际在加工阶段产生的运输费用）。另外，实际成本核算还可以用于评价原材料的价值。

（4）效益核算（又名效益和市场细分核算）服务于起草企业短期效益报告。短期效益可以同时按照销售额成本法和完全成本法进行核算。这样，效益核算就可以满足成本归集时间核算的要求,对效益和市场细分核算的评估可以参考效益在产品、产品组合、客户、地区或分销渠道之间的差异。效益核算的作业对象是结果对象,通过各自的成本产生特征加以确定。

SAP还为用户提供了实时数据平台,用于大数据应用场景。实时数据平台基于SAP HANA内存平台支持,包含多种其他的功能组件。除管理控制部门外,企业其他业务部门也可以通过这个平台更好地操控现有业务、创建新业务部门、寻找新用户群,以及揭示风险和欺诈行为。实时数据平台的核心组件包含各种各样的组件,可以在大数据场景下更快、更简化地执行任务:(1)SAP HANA——内存数据库引擎和开发平台。(2)SAP Sybase IQ——列存储数据库引擎,用于大结构和无结构的数据仓库(千万亿字节量级)。(3)SAP Sybase Event Stream Processor——实时的结果处理(例如物联网)。(4)SAP Data Services——数据集成(ETL)和数据质量优化管理。(5)Hadoop Integration——更快、更简单地查找极大量数据等。

除上述提及的功能组件外,实时数据平台(Real Time Data Platform)还包含很多经常被大数据和管理控制部门需要的其他组件:(1)Spatial Engine——分析地理位置信息或者空间位置信息(3D)。(2)Calculation Engine——通过R语言进行复杂的内存运算(R是一种编程语言,在大学中广泛用于统计学运算)。(3)Planning Engine——专门用于庞大企业计划的复杂运算和模拟集成数据[例如集成的资产负债表、利润表和现金流量表,或者销售运营计划(SOP),即一种集成的运营、生产、物流和采购计划]。(4)31种语言的信息检索和分析。(5)Application Function Library——直接输出关键数据到主存储器的功能,例如"账款周转天数""折现现金流"等。

包含所有组件的实时数据平台,为客户定制专门的大数据应用软件。除此之外,SAP作为标准软件服务商,还为客户提供了很多完善的大数据场景支持,包括:(1)欺诈管理,可揭露欺诈情况。(2)净利率分析,实现顾客和商品层面的详细盈利能力分析。(3)客户参与度情报(Customer Engagement Intelligence)、顾客价值分析、社交力分析、目标导向的竞争等。(4)需求信号管理。

5.4.2 博世集团:管理控制中的标准化IT系统

博世集团 http://www.bosch.ce	
行业	汽车技术、工业技术、消费品、能源和建筑技术
地点	德国斯图加特
销售额	约489亿欧元(2014年)
员工数量	约290 000人(2014年)
引用来源	以下案例选自非公开的企业内部资料 Robert Bosch GmbH, Bosch Value Concept-Leitfaden zum Steuerungskonzept, Stuttgatt 2013。

博世集团是行业领先的技术和服务型企业,其在2014年的销售额为489亿欧元,在全球范围内共有29万名员工,其中64%的员工位于德国之外的其他国家。集团旗下共拥有341个全资控股公司。博世集团业务共涉及四个主要领域:汽车与智能交通技术(BBM)、工业技术(BBI)、消费品(BBG)以及能源及建筑技术(BBE)。在四个主要领域内,还划分有各业务部门。业务部门对博世集团在全球范围内的产品负责,在博世设立的企业战略准则和目标框架下,处理关于研发、制造、销售和经营任务的相关事务。业务部门按照不同的产品继续划分为

各产品部门。

以上这些组织单位分别直接承担了至少下列职能中的两种:研发、制造和销售。业务和产品部门是操控单位,它们一般涉及博世集团的一部分,或者在全球范围内的子公司和分公司;因为德国以外的法人组织通常需要负责更多产品和业务部门的运营、生产和研发活动,所以在操控方面需要实行业务导向和跨法人单位的管理。因此,管理控制职能的架构需要按照管理所处的级别进行组织,管理报告制度需要在全球范围内按照业务和产品部门进行构建。同时涉及多种业务部门的单位,需要考虑各部门的要求(参见图5.25)。管理控制的集中数据库是构建业务流程的运营操作系统,即企业资源计划(ERP)系统,包括例如销售额、存货和订单状态、成本的实际和计划数据值等信息。借助集团和部门的操控关键指标,从这些信息中可以获取企业内部经营成果核算模板的有关内容。

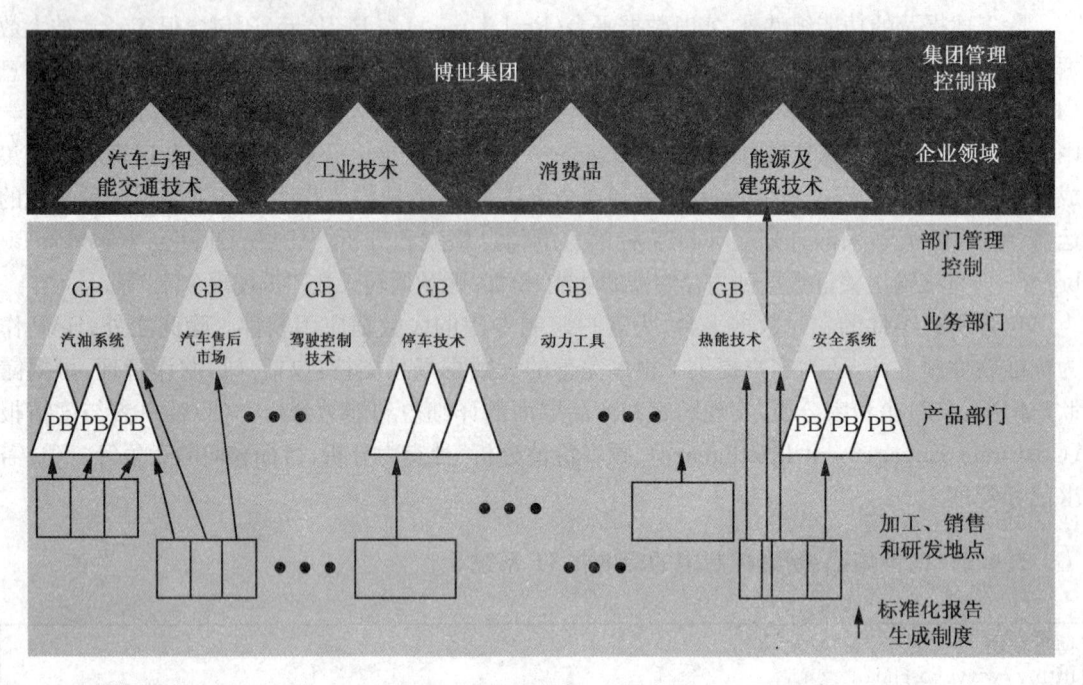

资料来源:Kümmel & Watterott(2008,第249页)。

图5.25 博世集团管理层结构

首先,在全球范围业务和产品部门结构合并报表的框架下,报告内部经营成果核算模板的内容、营运资本和基于投资的信息。为了让指标正确地推动操控,必须完整和精确地汇报本部门全部的销售额、成本、其他业务费用和利润数据。为此,除了集团指令方面详细的系统不相关定义之外,要求标准化落实信息交流系统、商务智能系统和管理报告系统。在这个过程中,在业务流程中建立IT系统具有重要意义。因此,博世集团将会进一步强化在线交易系统的标准化程度,在利用机会实现IT内部和谐统一的同时,还需要建立新的流程、简化和保持流程的宽度。

为了系统地实现对全部业务流程的完整描述,将会建立一个企业模型。企业模型可以帮助发现提高效率的潜力、确定标准化的广度和深度、定义对IT系统的要求。作为一家按照四个主要部门进行内部差异化的企业,博世集团各业务部门执行完全不同的工作任务,因此,不能用一项单独业务模型来描述企业经济流程,如"包装技术"作为单项业务所需要的项目管理控制和核算，不同于"移动解决方案"的要求。除了"移动解决方案"涉及模型 UBK-RM 的具体特征外，我们还介绍企业部门工业技术、消耗品以及能源和建筑技术的 IT 模型，这一 IT 模型将会运用到全球范围内的相关业务部门中。

企业部门"移动解决方案"中基于 SAP ERP 建立的 UBK-RM 模型，已经广泛部署在欧洲、北美和亚洲地区。同时为了完善全球部署，UBK-RM 将逐渐推广到全球范围，届时将对新功能、地区特有的定制要求和集中项目进行落实。参考模型的变动将会每月通过 Sprint 更新到全球 SAPERP 系统中。在 UBK-RM 中，每个业务部门都作为完全独立的"企业"进行构建，业务部门基于统一的数据、流程和报告在集成的系统中工作，流程的构架同样按照统一的量化和价值流动原则。在 SAP ERP Controlling 中建立的管理控制流程（间接成本、产品成本、运营成果计划和管理控制）具有为运营系统内部操控职能生成集中指标的功能，例如在经营成果核算中的业务部门或者产品部门核算。

参考模型和其他业务部门 IT 模型的研发，适用普适定义、完全企业化的标准，例如价值导向的操控、统一经营成果结构下的成本和绩效核算以及企业基本数据的标准化（所谓集团元素），这些标准是博世集团在全球范围内对 SAP ERP 应用统一准则的结果。管理控制部门的标准有成本种类、成本岗位、绩效种类和利润中心等。这些标准将由博世集团的集团控制部门强制性规定。

在本地单位，SAP ERP，尤其是管理控制模块，提供管理控制必要的重要信息。业务和产品部门的操控必须收集本地单位的数据，并进行合适的加工处理。

为企业部门"移动解决方案"的信息收集与整合、信息汇报和分析提供了一个标准化的 IT 系统——博世管理控制信息工具（BIT），其开发基于全球目前在汽车与智能交通技术部门的单位中推广使用的 SAP Business Planning and Consolidation 应用程序。这一 IT 系统有效构建了 SAP 交易系统中的管理控制模块与博世集团 Hyperion 财务管理（HFM）中央报告系统之间的链接（参见图 5.26）。另一方面，它实现包括货币换算因素的多维有效分析和报告，并且基于每天多次变动交易系统中的实时数据，另外，它还提供了整合的功能。由于基于 Excel 界面，在由管理层和控制部门进行分析和生成自助服务时，它具备高度的用户友好程度。该系统的分析可以达到材料编号、利润中心和客户层面。

在博世集团层面月报和经济计划中合并报表和报表生成方面，为了整合报告制度，将 HFM 系统广泛运用到需要汇报的业务单位中。HFM 系统在全球集团内实现统一整合的要求，包括例如多级整合、备选组织结构描述、消除企业内部服务或者自动换算货币。

从业务部门和产品部门差异化和详细的数据获取出发，博世集团各业务单位上报的数据，自动通过 BIT 或者内部网络传输到 HFM 服务器上，并存储到那里的数据库中。所有评估以及整合报告的生成都由业务单位（也就是总部、业务部门、产品部门、各地区）基于集中存储数据进行（参见图 5.27）。

标准软件系统对博世集团层面的合并需求、报告需求和分析需求的适配，需要由管理控制部门和 IT 部门协作实现。由于应用软件对管理控制需求具有高度的灵活性和个性化，企业总部则需要根据变动构建信息需求，重点接管标准软件系统的系统维护和持续开发。在与业务部门和地区协作时，需要适配其组织结构、报告、账户计划、指标以及合并方法。允许下属业务单位可以自行在应用系统中构建针对管理控制需求的信息，这些信息仅适用于业务部门、产品部门或者感兴趣的区域，而不是向集团部门进行汇报所需的信息。

除了博世集团中支持管理控制的标准化系统，在下属部门中还有一些除 Office 应用之外

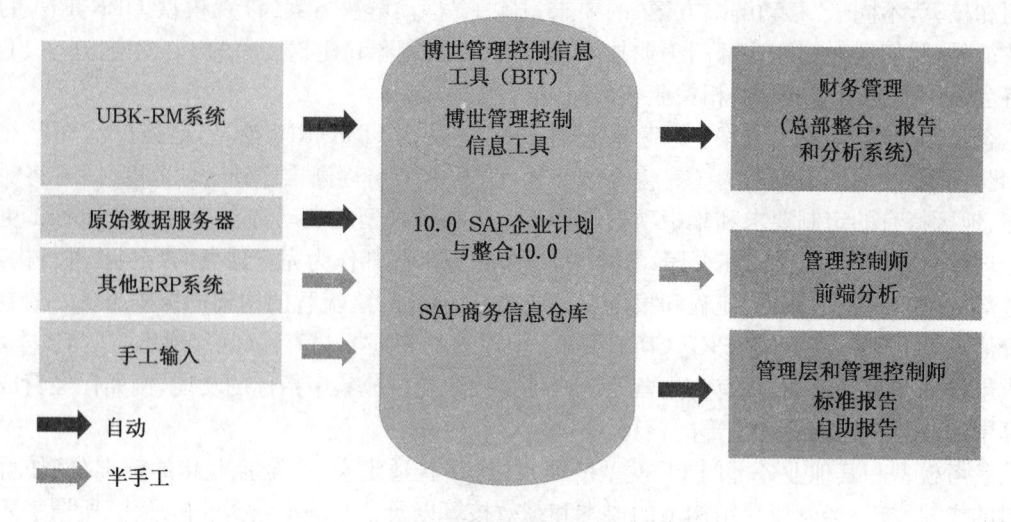

图 5.26　博世管理控制信息工具

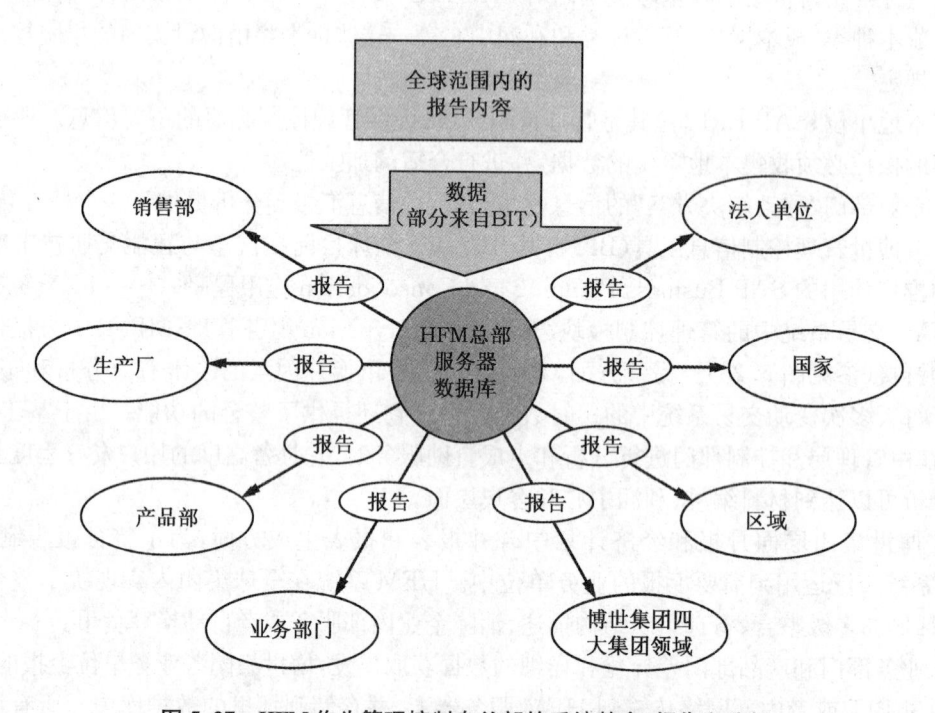

图 5.27　HFM 作为管理控制在总部的系统整合、报告和分析

不常见的其他系统，用于灵活地下载、处理和上传 SAP ERP 系统提供的数据，例如数据仓库系统(Data Warehouse System)(例如 SAP BW)，或者其他投入使用的特殊规划系统，这样可以满足多方面核算的不同需求。

总结

如今管理控制师的任务从两方面受到了信息技术应用的根本影响：
(1)信息技术描绘了一个强有力的协调潜力。IT 解决方案的研发，从支持结算相关的 IT

任务,到支持运营规划和监控职能,逐渐发展为支持战略计划部门的应用,以及现代 IT 解决方案的运用,例如 ERP 系统以及大数据解决方案。

(2)只有当有关协调问题得到解决后,信息技术的应用才会是有效的。信息系统受到的首要挑战是,如何解决 IT 管理控制任务带来的新问题。IT 管理控制为企业的战略和运营职能提供支持,这对 IT 规划和监控部门以及信息供给部门具有重要意义。

由于电子商务和互联网部门的迅猛发展,例如"工业 4.0"理念的兴起,IT 管理控制在如今的管理控制中变得更加重要。管理控制正在面临信息技术带来的一系列新挑战。

复习题

1. IT 与管理控制之间存在哪些基本关系?
2. 在对管理控制部门进行 IT 支持的领域,存在哪些重点?
3. 请从 IT 的角度出发,描述管理控制中的协调任务。
4. 在 IT 部门中,管理控制师对哪些信息供给的方面具有特殊的兴趣?
5. 如何评价 IT 的经济性?
6. 哪些方面是 IT 部门进行成本和绩效核算中的最重要问题? 现存的解决方案有哪些?
7. IT 绩效核算中需要注意哪些问题?
8. 平衡计分卡理念如何应用到 IT 部门中?
9. IT 管理控制部门在企业组织构建中处于什么位置?
10. 什么是 ERP(企业资源计划)?
11. 运用传统管理控制工具操控电子商务作业时,需要考虑哪些问题?
12. 大数据理念为管理控制带来了哪些挑战和机会?

对经理人及管理控制师的提问

1. 您如何评价您所处公司的 IT 部门?
2. 您如何看待所处公司 IT 部门存在的协调问题,哪些问题早前就必须解决掉了?
3. IT 管理控制在您所处公司中的定位?
4. 您如何看待大数据在您所处公司中的潜力?
5. 如何进一步改善 IT 对管理控制的支持?
6. 您如何看待 IT 未来五年的发展(鉴于"工业 4.0"和电子商务角度的变革)?
7. 您如何评价 IT 在您所处公司组织结构中的经济性?

延伸文献阅读

Mertens(Bd. 1, 18 Auflage, Wiesbaden 2013)以及 Mertens & Meier 的(Bd. 2, 10 Auflage, Wiesbaden,2009)的《嵌入式信息加工》给出了企业 IT 应用的很好概观。

关于大数据的题目请参考 Davebport, T.H. *Big Data-Chancen erkennen*, Risiken verstehen, München 2014。

第 6 章
管理控制的组织

所有的管理控制人员都认为自己是管理控制领域的服务提供者,他们不仅在专业上,而且在组织上均隶属于财务领域,该领域集中操控框架条件,从而实现诸如对目标设定的操控。所有的控制活动都在企业内部进行,企业是绝不会考虑外包经营性管理控制活动的。

——麦思格,保时捷股份有限公司的财务和 IT 副总裁

在本章中,我们将讨论管理控制的构架和整体组织。同时,我们也将讨论专业化管理控制的不同形式以及新的发展,如流程导向和自我控制。

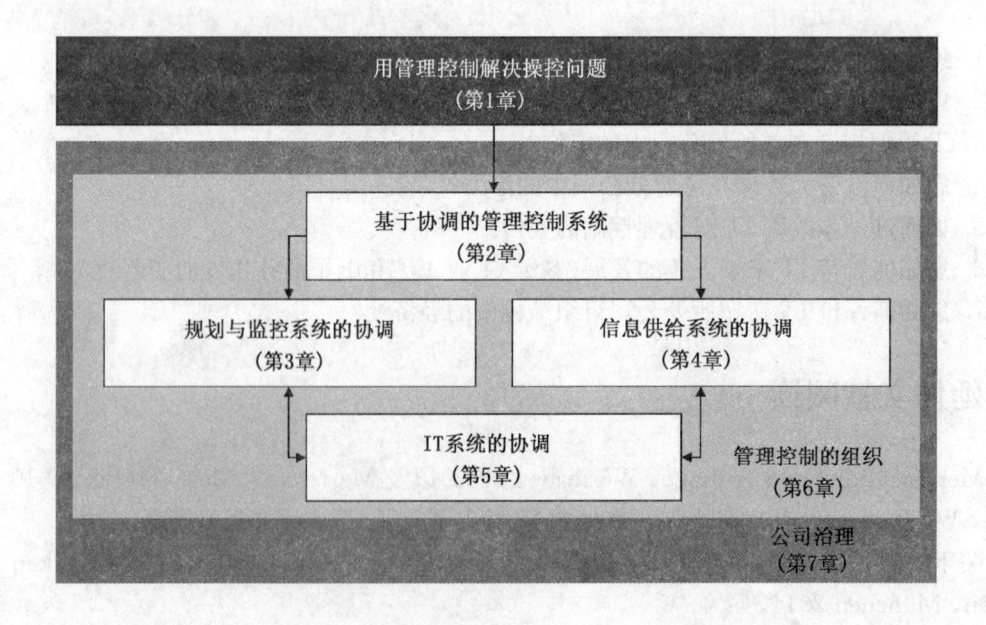

```
用管理控制解决操控问题
(第1章)
   │
   ▼
基于协调的管理控制系统
(第2章)
   │
   ├──────────────┐
   ▼              ▼
规划与监控系统的协调   信息供给系统的协调
(第3章)          (第4章)
   │              │
   └──────┬───────┘
          ▼
      IT系统的协调
      (第5章)
                      管理控制的组织
                      (第6章)

                      公司治理
                      (第7章)
```

6.1　导言和概述

在管理控制导论中,我们已经阐述有关组织的课题(参见第1章)。我们曾提出,组织中日益增加的适应和协调难题应该怎样得以解决。这个问题指引我们涉足管理控制师的任务范畴,大量的经验研究向我们展示了管理控制的理念及其发展。

在管理实践中,管理控制的多种表现形式使得很有必要对管理控制理念进行根本的、任务导向的思考。首先我们观察的不是管理控制师,而是管理控制功能,其中重要的是,将管理控制的功能和管理控制组织区分开来。

我们已经逐一谈及并论述与专门、具体的管理控制相关的组织问题,接下来我们将探究与管理控制整体组织有关的问题。

在美国的管理实务文献中,人们首先讨论了以下问题,其中组织机构的问题最为重要(Willson & Colford,1990,第35页):(1)应在哪些方面以及以怎样的形式,将管理控制职能整合到企业组织中?(2)哪些任务领域应归属于企业的管理控制部门?(3)人们对管理控制师提出了哪些要求?(4)人们应该如何实现管理控制的理念?

值得注意的是,大多数出版物均对这些问题表现出一定的不知所措:人们有一个特定的、受个人经历影响的、理想的管理控制师形象(参见图6.1),但是他们在实际中不得不多次确定,在管理实践中存在不符合此形象的管理控制师。人们大多认为,管理控制师组织与其所处环境相关。

常见的差异存在于:(1)中型企业和大企业的管理控制(参见图6.2和图6.3);(2)管理控制师的代别(参见图6.4);(3)管理控制组织的导向类型(Cohen & Robbins,1966,第12页,例如分为四种类型的财务领导组织:现金导向、管理控制师导向、依托管理控制师和现金管理师、集成组织)。

在以往的管理实践中,值得注意的是,在管理控制组织中,主要组织机构导向的"暗箱思维"占据着主导位置。管理控制的组织流程并没有被系统化,就更不用谈管理控制进程了。

通过一个三阶段的漏斗模型,我们可以描述管理控制组织的构架,该模型与多层漏斗模型具有可比性(参见图6.5)。首先,只有特定的组织理论理念才能用作组织构架理念(组织设计);其次,作为组织架构的结果,企业具体的组织是组织架构的特定组成部分,最后呈现的是充分适合企业整体组织的管理控制师领域组织(Horváth,2007,第55页)。

现今,企业受到特定的挑战,要求企业能够找出组织方面的解决方案。这些挑战不仅在任务设置,同时还在组织方面(流程和结构)影响着企业的管理控制。如下是一些重要组织理念(参见表6.1)。

我们非常有必要区别性地通过经验研究去探究管理控制组织的影响因素和挑战,以便提出可使用的组织架构建议。

因此,在接下来的两章中,我们探讨在管理控制组织架构领域存在哪些可用的认知。同时,我们也会注意到管理控制领域的组织流程和IGC管理控制流程模型。此外,自6.4节开始,本章将介绍管理控制组织的各种形式,此处我们主要关注集团管理控制和专门化管理控制的不同形式。最后,为了更为全面地介绍管理控制组织,本章还介绍有关管理控制师个人的理论和经验的认知,并对管理控制系统和管理控制师领域的引入和进一步发展进行思考。与其他章节一样,本章也是以多个实例来结束。

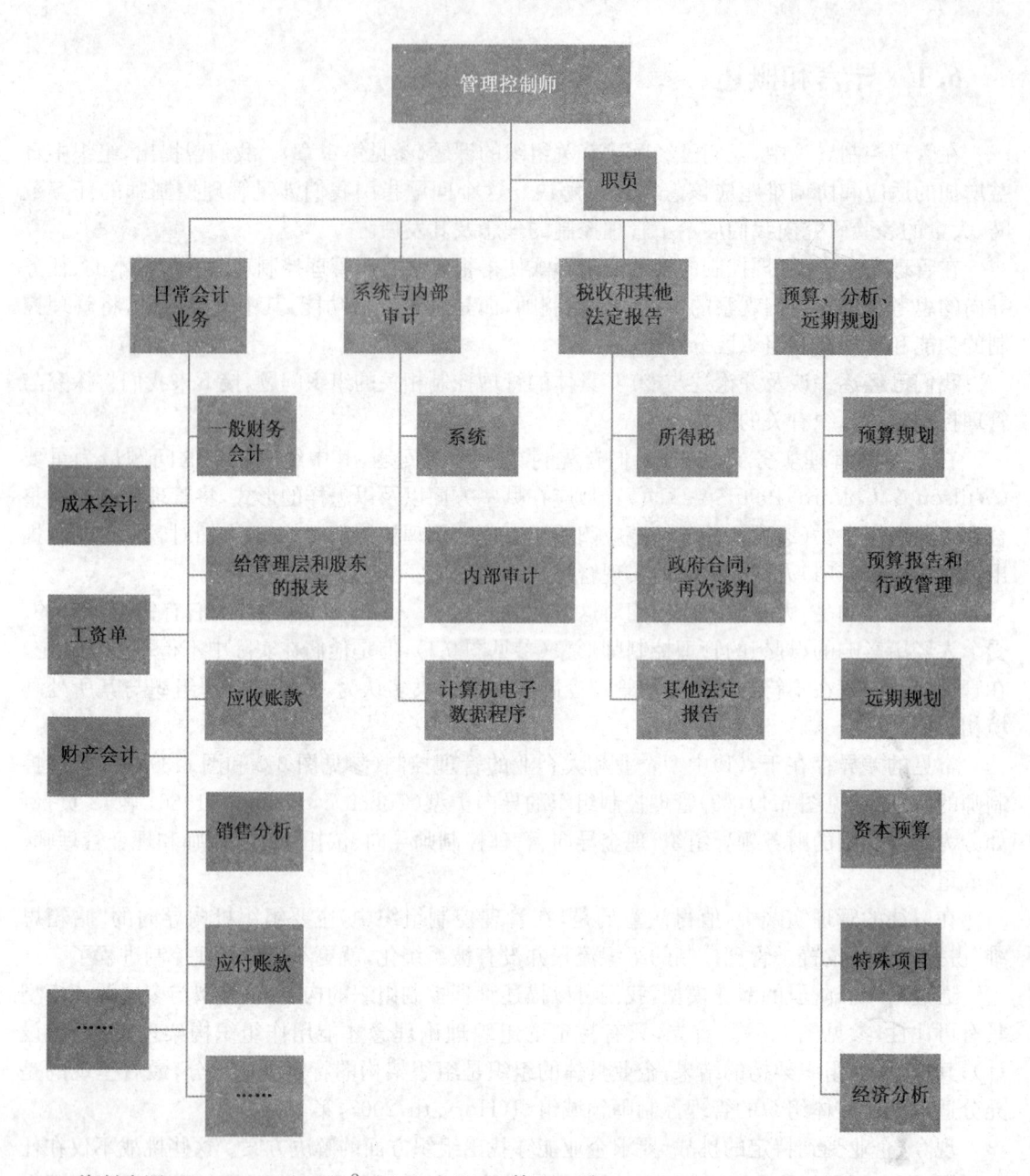

资料来源：Anderson, Schmidt & McCosh(1973，第 120 页)。

图 6.1 "理想的"管理控制部门

6.2 管理控制组织的环境因素

在探讨环境因素对于管理控制组织的影响时，遗憾的是目前的经验研究只得出了有限结论，因为它们通常不把管理控制任务的产生和组织定位与特定影响因素联系在一起。这在以往的研究中很常见。

已有一些实践导向管理控制德语文献直接指出：环境对管理控制有重大影响。然而，由于

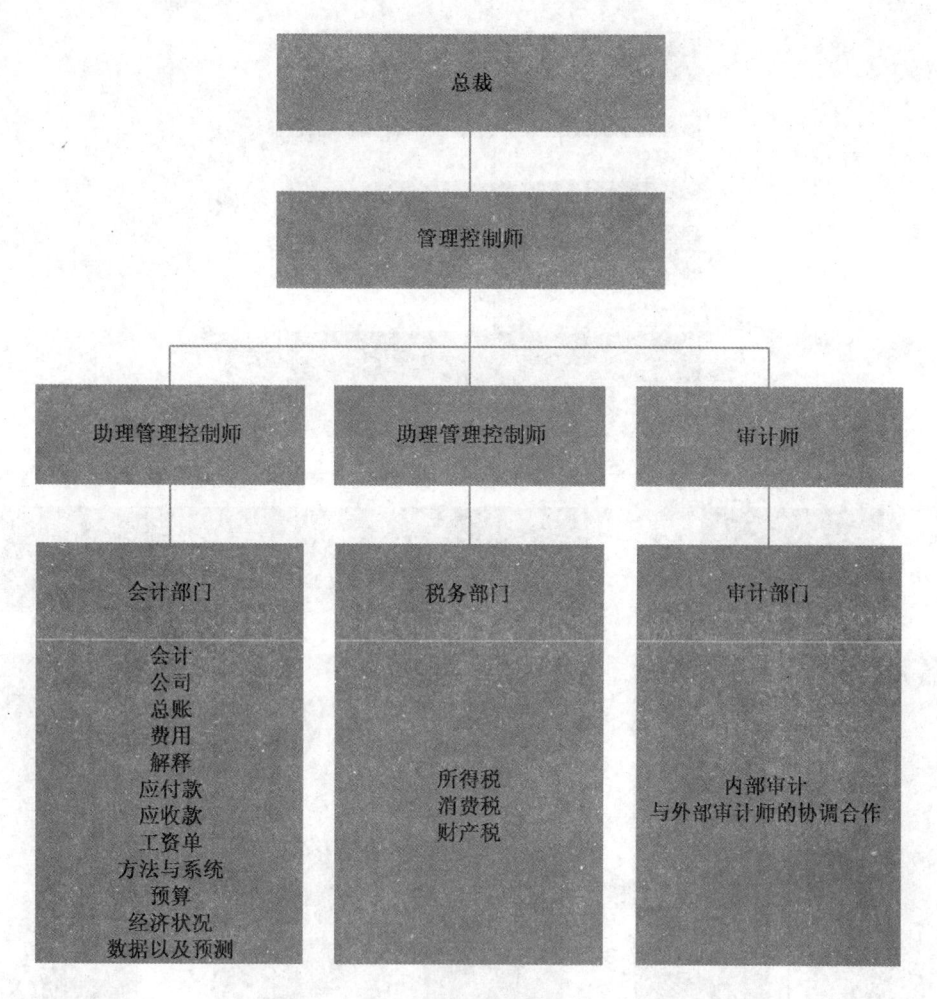

图 6.2 "中型"企业中的管理控制组织

表 6.1　　　　　　　　　　　管理控制的组织挑战

组织方面的挑战	组织方面的解决方案	管理控制的组织构架
与目标的竞争	流程组织	流程导向的管理控制
跨企业的分工	跨企业的价值创造流程 企业关系网	跨企业的管理控制
降低成本的必要性	共享服务 外包 离岸外包	作为共享服务的管理控制 外部管理控制 离岸境外管理控制
投机行为	公司治理	合规管理控制
增加的风险	风险管理	风险管理控制
较高的复杂性与间断性	自我组织	自我管理控制

缺乏直接的经验研究，我们只能认为它们是假设性质的。曼(1973，第167页)认为，管理控制由四个因素决定：

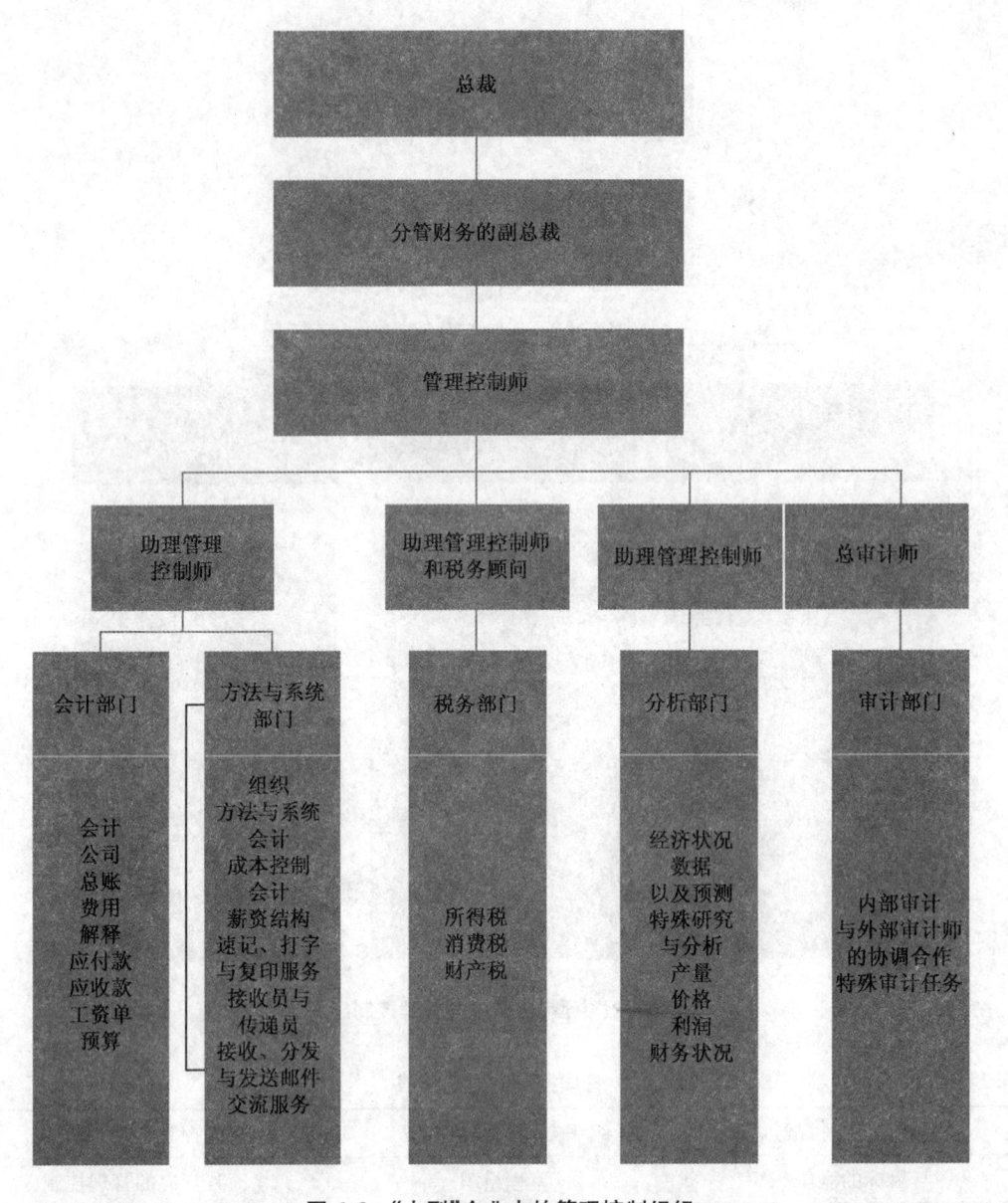

```
                        ┌─────────────┐
                        │    总裁      │
                        └──────┬──────┘
                               │
                    ┌──────────┴──────────┐
                    │   分管财务的副总裁    │
                    └──────────┬──────────┘
                               │
                        ┌──────┴──────┐
                        │  管理控制师   │
                        └──────┬──────┘
                               │
        ┌──────────────┬───────┴───────┬──────────────┐
    助理管理          助理管理控制师      助理管理控制师     总审计师
    控制师            和税务顾问
```

图 6.3 "大型"企业中的管理控制组织

会计部门栏目：会计 公司总账 费用解释 应付款 应收款 工资单 预算

方法与系统部门：组织 方法与系统 会计 成本控制 会计 薪资结构 速记、打字与复印服务 接收员与传递员 接收、分发与发送邮件 交流服务

税务部门：所得税 消费税 财产税

分析部门：经济状况 数据以及预测 特殊研究与分析 产量 价格 利润 财务状况

审计部门：内部审计 与外部审计师的协调合作 特殊审计任务

（1）随着待解决问题数量和创新需求的增加，将管理控制师置于企业较高等级的必要性也在增加。在引入管理控制工具时，组织的转变越大，管理控制师必要的组织权威也就更高。

（2）企业的规模也是一个重要的影响因素。一般而言，企业规模的增大会导致待解决的问题增加和强化部门分工的复杂性，管理控制的架构同样也由分工决定。在小企业，人们不会为管理控制师设置一个特别的职位，企业所有者自己承担管理控制的任务。而大企业管理控制领域包括很多部门。

（3）待解决问题的复杂性与企业规模以及企业创新需求直接相关，企业的复杂程度同样也是判定管理控制师必要职位等级的一个标准。

（4）现有的"纲要"（企业基本原则）是影响管理控制职能具体组织构架的重要因素。由于

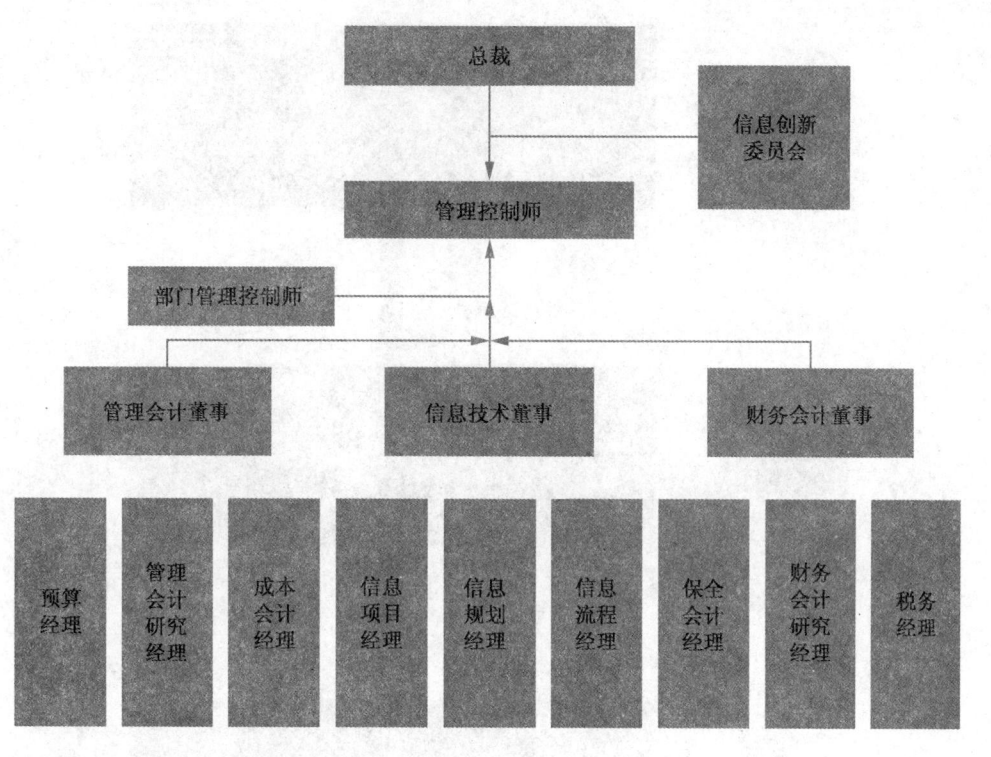

资料来源：Porter(1969 第 42 页)。

图 6.4 "第三代"管理控制组织

管理控制师的任务体现了领导功能的一部分，它依赖于在管理实际中领导原则的具体运用。

贝克尔、麦肯图恩和米勒(Becker, Mackenthun & Müller, 1978, 第 71 页)提及了以下影响因素：

(1)外部影响因素：销售市场、供给市场、劳务市场、资金和资本市场、技术、外部经济、政治和社会环境和经济结构。

(2)内部影响因素：生产能力项目、生产技术和企业规模。

作者(第 73 页)很诚实地承认："影响因素的选择是任意的。"他并未指明这些因素对管理控制组织的具体影响。

在曾德(1979)著名的分类中，他同样提出了管理控制师任务由环境决定的假设：

(1)在静止的环境中，管理控制师以会计为导向，作为簿记员发挥作用。

(2)在有限动态的环境中，管理控制师通过提供规划与监控的帮助，承担着"领航者"的任务。

(3)在高度动态的环境中，管理控制师作为"创新者"，在问题解决过程中发挥作用。

劳伦斯和洛尔施(1967)的研究解释了上述假设的观点：随着企业环境动态性和异质性的加剧，借助专门的协调机构来解决出现协调问题的必要性也随之增加。

最近的文献总是尝试通过经验研究证实管理控制组织的影响指标，该影响程度以及管理控制师岗位设置与企业规模的关系最早、最清楚地被证实：随着企业规模的增大，专职管理控制师职位的规模也随之增大(参见表 6.2)。

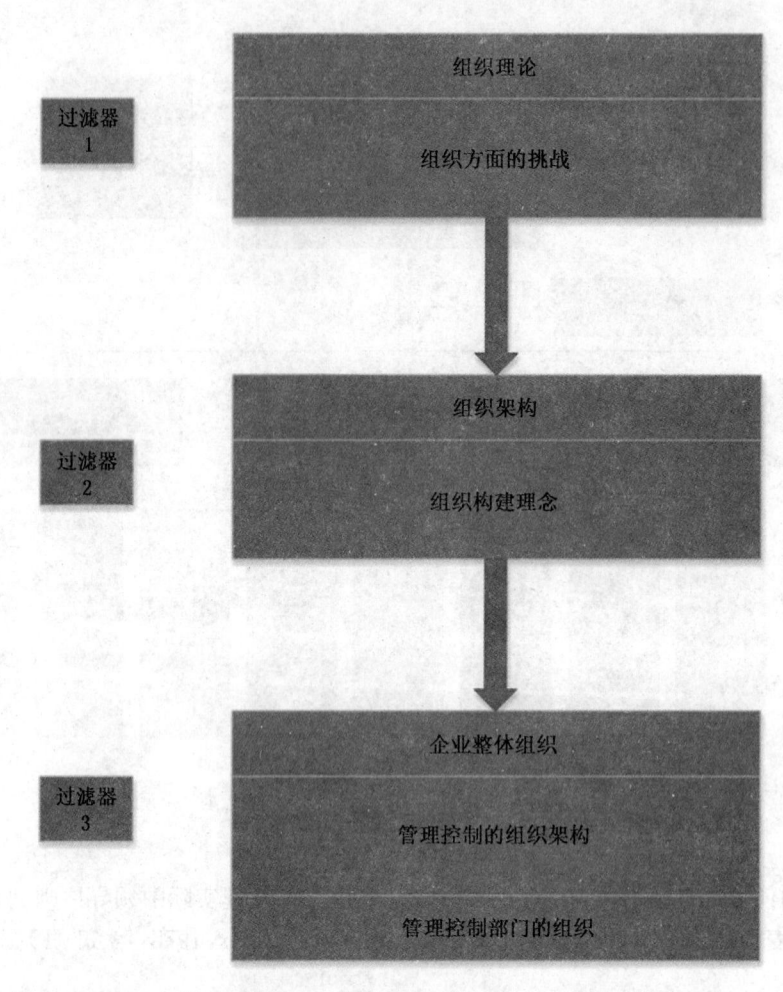

```
                    ┌──────────────┐
                    │   组织理论    │
         ┌─────┐    ├──────────────┤
         │过滤器│    │ 组织方面的挑战 │
         │  1  │    │              │
         └─────┘    └──────┬───────┘
                           │
                           ▼
                    ┌──────────────┐
                    │   组织架构    │
         ┌─────┐    ├──────────────┤
         │过滤器│    │ 组织构建理念  │
         │  2  │    │              │
         └─────┘    └──────┬───────┘
                           │
                           ▼
                    ┌──────────────┐
                    │  企业整体组织 │
         ┌─────┐    ├──────────────┤
         │过滤器│    │管理控制的组织架构│
         │  3  │    ├──────────────┤
         └─────┘    │管理控制部门的组织│
                    └──────────────┘
```

资料来源：Horváth(2007,第 68 页)。

图 6.5　管理控制部门组织架构的三漏斗模型

表 6.2　　　　　　　　　　管理控制师职位与企业规模的关联

员工数量	企业数量	设置管理控制师职位的企业
199	99	53(53.5%)
200～499	88	64(72.7%)
500～999	35	31(88.6%)
1 000～4 999	43	36(83.7%)
5 000～10 000	12	11(91.7%)
10 000～50 000	17	16(94.1%)
50 000 以上	6	6(100.0%)
所有种类	300	217(72.3%)

资料来源：Küpper 等(2013,第 668 页)。

作为借助经验研究得以证实的影响因素,企业规模可以通过巨大的系统差异得以解释。而且,相对于小企业而言,环境的异质性通常在大企业中有着更大的影响。关于进一步的影响因素,我们提请大家参阅萨特(1978,1982)做过的研究。

如上文介绍,萨特已经确定,在大型事业部制企业中,对管理控制师的决策参与作用有着最大影响的不是环境和企业的特点,而是管理层的相关期望和要求。

总体而言,本经验研究结果往往不适合就设计方案提供可靠的建议。"摸着石头过河"和标杆仍然是管理实践中管理控制组织构建的系统方法,即对组织构架目标导向性的评估"只能通过衡量它的积极和消极方面"得以实现(Küpper et al.,2013,第670页)。

对特定环境因素的观测并不能回答具体的组织设计问题,在这里,我们需要探索各种具体的解决方案。我们把管理控制组织的问题看作管理实践的系统设计问题。在情境理念方面,考虑管理控制结构的目标、工具和环境因素。

在描述和分析管理控制整体组织时,我们选择了希尔(Hill)、费尔鲍姆(Fehlbaum)和乌里奇(Ulrich)的理念,该理念也使我们能够在此重现所有重要的管理控制组织维度,当然也有很多其他可以使用的理念,如明茨伯格(1979)、基泽和沃根巴赫(Kieser & Walgenbach,2010)等。这种理念构建了一种具有组织工具目标作用的情境模型,该模型来源于组织构架的一个规则。这个规则最初是一种工作假说,因此在很多情况下需要经验研究支撑。

以下是组织构架的假设标准(Hill,Fehlbaum & Ulrich,1989,第141页):(1)在给定的条件下(生产效率Ⅰ)和变化的条件下(生产效率Ⅱ),在系统进程生产效率意义上"工具"的合理性;(2)在满足系统用户需求(安全和独立)意义上"社会情感"的合理性。

生产效率Ⅰ等同于效率("正确地做事"),而生产效率Ⅱ等同有效果这个概念("做正确的事")。按理说,在一个相对稳定的环境中,安全性具有很高的价值;在充满变化的环境中,员工的自主性更重要。

在组织系统构建方面,可使用的工具有特别意义,下面介绍这些工具及其表现形式(Hill,Fehlbaum & Ulrich,1989,第170页):(1)集权/分权:鉴于特定等级层面任务的属性,对子任务的整合以及分离。(2)功能化:任务和权限分配方面的专业化。(3)委托:职责向其从属机构的纵向分配。(4)参与:员工参与更高层次的决策。(5)标准化:事先设定具体的问题解决流程和工作序列。(6)工作分离(分工):规范化运作流程的具体分配。

此外,人们也应该确定,管理控制的组织流程以及管理层和管理控制之间的任务分配,它们对于组织架构目标的影响与环境有关,人们将环境因素概括为组织的条件背景(参见图6.6),其中包括两种不同的极端理想情形(情形A和情形B),而真正的情形常常介于这两者之间。对于选定组织工具的影响程度与各自情形有关,对上述两种环境理想情形的归类产生了两种理想的组织类型(参见图6.7)。

人们通常假设,正如我们之前已在概论中强调和证明过,在管理实践中,环境条件总是趋向于"组织B":(1)由于较低的常规化可能性,富于变化的环境特别强调"生产效率Ⅱ"。(2)在很大程度上,这代表着具有较高问题解决潜力的系统成员,他们要求自主性。

因此,该组织日益通过以下特征识别:(1)高分权程度(例如,经常根据事业部和地区进行的划分);(2)高功能化程度(例如,更为复杂的任务组合);(3)高委托程度(例如,在不同类型能力的分级中,增加的参与能力比例);(4)高参与程度(例如,参与型领导风格以及自治工作组的增加);(5)较低的标准化程度(例如,呆板任务程序形式的减少);(6)较低的劳动分化程度(例如,工作丰富化、工作扩大化)。

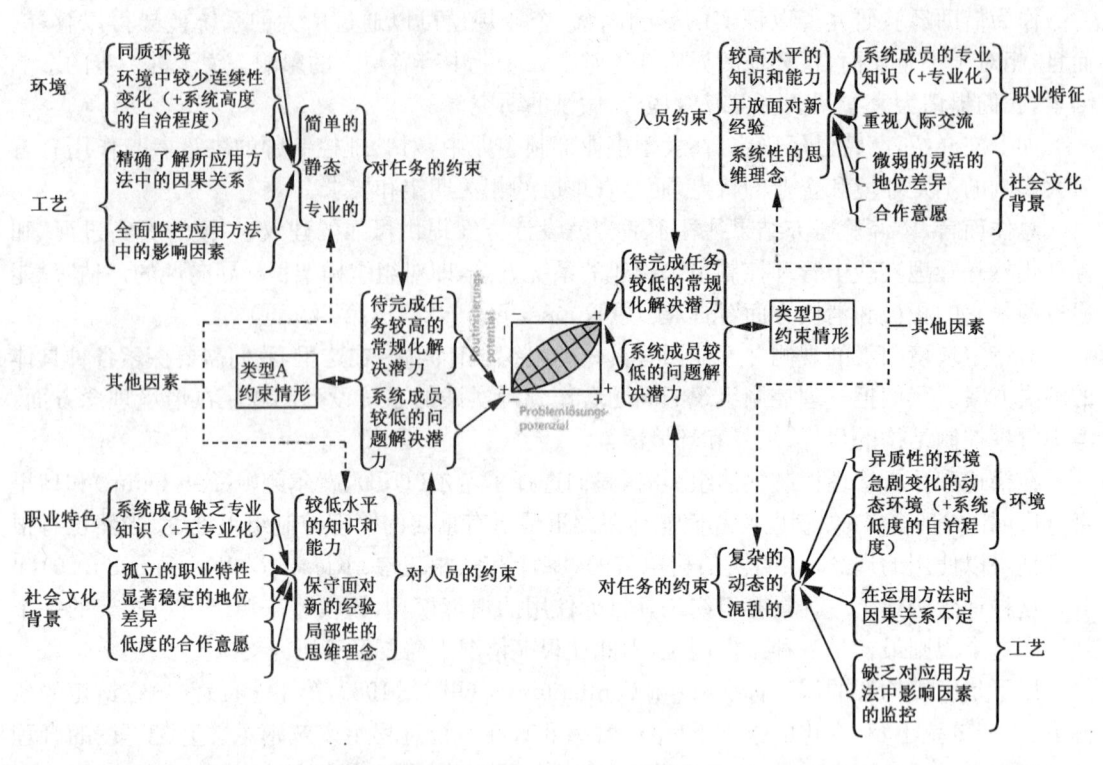

资料来源：Hill, Fehlbaum & Ulrich(1989, 第367页)。

图6.6 组织的条件背景

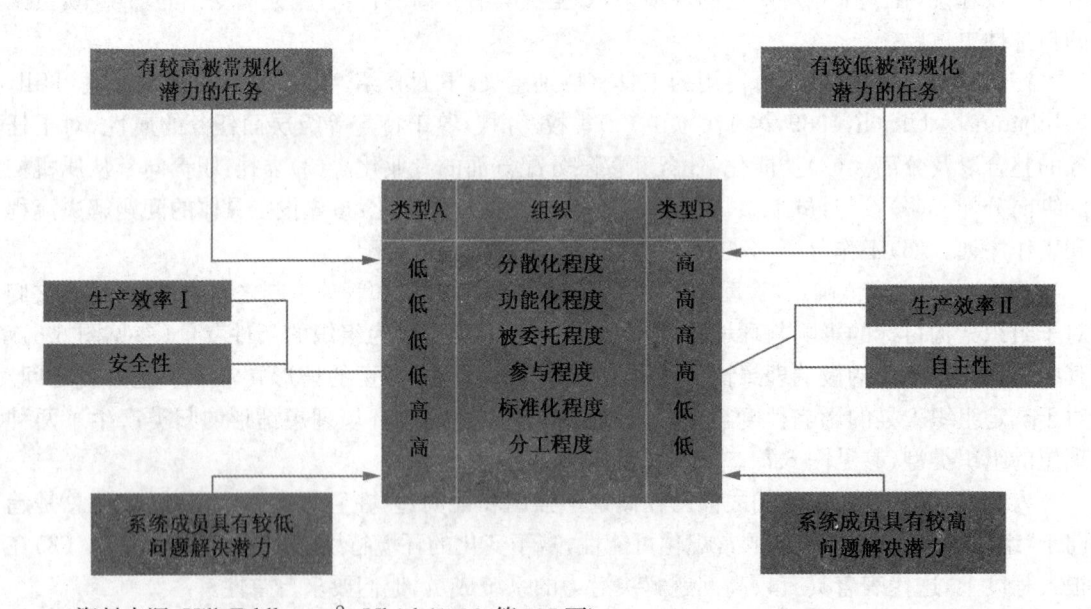

资料来源：Hill, Fehlbaum & Ulrich(1992, 第397页)。

图6.7 组织的理想类型

希尔、费尔鲍姆和乌里奇的理念以组织机构为中心，它要通过程序观念得以补充。因此，在管理实践中，企业需要考虑如下发展：现今以流程为重心而非以组织机构为重心。很多公司

甚至产生了极端的流程导向。图 6.8 显示了目前的趋势概况(Bleicher,2004)

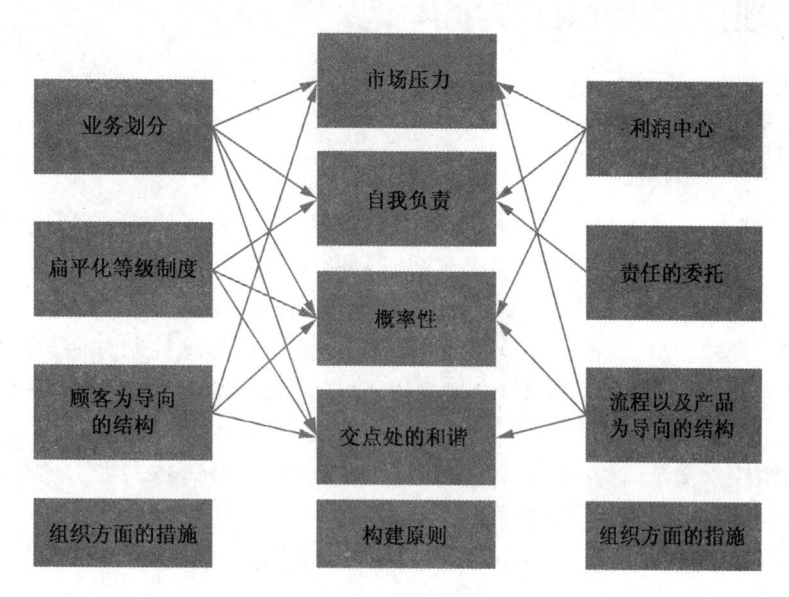

资料来源：Frese & Werder(1994，第 13 页)。

图 6.8　组织构架的趋势

普遍确定趋于类型 B 的趋势以及相应的组织结构也表明了上述表现特征,同时,它们也阐释了,在管理实践中观测到的管理控制任务以及"管理控制师类型"的转变。在特定环境下,规划、监控以及信息供给的协作变得更加全面与复杂。B 类型组织的趋势同样也适用于管理控制组织,现有经验研究结果(特别参见第 1 章)大致说明了管理控制组织相应的发展：(1)协调岗位或者部门在小企业也更为常见；(2)任务重心由通过会计系统的信息供给转变到全面的规划与监控协调；(3)管理控制师与领导层更好地融合；(4)管理控制职能经历了组织差异化；(5)总的来说,在管理控制以及组织的其他领域,流程方面受到重视。

接下来,我们将讨论管理控制整体组织中最重要的方面。由于现有的组织环境方面经验研究十分有限,我们的阐释也具有假设性。

我们将分析上述希尔、费尔鲍姆和乌里奇定义的表现特征。

我们的问题是：(1)管理控制的任务将以何种程度和任务特点在组织中进行分配(分权化程度)？(2)在组织领导结构中,管理控制师有怎样的任务和专业能力(功能化程度)？存在哪些对管理控制任务进行委托的可能性(委托程度)？(3)在管理控制任务方面,存在何种形式的专长能力分配(参与程度)？(4)管理控制师任务在何种程度上能够事先一般化(标准化程度)？(5)在管理控制任务分工方面,有哪些可能性与形式(工作分配程度)？(6)管理控制流程是怎样构建的(管理控制的流程导向)？(7)何种程度上的管理控制任务是由管理层自己执行的(自我管理控制)？

在回答上述问题时,结合已有的由环境决定的组织结构,我们来考察管理控制组织(此处已多次指明)。由于管理控制具有领导功能,因此管理控制组织与领导组织密切相关。我们将重点阐述组织架构方面的问题。

6.3 管理控制组织构架的变体

6.3.1 组织机构

6.3.1.1 集权与分权

我们将管理控制定义为领导的子系统,它负责规划、监控和信息供给三方面的收益导向协调,它涉及领导系统自身协调问题的解决方案,以便它能够履行其相关的运营子系统协调任务。对于领导系统,制度化的管理控制还承担着服务功能。

我们必须结合领导组织看待服务功能的集权与分权。在管理控制方面,有多种常见领导任务的基本分类形式。在进行评价时,会考虑以下几点:领导的能力负荷、决策质量以及协调必要性。

美国经典组织学文献认为(Newman,1963;Koontz & O'Donnel,1976,参见图 6.9),服务功能的组织性融合具有特定的发展阶段:

(A)组织不含有服务部门,每个运营单元自己完成辅助活动。

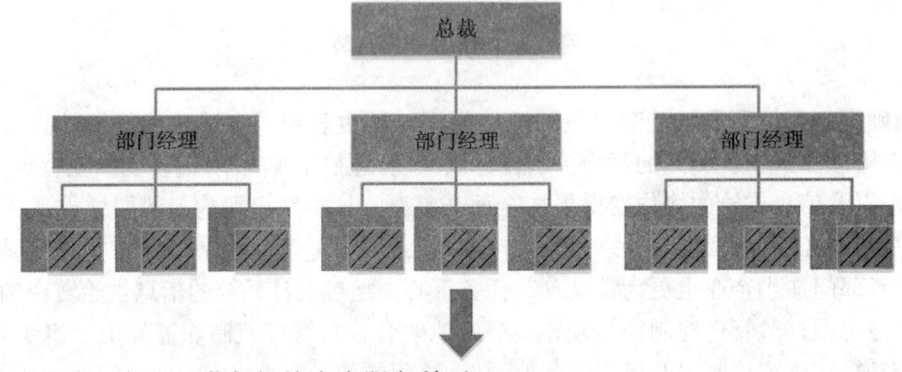

(B)组织中的每个运营部门均含有服务单元。

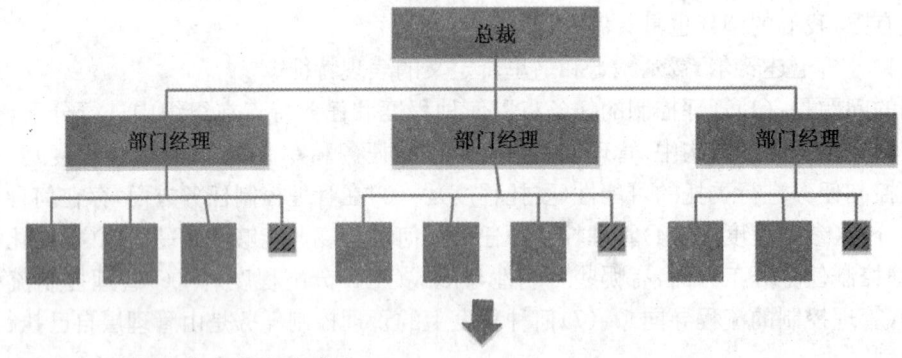

(C)组织含有单独分离的服务部门。

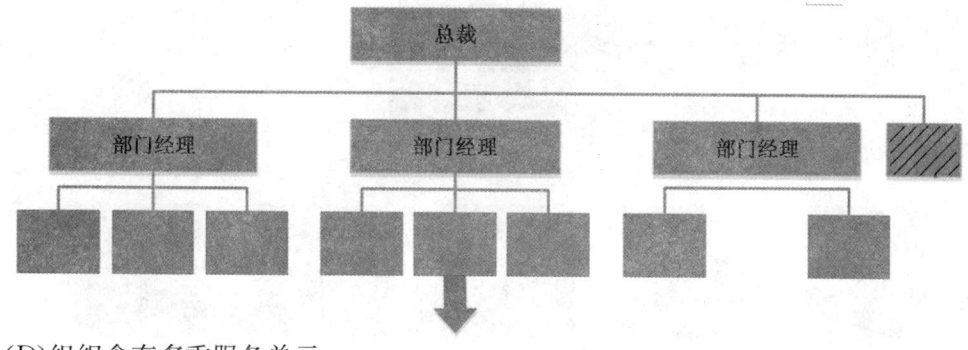

(D)组织含有多重服务单元。

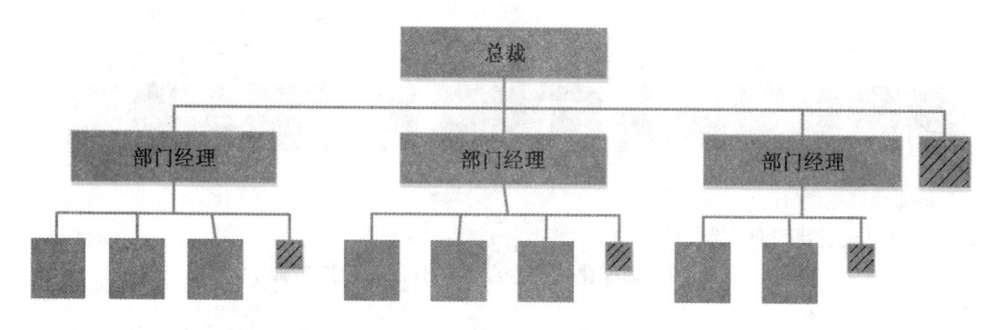

资料来源:Newman(1963,第170页);Koontz & O'Donnell,1976)。

图6.9 领导组织中服务任务的发展阶段

基本上我们可以认为,随着领导任务分权程度的提高,能力负荷减轻以及专业化的益处将会导致服务功能的自主化和集权。事实证明,自领导功能的一定分权程度起,服务功能同时显示出了带有中心协调领导的分权趋势。

这种趋势同样也是管理控制职能的典型特征。在小企业中,企业所有者自己承担管理控制任务或者甚至将其外包给外部顾问。如前所述,只有在企业规模达到一定程度时,才会有独立的管理控制师(Curtis,1962)。在大企业中,随着领导的分权,管理控制职能也经历着分权的过程。

大企业决策高度分权导致了相应管理控制的分权,以下是上述现象的三种重要原因(ZVEI,1993,第88页):(1)只有当领导层自己制订计划时,才能期待他们对该计划产生义务。(2)只有对业务了如指掌的领导层,才能够制订出既具有现实意义又有挑战性的计划。(3)只有处于业务中的管理层,才能结合实际及时地追踪计划的执行情况。

管理控制组织分权的标准和领导组织相关,因此就产生了三种分权的管理控制师类型:功能管理控制师(参见图6.10)、分部管理控制师(参见图6.11)和地区管理控制师。

"我们已将管理控制的组织构架(……)高度分权,我们需要的是专业运营管理控制师团队,他们和每个公司的管理层有着紧密合作。"
——冈纳·威登费尔斯(Gunnar Wiedenfels)博士,ProSiebenSat1传媒股份有限公司集团首席管理控制师(Wiedenfels & Möller,2013,第706页)

以下两个结构问题与管理控制的集权和分权相关(Hahn & Hungenberg,2001,第923

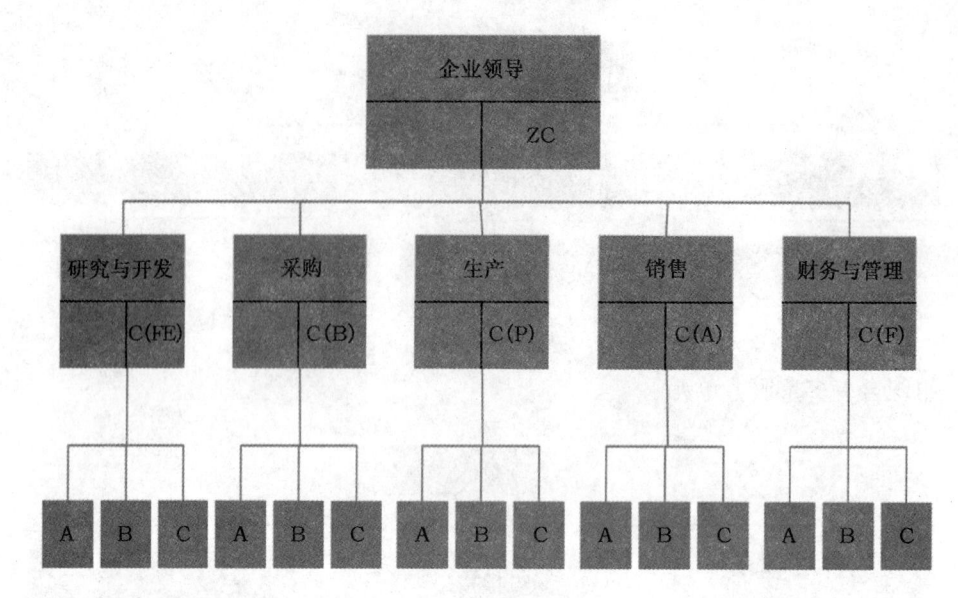

ZC：总部管理控制
C( )：各功能分部管理控制

图6.10 功能化结构企业中的分部管理控制师

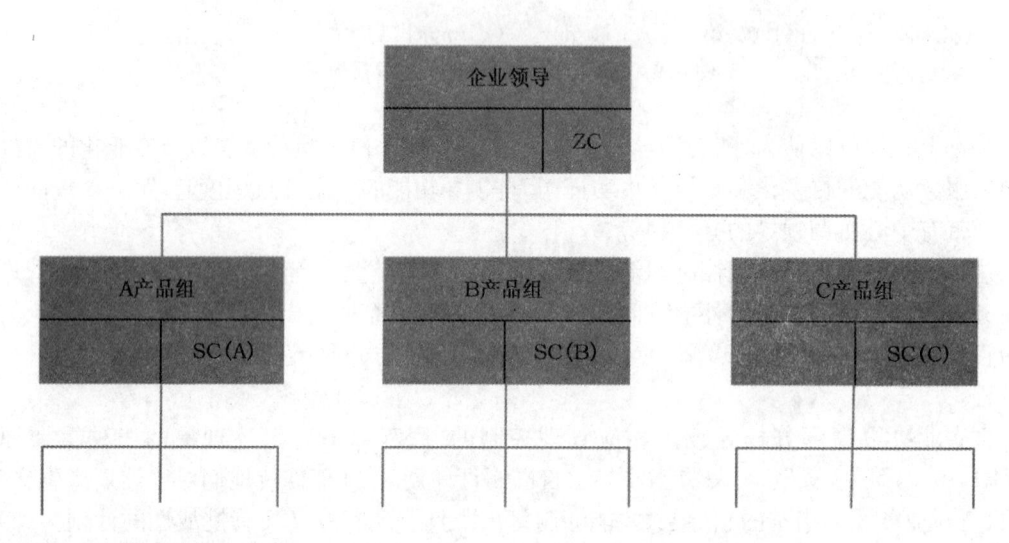

ZC：总部管理控制
SC：各领域分部管理控制
资料来源：ZVEI(1993，第88页)。

图6.11 事业部结构企业中的分部管理控制师

页)：(1)总部管理控制师职位被归为何种领导层？(2)在何种分类方式下，分部管理控制师预期可成为总部管理控制师？

在公司等级制度下，在进行关于总部管理控制师岗位和部门排位讨论时，给出两种建议：管理控制师属于第一阶领导层；管理控制师属于第二阶领导层。

在管理实践中，上述两种建议均可以找到例子和理由。早在1968年，霍夫曼(Hoffmann

就建议管理控制师应处于企业管理层。他认为,管理控制师是一个中立的管理机构,他们着重关注企业整体经营成果,这有异于职能、分部和区域为导向的其他主管部门。

而曼(1973)提出不同的建议:在正常情况下,管理控制师应处于第二阶领导层。这种建议的理由是,管理控制师有必要和管理层保持"一定的距离"。

图 6.12 说明了(总部)管理控制在企业等级制度中的两种排位。引人注目的是,在管理实践中,管理控制与"财务领域"有着紧密的组织关系。在中小企业中,管理控制师常常是管理层的成员,从人事角度来说,他还负责其他任务(如采购和管理控制等)。

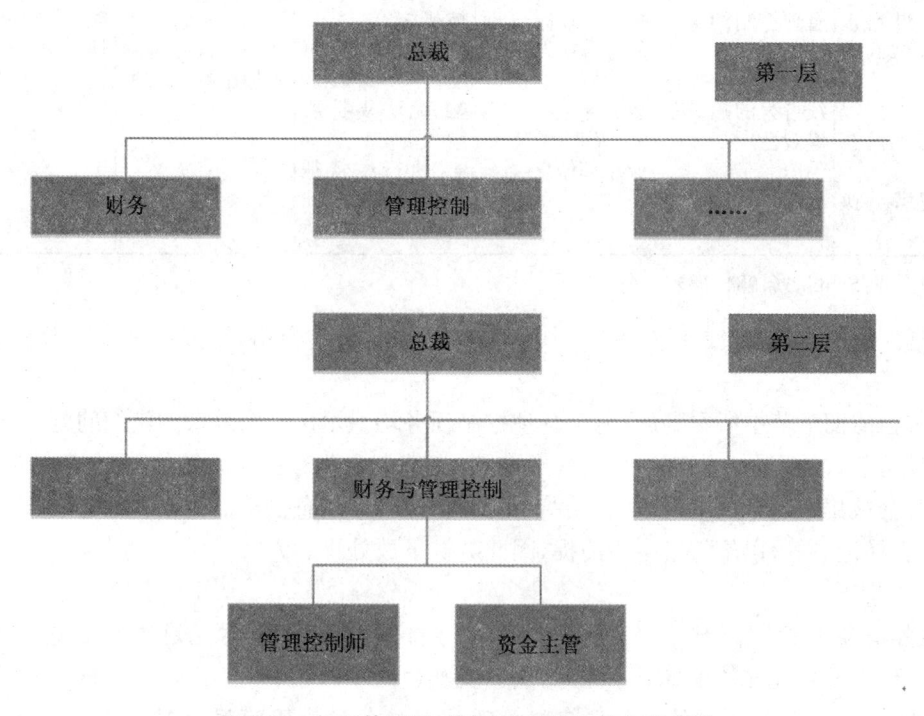

图 6.12　领导等级下(总部)管理控制的典型分类

我们认为,管理控制任务的发展阶段决定了管理控制的排位。如果总部管理控制师致力于企业内的协调工作,那么其最适宜被归类于第一级管理层。这种观点可以一般化地概括为:管理控制师在组织中的地位使其有可能完成任务。

现在讨论第二个问题:总部与分部管理控制师之间的组织关系是如何构建的?

对此人们有两种重要的观点。一方面,必须将重心放在企业整体的业绩目标上,这有利于分部管理控制遵循总部管理控制的指示;另一方面,分部管理控制师又必须与各自的单位紧密协作,只有这样他们才能被各自单位接纳并获取信息。在等级制度下将其归类于分部单位是合适的。

由于这两种极端的解决方案均有明显的缺点,因此在管理实践中,人们大多选择一个折中方案。该方案产生于专业线和决策线从属关系的分离,专业方面的从属包括方法论和接受任务(如报告的准则)。执行线的从属包括由劳务合同产生的规章(如对工作时间的规定,薪金的确定等)。分部管理控制师的双重联系表明,在执行线他们是特定领域的领导,在专业方面(虚线)又隶属于总部管理控制师(相反的关系也是可想象的)。分部管理控制师的双重隶属关系必然会导致冲突,表 6.3 概括了上述解决方案的优缺点。

371

表 6.3　　　　　　　　　　　　分权管理控制各种结构的优缺点

置于执行线领导下		置于总部管理控制师下		"虚线原则"	
积极方面	消极方面	积极方面	消极方面	积极方面	消极方面
● 与执行线领导良好和充满信任的合作 ● 执行线内高度的接受度 ● 容易得到正式和非正式的信息 ● 支持执行线领导决策的可能性 ● 高度满足执行线需求	● 忽视管理控制整体理念 ● 加强部门主义 ● 忽视对总部管理控制的报告编制 ● 缺乏与执行线行为的距离及客观性	● 管理控制理念的统一贯彻执行 ● 参与决策制定时的平等地位 ● 强调各方面的综合协调视角 ● 独立于执行线领导 ● 及时传递企业总部信息	● 专业管理控制师＝总部间谍 ● 执行线信息被封锁 ● 管理控制师被孤立 ● 较低的认可度 ● 无法支持决策 ● 执行线特征未受到重视	● 两种极端方案的折中 ● 结合了执行线需求与管理控制必要性 ● 灵活地对专业的管理控制师施加影响	● 双重职位设置导致持久的冲突 ● 既不被执行线认可，又不被总部管理控制师认可 ● 不能保证客观性与中立性

资料来源：Schüller(1984,第 210 页)。

管理控制的这种"虚线"结构在大型机构(如跨国集团)中会相当复杂(图 6.13 显示了一个例子)。

正如在前面章节中所看到的，每个管理控制任务均显示出一个复杂的组织问题，同时也给出了集权与分权的问题。以下可作为一般准则：与整个企业有关的系统构建(创新)协调子任务一般都会被集中起来处理(如信息供给系统的构建)，而信息供给的流程子任务(如市场信息的收集、产品记录等)以事件发生为前提，因此会被下放处理。

"在管理实践中，在处理一些重要任务时，如企业操控、企业整体规划和操控流程、集团中的功能责任以及直接支持董事会事务等，我们实施的是集权的、小规模的企业管理控制理念。除此之外，在各个子集团和服务单位存在管理控制单位。集团管理控制领导一个专业委员会——管理控制协调委员会(CC)。该委员会从专业上将这些单位联系在一起。"
——沃纳·鲍曼(Werner Baumann)，拜耳公司副总裁(Baumann & Möller,2013,第 642 页)

6.3.1.2　功能化

功能化是指组织中按照功能和专业能力分类的形式(Hill,Fehlbaum & Ulrich,1989,第 191 页)。

功能上，我们将管理控制定位为领导功能，这种观点是符合现实的。我们总是可以确定，在小企业中，企业领导同时也是管理控制师。正如我们已经看到的那样，随着企业的发展以及由此增加的管理控制复杂程度，机构化的管理控制也随之产生。

我们已经看到，在功能导向的背景下，哪些子任务包括了业绩导向的、协调信息供给规划与监控的工作。由此产生了两个关于管理控制功能化的问题：(1)管理控制师应具备哪些专业能力？特别地，管理控制师与经理之间的合作关系应怎么构建？(2)管理控制领域的内部结构是怎样的？特别地，人们给管理控制部门划分了哪些任务范围？

在早期的管理控制文献中，人们仅在职能部门和执行线关系的视角下对第一个问题进行了讨论。

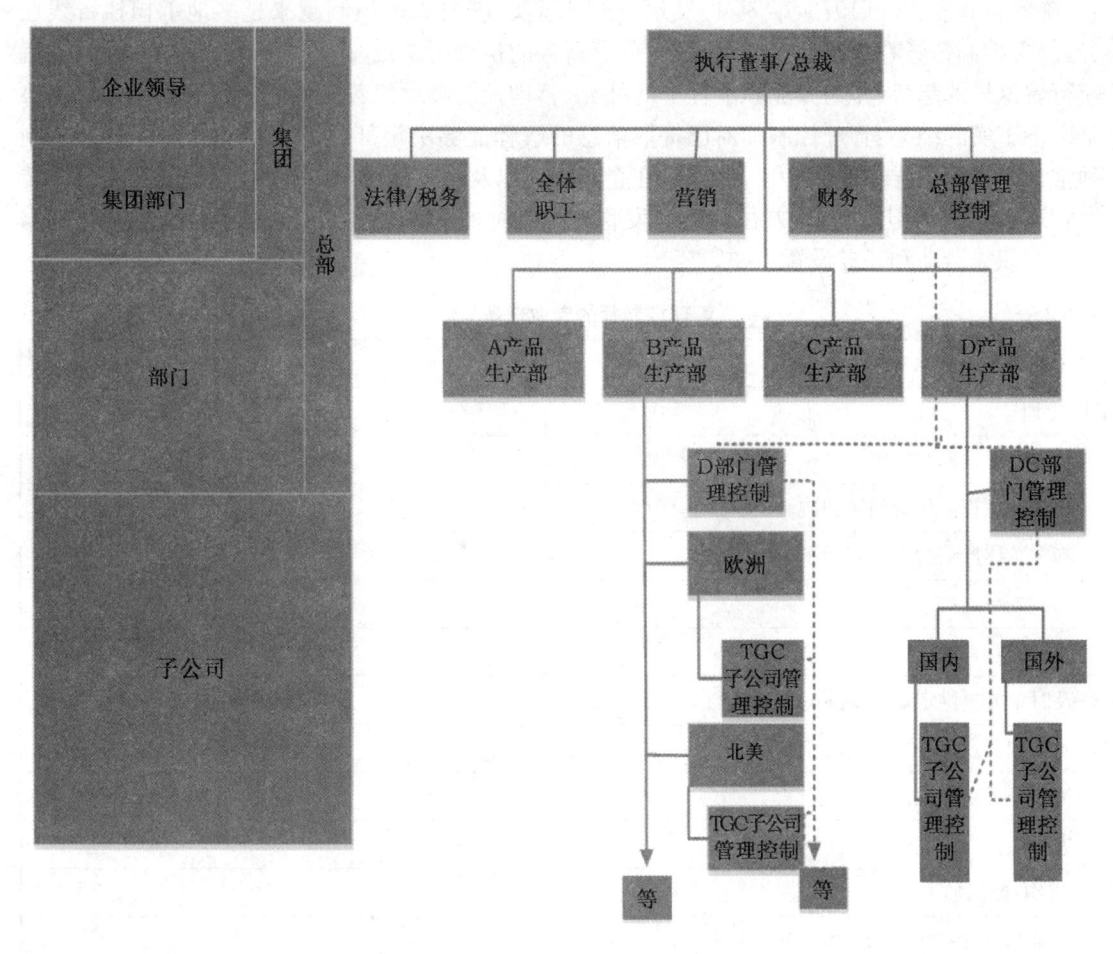

资料来源：Ziener(1985,第 183 页)。

图 6.13　国际集团中的"虚线结构"

在管理控制组织方面，人们也常讨论这个主要问题：管理控制部门应该作为职能部门进行组织吗？(Pfohl & Zettelmeyer,1987,第 1128 页；Frese,第 213 页)。

很多作者——如科拉德(Collard,1970)——认为,管理控制师的规划与监控职责只能是职能部门的功能。这种观点认为,管理控制师的职责在于减轻企业领导在规划与监控方面的负担,就这点而言,管理控制师承担辅助领导职责,这种观点只包含了管理控制师的信息和服务任务。

曼(1973,第 177 页)很早便表达了他对管理控制师作为职能部门的顾虑：(1)虽然管理控制师从事支持和咨询工作,但他也有决策职责(例如,在企业领导发生严重偏差时发挥作用)。(2)在工作时,管理控制师必须依赖上级的支持,这会削弱他们的权威。(3)管理控制师的创新能力影响企业整体的未来,他们必不可少地需要拥有发布命令的权力。

因此,在单个管理控制师职能方面,执行线和职能任务存在差别。

早在 1972 年,豪斯奇尔德(Hauschildt)就对管理控制师职位进行了描述,并由此产生了管理控制师"混合"的职能和执行线任务。他认为,管理控制师分别有明确的任务：关于执行线任务方面的管理控制系统构建任务；关于专业职能任务方面的系统相关协调任务。此外安德森、施密特和麦克什(1973,第3页)发现了如下事实：随着管理控制越来越多地承担执行线任务，管理控制任务在美国企业常常是由"分管财务的执行副总裁"来承担。自那时起，在欧洲就流行着这样的趋势：作为专业职能任务的补充，管理控制师承担着额外的执行线功能。该趋势是以下事实的结果：管理控制师对已提取信息的解释能够决定部门的决策和行为。管理控制师常常是企业领导中的"强人"，特别是在企业衰退以及面临危机时，很多企业的执行线任务转由管理控制师承担，预算偏差往往会引发管理控制师的介入。表6.4描述了管理控制师基本的专业职能活动和任务设置。

表 6.4　　　　　　　　　　　管理控制师的专业任务与活动

管理控制师专业职责和活动描述
Ⅰ.规划
—参与企业目标的制定
—规划和预算工作的领导和协调
—确定总体计划的子计划和子目标
Ⅱ.操控
—设计有意义的信息系统
—及时定期提供定量和定性的预计值与实际值的比较
—向管理者发出目标偏离的信号
—偏差分析和结果讨论
—进行可行性研究
Ⅲ.组织/数据加工
—在所有领域实施管理成本—价值分析
—领导已批准的合理化项目
—选择外部专家
—计算机项目管理
—选择所需的标准软件
—向管理者建议必需的硬件
Ⅳ.其他
—与市场经理一起准备和调节战略规划回合
—协助工商联合会的商务委员会
—执行领导层的特殊任务

资料来源：Jung(2007,第25页)。

随着多维组织结构的出现，执行线与职能任务的差异日益失去重要性。在多维组织结构的西门子公司中，管理控制部门早已承担了企业范围内的职能责任。对职能和执行线任务的详细区分已变得不再可能，当时的西门子管理控制师在1974年就发表了引领潮流的言论：

(1)因此，我们现在在从非常积极主动的意义上理解管理控制，管理控制的重心已由对历史情况的批评描述义务，转变为未来导向的构建性任务。这些任务一方面包括规划和报告编制系统性辅助方法的研发和供给,另一方面也对企业目标与发展制定产生积极的影响(Günther,1974,第959页)。

(2)这种影响是由此产生的:管理控制师先将信息汇集在一起,在面对目标冲突时,权衡利益并引入自己的想法,最后再将信息传递出去(Günther,1974,第959页)。

因此就产生了一个可行的解决方案,即管理控制部门被跨部门组织起来(Mann,1973,第181页):(1)在管理控制内部,存在专业方面和执行线方面的指令权限。(2)对于企业其他领域,在管理控制专业问题方面,存在发布指示的权限。

这种结构克服了职能结构的问题。它明确指出,在企业范围内,管理控制师负责相应子系统的运作,并相应地拥有清楚的专业发布指示权限,管理控制师承担着"核算责任"(Kaltenhäuser,1979)。

总的来说可以确定,这种趋势有如下显著特点:在管理实践中制定决策时,管理层存在和管理控制师建立联系的更强烈、更具差异化的趋势(Küpper et al.,第681页);另一方面,自我控制的趋势也是确定的。

管理控制师与领导层一起持续协调工作和跨部门合作的一个重要工具就是委员会(协会、委员会),该委员会应具有两项重要的功能:(1)连接功能。通过委员会的组建,实现职能和执行线融合下的最优决策。(2)信息功能。它能够使所有参与者拥有尽可能高水平的信息,这将是组建该委员会努力的目标。

管理控制工作的典型委员会包括规划、预算编制、投资和财务委员会,我们已经在相关章节中指出了这些重要方面的组织解决方案。本节将要讨论的第二个问题涉及管理控制部门的内部结构(Welge,1988,第428页;Hahn & Hungenberg,第941页):哪些部门被归到管理控制师下面?

我们想要把这个主题与最重要的任务领域再次结合起来讨论,并从管理控制整体视角进行简要论述。在管理实践中,我们可以找到许多与企业环境和发展有关的解决方案变体。

与管理控制领域有着最紧密联系的是会计系统,我们已经指出(参见第4.5.3.1节),出于构架一致性的原因,我们把整个会计部门划归于管理控制师(在美国这是个典型的解决方案)。在德国管理实际中,内部和外部会计往往是分开的,其中外部会计部门被归类为财务部门。

规划的构建和统一管理同样也最好是整体分配给管理控制师(参见3.6节)。在管理实践中,也存在与系统一致性偏离的解决方案:在一些企业中,战略规划是集团领导层辅助职能部门的任务。在大多数情况下,管理控制师的核心任务就是短期或中期的业绩规划,其中包括预期实际值的比较和报告。

以前,通常将作为会计系统重点的信息加工,作为管理控制师的职责。现在,该领域大多已从管理控制师领域独立出来,因为它的任务已经超出了管理控制导向的应用。哈恩和亨格伯格(2001,第941页)将不同的组织归类变体划分为四类组织理念,它们之间的区别如下:(1)美国管理控制理念。整个会计系统和"辅助功能"都属于管理控制(税务、保险、内部审计、信息加工)。(2)美国核心管理控制理念。管理控制包含整个会计系统,不包含"辅助功能"。(3)德国管理控制理念。管理控制包含内部会计系统和"辅助功能"。(4)德国核心管理控制理念。管理控制包含整个会计系统,不包含"辅助功能"。

哈恩和亨格伯格认为:规划与监控(不含战略规划)以及(内部)会计系统作为"核心管理控制"发挥着作用。

6.3.1.3 委托

委托就是将职责移交给下属单位(Hill,Fehlbaum & Ulrich,1989,第224页),这个概念通常被视为分权的一方面。职责向下属单位的转移可以分为多个阶段,其中可以分为执行职责和决策职责。

日益增长的适应和协调需求要求更高的委托程度。在各岗位的委托中有三个因素是一致的(Höhn & Böhme,1969,第226页):明确描述和限定任务;与任务相应的专业能力;由任务和职责产生的责任。

决策的影响范围决定了其可委托性:能够对运营产生影响的常规决策不会形成大风险,可以委托下去。而那些对企业产生长期影响、具有重大风险的一次性战略决策则不能进行委托处理。

与其他部门一样,管理控制内部同样也存在委托问题。首先在解决问题时,委托原理有助于总部管理控制师和分部管理控制师的合作。如今在大型企业中,管理控制领域按照功能、产品、地区或者项目划分了很多子系统,由此也产生了各子系统之间的协调需求。前面已经讨论过的管理控制分权必须在内容方面得以实施,必须规定,哪一些管理控制系统有关或者有联系的任务可以下放执行,也就是说,可以交由分部管理控制师执行。鉴于分部管理控制师任务的多样性,这个原理可以被表述为,将总部管理控制师的职责限定为系统架构中的重要数据,而其他剩下的管理控制任务委托各部门的分部管理控制师执行。

在管理控制组织构建时,也可以考虑运用这个原则。与系统构建和系统相关的具体协调任务可以分配给各种职位的管理控制师,他们在子任务中具有不同的职责。例如,一名管理控制师具有市场信息供给任务,同时他也负责对企业内部审计的协调和执行。

管理控制任务的委托必须要与职责界定和管理中的委托结合来看,表6.5展现了一个实例。

表6.5　　　　德国壳牌公司分权化管理控制的问题范围与解决方案

问题范围	解决方案
分权,但是需要确保合作	□保持集权的规则制定 □定义分部管理控制师的权利/角色 □接受利益冲突
委托授权,但是避免管理控制真空	□风险分析/披露管理 □与内部审计部门密切合作
应对复杂性	□检查/优化管理信息系统 □"去行动的地方",例如,在子公司举行了咨询活动,参观炼油厂 □与各管理层定期举行会议
找到合适的员工	□招聘 □培训 □实际入职和选择

资料来源:Frensdorff(1993,第128页)。

案例:德国壳牌的例子(参见图6.14)表明复杂组织中问题范围以及可能的解决方案。

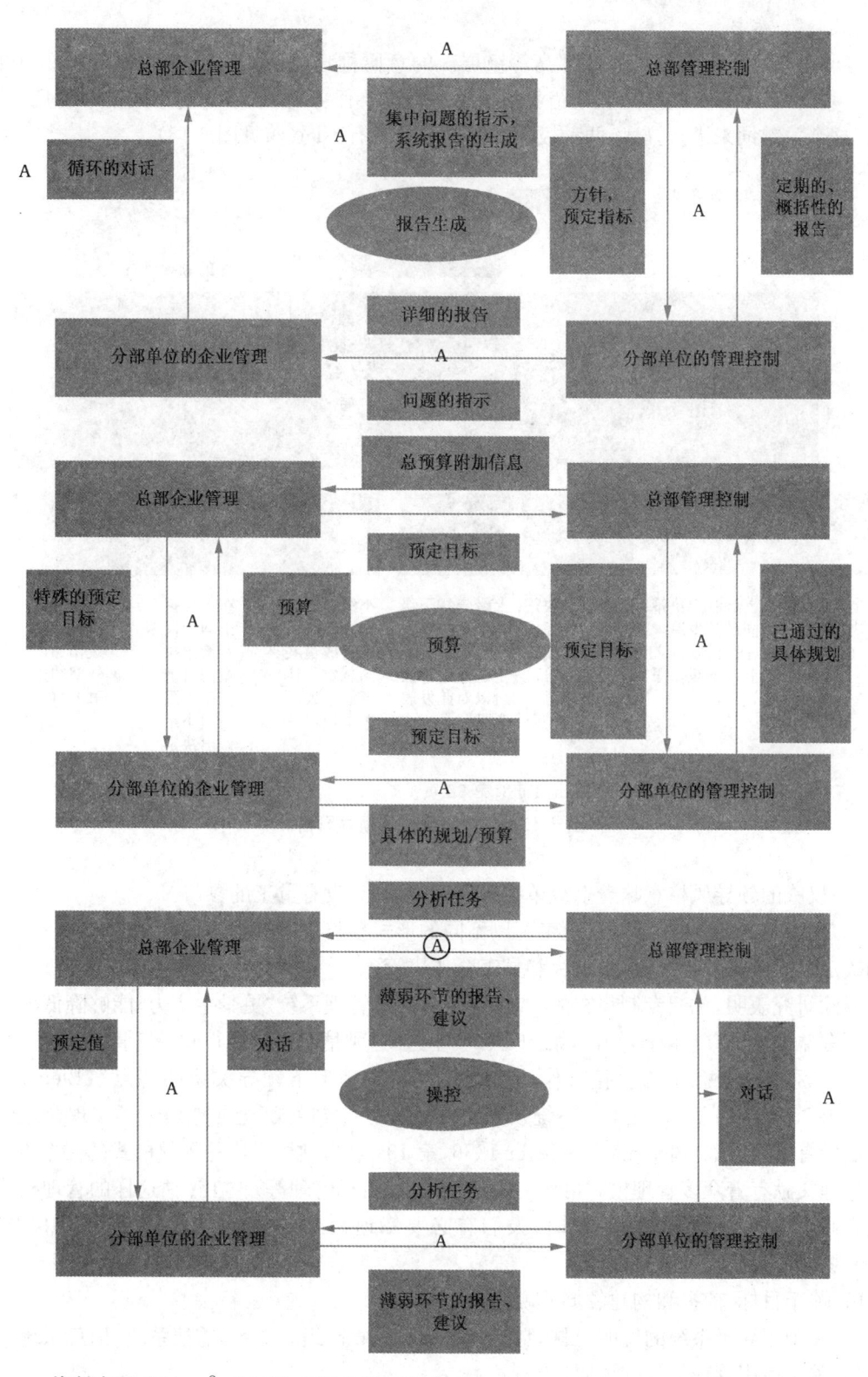

资料来源：Weber & Schäffer(2014，第459页)。

图 6.14 管理和管理控制职能的划分与任务委托

6.3.1.4 参与

参与是指员工参与到企业内部高等级层次的意愿构建(Hill, Fehlbaum & Ulrich, 1989, 第235页)。员工参与构建是现今企业领导的一个重要任务,员工参与的形式常常可用"领导风格"这个关键词来进行描述,两种极端的领导形式各有不同(参见图6.15)。

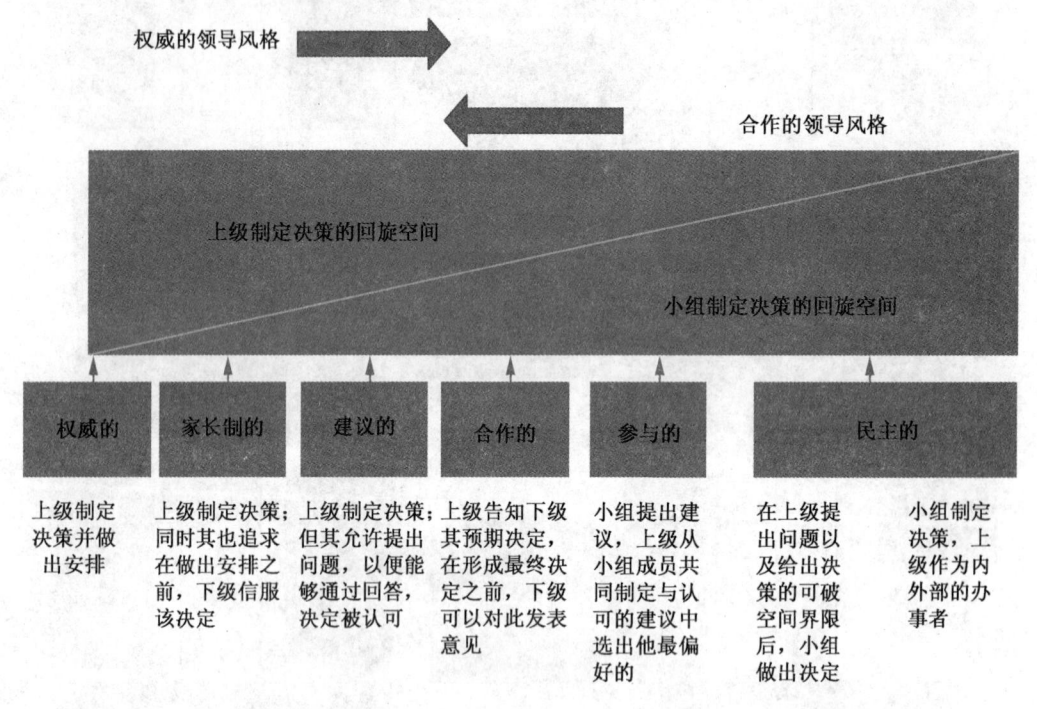

```
    权威的领导风格  →
              ←  合作的领导风格

    上级制定决策的回旋空间
              小组制定决策的回旋空间

  权威的   家长制的   建议的    合作的    参与的           民主的

  上级制定  上级制定决策  上级制定决  上级告知下级  小组提出建  在上级提    小组制定
  决策并做  同时其也追求  策,但其允许  其预期决定,  议,上级从   出问题以   决策,上
  出安排   在做出安排之  提出问题,以  在形成最终决  小组成员共  及给出决   级作为内
          前,下级信服  便能够通过  定之前,下级  同制定与认  策的可破   外部的办
          该决定      回答,决定  可以对此发表  可的建议中  空间界限   事者
                    被认可     意见        选出他最偏  后,小组
                                        好的       做出决定
```

资料来源:Tannenbaum & Schmidt,1958,第96页。

图6.15 权威与合作的领导风格

(1)权威的领导风格意味着上级单独行使管理职能,没有员工的参与。

(2)在参与式的领导风格下,员工可以不同的形式参与决策过程:讨论上级的决定;针对领导的决定形成意见并提出建议;上级和员工合作决策。

经验研究表明,比起专制集权的领导系统,参与式管理系统"更具生产力,能够降低成本和形成更有益的情形"(Likert,1975,第56页)。不过,这种情况还未能得到最终肯定。

领导风格的概念是指直接合作,它描述了"特定情形下领导关系的特点"(Bleicher & Meyer,1976,第136页)。在整体系统领导的意义上,"领导模式"全面地描述了实现合理管理功能的所有重要方面(Bleicher & Meyer 1976,第139页),领导风格是领导模式的一个方面。

管理文献有着众多管理模式可作为构建建议(如目标管理等)。在评估这样的管理模式以及在企业中构建一个具体的系统时,人们有必要知道模式的主要特征。维尔德(1974年,第169页)列出了以下评估标准:

(1)关于目标、前提和构建领域的说明。
(2)关于领导子系统的说明:目标制定体系、规划系统、组织体系、监控系统、信息系统。
(3)关于使用管理工具的说明。
(4)关于激励和奖励系统的说明。
(5)关于人力资源开发体系的说明。

(6)关于人际关系以及社会结构构建的说明。

如果人们运用这些判断标准,就会发现大量的领导模式是不完整的。

在解决新型问题时,参与型领导风格的许多优点将会显现出来,主观和意识形态的观点会主导关于领导方式设计问题的讨论。参与型领导风格的发展会导致自治工作组的产生。在这些工作组中,正规的领导功能被废除。通过协调,该小组自己选出领导者(Hill, Fehlbaum & Ulrich, 1989,第 246 页),如今在管理实践中常常有这样的小组。

管理控制概念与不同的管理模式之间到底存在怎样的联系呢?

因为不同的领导模式或多或少描述了领导职能的履行,所以它们也构建了管理控制的前提:(1)管理控制部门的领导模式也取决于企业整体的领导准则;也就是说,当企业采取某种领导模式时,管理控制领域也采取该种模式。(2)管理控制师的工作自身也会受到领导风格的影响,即领导风格影响管理控制系统的构建。

在参与型领导风格下,管理控制部门与其他部门的合作可能会变得更加复杂。

(1)大量的协调过程会使得系统构建方面(如预算系统的构建)的协作更加困难,尽管这些过程会带来新的信息和想法。

(2)系统联合的协调进程将会在更广阔的空间进行,这是因为在构建实时协调系统时,人们会有更宽广的自由抉择空间。

我们想要在一个熟知的领导模式下说明上述关联。"目标管理"给出了将目标系统作为领导工具的特殊意义(参见图 6.16)。

通过目标的制定,不同阶段的规划相互联系起来,系统内部应实现个体的参与、自治以及自我控制。此系统和领导模式无关:目标既可以是权威制定的,也可以是员工参与制定的。监控建立在理论与实际比较之上,它首先被看作自我监控。广义上人事规划与效益产出相互联系在一起。

总体而言,目标管理是一个"动态"的领导模式。通过它的灵活性,目标管理可以促进革新和创造力。因为信息流是领导模型的基础,所以系统构建方面的管理控制任务以规划与监控和信息供给系统为重心。尽管在组织等级的底层存在很多标准化的进程,但是,系统方面的协调有着很大的回旋余地。目标制定的实施困难常常也使得这种回旋余地十分必要(Bleicher & Meyer, 1976,第 243 页)。

管理控制师的协调活动首先要求一种特殊的合作风格,特别是在委员会、工作小组等跨部门的合作中,这里管理控制师与不同任务的承担者共同起作用。在这种情况下,我们想要避免复述有些出版物中自创的管理控制师心理学。我们认为,援引实证的材料更有说服力。下列说明展示了劳伦斯和洛尔施(1967)的研究,在本书的引论中,我们已介绍过该研究。

该研究对"高效的整合者"提出了四项重要要求(Lawrence & Lorsch, 1967,第 146 页),这同样适用于管理控制师:(1)整合者要依靠他们的能力和知识而不是地位来对决策做出贡献。(2)整合者必须具有行为导向以及行为能力。(3)整合者需要感觉到,其对于整体产品负责,而不是基于个人的表现。(4)整合者必须有能力应对跨部门的冲突和矛盾。

对于(1):优秀的协调者凭借他的知识和经验,而非他在企业的等级制度来建立权威。

对于(2):"平衡导向"是指协调者能够理解职能经理的不同思维方式,并在其中进行斡旋。例如,比起销售部门,研究和开发部门考虑问题的视野要远得多。

对于(3):优秀的协调者不应该仅着眼于自身的个人成就,而应着眼于企业整体业绩。

图 6.16 目标管理的基本模型

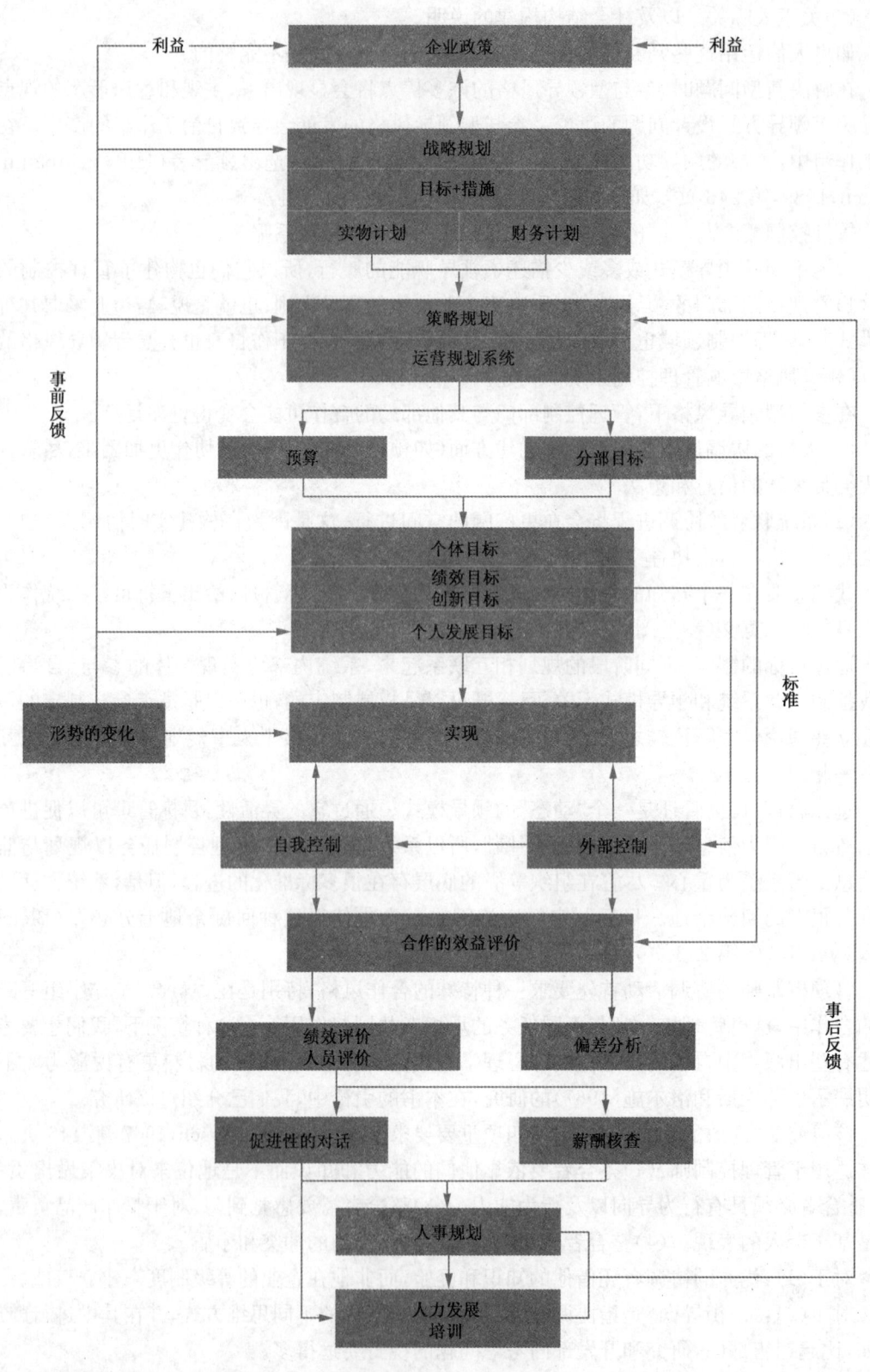

资料来源：Bleicher & Meyer(1976,第 242 页)。

对于(4):"对抗技巧"使得高效的协调者更加出众,针对存在分歧的观点进行公开的、建设性的、开放的讨论,能够比"平衡"或者"强制方法"得到更优解决方法。

一项对企业中大约20个"协调者"的行为研究(其中一半的研究对象被认为是高效的协调者),展现了有趣的个人动机:(1)比起不那么成功的协调者同伴,成功的协调者觉得有必要更加关注同事。(2)成功协调者的"业绩需求"处于平均水平,或者是比不那么成功的协调者更低。(3)在权力追求方面不存在显著差异,两组被调查者均处于平均水平。

两组的行为方式呈现显著差异(Lawrence & Lorsch,1967,第150页):

"高效的协调者倾向于更主动和更有领导能力,他们积极、自信、有说服力、语言流利。相比之下,不那么高效的协调者不善社交、羞怯沉默,他们避免涉及紧张和做出决策的情况。

"高效的协调者寻求在更大程度上的地位,他们雄心勃勃,能够积极、有力地进行有效的沟通,有个人利益的范围和广度。不那么高效的协调者在前景和利益方面比较保守,他们在新的或不熟悉的社交场合感到不安和尴尬。"

"高效的协调者有更多的社交,他们更聪明、热情、富有想象力、更有自主性、健谈。不那么高效的协调者更深思熟虑、温和与有耐心。"

"高效的协调者更喜欢灵活行事方式,他们热爱冒险、幽默自信。不那么高效的协调者更勤奋、谨慎、有条理、死板。"

6.3.1.5 标准化

标准化是指将问题解决流程事前进行组织性的确定,当问题再次出现时,就可以将其作为常规事件进行处理(Hill,Fehlbaum & Ulrich,1989,第266页)。

问题解决流程确定的可能性取决于问题的新颖和复杂程度。对于全新的问题,不存在任何现成的规则,在这里,人们必须首先依靠一般性的启发。问题的复杂性决定,是否进行标准化以及怎样标准化的方式(Hill,Fehlbaum & Ulrich,1989,第275页)。

标准化问题在我们所处理的管理流程中十分重要。我们已经看到,在规划、监控和信息供给时,人们力求利用标准化的好处。在该领域中,标准化系统协调最常见的结果主要有下列形式:框架方案和方法的多种选择。因为领导者的负担将会减轻,所以简化了领导任务,可以提高领导效率,降低错误决策的风险。值得注意的是,设定合理的标准化程度:过度的标准化会导致,按照老一套的方式解决新的创新问题或是忽视新问题。尤其是在这种情况下,由于缺乏原动力,系统成员会对新问题缺乏注意和敏感性。标准化是通过正式规则(如一般程序准则)和规划(如一系列客观的确定的指令)得以实现。工作效益的标准化,一方面,定性上持久实现,如通过国际标准化组织准则;另一方面,定量上在一定时期实现保持稳定,一般是通过一系列计划(Mass,2002,第56页)。

在实施标准化之后,管理控制的任务被转移到了所谓的"管理控制工厂"。在有效的IT结构以及行政管理进一步自动化的基础上,此时管理控制具有了服务功能。通过管理控制工厂的构建,合理化的潜力得以实现,这也使得管理控制师能够有更多时间实现他们"生意伙伴"的功能。此外,在管理实践中,"报告工厂"的构建日益受到追捧(Gleich,Grönke & Schmidt,2014,第371页)。

不仅在管理控制部门,而且在管理控制工作的目标部门中,标准化问题常常被转换为特定职位的"方法和程序",这也就产生了"管理控制师手册",它详细阐述了管理控制系统的组织机构和组织流程,为所有的参与者——包括管理控制部门以外的人员——提供了清楚有约束力的工作指示(Willson & Colford,1990,第1125页)。

一个合理的管理控制师手册分类系统如下(Willson & Colford,1990,第1129页):(1)"政策"。企业政策的原则,也有专门针对管理控制领域的政策。(2)"组织"。企业和管理控制的组织结构。(3)"方法"。包括组织流程、进程、方法、工具、工作指令、规范等。(4)"员工手册"。值得工作人员个人了解的内容(如工作时间安排等)。

美国大公司的管理控制师手册对事物有着深入的介绍,具有培训材料的特点,它们通常用于员工培训。

6.3.1.6 分工

由于领导任务缺乏可标准化的重要前提,分工首先局限在执行环节。分工将工作流程分为子工作并分配给具体职位,特别是执行性的行政工作存在着很大的分工可能性。

管理控制部门本身也有分工的可能性,例如完成会计日常任务的执行工作。这可能存在风险,即在管理控制部门,执行工作如此处理忽视创新的系统构建任务。

因此,一些作者主张将管理控制限制在创新任务范围内:"管理控制师应该从(标准化的)工作中解脱出来"(Mann,1973,第191页)。这种想法有利于精简管理控制师任务领域,如取消管理控制师对会计系统所负的直接责任。

工作分工最初被认为是组织中提高效率的重要手段。现今,由于与此相关节点问题的存在,对工作分工的批判态度占了上风。节点存在于流程中单个工作步骤之间,在执行任务时会导致时间浪费和质量损失,使过程复杂化因此增加了成本和协调支出。

在现今企业中,我们经历了一个消除工作分工弊端的潮流。再造的基本思想是:将组织彻底转型为普遍面向客户的流程网络(Hammer & Champy,1993;Davenport,1993)。

哈默和钱皮(Hammer & Champy,1993,第14页)在尝试借助行政管理工具解决由分工造成的协调问题时,发现了造成过于复杂系统的主要原因。

6.3.1.7 自我控制

在当今实施的管理控制框架下,管理控制的功能已由管理层转移到管理控制机构,也就是由管理控制师承担(Krystek 1995,第26页)。在英美语言区,人们将这样的外部控制称为管理控制师职能(参见1.2节中对管理控制概念的解释)。与泰罗制类似,这势必会导致企业执行层面进一步的分工,在这种情况下,分工主要发生在企业领导层面(Horváth,1996)。

同时,公司通常努力减少分工,企业领导领域也是如此。与此相应的自我控制是指,由经理或者执行者"部分或全部接管管理控制师的功能,这是在遵循对公司有利的组织和经济规则下,通过具体管理者或责任区域内的自我负责实现的"(Gruber,1995,第103页)。由于原本的管理控制和现今的管理控制职能均可被认为是管理层的任务,因此自我控制可看作管理控制任务再次融合到企业管理中(Krystek,1995,第26页)。在自我控制的背景下,人们需要重新分配管理控制职能的任务。

许多作者均认为:在重新分配任务时,不仅应该包括管理者,也应该包括执行层的员工。在这种情况下,管理控制被进一步定义为"现场控制"(Schimank,1995,第65页;Sinzig,1993,第290页)。在该种方式下,不只管理控制师,而且具体员工也成为(自我)管理控制师(Uthmann et al.,1995,第64页;Peemöller,1997,第49页)。在此种视角下,以下两种观点融合在了一起:自我控制不仅包括将管理控制任务重新融入管理层,而且包括将操控和协调任务移交到较低的等级水平(Horváth,1995b,第262页)。

自我控制也会影响管理控制师的任务。对于管理控制师而言,主持、知识传递、行为导向、工作人员的服务和培训以及(新)控制理念的传播都是工作重点。在此背景下,比尔(Biel)要求管理控制师"承担组织核心角色,令他人关闭核心角色之门(不让其他人参与)"(Biel,1996,第54页)。

自我控制的好处,首先在于获取有关员工的综合信息、更快控制回路的实现、较高的灵活性、把管理控制任务分配给员工。就这点而言,自我控制为管理控制的进一步发展和适应新要求提供了更大的潜力。然而,管理者和员工共同承担管理功能,既不可能也不值得。相反,外部和自我控制之间"合理"的关系受到追捧。

例如,如果管理控制完全由外部构建,就实现企业整体多重目标的操控而言,管理控制系统与本地系统(规划与监控和信息供给系统)就会有太大的差异。此外,值得怀疑的是,是否所有的员工都同样地适合以及有愿意实行自我控制?人们可能会忽视或低估潜在的冲突或协调困难,以及企业内部整体控制或者协调的问题,这就产生了忽视企业整体目标以及实现非最优目标的风险(Peemöller,1997,第51页)。

让员工明白企业的目标以及他们的行为会对设定目标的实现造成什么影响,这也是制度化管理控制的任务。在追求自我组织的背景下,管理控制师必须应对可能出现的消极发展:一方面,不断坚持现有的结构和流程;另一方面,是过度的、不协调变化导致的风险。针对第一种情况,可以通过制度化的管理控制,促进其进一步发展,推进充分利用提供的回旋余地。在第二种情况下,则可以为观察到的发展设置限制,以避免管理控制的退化(Krystek,1995,第29页)。自我与外来组织以及自我与外来控制之间的关系见图6.17。

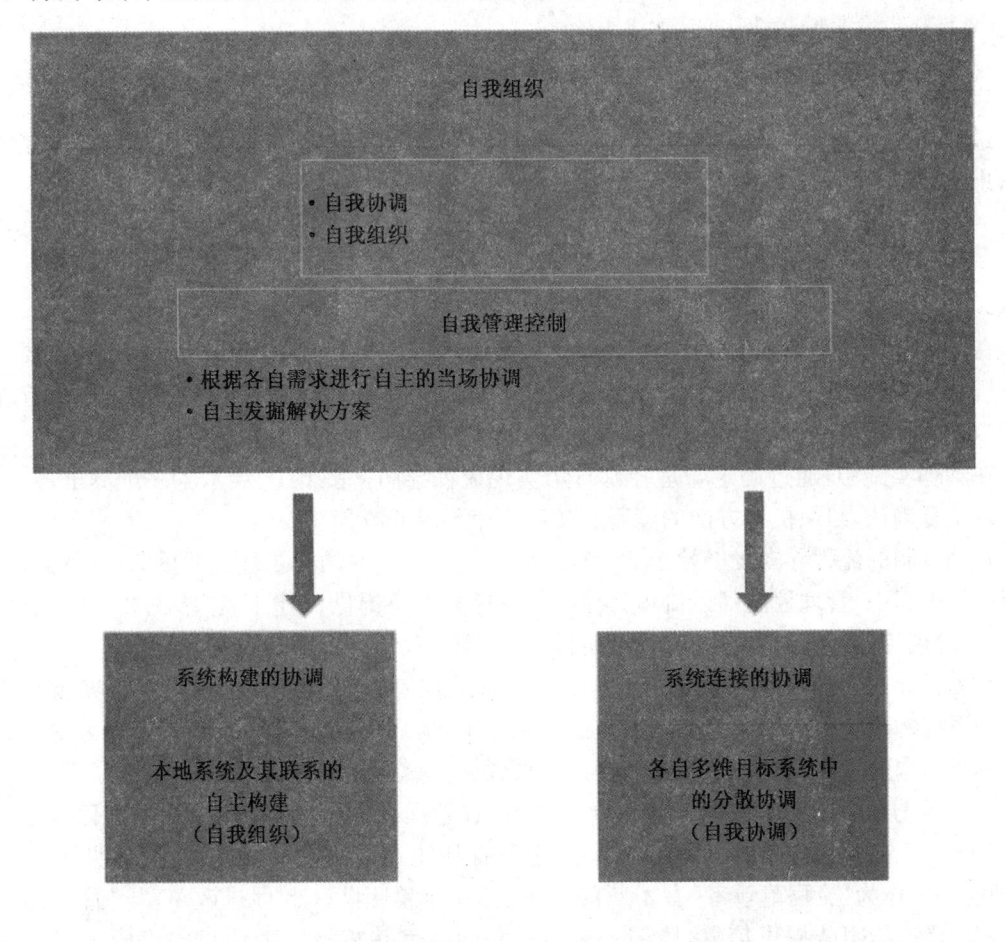

自我组织

- 自我协调
- 自我组织

自我管理控制

- 根据各自需求进行自主的当场协调
- 自主发掘解决方案

系统构建的协调

本地系统及其联系的
自主构建
(自我组织)

系统连接的协调

各自多维目标系统中
的分散协调
(自我协调)

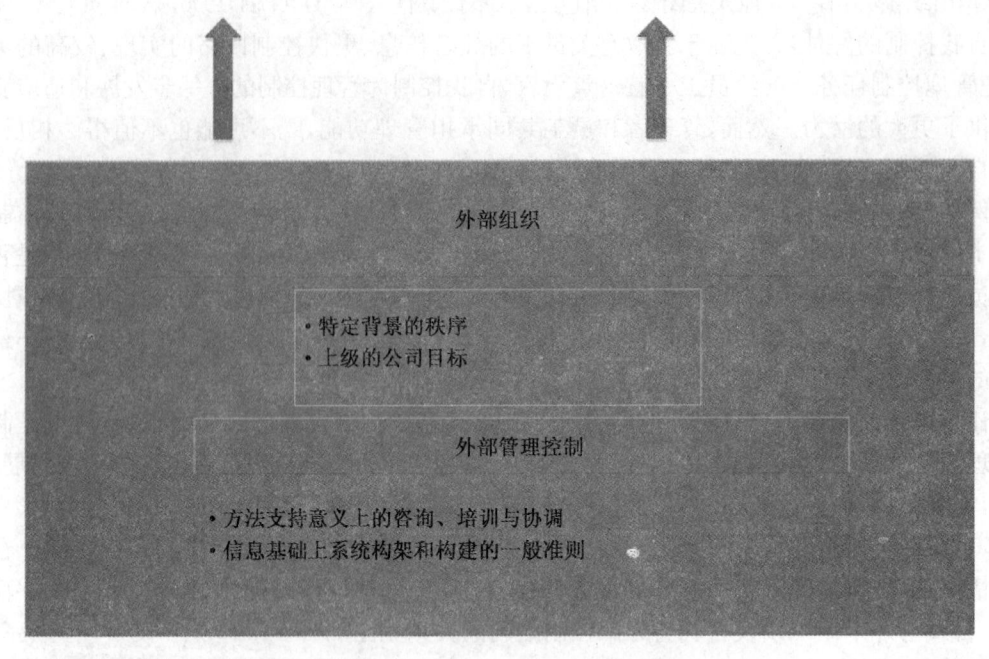

[图示：外部组织 / 特定背景的秩序 / 上级的公司目标 / 外部管理控制 / 方法支持意义上的咨询、培训与协调 / 信息基础上系统构架和构建的一般准则]

资料来源：参考 Krystek(1995，第 28 页)。

图 6.17　自我控制的特点与局限

最后是每个企业的任务：对比自我控制和自我组织的潜力与问题，并就实施自我控制的程度做出决定。

6.3.2　组织流程

6.3.2.1　管理控制中的流程导向

在关于管理控制组织构建的讨论中，在文献和管理实践中，组织流程问题都十分重要。在讨论规划和监控的协调时，我们已经指出了时间上的流程，这决定了管理控制的效率。管理控制的组织流程至少和组织机构具有同等的重要性。

在管理实践中，通过确定管理控制日历实现流程导向。图 6.18 展示了一个例子，人们总是可以反复确认，组织机构方面的障碍会妨碍快速灵活的流程。

管理控制的流程导向发展始于 20 世纪 90 年代。这方面的必要性是双重的：一方面，在流程导向的组织中，管理控制师以流程为导向完成任务以及提供构建工具（参见 2.7.1.2 节）；另一方面，管理控制师通过自身的流程导向，使其工作更有效（Horváth，1994b）。

在流程导向的管理控制中（Fischer，1996），管理控制师能够将自己从等级制度领导流程产生的系统构建和系统相关的协调工作中解脱出来，他们更多以水平的业务流程为重心。不仅是等级结构的领导，而且流程队伍也需要信息供给（参见表 6.6）。

由于首先必须在企业中构建流程导向的组织，管理控制师就成为它的"助产医师"（Blaseio，1993）。在这种情况下，管理控制师的任务就延伸到了流程的协同构建（参见图 6.19）。"管理控制师作为'流程革新者'有了新的任务：他和流程团队一起促进改革，与'管理控制规则'协调一致，给团队提供信息，协调企业中不同的项目并积极协助项目的完成。"（Fischer，1996，第 226 页）

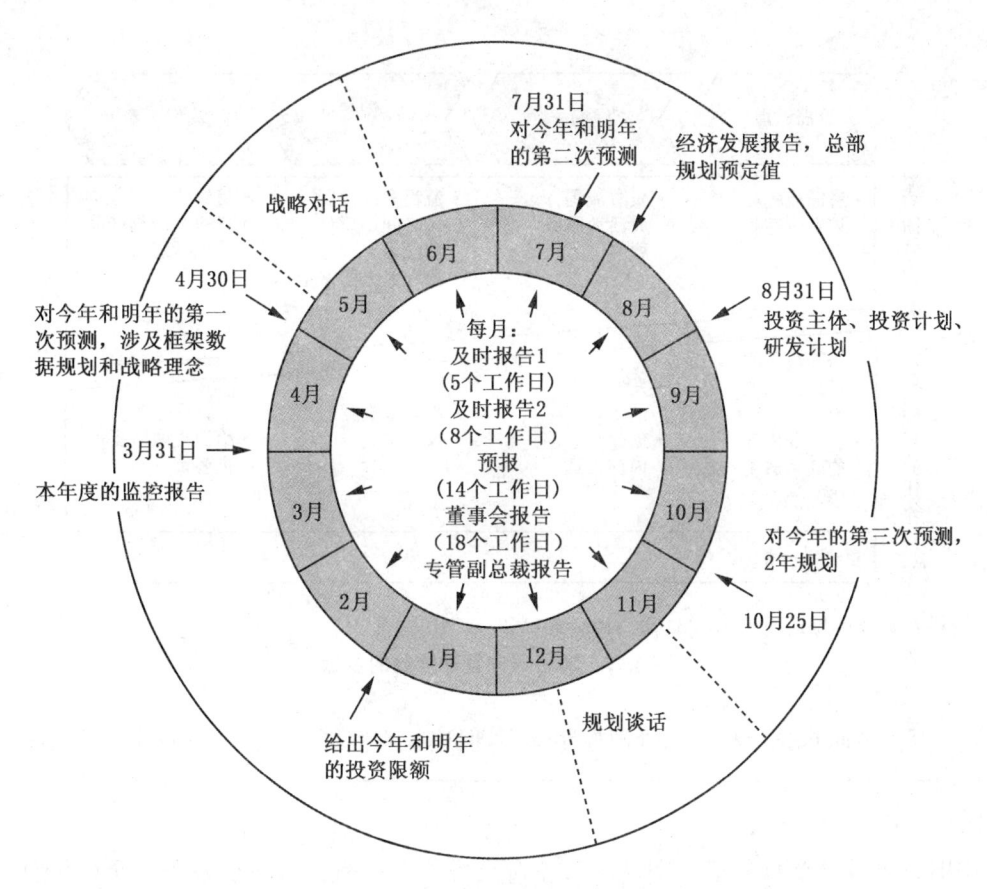

资料来源：ZVEI(1993,第92页)。

图 6.18　管理控制日历举例

表 6.6　过程导向管理控制

	含义	例子	特点
业务流程	与企业整体任务和战略目标直接相关的作业，这些作业会产生市场业绩。	在 Paderborn 工厂研发与生产高端浴室橱柜，通过分销渠道批发→安装销售	—可辨别的组织/领导领域 —终止于市场业绩，之后的流程（顾客、产品）是可区分的 —超越市场关系的生命周期
主流程	直接服务于企业业务流程，开始于企业的外围，结束于企业系列流程	以 25 号大小和 150 花色生产橱柜模型"Toskana"。	—可识别的成本岗位 —可识别的流程 —输入因素和过程输出的可定义性
子流程	水平或垂直相关的资源消耗的作业	安装	——个或者多个的成本岗位 —更多的基准 —多个输出值
作业	商品或信息化转换的资源消耗作业	安装了很多 25 型号的"Toskana"变体 白色/金色/150 厘米	——个或多个成本岗位 —单一的基准 —单一的输出

资料来源：Fischer(1996,第223页)。

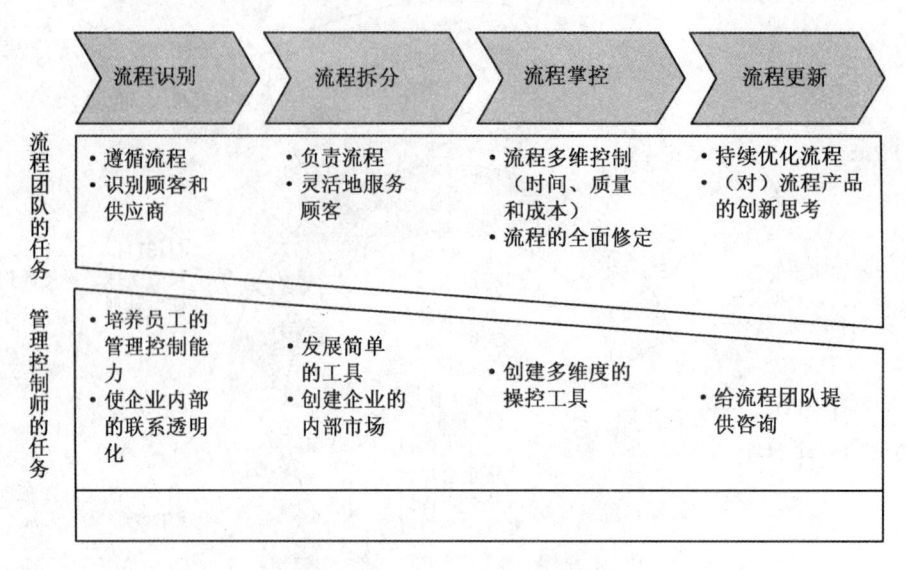

管理控制

	流程识别	流程拆分	流程掌控	流程更新
流程团队的任务	• 遵循流程 • 识别顾客和供应商	• 负责流程 • 灵活地服务顾客	• 流程多维控制（时间、质量和成本） • 流程的全面修定	• 持续优化流程 • （对）流程产品的创新思考
管理控制师的任务	• 培养员工的管理控制能力 • 使企业内部的联系透明化	• 发展简单的工具 • 创建企业的内部市场	• 创建多维度的操控工具	• 给流程团队提供咨询

资料来源：Fischer(1996,第224页)；Blaseio(1993)。

图 6.19　流程导向管理控制的步骤

这一观点要求根据流程组织管理控制部门，但这些流程是针对管理控制"顾客"而建立的。

案例

ABB发电股份公司就是一个以流程导向进行管理控制重组的很好的例子（Herrmann，1995）。其以前组织的特点是存在大量等级层级（参见图6.20）。

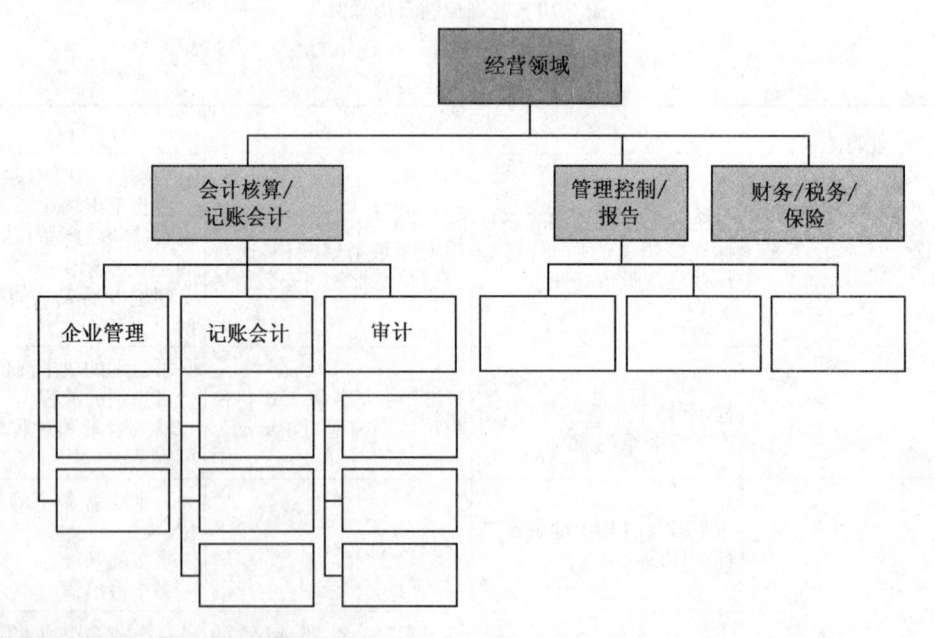

资料来源：Herrmann(1995,第55页)。

图 6.20　ABB 发电股份公司以前的总部经营领域组织

同时也存在这些流程,如大规模跨多节点组织的、耗时巨大的报告生成。新的组织分别面向根据"产品"和"顾客"定义的流程(见图 6.21)。

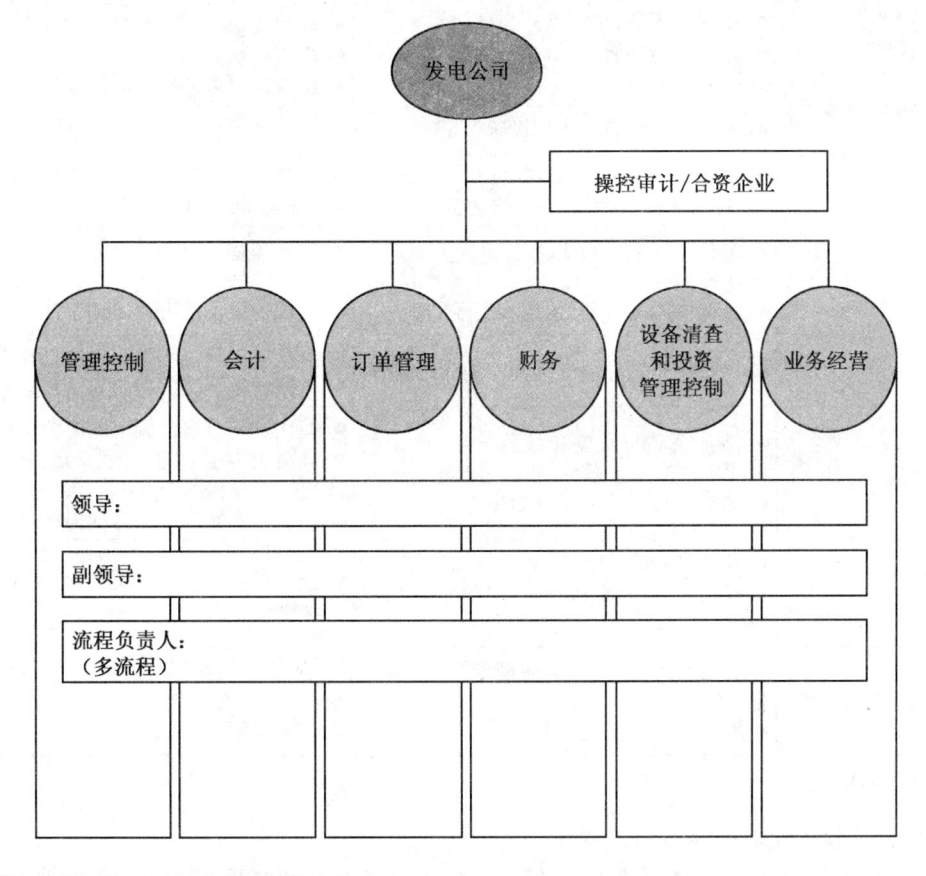

资料来源:Herrmann(1995,第 57 页)。

图 6.21　ABB 发电股份公司现在以流程为导向的总部经营部门

每个流程仅由一个领导及其副手决定,以此实现扁平化的组织结构。在流程中,所有员工均是同等级的,他们直接隶属于领导。这种重组的重大优点不仅在于优化管理控制服务,还在于大幅度降低成本。

****

流程导向对管理控制师的任务、组织以及工具均有重大影响:

任务:管理控制师与经理之间的明显分离得以缓解。系统连接的协调任务首先被转移到业务流程中,管理控制师参与了该流程的构建。

组织:管理控制部门自身根据流程改变了结构,"顾客"和"产品"成为管理控制的关键词(参见 6.3.2.2 节)。

工具:信息供给集中于操控的数量值,过程参与者可以直接使用这些数量值。也就是说,除价值大小(顾客导向)之外,时间长短、质量好坏以及数量也是重要的。

等级制度和流程导向管理控制对比见表 6.7。

表 6.7　"等级制度"和流程导向管理控制的对比

	等级导向的管理控制	流程导向的管理控制
组织机构设置	• 以等级划分,垂直循环为导向 • 通过分离的管理控制机构的交织循环进行操控	• 以伴随流程的水平循环为导向 • 组内的快速循环 • 企业没有分离的管理控制机构
组织	• 根据现有的组织机构设置	• 以业务流程为导向
流程方面	• 支持现有固定组织中与企业总部协调、针对业务目标、非个人化的流程	• 支持在灵活工作小组中分布的、直接与市场相连的自由发展流程
过程	• 全公司标准的自上而下和自下而上的计划 • 总部协调的规划、预览和实际的程序	• 业务流程中具体的反馈 & 前馈市场规划 • 总部背景下的分权协调程序
操控目标	• 支持现有领导层次结构中的管理流程	• 支持各工作流程参与者的自我控制 • 对流程链员工的费用和绩效透明
信息系统	• 结合规定的操控和核算方法,使用集中化的数据加工系统(非透明流程) • 以高级管理层的信息为中心	• 使用员工可自己调节的电脑工具 • 以员工为中心的,有利于运用员工流程技艺的操控和存档方法 • 团队和团队间沟通为导向
支持系统	• 使用复杂融合的信息系统,这些系统具有较高的(金钱和时间上)投资和撤资成本	• 使用简单和价廉物美的终端用户工具,可以快速引入和修改这些工具
使用和利用的灵活性	• 针对管理控制流程,使用专门的"单目标系统" • 在系统上分离的工艺	• 使用"多目标"的最终用户系统,这些系统在工作组织方面可以灵活构建 • 员工掌握的工艺

资料来源:Fischer(1996,第 229 页)。

6.3.2.2 管理控制师部门的流程导向

近年来,人们对管理控制师的要求日渐提高,不同控制环境的发展致使管理控制师任务的日益自动化与标准化(Grönke & Schmidt,2014,本节的下一段,但不包括最后一段,即引自此处)。管理控制师的传统职能,例如数据收集与加工,通过嵌入系统实现了自动化。管理控制师的任务——如对规划和管理层报告生成的支持——同样受到流程的大力协助,这些任务不仅实现了标准化,质量也得到了显著优化。此外,IT 系统也取得了巨大的进步,实现了效率的提升。

一方面在数据管理方面的任务减少了,另一方面也面临着提出更高要求的决策支持活动方面的需求,要求管理控制师制定出新的时间预算。管理控制师同时面临着这样的问题:如何如实评估管理控制部门的效率提升情况,并最终在可能的情况下实现这种评估?这种评估是非常重要的,因为与企业的其他成本岗位一样,管理控制部门也面临着类似的效率压力。

为了避免抽象地执行效率提升任务,必须结合整个管理控制师工作的环境和作用看待效率提升,我们首先想要的是衡量管理控制工作成功与否的标准,这些标准来自国际管理控制组织的管理控制师范式(参见 1.5 节和 2.3.4 节)。下面将简要介绍 2013 年的版本(Losbichler & Niedermayr-Kruse,2013,第 167 页)。

作为管理层的重要伙伴(以往的国际管理控制组织范式称其为"商业伙伴"),管理控制师对组织可持续成功做出了重大贡献。

当上述通用的国际管理控制组织范式或企业特定的范式得以实施运行时,管理控制师就可以做"正确的事"。其中企业特定的范式有以下形式:组织(即结构方面和流程方面)和人事方面的解决方案和范式相关工具或方法的运用,必须"正确执行"管理控制工作。值得注意的是,成本、时间和顾客的关联,产品的数量和质量及管理控制师部门的流程必须相符。

基于本质的或者公司特定的管理控制师范式,在对绩效或者效益定义时,应把重心放在能够有具体产出的活动上;也就是说,不仅以管理控制产品(如报告)为重心,而且注重管理控制流程背景下"投入与产出"的转化过程(如报告的生成)。此外,也应重视管理控制流程中结果的评价与交流;也就是说,重视对内部客户和企业领导的建议(如风险分析)等。

作业和流程(参与、计划、咨询、制定、计算和设计等)往往会产生结果和输出(报表、分析、专家意见、观念和制度等)。受益者,即(企业内部的)管理控制客户,会评价结果和输出的设计和质量。

这些对管理控制师,尤其是管理控制部门的领导提出了以下要求:(1)对自身流程和产品的一贯定义。(2)建立产品及流程表现评价和进一步发展(并以此衡量自身的效率)的出发点。(3)了解内部顾客(即经理)及其愿望(Horváth,1995b)。(4)明确资源的必要能力和基于此的人事审查及进一步发展(Gleich & Lauber,2013)。

基于管理控制师部门日益增长的重要性和效率压力,在以下章节,我们将重点介绍对管理控制师部门流程的定义与评价(Waniczek & Niedermayr-Kruse,2013 或 Gräf & Isensee,2013)。

近几年来,已鲜有这样的讨论:管理控制并没有流程,因此此处并不能应用传统的流程优化理念。人们更多实施的是标准化流程模型,该模型为业绩衡量、标杆作业和流程优化提供了背景框架。在管理实践中,常被运用的模型是国际管理控制组织的流程模型(见图6.22),这种模型我们已在第2章第2节有所提及。

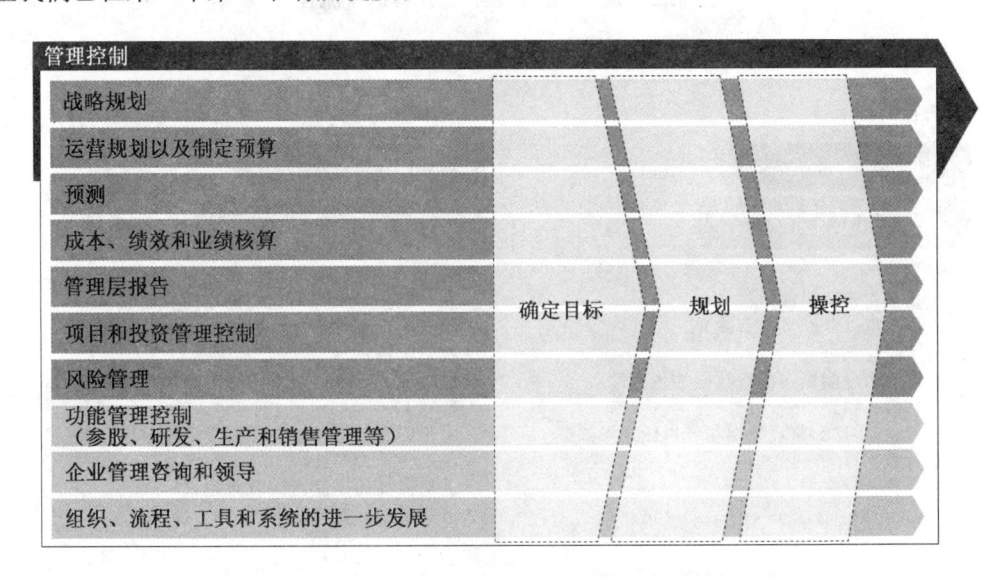

图 6.22 国际管理控制组织的流程模型

下面将介绍流程模型的构建,该流程模型包括四个流程层面:(1)业务流程(流程层面1);(2)主流程(流程层面2);(3)子流程(流程层面3);(4)作业(流程层面4)。

从管理控制业务流程出发,此处管理控制业务流程不应被归类到企业的任何一个业务流程整体中,人们在流程层面2上定义了10个主流程(如图6.22所示)。从"战略规划"到"风险管理"的7个主流程展现了经典的管理控制活动。"功能控制""企业管理咨询和领导""组织、流程、工具和系统的进一步发展"这三个主流程为"横截面流程"。

"功能控制"反映了前七个过程导向主流程的大部分特定功能;"企业管理咨询和领导"应向企业传递其他主流程的结果;此外,"组织、流程、工具和系统的进一步发展"负责其他主流程的优化。

管理控制流程模型的流程层面3,定义了隶属于每个主流程的重要子流程,图6.23举出了"管理报告"子流程的例子。除了属于某一主流程的子流程之外,图6.23也描绘了其他信息,包括流程起始和流程结束,必要的投入和产出方面的信息。管理控制流程模型的流程层面4定义了每个子流程的重要作业,图6.24举例描述了隶属于"管理报告"主流程的两个子流程的作业。

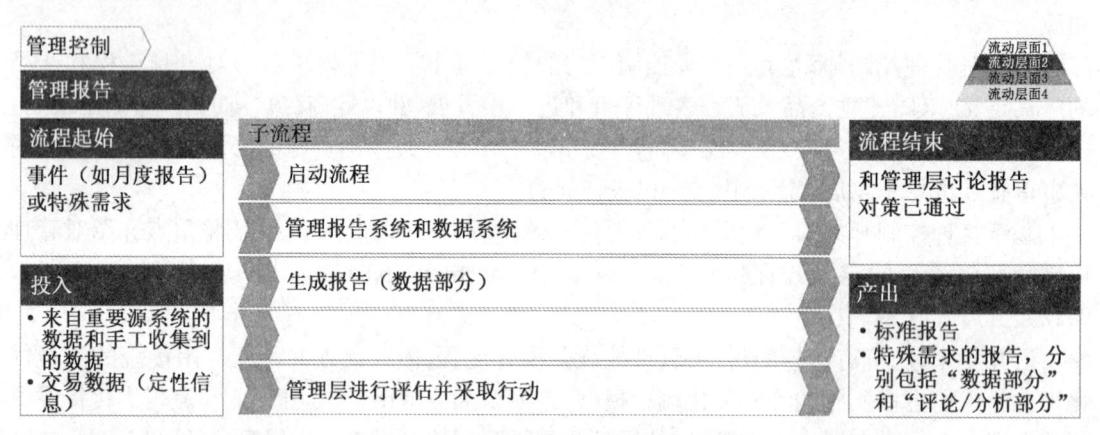

资料来源:国际管理控制组织(2011,第34页)。

图6.23 属于"管理报告"主流程的子流程

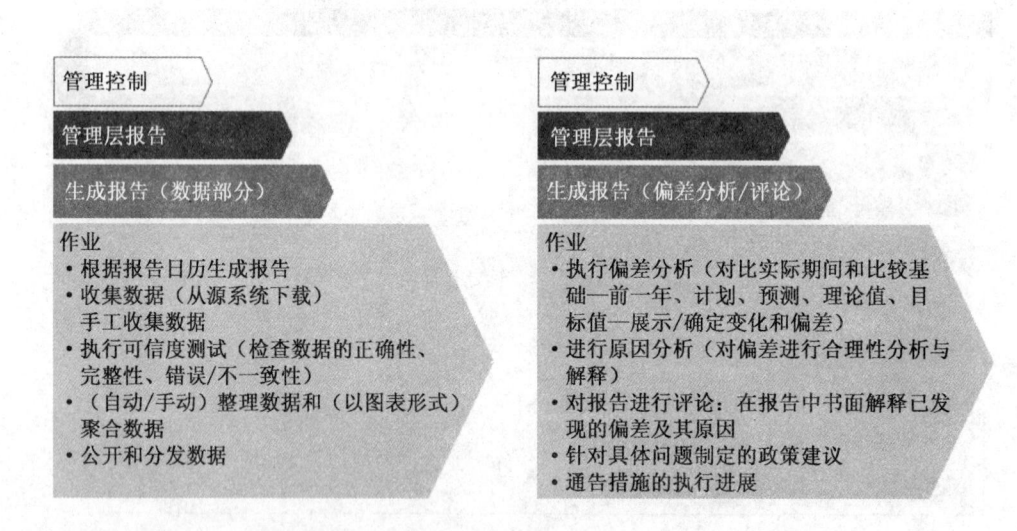

资料来源:国际管理控制组织(2011,第53页)。

图6.24 属于"管理报告"的两个子流程活动

在组织性方面描述报告流程时,总体而言有5个组织变体十分重要,这些变体独立于管理控制组织的流程模型[此处和下述的思想详见Gleich & Temmel(2008,第68页)]。因此,在"活动的结构化"维度中,以下内容具有一定的重要性。鉴于报告功能多样化和报告流程的专业化,关于流程逻辑步骤进展报告流程应标准化。鉴于书面记录报告流程的正式化,在"集中权威"维度,进行如下构建是合适的:任务范围/流程步骤的组织界定下报告流程的集中化、报告流程的自主权,其前提是以任务范围/流程步骤为表现形式的流程所有者拥有自主决定权。图 6.25 给出了概观。

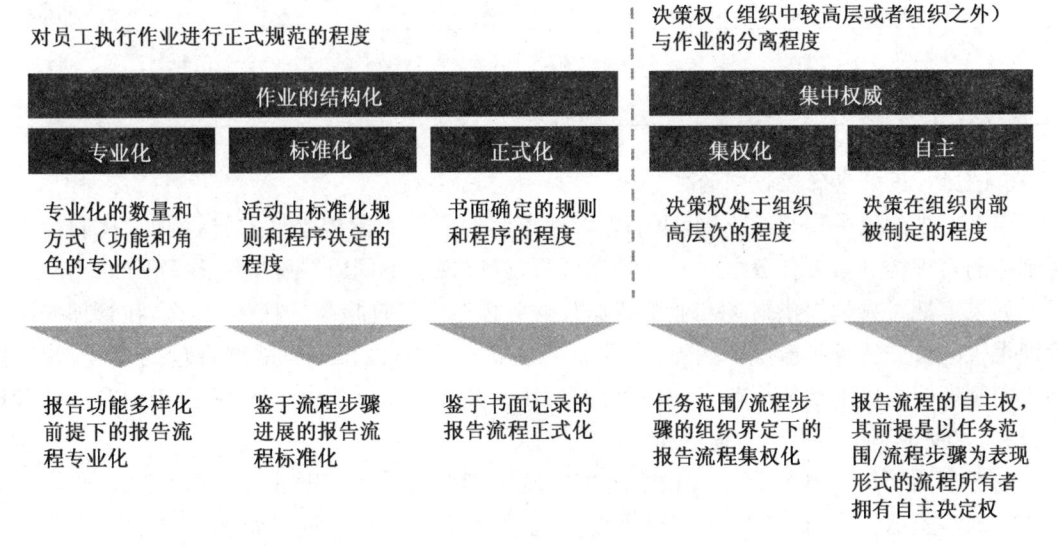

对员工执行作业进行正式规范的程度			决策权(组织中较高层或者组织之外)与作业的分离程度	
作业的结构化			集中权威	
专业化	标准化	正式化	集权化	自主
专业化的数量和方式(功能和角色的专业化)	活动由标准化规则和程序决定的程度	书面确定的规则和程序的程度	决策权处于组织高层次的程度	决策在组织内部被制定的程度
▼	▼	▼	▼	▼
报告功能多样化前提下的报告流程专业化	鉴于流程步骤进展的报告流程标准化	鉴于书面记录的报告流程正式化	任务范围/流程步骤的组织界定下的报告流程集权化	报告流程的自主权,其前提是以任务范围/流程步骤为表现形式的流程所有者拥有自主决定权

资料来源:Gleich & Temmel(2008,第 74 页)。

图 6.25　构建报告流程的重要组织变量

6.4　管理控制组织的表现形式

6.4.1　概述

最近几十年里,管理控制日益呈现出差异化和专业化,正如我们所总结的那样,公司整体管理控制理念的表现形式与组织的环境相关。此外,针对具有不同功能管理控制子领域的理念(营销管理控制、采购管理控制或产品管理控制等)或针对特定挑战以及发展的理念(绿色管理控制、社交媒体管理控制、大数据管理控制等,有关专业化主题参见 6.4.3.1 节)也应运而生。

在详细介绍专业化管理控制的四种不同形式之前(参见 6.4.3 节),下面首先介绍管理控制理论和实践方面的解决方案(参见 6.4.2 节)。

6.4.2　康采恩管理控制

根据物质经济的标准,康采恩指的是企业联合组织,其中的企业重要决策将由各自隶属的康采恩领导层做出,这也导致康采恩集团内部的决策自由,至少只是部分地受到限制(Macharzina & Pohle,2003,第 395 页)。

管理控制的结构与康采恩组织设置有关。如果一个康采恩以控股结构形式组成,则人们通常将其分财务控股、管理控股、总部康采恩。

财务控股集团仅仅拥有财务管理权利,管理控股集团还意味着在不同的公司集团或者控股公司拥有战略领导的权利。

此外，总部康采恩也拥有运营管理的权利（此处参见表6.8的概述），这又一次对管理控制系统及其构建提出了不同的要求，下面将讨论有关问题。

表 6.8　　　　　　　　　　　　康采恩组织结构和领导权利

	财务管理权利	战略领导权利	运营领导权利
财务控股	√		
管理控股	√	√	
总部康采恩	√	√	√

6.4.2.1 康采恩管理控制的任务

因其所处的康采恩组织不同，康采恩管理控制的任务有着根本性差异，例如，我们接下来将阐述的管理控制重要任务之一——管理报告，就展现了不同康采恩组织形式下的差异。

如果定期可靠地提供财务和业绩数据是财务控制下管理报告的任务，那么，在管理控制下管理报告的首先任务则应如下构建：在管理控股康采恩中，由于拥有战略管理的权利，管理控制应向管理层提供附加的战略导向信息，如市场和顾客。在总部康采恩中，由于拥有运营管理的权利，管理控制也需要提供绩效和业绩数据。

麦考金纳（Macharzina）认为，由于管理控制特别对康采恩控股企业和康采恩公司集团的战略计划实施负责，因此管理控股康采恩中的管理控制备受重视（Macharzina，2003，第278页）。在所有的康采恩形式中，在任何情况下，管理控制的一个重要子任务首先是参股控制（Littkemann，2009）。

康采恩的构架决定了管理控制系统的构架，即康采恩中操控模型的构架。仍然以管理报告为例，其实际的构架毫无疑问与康采恩选择的操控理念相关，表6.9做了详细的介绍。

表 6.9　　　　　　　　　　　　康采恩操控和管理报告的构架

	财务方面	战略方面	运营方面
影响程度	很少且不定期 局限于财务操控	受限的，常常是季度性的 关注路线方针、财务和战略操控	全面且经常的 关注运营的表现
自主和解释报告义务的程度	完全的战略和运营自主权 对业绩的报告解释义务	进一步（受限）的运营自主权 一定的战略领导权 对费用和业绩的报告解释义务	明显受限的自主权 对运营表现的报告解释义务
操控的深度	股东价值	价值观和企业的理念	遵循运营和功能标准
总部部门的角色与责任	纲领性的规定和财务统一	纲领性规定，战略领导和协调	详细的规定、流程

不同的康采恩形式在以下方面存在差异：影响程度、自主和解释报告义务的程度、操控的深度以及总部部门的角色与责任。

下面将以财务控股康采恩为例进行简要介绍，表6.9介绍了这种康采恩以及所述的其他两种康采恩形式。康采恩管理层对集团公司的影响程度局限于财务管理。只要康采恩集团内的公司能够按计划持续产生股东价值,它们就具有完全的战略和运营自主权,报告解释义务也仅限于业绩方面。总部康采恩的管理控制关注于针对康采恩组织操控的纲领性规定,它有着财务统一的任务。此外,财务控股康采恩中的管理控制对以下方面提供帮助:投资组合的设计、康采恩内部的资源分配(对哪个康采恩集团公司进行投资,以及如何在集团公司之间分配资金?)

例子

以一个"虚拟管理控制"形式的航空康采恩为例,阐释康采恩管理控制的典型任务:
1. 为康采恩及其子公司拟定目标值。
2. 理念形式的系统构建任务,对含有指标值系统报告制度的持续优化。
3. 对管理控制问题方针的专长。
4. 康采恩中的仲裁功能(如转移价格)。
5. 康采恩的全面、项目和风险管理控制。
6. 对子公司规划的协调。
7. 企业管理的顾问功能。

资料来源:Kley,(2000,第6页)。

6.4.2.2 康采恩管理控制的工具

康采恩操控工具可以分为结构、人事以及技术专家等方面(如图6.26所示)。战略管理控制的重点不仅在于技术专家方面的工具,还使用人事和结构方面的工具。

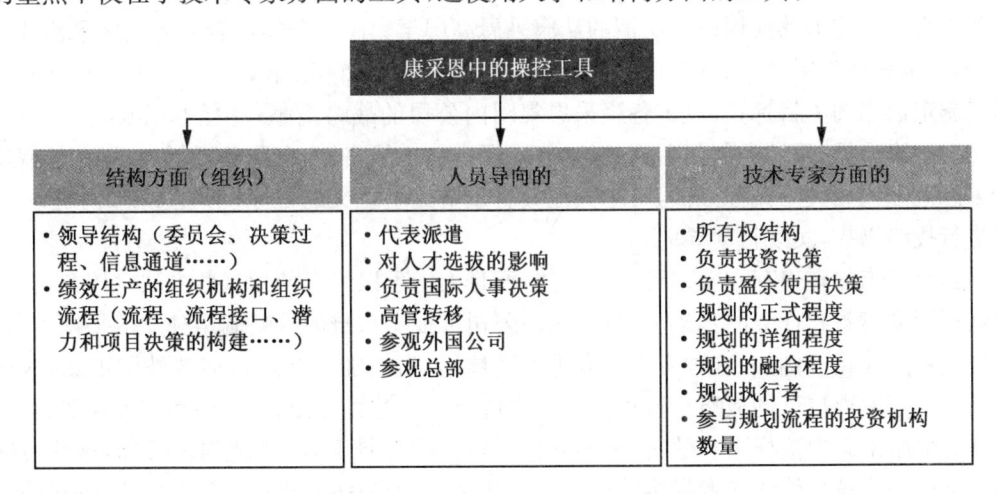

结构方面(组织)	人员导向的	技术专家方面的
• 领导结构(委员会、决策过程、信息通道……) • 绩效生产的组织机构和组织流程(流程、流程接口、潜力和项目决策的构建……)	• 代表派遣 • 对人才选拔的影响 • 负责国际人事决策 • 高管转移 • 参观外国公司 • 参观总部	• 所有权结构 • 负责投资决策 • 负责盈余使用决策 • 规划的正式程度 • 规划的详细程度 • 规划的融合程度 • 规划执行者 • 参与规划流程的投资机构数量

资料来源:Macharzina,(1999,第714页)。

图6.26 康采恩操控的基本工具

在康采恩管理控制实际运用中,一些运营工具[如营利性分析、现金流量核算或者转移价格,参见Littkemann & Michalik(2009,第396页)和所列的参考文献]以及不同的战略导向工具十分重要,下文将不再仔细介绍这些运营工具。这些重要的工具一方面涉及价值导向的操控工具(此处详见第4章以及如Kley(2000,第10页);Gleich & Rieg(2002,第683页);Pötsch(2012,第74页)],另一方面也包括战略表现衡量方案,如平衡计分卡(参见3.7.1节),

这些工具在康采恩环境下的运用是本章接下来的重点。

康采恩中平衡计分卡的定制方式首先取决于领导结构,由此产生康采恩中战略规划任务的分配以及子公司的角色(Welge & Holtbrügge,1999)。接下来将介绍平衡计分卡在不同康采恩环境下的运用[下面段落对于平衡计分卡作为康采恩管理控制工具的介绍引自 Gleich & Rieg(2002,第694页)]。

(1)财务控股康采恩中的平衡计分卡

总部限制资本配置决定权,这是财务控股康采恩的首要特点,它不参与子公司其他领域的决策,风险/回报组合是康采恩层面上的重要操控工具。此处的平衡计分卡没有更多的作用,因为总部只定义了财务目标,而没有顾客、流程和员工相关的目标。财务控股康采恩的总体目标限于资本增值,子公司可以分别制定各自的平衡计分卡,以便确定价值增长的驱动因素并将价值增长的策略具体化。

(2)管理控股康采恩中的平衡计分卡

在管理控股康采恩中,总部负责战略规划,子公司负责运营规划及其实施,这样的分配潜藏着"脱钩"和拉开距离的危险。在这种情况下,能够为促进合作、沟通和战略具体化工具的运用(如平衡计分卡)提供特别的机会:它可以通过抑制康采恩结构中的"离心力",促进合作以及加速大型康采恩中的战略实施。这在日益激烈的时间竞争中有着显著的优势。

(3)总部康采恩中的平衡计分卡

由于人们对总公司战略和操控任务进行了归类,因此也需要对战略的实施进行规划与控制。康采恩总部负责以下任务:总部以及所有重要业务领域和子公司平衡计分卡的制定。各子部门的领导层将会参与制定平衡计分卡,这样一方面可以利用领导层的知识和经验,另一方面也可以提升平衡计分卡的认可度。

随着平衡计分卡的使用以及所谓的从康采恩高层至集团内公司或者业务领域平衡计分卡的转出,康采恩产生了如下具体目标(Horváth & Partners,2007,第239页):①针对下游康采恩部门制定恰当的子目标;②设定各康采恩集团内公司的战略贡献;③任务以及责任的分配;④员工对于康采恩、领域和部门目标的认同;⑤促进员工战略性、自我负责行为;⑥在领域特有和康采恩范围内相关的流程方面,集中关注具有重要战略意义的目标;⑦通过在康采恩内部对资源进行战略操控,实现行动导向。

平衡计分卡的转出存在着多种基本方法,而且人们可以组合使用这些方法。因此,在康采恩战略性行动背景和任务的基础上,各集团内公司可根据自身的战略制定独立的平衡计分卡,并对此进行具体化。例如,这种方式适合于下述情形:市场加工必须适应各外国市场,这样各子领域有时需发展自己的战略。这种转出方式适合于一些管理控股、网络和财务控股康采恩。

在总部康采恩中这样更有效:在平衡计分卡转出的背景下,严格地制定目标,这些目标将在各领域进一步被具体化或者提供补充措施。此时,各子公司的操作空间非常小,在极端情况下只能进行平衡计分卡的传递。

另一种方法倾向于这种可能性:目标值和措施针对不同子公司情况而有所变动,但不必改变所有相关的平衡计分卡。这种方法更多地适合管理控股康采恩,其子领域主要有经营管理和战略实施的任务。在具体情况下,这很适合对规定的标准目标和其他战略目标进行补充。

如果平衡计分卡在多个领域得以发展,并显示出相互依赖关系,如在国际生产联合体中更好地得到整合,则有必要协调各平衡计分卡的内容。根据需要,这种协调涉及战略本身或战略目标、绩效衡量、目标值或措施。

根据具体情况,对平衡计分卡的视角进行适当调整是很有意义的。因此,在合资企业中,企业联盟的成功与伙伴间的合作有关,而且在各自的"合作视角"与各自的战略目标等相连的情况下,企业间的合作将会更有利(Hoffjan,Karlovich & Rehbach,2000,第238页)。

6.4.2.3 康采恩管理控制的组织

图6.27简要介绍了在管理实际中有关康采恩管理控制组织机构的部分想法,正如霍华德合伙CFO—调查(Horváth & Partners CFO-Panels)的结论那样,"德国绝大部分企业"的所有子功能部门运用了此处含蓄描述的"虚线原则"(Hofmann & Munz,2007,第262页)。

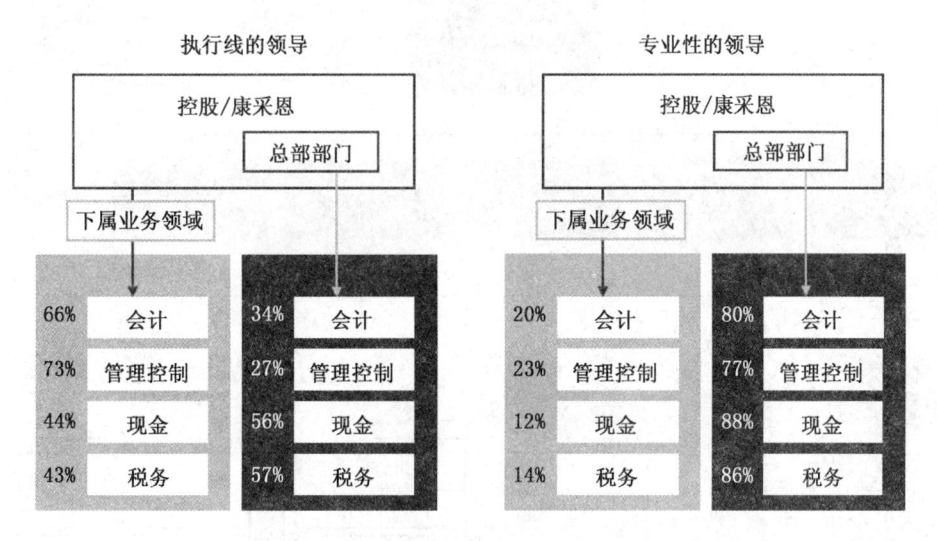

资料来源:Hofmann & Munz(2007,第262页)。

图6.27 子公司在管理控制、会计、现金和税务在专业线和执行线的地位

正如下面两个例子所示,这种原则也在大众康采恩和巴斯夫中得到实施。

案例

巴斯夫公司存在着运营与战略康采恩管理控制的差异(Rübens & Köppe,2007,第78页;Hagen & Schäffer,2014,第16页)。战略康采恩管理控制直接受董事会领导,而运营康采恩管理控制的领导要向财务总监汇报。子公司的管理控制部门,在专业上隶属于康采恩管理控制部门,在执行线上受到各领域经理的领导,这符合"虚线原则"。定期的协调可以促进总部与子公司管理控制的交流,如:(1)企业部门与管理控制师月度的会面;(2)功能部门管理控制师与功能专业中心管理控制师季度的会面;(3)全球管理控制师定期的会议(区域领域的管理控制师也会参与);(4)全球管理控制师年度的会议(Rübens & Köppe,2007,第85页)。

在康采恩中,管理控制师也承担了业务伙伴的角色,这时管理控制部门的领导属于管理团队的一部分,能够制定企业决策(Hagen & Schäffer,2014,第19页)。

案例

大众康采恩的例子可以说明,一个多品牌集团有着怎样的康采恩管理控制结构。该多品牌集团有着弱势的总部康采恩,或是强势的管理控股康采恩(该康采恩同时也对运营方面感兴趣），它们拥有强烈自主性（如奥迪、斯柯达、西亚特）(Pötsch,2012,第72页)。图6.28表明，管理控制在组织上与其他五个领域并行，它隶属于财务总监并且具体分为6个部门：除"品牌和项目管理控制"之外，还有"业绩与财务规划"、"价值创造流程管理控制"、"产品康采恩管理控制"、"康采恩销售管理控制"以及"原装部件康采恩管理控制"部门。在大众康采恩中，管理控制师不再仅仅是"传统的业务伙伴"，而且已成为"变革推动者"，以及变革历程中的"首倡者、分析师和协调者"(Pötsch,2012,第73页)。

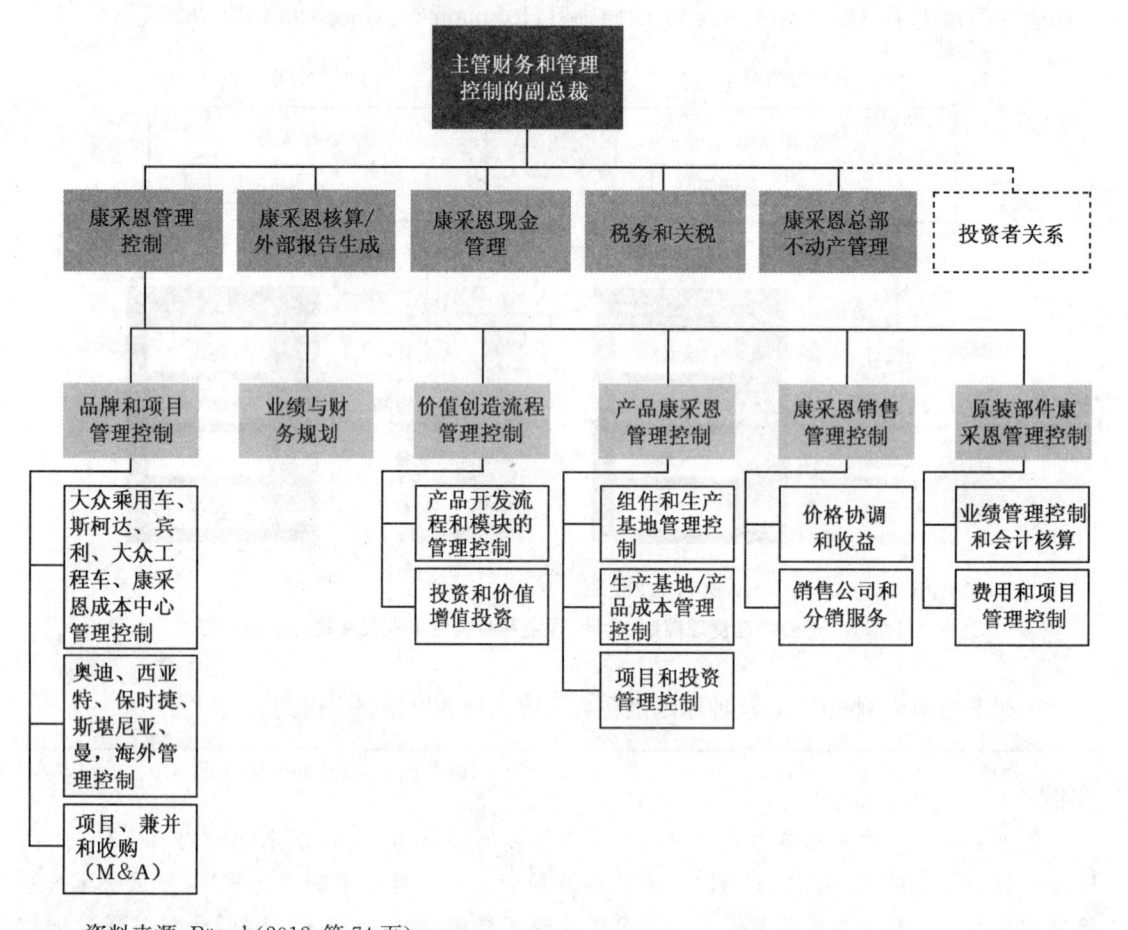

资料来源：Pötsch(2012,第74页)。

图 6.28　大众康采恩中康采恩管理控制的组织

康采恩管理控制实行的是"虚线原则"：在一定程度上，康采恩管理控制部门在专业方面领导着市场/子公司和地区的相关部门，因此管理控制领域几乎产生了一个由单个子任务构成的矩阵(Pötsch,2012,第74页)。

****

"业务伙伴是我们的榜样，管理控制师在此处的贡献不同。"
　　——沃尔夫冈·哈吉(Wolfgang Hage)，巴斯夫股份公司运营康采恩管理控制的负责人(Hagen & Schäffer,2014,第18页)

6.4.3 专业化管理控制

6.4.3.1 专业化管理控制的基础

在分散化的过程中,管理控制的专业化产生了巨大的多样性。正如我们在本书多处所看到的那样,管理控制组织遵循整体组织的分权化标准,由此也产生了功能、事业部、区域和项目管理控制。在大公司中,我们经常可以发现非常复杂的专业化管理控制结构。

案例

在德国壳牌股份公司存在以下差异(Frensdorff,1993,第 121 页):

1. 拥有方针决策权限的总部管理控制师(向财务总监报告)与在功能上隶属于子公司领导的所有子公司管理控制师之间。

2. 子公司管理控制师之间,严格意义上即在 7 个分销中心、2 个炼油中心、润滑剂业务、3 个业绩中心、石油供应中心和中央工程技术部门、人力以及德国的壳牌化工中心子公司之间。

3. 除业务任务之外,子公司业务领导承担子公司管理控制师的任务。

4. (部门)化学和石油部门的管理控制师,因为此处的管理控制师需要负责很多子公司。

5. 助理管理控制师需要负责燃油以及建筑领域管理控制。

****

在本书中,我们将不再根据不同领域对专业化管理控制进行介绍(Reichmann,2011)。

我们划分如下 4 个具体的领域:财务管理控制、绿色管理控制、创新管理控制和市场管理控制。

下面将介绍中型企业市场管理控制和创新管理控制以及 DAX 康采恩绿色管理控制的实施例子,这些实例是对下述有关实际运用经验基本阐述的补充和完善。

6.4.3.2 财务管理控制

6.4.3.2.1 财务管理控制的基础和任务

在了解财务管理控制的目标和任务后,重温管理控制的任务是十分重要的(Horváth,2011)。

区分功能领导(管理)和领导协助(管理控制)是至关重要的[参见图 6.29,如本章中其他所有插图和解释一样——除"工具"这一子章节之外,图 6.29 摘自 Horváth(2011,第 21 页)]。从组织角度,这涉及管理者内容方面的责任和管理控制师信息和透明化方面的责任差别。在文献和管理实践中,这种必要的区分并不总是十分明确,在功能和组织上,常常混淆管理和管理控制职能。

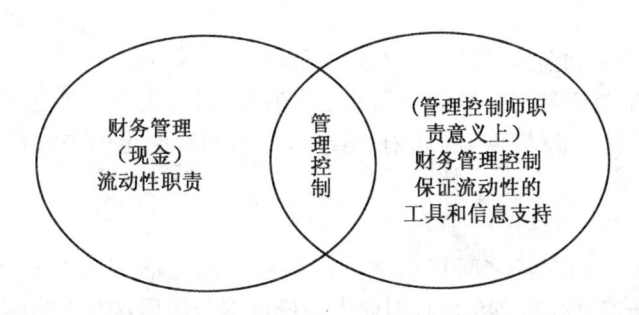

图 6.29 财务管理和财务管理控制的合作

在理解财务管理控制的时候也可以运用"类比推理",即"对整个企业管理控制的理解转移到对一个特定的部门,具体而言就是转移到财务部门"(Müller,2008,第 45 页)。大体上类比管理控制的功能,财务管理控制的功能可以被描述为:结合业绩部门与流动性相关的要求,为履行企业管理的流动性安全责任提供业绩目标相关的支持(参见表 6.10)。

表 6.10　　　　　　　　　文献中关于财务管理控制目标和任务的描述

财务管理控制是所有有关这些活动的集合概念:这些活动的目的是在考虑业绩部门要求的基础上,面向未来控制流动性(Steiner,2003,第 235、236 页)。
财务管理控制系统是一个企业以支付为导向的规划、执行和监控结构的状态图(Steiner,2003,第 236 页)。
财务管理控制具有规划、协调、监控、提供信息和跨职能与财务经济方面的特点,它有利于对财务管理的支持,并最终服务于管理层(Marx,1993,第 85 页)。
财务管理控制的主题是对财务的管理控制,人们可以像理解分销、产品或者物流管理控制那样来理解财务管理控制(Blazek & Eiselmayer,2007,第 11 页)。
对财务管理的支持属于财务管理控制的一个任务领域,这种支持包括对确保信息流、执行财务规划和财务监控工作和针对财务规划、监控和报告制定合适的系统(Mensch,2008,第 2 页)。

财务管理控制具体的管理支持任务如下(Mensch,2008,第 20 页):

(1)对财务规划和监控进行协调性支持:这个任务包括定期和不定期(如投资项目)的参与,它不仅包括运营规划,还包括战略规划。

(2)确保财务信息的提供:此处指的是有关财务管理和企业管理信息,这些信息涉及流动性安全保障、企业所有流程的财务评价以及流动性目标与业绩目标的协调。

(3)财务管理控制系统的构建和进一步发展:此处包括任务、流程、组织、工具以及 IT 支持。

(4)对特殊问题提供财务咨询:在提供支持时,有时会遇到特别的主题,如企业合并。

"财务部门必须对不同的规划和监控活动进行协调,因为'外部'的流动性目标须与效益目标协调"(Steiner,2003,第 236 页)。

与财务管理的部门管理和节点职能的双重定位一样,财务管理控制也有双重的重心:对财务管理部门相关的支持和对财务节点职能任务的支持。

财务管理控制流程融入了企业规划的整个流程,并且被作为规划和监控流程进行构建,该规划的阶段符合整体规划流程的阶段:长期/战略财务规划、中期运营财务规划、短期运营财务规划。

每天的流动性操控和监控被补充进入规划阶段。

财务管理控制流程必然与一般的规划和报告流程相连,由此也产生了一项特殊的协调挑战:财务管理控制流程与业绩部门的规划一致,这也是预算制定的中心任务。图 6.30 说明了该整体关联。

6.4.3.2.2　财务管理控制的工具

"由于财务管理控制工具之间存在大量内容和时间上的相关性和交互作用"(Prätsch,Schikora & Ludwig,2012,第 249 页),因此人们应该综合使用这些工具而非单独使用。

下面将推荐"融合的财务管理控制整套工具",即 1 套紧密相关的工具(Prätsch,Schikora & Ludwig,2012,第 249~320 页):(1)资本需要规划;(2)短期财务规划;(3)长期财务规划;

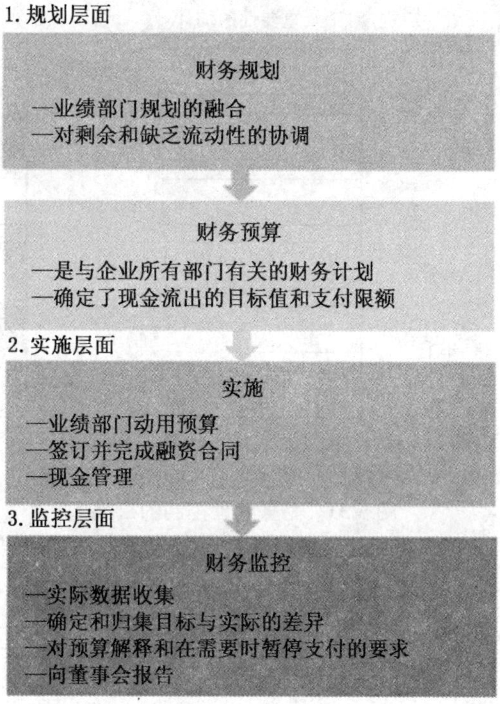

```
1. 规划层面
     ┌─────────────────────────────┐
     │         财务规划              │
     │  ——业绩部门规划的融合          │
     │  ——对剩余和缺乏流动性的协调    │
     └─────────────────────────────┘
                    ↓
     ┌─────────────────────────────┐
     │         财务预算              │
     │  ——是与企业所有部门有关的财务计划│
     │  ——确定了现金流出的目标值和支付限额│
     └─────────────────────────────┘
2. 实施层面
     ┌─────────────────────────────┐
     │           实施                │
     │  ——业绩部门动用预算            │
     │  ——签订并完成融资合同          │
     │  ——现金管理                   │
     └─────────────────────────────┘
3. 监控层面
     ┌─────────────────────────────┐
     │         财务监控              │
     │  ——实际数据收集               │
     │  ——确定和归集目标与实际的差异   │
     │  ——对预算解释和在需要时暂停支付的要求│
     │  ——向董事会报告               │
     └─────────────────────────────┘
```

资料来源：Steiner(2003,第 247 页)。

图 6.30　财务管理控制循环

(4)财务预算；(5)现金流量表；(6)财务分析和财务操控；(7)价值导向的指标；(8)平衡计分卡；(9)价值创造核算；(10)风险分析；(11)企业报告生成。

在霍华德咨询公司与科隆大学合作进行的"2011 年财务管理控制"研究中，他们询问了董事会成员、业务领导以及财务部门、管理控制和会计核算部门领导对财务管理控制不同方面的看法($n=114$)。

该研究也会介绍，在管理实际中应用了哪些工具以及各领导对于工具重要性的估计。图 6.31 形象地展示了：大约 75% 的企业实施了短期的财务规划或者财务配置监控。只有很少的企业实施了财务风险管理控制(51% 的受访专家实施了这种控制)或营运资金控制(57%)。

此外，59% 的受访专家实施了以流动性为导向的指标，图 6.32 展示了在管理实际中，重要且得以运用的指标。

在研究描述公司的当前或未来财务状况并进行内外部操控和生成报告时，人们会运用上述指标。正如研究所示，"在内外部报告中，流动性导向的指标得到了广泛的应用。与此相反，在目标商定中，这些指标间很少存在固定相连性"(Munck & Schentler,2011,第 49 页)。为了让这些工具更好地对财务管理控制发挥作用，人们建议将企业的财务操控与管理层的规划和操控目标联系起来。

6.4.3.2.3　财务管理控制的组织

本节摘自霍华德(2011)。"企业的信息流和配置应该如此组织，以便财务系统像供血系统那样运作"(Scheffler,2003,第 245 页)。由此产生了如下问题：哪个部门承担财务管理和财务控制的哪些任务？根据不同的组织架构，这个问题有着不同的答案。企业环境在这其中起

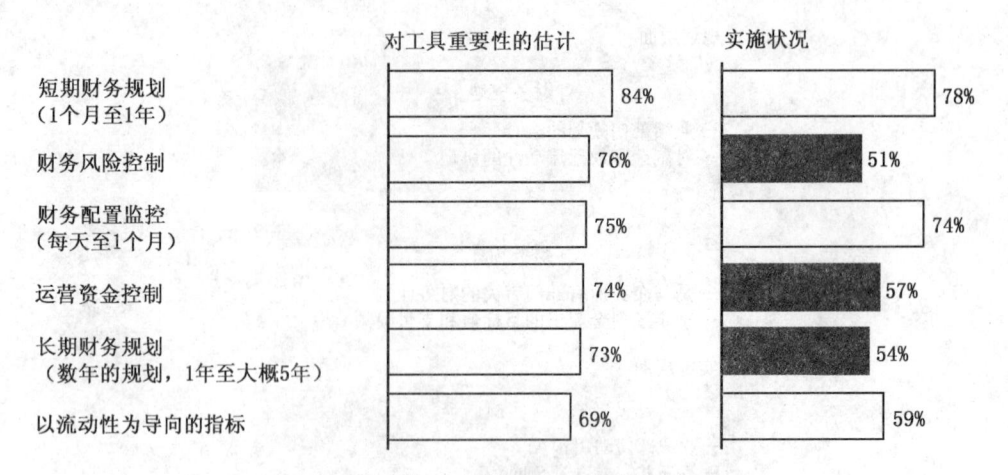

	对工具重要性的估计	实施状况
短期财务规划（1个月至1年）	84%	78%
财务风险控制	76%	51%
财务配置监控（每天至1个月）	75%	74%
运营资金控制	74%	57%
长期财务规划（数年的规划，1年至大概5年）	73%	54%
以流动性为导向的指标	69%	59%

资料来源：Müller, Schentler & Koch(2011, 第86页)。

图6.31 财务管理控制的工具

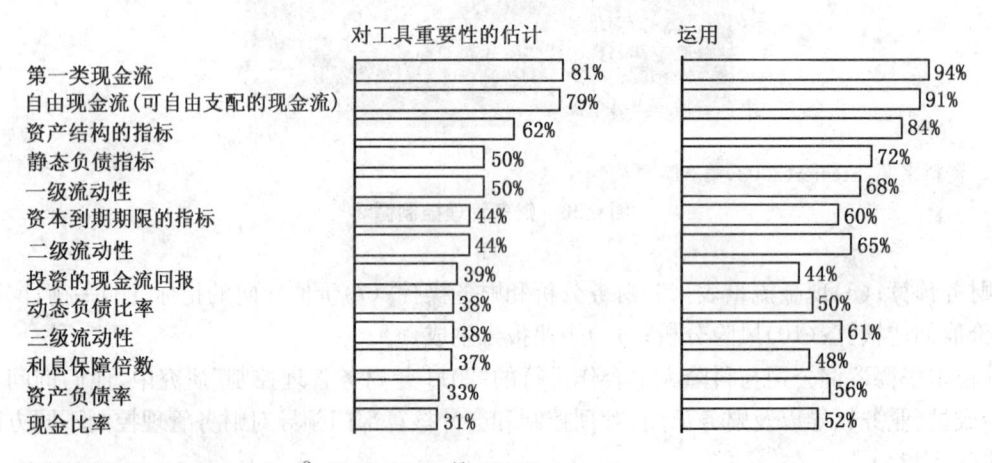

	对工具重要性的估计	运用
第一类现金流	81%	94%
自由现金流(可自由支配的现金流)	79%	91%
资产结构的指标	62%	84%
静态负债指标	50%	72%
一级流动性	50%	68%
资本到期期限的指标	44%	60%
二级流动性	44%	65%
投资的现金流回报	39%	44%
动态负债比率	38%	50%
三级流动性	38%	61%
利息保障倍数	37%	48%
资产负债率	33%	56%
现金比率	31%	52%

资料来源：Müller, Schentler & Koch(2011, 第91页)。

图6.32 财务管理控制的循环

着重要的作用，特别是企业的规模和所处行业尤为重要。此外，这也与企业管理控制所处的不同发展阶段有关。总体而言，大型企业中有三个与财务主题相关，却又互有区别的组织实体：企业领导层（董事会、管理层）、管理控制部门和财务部门。

由于公司的财务平衡性只能统一地在整个公司层面实现，因此"即使在子公司的管理结构中，财务职能部门的组织也趋于集权化"(Scheffler, 2003, 第245页)。

此外，广义上保持财务平衡性也包括对业绩的操控和监控。因此这也导致在大型企业中，除了财务、管理控制之外，前述的三个组织实体还包括内外部会计核算、资产负债表、税务和保险等。

一般情况下，财务总监(CFO)在董事会和业务领导层面主管财务、管理控制和会计核算部门的任务（参见图6.33）。

近年来财务总监的任务和职位日益受到重视。可以预料，财务总监的重要性在未来将会进一步增加(IBM, 2010; KPMG, 2009; ZFCM, 2010)。财务总监集"财务效率"和"业务洞察

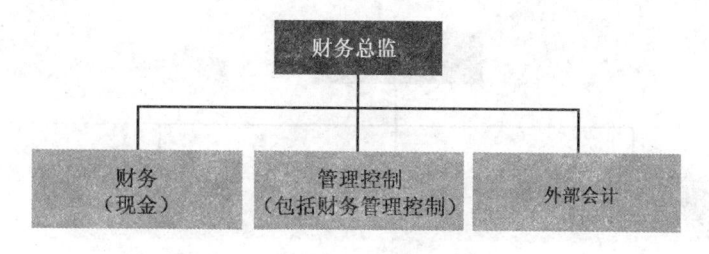

图 6.33　CFO 领域组织结构的基本主题

力"于一身,扮演了"新的价值整合者"(IBM,2010)的角色(参见图 6.34)。

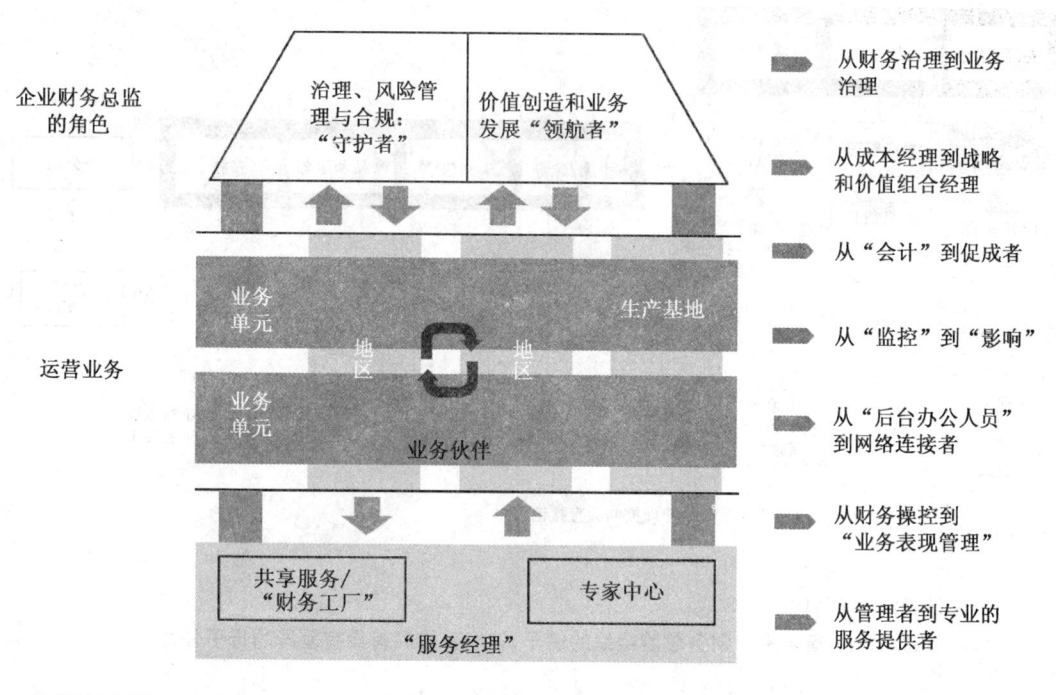

资料来源:Daum(2008,第 389 页)。

图 6.34　财务总监部门的发展路径

一项针对 DAX 和 MDAX 康采恩中财务总监职能分配的研究表明(Kunz,2010),财务总监的职能日益具有综合化的特点,它可以包括一些完全陌生专业的主题(如人事)。

(1)在大型企业中,通常根据业务职能,对财务总监部门内的管理控制组织进行结构划分。在一般情况下,管理控制师在此拥有专门的职位或部门(参见图 6.35 和图 6.36)。

(2)当然,在中型企业中,人们不必对财务总监组织进行明确的划分。在中型企业中,更多按照运营管理任务来划分财务总监以及财务总监部门(参见图 6.37;Becker et al.,2011,第 63 页)。在组织方面,中型企业财务管理控制的任务通常不是单列的,财务管理控制甚至常常是财务领域的一部分,并受到该部门负责人领导。

在财务总监组织的基础上,存在多种可能的财务管理任务分类,总体而言可以确定的是:财务总监自身可以承担战略导向的结构构建任务。财务部门第二层组织的领导通常负责(中短期的)运营任务。

在管理控制领域是否需要设置财务管理控制师的职位,这与企业的规模和复杂性有关。

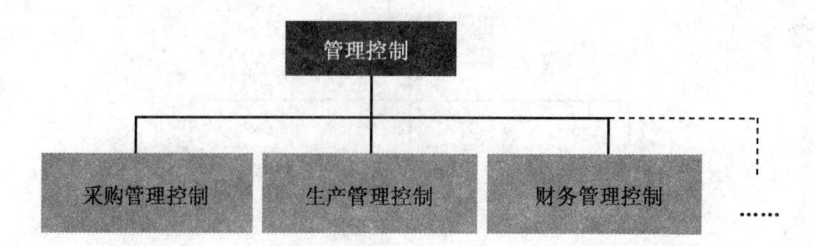

图 6.35 大型企业管理控制根据应用部门的结构划分

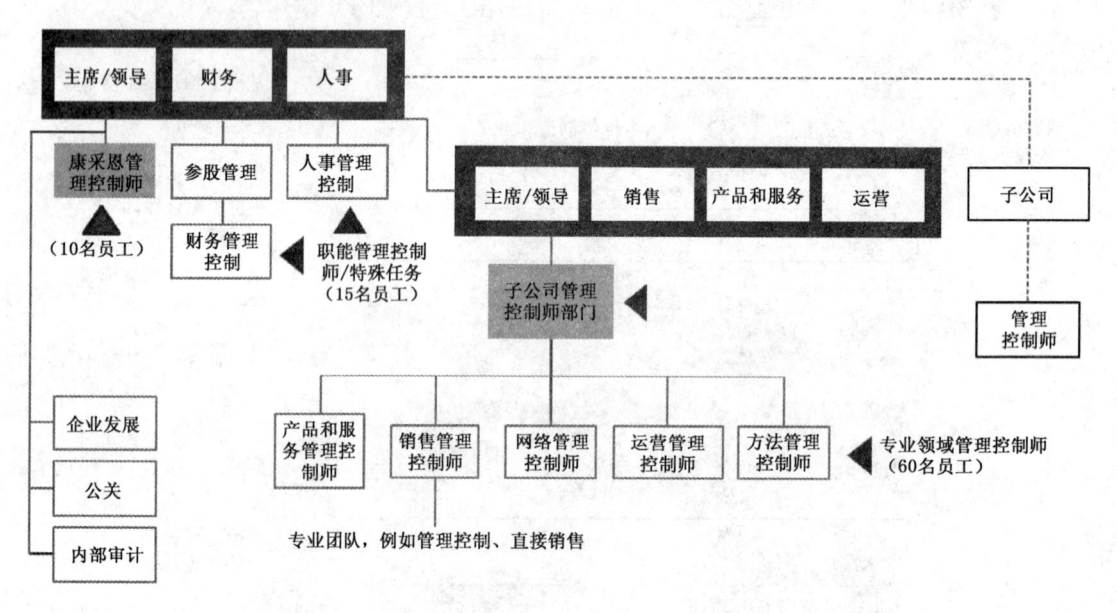

资料来源：Weber（2010，第 40 页）。

图 6.36 康采恩中财务总监组织的例子，该康采恩拥有具有差异的母子公司

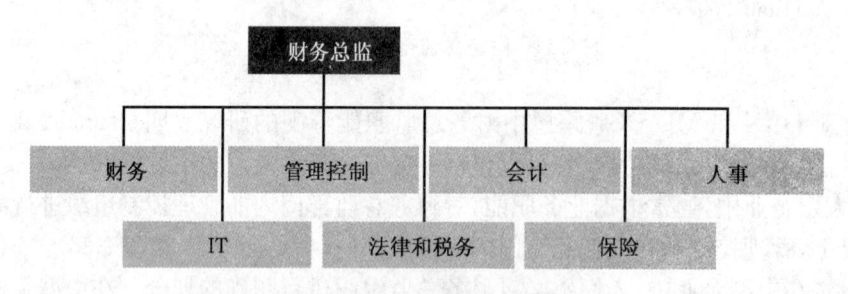

图 6.37 中型企业中财务总监组织的例子

重要的是，在财务管理的运营方向以及战略方面，管理控制部门作为财务总监的"业务伙伴"，保证协调性支持。

只有在下述前提下，作为企业管理层的成员，财务总监在财务和营利性方面的综合任务才能得以完成：财务总监部门所有的组织紧密合作，以使业绩和流动性的相互关系得到重视。

康采恩的财务管理和财务管理控制产生了一项特别的组织性挑战。康采恩中的财务关系

应建立在各集团公司法律独立的基础上,康采恩组织和领导(财务控股或管理控股)的结构至关重要。

近年来,国际化和运营财务管理任务(共享服务)加深了财务管理和财务管理控制组织的复杂程度。

6.4.3.3 绿色管理控制

6.4.3.3.1 绿色管理控制的基础和任务

可持续的企业管理要求同时考虑经济、社会和环境的挑战(Epstein & Buhovac,2014)。在企业管理任务方面,可持续管理控制支持可持续管理。与其他管理控制的概念一样,可持续管理控制应该保障经理的信息供给,这其中只能使用个别原始的管理控制工具(Schaltegger & Zvezdov,2012,第67页;Gleich,Bartels & Breisig,2012)。

近年来,在可持续发展倡议的背景下,生态方面受到了特别的重视:"企业日益认识到,在流程、生产和服务方面进行生态定位,一方面可以降低成本,另一方面可以开发新的销售和创新潜力"(Isensee & Michel,2011,第436页)。

对于我们而言,关注可持续管理控制的生态定位——"绿色管理控制",首先是出于实际的原因(Horváth & Schulze,2012,第16页),即可持续管理控制可能复杂多样,人们几乎不能同时着手其所有方面。

以下几点涉及对环境的影响和环境产品,属于绿色管理控制的任务(国际管理控制师协会,2014,第47页):(1)分析重要性和创造透明性;(2)识别机遇和风险;(3)支持目标和战略制定;(4)与规划和决策流程融合;(5)持续的衡量和目标操控;(6)与监控和报告流程融合。

由此产生了"绿色"管理控制师的主要任务领域(Isensee & Michel,2011,第437页):(1)通过成功影响因素的确定、标杆法以及绿色市场和竞争分析的实施,支持绿色战略和目标的制定;(2)通过发展合适的指标和评价标准进行绿色衡量、操控和评价(例如绿色的关键指标评价体系和生态的投资评价);(3)对公司利益相关者提供绿色咨询和支持,例如通过展示和探寻生态与经济的联系。

6.4.3.3.2 绿色管理控制的工具

为了实现上述任务,人们会使用很多特殊的工具。文献中特别提及了以下绿色管理控制工具:(1)生态或环境平衡计分卡(参见图6.38);(2)环境可持续发展的投资核算;(3)物流和环境费用核算;(4)以可持续发展为导向的风险管理;(5)生态平衡表/生命循环评价;(6)环境清单;(7)环境审计;(8)物资和能源平衡表;(9)环境预算核算;(10)产品线分析。

案例

在卫浴制造商汉斯格雅那里,管理控制师甚至被赋予了重要推动者的角色,以便借助可持续的企业管理实现可持续发展的目标(Gänßlen & Frey,2013,第330页)。然而,绿色管理控制不可能也不允许自我目标和"孤岛解决方案",因为"……,这需要一个健康的财务基础,以便在生态和社会方面发挥作用"(Gänßlen & Frey,2013,第331页)。

****

冈瑟和冈瑟(Günther & Günther,2003)划分了绿色管理控制的三个发展阶段。

第一发展阶段的工具(不同的绿色管理控制)包括"经典"的工具,这些工具突出和强调了生态方面,它们包括生命周期成本核算、流程费用核算或目标成本(Berlin,2015)。

"在比较进行和不进行某项行为的成本时,此处成本可能也会转嫁到第三方",人们会使用

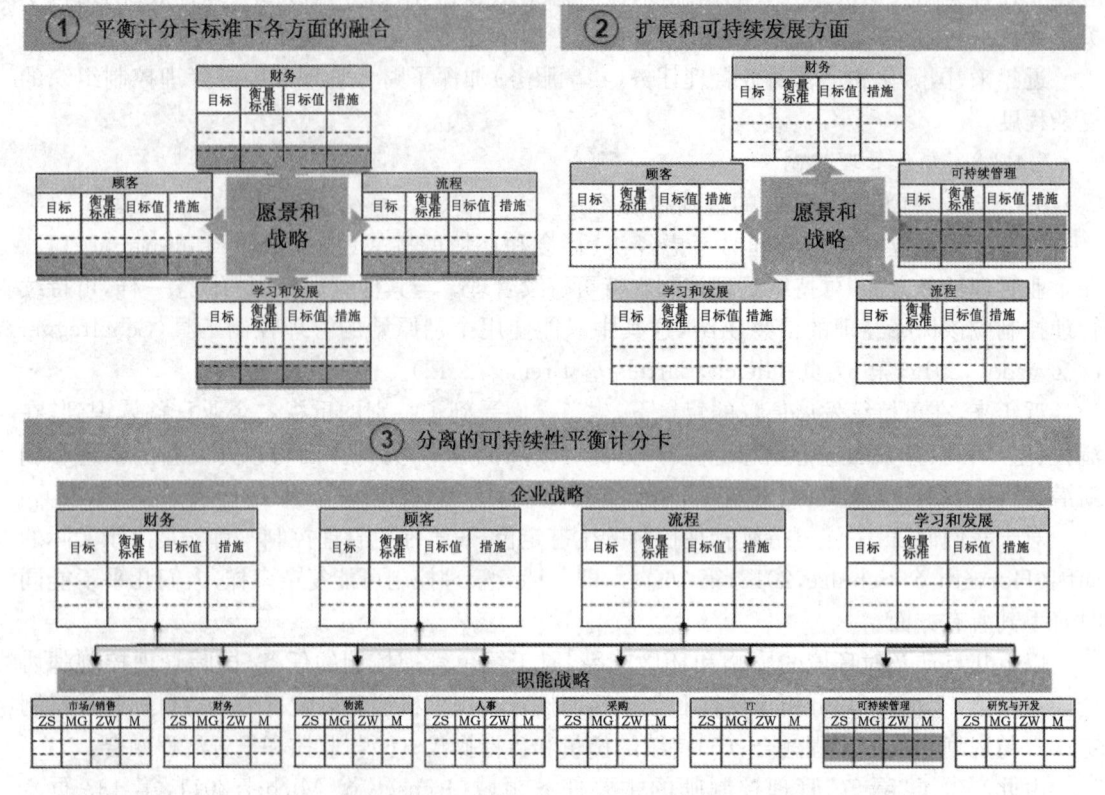

① 平衡计分卡标准下各方面的融合　　② 扩展和可持续发展方面

③ 分离的可持续性平衡计分卡

资料来源:Gleich,Schulze & Nuhn(2014,第 205 页)。

图 6.38　平衡计分卡下生态各方面的观察可能性

第二发展阶段工具(Günther & Stechemesser,2011,第 419 页),例如规避成本法和损失成本法(Antheaume,2004,第 450 页)。

绿色管理控制的特殊工具属于第三发展阶段工具(扩展的绿色管理控制)(如碳耗、水耗、积累的能量消耗)。

6.4.3.3.3　绿色管理控制的组织

在组织方面,绿色管理控制使用国际管理控制协会(2014,第 50 页)的流程模型,它可以运用在以下流程中:战略规划、运营规划和预算制定,报告和会计,组织、流程、工具和系统的进一步发展,系统以及对可持续方面具有重要性的子流程和工具。

在组织方面,管理控制师必须常常与可持续发展经理和环境经理合作,因此人们必须找到组织架构方面的解决方案,并明确落实对上述不同流程和任务的责任(Horváth,Berlin & Pütter,2014)。

毋庸置疑,各管理控制师必须完成"绿色主题"的培训:"管理控制师必须掌握(……)必要的专业知识和相关技能,以便能够拥有理解和判别绿色经济的能力"(国际管理控制师协会,2014,第 114 页)。

案例

"蓝色思维工厂"项目是大众康采恩绿色管理控制的着眼处,同时它也是康采恩环境战略的一部分,其中绿色目标和措施分为七大类。此外,作为企业整体的理念,"蓝色思维工厂"还包括下列内容(Boehnke,Nieschwietz & Müller,2014;图6.39):(1)所有员工的参与;(2)将日常工作流程与环境保护相连;(3)创新技艺和措施的系统性交流;(4)在工厂中系统性执行措施的统一方法;(5)通过康采恩统一的IT系统追踪措施实施情况。

蓝色思维工厂

- 指标
  - 公开责任
  - 36个反馈基地
  - 36个目标协定
- 统一的方法
  - 36个规定的资产负债表空间
  - 报告系统
- 工艺
  - 140项措施
  - 创新的工艺
- 系统性的执行
  - 新工厂:根据当前的调查结果建造
  - 现有工厂:30迁移路径
  - 蓝色思维工厂方法箱子
- 生产基地的联系
  - 进一步交流经验的机制
- 员工
  - 1 000个主意
  - 交流
  - 能源路径
  - 信使
  - 蓝色思维工厂标签

资料来源:Boehnke,Nieschwietz & Müller(2014)。

图6.39 "蓝色思维工厂"及其重要内容

"蓝色思维工厂"的重要目标是降低生产方面的消耗和排放,即在2018年,每辆汽车和组件消耗的能源、水、垃圾、二氧化碳和溶剂排放量较2010年降低25%。因此,这也对不同工厂生成了特定的目标值。

"环境管理控制面临的挑战为:确定世界范围内27个生产基地的价值创造深度,并且安全持续地应对8年期项目数据和衡量值的复杂性"(国际控制师协会,2014,第109页)。在品牌和生产基地层面上,在定期季度报告的基础上,这种操控得以实现。定期的季度报告展现了不同的指标,并包含与目标值的比较(参见图6.40对大众康采恩生产基地环境减压状况的描述)。

详细内容
环保生产(UEP)
第四季度报表
基准日期:2013年12月31日
工厂基地×××

资产位置	目标值2008(%)	实际值(%)	能源(%)	二氧化碳(%)	水(%)	垃圾(%)	二氧化氮及挥发性有机化合物
工厂基地×××	25.00	63.18	27.37	96.36	28.97	100.00	0.00

资料来源:Boehnke,Nieschwietz & Müller(2014)。

图6.40 一个生产基地环境管理控制报告详细内容的例子

除了对运营环境目标的展示和追求之外,大众康采恩还实施了生产基地层面上的战略指标分析,以便强调独立于"蓝色思维工厂"活动的作用,这些活动会影响环境目标形式的发展(例如产量或者天气的影响以及它们对能源使用的影响)。在风险分析和战略评价时,将会运用上述分析的结果(Boehnke,Nieschwietz & Müller,2014)。

环境管理控制的另一个重要基础是生命周期成本或总体拥有成本。大众康采恩区分了生命周期成本(供应者角度)和所有者概念的全部成本,其在投资采购时得到广泛运用。这是由于投资的能源和媒体成本占据了企业成本的大部分,通过这个理念可以使企业成本透明化与可操控化。

图 6.41 展示了大众康采恩中生命周期成本和总体拥有成本概念的界限。

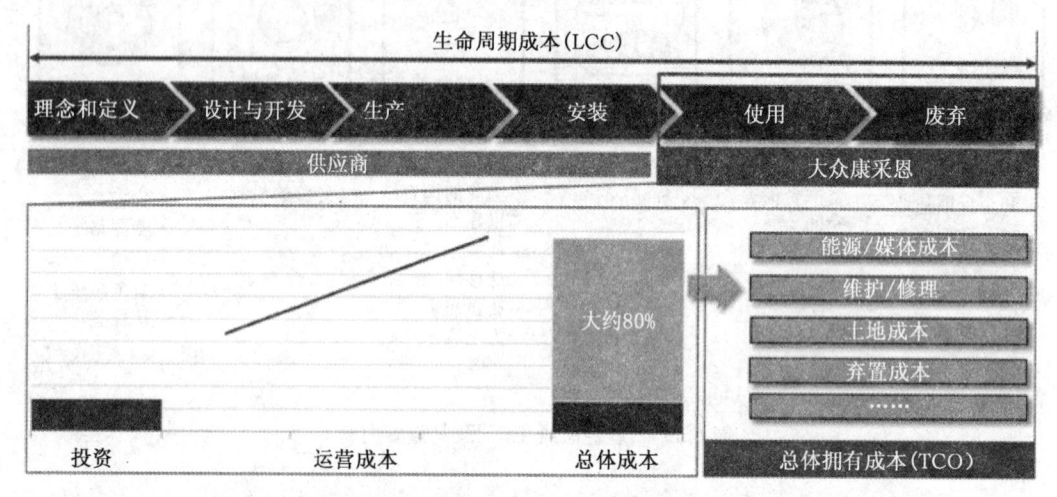

资料来源:Boehnke,Nieschwietz & Müller(2014)。

图 6.41　大众康采恩中总体拥有成本的定义

6.4.3.4　创新管理控制

6.4.3.4.1　创新管理控制的基础和任务

越来越多的文献指出:近年来创新管理控制日益受到创新专家和管理控制师的重视(Möller,Menninger & Robers,2011;Schimank & Gleich,2011)。

"与衡量研究和开发的表现不同,创新管理控制从事企业不同部门创新活动的综合管理,它是管理支持和交流的媒介"(Gassmann & Perez-Freije,2011,第 394 页)。

企业范围结构性的规划和操控创新项目以及创新、研究、开发活动、成功操控创新投资组合或者定义并实施创新战略,这些能力变得愈发重要。这不仅仅适用于生产型企业,同时也适合服务型企业。借助这种能力,企业能够快速有效而又成功地进行创新,这使得企业间的差异日益增大。因此,作为创新管理的一部分,创新管理控制日益重要。下面将首先介绍管理和操控创新的方法以及企业内部的创新管理控制,详细的介绍引自芒克、乔拉尔斯和格莱克(Munck,Chouliares & Gleich,2014)。

创新可以实现可持续的增长,因此是经济成功的源泉。创新管理应该确保创新不是偶然的一次性的冒险。一方面,借助有序的阶段性流程,人们可以实现创新活动标准化,以便将创新构建为常规流程;另一方面,可以让公司的所有利益相关者参与到创新中(Hauschildt &

Salomo,2011,第29页)。由于在项目实施之前,项目的特点与未来相关而具有未知性(Littkemann & Holtrup,2011,第351页),因此创新具有鲜明的新奇性,所以创新管理具有风险性、不确定性和复杂性,并且面临着诸多外部因素,例如日益增长的资源稀缺、日益激烈的竞争以及顾客和市场不断提高的要求等。基于上述原因,有必要对创新管理任务的实现提供支持。创新管理控制有协助支持职能,其追求的目标是提升创新管理的效益和效率。

由于这涉及一个相对较新的研究领域,因此在实践中,该子学科的构建仍具有一定的不确定性(Bösch,2007,第229页)。一方面,创新管理控制的特性和特点不太明确;另一方面,企业也无法对创新管理控制的特性做出精准的描述。

为了战胜竞争对手,赢得客户的青睐,企业需要不断创新,其中系统的创新管理确保创新不是一次性或随机的冒险。创新管理经理面临着诸多风险和不确定因素,这会导致在创新实施过程中,创新管理高度的复杂性。因此就需要创新管理控制在此提供支持,以减轻创新管理经理完成任务的负担。根据一般的理解,创新管理控制被看作为创新管理提供服务,它不具有决策权。与此相反,创新管理控制应简化决策过程,提供行动建议并复核做出的决策。

因此,创新控制的目的是提高创新活动的效益和效率。前者保证,通过"正确"的创新项目,实现公司目标("做正确的事");后者确保,可用来实现目标的资源得到最佳使用("正确地做事")。

创新管理控制执行创新活动中的多种任务,以便合理地完成它的支持职能。它有以下三个核心任务领域(参见图6.42):

(1)确保规划支持,在业绩导向的背景下,协调各项决策以实现创新目标。除此之外,也应识别风险和降低创新活动的复杂程度。

(2)通过信息支持满足创新管理对信息的需求,简化决策过程。为此,创新控制必须首先明确相关需求,然后生成数据和信息,并对其进行整理,以便实现目标导向系统。

(3)与规划不同,在创新活动中,确保对实际状态与目标偏差的监控是重要的。定量和定性的指标都应予以考虑。因此,对创新管理控制进行绩效衡量超出了人们管理控制传统的认识,即管理控制是财务业绩导向的操控。

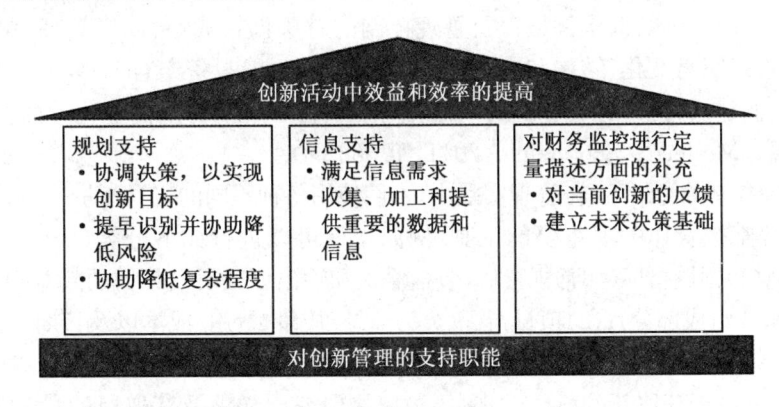

资料来源:Munck,Chouliares & Gleich(2014,第110页)。

图6.42 创新管理控制的任务领域

6.4.3.4.2 创新管理控制的工具和组织

与规划、信息供给和绩效评估任务类似(如图6.42),创新管理的活动通常涉及公司中不同业绩方面的三个组织层面(参见图6.43):(1)企业层面(创新管理绩效):管理控制对象是创新战略、创新文化、创新组织和流程、创新能力。(2)多项目层面(创新投资组合的绩效):管理控制对象是各种正在进行的创新项目。(3)单个项目层面(创新项目绩效):管理控制对象是各创新项目。

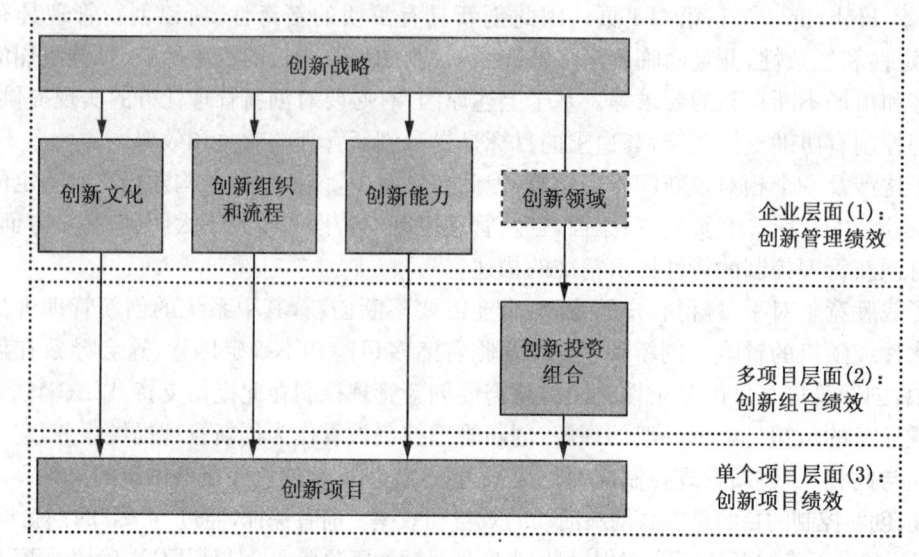

资料来源:Schentler, Lindner & Gleich(2010)。

图 6.43 创新管理控制的层面

与上述观点类似,洛伦兹(Lorenz,2012,第639页)进行的医药行业研究的例子同样描述了在研究和创新领域绩效衡量的三个层面。针对研究和创新领域的绩效衡量,这三个层面具有不同的规划和操控要求,它们有以下区别:(1)对研究的聚合描述(管理控制对象,全球性研究:绩效层面1);(2)对每个研究机构的描述(管理控制对象,本地研究:绩效层面2);(3)部门角度(管理控制对象、治疗领域、支持领域,项目:绩效层面3)。

米勒(Möller)和舍内费尔德(Schönefeld)概述了一种系统性的创新绩效衡量框架,该框架从7个绩效衡量领域及管理控制的对象出发,并且这7点分别对应于相应的企业领域(例如包括使用现有的指标)。绩效衡量领域以及管理控制的对象创新战略、知识管理(包括作为测量点的想法产生)、组织与文化(结构和文化创新的情况下)以及投资组合与多项目这些方面存在差异。此外,人们建议将投入(资源配置)、流程(如各种效率值)以及商业化方面作为绩效测量点(如市场效益)(Möller & Schönefeld,2011,第368页)。

在创新管理控制的背景下,在管理实践中,人们使用各种不同的工具衡量单个管理控制对象的绩效。指标常常被看作一项重要的工具,例如指标可以进行如下分类(Langmann & Gröf,2011,第71页):(1)领域指标(如常规指标,包括输入和输出以及研发领域的效益和效率指标,它们是创新组织重要组成部分);(2)项目指标(分为业绩/质量、费用/成本以及日期/时间三点)。

另一种对指标的分类方法是基于创新产品或服务研发的不同阶段(ZVEI,1982,第9页):(1)基础研究是专注于获取新的科学发现。(2)应用研究同样涉及获取新的科学发现,但它看重研究结果的可利用性。(3)开发阶段的目标是利用科学发现,开发新产品、工艺或服务。

在研究阶段的"早期",只存在少量支持定性指标的依据,因此这时推荐使用定性指标。而开发阶段的"后期"存在大量可使用的研究结果(产出),此时可进行定量衡量。因此,同与市场紧密相关的开发相比,基础研究的研发活动……通常更加复杂、新颖、结构化较弱(Langmann & Gräf,2011,第80页;图6.44)。

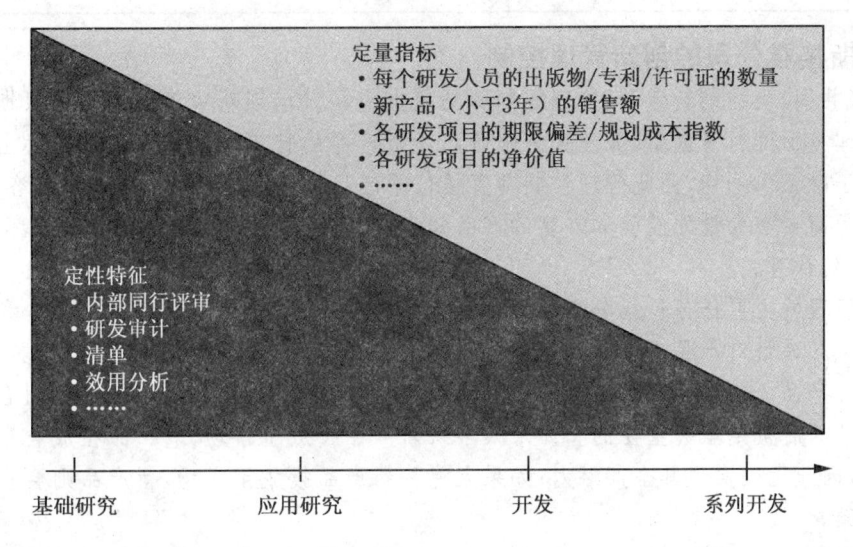

定量指标
- 每个研发人员的出版物/专利/许可证的数量
- 新产品（小于3年）的销售额
- 各研发项目的期限偏差/规划成本指数
- 各研发项目的净价值
- ……

定性特征
- 内部同行评审
- 研发审计
- 清单
- 效用分析
- ……

基础研究　　应用研究　　开发　　系列开发

资料来源：Langmann & Gräf(2011,第 82 页)。

图 6.44　研发类型和指标

根据其上述三个绩效层面，创新管理控制其他可能的补充工具与不同指标或指标类别是分离的。基于创新管理控制对象，它们被称为：(1)实施创新战略的创新平衡计分卡(Gleich，Nestle & Sommer,2009)；(2)对公司整体的创新项目进行规划、协调、优先排序、筛选和监控的创新组合管理(Schmahl & Gleich 2009)；(3)规划和操控单个创新项目的项目管理、目标成本法和流程成本核算。

最后将一同介绍创新控制管理审计和一个特地研发的工具，该工具用于实现创新管理控制自我分析及进一步发展[图 6.45 提供的基本概念以及进一步的细节和信息参见 Munck，Chouliares & Gleich(2014,第 112 页)]。

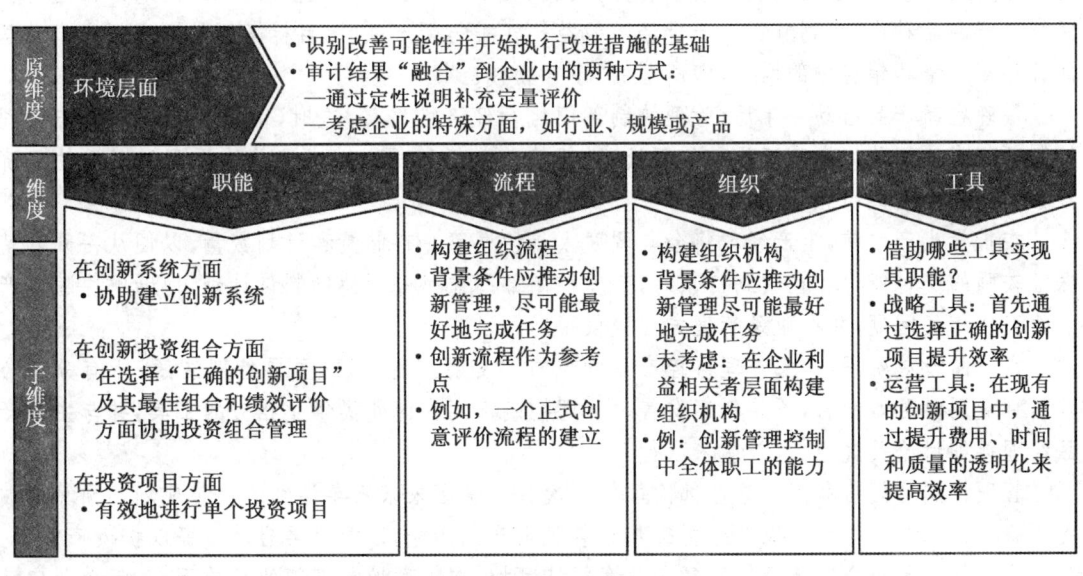

原维度	环境层面	·识别改善可能性并开始执行改进措施的基础 ·审计结果"融合"到企业内的两种方式： ——通过定性说明补充定量评价 ——考虑企业的特殊方面，如行业、规模或产品

维度	职能	流程	组织	工具
子维度	在创新系统方面 ·协助建立创新系统 在创新投资组合方面 ·在选择"正确的创新项目"及其最佳组合和绩效评价方面协助投资组合管理 在投资项目方面 ·有效地进行单个投资项目	·构建组织流程 ·背景条件应推动创新管理，尽可能最好地完成任务 ·创新流程作为参考点 ·例如，一个正式创意评价流程的建立	·构建组织机构 ·背景条件应推动创新管理尽可能最好地完成任务 ·未考虑：在企业利益相关者层面构建组织机构 ·例：创新管理控制中全体职工的能力	·借助哪些工具实现其职能？ ·战略工具：首先通过选择正确的创新项目提升效率 ·运营工具：在现有的创新项目中，通过提升费用、时间和质量的透明化来提高效率

资料来源：Munck,Chouliares & Gleich(2014,第 112 页)。

图 6.45　创新管理控制审计的组织

案例：汉斯格雅公司的创新管理控制

为了(共同)操控创新活动，管理控制师必须出现在做出创新决策的场合。汉斯格雅公司在产品管理方面进行了创新，管理控制师确定了新产品的特点和价格定位。实际上管理控制师部门几乎融汇了一切，因此管理控制师直接位于产品管理现场并可以随时提供咨询。此外，管理控制师需要有大量的经验和丰富的产品知识，只有这样管理控制师作为复杂环境中的"教练"才能得到认可。

产品经理的主要任务包括分析和维护产品的种类，管理控制师通过提交报告和分析对经理提供支持。通过对产品生命周期的整体分析，人们可以看出，当老产品越过了其全盛期后，就需要后继产品。其目标必须是始终能够向客户提供完整的、有吸引力的产品组合，因此，推出该新产品的时机是至关重要的。如果太早将新产品投放于市场，老产品在成长期就会被新产品挤占，因此无法实现其全部潜力；如果太晚将新产品投放于市场，新产品则会在竞争中丧失市场份额。

产品经理决定，哪些价格段需要哪些产品并进行产品开发，他在责任手册上规定了产品的详细要求和特点。从市场价格定位和管理控制预设的目标利润范围出发，产生了针对设计者和规划者的目标生产成本，该目标生产成本伴随着整个产品开发过程，并由产品规划者进行定期报告。通过具有红绿灯功能的产品月度报告，产品经理和管理控制师可以迅速识别关键产品的相关生产成本或目标利润。所有产品的目标利润值并不是统一的，而是根据各产品类别和价格范围确定的。管理控制部门在 SAP 系统中确定了目标生产成本，并将其作为当前目标值和实际值协调的基础。

在对新产品的生产工具进行第一笔投资之前，管理控制部门将会进行经济性核算。核算将对比预期的销售量和销售额以及计划的产品利润和投资，并确定投资回收期。启动或(暂)未启动该产品取决于产品预期的寿命周期。

考虑经济核算，管理控制部门总会考察预期的挤占效应。在推出新产品后，老产品通常将保持在产品品种内，直到其不再产生经济效益。在推出新产品时，目标必须是实现新老产品总体计划销售量和销售额的增长，即所谓的"多普勒效应"。

最晚在新产品启动一年后，管理控制部门执行经济性结算，这时，由产品管理部门与管理控制师组成的团队将会验证最初的假设，进行偏差分析和研究造成偏差的原因。以后的经济性核算会考虑这些研究结果。

在批量生产之前，生产经理将会与调度人员协调第一存储量和计划数量，以便从一开始就保证较强的交付能力。在收到订单时，管理控制部门通过分析协助制订计划，协助解决随之产生的发货相关问题，并在瓶颈管理方面提供帮助。

在产品投放阶段，产品经理监控产品的流向("发射控制")，这里要特别注意：所有分销公司尽可能同时开始销售，不要延迟发售。管理控制部门在此处提供了相应的工具，并与主管产品经理详细讨论关键市场，以便采取行动。

管理控制部门将和产品管理部门每年两次共同制定未来三年详细的销售规划。预算值被用于验证该国的业务计划以及分析工具和装配生产线产能，以便提早启动投资以扩大产能。

为了使产品组合保持精简和复杂程度保持可控，在管理控制部门的领导下，每年企业应清理产品种类，并对所有活跃产品中超过两年的产品进行严格分析。

重点在于：(1)式微的产品；(2)边际贡献较弱的产品；(3)年度需求较少的产品。

接下来,管理控制部门将与销售管理部门讨论产品种类精简的提案,并共同决定停产产品。"各产品的销售额"指标可以衡量投资组合管理的效益。

新产品是指不超过 36 个月的产品,新产品指数的指标(也叫活力指数)可以衡量创新战略的效益,它会分析新产品占销售总额的份额。如果新产品指数过低,未来会存在收入损失和较低的增长率;如果该比率过高,则意味着该老产品在寿命周期的早期就被新产品所替代,因此不能产生真实现金流。

✳✳

6.4.3.5 营销管理控制

6.4.3.5.1 营销管理控制的基础和任务

一般情况下,连接绩效和管理系统的连接点构建往往需要各部门管理子系统的参与,各部门管理系统之间以及与整体管理系统必须进行协调。营销管理控制担负与营销相关的协调任务[在本节中的论述来自 Gleich & Seidenschwarz(2006)中更新的补充摘录],它应协调部门管理控制子系统,并协助与企业管理控制以及其他领域子公司管理控制的协调(Köhler,2002,第 1244 页)。

营销管理控制为市场营销提供相关信息和规划伴随服务,因此科勒(Köhler)认为,营销管理控制不仅仅局限于典型的会计任务和工具,而是与所有规划、决策和监控工具的组织和掌控有关,这些组织和掌控对顾客导向的流程提供支持(Köhler,1994,第 64 页),其中包括战略和运营营销规划方面的咨询和协调任务、对效益的回顾性分析(Köhler,1994,第 74 页)。

图 6.46 展示了针对不同对象的营销规划流程和监控流程。战略营销规划和核算的流程与运营营销规划和核算的流程不同。处于核心位置的是自上而下拟定的营销组合规划,它不仅通向长期战略部门,还通向运营措施规划。

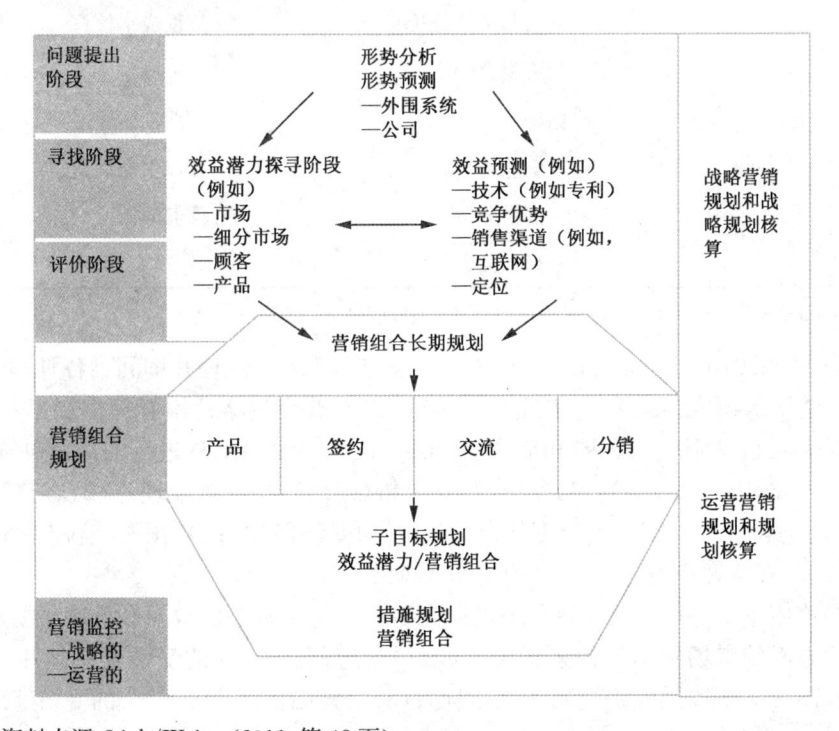

资料来源:Link/Weiser(2011,第 48 页)。

图 6.46 营销规划的流程和监控

例如,在运营营销规划中,管理控制的合作产生于以下相关方面:(1)营销方案规划;(2)价格和条件的确定;(3)客户群和客户的选择;(4)确定供给的市场和子市场;(5)营销路径的确定;(6)各种营销活动的确定(Huch,Behme & Ohlendorf,2004,第328页)。

除了规划管理,公司管理控制主要为信息管理服务。管理控制部门建立、运行并进一步开发信息系统,同时也关注它们在经济方面的运用。市场营销和管理控制之间的联合意味着管理控制也对数据的采集、处理和加工负责(Ehrmann 2004,第83页)。

营销信息系统包括以下组成步骤(Ehrmann,2004,第76页):(1)市场统计;(2)营销成本和效益核算;(3)外部服务报告;(4)销售计划;(5)市场研究体系。

6.4.3.5.2 营销管理控制的工具和组织

营销管理控制有大量可运用的工具,对此本文中将不会进行详细讨论。原则上,可将其分为战略营销管理控制工具和运营营销管理控制工具。

根据图6.46所示的逻辑,如表6.11所示,依据在战略营销规划和规划核算中的潜力,战略营销管理控制工具可以进行以下划分:(1)针对问题提出阶段;(2)针对寻找阶段;(3)针对评价阶段。

表6.11　　战略营销管理控制工具精选

问题提出阶段具有较大潜力的工具	寻找阶段具有较大潜力的工具	评价阶段具有较大潜力的工具
预警系统	差异分析	评分模型
行业结构分析	生命周期分析	投资核算
德尔菲法	经验曲线分析	市场评价模型
情境分析	战略与绩效分析	流程成本核算
优劣势分析	投资组合分析	目标成本
以单个客户为导向	标杆	长期价格底限
问题识别	定位分析	客户生命周期
	价值链分析	价值分析
	平衡计分卡	

资料来源:Link & Weiser(2011,第43页);Link(2011,第215页)。

圣加仑大学2010年进行的一项经验研究,采访了516位经理并询问了各种营销管理控制使用的实际情况。研究结果表明,在管理实践中,以下五个战略营销管理控制工具用得最多,它们也是对表6.11中林克(Link)和韦泽(Weiser)认为可使用工具进行的部分补充(Reinecke & Eberharter,2010,第30页):(1)竞争/行业分析(65.2%的受访经理);(2)客户满意度衡量(62.3%的受访经理);(3)员工满意度衡量(55.5%的受访经理);(4)预警/监控系统(50.4%的受访经理);(5)战略客户组合(41.0%的受访经理)。

指标的使用也是圣加仑大学该研究的研究对象,"衡量营销的效益和效率主要利用销售和财务经济性方面的市场营销和销售指标",如(1)销售额(91.7%的受访经理运用了该指标);(2)净利润(78.2%的受访经理运用了该指标);(3)销售回报率(61.5%的受访经理运用了该指标);(4)毛利率及边际贡献I(60.4%的受访经理运用了该指标)(Reinecke & Eberharter,2010,第27页)。

明显较少使用的是与客户相关的指标,如客户满意度或客户满意度指数(52.0%)、财务客户价值(30.0%)或者除了经常被使用的市场份额指标(60.4%)之外的与竞争力相关的指标,例如相对市场份额(40.1%)。

"营运营销管理控制工具主要包括四个经典的营销工具:品牌效益和价格制定、交流和销售"(Reinecke & Eberharter,2011,第 31 页)。圣加仑大学的研究也认为,这种观点也反映在运营市场工具在管理实际中的使用频率上(参见图 6.47)。

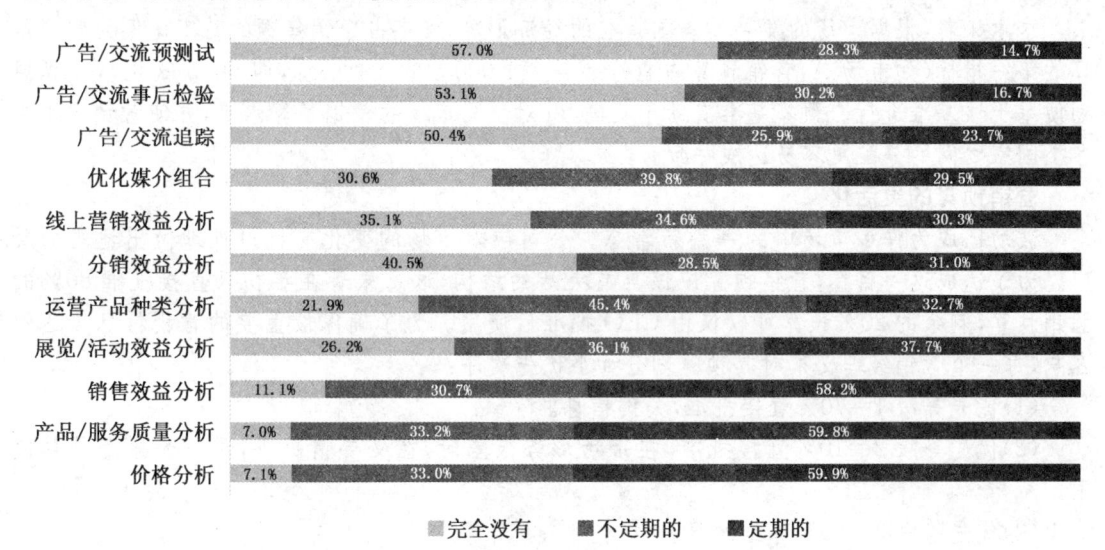

工具	完全没有	不定期的	定期的
广告/交流预测试	57.0%	28.3%	14.7%
广告/交流事后检验	53.1%	30.2%	16.7%
广告/交流追踪	50.4%	25.9%	23.7%
优化媒介组合	30.6%	39.8%	29.5%
线上营销效益分析	35.1%	34.6%	30.3%
分销效益分析	40.5%	28.5%	31.0%
运营产品种类分析	21.9%	45.4%	32.7%
展览/活动效益分析	26.2%	36.1%	37.7%
销售效益分析	11.1%	30.7%	58.2%
产品/服务质量分析	7.0%	33.2%	59.8%
价格分析	7.1%	33.0%	59.9%

资料来源:Reinecke & Eberharter(2010,第 32 页)。

图 6.47 运营营销管理控制的运用

虽然,在运营营销控制工具方面,与营销预算制定相关的各种营销预算规划(直接费用和间接费用)非常重要,但令人惊讶的是,圣加仑大学并不将它看作一种工具,而是"营销管理控制的基本任务"(Reinecke & Eberharter,2010,第 25 页),该规划将会确定用于营销的资金数量及其分配情况(Reinecke & Eberharter,2010,第 25 页)。上面引用的圣加仑大学经验研究结果表明,该规划总是受到管理层经验的影响(51.7%的受访经理)或与上期预算相关(51.5%的受访经理,Reinecke & Eberharter,2010,第 20 页)。根据这项研究,只有 1/5 的预算是根据目标成本技术(逆向成本制定理念意义上"目标成本")或目标边际贡献(15.2%的受访经理)进行规划的。营销管理控制也很少使用常常宣传的标杆法,所以几乎每 15 位受访经理中就有一位利用行业通行值为出发点,制定自己的营销预算。

在组织方面,应同时实施集权和分权营销管理控制。反对集权式解决方案的原因在于:位于总部管理控制部门的营销管理控制,与内外部客户、营销任务领域和最终客户存在距离。反对分权式解决方案的原因在于,管理控制及其标准和系统的距离。因此,分权式解决方案仅应在所谓的"虚线原则"下使用。运用这些原则时,营销管理控制师在专业上和执行线上分别受管理控制师主管和营销主管的领导。

案例:汉斯格雅的营销管理控制

近年来,营销管理控制在汉斯格雅已变得日益重要(Gänβlen,Dierolf & Straub,2013)。

一方面,由于除人力资源之外,市场营销是占据管理费用最大份额的项目,因此,需对其进行详尽的规划和全面的管理控制。另一方面,随着全球经济波动的加剧,有必要更加灵活地分配营销预算。接下来将介绍汉斯格雅运用的营销管理控制流程和工具。

营销规划和预算

根据业务计划中设定的战略目标,制定下一年的营销路线图,其中既包括新产品的引进,又包括企业沟通相关最重要的内容。中期规划是年度预算规划的出发点,人们在此基础上确定每个区域的预算基准。

这意味着,根据市场的发展和各国特有的经济形势,确定占净销售额的特定比例为营销预算的第一指标(如市场 A:营销预算占据净销售额 1 000 万欧元的 5%,即 50 万欧元),预算规划便基于该基准进行。预算基准有助于明确,针对不同市场的营销预算水平,并使营销资源在各个国家之间的分配更容易达成一致。

营销预算的灵活化

波动已成为许多市场中的一种新常态。公司应对市场的变化有针对性地做出适当的反应。为了达成这一目标,营销预算应该具有灵活的结构,这意味着在年初只直接批准 80% 的营销预算,剩余的 20% 预算可以仅由 CEO 批准后使用。为了确保最重要的营销信息传达到客户,每一个营销经理必须对其预算划分如下优先次序:

(1)优先等级 1=70% 直接批准,关键信息。

(2)优先等级 2=10% 直接批准,在市场形势很差时,在必要情况下,进一步紧缩预算使用。

(3)优先等级 3=20% 冻结预算。

销售计划的标准模板包括以上三个优先级措施,这样更容易理解和记录优先次序。上述方法的实用性近年来已得到证实,根据不同的市场情况,高层管理人员能够快速应对形势,并做出恰当的反应,营销资源可以根据市场情况或形势被下放至子公司或从子公司收回。

高效的自动化报告

借助规划的专业化和营销预算的灵活化,可以达成营销预算的优化,标准化的报告则可以对其进行完善。报告的基本要素,一方面是成本要素(如销售设备、印刷媒体、媒体和展销会等要素),另一方面也会利用 SAP 内部订单号码,以在 SAP 中反映营销路线图的结构。各子公司拥有一个内部订单的层次结构,该层次结构在全球范围内有着统一的主要类别,以便获得全球可比性。各子公司可以在细节层面上维护并追踪自身特有的活动和举措。基于上述报告要素和标准的基本结构,人们可以制定以目标为导向的报告。在此情况下,有可能实现 SAP 业务中高度自动化报告(参见图 6.48 的报告例子)。这种完全自动化的报告是营销经理的工作工具,它提供了当前营销活动和单个活动成本的详细信息。

此标准报告将生成各实体当前营销预算使用的月度情况(当前花费成本与预算/预测)。若存在显著差异,管理控制将联系相关实体的负责人,此过程确保营销管理控制保持贴近市场,并在需要时与主管预算的员工共同修订预算。

营销效率:汉斯格雅公司"21+"计划

对营销过程效率的详细研究,是营销理念中不可或缺的一部分,汉斯格雅公司也在进行这种研究。在"21+"效率提高项目的计划下,汉斯格雅公司从十多年前就开始进行这项研究。在与营销部门每两月一次的会议中,营销管理控制部门和营销部门共同确定降低成本和潜在的流程改进可能性。

"21+"计划同样会报告正在进行项目的执行情况,该项目具有创造性的环境,在此情形下,"21+"计划具有特殊的意义。

		2012财务年度	2012
		报告期间	6月
		公司	瑞士汉斯格雅股份公司

| 1. 概述 | 2. 品牌 | 3. 销售渠道 |
| 4. 推/拉式(策略) | 5. 品牌/分销 | 6. 营销路线图 |

▽ 关键数字

订单			计划日历年	实际日历年年初至今	先前记录日历年年初至今	承诺日历年年初至今	分配	消费百分比
			CHF	CHF	CHF	CHF	CHF	%
▼所有品牌	市场组汉斯格雅公司							52.8
▼CH01	汉斯格雅瑞士							52.8
▼MARK-CH	瑞士汉斯格雅营销							52.8
▼CH-2012	瑞士汉斯格雅2012							52.8
▶CH-12-1	在淋浴花洒方面第一							39.0
▶CH-12-2	在水龙头方面第一							22.1
▶CH-12-3	绿色公司							0.5
▶CH-12-4	将AX-设计师的视角带入您的卫浴空间							34.4
▶CH-12-6	对抽水机/经营销商的5-P扩展要求							125.0
▶CH-12-7	5-P扩展业务							92.3
▶CH-12-8	公司活动							52.9

图6.48 日度的网络报告

近年来一些成功项目的实例：
(1)全球展览平台概念的协调——在不同国家重复使用的平台。
(2)与营销服务商持续的重新谈判(例如,包括原料销售、旅馆、印刷材料等方面)。
(3)统一价目表的印刷：总部会一并进行年度价目表的印刷,而不是每家公司各自印制。
(4)监控营销的库存,以避免陈旧或过时宣传册和广告材料的库存。
(5)CGI(计算机图像生成),而不是真正的照片拍摄。

展望：营销效益
通过近几年的努力,营销管理控制现在可以表现为营销部门对自身责任的感知：他们应对活动和措施以及相关费用负责。最大的挑战在于,衡量营销业绩和营销效益,这也是汉斯格雅营销控制部门目前正进行的下一步工作。因此我们认为,绝对有必要建立销售和市场管理营销控制之间的紧密联系。

作为衡量营销效益的关键,汉斯格雅实现以下方面的透明化：营销部门在市场潜力的识别和开发,特别是在赢得新客户和维护现有客户方面做出的贡献。

****

6.5 对管理控制师的要求

"我们希望梅尔茨能在通往现代化管理控制的道路上更进一步。同时管理控制师应该从业务伙伴发展为价值驱动者,并在企业长期的价值定位和发展方面发挥作用。"
——马克·耶勒(Mark Jehle)博士,梅尔茨集团管理控制部总经理(Jehle,2012,第39页)

专业化的进程使管理控制师的工作范围具有多样性。企业管理控制的各发展阶段也有所差异,因此人们对管理控制师要求方面的观点也具有相对性或差异性。韦伯和科斯米德(Weber & Kosmieder,1991)借助招聘广告进行了横跨四十多年(1949～1989年)的分析。从研究中(参见表6.12)我们可以发现,人们对管理控制师的专业性要求越来越多样化。在20世纪50年代时,成本核算和税务是管理控制师的主要任务,而80年代管理控制师的任务范围包含大量的职能,这些职能的重心是以规划为导向的任务。

表6.12　　　　　　　　　　　　　管理控制师任务的变化

任务范围 \ 观察期	1949~1959	1960~1964	1965~1969	1970~1974	1975~1979	1980~1984	1985~1989
报告		14.3	6.5	4.7	8.4	8.5	11.4
短期/年度/运营规划			6.5	6.2	9.6	12	9.2
战略规划				1.6	4	7.1	3.6
业务咨询和支持	25	4.8	4.8	2.3	3.2	3.7	4.8
投资/经济性核算		4.8	3.2	2.3	4	2.9	4.4
预算编制和预算控制		4.8	12.9	9.3	11.9	8.8	10.1
目标—实际比较/偏差分析/成本监督		9.5	8.1	7	11.1	6.8	12.4
财务规划、流动性监测、融资问题		4.8	8.1	9.3	6.8	6.3	4.2
参与构建企业方针和目标					2	1.5	1.7
操控和领导任务			1.6	0.8	2.8	2.2	1.6
信息系统组织		4.8	8.1	3.8	7.2	8	5.5
项目协调/专题研究			4.7	3.2	3.4	3.4	
资产负债表/康采恩资产负债表		14.3	3.2	6.9	2.4	2.7	2.7
记账会计		9.5	4.8	7.8	3.2	3.4	2.1
成本核算/计算	50	18.9	14.5	11.6	5.5	9.5	7.7
税务	25	9.5	4.8	5.4	3.6	2	1.2
其他			12.9	16.3	11.1	11.2	14

资料来源:Weber & Kosmieder(1991);Weber & Schöffer(2011,第10页)。

韦伯、赫希(Hirsch)、朗布希(Rambusch)、施吕特尔(Schlüter)、西尔(Sill)和施帕茨(Spatz)2006年的调查问卷研究了管理控制师职业的前提要求(参见图6.49)。

对管理控制师要求的多样性发生了明显的变化。迄今为止传统的任务——如报告或运营规划——仍然是管理控制工作的重点。一些非传统任务,如批判性地寻根究底和缺陷识别能力,或者交流能力较少丧失其重要性。

根据其长期经验,道尔(1980)撰写了对管理控制师传统的行为要求,例如耐心、宽容或生动的表达方式,这些要求阐明了管理控制师的协调沟通任务。显然,管理控制师不仅需具备专业方法方面的能力,而且需要社交方面的能力。

图6.50首先研究在不同能力维度上管理控制师的一般能力,接着是与管理控制角色相关的、对管理控制师能力不同的思考。

管理控制师现今十分了解他所支持的领域和过程,这是很重要的。因此,仅仅提出管理控制工具方面的能力要求是不够的。

最近一项对管理控制师能力要求的研究以该问题为重点:在管理实践中,管理控制师的哪

第 6 章 管理控制的组织

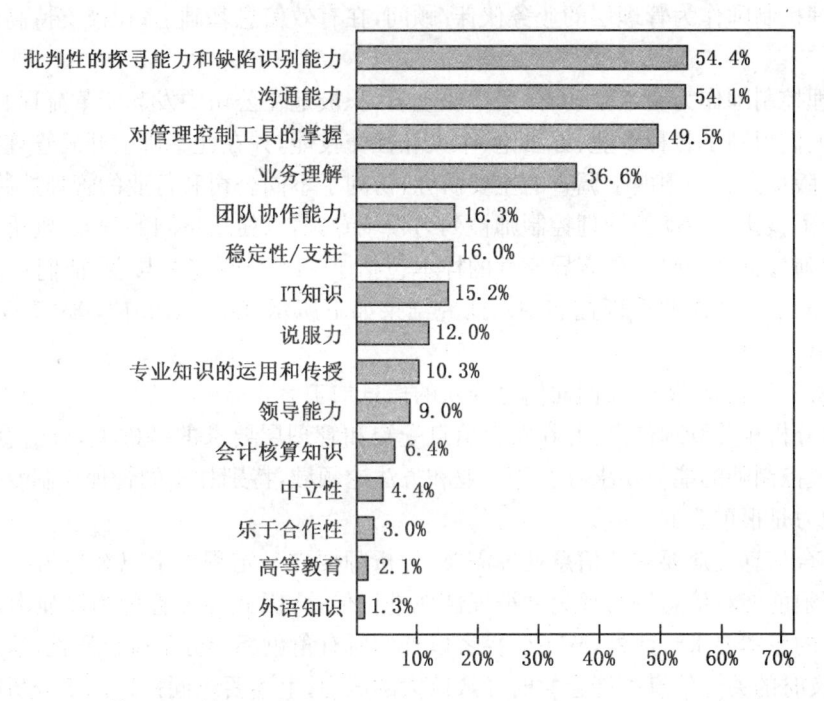

能力	百分比
批判性的探寻能力和缺陷识别能力	54.4%
沟通能力	54.1%
对管理控制工具的掌握	49.5%
业务理解	36.6%
团队协作能力	16.3%
稳定性/支柱	16.0%
IT知识	15.2%
说服力	12.0%
专业知识的运用和传授	10.3%
领导能力	9.0%
会计核算知识	6.4%
中立性	4.4%
乐于合作性	3.0%
高等教育	2.1%
外语知识	1.3%

资料来源：Weber 等(2006，第 56 页)。

图 6.49 目前对管理控制师职业的要求

1 专业能力	2 方法能力	3 个人能力	4 社交能力
• 管理控制专业知识 • 业务知识/对业务的理解	• 分析能力 • 解决方案导向 • 执行能力	• 绩效导向 • 抗压能力 • 主动性 • 良知/中立性	• 领导能力 • 沟通能力 • 团队导向/合作精神 • 移情/灵敏性 • 顾客导向/提供咨询能力 • 冲突解决能力

资料来源：Gleich 等(2013c，第 74 页)。

图 6.50 管理控制师的一般能力

些行为会使他成功地完成工作(Gleich & Lauber,2013,第 512 页)。该研究选择了混合理念的方法,它结合了需求分析和能力模型,能够显著提升业绩质量。

在定性预研究中,人们采访了学术专家和实践专家,明确了管理控制师跨企业角色、任务和面临的要求。结果表明,在管理实践中存在以下四种角色模型,它们与文献中的模型有着类似的形式：

(1)管理控制师作为分析师/信息专家,评价并提取信息,即以管理层为导向进行的信息加工。

(2)管理控制师作为监控者/商业良知,他的重要任务在于对性能指标进行运行监测。

(3)管理控制师作为管理层的业务伙伴/顾问,在有效信息基础上,积极支持高管的决策过程。

(4)管理控制师作为变革推动者/变革驱动者,积极地在公司中发起变革流程。

此外,人们识别了各种专业、方法论、个人和社交技能,并在此基础上开发管理控制师能力模型的第一版草案。一项网上调查的主要研究,访问了不同公司和行业的管理控制师,并对上述草案进行了验证。主动的管理控制师被列为领域专家,以便从不同的领域、资历水平和等级的管理控制师处整合经验。具有异质性的样本包括了114个研究参与者,他们被相对均匀地分配到了不同领导层次的管理控制中。研究结果如下所示(Gleich,2013,第27页;Gleich et al.,2013c,第4页):

(1)分析师:信息分析以及面向信息受众的信息加工

分析师分析相关管理信息,并在符合信息受众和管理层要求的基础上,对信息进行加工。因此,对管理控制师的能力要求存在于专业和方法论领域,特别扎实的管理控制专业知识和较强的分析能力是很重要的。

对于符合信息受众要求的信息处理需要,分析师要在一定程度上以客户为导向。由于管理控制师必须能够对信息进行评论并辩证性地进行传达,因此冲突管理和较强沟通能力是对管理控制师的基本要求。此外,除了监控者以外的所有角色都十分重视抗压性,这是因为提供管理相关、及时的关键信息可能会暂时导致巨大的压力,上述要求同样适用于分析师。

(2)监控者:衡量和监控运营绩效指标

监控者是企业的商业良知,他致力于对绩效指标与信息提取和处理的监测。他的工作重点在于,对决策草案的审查和战略目标实施情况的测量。

分析师到监控者的发展,要求管理控制师在方法论技能方面有所发展。除了分析方面的能力,管理控制师必须发展其执行力,因为监控者不仅是被动地监控和报告,而且是自主发展和补充完善合适的衡量工具和方法。

对其他部门和员工绩效的监控,需要管理控制师具有良知和中立性。此外,也需要团队导向和合作精神,因为管理控制师需要和专业部门共同分析不良的发展,并制定改进建议。

(3)业务伙伴:在决策过程中积极地向管理层提供咨询意见

与国际管理控制师协会的范式类似(Gleich,2013,第28页),业务伙伴是管理层的陪练伙伴。他在决策过程中对管理层提供建议,并积极参与开发新的解决方案。由监控者到业务伙伴的进一步发展伴随着能力的大幅度增加,尤其是在个人和社交能力方面。

此外,业务伙伴必须拥有牢固的专业和方法论能力。比起监控者,他在专业能力方面最突出的是对业务的理解。虽然分析能力的重要性并没有增加,但它仍然是业务伙伴的核心特征。此外,以解决方案为导向和执行力也是必需的。

在个人能力方面,业务伙伴的角色对创造力、以绩效为导向和抗压能力提出了更高的要求。对领导能力的要求相当重要,因此积极地能力培养是可取的,同时也显著提高了对其他社交技能的要求。

(4)变革推动者:自主地推动变革流程

变革推动者主动和自主在公司发起变革流程,他被管理控制部门用来应对复杂多变的环境。变革推动者必须通过对业务的深刻理解来完成自己的任务,这又提升了对他专业能力的要求。

由于变革常常遭受阻力,所以变革推动者还应当具备良知和中立性,较强的冲突解决能力以及同情和敏感性。而变革只有通过共同努力才能实现,因此这对团队导向和合作精神的要求很高。

除了对上述四种角色的需求组合之外,研究也展现了一个从分析师到监控者、业务伙伴再到变革推动者的发展过程,该发展过程展示了在所有能力领域要求的逐步提升。只有方法论领域是个例外,因为它对业务伙伴和变革推动者具有类似的重要性,在从监控者到业务伙伴的发展过程中,对它要求提升的增幅最高,该发展过程要求管理控制师接受社交和个人领域附加技能的培训。主要研究的结果如图 6.51 所示。

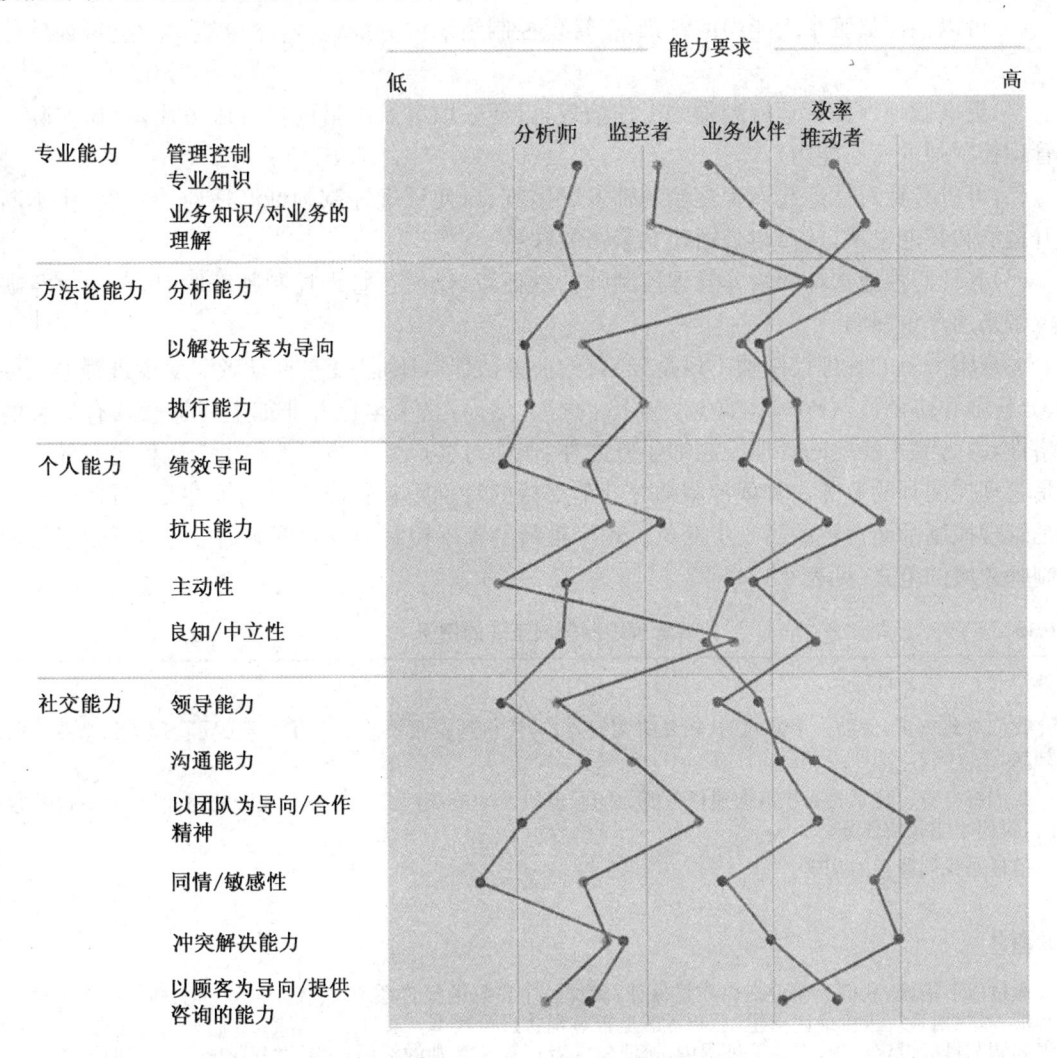

图 6.51　详细的能力组合[等级从低(1)到高(5)]

根据研究结果,企业可以有效地规划管理控制师的个人发展,即通过在员工生命周期内,从与潜在的管理控制员工谈话到继任规划,企业持续追踪成功的关键能力。为了使能力模型具有实用性,人们在行为层面上详细描述了专业、方法论、个人和社交四个能力领域维度以及各自的子领域维度,这样可以确保公司内部形成对管理控制师能力要求组合的统一理解(Gleich et al.,2013c,第 7 页)。

上述能力模型为科学研究和管理实践做出了重大贡献,因为它考虑未来的要求,展现了管理控制领域发展的抓手,并始终重视企业的背景条件。能力研究的结果可以进一步帮助企业更有效地构建管理控制师整体的人事结构。伴随着员工的生命周期,对成功关键能力的持续培养可以产生下列影响(Gättling,Gleich,Lauber & Overesch,2013,第51页):

(1)在竞争日益激烈的劳动力市场上,和申请者的谈话可以更有针对性。

(2)在选择管理控制师时,可以重视与实际效益相关的标准,这会加大选出最佳申请者的概率。

(3)可以根据员工个人能力的背景,在管理控制组织内分配任务,尽可能对其进行最佳任命。

(4)更准确地评估管理控制师的工作绩效,以便采取有效的措施提升服务质量(这实际上是管理控制师的核心能力)。

(5)可以有针对性地起草管理控制师发展措施,以使管理控制师渐渐适应,在工作中不断提升技能和长期发展,从而与公司建立紧密的联系。

(6)有针对性地选择和培养管理控制师的继任者,以便在管理控制师辞职时,避免由空缺职位带来的严重漏洞。

大众康采恩的管理控制师不仅是"经典的业务伙伴",还是"变革推动者""变革进程的首创者、分析师和协调员"(Pötsch,2012,第150页)。然而,这个角色并非如上述那般具有显著的战略性,因为除了经典的管理控制师业务之外,例如对客户要求的知悉和生产流程的有效设计也是管理控制师的业务。管理控制师对变革支持的特别重视仍然十分引人注目,而且这有可能是管理控制师新角色的第一步变革。现今推行的管理控制师自我理解也很好地反映了管理控制师领域的范式(见表6.13)。

表6.13　　　　　　　　　　管理控制领域范式的例子

任务
我们对此负责:借助一个共同的、相互协调的定位,使得到企业领导层认可的子公司管理达到企业的期望利润。
我们将自身定位于具有积极构建任务能力的服务供给职能部门。只有当管理者利用我们、而不仅是容忍时,我们才能完成任务。
信任是我们业务的基础。
到达路径
通过以下措施,我们为企业提供质量保证:确保一个良好的报告系统,传授企业管理工具并在使用时提供帮助,对规划系统进行最优构建,不断考虑是否对现状进行改革。通过以下措施,我们对领导层提供协助:组织和调节目标设定过程,在决策过程中,扮演领导者正直和客观的对话伙伴,并根据需要对管理层进行培训。
要走的路是怎样的?
我们知道,我们只有在下列情况下才能完成任务:
● 将管理层视为客户并以服务为行动导向,但并不是不加批判地满足客户的每个愿望;
● 允许使用我们的信息优势,但始终将正直作为我们活动的一个基本前提;
● 像对待企业管理各方面一样,重视面向高管的行为。

> 将会得到怎样的结果？
>
> 我们明确如下事实：
> - 高目标对内部管理控制提出了高要求；
> - 特别是管理控制师必须持续地做好接受继续教育的准备；
> - 对管理控制一致的理解需要持续的沟通；
> - 管理控制师职位符合提供服务的特点，而且绝不能被看作常设机构。

资料来源：Weber & Schöffer(2012,第 456 页)。

6.6 管理控制系统的引进和进一步发展

6.6.1 管理控制系统的引进

目前大量公司和其他组织引进和构建了管理控制。鉴于目前的情况，它对于公共部门的组织特别重要。

分阶段是一个实用的方法，贝克尔、麦肯图恩和米勒提出了发展和实现管理控制概念的五个阶段(1978,第 133 页)(参见图 6.52)：

(1)在效率评估和缺陷分析方面，目标和实际比较会导致管理控制系统的调整或发展。此时会利用指示缺陷的指标(见下面例子)，这个阶段应突显系统调整的必要性。

(2)该诊断尝试确定和评价导致当前问题的公司内外部原因，此时可以使用长短处目录工具。

(3)作为诊断阶段的逻辑结果，在适用的管理原则和具体的(短期、中期和长期的)管理控制目标前提下，目标设定阶段应制定"管理控制范式"，该范式是对管理控制系统构建(如预算的引进)和/或未来管理控制系统对企业目标预期作用(如盈利增加)的说明。

(4)战略发展阶段服务于根据具体的"管理控制范式"和管理控制目标设计的管理控制系统。原则上，我们在前面章节阐述的所有职能和制度方面的观点都值得考虑。

(5)实施阶段包括规划和监控实施过程，它包括在引进或改变管理控制系统时，对策略的根本性思考。

有必要对单个过程进行以下解释和补充说明：

目标和实际值比较阶段的前提是，财务目标和管理控制组织特定的目标值。财务目标相对容易量化，然而人们怎样衡量(管理控制)组织的效率呢？

效率的衡量是一个"重大"问题，"因为针对效能的衡量并不存在一个测量值的封闭系统"(Hauschildt,1970,第 16 页)。

由于缺乏直接的结果，对效率的衡量大多借助以下指标：定量值(如"时间需求""成本")和一些定性的概念(如"更好、更快的信息""弹性"等)。

在西蒙等人(1954)对管理控制组织的经典研究中，作者在第一页提出问题："什么是'好'的组织？"他们选择下列定性评价标准：(1)信息供给的质量；(2)信息供给尽可能低的成本；

管理控制

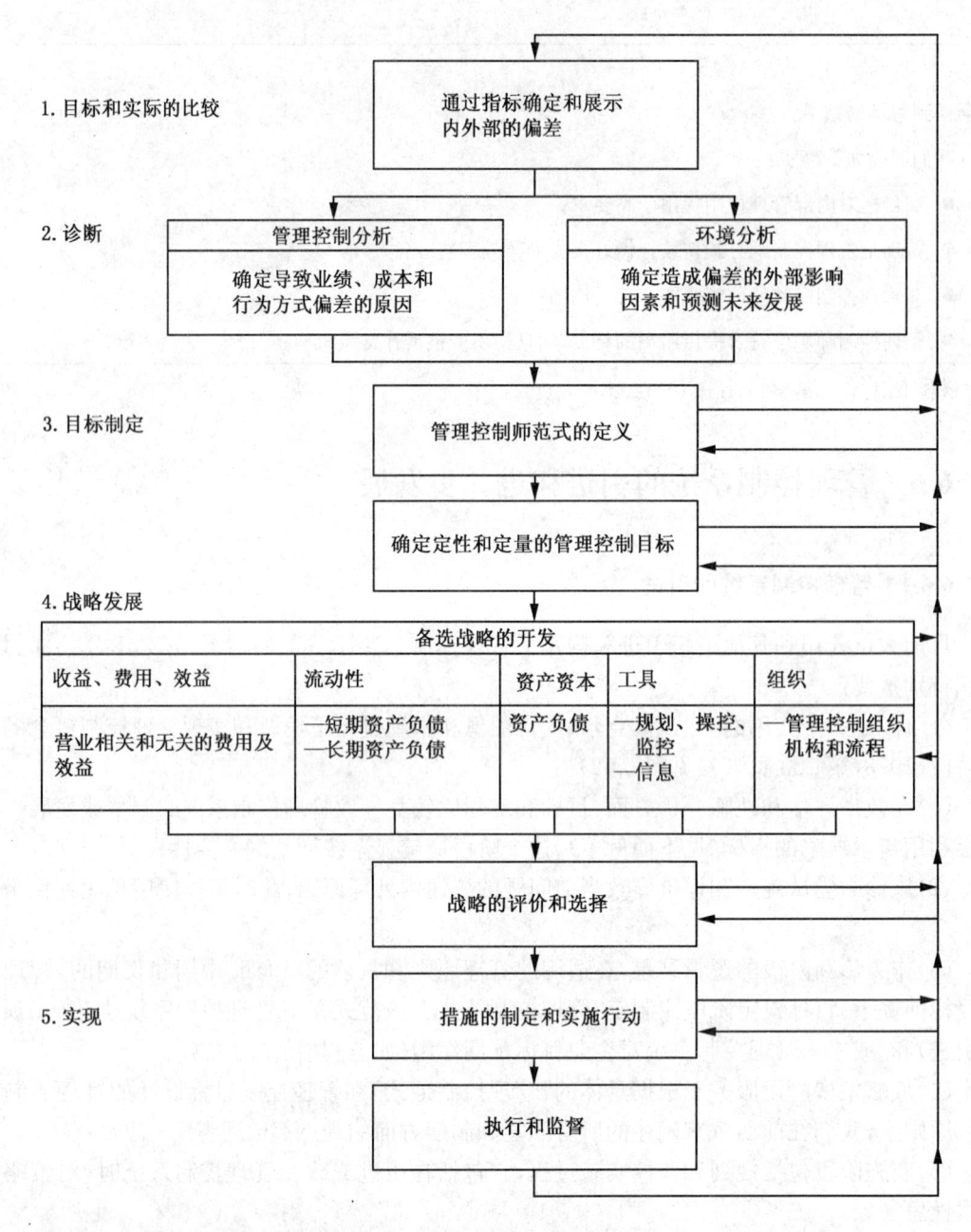

```
1. 目标和实际的比较    [通过指标确定和展示内外部的偏差]

2. 诊断    [管理控制分析          ] [环境分析              ]
           [确定导致业绩、成本和   ] [确定造成偏差的外部影响]
           [行为方式偏差的原因    ] [因素和预测未来发展    ]

3. 目标制定  [管理控制师范式的定义]
             [确定定性和定量的管理控制目标]

4. 战略发展  [备选战略的开发]
   收益、费用、效益 | 流动性 | 资产资本 | 工具 | 组织
   营业相关和无关的费用及效益 | —短期资产负债 —长期资产负债 | 资产负债 | —规划、操控、监控 —信息 | —管理控制组织机构和流程

             [战略的评价和选择]

5. 实现      [措施的制定和实施行动]
             [执行和监督]
```

资料来源:Becker,Mackenthun & Müller(1978,第 134 页)

图 6.52　管理控制系统的开发和落实

(3)支持员工专业能力的不断发展。

目标制定阶段必须决定管理控制系统的发展战略。在实际研究中,人们不推荐"大步走",因为它会对参与者提出过高要求。逐步引进管理控制是适宜的,此时人们可以以公司的某一组织单位(如事业部 A 等)或者管理控制子系统(如预算制定等)为基础(Krüger,1994)。

道尔(1980,第 125 页)建议新引进管理控制任务的最简步骤计划:"(1)建立管理核算系统;(2)构建企业规划系统;(3)通过目标将管理核算系统和企业规划系统合并为一个管理体系。"

在实现阶段,项目管理的问题相对容易得以解决,因为它能够标准化。管理控制系统引进过程中产生的冲突处理和实施难题则复杂得多。从如下方面人们可以看出,管理控制系统的引进会遭到现有部门的强烈反对(Mann,1973,第207页):(1)管理层担心自身权力的丧失;(2)现存的财务和会计核算系统回避新的竞争;(3)销售部门期望由自身对销售业绩进行监控;(4)生产部门不愿意接受经济性监控。

因此,人们必须借助参与者相应的动机促进管理控制的引进或调整,特别是通过企业管理而产生的"权力提升"显得尤为重要(Witte,1976)。

6.6.2 管理控制系统和管理控制部门的进一步发展

现今许多企业面临对管理控制系统的彻底重组,重组涉及以下多个重要方面:(1)管理控制严格的层级制度导致了其管理控制高度的复杂性;(2)管理控制的信息要求给运营部门造成了巨大的工作负担;(3)管理控制师强烈的监控导向造成了接受问题;(4)最后但同样重要的,管理控制造成信息供给问题(太慢、太少受众导向、错误的信号)。

重组的基本原则是促进管理控制的重新构建。重组的三个基本原则会瓦解传统的管理控制,它们分别是:(1)流程导向的任务整合原则:将同属于一个管理控制的任务整合为一个流程(参见6.3.2.2节);(2)自主自控原则:管理控制师进行现场控制,每个人对自己行为负责,管理控制师进行支持、调节和协调;(3)客户导向原则:每个流程必须有一个内部或外部客户。管理控制师也要对其客户及产品进行定义。

由此产生了对管理控制领域和投入使用的管理控制系统进一步发展的思考。它的三个步骤——"定义范式"、"保证绩效和成本的透明"以及"建立与客户和市场的联系"——展示了管理控制应有的样子(Gleich,2011d,第61页;Gleich,2011b,第210页;2011c,第64页;2001,第43页)。

6.6.2.1 步骤一:作为管理控制部门定位出发点的范式

为了一般地识别管理控制师的核心职责,人们可以利用国际管理控制组织(IGC)的管理控制师范式(Losbichler & Niedermayr-Kruse,2013,第167页)。根据第一种范式的内容,在以目标为导向的规划和操控方面,只有管理控制师为管理层提供企业管理的伴随服务时,管理控制部门才有效。具体而言,包括以下的任务:(1)保证业绩和战略的透明;(2)子目标和子计划整体协调;(3)跨企业、面向未来的报告组织;(4)为决策者调整管理控制流程;(5)保证决策者的数据和信息供给。

除此之外,管理控制师还应促进系统的经济性,启发经济方面的思考。此外,管理控制师还是企业管理内部的咨询顾问和目标实现的领航员。

人们在2002年修订了该范式,即管理控制师对目标的实现负有共同责任,他日益成为管理层合作伙伴,即所谓的"业务伙伴关系"(现在的管理伙伴)。

在国际上,管理控制师也被日益要求承担战略合作伙伴的角色以及深刻理解价值创造流程(Dosch & Wilson,2010,第39页)。一些欧洲公司,例如汉斯格雅,已落实了这个新的管理控制师角色(Goretzki & Weber,2010,第163页)。

只有在如下情况,管理控制师才做"正确的事":以结构或人事方面的形式,或者借助符合模型的工具或方法实施,才能运作上述通用的或企业特定的管理控制师范式。必须"正确地完成"管理控制系统的工作,特别地,成本、时限、面向客户性、数量和质量在给定的范围内一定是正确的。

该范式必须被应用于实际。本书作者早期领导霍华德合伙公司的管理咨询项目,阐明了公司特定范式创建中常见的要求:(1)管理控制师在企业的核心任务。(2)在面向未来的范式下,管理控制的愿景和原则。(3)管理控制师工作成功与否的标准和原则:与组织的联系("这就是我们,它使我们脱颖而出");任务和产品条款("这是我们的工作,它是我们工作的特点");与管理控制效率有关的指标("这是我们想要的,我们认为这是成功")。

表 6.14 显示了国际门窗制造商使用的管理控制师范式。

表 6.14　　　　　　　　　　管理控制师范式的实例

我们的任务如下:
为企业所有部门提供及时的信息,以实现透明化,进一步确保在各责任部门进行以目标和价值为导向的经济性操控
我们的动机——我们的愿景如下:
在企业目标范围内确保和达成企业效益
我们的原则:

这就是我们,它使我们脱颖而出:	这是我们的工作,它是我们工作的特点:	这是我们想要的,我们认为这是成功
执行线的流程规划 组织 全面的专业知识	自我负责 自愿投入/灵活性 团队精神 沟通能力	80:20;与其慢慢做到100%的正确,我们更愿意快速地有逻辑性地发表见解 在企业中的位置/价值(责任/能力) 管理控制指南

6.6.2.2　第二步:实现绩效和成本的透明

基于本质和/或公司特定的管理控制师范式对绩效和效益进行定义时,不仅应把重点放在能够导致具体产出的活动,即产品管理控制(如报告),还应放在管理控制流程下"投入到产出"转变过程上(如报告生成)。此外,还应重视对管理控制流程业绩的分析和沟通,即为内部客户和公司领导提供咨询(如风险分析)。

作业和流程(参与、计划、咨询、制造、计算和设计等)往往会产生结果和输出(报表、分析、专家意见、理念和制度等),由绩效接受者,即管理控制(公司内部)的客户对这些结果和输出的构架和质量进行评估。因此,这需要对流程和产品以及对内部客户和他们愿望的知悉进行一致的定义(Horváth,1995a,第 2 页)。面向流程的绩效评估(PPM;参见图 6.53)作为一种辅助方法,可以在此处得到运用(Gleich,2011b,第 100 页;Gleich & Schimpf,1999;Gleich,Lindner & Temmel,2008),以实现成本和绩效的透明。

面向流程的绩效评估以流程成本为基础,并有以下绩效范围:流程成本,生产率(流程投入/产出),产能利用率,流程质量(间接),流程周期。

在面向流程绩效评估的五个阶段中,存在大量支持 PPM 的工具。

在"分阶段"中,会根据内容定义区分管理控制部门的流程,此时行业或协会流程范式是非常有益的。因此在实际应用中,ICG 过程范式非常适合用于流程区分(此处和下面段落再次见 6.3.2.2 节)。

这包括 4 个不同的流程层面(业务流程、主流程、子流程、作业)和 10 个管理控制主流程。图 6.54 展示了管理控制过程的分析框架、成本、绩效和业绩核算。如图 6.54 所示,实际流程(如成本类型和成本岗位会计核算的执行)和流程的产出(如成本报告)之间是有区别的。管理

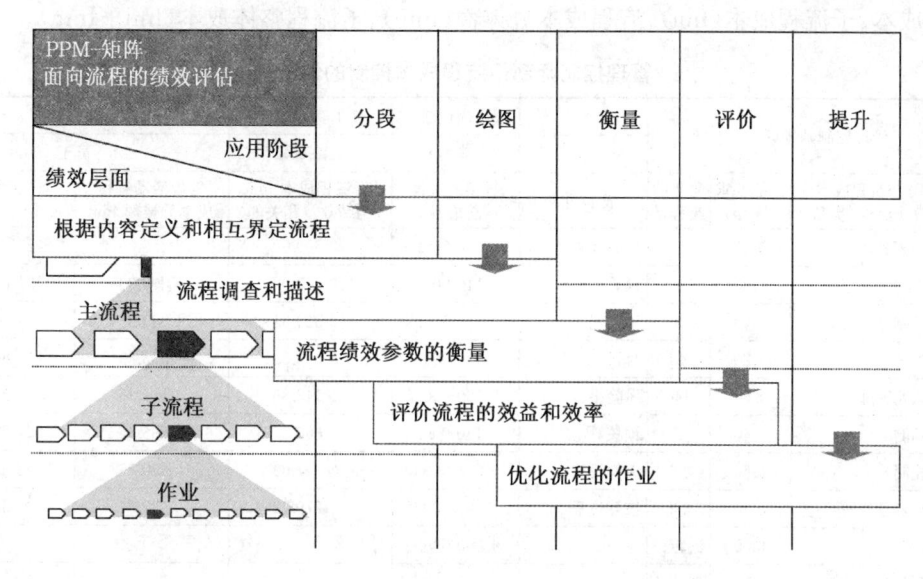

资料来源：Gleich & Schimpf(1999)；Gleich，Lindner & Temmel(2008)。

图6.53 PPM理念的概况

控制部门的每个主流程都对可能的流程构架进行了描述。该图阐明了所有可能的子流程，概述了流程开始和结束，并讨论了必要的投入。

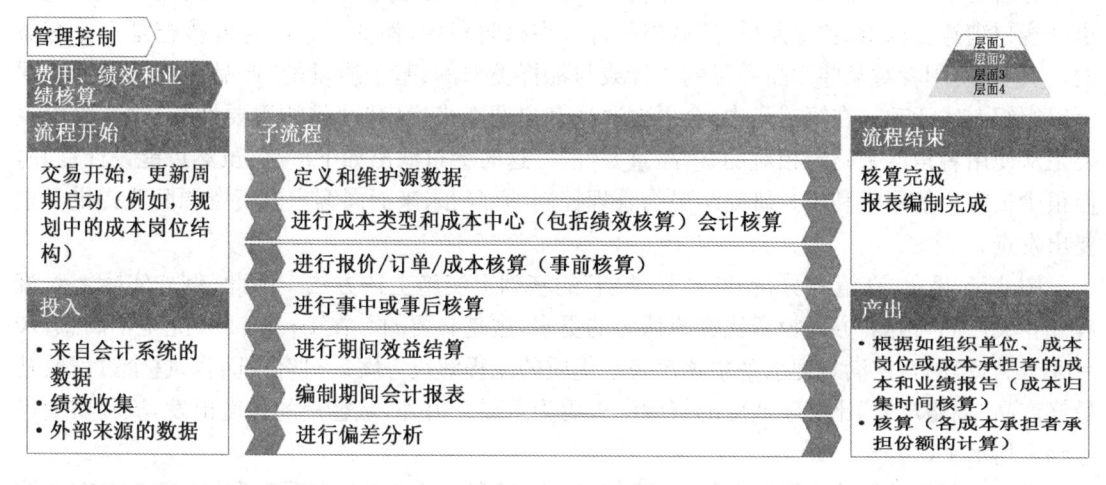

资料来源：IGC(2011，第31页)。

图6.54 管理控制流程模型——"费用、绩效和业绩核算流程"例子

面向流程绩效评估的第二阶段是"绘图"，它包括对流程的仔细研究和流程描述，并且构成了第三阶段"衡量"的基础。该阶段会分析流程成本和流程绩效参数，运用的支持工具有流程成本核算或质量和客户满意度分析等。

表6.15展示了对一个中型制造业康采恩管理控制师部门的流程成本进行分析的结果，该康采恩拥有约2 500名员工。11位专家工作在管理控制领域，每年花费110万欧元，同时他们也借助IGC流程模型识别8个与绩效量相关(lmi)和2个与绩效量无关的(lmn)子流程。各单独流程可以按照以下标准被进一步分为：产能要求(人年)、每年的流程量、成本动因、每年的

流程总成本、子流程成本(lmi)、流程成本分摊额(lmn)、子流程整体成本(lmi+Imn)。

表 6.15　　　　　　　　　管理控制师部门流程成本控制的例子

管理控制师领域				成本岗位成本	1 100 000.00		(欧元)
				能力	11.00		员工
	2010年流程成本核算子流程/状况	产能要求(人年)	每年的流程量	成本动因	每年的流程总成本	子流程成本 lmi(与绩效量相关的)	常规活动流程成本分摊额 lmn	子流程整体成本(lmi+ Imn)
1	战略规划管理	0.90	4	战略计划	90 000.00	22 500.00	2 250.00	25 000.00
2	预算管理	1.00	1	预算	110 000.00	110 000.00	11 000.00	121 000.00
3	参股控制	0.40	3	子公司	40 000.00	13 333.33	1 333.33	14 666.66
4	报告管理	3.20	60	月报	320 000.00	5 333.33	533.33	5 866.66
5	落实风险管理	1.60	140	风险报告	160 000.00	1 142.85	114.28	1 257.13
6	落实预测	1.40	3	预核算	140 000.00	46 666.66	4 666.66	51 333.32
7	投资控制	0.60	26	大额投资	60 000.00	2 307.69	230.76	2 538.48
8	KLAR 和预决算	0.80	286	核算过程	80 000.00	279.72	27.97	307.69
	总额	10.00	流转率		1 000 000.00			
9	项目参与度	0.25	8.83%		25 000.00			
10	其他作业	0.75	9.47%		75 000.00			
	总额	11.00						

6.6.2.3 第三步:建立与客户和市场的联系

分析的第一步,算出管理控制师部门每个流程的"产品成本"及其可测量的输出;第二步,借助客户满意度调查对"产品质量"做出估计。在该阶段中,例如一个满意度核查是十分有益的,它包含使用者对某些产品质量的估计或与标杆类似的、基于质量的"产品比较",咨询顾问可以组织上述活动。在第三步中,会再次通过客户调查来确定"产品的重要性"。这个阶段主要是从使用者角度来确定相对的"产品重要性"。这时会过滤出如下产品:虽然可能设计良好,但很少被客户使用或利用。研究结果为管理控制师部门未来面向客户进行资源配置提供了重要出发点。

图 6.55 显示,在流程分析和"产品类别"的基础上实施上述方法。因此,例如实际上对流程和相关产品"预测"方面投资比客户认为的更多,这是必要的。在 1~10(1 =完全不满意,10 =完全满意)的客户满意度水平中,"7"表示优质的流程解决方案。对客户而言,这个过程及其最终产品"战略规划"比实际适度的资源配置更为重要。另外,从客户的角度出发,流程质量仅达到平均水平("6")。

面向流程绩效评估的第四和第五步(即最后一阶段)分别进行的是"评价"(评价流程的效益和效率)和"提升"(启动优化流程的作业)。在这两个阶段中,标杆法或目标成本法得到运用。如上所示,客户是推进管理控制师部门面向市场进行构建的重要前提。

早在15年前,惠普在其德国的子公司便引入了内部的管理控制服务市场(Gleich,2011b,第109页)。它对业绩和根据客户要求而设计的产品或服务都进行了明确的规定,并在该公司中以"市场价格"供给。

这会进一步导致管理控制师按照目标成本法构建产品,其出发点可以是"市场允许的"内部管理控制师部门的成本,这里人们也可以很好地以不同的基准供给(如霍华德合伙－管理控制师调查或 WHU－ICV－管理控制师调查)为导向。这会生成该部门的理想目标值(如一个拥有1 500名员工的制造企业配有 10 个管理控制师,形成一个可比的"基准")。

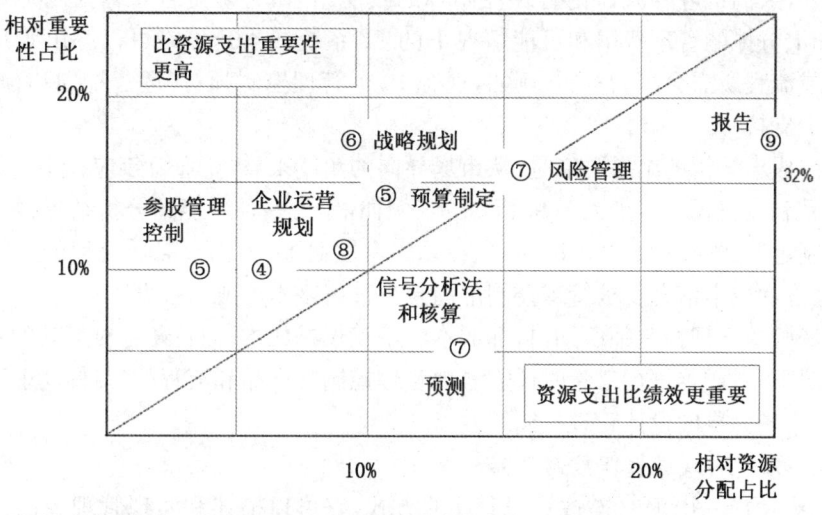

图 6.55 机械制造企业中管理控制师部门的资源和绩效组合

圆圈中的数字反映了管理控制师客户对产品的满意程度：1=不满意，10=非常满意

案例

图 6.56 介绍了德国大型 M-DAX 康采恩的管理控制、会计和财务部门运用标杆法分析的结果。该图比较了管理控制师的实际配置（总共 225 名员工）、其他康采恩的平均配置以及"最佳配置"的情况。结果表明，与其他康采恩的平均配置以及"最佳配置"相比，上述三个部门都存在过量的管理控制师配置。为了重建正确的步骤，有必要进行进一步的分析（如质量评价、客户评估、IT 系统检查）。

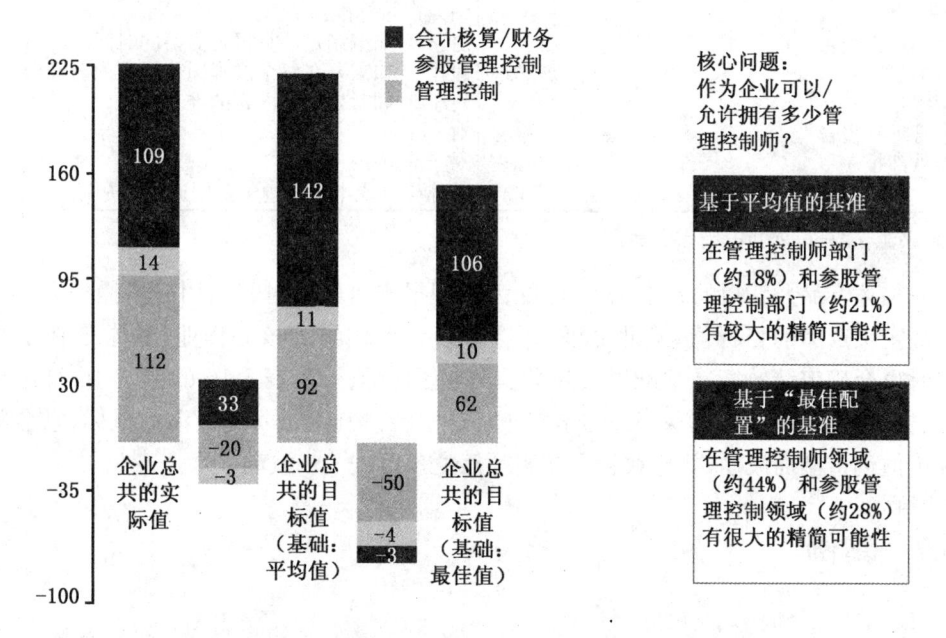

图 6.56 康采恩实例：管理控制师部门配置水平的标杆法推动

除此之外，人们也应补充讨论管理控制师的技能组合，并确定各管理控制师每年的预算（工资总额加上分摊的管理费用和可能情况下的 IT 系统成本），最终可以算出管理控制部门提供各产品或流程所需分配的资源（例如，现有 10 个管理控制师对"运营规划和预算制定"流程提供了多少支持）。

这种逆向成本分析的结果可能是：从市场导向的角度来看，企业每年应在不同的管理控制师部门为产品和流程投入多少人力和 IT 成本（例如，作为一种可能的分析结果：每年为"运营规划和预算制定"流程投资 250 万欧元）。在总成本层面上，人们会对比流程的目标成本和实际成本，而最终的成本信息要求管理控制部门至少进行基本的成本核算。

正如有经验的管理控制师所知，目标成本法不仅仅是成本，而且还是对绩效的考量。因此在理想的情况下，对成本进行考量时还需考虑管理控制师产品和流程的"目标功能"，以便以此为着手点，以市场为导向设计管理控制绩效。

6.6.2.4 第四步：改进管理控制产品和流程

表 6.16 展示了一个简单的"改进"PPM 的方式，它可以描述和实现管理控制产品的目标特性。

表 6.16　　　　　作为战略操控方法，"管理报告"的产品/流程的目标表达

产出/产品及其归属的主流程：管理报告	
产品目标： 在正确的时间、以期望的质量、在正确的地点、借助经济的工具向管理层提供决策相关信息	
效益因素 　　以客户期望的形式给客户提供最新信息，并收取低于外部提供者的费用	客户 —企业所有者 —高管/业务领导 —业务主管部门 —部门和成本岗位主管
核心产品/服务： 1. 编制和审查报告 2. 制定 BAB 3. 介绍报告 4. 信息管理—报告 5. 编制外部报表	绩效衡量标准： 对于 1：如编制每一页报告需要的时间 对于 2：如需要在每个成本岗位耗用的时间 对于 3：如时效性和内容的准备 对于 4：…… 对于 5：…… 总体生产成本不超过价值创造额的 0.15%

资料来源：Gleich(2011d,第 230 页)。

首先描述产品及背后的基本流程（此处为管理报告），然后对其运用战略操控方法。根据顾客想法定义产品的目标值，除此之外，还会确定绩效因素和核心作业（通常是在子流程层面），同时也会确定绩效衡量基准以及量化具体的预设值。在表 6.16 的例子中，每年在产品"管理报告"中的投入不大于 0.15% 的增值额。这里特意制定了一个灵活的目标，它会随着销售额和价值创造额而波动，并导致管理控制师年度预算进一步波动。

6.7 案例

6.7.1 经验研究结果

除了上文详细描述的对管理控制师能力的研究（再次参见 6.5 节），下文介绍几个精选的

以管理控制及其组织为主题的研究结果。

近年来学者已专门对管理控制师个人进行了一些经验研究。WHU 管理学院在 2011 年对管理控制未来主题进行了调查研究,主要来自财务部门的 448 名专家参加了该项研究。研究结果表明,管理控制师和经理均认为"业务伙伴"(也参见 6.5 节)是管理控制未来的领域。

如图 6.57 所示,未来 5 年内,管理控制师作为"业务伙伴"的重要性将经历强劲的增长,特别是在风险管理中,参与决策过程和数据解释方面的责任。

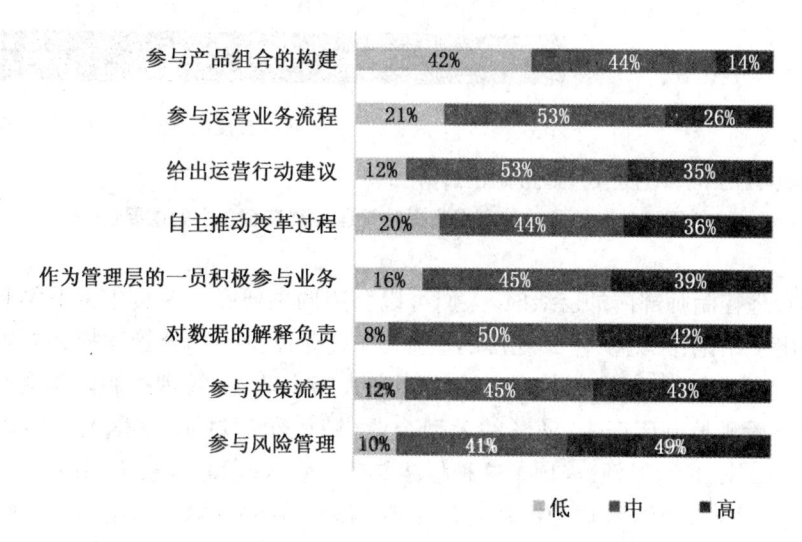

方面	低	中	高
参与产品组合的构建	42%	44%	14%
参与运营业务流程	21%	53%	26%
给出运营行动建议	12%	53%	35%
自主推动变革过程	20%	44%	36%
作为管理层的一员积极参与业务	16%	45%	39%
对数据的解释负责	8%	50%	42%
参与决策流程	12%	45%	43%
参与风险管理	10%	41%	49%

资料来源:Goretzki & Weber(2012,第 25 页)

图 6.57　业务伙伴在各个方面的重要性日益增加

近年来的金融和经济危机使"风险管理变得特别重要,《会计法改革法》改变了对内部控制和风险管理系统重要特点的描述,这使得风险管理在管理控制师日程安排中占据了稳固的位置"(Goretzki & Weber,2012,第 25 页)。

最后研究表明,根据 IGC 范式,管理控制师在未来将共同承担(管理)责任,并且比现在更尽力地给出运营行为建议(Goretzki & Weber,2012,第 28 页)。

韦本贝格(Weißenberger)等人于 2012 年的"业务伙伴"主题研究($n=112$,在 2009 年访问了 112 位经理和管理控制师)也得到了以下结论:管理控制师日益成为业务伙伴(迄今 63 位受访专家中的 42 位这样认为,Weißenberger et al.,2012,第 331 页)。在调查中涉及管理控制师的其他角色,如"程序和系统服务者"和"会计信息服务提供者",在现今追求的发展中明显不那么重要。该研究发起人认为,这证实了"在文献中推测的管理控制师角色朝业务伙伴发展的趋势"(Weißenberger et al.,2012,第 331 页)。

研究也进一步表明,大力推动管理控制师朝业务伙伴转变的,不是管理控制师的想法,而是管理者的具体期望。研究结果认为,若管理控制师最终被确认为业务伙伴,则这会对"企业成功做出积极贡献"(Weißenberger et al.,2012,第 332 页)。

上面引用的 WHU 研究(Schäffer,Weber & Strauß,2012)也涉及了管理控制师部门的效率问题,它指出管理控制面临着不断增长的效率压力。作为公司效率的推动者,管理控制师自身同样也面临效率压力,因此 41% 的受访专家认为,由于效率压力,管理控制发生了剧烈的变化(参见图 6.58)。总体而言,现今和未来管理控制部门与其他部门面临的要求之间的差异会越来越少。研究结果认为,对于管理控制师而言,促进管理控制师部门和管理控制系统进一步发展的定期举措十分重要(参见 6.6.3 节)。

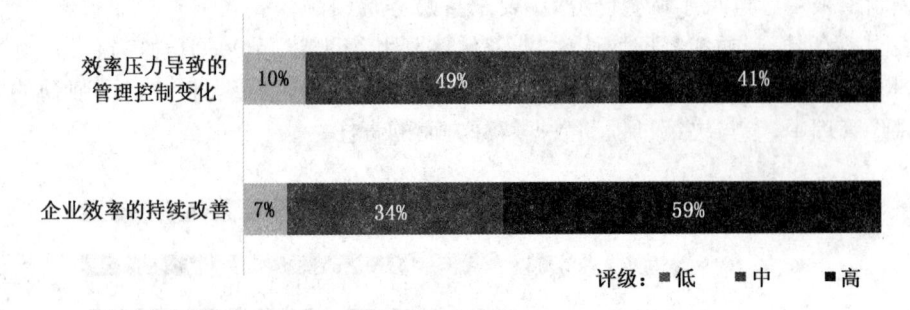

效率压力导致的管理控制变化	10%	49%	41%
企业效率的持续改善	7%	34%	59%

评级: ■低 ■中 ■高

资料来源:Schäffer,Weber & Strauβ(2012,第 15 页)。

图 6.58 持续的效率提高提升管理控制在企业中的重要性

在划分管理控制师部门的层级时,人们可以引用两项研究。韦贝尔引用 WHU 管理控制师调查并得出了结论:无论在什么规模的企业中,只有很少一部分管理控制师处于最高管理层。管理控制师大多处于第二管理层,在中型和大型企业中,管理控制师接受财务总监的领导。在 WHU 管理控制调查中,57%的大型企业(销售额超过 10 亿欧元)、44%的中型公司(5 100万到 10 亿欧元销售额)采用了这种层级结构(Weber,2010,第 43 页)。在小型企业(销售额少于5 000万欧元)中,管理控制师通常受到 CEO(31%)或财务总监(19%)的领导。

最后,我们引用在 2009 年秋季进行的一项经验研究的结果,该研究的主题是家族企业中的管理控制,它从总计 373 份针对德国家族企业的有效问卷中提取信息,探寻管理控制师的层级划分。与韦贝尔的研究类似,在这项研究中,管理控制师大多处于第二管理层。在超过 55%的受访家族企业中,管理控制师处于第二管理层;分别在 36%和 9%的受访公司中处于最高管理层和第三管理层(Felden,2013,第 529 页)。

6.7.2 勃林格殷格翰有限公司:管理控制的整体组织

勃林格殷格翰有限公司(Boehringer Ingelheim GmbH) www.boehringer-ingelheim.com	
行业	医药业
所在地	德国莱茵河畔殷格翰
营业额	约 141 亿欧元(2013 年)
员工	约47 400(2013 年)

勃林格殷格翰集团是全球领先的 20 强制药公司之一,它的总部位于德国殷格翰,在全球范围内拥有 146 个分支机构,并拥有约47 400名员工。这家成立于 1885 年的家族企业致力于研究、开发、生产和销售对人类及动物健康具有极高治疗价值的新药物。勃林格殷格翰公司2013 年全球范围内的营业额约为 141 亿欧元,它拥有 16 个遍布 11 个国家的生产基地并形成

了网络。

从勃林格殷格翰公司对新药研发持续的高投入,可以看出它的研究强度。2013年它的研发费用达27亿欧元,占据营业额的19.5%。

勃林格殷格翰有限公司负责管理和协调全球范围内分支机构的活动,它的核心任务包括战略发展、资源配置和公司治理。勃林格殷格翰有限公司的组织结构大部分为功能结构,部分为面向业务的补充结构。

管理控制在组织上属于企业"财务与管理控制"部门的一部分,该部门属于企业财务管理的一部分。财务与管理控制部门为企业操控分支机构提供分析和信息,支持执行董事会(BMD)和各项业务及职能的管理。管理控制主要参与决策过程,制定备用行动方案和定义目标。具体而言,包括以下任务:(1)对财务规划和报告流程的操控;(2)及时处理重要信息,以支持管理层的决策;(3)对企业管理相关问题提供支持和指导;(4)收购和投资规划;(5)项目控制;(6)确保流动性和集团企业之间合理的资本分配;(7)管理控制概念、流程、规定和工具的进一步开发。

如图6.59所示,财务与管理控制部门的组织结构在很大程度上模仿了企业集团的功能结构,该功能结构由业务领域导向的视角得以补充。

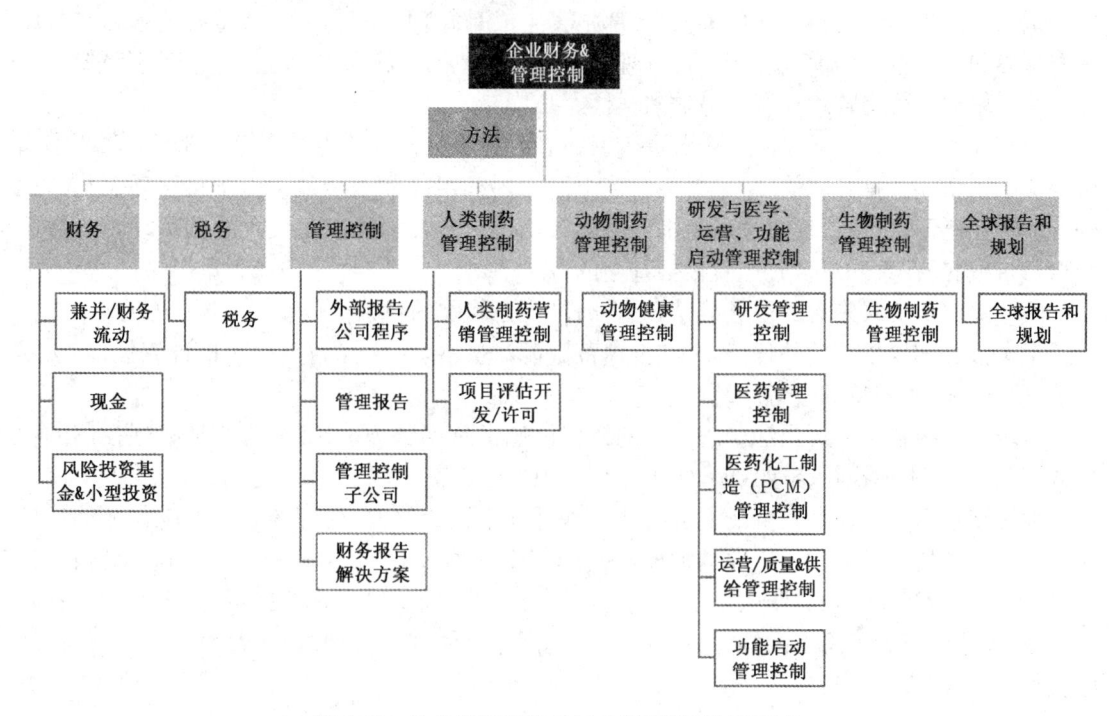

图6.59　勃林格殷格翰公司总部管理控制结构化

借助该结构,按照管理层的要求设立了管理控制。通过"人类制药管理控制"、"动物制药管理控制"、"生物制药管理控制"以及"研发与医学、运营、功能启动管理控制"等部门对业务和职能提供支持。"财务"、"税务"、"管理控制"和"全球报告和规划"则负责跨部门的财务和康采恩操控。

管理控制师在业务和职能方面的特定任务包括:构建、建设、实施规划和报告以及项目支持,以及确保满足康采恩的财务要求。管理控制的各任务领域则由对应业务和职能的典型要求和内容决定。

在业务领域的"人类制药管理控制"、"动物制药管理控制"和"生物制药管理控制"方面,管理控制面临以下特殊要求:对各产品进行贴近市场的操控以及对业务领域的规划和操控。管理控制的任务包括:向管理层提供有关市场发展,自身产品及竞争产品的地位和表现的信息。除了信息供给之外,管理控制也需对必要的分析、信息和决策流程进行构建和操控。

在研发与医学方面,管理控制的主要职责在于对内部研究开发项目进行经济性评价,即确定项目评估方案、经济数学模型、计算规则和指标。此时管理控制会评价来源于研发、市场营销和生产部门的信息和数据,并将它们适当地融入模型。在操控项目组合时,管理控制部门的建议是决策过程中的一个重要参数。此外,管理控制师也密切参与对外授权开发项目的进程。管理控制师参与一个合适的项目,从确定到合同签署的所有活动,支持决策过程以及借助重要的经济性分析协助合同的制定。

借助康采恩管理控制的经典任务(财务管理)以及对财务和税务项目的处理,公司财务和管理控制部门的功能和业务项目得以补充。

公司管理控制的核心任务是康采恩规划的操控以及内部报告的生成。对此公司管理控制定义了一些特定的概念、流程和工具,并在此基础上合并和加工来自全球范围内业务、职能部门和国家的报告,最终报告给管理层。外部报告生成是管理控制的另一项重要任务,其中,康采恩报表和业务报告的编制属于公司管理控制的职责范围。康采恩规定与管理信息系统的构建和维护增加了公司管理控制任务的多样性。

财务部门的职责是对集团中企业进行财务管理操控。在落实相应的方案时,全球范围内资金流的密切配合是必要的,康采恩集团范围内的内部银行和现金池可以支持该项工作。此外,公司财务部门也负责优化全球范围内金融流动。财务部门同时也负责并购活动及少数股东权益,特别是在康采恩自有风险投资基金的背景下。

税务部门负责康采恩的税务战略,它是跨国税务问题的对话伙伴。

全球报告和规划部门的任务是,在全球范围内,进一步统一规划流程和报告流程、方法和系统,协助分析集团特殊金融问题。

全球范围内各国公司当地管理控制的结构模仿了总部管理控制部门,当地管理控制的核心职能包括:在本地执行企业战略,实施总部管理控制方案,以及支持本地管理层。

通过高水平的工作和较强的实务技能、专业技能、社会技能,管理控制师的工作才能得到认可。组织结构仅仅提供了必要的框架,人们怎样跨职能和区域界限进行合作,这才是成功的关键,勃林格殷格翰公司鲜明的企业文化促进了公司的发展。公司中灵活的员工敢于承担责任,具有在全球背景下思考的能力。这种企业文化深刻体现在管理层和管理控制师伙伴关系的合作中,并形成企业长期成功的基础。

6.7.3 德国航空航天中心:管理控制的组织和任务

德国航空航天中心
www.dlr.de

行业	研究中心
所在地	德国科隆
预算	约8.46亿欧元(2013年)
员工	约7 800员工(2013年)
组织结构	员工大会 航天委员会　评议会 　　　　　　主席：德国联邦经济和能源部国务秘书 科学技术委员会　董事会 **主席**：战略与国际关系；在布鲁塞尔、巴黎、华盛顿和东京的办事处；交流；政策和经济关系；董事会办公室；总部投资管理；安全研究的方案协调；对新生力量的资助；多样性和机会平等 **行政管理副主席 技术营销和项目负责人**：财务和企业管理控制；人事和法律；选址的领导；技术基础设施；总部人事营销；审计和企业投资；技术营销；质量与生产保障；信息和沟通技术；DLR项目负责人/航空研究；科学信息 **航天管理**：方案管理部门；项目管理部门；中心任务 **航天研究和技术**：航天部门、研究工业和机构；航天研究和技术方案管理部门；航天智囊 **航空**：航空部门、研究工业和机构；航空方案管理部门；航空、能源和交通智囊 **能源和交通**：能源部门、研究工业和机构；能源方案管理部门；交通方案管理部门

　　德国航空航天中心(DLR)是德意志联邦共和国航空和航天领域的研究中心,航空、航天、能源、交通和安全方面的研发工作被纳入国家和国际合作项目。此外,受联邦政府的委托,DLR 也负责德国太空计划规划和实施。同时,DLR 也是国内最大的顶层组织项目发起人,DLR 研究地球和太阳系、为保护环境提供知识、研发能源供应、移动通信和安全方面的环保技术,它的研究范围从基础研究延伸到未来的产品开发。DLR 还运营 33 个研究所、检测和经营机构,并在 16 个地方拥有研究机构:科隆(董事会所在地)、奥格斯堡、柏林、波恩、不伦瑞克、不来梅、哥廷根、汉堡、尤利希、蓝伯德斯豪森、施特雷利茨、奥伯法芬霍芬、斯达德、斯图加特、特劳恩和魏尔海姆。德国航空航天中心在布鲁塞尔、巴黎、东京和华盛顿特区设有办事处,是一个私法意义上的非营利性组织。

　　2013 年,DLR 研究和经营的预算约为 8.46 亿欧元,其中 53% 来源于竞争中获得的第三方资金,47% 由联邦政府和州政府作为基础融资提供。此外,DLR 管理着金额高达 2.64 亿欧元的德国太空计划和欧洲航天局(ESA)7.83 亿欧元的融资款项。DLR 中项目发起人的资助资金为 117.9 万欧元,航空项目项目发起人给予了 1.46 亿欧元的资助。

　　德国航空航天中心的管理控制流程以公司治理的构建为导向,该研究所和机构借助目标协议运作,该目标协议是由机构领导和主管的董事会成员之间以年度发展计划形式缔结的。除了研究所和机构的专业发展和定位之外,协定的目标还包括商定将要实现的收益。目标协定来源于德国航空航天中心的总体定位,并有利于它的实施。与公司范式类似,总体定位描述了德国航空航天中心的战略定位。研究所和机构在协定目标方面有高度的自主权,此外研究所和机构分布在德国 16 个地方。

在管理控制承担核算的背景条件下,管理控制具有十分分散的定位。在研究所和机构中,管理控制师会给领导提供支持。在组织方面,管理控制师受到研究所和机构主管的领导,在专业方面则受到科隆总部企业管理控制组织的领导。该企业管理控制组织有 7 名员工,在组织上隶属于财务部,并直接向财务总监和董事会领导报告。研究所和机构约有 55 名管理控制员工,企业管理部门以及行政和技术基础部有 4 名员工,程序领导部门有 4 名员工。因此,管理控制师占德国航空航天中心总员工的比例为约 1%。

企业管理控制组织以及研究所和机构的管理控制师承担了公司各个层面管理控制的传统工作,如协调规划过程、审查目标的落实,并在出现偏差时为管理流程提供行动建议。分部管理控制师的任务延伸到了研究所和机构以及项目管理控制。此外,接受过商业培训的管理控制师也是科学家们的顾问和合作伙伴,优化各负责部门的流程同样也属于管理控制师的任务范围。企业管理控制组织发展了一流的规划和操控程序,它是研究所和机构管理控制师的对话伙伴,提供了管理信息系统,传授了德国航空航天中心企业管理和管理控制主题的特定专业知识。

以不断变化的内外部需求为导向,方法和程序持续发展。管理控制必须尽早识别环境的变化,并将其纳入方法和程序的开发中,因此只为操控提供财务数据是不够的。借助科学的指标进行外部操控越来越重要,即管理控制也必须收集非财务数据以进行操控。管理控制也应针对战略定位导致的变化采取相应的措施。因此,在研究设备库存不断增加的情况下,运营成本变得越发重要。能够规划和操控设备在整个生命周期中成本更有效的流程是十分必要的。

管理信息系统可以让用户以简单的方式,完全根据自身要求通过"自助服务"获取信息,它允许进行"联想浏览",用户可以创建自己的"报告"和收藏夹。

德国航空航天中心的另一个成功因素是传授特定专业知识,特别是在新管理控制师的内部培训中,人们非常看重知识传递。目的在于,在德国航空航天中心管理控制十分分散的定位之上,构建和维持可比的知识基础。总部管理控制组织的新职员也要对此渐渐熟悉。培训计划涉及管理控制的基础知识和任务重心。企业控制组织老员工会在训练阶段帮助新职员,培训结束后,这些老员工通常作为对话伙伴,在日常业务中为他们提供咨询。此外,企业管理控制组织会提供一个所谓的"管理控制师家访",该家访可能会与管理控制师讨论研究所或机构特定的问题。由于两人谈话中更容易识别和讨论新员工的专业潜力,因此这些访问有利于知识的传授。

当研究所和机构的管理控制师参与了新流程的构想时,变革就更容易实现。基于这项认识,人们成立了工作小组,在该小组中,研究所及机构管理控制师和总部管理控制师及负责人致力于对新流程的协调。其目的在于,提早识别有关新方法的保留意见,或从研究所和机构的角度发掘优化潜力。该工作组以需求为导向。

为了完成上述任务,企业管理控制组织十分重视培训和继续教育。除了以管理控制为主题的专业培训和继续教育外,其他更常见的主题——如沟通和表达技能或 IT 主题——也是培训的重点。德国航空航天中心管理控制系统的背景和方法也贴近非商业领域,这是管理控制各个层面的目标。此处的挑战是符合目标群体的要求,这通常意味着管理控制组织完成复杂的工作,以产生共识。

在管理信息系统概念的设计和实施、特殊分析和查询方面，IT 越来越多地决定着管理控制的工作环境。它的目标在于快速而有效地提供信息，为了有足够的时间分析数据，此处需要设定高度自动化的数据提供体系。

基于 SAP 的 ERP 系统是企业经济数据的基础（参见第 5 章），它会加工和记录业务流程。其目标群体是在运营部门的员工和管理控制师，他们也可以使用其他包含非经济数据的数据库。此外，他们还使用支持运营规划的规划工具。

报告系统（管理信息系统）是针对目标群体特别设定的，它提供的可视化图形尤其适用于整体和战略管理方面的研究。报告系统形成了一个无冗余和单语义的数据空间，人们可在多维数据库中自由查看，并利用可视化装置对此数据空间进行研究。为了限制操作软件的数量，它会检查 ERP 系统是否满足需要。如果 ERP 中的标准产品或定制开发不符合要求，德国航空航天中心将会使用 SAP 合作伙伴或其他供应商的产品。

第三方资金的稳定增长也使得项目管理控制自 21 世纪初日益受到重视。企业管理控制组织也负责，项目管理控制下对 DLR 的进一步支持，这包括项目管理框架路线的进一步开发，它可以达到以下目的：强制运用统一的项目管理方法；发展 IT 工具以防止中介断层，从而发挥协同效应潜力；进一步开发报告生成制度，以便通常是工程师或科学家出身的项目领导能够理解和明白该报告。

6.7.4 汉高两合股份公司：管理控制的组织

汉高两合股份公司 http://www.henkel.com	
行业	消费品
位于	德国杜塞尔多夫
销售额	约 164 亿欧元（2014）
员工数	49 750（2014）

在汉高，人们认为管理控制具有操控功能，决策制定层面上的每位经理都能感知该功能，尽管管理控制的任务必须和相应的组织相连。在组织构架方面，汉高的管理控制组织结构分为以下三个层面：(1) 在康采恩层面的管理控制部门；(2) 各企业部门以市场为导向的管理控制；(3) 在（本地）附属公司（子公司）层面的管理控制。

康采恩层面的管理控制包括康采恩集团的财务管理控制，它涵盖公司规划、管理报告、投资管理控制、供给管理控制和总部职能管理控制以及总部财务职能范围内的子公司管理控制。此外，在三个企业领域层面上各自具有一个总部管理控制。在地方公司中，管理控制通常是财务部门的一部分，其中关键会计管理理念背景下管理控制会很好地支持业务部门。

"管理控制师委员会"是连接所有管理控制相关实体的重要成员，简称为 CoCo。该委员会每月举行一次会议，康采恩层面管理控制的主管、企业会计及子公司管理控制领导和三个企业领域的财务总监参加该会议。CoCo 的目标是对不同的总部主题领域之间进行协调，并确保在企业范围内使用统一的方法。这主要涉及规划、报告、操控领域的基本问题，以及对跨康采恩行动方案和特殊任务中采用的方法进行协调。

汉高已制定了企业战略和企业领域及职能部门的战略，并对其进行定期更新。定量框架的构想表现在财务目标以及集中了关键数据的中期计划。2012年底汉高发布了其2016年的战略,它包括了对某些战略优先事项的解释和相应的财务目标:到2016年,营业额应增加到200亿欧元,其中100亿欧元来自新开发的市场。汉高力求优先股每股盈利到2016年达到10%的年均增长率。

战略分析以及年度规划和期望值的核算,可以识别年度值与长期数量目标值的偏差,以便及时采取适当的措施。

作为面向决策的信息供给工具,报告系统以业绩和财务核算的月度报告为基础,该报告来自康采恩不同的子公司,并且必须在下月的第三个工作日前编制完成。在康采恩层面使用的管理信息系统("TOPAS"),总结了战略性业务领域和合并范围内子公司的数据。在月末之后,汉高现有的报告系统可以将当前企业的短期发展与去年执行的短期规划(规划的起点为一年)进行比较,以便及时进行偏差分析。

内部报告系统和外部报告在内容上通过统一的评价理念,在形式上多方面信息紧密相连,这些信息包括销售额、息税前利润、销售利润率和资产利润率、经营性资产、商誉及有形资产、投资、各企业领域和地区的研究开发。

总结

本章的重点是管理控制整体组织、专门的管理控制解决方案、管理控制系统引进和进一步发展的方法以及管理控制师个人方面的问题。

正如我们所指出的,人们需要结合给定的情况来看待管理控制的整体组织。在管理控制组织构架的设计上,存在下列重要问题:

(1)集权化/分权化:管理控制任务在何种程度上、根据怎样的任务特征在整体组织中进行分配?

(2)功能化:领导结构中的管理控制师拥有怎样的地位和能力?

(3)委派:管理控制任务中有哪些可能的委派形式?

(4)参与:员工能够在多大程度上参与高层次的决策制定?

(5)标准化:在何种程度上能够实现管理控制活动标准化?

(6)分工:管理控制任务的分工有哪些可能性和形式?

如今管理控制的设计以流程为导向。管理控制流程的标准化有利于离岸或外包,在许多情况下,管理控制的任务后移至组织管理(自我管理控制)。

如今许多公司对管理控制进行了根本性的重组,其重点是效率的提高和相关的简化重组。这也通常需要一个管理控制组织对重组进程的效果进行评价。

为了说明管理控制的各种形式,我们列举了康采恩管理控制和专业化管理控制的例子。

最后,我们对管理控制师个人进行了研究。管理控制师,特别是领导,必须日益作为业务伙伴发挥作用,同时也作为顾问和偶尔作为共同决策者为管理层提供帮助。为此,除了专业和方法论的知识之外,他还必须具备公司、产品、价值创造流程和竞争环境方面的丰富知识。

复习题

1. 哪些根本性问题在管理控制职能构建方面是重要的?

2. 在管理控制组织方面,我们讨论了哪些环境因素?
3. 管理控制有哪些不同的方向?
4. 在说明管理控制师处于第一、二管理层时,我们引用了哪些论据?
5. 怎样描述管理控制师和资金主管的分工?
6. 您能针对管理控制的集权化和分权化提出哪些建议?
7. 您认为按目标进行管理和管理控制有什么联系。
8. "虚线原则"概念描述了哪些事实?
9. 《管理控制师手册》包含哪些内容?
10. 哪些发展导致了管理控制以流程为导向?
11. ICG 管理控制流程模型的基本结构是怎样的?
12. 管理控制领域的进一步发展包含哪些阶段?
13. 怎样构建财务管理控制或绿色管理控制?
14. 建立康采恩管理控制时,需要特别注意什么?
15. 组织管理控制有哪些任务?

对经理人及管理控制师的提问

1. 您会怎样在企业中构建管理控制组织?为什么会这样做?
2. 针对当前组织解决方案,人们可以考虑哪些构架变体?
3. 您会对管理控制实施怎样的专业化?为什么?
4. 您在管理控制师领域以流程为导向工作吗?如果是,您也"在管理控制师部门"建立了流程(和产品)为导向的管理控制吗?您是怎样进行构建并对其进行完善的?
5. 在构建管理控制组织时,您是否考虑了管理层的愿望?如果是,您遇到了哪些新的组织构想或进一步的发展?
6. 您是否已针对管理控制师部门建立了持续的绩效提升项目?您是怎样构建的?
7. 您会定期将自己的管理控制组织与其他管理控制组织比较,以从中学习并找到自己绩效能力的基准点吗?
8. 您对管理控制师个人有什么要求?例如,管理控制师新人和领导有哪些区别?
9. 您的管理控制领导是作为业务伙伴发挥作用吗?

延伸文献阅读

罗纳德·格莱希(Ronald Gleich)和尤伟·迈克尔(Uwe Michel)编写的《管理控制组织学》(2007)详细介绍了管理实践中管理控制的组织。

《IGC"管理控制流程模型"》手册详细介绍了整个管理控制流程模型。

第7章

公司治理

"在戴姆勒集团的公司治理系统下,管理控制、风险管理以及企业内部审计必须相互协调地进行运作。"
——卡伊—尤韦·塞登夫斯(Kai-Uwe Seidenfuß)博士,戴姆勒集团公司审计部总经理

第7章中我们将关注管理控制的规章结构,涉及监督企业活动的法律、组织及信息的规章制度,这些是公司治理的对象。我们将介绍公司治理的三大块内容——内部监控系统、内部审计以及风险管理,并阐明它们与管理控制的联系。

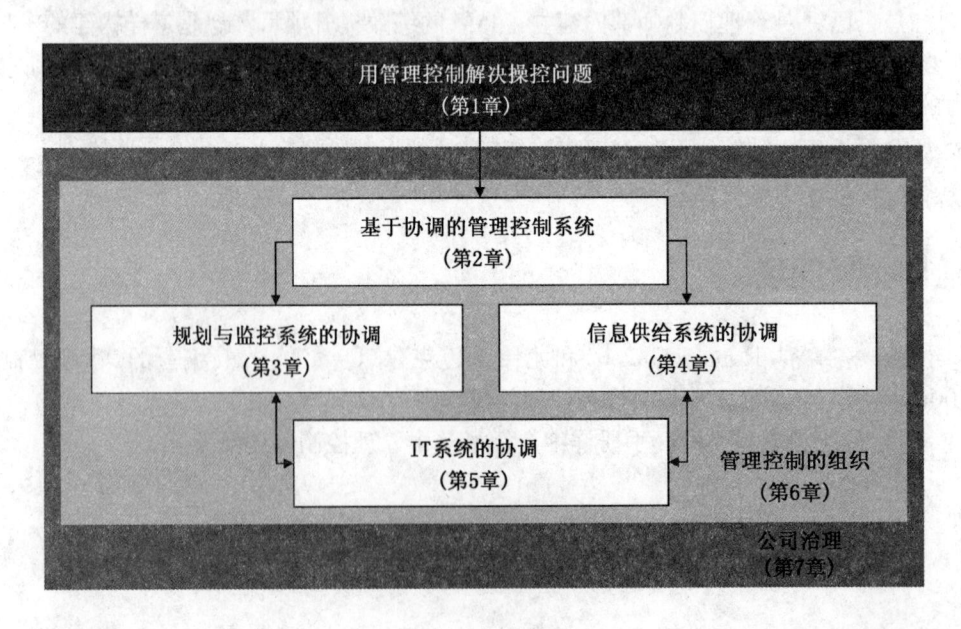

```
┌─────────────────────────────────────────┐
│       用管理控制解决操控问题              │
│            (第1章)                       │
└─────────────────────────────────────────┘
           │
           ▼
    ┌──────────────────┐
    │ 基于协调的管理控制系统 │
    │      (第2章)       │
    └──────────────────┘
       │           │
       ▼           ▼
┌──────────────┐  ┌──────────────┐
│ 规划与监控系统的协调 │  │ 信息供给系统的协调 │
│    (第3章)      │  │    (第4章)     │
└──────────────┘  └──────────────┘
       │           │
       └─────┬─────┘
             ▼
       ┌──────────────┐
       │  IT系统的协调   │
       │   (第5章)     │      管理控制的组织
       └──────────────┘         (第6章)

                              公司治理
                              (第7章)
```

7.1 引言及概述

为实现领导与监督，企业需要法规、组织以及信息的规章结构。这不仅仅涉及内部结构，也规范了与企业所有利益相关者之间的外部关系，这些便是公司治理的实施对象（von Werder，2009）。因近几年几桩重大破产案与诈骗案的出现，公司治理监督变得越来越重要，全球范围内几乎所有的公司都宣布为建立公司治理颁布了特殊的法律规章。

"可以把委托一代理问题看成'公司治理'这个主题的核心问题"（Berens & Schmitting，2004，第58页）。这个问题产生于，企业的所有者（"股东"）和其他利益集团（"利益相关者"）并不能亲自管理企业，他们是委托人，而企业的管理者则是代理人。委托人与代理人之间的关系可以用信息不对称模型来描述（Güther，2003）。

公司治理是一个以消除信息不对称、平衡各利益集团为目的的整体系统（von Werder，2009）。或者换一种说法："公司治理是这样一个制度性机制，它确定企业是如何做出重大决定、如何实施领导与监控的"（Schmidt & Wieβ，2009，第164页）。

可以把公司治理分为两大块：(1)以达到利益平衡（"相互制衡"）为意图的企业领导结构构建；(2)以维护所有参股者利益为意图的企业领导监控。

由于公司治理的定义非常笼统，所以要对这个主题进行各方面的清晰细分有些难度。因此，我们将用实用性的方法来处理这个题目，并对公司治理与管理控制的关系进行考察。接下来，公司治理的监督职能是我们论述的焦点。

所有对公司治理的定义都一致认为，管理控制是公司治理的一部分。在章节开头的导览图中也是这样体现的：(1)消除信息不对称是管理控制的内在固有思想；(2)管理控制师进行目标导向的协调为"制衡机制"服务；(3)操控系统中的监控机制可实现透明化与遵守规章。

在公司治理的相关文献中，通常将监督分为以下三个子类别：内部监控系统、内部审计、风险管理。

之后我们会具体处理这三个类别，并说明它们与管理控制之间的关系。而对于公司治理组织结构方面的内容（例如，监事会），我们就不再深入，在遇到涉及个人行为的主题时，也不深入探讨这些内容（例如，合规性）。

这三个所要讲解到的类别，各有各的理念基础，它们的理念基础也包含了一些管理控制的元素；反之亦然，管理控制中也包含了它们的一些元素。

公司治理的背后有着改革理念的支持，通常从法规角度进行改革理念的探讨，并把它转化为约束性的规章制度（Freidank & Paetzmann，2003，第303页）。其重点在于企业各机构的权力平衡与制约。虽然在谈及公司治理规范时，通常都是上市企业处于显著的地位，而公司治理也可以延伸到大中型以及非上市企业中去（Freidank & Paetzmann，2003，第305页）。

《股份公司法》第91节第2段一般要求："为了识别对于企业进一步发展危险的进展，执行董事会必须采取适当的措施，特别是构建监督系统。"

由美国参议员保罗·萨班斯与国会议员迈克尔·奥克斯利起草的《萨班斯—奥克斯利法案》（Sarbanes Oxley Act，SOA）是实行公司治理的一个著名国际案例。为满足资本市场对信息的需求，它加强了公开信息的披露（Biel，2005，第15页）。德国在公司治理方面值得称道的法律法规则是《企业监管与透明化规定》(KonTraG)与《德国公司治理法典》(DCGK),后者在2002年由一个政府的委员会修订而成,它是德国经济领域的权威性文件。

《德国公司治理法典》(DCGK)有七章:第一章阐述了该法典的意图,第二章是对股东以及全体股东大会的规定,第三章是关于执行董事会和监理会的共同合作,第四、第五章是对执行董事会和监理会的规定,第六章对企业管理的透明化做出了规定,最后一章对财务报告及年度审计做了规定。

法典还包含了对企业的建议与启发,企业可以对该法进行灵活的应用("软法"),该法典的部分内容符合"遵守或解释"原则。根据法典,上市公司有义务每年——主要依据年报——报告它们对法典的遵守程度。按规定,法典也将"考虑国内及国际的发展情况,对自身进行审视,并按需做出调整"(Peltzer,2003)。

目前通常用到的"三道防线"模型非常直观地向我们展示了公司治理体系(The Institute of Auditors,2013,以及图7.1):

第一道防线包括了对运营及流程的内部监控,运营经理对此负责。

第二道防线包括了流程相关的操控与监控系统,例如管理控制部门、风险管理部门、质量保障部门等,各组织单位对其负责任。

第三道防线则是内部审计,它对前两道防线的"绩效能力"进行非流程相关的审查。

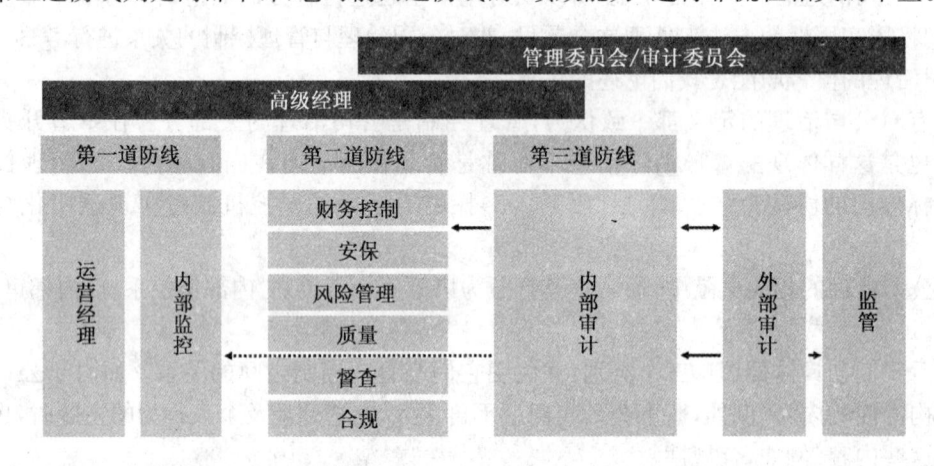

资料来源:内部审计师协会(2013,第2页)。

图 7.1 "三道防线"模型

除了这三道防线外,还会有外部的审查和监控。不难看出,各职能部门之间的协调和沟通是不可缺少的,这样才能够避免重复劳动以及安全漏洞(Hampel & Bünis,2013,第599页)。

图 7.2 展现的是德国财务有限责任公司的"三道防线"模型。

这里给出的公司治理组织所有方面都必须与显著增长的信息安全要求联系在一起,在整个价值创造链的过程中,信息数据的安全必须经受住威胁与风险的考验(关键词"网络安全")。

公司治理与合规化如今与信息技术息息相关,因为无论是从战略上还是从运营上,信息技术都决定了业务流程的构建(Knoll,2014;Moeller,2013)。

案例

```
                          ┌─────────────┐
                          │  内部监控体系  │
                          └─────────────┘
                        ┌─────────┴─────────┐
                ┌───────────────┐   ┌───────────────┐
                │  嵌入流程的    │   │  非流程相关的  │
                │   监控措施    │   │   监控措施    │
                └───────────────┘   └───────────────┘
           ┌──────────┬──────────┐            │
   ┌──────────┐ ┌──────────┐ ┌──────────┐ ┌──────────┐
   │组织上的安全│ │   控制   │ │ 其他授权 │ │ 内部审计 │
   │   措施   │ │(前馈、同期│ │          │ │          │
   │          │ │  、反馈) │ │          │ │          │
   └──────────┘ └──────────┘ └──────────┘ └──────────┘
```

- 组织上的安全措施
  - 通过职能分离
  - 通过电子数据处理（例如，访问权限）
  - 通过工作指南
  - 通过凭证单据

- 控制（前馈、同期、反馈）
  - 通过多人操作（"四眼原则"）
  - 通过电子数据处理

- 其他授权
  - 风险监控
  - 合规
  - 数据保护
  - 信息技术安全等

- 内部审计
  - （在整个企业及业务运营流程与单位的审计框架下）对控制与保障进行
    - 完整性
    - 有效性
    - 目标导向性的审计

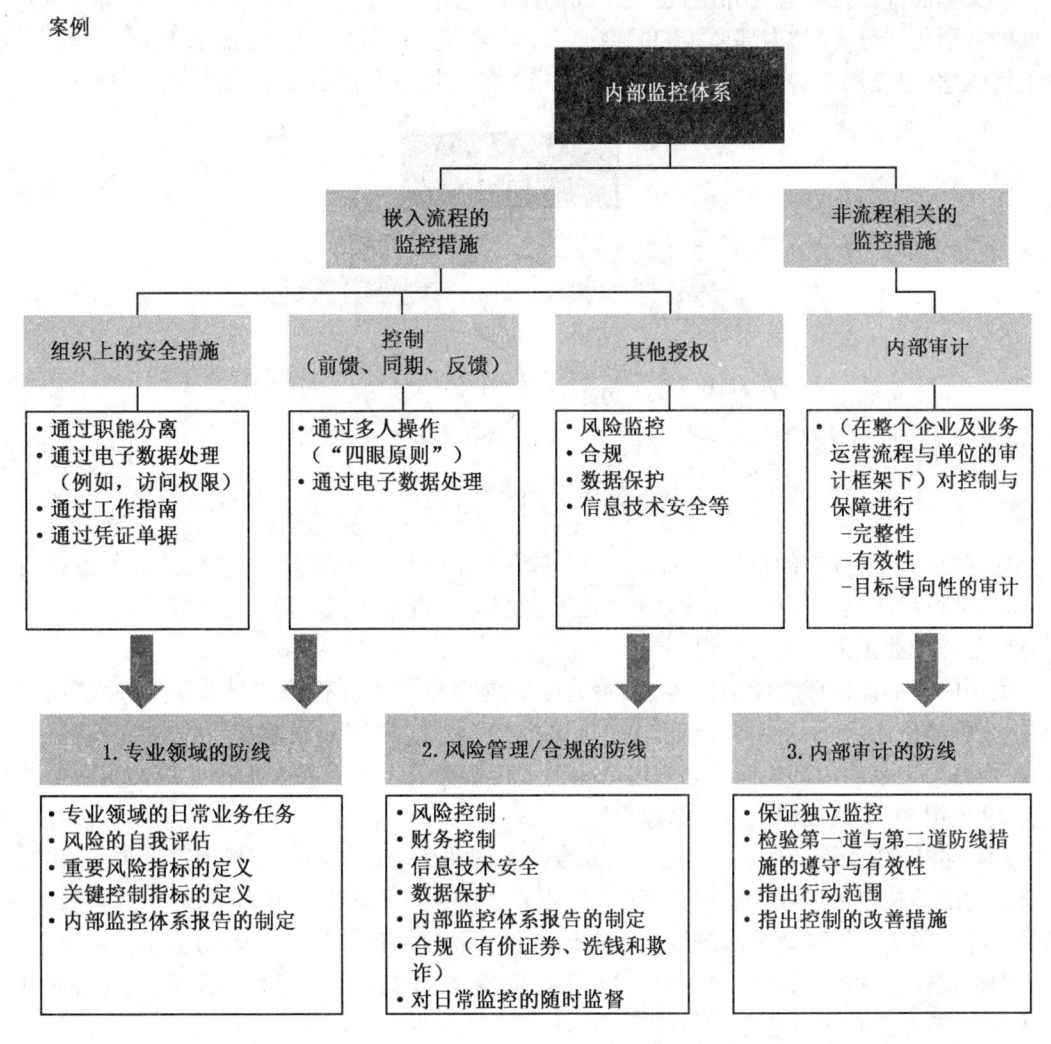

1. 专业领域的防线
- 专业领域的日常业务任务
- 风险的自我评估
- 重要风险指标的定义
- 关键控制指标的定义
- 内部监控体系报告的制定

2. 风险管理/合规的防线
- 风险控制
- 财务控制
- 信息技术安全
- 数据保护
- 内部监控体系报告的制定
- 合规（有价证券、洗钱和欺诈）
- 对日常监控的随时监督

3. 内部审计的防线
- 保证独立监控
- 检验第一道与第二道防线措施的遵守与有效性
- 指出行动范围
- 指出控制的改善措施

资料来源：Lehr(2013,第166页)。

图7.2　德国财务有限责任公司的"三道防线"模型

7.2　管理控制与内部监控系统

7.2.1　概念与界定

正如3.2.2节中所述，与规划相关的监控是领导过程的一部分，我们把规划和监控看作一个整体，控制保证了规划的实施。这里对几种特定的监控形式进行比较，将其意图进行对照比较，不仅有利于计划的实施，也便于今后做出更好的规划。

与规划相关的监控是领导过程的一部分，而监控则是业务流程中具有监控属性的一部分，其主要内容是，遵守企业的规章准则，避免潜在的欺骗行为。

在文献中，内部监控大多采用英语表达"Internal Control"，或者是德语表达"Internes Kontrollsystem"，这些表达互相不统一，且模糊不清。

狭义上内部监控概念的界定,也就是我们如何使用这个概念,是非常困难的。可以做两个主要的差别化区分——"内部监控"和"内部审计"(参见 7.3 节)。两个概念都从属于"监督"这个上级概念(参见图 7.3)。在文献中,与规划相关的监控也常常归属于"监督"这个概念。

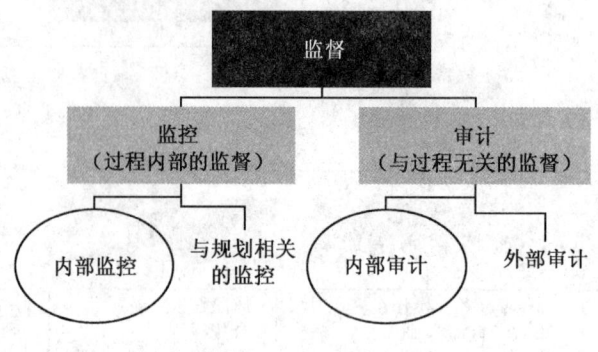

图 7.3 监控和审计

内部监控是过程中的目标－现实比较,它是工作流程的一部分,由过程的参与者进行操作;而内部审计则是由过程无关的第三方进行的目标－现实比较。对于外部审计而言,这个第三方则是与企业无关的人员或组织。

美国的内部监控概念涵盖内容全面,美国的内部监控将所有的监督活动都归在"内部监控"这个整体概念之下。相对于美国的"内部监控"概念,德国的文献主要使用"内部监控系统"。而德国文献的内部监控理念则远远超出了传统意义上的监控。内部监控的实践必要性来自 20 世纪 30 年代美国的经济欺诈丑闻。

1949 年,"美国会计师协会"(也就是如今的美国注册会计师协会)对"内部监控"做出如下定义:"内部监控包括企业为了保护资产、确保账目数据的准确性和可靠性、提升运营效率、鼓励员工遵守规定的管理政策所进行的组织计划和采取的所有协调方法及措施。"

内部监控包含四个目标(参见图 7.4):资产保障、会计核算的可靠性与准确性、提高企业运营效率、支持企业政策的遵守。

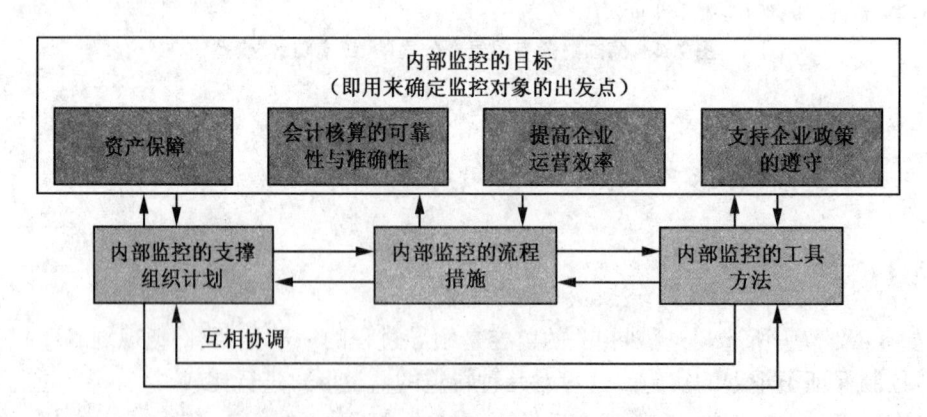

资料来源:Horváth(1992,第 887 页)。

图 7.4 内部监控系统

实现这四个目标的支撑体、流程及方法都应互相协调配合。

管理控制师的工作与监控密不可分。规划和监控系统协调的构建在定义上就包含了计划相关的监控。当涉及管理系统时,内部监控就是管理控制的一部分。通过内部监控,应当可以消除因委托—代理关系而产生的信息不对称,并遵守企业管理的规章。在很多情况下,人们完全不区分计划相关的监控与内部监控(例如,在确保信息完整性与正确性的时候)。

7.2.2 发展与方法论

20世纪80年代,美国又将"内部监控"的概念做了进一步发展。1992年,COSO委员会(Committee of Sponsoring Organisations of the Treadway Commission)发布《内部监控整合框架》(COSO框架)。2013年,COSO委员会又发布了新的修订版(COSO,2013),其中的理念应当作为内部监控系统构建与评估的方针。如今它已经成为国际的审计标准。COSO是这样定义内部监控的(COSO,2013,第3页):"内部监控是由执行董事会、管理层和员工共同设计并实施的,旨在为实现组织运营、报告及合规目标提供合理保证的过程。"

而COSO并没有对内部监控系统的构建与运行提出什么特别的方法,一般的组织和流程构建规则都适用,所以说COSO报告对建立系统性行为提供了很大的帮助。从管理控制师的视角来看,在关乎监控的有效性、风险与成本时,进行成本—效用分析是非常重要的。

COSO的理念可以分为三个维度:

第一个维度包含三个层面。"保证程序的有效性与效率"(运营)、"报告的可靠性"(财务报表)与"确保所有规章制度得到遵守"(合规)。

第二个维度包含五个层面。控制环境影响组织成员的行为;风险评估在风险判断上对管理做出支持;控制活动保障方向的正确;信息与沟通使合适的信息供给成为可能;监督活动致力于所有相关程序的长期检验。

第三个维度中,从企业的整体层面到单独的职能层面,对控制对象进行描述。

COSO报告对所有的维度和层面、构建原则和行为方式都进行了详细的阐述。

利用COSO三维立方体,在监控和合规的视角下,可以很好地对管理控制系统进行评估。"管理控制"与"内部监控"就如同一块奖牌的两面,"管理控制"主要是规划性的,且以未来为导向,而"内部监控"的核心是监控与监督。

对于管理控制师而言,内部监控的概念提供一个重要工具,通过它就可以从充分监督、规章遵守及合规性的角度对管理控制系统进行审视。

7.2.3 组织与工作方式

内部监控系统的定义是全方面涵盖企业的(参见COSO理念,图7.5),就这点来说,内部监控是与所有职能与程序都相连的,实施内部监控的责任就直接落在了各组织单位相关负责人的身上,而对企业所有者以及其他公共机构的整体责任则由企业管理层承担,内部审计和外部审计对管理层提供支持。管理控制师对自己的工作领域负责,也就是获取、利用、分析、传达对管理控制过程来说重要的信息。管理控制师必须确保流程与信息内容的正确性,与此同时,他也要兼顾整体管理过程的正确性与效率。可将这个过程分为两个层面:产品过程和领导过程。

在产品的生产环节中,内部监控是以工作流程的正确性(合规与安全)为标准的。在财产保护和防止损失上,技术与电子科技措施起到了重要作用。对管理控制师而言,对资源消耗与成品输出的记录是基础信息数据的来源,它们非常重要,必须通过过程内部的存档监控保障其安全(例如,提货登记等)。

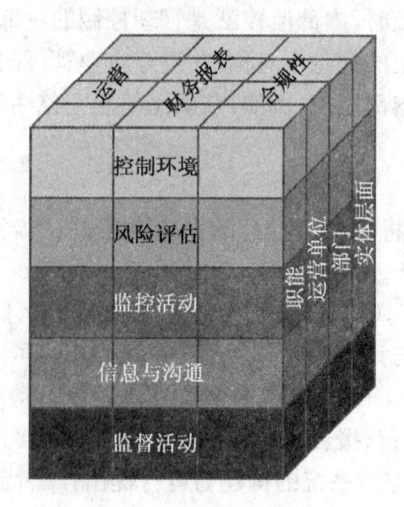

资料来源:COSO(2013,第6页)。

图 7.5　COSO 三维立方体

管理控制师所参与的领导过程,即内部监控,在一定程度上,是可以进行运营层面的标准化和自动化的(例如,预算偏差的记录)。在领导过程中,决策的实施执行是核心的监控标准。

对于非常规性的程序,人们无法制定标准化的控制。四眼原则是解决这个问题的核心,在许多情况下常用到该原则的三个变体(Troβmann,2013,292 页):(1)等级监督原则。上级对其直属下级进行监督,这种监督可以持续或间歇地在员工评价中体现出来。(2)职能管理原则。对管理与实施进行细分,也就是分离出不同职权和过程阶段,这种方式确保了整个过程不是单独由一个人负责。(3)组织措施的控制有效性原则。要将信息获取与存档方式(如表格)同样应用于控制本身。

在具体情况下,内部监控会导致效率低下。相比独自统一管辖的情况,职能分离可能会使得时间流程变长,这时就要权衡两种选择中哪个更具优势。

7.3　管理控制与内部审计

7.3.1　概念与界定

内部审计(IR)是组织上特殊且独立的监督机构,它归属于企业领导层,并处理其委托的任务。"随着时间的推移,内部审计逐渐成为企业监督系统的一个基本组成部分,它的存在也推动了公司治理的进一步发展"(Freidank,2012,第 224 页)。股份公司是强制设立内部审计部门的。

在 7.2.1 节中我们已经对内部监控的概念进行了界定:内部监控的对象是过程内部的目标——现实比较;而内部审计则是进行不依赖于过程的目标——现实比较。

对内部审计与管理控制做出概念上和事实上的划分并不容易,尤其是现在内部审计也逐渐发展成为管理层的"业务伙伴"。德国内部审计师协会对内部审计做出如下定义(DIIR,2009,第 5 页):"内部审计对企业绩效进行独立、客观的审验与咨询,以实现价值增值与改善经营流程为目标。它凭借系统性及目标导向的理念,对风险管理、监控与领导监督过程的有效性进行评估,帮助其进行改善,并以此来支持组织目标的实现。"

表7.1显示了控制与内部审计之间的详细界定,有两点尤其重要:(1)管理控制师更倾向于计划导向,而内部审计师更关注规则制度的遵守;(2)管理控制师连续地参与整个管理过程,而内部审计师每次关注不同的流程段。

表 7.1　　　　　　　　　　　　　内部审计和管理控制的比较

类别	管理控制	内部审计
与企业目标的联系	与企业目标直接联系	与企业目标直接联系(早期:通过降低风险间接连接)
任务	信息供给、领导子系统间协调、理性保障	独立、客观的绩效检验与咨询
时间性	与未来相关的	审计业务是过去相关的;内部咨询则是未来相关的
行动时间点	连续的	间断交替的
与被监督程序的关系	程序相关	程序无关
与所提供数据的关系	建立在数据正确性之上	检验数据的正确性
工具	两者所用的工具组合与各自的任务关系不大,但相互之间略有区别	

资料来源:Berens & Wöhrmann(2011,第612页)。

对于审计服务这部分的概念界定是非常清晰的,而内部咨询的概念与管理控制有交叉。

企业的审计可以有多种角度的分类,我们主要按审计机构与企业的归属关系进行分类,即分为企业内部审计与企业外部审计。

外部审计的重要工作内容涉及年报的合规性与税务关系,外部审计的部分审计流程要与内部审计保持一致,内部审计与外部审计之间存在许多不同形式的合作。本章接下来就主要对内部审计的一些课题进行介绍。

在内部审计中,按审计的对象分成两类:(1)"结果导向"的审计关注显示企业流程业绩结果的信息内容(Zünd,1973,第120页);(2)"流程导向"的审计关注流程本身(Zünd,1973,第206页)。

内部审计的概念与我们的协调概念紧密相连:我们可将审计理解为凌驾于系统构建协调与系统契合性协调之上的监控。和协调一样,内部审计也有两个职能方面:(1)对系统构建进行监督的系统构建性协调审计;(2)对特定系统进行运行流程监督的系统契合性协调审计。

管理实践中的审计不仅符合上述这种划分,也符合之前所提及的结果导向与程序导向的划分。下面我们还会提到"系统审计"与"单项审计"(参见下列描述)。

用一个假设的例子来解释我们的观点:假设在职能上,我们把预算体系的起草和实行看作管理控制的系统构建性协调任务。预算系统也包含监控,例如预算目标与现实支出的比较。而在现有的预算体系中,进行协调则属于系统契合性协调任务。这里所提到的协调任务与审计任务是相互对应的,系统审计对预算系统进行有效性与效率的审验,而结果审计对预算系统处理的目标与实际情况信息进行可信度与正确性的审验,其中预算的目标值也要接受审计。

7.3.2　发展与方法论

那些推动继续开发管理控制理念的发展(参见第1章),也使企业审计职能得以发展变迁

(Peemöller,2011):

(1)起初,内部审计仅仅是财务导向的"财务审计"。而随着企业事务的复杂性不断提升,企业的所有活动领域都成了审计的对象("运营审计")。

(2)内部审计早先只涉及具体执行活动的问题,如今管理职能也成了审计的对象("管理审计")。

(3)早先财务导向的审计仅仅关注单项信息的正确性("单项审计"),而现在已发展成对整体系统的审计("系统审计"),并以改善系统为目标。

(4)信息的加工处理不仅仅是审计的对象,还成为一些特定审计操作的工具。

(5)传统的审计是在系统完成工作任务后进行的("事后审计")。而如今,系统的复杂性与风险性要求审计时间提前,在项目开始实施之前就要开始进行审计("事前审计")。

(6)内部审计的目标也得到扩充。之前的目标以合规性与安全性为主;如今所有过程的经济性都是关注的重点。

(7)内部审计从原本权威性的审验演变成了内部咨询。

现在人们越来越意识到,内部审计不应只聚焦于特定的几个企业子系统,也应将所有企业系统的互相作用以及对环境的影响纳入工作中。

为了将重要的内部审计理念都归结到一个统一的定义下,美国的内部审计师协会进行了一项大规模的经验研究,该研究的结论到现在仍然适用(The Institute of Internal Auditors,1975,第51页):

(1)财务审计。财务审计是由内部审计师或外部审计师进行的历史导向性独立评价,以证实财务数据的公正性、准确性与可靠性;它提供资产保护;评估以保障公正性与保护所设计系统的能力与成就为目的。财务数据虽不是唯一的证据来源,却是最重要的来源。这种评价是有计划基础的,而非简单的单个要求。

(2)运营审计。运营审计是为了组织活动的管理,由内部审计师所进行的、以未来为导向的独立且系统化的评价。这种评估由组织高层、中层及底层的管理人员控制,并以提高组织盈利能力、帮助达成一些其他的组织目标为目的。这些目标包括项目目标的实现、社会性目标、员工发展等。那些可能会提高有效性与效率的领域会被识别出来,并给出相应改善、提升的建议措施。有效性的测定包括对运营规章政策的合规性评估,以及对这些规章政策的适用性评估。财务数据虽然是主要的证据来源,但在关系到组织目标时,运营规章政策才是首要来源。运营审计还包含对管理控制系统的存在性、合规性和适用性的评价,以及对管理决策过程的存在性、合规性与组织目标相关性的评价。

(3)管理审计。管理审计是针对所有层级的管理活动,由内部审计师进行的未来导向独立且系统化的评价,其目标是通过对管理职能绩效的提升来提高组织的盈利能力,并且帮助达成其他组织目标。这些目标包括项目目标的实现、社会性目标、员工发展等。财务数据是证据来源之一,而在关系到组织目标时,运营规章政策与管理决策才是证据的首要来源。管理审计还包括:对管理控制系统的存在性、合规性和适用性的评价;对管理决策过程的存在性、合规性与组织目标相关性的评价;对组织目标相关管理决策的评价;以及对管理质量的评价。

管理审计产生的报告不仅甄别问题,还为解决问题提供建议。

(4)内部咨询。内部咨询是作为审计工作的第四个领域而建立起来的,其任务是对结构及流程进行优化——与管理控制的任务有明显的重叠。在该领域中,保持内部审计的独立性和中立性是一大挑战。"内部审计不能最终演变成审计师带有自己个人色彩的工作"(Berens &

Wöhrmann 2011,第 611 页)。

正如之前所提到的,内部审计在其方法上可以分为两种:单项审计与系统审计。

单项审计的对象是系统中信息加工处理过程产生的单个结果,其重点是财务核算的数值。因此,"财务审计"与"结果导向的"的审计可以用来充当单项审计的同义词。

单项审计的标准是由相应的法定规章条款与会计基本准则制定的,企业的内部方针也对其做了补充,这里我们不涉及复杂的法定规章条款。但要注意的是,它们不仅确定了审计的标准,也对外部审计者的审计行为本身做出了规定。在该领域中,内部审计师与外部审计师要有相当大程度的合作,因此必须使内部审计与外部审计相互协调。

在进行单项审计时,审计师必须自己选择审计方法(Institut der Wirtschaftsprüfer, 2012):

(1)形式审计与内容审计。形式审计(也叫规则审计)的对象是形式外表上的合规性。它检验所有的经营事项是否都按照 GoB 的要求被完整列出、是否得到正确处理、是否记入了正确会计科目。内容审计检查的则是内容上的正确性和流程的经济性。

(2)完全审计与抽样审计。完全审计是指一段时间和一个区域内所有的事件都要接受审计,这非常少见。在规模很大的工作区域中,通常都是采用适当的抽样审计(Wysoki,1988,第170 页)。在管理实践中,大量应用抽样审计,可以对审计的事件对象进行随机抽样或者非随机抽样。

(3)进步审计与倒退审计。进步审计是从所有核算的原始凭证合规性开始审计,直到合并核算为止结束。倒退审计是从合并核算开始审计(例如年报),再到单个程序核算的检验。在管理实践中,这两种方法通常结合起来使用。

(4)直接审计与间接审计。直接审计就是直接对单个程序进行审计,它在多数审计行为中占主导地位。间接审计是通过一些特定数值的对比或比率而获取信息的(例如,废品率)。这种方法是一种可信度审计,它常被用作税务审计的"校核"。

单项审计现如今多数是自动化实现的。在目前的实践操作中,有大量的审计程序(电脑软件程序),在外部审计的背景下,它们进行单项审计。当然不止有为审计目的而开发出的程序,为其他目的而设计出的软件程序也可以用来进行特定的审计工作。

在内部审计的实际操作中,很少有纯粹的单项审计。对单个加工过程的结果进行审计常常与系统建成之后的种种问题捆绑成一个整体。

系统审计"为问题解决方案提供了思维上的评判加工"(Zünd,1937b,第 208 页;1982,第405 页),我们可以把"运营审计"与"程序导向的审计"用作"系统审计"的同义词。而"管理审计"则被理解为与领导绩效相关的系统审计。

企业成长和复杂性的增加要求审计从财务会计的角度出发,但也要能够为企业提供系统运作能力的信息,而这是个案导向的审计所无法提供的。如今,不通过系统审计方法,就无法对以信息技术为支撑的信息加工进行审计,企业所有重要流程的背后都有系统审计的支持。系统审计的目标是全面而广泛的:"程序导向监督的最终目标是对系统进行改善……"(Zünd, 1973b,第 207 页)。

为了着手"对系统进行改善",在管理实践中,审计师会采取对系统的内部监控和操控机制。审计师需确定各个监控过程的安排,并检验监控系统的有效性。

与系统构建性协调相似,系统审计也可以分为职能性层面(即程序相关的)与制度性层面:(1)制度性层面(也就是组织系统)方便审计者对企业的学习了解,但这可能会低估任务的复杂度。(2)职能性层面(也就是流程)虽然给出对子系统非常抽象的描绘,但它可以帮助审计者对各领域范畴之间的关系进行思考。

7.3.3 组织与工作方式

进行内部审计的组织先决条件就是其"独立性"。内部审计应当独立、客观地进行审计与咨询,所以,内部审计应当作为一个完整个体直接归属于企业领导层(或执行董事会)。

与其要在专业上贴近企业的要求,对内部审计的组织独立性要求是相对的。在组织设置上,内部审计应与具有最强专业性功能的部门保持较近距离,该部门无疑就是财务部门,其部门代表财务副总裁(或者是财务总监)一般也可算作管理控制师。

在通过内部审计进行审验的过程中,非常有必要对合规性与经济性进行详细的规划监控(Wysocki,1988,第 256 页),其目的是对审计对象进行界定,并建立一个可实现的审计项目。

除此之外,还要考虑到人员及物资资源。每个单独的审计任务都是一个阶段性项目,一共有以下几个阶段:审计规划、审计落实、报表编制、跟进审计。

审计中也存在行为问题。审计师的工作常常会遭到质疑及误解,在构建监督系统时,审计师与被审计单位之间的紧张关系常常是要考虑的问题。在一个研究项目中,内部审计师协会很早就对"内部审计关系行为模式"进行了经验研究,其研究结果可以用这句格言来表达:"参与式的方法、团队合作以及合作解决问题可能是沉闷的隧道尽头的一丝亮光。"随之有三种模式(The Institute of Internal Auditors,1975,第 24 页):

(1)传统审计方式:审计将预防企业潜在损失作为其工作任务。他面对被审计方采取一种局外人的态度,审计的结果也不会告知被审计方。若存在对规章的违法行为,他会不加粉饰地报告上去。

(2)温和稳健的方式:内部审计师努力尝试在保护资产的同时,还能具有建设性作用。他对被审计方的态度是客气友善的。为了保证得到审计方的合作,他会在一定程度上与被审计方谈论审计的目的,也会交流审计的结果。被审计方的相反意见也会被列在报告中。

(3)合作参与的方式:采用这种方法的审计师,把自己看作对直线管理的支持方和参谋,他会投入与被审计方共同的团队建设中。在合作中,审计师与被审计方共同寻找实现目标的更好办法。他避免任何形式的个人批评,会对审计结果和建议改善方法进行细致的讨论。报告的重点也在可采取的系统改善措施上。

无论是问卷调查、实验室试验,还是实地研究考察,都证明了合作参与的审计方式具有优越性。

内部审计是企业领导层的一个组成部分,它的监督授权来自于给下属企业分配授权任务及相关因素(Bloth,1991,第 143 页),这样才能实现内部监控的监督职能。审计准则规定了内部审计的任务、主要依据与方式方法。在表 7.2 中我们摘选一家中型企业的审计准则进行介绍。

表 7.2   审计准则摘选

企业审计的目标及任务框架
企业审计的目标是,依靠审计的结论,通过为领导活动和管理人员的工作提供客观的分析和看法,对博格集团公司(BoRG—Gruppe)的领导和管理层以及公司员工的工作任务进行有效的支持,并提供建议。企业审计的任务框架涉及博格集团经营活动的方方面面,合规性审计、系统审计与特别项目审计是其主要任务:

续表

- 审计和评价企业运营及行政程序的有效性、合适性与经济性,在财务会计核算系统中进行内部监控(内部监控系统)。
- 查明企业的基本规章、规划及程序准则是否受到了重视,尤其是提供给领导层的经营数据和其他信息是否可靠,是否受到干扰和破坏。
- 查明企业中明确了哪些对资产价值所担的责任,采取了哪些防止资产损失的有效措施。
- 对授权任务的实施质量进行评价,并提出具体的改善措施。
- 为法定审计师对年报的审查进行准备工作及支持工作。

资料来源:Bloth(1991,第149页)。

在日常审计实践中,会运用到大量专业领域相关的清单。目前,在很大程度上,内部审计是信息技术支持的审计,所以还要对信息技术领域进行审计。

审计准则以及审计工作的细节通常都在审计手册中列出。审计手册必须非常详尽,要给每一个审计师提供清晰的工作标准与规范。总而言之,审计手册必须为审计工作的有效性与高效率服务。

随着审计工作的扩展与增强,内部审计的价值贡献问题也随之被提出。内部审计也需对自身工作进行有效性与效率的评价,重要的是,要把内部审计的价值贡献转化为企业的价值增值。

"一如既往地,内部监控系统构成了审计的亮点"(Peemöller,2011,第88页)。内部监控系统也被看作审计和咨询的工作范畴(见表7.3)。

表7.3 内部审计的工作范畴

| 风险管理系统: |
| 内部审计支持对组织潜在风险的识别及评估,并对风险及控制系统的改善做出贡献。 |
| 监控系统: |
| 通过评估有效性与效率及要求不断改善,内部审计支持对有效监控的维护。 |
| 监督系统(公司治理): |
| 通过对流程的评估,内部审计对企业监督流程的改善做出贡献,其主要内容为: |
| 1. 对价值观与目标进行定义与交流 |
| 2. 对目标达成的监督 |
| 3. 对责任的分配 |
| 4. 对资产价值的保障 |

资料来源:Peemöller(2011,第89页)。

案例

为了筛选出要进行内部审计的领域范畴,需要一个系统的筛选流程。对资产特殊风险做出标识的风险类别是筛选的依据(Fischer et al.,2013)。表7.4给出了文献中提出的类别以及博世集团所具体应用类别的概览。

表7.4 审计选择的风险分类标准

文献中的风险分类类别	博世集团的风险分类类别
职能/过程的复杂性	经销渠道(直销或通过经销商)
	关键经营职能的数量
	关键信息技术的数量
	共享服务的提供

续表

文献中的风险分类类别	博世集团的风险分类类别
财务意义	销售比率
国家风险	调整后由国际透明组织给出的清廉指数
审计时间间隔	距离上一次审计的时间间隔
审计结果	审计结果

资料来源：Fischer 等(2013,第 610 页)。

****

7.4 管理控制与风险管理

7.4.1 概念与界定

对风险概念的定义是风险管理和风险控制的出发点(Diederichs,2013,第 8 页)。然而,并没有一个得到一致公认的风险概念,从不同的专业角度观察,就有对风险概念不同的阐释。

企业管理学中广义的风险是指,未来发展中未知的损失危险或获利机会;狭义上的风险就是指遭受损失的危险。风险的展现形式就是对目标值的负偏差或正偏差(参见图 7.6)。

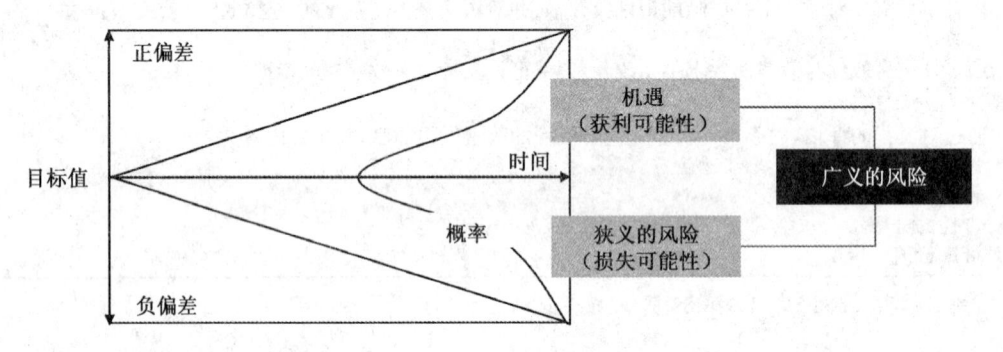

资料来源：Diederichs(2012,第 9 页)。

图 7.6　风险的概念

企业的生存以及每个决策都包含风险,许多人都尝试将风险进行系统性分类(Gebhardt & Mansch,2001,第 23 页)(见图 7.7 和图 7.8)。

如果考虑到组织每一个决策背后都蕴含风险,企业管理大体上也可以称为风险管理。风险管理既是规划监控系统的一部分,又是信息供给系统的一部分。

因此,管理控制师在风险管理过程中的角色,即通过管理控制对所有风险管理过程提供支持,总体而言,就是用风险控制对管理控制进行补充。规划、监控及信息供给不仅要聚焦机遇,也要注重风险。

从职能上而言,风险管理的过程能够分为与管理控制过程相融通的三个阶段：风险分析、风险规划及操控、风险监督。

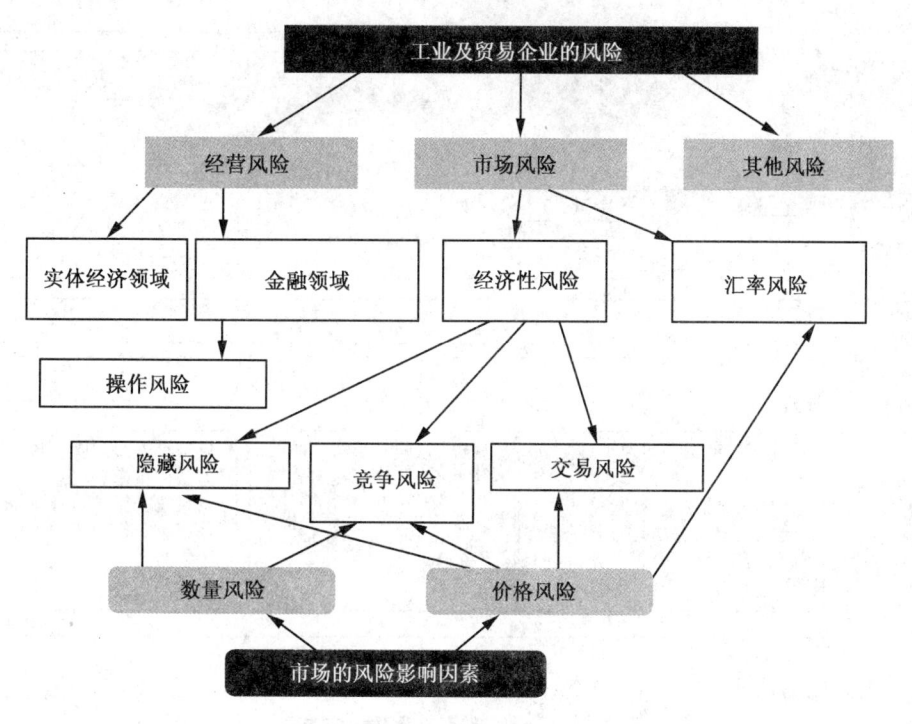

资料来源：Gebhardt & Mansch(2001，第23页)。

图 7.7　风险类别

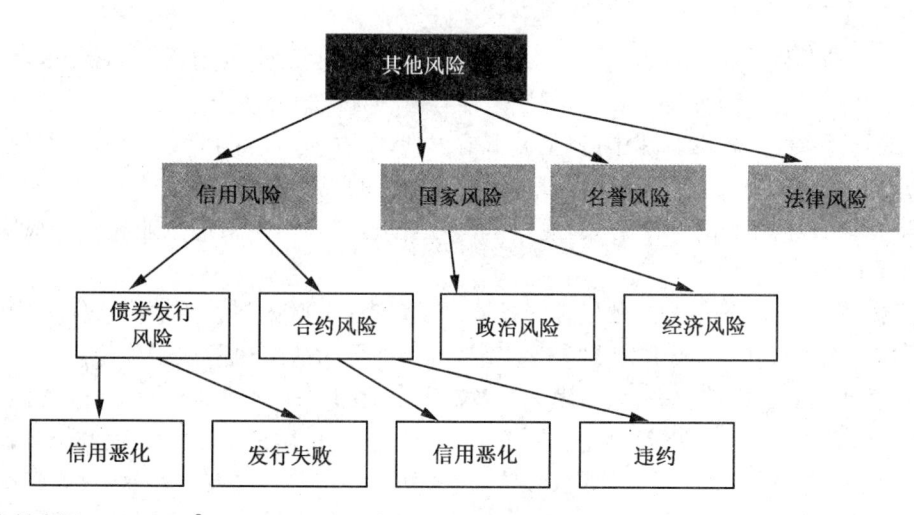

资料来源：Gebhardt & Mansch(2001，第24页)。

图 7.8　其他风险

　　图 7.9 给出了这三个阶段与其相应主要工具的概览。下面我们将从管理控制的角度,简单介绍风险管理过程的三个阶段。

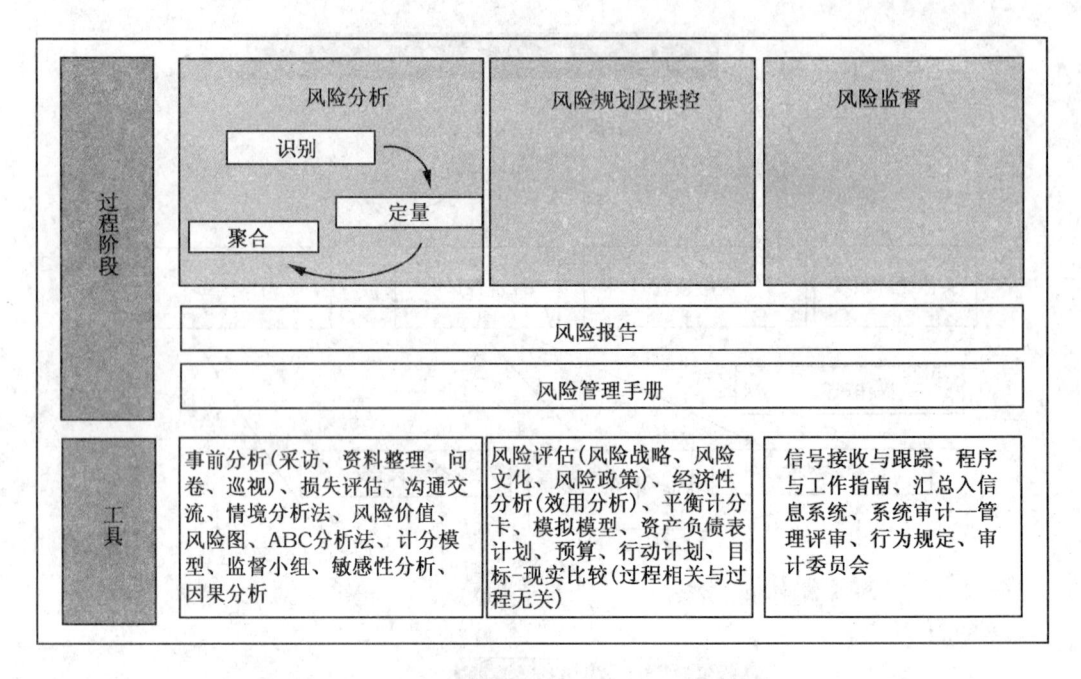

过程阶段	风险分析 识别 → 定量 聚合 ←	风险规划及操控	风险监督
	风险报告		
	风险管理手册		
工具	事前分析(采访、资料整理、问卷、巡视)、损失评估、沟通交流、情境分析法、风险价值、风险图、ABC分析法、计分模型、监督小组、敏感性分析、因果分析	风险评估(风险战略、风险文化、风险政策)、经济性分析(效用分析)、平衡计分卡、模拟模型、资产负债表计划、预算、行动计划、目标-现实比较(过程相关与过程无关)	信号接收与跟踪、程序与工作指南、汇总入信息系统、系统审计—管理评审、行为规定、审计委员会

资料来源:Horváth & Gleich(2000,第 110 页)。

图 7.9　风险管理的阶段及相应工具

7.4.2　风险分析的管理控制

风险分析的基础是风险的识别。风险的识别可以通过管理层自上而下进行,也可以从员工开始自下而上进行。虽然花费较大,但还是推荐两种方式结合使用。

在风险管理系统的实际构建中,自上而下地识别评估风险且自下而上分析风险的方法非常实用,这样的行事方法为单个风险的管理提供了完整的观察视图。

风险清单与风险工具也十分管用,尤其是风险清单,它列出了所有企业相关的风险种类。文献也记录了很多有关的例子。

风险分析的目的首先是对威胁生存的风险以及对资产、财务与收益情况有巨大影响的风险进行评估。接着有必要对风险类别进一步细分,例如分为战略风险或操作风险。这里要注意的是,后者比前者更容易识别,这是因为前者与未来的相关性紧密。

战略上的管理控制工具以及早期识别工具都为风险分析做出了巨大贡献,例如情境分析法、因果分析法以及风险识别监督小组(参见第 4 章)。

若要对已识别的风险进行财务衡量,就需要知道风险的规模大小以及每个风险事件发生的概率。可以使用风险图对风险进行分类(并在之后进行管理),图 7.10 中显示的风险图也常被称为风险矩阵。

总体来看,支持风险分析的工具是非常多的,从简单估算到现值计算都可以用。施米茨和威海姆(Schmitz & Wehrheim,2006)对风险分析的工具与方法做过全面的总结。

如果每个单项风险值都是确定的,且能按货币金额评估,那么在整个企业范围内,就可以将这些风险信息压缩捆绑在一起。压缩风险信息是一项要求很高的工作,管理控制师需要相当有经验。当然,对压缩过的风险信息进行阐释时也存在相应的工具手段。

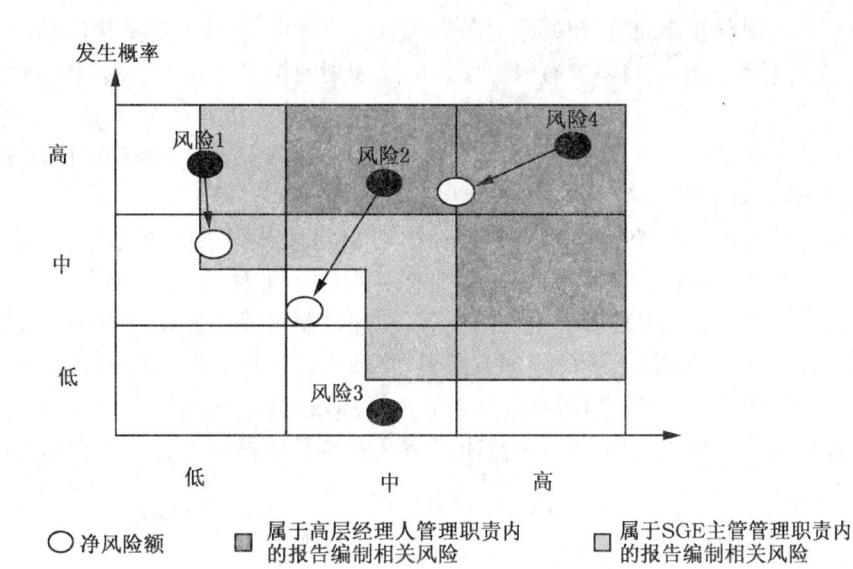

资料来源：Horváth & Gleich(2000，第 112 页)。

图 7.10　风险图举例

7.4.3　风险规划与操控的管理控制

风险的规划操控建立在管理人员对风险战略和风险基本政策意见一致的基础之上，而风险战略和风险政策又应与企业战略相一致，所以，首先要设立风险相关的目标。在战略的制定中，涉及风险方面的考量可能是较为含糊的，也可能是较为清晰的(参见图 7.11)。较为含糊的风险考量可以是，在传统战略描绘中提及一些"风险管理的影响"，也可以是在传统战略中专门提到风险层面。若有较为清晰的风险考量，则可以在企业层级或者部门层级上形成专门的风险战略。

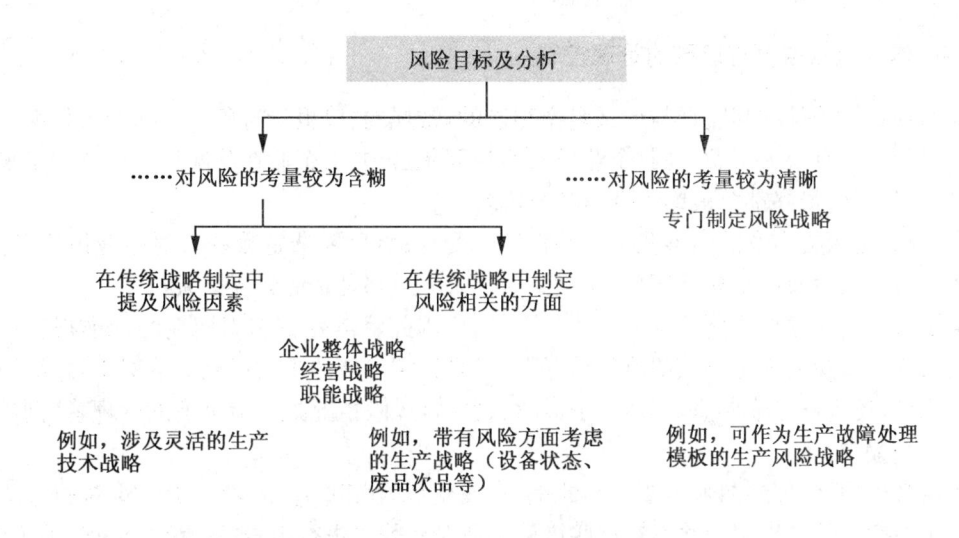

资料来源：Horváth & Gleich(2000，第 113 页)。

图 7.11　在战略制定中对风险层面的不同考量可能性

在计划的框架下，要借助必要的、可用的早期识别信息对每个风险进行规划，并将其归入战略规划过程。并要确定,在哪些业务领域有多大程度的风险,哪些风险是由企业整体所承担的,每个管理层人员担负多少有限责任。风险规划的构建可以借助模拟模型之类的工具,这种模拟模型可对不同风险情况的不同情境进行风险计算。将业绩结果引入计划资产负债表中,则是其下一个逻辑步骤。通过平衡计分卡,可以将预算引入关于整体战略规划的环节,为风险和机遇规划提供支持。

预算是实现战略目标的一种措施方法,可以将按不同角度分类的风险考虑到预算中去。对运营管理系统而言,可以考虑引入一种或多种专门的"风险成本"概念。

因为风险操控主要是管理人员的任务,管理控制对风险操控的影响是间接的。从管理控制部门或者从负责风险管理的经理人那里,管理人员可以获取与风险相关的目标—现实比较情况以及其他补充信息。对潜在的偏差做出反应,以及实施降低偏差的措施,在通常情况下,只由管理层人员负责。图7.12中给出了一些在文献中被探讨过或是在实践中得以运用的风险操控途径。

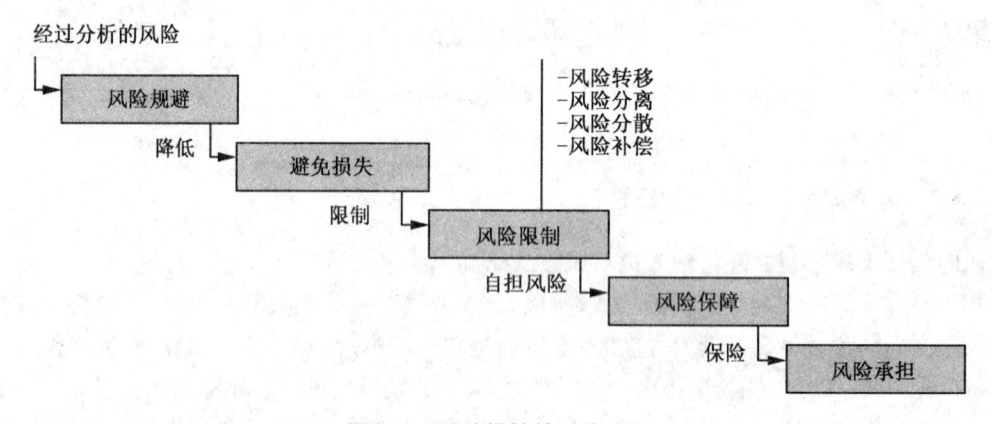

图 7.12 风险操控的可能途径

7.4.4 作为风险监督与记录的管理控制

风险的规划操控是同其监督与记录紧密相连的,常规的、以报告对象为导向的报告编制对系统化的风险监督有很大帮助。因《企业监管与透明化法》要求企业在状况报告中体现未来发展的风险,风险报告最终都会被编入企业状况报告。

首先,要确定报告涉及的内容范围以及报告的受众;然后要选定哪些人对企业风险负责,并因此要被告知风险及风险规模相关的信息,这些人一般都是企业领导层人员。

应定期告知企业领导层所负责范围的风险信息,因此就需要编制周期性的标准报告提交给报告受众。在风险大大超出预期值的情况下,或是识别出新的重大风险的情况下,则编制例外报告。此外,还应规定临界值,到达这个值时,就应将风险情况报告给负责的管理者(例如执行董事或是总裁)。

在风险管理中,管理控制师所要关心的是,在发生风险偏差时,风险负责人应对的方法和措施被记录在案。管理控制师并不对这些措施的质量和效果进行审查,这是内部审计的工作。

除了在风险管理中采用不同形式的控制(例如业绩控制、计划进展控制、目标控制、前提控制或行为控制)之外,还要通过内部审计对风险管理工具的适用性进行检验。另外,内部审计还要关注那些通过组织采取的安全措施和内部监控顾及不上的风险。这种风险尤其会出现在信息技术以及生产领域,所以具有一定的IT知识是很有必要的。

7.5 实践案例

7.5.1 内部审计的标准与状态评估

为了了解实际操作中的情况,我们首先对德国内部审计师协会(DIIR)2013年撰写的《国际内部审计职业标准规范》进行介绍和复述。

内部审计提供独立、客观的审计及咨询服务,其工作以创造价值增值、改善业务流程为目标,它本着系统性与目标导向的理念,对风险管理、监控、领导与监督程序的有效性进行评估,并以此帮助其改善优化。在企业不同的法律及社会框架条件下,内部审计落实其工作任务,这些框架条件的目标、规模和结构各有差异。内部审计相应的工作任务可以由企业员工或是外部聘用的人员完成,这两者的区别可能会对其各自承担的工作活动产生一定影响。内部审计师为保证履行自己的职责,必须遵守内部审计职业操作规范。这些标准规范有以下目的:(1)阐述内部审计实践的基本操作原则;(2)为实施与促进内部审计不同价值创造服务建立框架条件;(3)为内部审计绩效建立评判标准;(4)支持改善组织业务及工作流程。

这些标准由"属性标准"(1000系列)、"绩效标准"(2000系列)和"执行标准"三部分组成。属性标准涉及企业及员工的典型特征。绩效标准对内部审计的活动范畴进行描述,并建立评判工作的质量标准。属性标准与绩效标准基本适用于内部审计的所有作业。执行标准则是在一些特定种类的任务中使用。下面将简要介绍最重要的几个标准,它们是从2002年1月1日版的内部审计职业操作规范中摘选出来的,最新的版本可向德国内部审计师协会获取。

1.属性标准

(1)要确定内部审计的任务设置、权限与责任,并由企业领导层批准许可。

(2)内部审计必须保持其独立性,在任务实行过程中必须保证客观公正。

(3)为履行其职责,内部审计师必须具有必要的专业能力与知识。

(4)内部审计师有职业谨慎义务,也就是说,每一个行动都需谨慎仔细地依靠专业知识做出。谨慎与能力是对内部审计师的基本职业要求。

(5)审计部门的主管应建立一个以保证与改善工作质量为目的的项目,该项目应涉及所有内部审计的工作领域,并对其进行持续的监督。

(6)如果在报告中提到内部审计师完成的工作符合内部审计职业操作标准,那么审计师会受到鼓舞。

(7)如果有内部审计师不遵守职业标准的情况,应向企业领导层报告。

2.绩效标准

(1)为确保能为企业创造价值,审计主管应有效地领导审计部门。

(2)在规划中,审计主管要按风险和企业目标为工作任务制定优先级。

(3)由审计主管来制定审计部门管理的方针与方法。

(4)审计主管要将信息传递给其他审计和咨询相关的内部/外部职位,并与其协调好工作内容。

(5)内部审计对风险管理、监控、领导及监督系统进行评价,并为它们的改进做贡献。

(6)内部审计部门要支持企业重大潜在风险的识别评价,并为风险管理与控制系统的改善做贡献。

(7)通过对有效性和效率进行评价并促进持续改善的方式,内部审计支持企业有效监控。

(8)内部审计为企业领导及监督系统做出贡献,通过①预先交流、确定价值与目标,②监督目标实现过程,③保障职责的履行,④以获取价值的方式,来对领导与领导过程进行评价与改善。

(9)得出结论和审计结果所需的相关信息应由内部审计师提供。

(10)内部审计师直接为每个审计和咨询任务的结果撰写报告。

(11)编制的报告中应包括目的、规模,以及可应用的结论、建议与行动方案。

(12)审计报告必须正确、客观、清晰、简明扼要、完整、有建设性,报告的编制要快速。

(13)倘若最终审计报告中有重大错误或疏漏,审计主管应当将纠正后的正确信息传达给每个获得过原来错误报告的人。

(14)如果在某个审计任务中没有按照标准进行审计,必须在审计报告中公示。

(15)审计主管应将审计结果交给相应的负责人。

(16)审计部门的主管应建立并维护一个监督系统,监督要提交给管理层的审计报告的完成情况。

(17)如果审计主管认为,领导层承担了一个企业担负不了的剩余风险时,他必须要与领导层就此事进行商讨。

德国内部审计师协会(DIIR)2014年又重新进行了一项经验调查,研究内部审计组织、风险管理实践、人事状况以及现实发展的问题。

问卷以电子版的形式发送给德国内部审计师协会、奥地利内部审计师协会(IIRÖ)与瑞士内部审计师协会(SVIR)的成员,发送的2 450份问卷中,有450份得到了回复(回复率将近20%)。该调查涉及众多复杂的问题,每个问题都存在许多不同解答。整体情况如下:

(1)内部审计的职能。在几乎所有大型企业中(约96%)都设有组织形式独立的内部审计职能部门。这些员工数超过1万人的大型企业主要属于工业、贸易、电信及传媒行业。与预期中一样,企业规模越大,内部审计组织机构化的程度也就越高。在被调查者归属的所有大公司中,都设立内部审计——作为一个独立的组织机构。大型公司大多属于电信、工业及贸易行业,而小型公司则是信贷金融企业、养老金及社会保险公司或其他业务混合型企业。

(2)内部审计的目的。在内部审计目标意义的统计中,所有被调查者所在企业都提到了保障内部监控系统(IKS)的有效性,确保遵守规章和监管条例,以及保证遵循企业内部规章制度。

(3)内部审计的组织结构。在多数被调查企业中(35%),内部审计是按不同过程划分设置的,也有按职能和按组织单位划分的。

(4)内部审计部门的员工数量。包括审计主任与行政人员在内的平均员工数量是每个企业11个人,这个数量根据行业的不同有很大差异。在信贷金融企业中,审计人员的投入尤其多。由于在这个行业中,资产的委托交付是主要业务行为,企业也要遵循特殊的法律条款与监管,花费更多的人力来防止操作失误和欺诈行为带来的损失也是容易理解的。

(5)审计标准。如今,内部审计师协会(Institute of Internal Auditors)的IIA标准具有重要的意义,未来它也将占有重要地位。除此之外,各国内部审计师协会自己的标准也很重要。

内部审计主任的组织归属见表7.5。

表7.5　　　　　　　　　　　内部审计主任的组织归属

按不同层级分	百分比(%)
从属于企业领导层下的第一层	83.3

续表

按不同层级分	百分比(%)
从属于企业领导层下的第二层	10.2
从属于企业领导层下的第三层	0.9
与企业领导层无关(如:属于理事会下)	2.7
未给出回答	2.9

资料来源:德国内部审计协会(2014,第20页)。

7.5.2 戴勒姆集团:风险与机遇管理

戴勒姆集团有五个运营业务领域(参见表7.6)

表7.6　　戴姆勒集团的业务领域

戴勒姆股份公司 www.daimler.com		DAIMLER
行业领域	汽车制造	
位置	德国斯图加特	
营业额	约1 300亿欧元(2014年)	
员工	约28万人(2014年)	
梅赛德斯—奔驰汽车	戴姆勒卡车　　梅赛德斯—奔驰面包车　　戴姆勒公交车	戴姆勒金融服务

戴姆勒的业务领域面临着许多风险,这些风险与其企业活动密切相关。在这里,风险被理解为,一些活动或事件阻碍集团或者某一业务领域目标实现的危险。与此同时,辨别出企业内部潜在的机遇对戴姆勒也非常重要,可以利用这些机会,提升戴姆勒的竞争能力。这里所说的机遇也就是凭借某些事件、发展或行为活动,保障目标实现,乃至超越计划目标的可能性(Daimler AG,2014,第129页)。

上述五个业务领域约包含650家公司及其分支机构。由戴姆勒集团的组织结构而造成的复杂性必须通过适当的风险管理系统来弥补,所以,不仅要识别出单项风险,也要考虑到只有当所有方面汇聚在一起时才能辨识出的累积风险。尽早识别并控制企业风险与机遇的责任落在各业务领域的各个集团单位的身上。

早在1988年,《企业监管与透明化法》(KonTraG)就已经规定上市公司执行董事会有义务建立并管理风险早期识别系统。2009年戴姆勒依《资产负债表现代化法》(BilMoG)的要求,对风险管理系统进行了扩大与改进。在《企业监管与透明化法》的现有结构上,戴勒姆最终建立起了一个集风险识别、评估、管理及监督为一体的集成系统,并与已有的内部监控系统关联起来。这样就确保了内部监控系统与风险管理系统两者的有效性。

2013年通过的《德国会计准则20》(DRS 20)包括了进一步对风险报表编制义务的规定,并对风险与机遇的平衡处理做出要求。于是戴勒姆集团把现有的机遇管理职能扩建成了一个与风险管理相呼应的,集机遇识别、评估、管理、监督为一体的机遇管理系统。

在戴勒姆集团内建立的风险管理组织,得以实现风险管理的组织嵌入与监督。通过业务领域、集团职能部门以及法人单位,才能实行具体风险与机遇的识别与记录。风险与机遇相关的信息被报告给集团风险管理部门,后者在对信息进行加工处理后,提交给执行董事会、监事会或者风险管理委员会(GRMC)。这个风险管理委员会汇集了财务控制、会计、法务以及合规部门的代表,并由财务副总裁领导。内部审计部门也会参与到风险管理委员会中,通过已完成的审计工作为委员会带来内部监控和风险管理系统的诊断(Daimler AG,2014,第130页)。

戴勒姆集团的风险管理系统得以实现的一个基本前提条件在于,早期识别系统和现有管理控制以及报告系统的融合。为了实现最有效的风险管理,集团采用已有的报告渠道和职权分配,把风险报告编制及记录存档的职能融入现有的战略与运营规划程序以及年度规划程序中去。

年初,集团会确定企业和业务领域的重要发展、必要的战略目标调整以及下一年的发展方向;在这个战略规划的过程中,集团会关注业务领域的关键业绩因子,推导得出具体的战略风险;集团也会按从上至下的方法,对会影响到战略方向以及战略内容的相关风险进行考量。由业绩因素推导得出的风险将报告给集团风险管理部门,并由其进一步处理后交由执行董事会商讨。

运营计划的对象是所有实现追求目标所必需的流程与计划,在戴勒姆集团的运营计划框架下,是自下而上地提出风险。下面将示范性地展示风险管理的步骤过程,机遇管理的步骤与此是相似的(Daimler AG,2014,第131页)。

戴勒姆集团的风险战略与企业目标相关,并为运营单元分配任务区域。风险管理过程的实施责任归属于各个业务领域、集团职能部门、法人单位及项目部门的管理控制任务承担者。从组织情况考虑,风险管理的过程、方法与流程的定义与规划是通过集团风险管理部门实现的。过程及方法的具体实施与应用则是每个部门单位的任务,它们要识别出相关风险、进行风险评估与管理。风险与机遇管理部门通过与现有规划、操控和报表编制过程的结合,对企业全球的经营活动进行监督(见图7.13)。

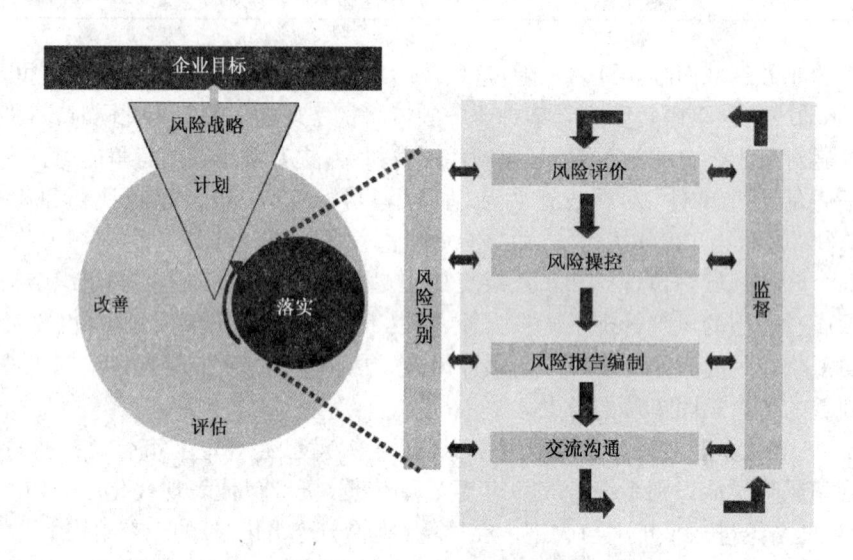

资料来源:ISO(2009,第9页和第14页)。

图7.13 戴勒姆的风险战略和风险管理过程

内部审计(公司审计部门)与外部审计(企业外部的审计师)进行定期的审计,以评估风险管理工作。审计保障了遵循程序性和方法性的规定,得以识别相关风险,能够追踪风险管理系统的文件档案。另外,管理人员进行的定期程序评价,为程序提供了批判性审验,促进了整体系统的持续改善,并为风险管理的有效性评价建立了基础。

在企业内部的风险管理手册中,对集成的风险与机遇管理系统的基础做出描述。风险管理手册定期进行更新,并公布在戴姆勒的内网上。手册除了供内部使用外,也会提供给外部审计人员使用。另外,手册中还包含风险管理过程实施的指南,该过程被划分成了五个步骤。

风险识别这个步骤的目标是，对威胁到公司生存、负面影响企业资产、财务、收益状况以及名誉的发展情况进行预警。为了进行结构化的风险识别，戴勒姆集团将分析系统分成三个方面：第一个方面是由组织结构决定，也就是从业务领域到单个子公司的划分。第二个方面涉及核心过程、支持过程以及项目和跨项目过程。第三个方面根据不同类别，对已知的风险与机遇进行分类，即(1)环境及行业风险/机遇（例如，国民经济的风险与机遇）；(2)企业相关的风险/机遇（例如，生产及技术风险/机遇、人事风险/机遇）；(3)金融风险/机遇（例如，利率和汇率的变动）；(4)担保风险和法律风险（例如，因放弃担保而造成的担保风险，审判造成的第三方索赔）。

考虑到分散的领导责任系统以及担保机构的要求，在每一个管理层级上都要设立分级的临界值。临界值是一个集团经营业绩相关的价值（例如息税前利润），这个临界值决定了从哪个值开始确定这个单位的风险等级。每个单位都与它的上级层面共同协调，为风险报告等级制定临界值。集团执行董事会每年确定集团层面的报告编制临界值。

风险评估的目的是，从过程所有者的角度去估计风险的规模大小以及发生的可能性。当风险超过临界值时，就会被报到上一个报告等级去。在运营规划的自下而上方法框架下，既会考虑单个风险，也会考虑要上层等级观察才能清晰地看到的累积风险。由于对风险发生概率和规模的估计会有一定的不确定性，因此必须从系统的角度监督风险的发展过程，并在前期就规定好目标导向的应对措施，这样才能在事件发生时做出快速有效的反应。

在风险操控的阶段，使用风险政策工具，以达到风险—机遇的平衡关系为目标。这里要明确指出，风险的存在不是什么问题，对现有状态和风险没有掌控才是问题所在。在风险操控中，要带着责任与时间意识寻找出解决问题的对策。

报告编制阶段的目的是，在运营规划的框架下追求制定的目标。如果结果与目标之间出现了偏差，就要考虑是否出现了规划中所提及的风险，或还是因为存在未知的风险导致了偏差。此外，要对与之相关的项目进行风险管理。另外，要告知相应的决策委员会有关重大风险的信息，风险管理的整个过程也要记录存档，以便进行审计。除了编制常规的报告以外，还有义务对未预期却发生了的风险进行报告(Daimler AG,2014,第130页)。标准化的报告方式是采用风险图，在风险图中，风险将按照规模大小（如损失额）以及发生概率排列出；机遇是按照规模大小列出的（参见图7.14）。根据法律规章，报告、对风险机遇的描述文档以及必要的表格至少要保存十年。

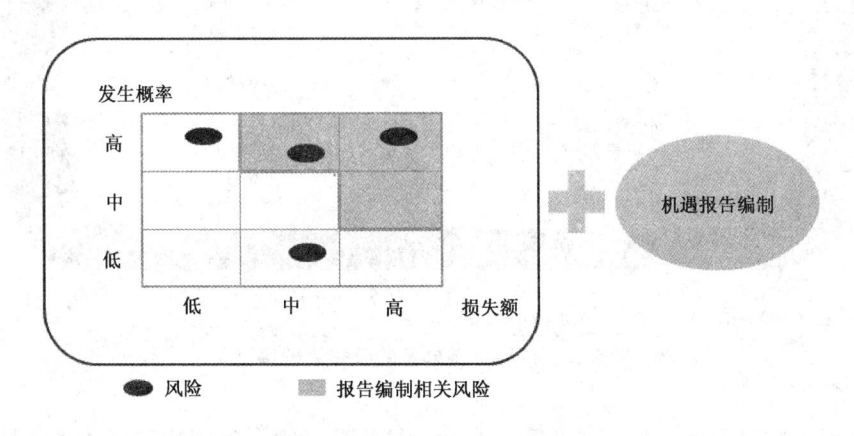

资料来源：Buderath/Amling(2000,第148页)。

图7.14 风险及机遇报告编制

为了能够对过程的功能性和每个单独的步骤进行评估和优化,以及监督风险情况的发展过程,对其进行持续的监督是必不可少的。在监督过程中可以审查,在业务流程进行之前是否正确地识别出了风险、情况是如何发展变化的,以及采取的应对措施是否达到了预期的效果。

7.5.3 汉斯格雅公司:公司治理

汉斯格雅公司 http://www.hansgrohe.de	
行业领域	洁具技术
位置	德国希尔塔赫
营业额	约8.74亿欧元(2014年)
员工	约3 650名(2014年)
案例来源	下面的案例摘自 Gänβlen, S., Kraus, U., Dierolf, J., Der Controller als strategischer Co-Pilot, in: Eppinger, C., Zeyer, F. (Hrsg.), *Erfolgsfaktor Rechnungswesen*, Wiesbaden 2012, 第1~26页

公司治理对中型企业也是至关重要的。在汉斯格雅公司,管理控制师要承担很多工作,因为公司中并没有为这些工作任务设立单独的负责人。汉斯格雅的管理控制师必须"通过可行的公司治理结构来保证企业的方针(内部规章、法律、法规等)得到遵循"(Gänβlen, Kraus & Dierolf, 2012, 第20页;图7.15)。

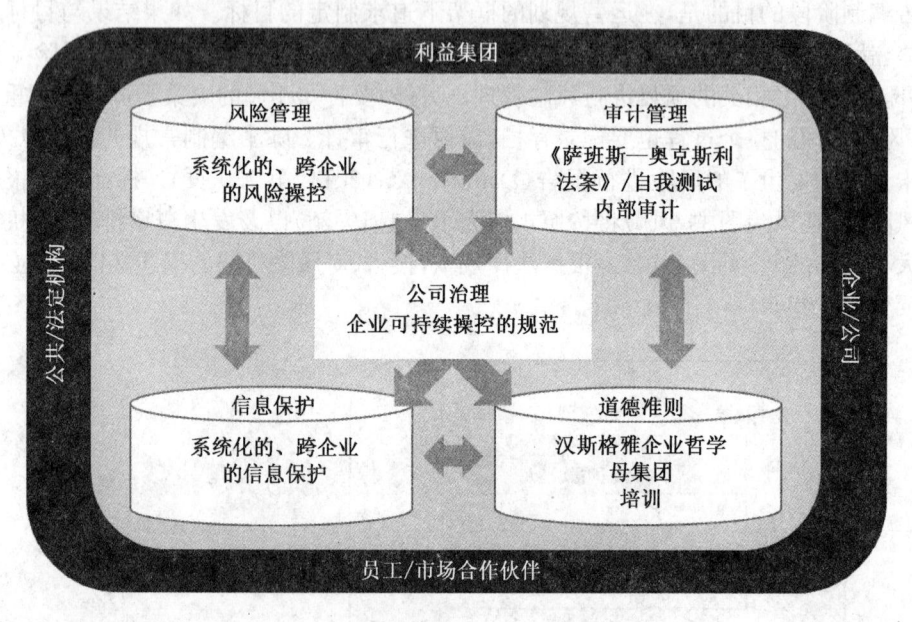

资料来源:Gänβlen, Kraus & Dierolf(2012,第20页)。

图7.15 汉斯格雅公司的公司治理系统

风险管理在汉斯格雅扮演了一个重要角色。之后我们会详细阐述,在公司治理体系下,汉斯格雅建立的风险管理体系及其重要支柱。其中,以降低风险为目的的风险管理和内部/外部审计是确保《萨班斯—奥克斯利法案》(SOA)以及汉斯格雅内部规章制度得以被遵守的重要工具。另外，还要遵守汉斯格雅的大股东——马斯克集团——的规章准则。

汉斯格雅的风险管理过程包括所有风险管理控制的重要步骤：风险识别、风险评估、风险报告。其实施的责任由"风险所有人"负责，例如在国内是部门领导，在国外则是当地业务主管。为了优化这些过程步骤的实施操作，汉斯格雅还采用一个涵盖所有潜在风险领域的标准结构框架，它可以作为一个基本清单，方便风险的识别。

汉斯格雅对风险领域做了以下划分：战略风险，销售市场及采购市场风险，过程风险，内部过程，财务风险，政策及社会风险，合规风险。

企业整体以及各子公司不断对风险数据库进行更新，这样重大风险就会在管理的"雷达"范围内。为了更重视风险管理，执行董事会以及监事会定期得到风险情况的实时报告。跨国子公司至少每年与执行董事会进行一次对预算规划风险问题的讨论。风险将按照息税前利润的损失而分类整理，以便公司能聚焦于重要的风险问题，并采取相应措施。

在信息技术方面，整个风险管理过程以及审计信息资料的存档都是由自己编程的Lotus Notes数据库支持。

汉斯格雅的两个主要公司治理支柱是内部/外部审计，它保障了《萨班斯—奥克斯利法案》与公司内部规章制度得以遵守。对于汉斯格雅而言，《萨班斯—奥克斯利法案》中最重要的部分是302条款与404条款。302条款对控制报告的使用做出了规定，404条款则对财务报告的审计有效性做出了要求。其关键点在于监控，它对保障过程质量、绩效生成以及财务信息的正确处理是至关重要的。

保证企业行为与《萨班斯—奥克斯利法案》中规定相一致的工作，是经由10个业务流程中的100多个控制任务点实现的。管理控制部门中的风险管理团队将定期对这些控制任务进行检查，一年两次，外部审计师会通过独立分离的审计对控制的可靠性进行验证。这些审计结果的报告通过一个叫GRC的审计支持软件得以实现。

汉斯格雅的各子公司则将投入使用的控制任务点浓缩到了40个具有代表性的基本控制任务点上。每一个控制任务点都与子公司的标准月报清单相关联，这样，子公司的管理控制师可以对关键控制点有清晰的概览，并在编制月报的同时对这些控制点进行处理。

非常有必要以审计的形式对监控系统进行整个企业范围内的运作能力检验，应定期进行，并通过管理控制来协调。汉斯格雅公司还区分内部审计与外部审计：内部审计是由经验丰富的集团管理控制或子公司的资深员工来实施，外部审计则是委托审计公司进行。

按子公司规模大小的不同，内审计需要2~4天。除了以《萨班斯—奥克斯利法案》中的规定为主要内容项目外，还包括其他项目，如过程的稳定性、有效性和标准化程度。从审计的内容上，可以分为标准项目和新项目，每个年度都会对新项目重新定义。审计内容小到使用银行授权和准备金、差旅政策，大至贷款管理，都涵盖其中。审计报告对审计工作进行总结。优化点的保留由相应的审计师决定。

总结

本章总结如下：
1. 企业在法律上、组织上和信息上的领导及监督规章制度框架被称作公司治理。
2. 管理控制、监督（内部监控与内部审计）以及风险管理是公司治理的三大重要基石。
3. 内部审计是与过程无关的、对企业管理情况进行报告的机构，它从有效性与效率的角度对企业运作过程进行检验。在职能上和组织结构上,内部审计与管理控制有紧密的关系。而它们的区别主要在时间性上:管理控制基本以未来为导向,内部审计以当下与过去的情况为对象。

4. 风险管理作为企业管理整体的一部分,确保了风险的识别,系统化评估、规划、操控与监控。

5. 风险管理控制的任务是对所有阶段的风险管理进行支持。

6. 管理控制同时也是机遇与风险的管理控制。

复习题

1. 什么是公司治理?
2. 内部审计与管理控制的区别是什么?
3. 风险管理有哪些重要阶段?
4. 风险管理有哪些合适的工具?
5. 什么是风险图?
6. 如何区分监督、审计、内部监控与监控?
7. 内部监控的基本思想是什么?
8. 结果导向和过程导向的审计有哪些特征?
9. 怎样区分"财务审计"与"运营审计"?
10. 简述单项审计与系统审计。
11. "管理审计"的任务是什么?
12. 在内部审计组织架构编制的时候要注意哪些方面?

对经理人及管理控制师的提问

1. 您所在企业的公司治理架构是怎样的?请根据COSO的理念进行描述。
2. 在产品制造过程中,是否有明确的内部监控文档记录和清晰的责任分配?
3. 四眼原则是否体现在规章制度中,并是否在管理过程中进行了实践操作?
4. 管理控制师对哪些内部监控任务负责?
5. 内部审计的职能在您所在企业是如何在组织上和功能上实现的?
6. 如何建立管理控制与内部审计之间的合作?
7. 您所在企业是否有结构清晰的风险管理过程?
8. 风险管理控制是如何实现的?

延伸文献阅读

阅读下面这本书可以对公司治理整体有一个清楚的概览:Hommelhoff, P., Hopt, K. J. & Werder, A. v., *Handbuch Corporate Governance*, Stuttgart 2009。

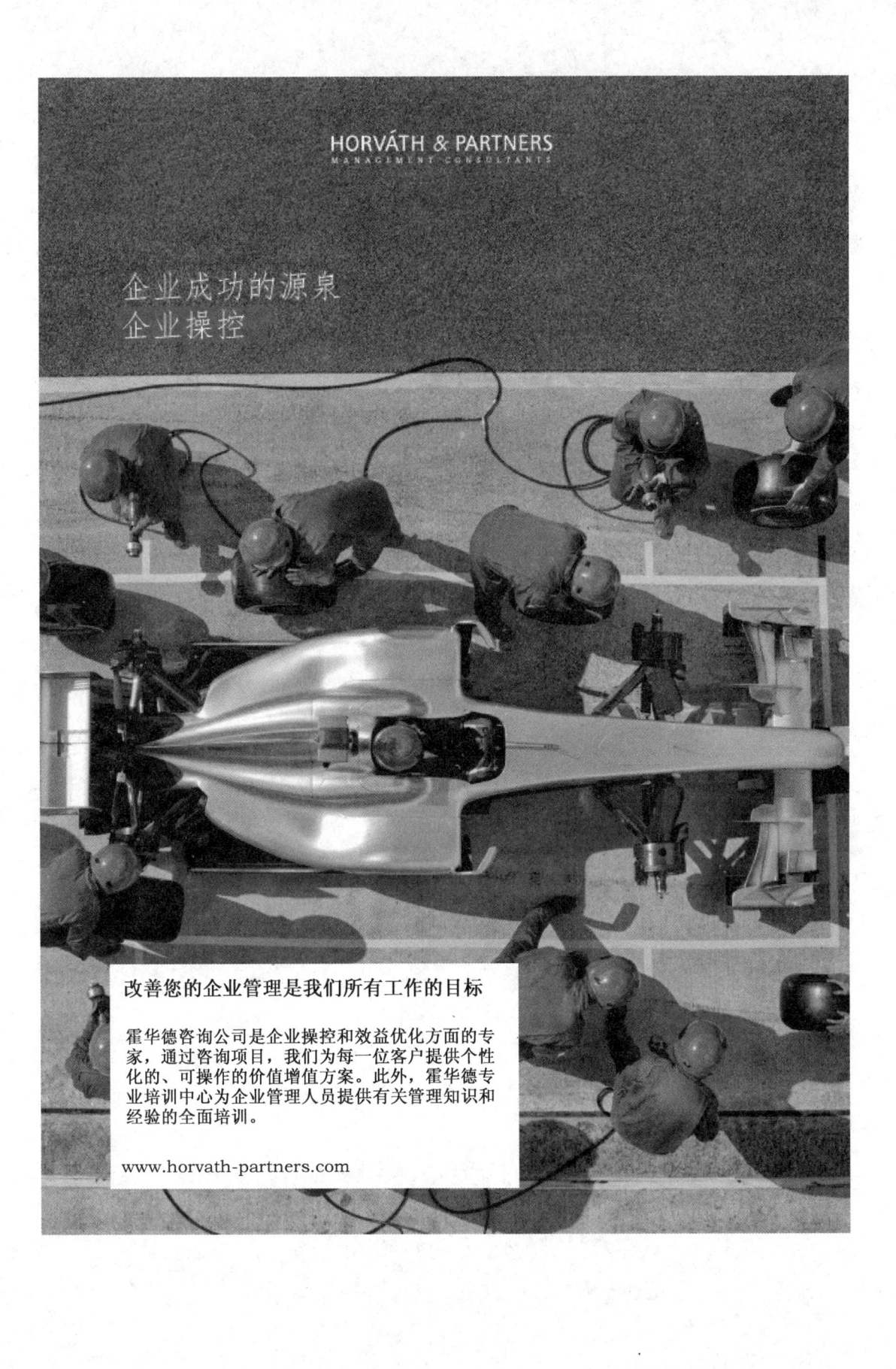

HORVÁTH & PARTNERS
MANAGEMENT CONSULTANTS

企业成功的源泉
企业操控

改善您的企业管理是我们所有工作的目标

霍华德咨询公司是企业操控和效益优化方面的专家，通过咨询项目，我们为每一位客户提供个性化的、可操作的价值增值方案。此外，霍华德专业培训中心为企业管理人员提供有关管理知识和经验的全面培训。

www.horvath-partners.com